贵州传统村落

贵州省住房和城乡建设厅 编

第一册

GUIZHOU TRADITIONAL VILLAGES I

GUIZHOU PROVINCIAL DEPARTMENT OF HOUSING AND URBAN-RURAL DEVELOPMENT

中国建筑工业出版社
CHINA ARCHITECTURE & BUILDING PRESS

图书在版编目(CIP)数据

贵州传统村落 第一册 / 贵州省住房和城乡建设厅编． —北京：中国建筑工业出版社，2016.1
ISBN 978-7-112-18988-5

Ⅰ.①贵… Ⅱ.①贵… Ⅲ.①村落—介绍—贵州省 Ⅳ.①K927.35

中国版本图书馆CIP数据核字(2016)第005066号

章前插图：吕刊宇　阮品光　忻　帅　沈成彪
责任编辑：唐　旭　李东禧　陈仁杰
责任校对：李欣慰　党　蕾

贵州传统村落　第一册

贵州省住房和城乡建设厅　编

*

中国建筑工业出版社出版、发行（北京西郊百万庄）
各地新华书店、建筑书店经销
北京雅昌艺术印刷有限公司制版、印刷

*

开本：965×635毫米　1/8　印张：61　字数：1450千字
2016年1月第一版　　2016年1月第一次印刷
定价：**558.00**元
ISBN 978-7-112-18988-5
　　　(28194)

版权所有　翻印必究
如有印装质量问题，可寄本社退换
（邮政编码100037）

贵州传统村落编委会

主　任：张　鹏
副主任：杨跃光
秘书长：单晓刚
执行主编：罗德启
副主编：董　明　谭晓冬　余压芳　王建国　陈清鋆　余咏梅

编写单位与编写人员（按姓氏笔画排名）

贵州省建筑设计研究院：
王晓青　王　熇　王　攀　付佳佳　付晓兰　白　莹　匡　玲　任昌虞　任贵伟
刘兆丰　许　彤　李人仆　李玉柱　李　岚　李函静　李　翔　杨　健　杨辉智
余　飞　张中懿　张成祥　张宇环　张　剑　张　翼　张　懿　陆　玲　陈佳俊
陈　铖　陈　楚　罗从容　罗孝琴　罗　雨　罗昱黔　周祖容　赵晦鸣　袁兰燕
徐胜冰　唐　艳　黄鸿钰　梁　伟　彭仕林　曾繁秋　詹　文

贵州省建筑科研设计院：
马勇超　王　浩　石庆坤　冯　泽　曲欣蕾　朱洪宇　劳巧玲　李　礼　李先通
李　婧　杨　渊　杨程宏　欧阳丹玲　周子恒　周　杨　周尚宏　聂　琳　黄明皓
韩　磊　魏　琰

贵州大学建筑与城市规划学院：
王　希　王金龙　王　莹　王　曦　代富红　芦泉州　杜　佳　杨钧月　吴茜婷
周　捷　徐　雯　高　蛤　曾　增　谢　聪

贵州省城乡规划设计研究院：
于　鑫　王　倩　王镜舫　叶　茜　付文豪　付　伟　刘宁波　刘俊娟　刘　娟
刘　锐　刘　翼　吕刊宇　汤洛行　杨　洋　杨　涵　吴展康　余　军　张廷刚
张　奕　张乾飞　陈传炳　陈隆诗　陈婧姝　罗　伟　季星辰　周　博　郭　谦
黄　丹　黄　琨　屠　兵　喻　萌　雷　瑜　路雁冰　廖人珑　潘远良

江苏省城市规划设计研究院：
丁成呈　王　军　吕华华　朱怿然　闫田华　杜莉莉　杨秀华　杨　斌　张奇云
张　涛　陈　笛　易婷婷　周　海　赵　彬　姚秀利　秦新光　徐海贤　奚全富
郭海娟　唐历敏　阎　欣　董向锋　程　炜　翟华鸣

序言

贵州位于中国西南部，属亚热带湿润季风气候区，境内地势西高东低，自中部向北、东、南三面倾斜，平均海拔在1100米左右，且岩溶地貌发育完全，是典型的喀斯特山区省份，全省国土面积约17.6万平方公里，山地和丘陵占全省总面积的92.5%，素有"九山半水半分田"之说。长期以来贵州是川黔通道的要塞，历史成因多样，民族文化丰富，全省共有民族成分56个，其中有18个为世居民族，具有十分丰富的文化交融性，被誉为"多彩贵州"。近年来贵州经济社会高速发展，GDP增速居全国第二位，但贵州基础薄弱，历史欠债多，城镇化水平低。截至2014年，贵州城镇化水平仅40.01%，尚有16747个行政村，70000个的左右自然村寨。农村区域仍然是贵州经济社会发展的短板，在国家实施以人为核心的新型城镇化战略背景下，贵州将致力于实施山地特色新型城镇化，旨在通过推进新型城镇化，实现城乡统筹发展，有效解决三农问题，实现后发赶超和全面小康。

2012年住房城乡建设部、文化部、财政部联合出台《关于加强传统村落保护发展工作的指导意见》，就认识传统村落保护发展的重要性和必要性、明确基本原则和任务、继续做好传统村落调查、建立传统村落名录制度、推动保护发展规划编制实施、保护传承文化遗产、改善村落生产生活条件、加强支持和指导、加强监督管理、落实各级责任、加强宣传教育等方面进行了安排部署。对于国家层面的指导精神，我省积极响应，2015年5月贵州省政府出台《贵州省人民政府关于加强传统村落保护发展的指导意见》，专门就加强我省传统村落保护发展工作进行安排部署。在省委省政府的领导下，我省积极申报中国传统村落名录，截至2014年底，中国传统村落数量已达到2555个，其中我省共有426个村进入中国传统村落名录，占全国名录的16.7%，名列全国第二。

对于长期以来以农业生产和发展为主的贵州而言，传统村落不仅是我省农村生产生活的主要载体，更是我省传统文化的根脉所在。传统村落多元价值的挖掘和研究对于我省有着极为重要的意义。首先，传统村落是贵州各民族的宝贵遗产，是不可再生的、潜在的社会和文化资源。其次，传统村落是我省发展乡村旅游、创新农村农业发展道路实现农民脱贫致富的重要基础。再次，传统村落是我省实现城乡统筹发展，与全国同步实现全面小康的重要载体。

2014年底，贵州省住房和城乡建设厅决定组织编写《贵州传统村落》丛书，并邀请5家单位共同成立《贵州传统村落》丛书编委会。旨在系统性地整理和思考已列入中国传统村落名录的村庄资源和保护价值，探索传统村落对我省经济社会发展的重要意义，进一步认识传统村落保护与发展的重要性、必要性和迫切性。希望此书能起抛砖引玉的作用，引起国内外专家、学者、社会团体的共鸣，为社会大众关注和研究传统村落多元价值及其发展起到积极的推动作用。

近年来，我省以"富在农家、学在农家、乐在农家、美在农家"的美丽乡村建设为目标，实施"小康路、小康水、小康电、小康讯、小康房、小康寨"6项行动计划，着力改善农村人居环境。我厅将传统村落的保护和发展作为农村人居环境改善的重要示范，统筹推进，形成合力。同时，实施传统村落保护发展三年行动计划，建立贵州省中国传统村落保护发展联盟，形成产、学、研相互融合的方式，促进我省农村人居环境改善。努力探索一条有别于东部，不同于西部其他省份的发展新路。

借此机会，我想感谢贵州传统村落丛书的参与者，5个编写单位的编写人员，不辞辛劳，认真工作，体现了优秀的专业精神以及强烈的社会责任感。我还要特别感谢我省有关单位对本书的有力支持和帮助，以及各位审稿专家对本书的审查和指导。大家共同关心和努力成为我省在传统村落保护发展和改善农村人居环境领域不断前行的动力和源泉。

张鹏

贵州省住房和城乡建设厅厅长

前言

从发展的眼光看，村落的存在远早于都市，以生产的先后程序而言，一般说村落先于城镇。村落是人类聚落的童年，因为自古以来，它一直是人类精神家园和物质家园的体现。村落又是民俗文化空间和实体的体现，因为村落为人们提供了接近自然和生态的居住场所，传统建筑及其环境传递了直观的物质形态信息，承载着丰富的历史文化，因此传统村落具有重要历史、艺术、科学价值。

贵州传统村落主要是以农业为主，是分散在广阔山间、盆地，或河谷地区的物质空间组团，而且大部分是以血缘关系为纽带聚族而居。今天存在贵州大地上的一个个村落，是时间的积淀，是文化的积淀，是先人劳动创造的结晶。

村落中的传统建筑，是居民生产与生活最为重要的物质空间载体，是不可再生资源。贵州传统村落建筑形态的形成与发展，是与历史、社会、文化等因素的共同作用分不开的，它通过建筑物、建造技术，以及各种建造材料，通过与自然环境相互作用，采取因地制宜的建造方式，以其简洁的造型，自由多变的布局，向人们展示人工与自然、建筑与风景、已塑造和未塑造因素之间的和谐。延续至今的中华文明告诉我们，传统村落已经形成了一个相对和谐的体系，它将自然、文化、审美、生活、行为等已经结合成一个完美的生存模式。村落不仅仅是物质生活的载体，也是精神审美的寄托，是村民心理归属的空间场所。

乡土文化是中华文化的根，但传统村落在以往历史文化遗产保护中，由于长期得不到重视，阻碍了人们对这些远离都市文明的山乡村落的了解、认知和体会，更是很少有人把它作为文化基因的源与根，把它作为传统文化发展的本质力量。历经沧桑洗礼的贵州传统村落，今天应该进入到人们关注的视野，因为它是贵州一笔宝贵的文化财富和遗产。

研究传统文化从村落入手顺理成章。在贵州这片土地上，民族大体分布为四种基本的经济文化类型。濮人以耕田为业，定居而成土著，住"干阑"式房屋。氐羌中的彝族，是"随畜迁徙"，逐渐转化为"且耕且牧"。苗瑶长期沿袭"刀耕火种"的农耕方式，是典型的"山地民族"。百越民族惯居平坝，常住水滨，耕种水田，是为"稻作民族"。这些不同经济文化类型的民族，进入贵州以后，都找到了他们生存发展的土壤，"山地民族"有广阔的天地，"稻作民族"以"坝子"为中心扩展，而"且耕且牧"的民族则在黔西高原上驰骋。不同的生计方式，支撑着不同的文化类型，并形成着不同文化风貌和文化传统，因而贵州传统村落充分体现了文化的"多元性"。

贵州传统村落多受地理、历史和社会等多种因素影响，各地区、各民族的村落格局，既有共性又有个性。贵州传统村落能够形成个性特质的一个重要方面，在于它对环境和文化特殊性的重视，其个性反映在功能与类型的特征之上，表现在特有的与山地环境相结合的建筑形态之中。

贵州的地理环境和民族"大杂居、小聚居"的特点，决定了民居体系的复杂性，它集中反映在村落选址、聚落结构、平面布局、建筑风格、建筑技术等方面。同时，不同民族在特定地域创造自己居住方式的同时，也受到各自观念形态、行为方式和民族习俗的影响。因此，贵州民居既保留有丰富多彩和极具个性的民族和地域文化特点的同时，又有大山粗犷的内涵，蕴含着高山峻岭的锐气，体现着特殊震撼的山地特色。

经过三批评审，列入国家优秀名录的贵州426个传统村落，既是贵州各族人民古老神秘的家园，亦是古朴多姿的传统文化传承的载体。贵州传统村落在建筑环境、村寨布局、建筑造型、建筑材料、营造技艺、建筑功能以及民族习俗、文化传承等诸多方面，对研究人与自然、研究人与人之间的社会关系、研究人对自然的认识等方面，都显现出各民族的环境生态智慧，人本主义精神，以人及其家庭为本，天、地、人三者合一的思想，展现和延续着千百年的古老文明。它既成为各族人民的精神家园，也是它们的生态家园。在当代的今天，人们还可以将它作为感受淳朴文化、憩息疲惫心灵的最后净土，当作构建和谐社会的文化源泉。

从这个意义上讲，贵州传统村落是千百年农耕文化和文明的结晶，凝聚着中华民族的精神和性格。它是一笔宝贵的文化财富，是独特的文化资源，也是世界文化遗产重要的组成部分。当前，更紧迫的是将这些传统村落纳入到保护渠道，使传统村落和有价值的传统文化得以传承和延续。

在社会发展进程中，变化不可避免，但如何变化值得深思。纵观世界上任何一种文化，都是在历史长河中不断演变发展的，传统文化也是在发展中形成的一种独特的历史轨迹。然而，变不是"推倒重来"的"变"，而是在先前基础上的"变"。况且，传统村落还有许多不变的东西，包括自然环境、生态资源，人们的文化心理、风俗背景，它们往往随时代的变化保留一些有益的特征与个性。因此传统村落的保护，可以超出保存历史遗迹的范畴，其前提是：认同文化的差异与个性，宽容人们拥有多样化的生存与选择。

保护传统村落能否取得成效，首先要对保护意义有清醒的认识，传统村落保护，一方面要控制不合理的建设行为，另一方面又要考虑原居民的实际需求，改善其生产、生活条件，促成文化遗产的保护与可持续利用。特别是当前，包括历史文化在内的传统社会文化现象，有的被改变了，有的正在改变，有的已经消逝，建设性破坏给传统文化带来巨大损失的时候，保护和抢救显得尤为重要。实践证明，传统村落保护必须建立在历史文化价值和经济利益之间的最佳平衡点上，保护才能向前推进。因此，在城镇化快速发展的今天，如何提高全社会的保护意识，加大对传统村落的保护力度就显得更加重要。

《贵州传统村落》一书的编写，我们组织了包括规划、设计、高等院校等五个单位的专业人士将其汇编成册，并力求体现本书的编辑特色：

1. 力求反映贵州高原村落的山寨特色，典型的村落案例包括山上、山腰、山下、水边……类型多样、群体风貌特色显著、在传统村落中体现有自身的个性特色；

2. 以图文并茂的编辑形式，简明扼要地介绍了每个村落的情况、以总体概况、村落特色、传统建筑、民族文化、人文史迹、保护价值六方面的内容，突出传统村落的重点和特点；

3. 体现浓郁的民族性。贵州传统村落，是贵州各族人民传统文化传承的载体，希望通过本书，将贵州千百年古代文明的神秘家园展现在世人面前。

关于本书的编排，为避免项目前后雷同，又考虑文化区域特性，编排顺序原则是：①一级目录按地州市编排，地州市次序以入选全国名录数量多少为先后，入围数量多的排在前；②二级排序是村落，以村名第一个字的笔划多少为原则，笔划少者排在前，反之排后。贵州426个全国入选传统村落实例，予计分两册出版，每个村落占两个版面。

贵州传统村落是一笔宝贵的文化财富和遗产，它不仅属于贵州，也属于中华民族，是全人类的文化遗产。其出版意义：一是这套书籍是贵州前、后三批入选国家《中国传统村落名录》的阶段性总结，是我省村镇建设工作的历史记录，也是反映我省不同地区、不同民族传统村落特色的一份文献史料；二是它对我省传统村落和传统民居的保护、传承、发展、利用、提供了一套图文并茂、印刷精美、有价值的基础资料；三是这套书可以向社会各界宣传、推动和树立保护我省传统文化的历史使命感，从深度和广度营造保护历史传统文化的社会氛围。

因此，希望这套书的出版，有助于人们认识贵州的传统村落，认识传统村落的沧桑和美丽，认识本土文化的价值。更希望这套书有助于提醒人们关注对传统村落的保护，关注自己脚下宝贵的传统文化资源。

罗德启

执行主编

目录

黔东南苗族侗族自治州

黔东南苗族侗族自治州榕江县兴华乡八蒙村	020
黔东南苗族侗族自治州剑河县革东镇八郎村	022
黔东南苗族侗族自治州黎平县永从乡九龙村	024
黔东南苗族侗族自治州台江县施洞镇八梗村	026
黔东南苗族侗族自治州剑河县太拥镇九连村	028
黔东南苗族侗族自治州台江县排羊乡九摆村	030
黔东南苗族侗族自治州剑河县久仰乡久吉村	032
黔东南苗族侗族自治州榕江县栽麻乡大利村	034
黔东南苗族侗族自治州黎平县尚重镇下洋村	036
黔东南苗族侗族自治州雷山县郎德镇上郎德村	038
黔东南苗族侗族自治州台江县施洞镇小河村	040
黔东南苗族侗族自治州黎平县九潮镇大榕村新寨	042
黔东南苗族侗族自治州雷山县达地水族乡马路苗寨	044
黔东南苗族侗族自治州雷山县郎德镇下郎德村	046
黔东南苗族侗族自治州黎平县岩洞镇大寨村	048
黔东南苗族侗族自治州从江县加榜乡下尧村	050
黔东南苗族侗族自治州剑河县磻溪镇大广村	052
黔东南苗族侗族自治州雷山县郎德镇也利村	054
黔东南苗族侗族自治州黎平县龙额乡上地坪村	056
黔东南苗族侗族自治州雷山县达地水族乡也蒙苗寨	058
黔东南苗族侗族自治州黎平县尚重镇上洋村	060
黔东南苗族侗族自治州雷山县郎德镇也改村	062
黔东南苗族侗族自治州黎平县岩洞镇小寨村	064
黔东南苗族侗族自治州锦屏县河口乡文斗村	066
黔东南苗族侗族自治州黎平县雷洞乡牙双村	068
黔东南苗族侗族自治州黎平县肇兴乡肇兴中寨村	070
黔东南苗族侗族自治州黎平县大稼乡邓蒙村	072
黔东南苗族侗族自治州台江县老屯乡长滩村	074
黔东南苗族侗族自治州丹寨县兴仁镇王家寨村	076

黔东南苗族侗族自治州台江县方召乡反排村	078
黔东南苗族侗族自治州黎平县永从乡中罗村	080
黔东南苗族侗族自治州雷山县丹江镇乌东村	082
黔东南苗族侗族自治州从江县宰便镇引东村	084
黔东南苗族侗族自治州剑河县太拥镇太坪村	086
黔东南苗族侗族自治州雷山县郎德镇乌瓦村	088
黔东南苗族侗族自治州从江县东朗乡孔明村	090
黔东南苗族侗族自治州剑河县南哨乡反召村	092
黔东南苗族侗族自治州雷山县郎德镇乌流村	094
黔东南苗族侗族自治州黎平县德顺乡平甫村	096
黔东南苗族侗族自治州黎平县水口镇平善村	098
黔东南苗族侗族自治州施秉县双井镇龙塘村	100
黔东南苗族侗族自治州从江县西山镇田底村	102
黔东南苗族侗族自治州黎平县水口镇东郎村	104
黔东南苗族侗族自治州从江县加榜乡加车村	106
黔东南苗族侗族自治州黎平县尚重镇归德村	108
黔东南苗族侗族自治州从江县雍里乡归林村	110
黔东南苗族侗族自治州黎平县双江乡四寨村	112
黔东南苗族侗族自治州雷山县方祥乡平祥村	114
黔东南苗族侗族自治州台江县施洞镇旧州村	116
黔东南苗族侗族自治州雷山县桃江乡龙河村	118
黔东南苗族侗族自治州从江县光辉乡加牙村	120
黔东南苗族侗族自治州黎平县茅贡乡冲寨	122
黔东南苗族侗族自治州台江县南宫乡交包村	124
黔东南苗族侗族自治州雷山县桃江乡乔王村	126
黔东南苗族侗族自治州雷山县达地水族乡同鸟水寨	128
黔东南苗族侗族自治州台江县南宫乡交密村	130
黔东南苗族侗族自治州黎平县茅贡乡地扪村	132
黔东南苗族侗族自治州丹寨县长青乡扬颂村	134
黔东南苗族侗族自治州黎平县孟彦镇芒岭村	136
黔东南苗族侗族自治州天柱县高酿镇地良村	138
黔东南苗族侗族自治州黎平县尚重镇纪登村	140

黔东南苗族侗族自治州黎平县尚重镇西迷村	142
黔东南苗族侗族自治州台江县革一乡西南村	144
黔东南苗族侗族自治州黎平县肇兴乡纪堂村	146
黔东南苗族侗族自治州从江县往洞乡则里村	148
黔东南苗族侗族自治州黎平县肇兴乡纪堂上寨村	150
黔东南苗族侗族自治州台江县方召乡交汪村	152
黔东南苗族侗族自治州黎平县平寨乡纪德村	154
黔东南苗族侗族自治州从江县刚边壮族乡刚边村	156
黔东南苗族侗族自治州黎平县坝寨乡坝寨村	158
黔东南苗族侗族自治州雷山县郎德镇杨柳村	160
黔东南苗族侗族自治州黎平县水口镇花柳村	162
黔东南苗族侗族自治州从江县丙妹镇岜沙村	164
黔东南苗族侗族自治州黎平县九潮镇吝洞村	166
黔东南苗族侗族自治州台江县方召乡巫梭村	168
黔东南苗族侗族自治州黎平县孟彦镇岑湖村	170
黔东南苗族侗族自治州剑河县柳川镇巫泥村	172
黔东南苗族侗族自治州台江县方召乡巫脚交村	174
黔东南苗族侗族自治州黎平县九潮镇贡寨村	176
黔东南苗族侗族自治州黎平县雷洞乡岑管村	178
黔东南苗族侗族自治州黎平县地坪乡岑扣村	180
黔东南苗族侗族自治州从江县高增乡岜扒村	182
黔东南苗族侗族自治州剑河县南哨乡巫沙村	184
黔东南苗族侗族自治州黎平县永从乡豆洞村	186
黔东南苗族侗族自治州剑河县观么乡巫包村	188
黔东南苗族侗族自治州雷山县郎德镇报德村	190
黔东南苗族侗族自治州剑河县敏洞乡沟洞村	192
黔东南苗族侗族自治州黎平县九潮镇定八村	194
黔东南苗族侗族自治州黎平县尚重镇绍洞村	196
黔东南苗族侗族自治州台江县台拱镇板凳村	198
黔东南苗族侗族自治州雷山县桃江乡岩寨村	200
黔东南苗族侗族自治州黎平县雷洞瑶族水族乡金城村	202
黔东南苗族侗族自治州榕江县栽麻乡苗兰村侗寨	204

黔东南苗族侗族自治州黎平县坝寨乡青寨村	206
黔东南苗族侗族自治州凯里市三棵树镇乐平村季刀寨	208
黔东南苗族侗族自治州黎平县水口镇南江村	210
黔东南苗族侗族自治州台江县台盘乡南尧村	212
黔东南苗族侗族自治州剑河县磻溪镇洞脚村	214
黔东南苗族侗族自治州黎平县尚重镇洋卫村	216
黔东南苗族侗族自治州丹寨县雅灰乡送陇村	218
黔东南苗族侗族自治州雷山县郎德镇南猛村	220
黔东南苗族侗族自治州榕江县塔石乡怎东村瑶寨	222
黔东南苗族侗族自治州剑河县南寨乡柳富村	224
黔东南苗族侗族自治州从江县停洞镇架里村	226
黔东南苗族侗族自治州雷山县大塘乡独南村	228
黔东南苗族侗族自治州剑河县南哨乡翁座村	230
黔东南苗族侗族自治州雷山县大塘镇桥港村	232
黔东南苗族侗族自治州锦屏县隆里乡隆里所村	234
黔东南苗族侗族自治州黎平县坝寨乡高西村	236
黔东南苗族侗族自治州黎平县地坪乡高青村	238
黔东南苗族侗族自治州榕江县栽麻乡宰荡村	240
黔东南苗族侗族自治州黎平县九潮镇高寅村	242
黔东南苗族侗族自治州黎平县大稼乡高孖村	244
黔东南苗族侗族自治州从江县下江镇高良村	246
黔东南苗族侗族自治州黎平县茅贡乡蚕洞村	248
黔东南苗族侗族自治州黎平县水口镇宰洋村宰直寨	250
黔东南苗族侗族自治州剑河县南寨乡展留村	252
黔东南苗族侗族自治州黎平县茅贡乡高近村	254
黔东南苗族侗族自治州台江县南宫乡展忙村	256
黔东南苗族侗族自治州黎平县坝寨乡高场村	258
黔东南苗族侗族自治州黎平县茅贡乡流芳村	260
黔东南苗族侗族自治州台江县台拱镇展下村	262
黔东南苗族侗族自治州黎平县坝寨乡高兴村	264
黔东南苗族侗族自治州从江县翠里瑶族壮族乡高华村	266
黔东南苗族侗族自治州黎平县尚重镇高冷村	268

黔东南苗族侗族自治州从江县谷坪乡高吊村	270
黔东南苗族侗族自治州雷山县方祥乡格头村	272
黔东南苗族侗族自治州黎平县德化乡高洋村	274
黔东南苗族侗族自治州黎平县肇兴乡堂安村	276
黔东南苗族侗族自治州从江县刚边壮族乡银平村	278
黔东南苗族侗族自治州剑河县久仰乡基佑村	280
黔东南苗族侗族自治州丹寨县扬武乡排莫村	282
黔东南苗族侗族自治州榕江县三江乡脚车村苗寨	284
黔东南苗族侗族自治州雷山县西江镇控拜村	286
黔东南苗族侗族自治州丹寨县排调镇麻鸟村	288
黔东南苗族侗族自治州榕江县寨蒿镇票寨村侗寨	290
黔东南苗族侗族自治州黎平县口江乡银朝村	292
黔东南苗族侗族自治州从江县谷坪乡银潭村	294
黔东南苗族侗族自治州黎平县茅贡乡登岑村	296
黔东南苗族侗族自治州从江县往洞镇朝利村	298
黔东南苗族侗族自治州黎平县肇兴镇厦格上寨村	300
黔东南苗族侗族自治州雷山县大塘乡掌坳村	302
黔东南苗族侗族自治州黎平县肇兴镇厦格村	304
黔东南苗族侗族自治州台江县台拱镇登鲁村	306
黔东南苗族侗族自治州雷山县桃江乡掌雷村	308
黔东南苗族侗族自治州榕江县兴华乡摆贝村	310
黔东南苗族侗族自治州黎平县地坪乡滚大村	312
黔东南苗族侗族自治州剑河县南加镇塘边村	314
黔东南苗族侗族自治州雷山县大塘乡新桥村	316
黔东南苗族侗族自治州黎平县茅贡乡寨头村	318
黔东南苗族侗族自治州黎平县茅贡乡寨南村	320
黔东南苗族侗族自治州黎平县坝寨乡蝉寨村	322
黔东南苗族侗族自治州黎平县双江乡寨高村	324
黔东南苗族侗族自治州黎平县肇兴乡肇兴村	326
黔东南苗族侗族自治州从江县往洞乡增冲村	328
黔东南苗族侗族自治州黎平县茅贡乡额洞村	330
黔东南苗族侗族自治州黎平县坝寨乡器寨村	332

铜仁市

铜仁市松桃苗族自治县寨英镇大水村	336
铜仁市沿河土家族自治县黑獭乡大溪村	338
铜仁市思南县兴隆乡天山村	340
铜仁市松桃苗族自治县寨英镇邓堡村	342
铜仁市沿河县新景乡白果村	344
铜仁市思南县文家店镇龙山村	346
铜仁市松桃苗族自治县孟溪镇头京村	348
铜仁市思南县许家坝镇舟水村	350
铜仁市碧江区坝黄镇宋家坝村塘边古树园	352
铜仁市碧江区瓦屋侗族乡克兰寨村	354
铜仁市思南县板桥乡郝家湾古寨	356
铜仁市沿河土家族自治县板场乡洋溪村	358
铜仁市沿河县后坪乡茶园村	360
铜仁市沿河县思渠镇荷叶村	362
铜仁市石阡县聚凤仡佬族侗族乡黄泥坳村	364
铜仁市石阡县甘溪镇铺溪村	366
铜仁市石阡县国荣乡楼上村	368
铜仁市松桃苗族自治县寨英镇寨英村	370
铜仁市印江土家族苗族自治县新寨乡黔溪村	372

安顺市

安顺市平坝县天龙镇二官村	376
安顺市关岭布依族苗族自治县普利乡马马崖村下瓜组	378
安顺市普定县马关镇下坝屯	380
安顺市黄果树风景名胜区黄果树镇大三新村大洋溪组	382
安顺市黄果树风景名胜区白水镇大坪地村滑石哨组	384
安顺市西秀区七眼桥镇云山村	386

安顺市平坝县天龙镇打磨村虾儿井组	388
安顺市黄果树风景名胜区黄果树镇石头寨村偏坡组	390
安顺市西秀区七眼桥镇本寨村	392
安顺市黄果树风景名胜区黄果树镇石头寨村石头寨组	394
安顺市黄果树风景名胜区黄果树镇白水河村殷家庄组	396
安顺市西秀区大西桥镇吉昌村	398
安顺市镇宁布依族苗族自治县江龙镇竹王村（原猛正村）	400
安顺市西秀区宁谷镇小呈堡村	402
安顺市西秀区新场布依族苗族乡花庆村石头组	404
安顺市平坝县白云镇肖家村	406
安顺市普定县城关镇陈旗堡村	408
安顺市镇宁布依族苗族自治县扁担山乡革老坟村	410
安顺市镇宁布依族苗族自治县城关镇高荡村	412
安顺市黄果树风景名胜区黄果树镇募龙村	414
安顺市西秀区大西桥镇鲍屯村	416
安顺市西秀区七眼桥镇猴场村	418
安顺市西秀区七眼桥镇雷屯村	420

黔南布依族苗族自治州

黔南布依族苗族自治州荔波县玉屏街道办事处水甫村	424
黔南布依族苗族自治州荔波县永康民族乡太吉村	426
黔南布依族苗族自治州荔波县方村乡丙花村者吕组	428
黔南布依族苗族自治州荔波县永康民族乡尧古村	430
黔南布依族苗族自治州平塘县卡蒲毛南族乡场河村交懂组	432
黔南布依族苗族自治州三都水族自治县都江镇怎雷村	434
黔南布依族苗族自治州荔波县瑶山民族乡董蒙村	436
黔南布依族苗族自治州都匀经济开发区匀东镇王司社区新场村	438
黔南布依族苗族自治州平塘县新塘乡新营村摆仗组	440

遵义市

遵义市遵义县毛石镇毛石村	444
遵义市湄潭县茅坪镇平顺坝	446
遵义市湄潭县西河乡石家寨	448
遵义市务川仡佬族苗族自治县大坪镇龙潭村	450
遵义市湄潭县洗马镇石笋沟	452
遵义市遵义县枫香镇苟坝村	454
遵义市湄潭县西河镇官寨	456
遵义市湄潭县抄乐乡群星村石家寨	458

六盘水市

六盘水市盘县羊场布依族白族苗族乡大中村	462
六盘水市水城县花戛苗族布依族彝族乡天门村	464
六盘水市盘县石桥镇妥乐村	466
六盘水市盘县保基苗族彝族乡陆家寨村	468

黔西南布依族苗族自治州

黔西南布依族苗族自治州册亨县丫他镇板万村	472
黔西南布依族苗族自治州兴义市巴结镇南龙村	474

贵阳市

贵阳市开阳县禾丰布依族苗族乡马头村	478
贵阳市花溪区石板镇镇山村大寨	480
贵阳市花溪区高坡苗族乡批林村	482
索引	484
后记	487

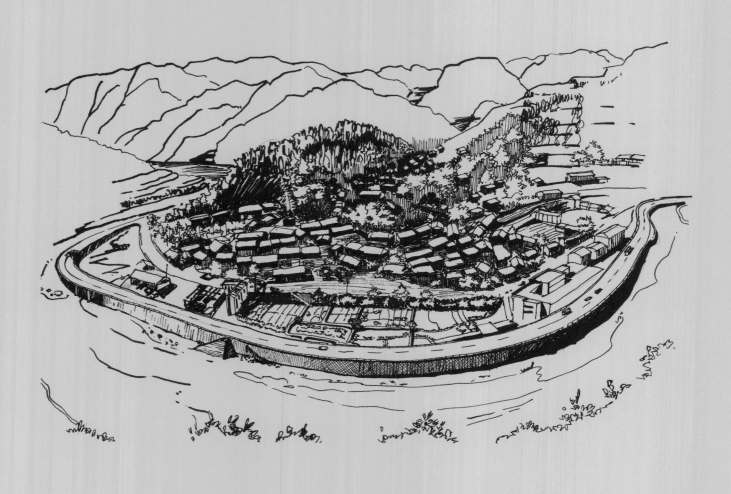

黔东南苗族侗族自治州

QIAN DONG NAN MIAO ZU DONG ZU ZI ZHI ZHOU

黔东南苗族侗族自治州榕江县兴华乡八蒙村

八蒙村区位示意图

总体概况

八蒙寨民居分布在地势平坦的都柳江畔的八蒙河两岸。寨西河岸上有合葬古墓，立于清道光年间，墓壁石雕异常精美，反映了水族古代社会原始的生殖崇拜。八蒙村始建于明代，其先祖从江西白米街迁徙而来，繁衍生息，形成聚居村落，现在大部分保留下明、清村落的基本面貌和特征。现有户数126户，共441人。八蒙村2012年被列入第一批中国传统村落名录。

村落特色

村落选址于都柳江畔八蒙河两岸，即八蒙河与都柳江的交汇处，地势平坦。林木葱郁，风景绝美。难得的水网使八蒙寨得天独厚。纵横于寨中的小道原为土路，20世纪后期改为水泥路。古榕7棵，分布于寨边八蒙河畔，将吊脚楼和地屋处于荫蔽之中。寨中和寨外还有杉林、枫树群和枫树禾木群，更是增添了八蒙寨的无限风采。

传统建筑

八蒙民居多为地屋，亦有部分吊脚楼屋。楼屋四排三间、上下2层、歇山青瓦顶，较为壮观。粮仓群落款款秀出，共有4处（最多一处有12座），分布在寨中或周边。仓群中有3层的，中为仓层，厚木板装成，四周设禾晾，功能较完备。

八蒙寨现存民国时期修建的传统民宅若干栋，古粮仓20余栋，为典型的水族干阑穿斗式木结构建筑，用木柱支托，凿木穿枋、衔接扣合，立架为屋，四壁横板，上覆青瓦。八蒙寨水族民居由相邻两榀房架构成，常见平面是由3、5等单数的开间组成的长方形，每间开间约3～4米，进深约8～10米；就内部垂直方向划分，自下而上可分地层、中间层和阁楼3层。地层即底层，多用于饲养牲畜、安放碓磨、堆放杂物，也有兼做灶房；阁楼常设置储藏间、次卧室和客卧；中间层布局中，除主卧室外，就是堂屋。堂屋中壁上设神龛位，这与汉族、侗族大同小异；堂屋的中心——火塘。水族干阑民居常见悬山瓦屋面的单体建筑，呈长方形，入口形式多样，主要有凹式、凸式、平式和悬挑，皆因地形而定。入口的多样性，形成了建筑造型的丰富性。

其余近现代修建的建筑仍沿袭着这种传统的建造工艺。因此村落水族干阑木结构的整体风貌保存得统一完整，极具科考和文化价值。但受到现代文化影响，也有少量房屋将瓷砖、水泥等用于建筑局部，严重影响了建筑的传统风貌，急需整治改造。部分民国时期修建的建筑由于年久失修，破损严重，亟待修缮。

八蒙河与都柳江交汇处

巷道环境

八蒙村平面图

代表民居楼梯1

代表民居楼梯2

古粮仓

民族文化

瓜节，又叫端节，水族人称之为"借瓜"、"借端"，是水族人特有的传统节日，与汉族的春节相似。水族有自己的历法，"端节"就选择在水历的十二月至次年二月，时值大季收割、小季播种，也是水历的年末岁首，因此辞旧迎新、庆祝丰收、祭祀祖先的盛大节日。端节从首批至末批，时长49天，被称为世界上历时最长、批次最多、特色浓郁的年节。

端节活动的宗旨是：新年开端、辞旧迎新；稻谷成熟、庆贺丰收；祭祀祖先、报恩祈福；聚会亲友，和谐族群。

祭祖活动多在端节的"除夕"与"初一"早餐举行，要忌荤吃素。水族祭祖吃素，只忌禽、畜、兽类油肉，不忌水产类，而以鱼作为主祭品。

斗牛舞来源于生活与远古的斗牛实际。舞蹈者分为两队，手执编扎而成的牛头对舞，作斗牛状，妙趣横生。

瓜节与斗牛舞均为全寨参加，从古到今，年年开展，乐此不疲。

人文史迹

水族的远祖是古代"百越"的一支。水族与古代"骆越"族有历史渊源，是其中一只发展起来的。早在秦汉以前，岭南地区以及东南沿海一带就居住着许多部落，公元前214年，秦朝统一了岭南，水族先民逐渐向北往黔桂边境迁移；隋唐时统称"溪峒蛮"；唐宋时与壮侗各民族一起被统称为"獠"；宋代在该处设置"抚水州"，被通称"抚水蛮"。"水族"之称，最早见于明代史籍，清代，多称其为"水苗家"、"水家"等。新中国成立后，水族被正式定名。主要分布在贵州省三都水族自治县，以及贵州的荔波、独山、都匀、榕江、从江等县和广西壮族自治区的融安、南丹、环江、河池等县。

明代，星光村八蒙水寨水族从江西白米街迁徙而来，始称"补木"，后称"八蒙"。

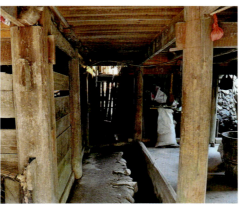

民居一层

石雕合葬墓

代表民居堂屋

代表性民居

保护价值

八蒙寨民居因地势平坦而多为传统木构地屋，也有部分吊脚楼，居住条件较为宽松。粮仓群的布局较为合理，便于管理和防火。寨中道路原为土路，近10年间逐步改为水泥路，村民出入亦较方便。因寨子近江近河，寨民历来就近从河中取水，因而不建水井。

寨子周边林木葱郁，植被保护较好，古榕、古枫、古禾林和竹林庇护全寨，并使村寨频添丽色。

朱洪宇 冯 泽 编

黔东南苗族侗族自治州剑河县革东镇八郎村

八郎村全貌

八郎村区位示意图

总体概况

八郎村位于剑河县革东镇西北部，距县城3公里，是革东镇的一个行政村，东接屯州，西临辣子，南接前进，北接交榜村。全村辖4个村民小组，769人，基本全部为苗族同胞。村庄北面1.5公里的山坡上，有一片古生物化石群。在2013年，被列入为中国第二批传统村落名录。

村落特色

八郎村四周山岭相连，土质优良，水资源丰富，便于开垦。老寨子坐西朝东地坐落在一山坳上，后逐渐向南北两湾延伸并逐步向最高的东面发展。老寨处于村寨中上部。田地多在村寨南面，东西两侧为山岭丛林地带。小溪自西向东从寨脚100米处流过，灌溉两岸稻田。村寨较好地保存了传统的格局风貌。

八郎村古生物化石群已探明的古生物化石有11类168属300多种，其种类、数量、化石的质量属世界罕见，目前正在申报世界地质公园和世界文化遗产。

传统建筑

民居建筑：大多是三开间2层或二开间2层，悬山顶、小青瓦盖顶，穿枋结构。部分两头带小偏厦。剖面为排柱穿枋，中柱最高，两面倒水，每排为5柱4瓜，二楼以上大多挑出60～80厘米，用以增加房屋的宽度。挑出的边柱脚悬在空中，通常刻有饰纹，窗口装饰有木格花以示主人勤劳富有，持家有方。立面为过间穿枋，柱顶上檩子过间而架，托起椽皮，椽皮上盖瓦。因是在斜坡上建房，外面柱子常常吊脚。

如果吊脚空间大，则安排猪牛圈。如果吊脚空间小，猪牛圈另外择地安排。一层是堂屋和火堂，二层住人。

粮仓：粮仓不大，都是4脚立柱，悬山顶、小青瓦盖顶或杉木皮盖顶。中柱是2根短柱托起屋顶。粮仓有2层，第一层是空的，仅用于放少量的杂物。第二层用横板密封，架上便梯，用于存储谷物。粮仓都是集中修建，稍离住房，有利于是防火。

八郎村传统民居建筑

民族文化

非物质文化是八郎村人民在长期的观察自然、改造自然、社交活动、宗教活动、口头文艺创作等多方面的活动中积累的人文成果，其具有娱乐性、技术性、固定性、特定环境性等特点得以流传。

飞歌：是革东飞歌分布的村寨，是国家级非物质文化遗产。歌声高亢响亮，优美动听，是村民举行节日和接待客人时所吟唱的歌曲。

十月苗年：每家于下半夜3点开始，到坡边摘三根牛草插到猪牛圈边的猪牛粪上，预示来年有好收成。

二月二：全寨除老人外都去祭桥。祭品为鱼、肉、鸡、香纸等，是隆重的节日。祭桥是为了有吃有穿，子孙昌盛。

二月十五姊妹节：分为老、中、青三代，各自邀合得来的伙伴过节，年轻的可以去任意一家的田里捉鱼吃，有情意的还送糯米饭。

八郎村平面图

八郎村全貌图

片石堆砌的墙壁

国家旅游专家评价：八郎古生物化石群是世界级景源。国际第四纪联合会主席、中科院资深院士陈东生说："八郎动物群是国内很可能也是全球出现的早期生物遗址最丰富的地点和动物群。"美国治诺威大学凡·伊顿教授考察八郎动物群遗址时说："这是一个极好的国家地质遗址公园，是中、下寒武统界线、寒武系地层剖面地质旅游景区，具有极高的观赏和旅游价值。"

古井

街巷

美人靠

村落环境

节日跳踩鼓舞

六月六：插秧后，涨势渐盛，到了农历六月六这天是吃新的日子。上午将祭祖的粽子按家人的数量包好，里面扎上从田里摘来的秧芯煮熟，11点后才让家人每人吃一个。

洗寨节：年年举行，10~11月中选属蛇日的一天用，以为保平安、防火、去灾。主持人牵鸭逐户用主任的水灭火坑，取适量的地灰和米带走办法事。宰牛在户外分给各户，全寨同意在户外用餐。当天吃剩的食物不许带回家，留在户外，第二天再去食用。洗寨法事开始后，外人不准进寨，需法事用餐毕，有人回家后才可有外人入寨。

土布制作技艺，自古以来，身上的衣服是自己种棉，自己织、染、绣等，一套成品衣饰要十几道工艺才能完成。

人文史迹

八郎村的海洋古生物化石群，位于剑河县革东镇八郎村后北坡一带，分布面积1998公顷，被誉为生命的摇篮，有不可替代的科研价值。1982年11月，贵州工业大学在剑河八郎后山岗上发现了距今5.2亿年前的早、中寒武纪古生物化石群，1990年被命名为凯里动物群。1997年，在其下60米处发现并命名为台江动物化石群和中、下寒武统界线及寒武系地区剖面。除三叶虫、疑源类、双壳类和遗迹化石外，尚有棘皮动物、触手动物、多孔动物、刺胞动物、原体腔动物、腕足动物、软体动物、非三叶虫节肢动物、蠕虫类、菌藻类等11个门类168属386种古生物化石。其门类众多，数量丰富，标本精美，位居于加拿大布尔吉斯动物群和云南澄江动物群之后，但在一地有两个动物群在一个国际地层界线却是世界上独一无二的。

海洋古生物化石

国际友人考察海洋古生物群

国际友人体验苗族锤布

保护价值

八郎村形成于清代，村落形成年代久远，苗族传统民居建筑保存完好，非物质文化资源丰富，列入国家级特色景观旅游名村、少数民族特色村寨试点示范村，原生态民族风情浓郁。被誉为生命的摇篮，八郎有5.2亿年前早、中寒武纪海洋古生物化石群。独特之处有望跃居世界第一，成为古生物研究和观摩圣地，成为一个极好的国家地质遗迹公园。

杨 涵 叶 茜 编

八郎村全景

黔东南苗族侗族自治州黎平县永从乡九龙村

九龙村全貌

九龙村区位示意图

总体概况

九龙村位于黔东南苗族侗族自治州黎平县永从乡境内，距离乡政府驻地西北约8公里，东与豆洞村毗邻，南与双江乡高构村相邻，西与岩洞镇竹坪村接壤，北与中罗村交界。据记载村落是明朝晚年吴氏先祖盛公（原籍江西省吉安府人士）及其后人逃避朝廷追杀，迁至"萨兰"定居，起名三龙。随着漫长岁月，人口增多，寨子增大分为3个村落，即：九龙、中寨、罗寨，九龙是母寨。九龙村村域面积34.5平方公里，总人口3229人，以侗族为主。2013年，九龙村被列入第二批中国传统村落名录。

村落特色

九龙村地处喀斯特地貌地区，村址依山傍水，四面青山环抱，沟深谷幽，峰岭绵延，因村前九龙河段有九个深潭，传说每潭中有一条龙，故名九龙村。村落地形总体呈峡谷状，建筑依山就势布置。九龙村是侗族大歌的发祥地之一，有着"歌海"、"歌窝"的美誉，九龙村的侗族大歌以其神奇的多声部合韵名扬世界，是侗族文化的直接体现。

传统建筑

九龙是一个典型的侗族村寨，村内保留了大量的传统建筑，传统民居为干阑建筑，多依山傍水而建，其中包括4座鼓楼、3座凉亭、2座萨坛、1座戏台和2座风雨桥。

鼓楼：九龙寨有4座侗族密檐式鼓楼，鼓楼是侗族象征族姓群体的标志性建筑物，是村寨或族人祭祖、仪式、迎宾、娱乐之所。九龙的三百鼓楼是三龙地区历史最为久远、影响最广的鼓楼，初建年限不详，现存鼓楼为1983年新建。三百鼓楼为9层重檐八角攒尖顶，整体保存完好，楼高15.3米，主柱4根，每根高12.7米，柱间距3.3米，衬柱8根，每根高3.3米，柱间距4.8米，鼓楼内部结合主柱设置一圈木质长凳，中央设圆形火塘，原鼓楼火塘正上方屋顶还悬挂一口铜钟，每逢大事、急事，敲击此钟召集乡民，集此商议、处理事宜。

萨堂：也称为"堂萨"、"然萨"，亦叫祖母祠，是用于供奉和祭祀萨岁的地方。九龙的萨堂是完整的堂舍形制的萨堂，形同一座山庙，有围墙围闭。平时"萨岁"屋宇紧闭，任何人不得入内，村民仅在重大节日或村中发生重大事情时才进入祠中祭祀萨神，每逢大年初一大祭之日，全寨男女老少皆可参加。人们举行盛大的游行仪式和踩歌堂活动，歌颂萨神的功德无量，祈求萨神给村寨带来幸福。

鼓楼

九龙村平面图

民居

风雨桥

萨堂

风雨桥：九龙有2座风雨桥，风雨桥一建于民国17年（1928年），宽度5米，是一种集桥、廊、亭三者为一体的桥梁建筑，由下、中、上三部分组成。下部是桥墩，用大青石围砌，以料石填心。中部为桥面，采用密布式悬臂托架简支梁体系，全为木质结构。廊亭木柱间设有座凳栏杆，栏外挑出一层风雨檐，既增强桥的整体美感，又保护桥面和托架，风雨桥二建于民国时期，后被洪水冲毁，2015年修复还原。

民族文化

侗歌文化：三龙地区（九龙村、中罗村合称）侗歌十分丰富，归纳起来有九大类，即大歌、叙事歌、劝酒歌、劝事歌、礼俗歌、抒情歌、骂俏歌、哭歌、儿歌等，南部侗族地区的许多村寨人们都认为侗族民歌是由三龙流传而来。侗族大歌无论是音律结构、演唱技艺、演唱方式和演唱场合均与一般民间歌曲不同，它是一领众和，分高低音多声部谐唱的合唱种类，属于民间支声复调音乐歌曲，这在中外民间音乐中都极为罕见。一直以来，世界音乐界认为中国没有多部和声艺术，侗族大歌的出现让音乐界惊叹这是中国音乐史上的重大发现，从此扭转了国际上关于中国没有复调音乐的说法。

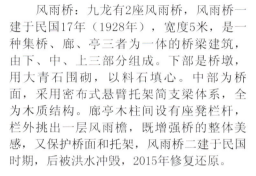
古井

人文史迹

萨坛：寨内萨坛2座，都位于村寨中部，九龙的萨堂是完整的堂舍形制的萨堂，形同一座山庙，有围墙围闭。

古树：九龙村有一株千年楠木，位于三百鼓楼对面的山坡上，古树树高15米，冠幅达20米，枝叶繁茂，优美挺拔。

寨门：寨中保留一座老寨门，20世纪初对其进行修缮，寨门木质结构，形式古朴，现状较好。

古井：村寨里有7处古井，其中一口古井考虑安全因素已将其覆盖，其他古井仍然在使用，保存情况较好。

保护价值

九龙村侗民族文化、风俗浓郁，侗族大歌尤其突出。侗族大歌是侗民族文化的

九龙服饰

重要组成部分，是侗民族文化、风俗的高度集成，是侗民族传播思想、理念、生产、生活习俗的主要方式，有很高的文化、艺术性。侗族大歌是了解侗民族的起源、繁衍、分布、习俗等鲜活的科研载体，侗歌传承基地九龙村具有极高的保护价值。

周 捷 徐 雯 编

古树

"月也杆棉"婚姻习俗活动

黔东南苗族侗族自治州台江县施洞镇八梗村

八梗村环境

八梗村区位示意图

总体概况

八梗村临河而建，千年古树与翠竹环绕；寨脚河滩坝宽阔，近寨河边有老码头、进寨石阶梯路和寨门。寨内小巷幽深，古朴典雅。八梗村位于清水江中游河畔，台江县北部，施洞镇北部。距施洞镇政府2公里，距台江县府40公里，距黔东南州府68公里。耕地面积425.2亩，共有104户457人，99%为苗族。2013年被列入第二批中国传统村落名录。

村落特色

苗族人民极为看重环境，注重人与自然的共存理念，村寨大多分布于高山河谷之中，具有"一山一岭一村落"的分布特点。古代苗族人民具有极为强烈的安全意识，整个村寨位于高山之上，河谷之中，整体呈山间团状形态，既有屏风的功能阻挡来风的直接吹入，又具有防御和抵御外敌的功能，不至于使外人轻易发现村落的存在，或洞察村落的全貌。

八梗寨中有鹅卵石铺就的古寨道，住房星罗棋布，错落有致，间有小院落。民居建筑多为传统木质结构歇山顶穿斗式木房，上盖小青瓦，间有马头墙古建。

传统建筑

村民住宅多为1~2层木质结构干阑式平地楼，主要为木质穿斗结构，具有典型的"青瓦、坡屋面、木质结构外墙"。上盖小青瓦，窗户为木质格窗，其开启方式为平开窗，分左右两扇，扇叶大小和材质以屋主的喜好及木材而定，窗户棂格的装饰图案以苗族传统喜好的花草鸟兽为主，丰富多样，各户不同。整体来说极具地域特征和民族特色。

村内传统建筑除民居外，龙船棚、寨门等也是八梗村建筑最具传统特色的风貌建筑。近年来，村内村民为提高住房质量和安全防火等特性，多采用砖混结构建房，外墙整体采用砖墙裸面或者瓷砖贴面形式，对村庄传统风貌存在一定的影响。

九大白故居

老木门

龙舟棚及古树

八梗村总平面图

黔东南苗族侗族自治州

码头小寨门

临河小亭

村落环境

民族文化

苗族刺绣：苗族刺绣是苗族人民以勤劳和智慧创造的一门艺术，堪称"无字史书"，其蕴含的文化内涵可折射出苗族的历史和变迁过程，具有极高的文化品位。由于受到不同的社会历史、自然地理、宗教信仰和风俗习惯等诸多因素的影响，人们的审美观念和审美情趣各异，因而制作的刺绣造型风格也各异，苗绣不同于湘绣、蜀绣、苏绣，它以其浓厚的民族风格，构图的美观和夸张，造型的独特和丰富的色彩而闻名于世。

苗族姑娘未出嫁前，都要亲手绣作一套嫁妆。从绣作到完成一般要三至五年，每一件绣品的完成，无不渗透姑娘的心血。因此，心灵手巧的苗族姑娘也才能博得人们的赞许、爱慕和追求。

村落街道

绣花带

传统民居

刺绣艺人

保护价值

八梗村是一个依山傍水，地形险要，风景优美，民居古朴，民风淳朴的苗寨。现寨中已建成文化活动室、歌舞场、自来水、水泥硬化寨道、公厕、垃圾回收等公共设施。当地政府正拟将八梗村打造成旅游度假民族村落。

历史价值：是研究我国传统村落演化史、村落文化史和风水选址学的鲜活史料，具有重要的历史价值。

文化价值：展现了古代匠师和当时寨民的审美理念、心理特征和价值取向，为研究当时社会的民俗学、环境学等提供了重要的历史依据，具有较高的文化价值。

杨　渊　马勇超　编

黔东南苗族侗族自治州剑河县太拥镇九连村

九连村全貌

九连村区位示意图

总体概况

九连村位于太拥乡西南部，距乡政府所在地10公里，是一个人口全部为苗族的村寨。九连村居住相对集中没有其他自然寨，共有7个村民小组，140多户人家。全村人口648人。2013年被列入中国第二批传统村落名录。

村落特色

九连苗寨是一个整体的传统民居群，依山而建，西南、东北两面是护寨林。村庄四面有路上坡耕田种地，兼通其他村寨。平均海拔850～1950米，最高海拔946.5米，最低海拔857.2米。

九连村传统建筑吊脚楼、传统禾仓等具有传统风貌的建筑比比皆是。

现有九股苗分迁遗址1处，芦笙坪遗址1处，斗牛坪遗址1处，游方场遗址1处，传统民居130余栋，传统粮仓群1处共16栋，护寨古树林2片，千年古树1株，古井1口，土地庙1座。

传统建筑

民居：采用传统吊脚楼结构，依山而建，集中起房，为苗族民居的典型建筑。

功能一般按三段式划分，即底层为牲畜杂物层，二层为生活起居层，三层为粮食储藏层，其中以二层为主要层。由于这种性质的房屋在结构、通风、采光、日照、占地诸多方面都具有一定的优越性，因而在广大苗族地区得以长期沿袭下来。

粮仓：九连村共有禾仓16座，粮仓分布于村寨各处，粮仓布局合理，均与住房保持一定距离，以满足防火要求。

粮仓大小一般在10～18平方米，呈正方形，每座粮仓皆独立成栋，一层架空，以便于防火、防鼠、防蚁虫、防潮等。二层用木质性较好的杉树来进行围装，大部分上盖杉树皮，保持着传统的风貌。

传统民居建筑

九连村平面图

民族文化

九连苗族服饰：九连服饰是剑河县境苗族服装中较为朴素的一种。其特点是妇女衣裙、围腰、头巾、腰带不刺绣。头巾从脑后翻越头顶搭于前额上。

飞歌：九连飞歌的唱腔流传于太拥、观么、南寨、柳川几个乡镇。发音形式独特，以颤音为主，音调高吭，穿透力强，传声距离较远。每有外村的人来邀歌，未见人前，先闻远处飘来的歌声。

古歌：九连苗族古歌已有千年历史，主要是唱苗族从东方到当地的迁徙过程，其中还有相当一部分是唱在当地定居后的安居乐业场景，是世代传唱的民间文学与民间音乐形式。能以引用古歌里丰富的内容对唱的人称为歌师，受到村民的尊敬和喜爱。

踩芦笙：踩芦笙，又名"芦笙舞"、"踩歌堂"等，因用芦笙为舞蹈伴奏和自吹自舞而得名。

传统窗花

入口位置，作为村寨的护寨神树。

古井：古井位于九连寨东侧山坡下，农田边缘。现在仍旧完好，可以正常使用。

土地庙：土地庙位于九连寨东侧山坡下，农田边缘。

古井

神树

古树

斗牛：黔东南苗族斗牛是指人们让两头水牯牛以角相抵斗以争胜论负的活动，被称为"东方式斗牛"。在黔东南州的苗族村寨，凡遇节日，基本上都有斗牛活动，有"逢节必斗"之说。

土布制作技艺：九连苗族土布制作技艺是苗族人类早期手工业文明的重要成果，它全面、原始地再现了人类早期手工纺织业的发展过程。迄今寄居于斯的苗族女性，按照苗族民间传统，自幼必须从上辈女性的言传身教中承袭传统的种、纺、织、绣、染等手工艺，并于婚前自制好自己的嫁衣。

民俗：九连的民俗的较多，较为突出的有"拦路酒"、"招龙"等。

人文史迹

九股苗分迁遗址：20世纪80年代末至90年代初，剑河县志的调查人员通过对九股苗"西"支的考证，"西"支从久脸（九连）迁到党奉后，又经过多次分迁，历42代到温泉张往沟，遗址距今约1000多年。

游方场遗址：游方场遗址又称松计，"计"是有风、吹木叶之意，是古人游方的场所。

斗牛坪遗址：斗牛坪遗址又称叫松女西丢（意为山坳上的斗牛坪）。

这3处遗址分别相距0.5公里左右，呈三角形分布。专家推断，当年这里的场面十分热闹和盛大。

苗族吊脚楼群：连苗寨已有近300年的历史，历史悠久，文化遗存深厚，吊脚楼分布于北向南的一条相对平缓的山岭上，依山而建，集中起房，为苗族民居的典型建筑。

千年古树：沿公路进入九连苗寨，第一眼见到的就是千年古树，古树在村寨的

民族舞蹈

芦笙坪遗址

游方场遗址

传统服饰

九股苗分迁遗址

保护价值

九连传统村落作为黔东南州最具代表性的苗族文化村寨之一，距今已有300多年的历史，仍保存了相对完整的、真实的历史遗存和文化遗产。

九连传统村落丰富的文物古迹，独特的苗族干阑式民居，是研究和传承苗族文化及苗族干阑式建筑的重要平台。

九连传统村落依山傍水而建，溪流穿寨脚而过，纤秀的干阑民居依山就势、高低错落，村寨风貌和建筑景观让人应接不暇，极具观赏性。

九连村作为一个传统村落，保存了相对完整的、真实的历史遗存，同时附带了大量的历史文化信息，完整地体现了当地的苗族传统民风民俗，见证了自清代以来该地区的生活方式和文化特色，有较高的历史价值、人文价值和科学价值。

黄　琨　刘宁波　编

九连村全景

黔东南苗族侗族自治州台江县排羊乡九摆村

九摆村全貌

九摆村区位示意图

总体概况

九摆村位于台江县排羊乡西北部，苗岭主峰雷公山北部，四面环山，环境优美，距乡政府驻地6公里，距台江县城35公里，距凯里32公里，距西江6公里，排西公路从村中穿过，交通便利。2012年统计，该村有301户，1317人，全系苗族。2013年被列入第二批中国传统村落名录。

村落特色

九摆村环境优美，气候宜人。一条清幽幽的小河从村前蜿蜒而过。村周围古枫参天，植被保护完好。村道已经全部实现路面硬化，家家户户都铺上水泥路，有的是鹅卵石，吊脚楼窗明几净，房前屋后干干净净。

村落古树1

人文史迹

九摆村历史悠久，据考证，该村始建于明朝初年，距今已有600多年的历史。居民均为苗族，由龚、杨、李、陆、吴、熊、蒋、唐等11个姓氏组成，村内有苗族独柱鼓楼等许多民族文化遗存。

村下小河边的水碾坊已经有300多年的历史。碾坊看似简单，其实工艺复杂，它首先通过水来推动水车转动，再带动木齿轮，进而拉动圆柱和石碾碾米。水碾坊虽然历经几百年的风雨沧桑，依然吱吱嘎嘎在运转，现在虽已被现代先进的打米机所取代，但不失为一个古老苗寨的历史见证。

传统建筑

整个村寨依山而建，吊脚木楼鳞次栉比，层楼叠宇，参差错落，蔚为壮观。楼房一般为3层，也有2层的，中间一层人居住，堂屋一般都修有"美人靠"。因二、三层和檐前挑梁伸出屋基外坎，形成悬空吊脚，故称"吊脚楼"。凌空耸立在村头的独柱鼓楼成为该村一道靓丽风景。鼓楼修建于明崇祯十七年（1644年），是至今全国发现唯一留存的苗族独柱鼓楼。鼓楼是该村苗族人民行"招龙谢土"、"祭鼓节"等重大节日时进行踩鼓和祭祀活动的中心，同时也是议事场所。县人民政府于1993年将"九摆苗族鼓楼"列为县级文物保护单位，1997年，省文化厅将鼓楼列为第三批省级文物保护单位。

风雨桥1

九摆村平面图

民族文化

鼓藏节：是以血缘宗族为单位的祭鼓活动。鼓藏节12年举办一次，每次持续达4年之久，现在改为持续3年。苗族聚族而居，苗族以血统宗族形成的地域组织"鼓社"为单位维系其生存发展。"鼓"是祖先神灵的象征，所以鼓藏节的仪式活动都以"鼓"为核心来进行。鼓藏节的仪式由鼓社组织的领导"鼓藏头"操办。经过13年为一轮回。

银饰工艺：该村几乎家家户户都有银饰加工作坊，是远近闻名的银饰加工村。银饰加工一般都是子承父业，世代相袭。银匠先把熔炼过的白银制成薄片、银条或银丝，利用压、刻、镂等工艺，制作出精美纹样，然后再焊接或编织成型。银饰加工出来的花、鸟、鱼、虫、飞禽走兽等，造型美观、活灵活现、工艺精湛、精美绝伦。不仅畅销省内外，还远销欧美等国家和地区，成为该村农民的重要收入来源。

鼓藏节

苗族银饰1

村落古树2

保护价值

该村是一个古老的村寨，风光优美，全村大部分吊脚楼散落在一片陡坡上，从远处看，鳞次栉比，蔚为壮观。民居建筑典雅古朴，别具一格，有全国唯一的苗族独柱鼓楼，银饰手工艺远近闻名，被称之为"银饰艺术之乡"。民族风情古朴浓郁，鼓藏节、苗年节、吃新节等苗族节日和别具特色的苗族歌舞，工艺独具的银饰、服饰艺术，构成了九摆村苗族原生态文化村寨独有的景观。1999年，贵州省民委将九摆村列为省级民族文化保护村寨。

杨　渊　马勇超　编

风雨桥2

九摆鼓楼

村落环境

黔东南苗族侗族自治州剑河县久仰乡久吉村

久吉村全貌

久吉村区位示意图

总体概况

久吉苗寨分为久吉一村和久吉二村两个行政村，位于黔东南州剑河县久仰乡西南面，距县城50多公里，距久仰集镇有10.5公里，2769人，主要民族为苗族，2013年列入中国第二批传统村落名录。

村落特色

久吉村山高谷深，土质优良，水资源丰富，可以大面积成片开垦梯田。苗寨形成于明代，整座村子坐南向北，木结构民居层层叠叠，依山而建，随山势吊脚。寨内街道有横向和纵向两个方向，没有主次之分，随地势弯曲，进入各家各户。村边5片大面积的护寨林古木参天。

村寨布局：村寨是一个整体的传统民居群，依山而建，层次分明，南高北低。斗牛坪紧邻村寨西弯。游方场和家族公共小亭分布在寨内各处。粮仓群分布在寨边，稍离住房，有一定的防火作用。护寨林分布在村寨的最外围。大路由东南向西北进入寨内。

传统建筑

民居建筑：大多是二开间2层，部分是三开间2层，悬山顶、小青瓦盖顶，穿枋结构。部分两头带小偏厦。剖面为排柱穿枋，中柱最高，两面倒水，每排为5柱4瓜，二层以上大多挑出60～80厘米，用以增加房屋的宽度。挑出的边柱脚悬在空中，通常刻有饰纹，窗口装饰有木格花以示主人勤劳富有，持家有方。立面为过间穿枋，柱顶上檩子过间而架，托起椽皮，椽皮上盖瓦或杉木皮。因是在斜坡上建房，外面柱子常常吊脚。如果吊脚空间大，则安排猪牛圈。如果吊脚空间小，猪牛圈另外择地安排。一层是堂屋和火堂，有少量居室，二层住人。临街面有一个美人靠廊，是邀约打招呼的地方。

粮仓：粮仓不大，都是4脚立柱，悬山顶、小青瓦盖顶或杉木皮盖顶。中柱是2根短柱托起屋顶。粮仓有2层，第一层是空的，仅用于放少量的杂物。第二层用横板密封，架上便梯，用于存储谷物。

家族公共小亭：占地面积通常在20～30平方米之间，有6根边柱，中柱短，与2个木瓜一起抬在屋顶，四面有坐板和靠廊，是家族之间相互交流、对歌、游方、交友的地方。

在第三次全国文物普查中，查明久吉村不可移动文物有风雨桥3座、家族公共小亭5座、传统粮仓群3处。

民族文化

久吉村的苗族服饰已有近千年历史，其刺绣技艺流传于剑河县革东、柳川、南哨、太拥等十余个乡镇的苗族地区，2009年国务院将其列入第二批非物质文化遗产名录。刺绣活动是苗族妇女日常休闲时光的活动内容，代代相传。一套盛装要半年到一年的时间才能完成，每到重要节日，都要穿盛装参加对歌和踩芦笙等活动。

久吉村的多声部民歌曲调优美，唱

久吉村民居主体建筑

久吉村平面图

久吉村木桥

黔东南苗族侗族自治州

家族公共小亭

多声部民歌

腔独特，发音难度大，是青年男女游方的歌唱方式，多次在省、国家级的比赛中获奖。2009年国务院公布为第二批非物质文化遗产名录。

嘎百福是久吉村特有的一种劝解村民之间矛盾的形式，如果村民之间发生矛盾，要由一个德高望重、善于说理、长于唱歌的长者出面调解。调解人使用唱歌的方式，引经据典，说服力强，曲调优美，常常使矛盾双方感动不已，握手言好。

二月二，是祭桥节，流传于全县各处苗族地区。桥是苗家的神物，有保佑平安、送子的神力。每年二月二，家家户户都要祭桥。

斗牛，斗牛每年都要举办，每隔几年要邀请周边村寨的牛来参加比赛。

人文史迹

粮仓：粮仓以家族的方式集中修建，很有特色，目前有4处年代较久的粮仓群，每处有20~50个粮仓不等。寨内传统木建筑完好地传承着农耕手工木建筑技艺及建筑理念，工艺流程完整，有较高的文化和美学价值。

古井：久吉村一共有青石板古井1个，分布在寨子中，在没有自来水以前，村民们一直在这个井里喝水，村民的生活用水均来自于这个古井，这两个古井是久吉村村民不可或缺的水资源。

古树：久吉村一共有5片大面积的护寨林，古木参天，分布在村寨周围，古树具有悠久的历史，久吉村村民信仰古树可以保佑独久吉人民身体健康，农作物年年丰收。

古桥：沿村寨小溪之上架有木桥，木桥与周边榕树相互融合，与周边的溪水、村寨共同构成了"小桥、流水、人家"的美丽画卷。

梯田：久吉村土质肥沃，沿村寨一侧有千亩梯田，每年春秋两季，梯田的观赏景观一望无际，美不胜收。

神柱：举行椎牛祭祀活动时用来固定牛的柱子，高约一丈八尺，直径七八寸，用标直挺拔的楠木或其他不易裂缝的木料制作，除下部长约三四尺部分素面而外，神柱的其余部位均雕刻了各式各样的图案，如花环、花齿盘、卷草、斜纹格、绣球等类装饰，故又称为"花柱"。

土地庙：在古树旁。土地神源于远古人们对土地权属的崇拜。土地能生五谷，是人类的"衣食父母"，因而人们祭祀土地。土地庙作为人们集中祭祀土地神的地方，自然随之兴盛起来。

牛角神柱

织布

古树

粮仓群

保护价值

久吉村是一个传统的苗族村寨，大部分居民为苗族，其特有的苗歌苗话，苗节苗年等民族风俗，得以保存及发展，具有较高的社会价值。这里的刺绣、传统木建筑技艺、节日、习俗等传承时间久远，环境植被优良，景色优美，有独特的传统风貌和文化价值，是摄影爱好者的乐园。

黄　琨　张　奕　编

家族岩菩萨小庙

久吉村全景

黔东南苗族侗族自治州榕江县栽麻乡大利村

大利村远眺

大利村区位示意图

总体概况

大利村位于贵州省黔东南苗族侗族自治州榕江县栽麻乡境中部。大利村始建于明末清初，杨姓先祖共9兄弟先后来此拓荒建寨，石砌土封萨坛一座祭祀老祖。大利民居集中连片；距乡政府驻地7.5公里，距县城26.5公里，距榕锦公路线（省道）4.5公里，全村284户，1314人，是一个典型的侗族聚居村，侗族人口占全村总人口的98%；2012年被列入第一批中国传统村落名录。

村落格局

大利是典型的侗族古村落，村民居古老多样，集中连片，多建于清末民初，全为榫卯结合的木构建筑，并保存良好。利洞溪穿寨而过，风雨桥横跨其间，鼓楼耸立寨中，重檐叠阁矗立蓝天。由于用地有限，为创造更多使用空间，建筑巧妙地与地形结合，手法独具匠心。居住方式摆脱了地面居住的束缚，采取在架空层面上生活的离地居住习惯，这是区别于苗族居住类型的重要特征。

人文史迹

建筑内部采取入口及纵深轴线方向为导向的平面布置形式，强调从活动区到安静区、外向到封闭纵深轴线方向的空间序列，由休息和手工劳作功能的宽廊——生活起居的火塘间——寝卧空间的布局形式，其空间序列关系是前—中—后的纵深格局，充分体现侗族同胞自身居住习俗的物质与精神两个方面的生活需求。

建筑外部造型因地而异，以多变的建筑处理手法去适应各种不同的外部地貌环境，利用岩、坡、坎、沟和水面环境来限定外部空间。同时结合居住功能，进行合理处置，使整个建筑造型显得轻盈飘逸。立面随坡势起伏，因形就势；利用不同层次变化，充分发挥竖向组合的特点；在节约用地的同时，外部空间高低错落，村寨风貌和建筑景观让人应接不暇。别致的侗寨鼓楼、风雨桥，侗居内神圣的火塘，纤秀的建筑外形，精巧的卯榫结构等都反映出侗族人民的聪明才智和精巧匠心。

侗族四合院

村落环境

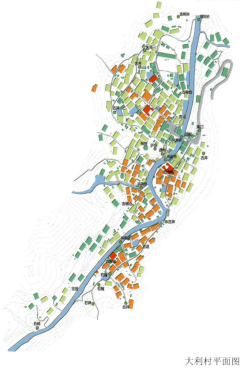

大利村平面图

传统建筑

侗戏是具有独特民族风格的侗族文化艺术,戏台是侗族村寨重要的公共建筑物之一,是村寨主要的社交活动场所。

戏台顶部为3层重檐翘脚歇山式屋顶,覆盖小青瓦。各层正面檐板分别绘有人物、花卉图案,各层四端翘脚彩塑有走兽,通面阔8米,通进深8米,通高15米。

鼓楼始建于清乾隆初年(约1740年),2005年村民集资在原址重建。

鼓楼是侗族村寨的标志,是象征族姓群体的标志性建筑物,是侗寨社会、文化、政治的中心。

此鼓楼为9层密檐单楼冠六角攒尖顶塔状木构建筑;结构为穿斗式筒架结构。

大利戏台

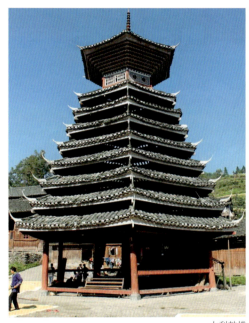
大利鼓楼

民族文化

侗族大歌起源于春秋战国时期,至今已有2500多年的历史,侗族各种民俗活动都以集体为主,如集体做客、集体对歌等等,这些充分体现了侗族人民的友谊、团结、爱美和群体意识较强的文化精神;也是侗族审美观的一种外在表现形态,展现出侗族人民对人生、生活的热爱和追求,这些民俗和民俗精神就是侗族大歌生存的良好土壤。

侗戏是我国民间戏曲中的戏种之一,是侗族人民在长期的劳动生活中创造并喜闻乐见的艺术形式,它具有独特的民族风格,有着深厚的群众基础,并且尚在发展之中,其内容丰富多彩,形式清新活泼,有浓郁的乡土气息。从学术上看,它是有发展前途的民族民间剧种之一。

芦笙是侗族民族传统乐器,侗族民间的能工巧匠,利用竹、木和铜片等三种材料即可制造出各式各样的芦笙,吹出的声音清脆、响亮、浑厚、悦耳。侗族琵琶是由琴头、琴杆、弦轴、共鸣箱和弦构成的。在各地区琵琶的大小不一,可分大、中、小三种。大的音色柔和低沉,中的音色明亮甜美,小的音色清脆悦耳。

大利寨门

侗寨大歌

芦笙表演

代表民居1

代表民居2

保护价值

大利村是一个典型的侗族古村落,风光优美,全寨均为传统民居建筑,吊脚楼(亦有木构地屋)分布在山谷中的小溪两岸,寨中石板路或花街路纵横交错,村民出入方便,寨中古井分布有序,水清凉、常年丰盈。

大利村周林木葱郁,竹林片片,环境异常优美,全寨村民对周边林木的保护意识逐渐提高,大利的传统建筑与村内外的环境保存良好。传统村落的传统建筑、传统文化及村寨的良好环境是我们祖先留下的珍贵遗产。

朱洪宇 冯 泽 编

黔东南苗族侗族自治州黎平县尚重镇下洋村

下洋村全貌1

下洋村区位示意图

总体概况

下洋村位于尚重镇政府驻地12.3公里，东接归七，西于榕江县毗邻，南至育洞村，北达上洋村。据调查，在400年前，杨姓金商、银商和关商三兄弟从本镇洋卫村宰洋（侗族语言）寨迁来此地居住，金商住上洋、银商住下洋、关商住中洋，沿用原住地名为洋洞（含上洋洞、中洋洞、下洋洞）。下洋村村域面积为5.73平方公里，总人口为1916人，以侗族为主。2004年，下洋村被黔东南州人民政府评为黔东南州重点民族文化旅游村寨。2013年，下洋村被列入第二批中国传统村落名录。

村落特色

下洋村村寨沿河而居，村寨四周是植被茂盛的山林，村寨以寨中心的活动坪为中心向外辐射，构成蛛网格局，整个村落依山而建，洋洞河穿村而过，寨后古树成林，山水、古树与村落相依存，洋洞河上下游分布了千亩良田，南北开敞，东西围合，蜿蜒而过的洋洞河与群山环绕的村子共同描绘出一幅静谧的人间盛景。曾被黔东南州人民政府评为黔东南州重点民族文化旅游村寨。

传统建筑

下洋侗寨民居基本以传统干阑式建筑修建，楼房建筑以2层为主，少数为3层，整个村落依山梯建，侗族特色的干阑建筑以盖木皮或小青瓦遮阳避雨，历经数百年，村落整体居住格局基本保存不变。当地侗民族工匠现场加工制作构件，整幢木质吊脚楼建筑不需一钉一铆，传统的民族建筑工艺形成了下洋寨典型的吊脚楼建筑群落，建筑风格与村落周边的环境共存，环境风貌基本保持完整。

民族文化

踩歌堂：大年初二以后，开始踩歌堂，与上洋村一同举行，"过单不过双"，意为踩歌堂只过单数天，过3天、5天或者7天，从下午1点左右开始吹芦笙、唱琵琶歌、跳芦笙舞。

十月二十六：也称"祭祖节"（同汉族的"七月半"），与上洋村一同举行。相传，洋洞的祖先来到洋洞村时，人死后，将遗体抬到山上，并不下葬，后来因遗体越来越多，为了保护环境，人死后便将遗体下葬，在每年农历十月二十六这天统一祭祀。

人文史迹

古井：下洋村共有两口古井，这两口水井担负着下洋村两个自然寨的生活用水，水井里的水冬暖夏凉，十分可口，至今仍在使用，井水可以不通过处理直接饮用。

梯田：落户下洋后，勤劳智慧的下洋祖先们，根据山形就势逐级开垦，形成了今天美丽的梯田文化，同时，沿河开垦农田，因有河水灌溉，沿岸农田每年均能实

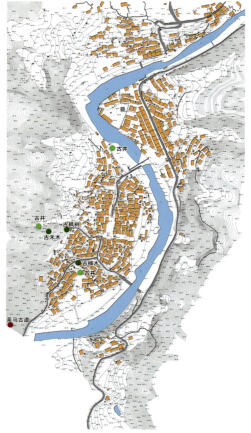

下洋村平面图

下洋村全貌2

古树

古井

羊洞河

现大丰收，形成今天的田坝，下洋村的梯田及农田实现了生产生活与自然的协调。

古树群：下洋村古树群建寨的时候就已经存在，在侗家人心里，村寨必须有古树在寨内或在周围，除了美化村寨环境外，还能为村寨遮挡大风，其中最主要的一点是侗家人认为这些大古树可以避邪。

洋洞河贯通村寨及寨外梯田，常年水源充足，默默地孕育着沿岸的下洋村侗家人一代又一代。

保护价值

下洋村洋洞河绕村而过，村落建筑与沿河的上洋寨连为一体，村后古木参天，南面河对岸的洋洞梯田春、夏、秋、冬景色迷人，山水、村落与田原自然风光浑为一体的下洋侗寨风光令人流连忘返。下洋村保存了较完整的传统建筑风貌以及格局，承载了传统发展的脉络，具有一定的历史价值，有极高的研究和保护价值。

徐 雯 王 莹 编

民居1

民居2

民居3

踩堂活动——欢迎宾客

下洋侗族服饰

黔东南苗族侗族自治州雷山县郎德镇上郎德村

上郎德村全貌

上郎德村区位示意图

总体概况

上郎德村位于雷山县西北部的郎德镇，全村1132人，176户村域面积5.5平方公里。村内最低海拔735米，最高海拔1280米。上郎德村是国家级文物保护单位、中国历史文化名村。主要文物古迹有：古建筑群，民族博物馆，粮仓，风雨桥，杨大陆故居和杨大陆在上寨修建的围墙、战壕、军火库遗址。2012年被列入第一批中国传统村落名录。

其中吊脚楼140座，风雨桥4座，杨大陆故居1座，民族博物馆1座，寨门3座，粮仓20座。

建筑为苗族传统吊脚楼，主柱为杉木，框架系榫卯衔接，大多为四榀三间，上下3层，屋面多为斜山顶。底层进深浅，多用于饲养牲畜、储物。二层为生活空间。

杨大陆故居：清朝咸丰、同治年间起义抗清的苗人领袖杨大陆的居所。建筑保存完好，完整地展示了清朝年间苗族建造工艺与建筑艺术，并成为后人纪念祖先、了解历史的载体。

杨大陆风雨桥：杨大陆风雨桥横跨望丰河，长37米，宽5米。原为撑架式木梁桥，虽经历多次维修，但最终被水冲毁，现桥为新建，添加了美人靠、石质桥墩、多层檐角飞翘、顶饰等，桥体坚实且不失传统风貌与美观。

古寨门：上郎德村的古寨门共3座，均为苗族传统寨门样式。其中以"三角两门"为一体的寨门最有特色。虽寨门为古村落的防护与抵御，但现今多为村寨风貌与特色展示所用。

上郎德村现状平面图

村落特色

村域有较好的生态环境条件，地表资源丰富，村内四面环山，清澈见底的报德河绕村而过，跨河有杨大陆桥、风雨桥，沿河有石磨碾房，两岸水车成行，周围满是茂密的山林。

上郎德村寨的青瓦吊脚楼疏密有致地建筑在近山麓处的山坳斜坡上，木楼建成悬山顶屋面，曲径回廊，五条花街通向寨中，像太阳的光芒四射。吊脚木楼与山川河流融为一体，宛如世外桃源。

传统建筑

上郎德村的传统建筑群大多保存完好，主要有吊脚楼、博物馆、杨大陆故居、杨大陆风雨桥、粮仓、寨门等，

俯瞰上郎德村

雨中传统小巷

杨大陆故居正面

杨大陆故居侧面

传统建筑群

鼓藏节

杨大陆风雨桥全貌

苗族婚俗

杨大陆风雨桥局部

刺绣与服饰

"三角两门"寨门

古寨门1　　古寨门2

民族文化

鼓藏节：鼓藏节是苗家最隆重、最独特的节日。说独特隆重是因为它是苗族祭祀本宗支祖宗神灵的最大圣典，说它独特是因为十三年才过一次，过节的地方比较少，过节有程序、仪式和专门的鼓藏语。苗族鼓藏节具有鲜明的民族传统文化内涵，是苗族人生价值观的展现。鼓藏期间，苗族同胞和远方来的客人一起围着圈跳铜鼓舞，很是热闹。苗族的传统舞蹈颇具特色有盛装苗舞、芦笙舞、铜鼓舞、板凳舞等。

婚俗：郎德上寨的人在步入青年时就开始游方（苗族把谈恋爱称为游方），因而他们的爱情生活来得较早。由于与异性接触的时间较长，选择对象的机会相应增多，但组成家庭时只能从中选一人。

苗族嫁娶在白天的称为"大路婚"。在夜间嫁娶称为"偷情"，娘家父母及哥弟不参送。礼金女方家可到男方家谈，也可以由男方家到女方家谈讲，酒礼款待。嫁姑娘称为"喝喜酒"。前后有提亲酒、订婚酒、满寨酒、迎亲酒、进门酒、婚宴酒、闹寨酒、洗脚酒、新人酒等诸多酒俗，但如今已有所简略。

刺绣与服饰：苗族刺绣文化源远流长，因为苗族人民没有自己的文字，他们便把在平时生产生活中常见的花草树木、鸟鱼虫兽秀在了衣服上。苗族刺绣具有传承历史文化的作用，主要表现在刺绣的图案上。几乎每一个刺绣图案纹样都有一个来历或传说，都深含民族的文化，都是民族情感的表达，是苗族历史与生活的展示。蝴蝶、龙、飞鸟、鱼、圆点花、浮萍花等图案都是《苗族古歌》传唱的内容，色彩鲜艳，构图明朗，朴实大方。

苗族的服饰有盛装、便装等。从苗族祖先流传下来的服饰上来看，苗族比较重视女孩，所以女孩的盛装比较华丽，谁家女孩身上的衣服越好看，银饰越多就表示谁家越富有，而这一身的盛装将是女孩出嫁的嫁妆。

人文史迹

855～1872年，清咸丰、同治年间苗民反清抗暴失败后，因这里是义军将领杨大陆的大本营，清军征战了18年才将其平定。杨大陆领导苗族村民开展抗清斗争时，其家乡——郎德上寨修筑的战壕、围墙、马道、军火库等设施，迄今遗址尚存。

保护价值

上郎德村是国家级文物保护单位。1997年被文化部授予"中国民间艺术之乡"称号；1998年被国家文物局列为"全国百座特色博物馆"之一；2001年被国务院列为"全国重点文物保护单位"；2010年7月被列为"中国历史文化名村"。上郎德村本身就是苗族历史的沉淀，村寨在民族传统的保护与宣扬方面获得了优异的成绩。

李函静　张宇环　黄鸿钰　编

黔东南苗族侗族自治州台江县施洞镇小河村

小河村一角

小河村区位示意图

总体概况

寨边古树环绕，青山隐隐，绿水悠悠，田园较广阔。小河村是一个古老淳朴，风景优美的田园牧歌式的苗族村落。村内经过多年的发展，布局合理，民居保存完好。小河村距镇政府驻地5公里。全村辖2个自然寨（平阳、平敏），共206户，1050人；2013年被列入第二批中国传统村落名录。

村落特色

小河村在选址上遵循我国传统村落选址的理念，同时注重村寨的隐秘性与景观视线的通透性。

小河村沿着巴拉河畔而居 村口对面相望，巴拉河自村脚寨中间穿流而过，沿河而下约2公里即汇入清水江。近村巴拉河两岸田园宽阔，水源丰富，田土肥沃，物产丰富。田园周边群山矗立，古木参天。小河村是一个风景优美，建筑古朴、民风淳朴的苗族村落。

传统建筑

在内部空间上，民居建筑以村委会广场为中心按一定的秩序聚集形成一个团状聚落，穿寨而过的通村路和枝状发散的巷道将村寨分隔成不同形态结构却又相互联系的几个组团，民居组团内部穿插的消防水塘、古井、凉亭、小广场等营造的内部空间构成聚落的主要节点，整体空间点、线、面层次分明，传统格局形态凸显。

村内建筑大多建于明、清时期，村内建

村落环境

古民居一角

民居风格——马头墙

古民居窗花

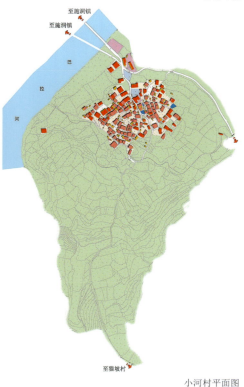
小河村平面图

筑布局较为紧凑，但新老建筑的分布较为混杂，呈现出不同的年代建筑风貌。20世纪90年代后所见建筑多体量较大、质量较好，且多为砖结构或砖混结构。

民居建筑各自集中在两个寨落，两寨分别建于巴拉河两岸，隔河相望。民居建筑多为传统木质结构歇山顶穿斗式木房，多为四排三开间，设吞口燕窝门，上盖小青瓦，间有少部分建于民国年间的马头墙砖屋及马头墙窨子屋。村民住宅建筑多为2层木质歇山顶穿斗式结构木房，村内传统建筑除民居外，风雨桥、寨门等也是小河村建筑最具传统特色的风貌建筑。近年来，村内村民为提高住房质量和安全防火等特性，多采用砖混结构建房，外墙整体采用砖墙裸面或者瓷砖贴面形式，对村庄传统风貌存在一定的影响。

人文史迹

台江县唐代隶属于应州的陁隆县，宋、元、明、清为"化外生苗地"。清雍正六年（1728年），朝廷决定开辟苗疆，镇远知府方显至台拱诸寨招抚苗民，登记户名，赐苗族汉姓，编设保甲。清雍正十一年（1733年）五月二十五日，建台拱厅，由镇远府设理苗同知一员分驻台拱，建台拱城。

在村寨的发展过程中建造了不少历史环境要素：寨脚有一口古井，该井常年流水，未曾干涸；村寨之外的树林中有抗战时期遗留下来的战壕遗址，以石块堆砌而成，非常坚固；寨前有贯通寨外田坝的巴拉河，常年水源充足，河道宽约20米，河水清澈见底。

民族文化

小河村具有丰富的民族民间文化，苗族古歌、飞歌、情歌丰富多彩。主要民族节日有二月二敬桥节、三月十五姊妹节、五月二十四至二十七龙船节等。民间工艺有民间刺绣、织染工艺、雕刻工艺、民族银饰制作工艺等。小河村是一个苗族传统文化底蕴深厚的苗族村落。文化传承主要以口传身授的形式传承。

苗族古歌是苗族古代先民在长期的生产劳动中创造出来的史诗，它的内容包罗万象，从宇宙的诞生、人类和物种的起源、开天辟地、初民时期的滔天洪水，到苗族的大迁徙、苗族的古代社会制度和日常生产生活等，无所不包，成为苗族古代神话的总汇。

飞歌：苗族"飞歌"是黔东南州苗歌中瑰丽的钻石，歌曲艺术的珍品。多用在喜庆、迎送等大众场合，见物即兴，现编现唱。歌词内容以颂扬、感谢、鼓动一类为主，过苗年、划龙舟等节日喜庆活动，一般要唱飞歌。

小河村风雨桥

村落古树

代表民居

苗族刺绣

刺绣艺人

保护价值

小河村是一个依山傍水，集青山、田园、河流于一体，风景优美，物产丰富，民居古朴，寨道宽阔整洁，民居古朴幽雅，民风淳朴的苗寨。小河村是研究我国传统村落演化史、村落文化史等的鲜活史料，具有重要的历史价值。现寨中已建成文化活动场所、歌舞场、自来水，当地政府正拟将小河村打造成旅游观光民族村落。

杨　渊　李先通　编

黔东南苗族侗族自治州黎平县九潮镇大榕村新寨

大榕村新寨全貌

大榕村新寨区位示意图

总体概况

大榕村新寨位于贵州省黔东南苗族侗族自治州黎平县九潮镇,距镇所在地5.2公里。村落形成于明末清初,距今已有400多年历史。居民多由江西迁至此地,有邓、凤、代三姓。村寨占地面积65亩,分布有100余栋建筑,户籍人口358人,常住人口324人,以瑶族为主。大榕村新寨2013年被录入第二批中国传统村落名录。

村落特色

大榕村新寨选址所在地平坦宽阔,四周千亩良田围绕,山林连绵,寨内小溪流水、参天古树。靠山面水延绵布局,南北开敞,东西围合。村落传统瑶族民居风貌保存完好,建筑与村落布局符合瑶族村寨形成规律,依山傍水,贴合自然。民族文化保护传承较好,民族舞蹈瑶族芦笙舞独具一格,特色节日邓家破肚节、平安节等氛围浓厚,饮糯米包茶等饮食文化独特。

传统建筑

大榕村新寨民居系瑶族木楼建筑,与当地侗族木楼风格相仿,多为1~2层,悬山式双坡顶,正脊两侧多有鳌尖,覆小青瓦,吊脚,以木格窗为主要窗户样式,整体建筑风貌保存完好。其房屋建造过程不要一钉一铆,全系木匠师傅掌墨打槽设计,由寨内村民相互帮助安装建造而成。

民族文化

芦笙舞:芦笙舞是瑶族的传统民间舞蹈。源于古代播种前祈求丰收、收获后感谢神灵赐予和祭祀祖先的仪式性舞蹈。舞蹈气氛热烈而欢快,现已成为瑶族民众在稻谷收获后至来年春播前农闲期间和各喜庆佳节时,由青年男女参加被称作《踩堂》或《踩芦笙》的自娱性、求偶舞蹈。每逢节庆或农闲,这里的瑶家人便聚集起来,带着几分醉意,乘兴吹起芦笙,手舞彩带,欢快狂舞。舞步随笙声而起,时而沉缓凝重,时而舒展奔放,时而炽热刚烈如火如荼,时而潇洒道劲热情横溢。男人悦耳的脚铃,狂放激昂,女人轻盈的舞姿,灿烂洒脱,把客人们陶醉得心花怒放,赞叹不已。新寨瑶族芦笙舞,以其旋律流畅的笙声和风姿狂放的舞蹈而独具一格,先后在黎平·国际鼓楼文化艺术节、凯里·国际芦笙节、湖南怀化旅游节和江

民居1

民居2

民居3

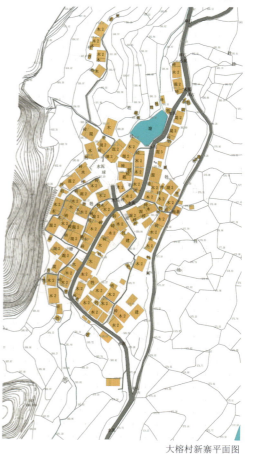

大榕村新寨平面图

芦笙舞

节日活动

苏·国际民乐节上受到广大观众的青睐。

邓家破肚节：每年八月第一个戌日。节日来源为古时有一祖先家有7个女孩，一天7个女儿送扁米给她们的父亲吃，老人吃完小女儿端来的第七碗扁米肚子胀破而亡，为纪念这位祖先而产生此节。节日内容为邓姓村民请凤姓、代姓来家做客，冲扁米，祭家神。

平安节（凤姓、代姓过）：每年阳历九月二十七。秋收时节庆祝五谷丰登，种黄豆、黄瓜、水稻要到每年农历六月六才能吃新的。节日内容为凤姓、代姓村民请邓姓村民吃饭。

饮食文化：有糯米包茶，每天早晨起床、中午3点左右喝茶，茶种为糯米包茶，为当地瑶族人民每日不可或缺的活动。

人文史迹

瀑布：在新寨东北方1公里左右，有一高65米、宽25米的瀑布，村民称为龙潭瀑布，汛期河水上涨，瀑布气势恢宏，甚为壮观。盛夏时节，村民们常来此纳凉、歇息，跳起欢快的舞蹈。

古井：水质清澈，常年不涸，大榕村新寨的古井起源于明末清初，现存有1口古井。古井的两边用青石板镶嵌相对封闭，防雨水和山溪水流入，井口两边拱形石板上刻有龙纹，边上立有石碑刻字记载，古朴自然，潺潺清泉，清甜冰凉，一方水土，蕴育一方文化。

上海杉古树：大榕村新寨自然环境优美，村寨四周青山环绕，树林茂密，树龄最大的古杉树有100多年历史，属上海杉树种，位于村寨的西南部。古杉树百年积淀，已经成为大榕村新寨必不可少的一部分。

山神庙：大榕村新寨村民每逢打猎时节，必先到山神庙祭拜，保佑平安与丰收。

萨坛：每逢节日，村民都会来此处烧香祭拜，祈求平安健康，风调雨顺。

保护价值

大榕村新寨保存了贵州瑶族村落相对完整的、真实的历史遗存，见证了自明、清以来该地区的生活方式和文化特色。村落建筑保存了瑶族木楼特色，村落及其四周的山、树、水、田构成的生存环境，和谐自然、相辅相成。芦笙舞作为非物质文化遗产，是瑶族的传统民族舞蹈，极具保护和传承价值。

徐雯 编

古杉树

田坝

古井

瀑布　古树

新寨街巷

村落一角

黔东南苗族侗族自治州雷山县达地水族乡马路苗寨

马路苗寨全貌

马路苗寨区位示意图

总体概况

马路苗寨位于贵州省黔东南州雷山县丹江镇，地处榕江、三都、雷山、丹寨四县交接地带，距乡政府驻地约3公里，全村面积约12.26公顷，总人口约200人，寨内民居主要以苗族为主，2014年，列入第三批中国传统村落名录。

村域森林覆盖率达70%以上，水资源丰富，周边山地灌丛越温暖带、北亚热带、中亚热带3个气候带，构成高山灌丛、山地常绿落叶混交林、常绿阔叶林等3个垂直植被形态，孕育了二百余种生物物种，含国家珍稀保护动植物资源二十余种，生态环境优越，地表资源丰富。

传统民居建筑1

村落特色

马路苗寨选址在齐山腰的台地上，依山而居，绿树成荫，四面环山，环境优美，寨旁溪水潺潺，一条马路将整个寨子环抱于胸。寨内水源充足，梯田连绵起伏，环境优美。

传统民居建筑2

传统建筑

马路苗寨内均为木质结构房屋，由村中木匠建造，多为苗族古朴建筑风格，庭院相邻、错落有致。

民居外部造型、内部装修、民俗陈设都极具地方特色，蕴藏着丰富多彩的文化内涵。民居木楼最大的为2层八柱五间，一般的为三间搭一厢阁，第一层作客厅、伙房等生活空间，第二层作为寝室、存放谷物等，厅前外廊有长条木凳，供观景和乘凉憩息，造型典雅古朴，户与户之间有小道连接，整洁卫生，舒适清爽。

民族活动场

民族文化

马路苗寨在语言、服饰、建筑、饮食等方面均保留着自己的传统，服饰和建筑

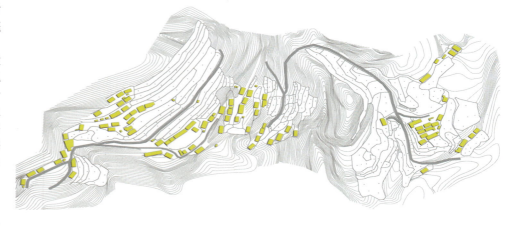

马路苗寨平面图

独具特色,民族风情浓郁,每年都举行"招龙节"、"端节"等民俗节庆,还有"蛙公"、"犀牛塘"等神秘的传说。

招龙节:苗族同胞把龙视为兴风降雨的神灵,招龙前,全寨各户主共同筹资,集中商议举办招龙事宜,选定日子,确定祭师、砍龙(水牯牛)人,筹备祭物,维修寨内、村头路尾道路、龙池等。全寨14岁以上男子被分编为若干组,分别准备,时辰一到,牵着水牯牛、羊等祭物、带着八仙、长号、芦笙、锣鼓等于辰日子时到"蛙公"前,即开始举行祭祀活动。

古井

寨内巷道

招龙节

招龙节长号表演

古树

主要河道

寨内步道

麓处的山坳斜坡上,与大山融为一体,宛如世外桃源。寨中村民性格敦厚,待人热情,具有浓郁的民族特色和丰厚的民族文化底蕴,保存了完好的原始古朴的民族风情和传统习俗,是研究苗族历史的鲜活实例,具有一定的保护和旅游开发价值。

张奇云 陈清鋆 杜莉莉 编

少女服饰

人文史迹

古树:马路苗寨有古树1处,位于寨子边缘,被尊为"保寨树",村民心中认为这棵树可保"人寿年丰",因此格外敬重。

古井:马路苗寨现有古井3个,分布在寨子中间,在没有自来水以前,村民们一直在井里担水,现如今古井仍作为备用水源使用。

古河道:马路苗寨前有一条河,称乌达河,河流水源是乌达村大坪山,常年水源充足,河道宽约10米,河流清澈见底。

保护价值

马路苗寨四面环山,周围满是茂密的山林。青瓦吊脚楼疏密有致地建筑在近山

寨域环境

马路苗寨一角

黔东南苗族侗族自治州雷山县郎德镇下郎德村

下郎德村全貌

下郎德村区位示意图

总体概况

下郎德村位于雷山县西北部的郎德镇。全村共有223户，960人，辖3个自然寨，10个村民小组，有3个自然寨隔河分布。村寨总面积7.8平方公里，森林覆盖率高达80%，生态环境良好，村容整洁、民族风情浓郁。2012年被列入第一批中国传统村落名录。

巴拉河风景

传统民居1

下郎德村平面图

村落特色

下朗德村周围群山环抱。地势西高东低，自西部向北、东、南三面倾斜，山地居多，重峦叠嶂，延绵纵横，山高谷深，溪谷交错，东临岩寨山，西南是也刚丈。

全村总面积7.8平方公里，其中耕地352.9亩，林地9359亩，森林覆盖率80%，生态环境保护较好，村容整洁、民族风情浓郁。

下郎德村为全苗族村寨，村内苗族特色保存完好。苗族传统节庆氛围浓郁，苗族传统建筑群落保存较好。

村寨步道空间

传统建筑

传统民居：下郎德村传统民居以2~3层的木质干阑式吊脚楼为主，底层与顶层多用于饲养牲畜、储物，二层为生活空间，大多盖青瓦，平顺严密，大方整齐。

传统民居2

风雨桥：下郎德村现有风雨桥1座，由桥、塔、亭组成。以杉木为主要建筑材料，整座建筑不用一钉一铆，全系木料凿榫衔接，横穿竖插。棚顶都盖瓦，凡外露的木质表面都涂有防腐桐油，所以这一座座庞大的建筑物，横跨溪河，傲立苍穹，久经风雨，仍然坚不可摧。

寨门：下郎德村有一座寨门，是村民迎来送往，与客人唱拦路歌、向客人敬拦路酒的公共场所。每当过苗年、吃牯脏（杀牛祭祖），送客过寨门，除群集于寨门唱歌、喝酒外，还举行妙趣横生的打酒印、拴彩带、挂红蛋等仪式。

古粮仓：下郎德村建有古粮仓，坐落于寨中，至今保存完好。古粮仓的建造具有防火、防潮、防鼠的作用，使丰收的粮食保存完好。

传统建筑群

苗年斗牛2

风雨桥

刺绣

民族文化

鼓藏节：鼓藏节是苗家最隆重、最独特的节日。说独特隆重是因为它是苗族祭祀本宗支祖宗神灵的最大圣典，说它独特是因为13年才过1次，过节的地方比较少，过节有程序、仪式和专门的鼓藏语。苗族鼓藏节具有鲜明的民族传统文化内涵，是苗族人生价值观的展现。鼓藏期间，苗族同胞和远方来的客人一起围着圈跳铜鼓舞，很是热闹。苗族的传统舞蹈颇具特色，有盛装苗舞、芦笙舞、铜鼓舞、板凳舞等。

婚俗：郎德下寨的人在步入青年时就开始游方（苗族把谈恋爱称为游方），因而他们的爱情生活来得较早。由于与异性接触的时间较长，选择对象的机会相应增多。开始朋友可谈多个，但组成家庭时只能从中选一人，无疑是久经考验，情投意合者。苗族嫁娶在白天的称为"大路婚"，在夜间嫁娶称为"偷情"，娘家父母及哥弟不参送。礼金女方家可到男方家谈，也可以由男方家到女方家谈讲，酒礼款待。嫁姑娘称为"喝喜酒"。前后有提亲酒、订婚酒、满寨酒、迎亲酒、进门酒、婚宴酒、闹寨酒、洗脚酒、新人酒等诸多酒俗，但如今已有所简略。

刺绣与服饰：苗族刺绣文化源远流长，因为苗族人民没有自己的文字，他们便把在平时生产生活中常见的花草树木，鸟鱼虫兽秀在了衣服上。苗族刺绣具有传承历史文化的作用，主要表现在刺绣的图案上。几乎每一个刺绣图案纹样都有一个来历或传说，都深含民族的文化，都是民族情感的表达，是苗族历史与生活的展示。蝴蝶、龙、飞鸟、鱼、圆点花、浮萍花等图案都是《苗族古歌》传唱的内容，色彩鲜艳，构图明朗，朴实大方。

寨门

服饰

粮仓1

婚俗礼节

粮仓2

苗年斗牛1

保护价值

下郎德村临河而建，建筑群依山就势，民居充分利用自然地形，建筑因地制宜，运用吊脚楼拓展建筑空间。

下郎德村苗族少数风情浓厚，传统建筑种类多，建筑保存完好。村寨临河而建，景色秀丽，有较高的旅游价值。

詹　文　李函静　张宇环　编

黔东南苗族侗族自治州黎平县岩洞镇大寨村

大寨村全貌

大寨村区位示意图

总体概况

大寨村隶属贵州省黎平县西部岩洞镇，距岩洞镇约7.5公里，西至口江乡，东北与黎平县相邻，北靠茅贡乡与坝寨乡，南与双江乡接壤。大寨村起源于明朝，祖先原于江西吉安府太和县（旧称），为避灾荒迁居现今的天柱县远口乡地区，又迁到广东滋寄，由广东沿都柳江河上溯，于清朝初期赶"弹"（侗语）到铜关居住至今，铜关是现在岩洞镇大、小寨的统称。铜关大寨村村域面积1154公顷，总人口为1221人，以侗族为主。2013年，岑湖村被列入第二批中国传统村落名录。

村落特色

大寨村东西两侧为连绵山峦，南北为开阔谷地，村落地形自中心向东西两侧逐渐升高，建筑多坐西向东，顺应山势。孖河从村寨北侧向南流过，村落依山傍水布置，古井、水田和侗族传统建筑点缀其间，古树群丛立于东西两侧的山峦上，村落形态自然而完整。铜关大寨是西南地区典型的侗族传统村寨，这里是享誉盛名的侗歌之乡，侗族歌舞活动多彩丰富，其中以十八腊汉歌会最具特色。

传统建筑

大寨村是五百地方最大一个村寨，寨中有一座鼓楼、两座风雨桥、一座戏台及大量侗族传统民居，建筑形态结合自然地形，自由布局。

大寨鼓楼：大寨村仅有一座鼓楼，也是五百地方（大寨、小寨、宰拱、岑迁）唯一一座鼓楼，是五百地方重要的精神象征。大寨鼓楼是周围4个村寨重要的议事和节庆场所，五百地方所施行的款约即是在鼓楼下商议而成。鼓楼平面为正方形，长宽均为35米，13层，宝塔顶，全木质结构，至今保存完整。鼓楼以杉木凿榫衔接，顶梁柱拔地凌空，上下吻合，采用杠杆原理，层层支持而上。飞阁垂檐层层而上呈宝塔形。瓦檐上彩绘或雕塑着山水、花卉、龙凤、飞鸟和古装人物，云腾雾绕，五彩缤纷。

寨高风雨桥：大寨的两座风雨桥分别位于寨头和寨尾，横跨于孖河之上。寨头花桥又名上寨风雨桥或育红桥，长23米，宽4米，由桥、塔、亭组成，顶部竖起3个宝

鼓楼

风雨桥

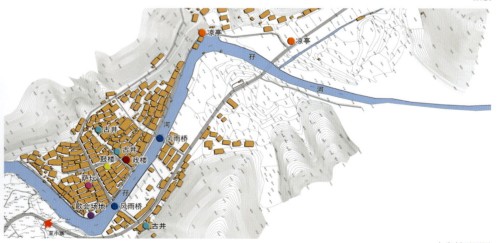

大寨村平面图

黔东南苗族侗族自治州

蜡染

十八腊汉歌会

民居1

塔式楼阁，中楼大，边楼小。全用木料筑成，桥面铺板，两旁设栏杆、长凳，桥顶盖瓦，形成长廊式走道。寨尾花桥又名下寨风雨桥，长22米，宽4.5米，1层，全木结构，形式简洁，顶部为简单坡顶，两旁设长凳、栏杆，供村民休憩娱乐。

民族文化

十八腊汉歌会：大寨是侗族远近闻名的歌舞之乡，村中歌师、歌队繁多，歌舞活动丰富多彩，其中以十八腊汉歌会最具代表性。相传很多年前，铜关"五百地方"有十八对腊汉、腊乜，经常一起行歌坐夜，一起嬉戏玩耍，一起"月堆华"，不仅情真意切，最后还达到了"生死与共"的境地。只可惜，腊乜们的婚姻都在款约里注定了的，无论怎样抗争，都逃脱不了婚姻上的宿命。于是，十八位腊乜约上她们心上的腊汉，在那一年的10月17日来到铜关腊汉坡头，以歌传情，以歌诉苦，几天几夜不思茶饭，最后饥渴交加、心力衰竭，集体殉情。为了传承世界非物质文化遗产——侗族大歌，也为了纪念当年为追求幸福而殉情的十八对侗家儿女，铜关"五百地方"的寨老、村干共同提议，村民们共同支持，设立"十八腊汉歌会"，一年一度的农历十月十七日由同属"五百地方"的铜关大寨、小寨及宰拱轮流举办。歌会的主要内容是歌队之间对唱侗族大歌，同时展示当地的其他民族文化。

人文史迹

萨坛：作为侗家人信仰的圣地，大寨村的萨坛保存完整，周围民居巧妙围合，形成类似于天井的空间环境，气氛清幽、神圣。萨坛周围垒有1.2米高的片石墙。每逢祭萨节，人们相聚萨坛举行侗族人最隆重的祭萨活动。

侗歌表演

古井：大寨村共有古井2口，分别位于孖河东、西两岸。东河岸上的古井设有凉亭，为村民筹资而建，立有功德古碑，是当地抗日剿匪传奇人物杨景彪重要故事场景。位于河西岸的古井紧靠大寨鼓楼，是大寨村自古的生命源泉。

石板路：大寨村道路铺设自古喜用石板，由于地势变化大，村寨内多设石梯，石梯也大多用当地所产的大块青石铺设，有的甚至雕刻有花纹。至今，村寨仍保持了这种对青石板的喜好。

保护价值

大寨村侗族传统民风民俗保存完整，村落布局独特，格局完整，人与自然相互交融，和谐共处。村落中的十八腊汉歌会文化和青石板文化极具当地特色，具有极高的科学研究和保护价值。

杨钧月　徐　雯　编

民居2

古井

石板路　育红桥

祭坛

村落一角

黔东南苗族侗族自治州从江县加榜乡下尧村

下尧村全貌

下尧村区位示意图

总体概况

下尧村位于加榜乡西南面，海拔670米，距从江县城125公里，该村自然寨居住稀散，全村6个村民小组，10个自然寨，下尧村位于加榜乡西面，离乡驻地5公里。全村有110户，425人。当地壮族传统讲究环境卫生，空气清新。2013年被列入第二批中国传统村落名录。

村落特色

尧贵河发源于九万大山腹地，流经尧贵、下尧、加榜在宰便引东坡脚汇入宰便江。尧贵河水质清澈，常年流淌不尽，是当地壮族居民的母亲河。

下尧寨村依山傍水，寨边有清澈的河流环绕，村后有葱葱郁郁的树木相称，寨中有几株高大的百年古树，这些树被称作保寨树。村民认为这些树关系到村寨的龙脉，是全寨的命根子，任何人不得随意砍伐，否则会破坏"龙脉"，给全寨带来灾难。

村落环境1

村落环境2

人文史迹

下尧煨酒香浓可口，且带黏性、可营养身体，稍醉也不妨事。壮家煨酒取材简单，主要是当地自种的"一家蒸饭百家香"的地方品种——香糯，但酿制的工序比较复杂，先是将选好的香糯米浸泡蒸成糯米饭，接着匀料酒药铺在专制的竹篓里，然后盖上酒草叶及秧草席十二辰左右滴汁，三到五天连糟带汁放到大酒缸里泡制9天，待稍有苦味后把酒汁分进酒坛，然后用粽粑叶一一把坛口盖后捆实，置于火边煨烤12小时后取出冷却，最后用火灰、泥巴拌成泥浆，把坛口糊好，放到火炕上就行了。这里还郑重推荐一点的是他们煨烤煨酒的用火材料，选取的是麻栗树、茶籽壳、芝麻秆、樟脑根等与人体有益的树种。若从中药学来看，也是一味比较奥妙的中医药方。

下尧煨酒根据其通途不同，分为"保家酒"、"马酒"、"谢奶酒"、"祖宗酒"、"婚姻酒"等。

最让下尧人引以为荣的是不可多得的

尧贵河

下尧美食

下尧村平面图

非物质文化遗产没有因"破四旧立四新"而失传,如今正方兴未艾。

传统建筑

下尧村内建筑由住宅建筑、粮仓、辅助用房和公共建筑（村委会、卫生室、教学点、水碾房）组成，整个村庄都是传统的壮族吊脚楼民居。最古老的住宅有100多年的历史，楼房全系木质结构，一般先起底层，上立屋架（壮语叫两节柱），两头搭以偏厦，顶上盖瓦或杉皮，有三间五间不等。楼上住人，底层关养牲畜、家禽，置农具，设舂碓、磨坊等，楼梯设于屋内一侧，楼上前边为走廊，较宽敞，围以栏杆或半节板壁，光线充足，壮族人在这里会客、乘凉和纺织。进大门是堂屋，一头设火堂，后屋和侧屋为卧室。屋前竖立一排高约丈许的挂禾架，名叫禾廊，作为秋收晾晒禾把，待干后堆入粮仓。除近年新建的部分底部为砖混结构的楼房和少量砖房外，大部分吊脚楼保存完好。

粮仓多设于住房旁边，共22座，散在各自然寨中，大多建于清代和民国时期。粮仓布局完整，设施齐全，具有防潮、防鼠等功能。主体保存完好，于周边环境统一和谐。

民族文化

下尧的壮族服饰也颇有特点，下尧属黑衣壮，服饰以黑色为主，佩戴银饰。服饰以自纺、自织、自染、自缝而成。男装一般衣着是有领对襟布扣的短上衣。女装头发挽髻、插银簪。

壮族是个勤劳、能歌善唱的民族，自古以来，壮族人民就在集体的生产劳动和生活过程中形成了"对歌"的传统，，壮族地区素有"歌海"之称。以壮族神话故事中的歌仙刘三姐为代表的壮族劳动人民，是壮族民歌的创造者和传播者。经过历代的不断传唱和发展，如今，下尧壮歌壮语称为"比"，有多声部和单声部。多声部歌曲分有：赞美歌、伤心歌、怀祖歌、祝寿歌。单声部歌曲分有：酒桌情恋歌、递腮歌、白天歌、午夜琵琶歌、梁山伯与祝英台念诵歌等。

因其悦耳动听，叙事育人，广泛传承，曾多次参加县级比赛获奖，2012年确定为贵州省科学艺术一般性调研课题，并被联合国教科文组织收录，建有传承人档案。

保护价值

全村寨民房系当地传统壮居楼，以壮族大歌、煨酒而闻名遐迩，央视大型美食专题片"舌尖上的中国"第七集拍摄美食的基地。村民朴实，热情好客，村寨风光山清水秀。

周尚宏 编

煨酒制作

下尧煨酒

壮族服饰1

壮族服饰2

壮族琵琶

壮族头饰

黔东南苗族侗族自治州剑河县磻溪镇大广村

大广村全貌

大广村区位示意图

总体概况

大广村位于磻溪镇的西南部，北接化敖村，南靠前丰村，西抵小广村，距离磻溪镇政府驻地9公里。辖4个村民小组，164户，675人，总面积379.4公顷，其中耕地面积661亩，森林覆盖率67%，是一个侗族居住的村寨。2013年列入中国第二批传统村落名录。

村落特色

大广村四面环山，植被丰富，建筑风貌完好，极富个性特色，别致古朴的风雨桥，寨中悬山顶和歇山顶屋面，错落有致，相互点缀，两溪在寨前交汇，良田遍布寨中，典雅的布局，俊秀的木房吊脚楼，楼屋青瓦，花格古窗，极有"青山流水，快活农家"的韵味。

寨里古树繁茂，山岭苍翠；溪流清澈，鱼米不焦，四季入寨，景色不同，既是寻觅古集贸之地，也是瞻仰红军洒血捐躯之所，极具传统村落特色。

传统建筑

民居建筑：大广村的侗族民居多建在山腰，至今仍保留着古代越人的"干阑"式木楼。这些房屋都具有独特的建筑技巧。每座楼房，除屋面盖瓦之外，上上下下全部用杉木建造。屋柱用大杉木凿眼，柱与柱之间用大小不一的方形木条开榫衔接。整座房子，由高矮不一的柱子纵横成行，以大小不等的木枋斜穿直套。木楼四周设有"吊脚楼"，楼的檐角上翻，如大鹏展翅。楼房四壁及各层楼板，均以木板开槽密镶。木楼两端，一般都搭有偏厦使之呈四面流水。房屋多为三间2层，带偏厦，木柱架为穿枋结构，通过杉木板来分隔房间布局，每间在正面房开设有3～4个窗户。楼房外围，均有走廊栏杆，宽敞明亮，空气流通，供家庭成员休息，也是侗家姑娘纺纱织布的好地方。

粮仓：粮仓不大，都是4脚立柱，悬山顶、小青瓦盖顶或杉木皮盖顶。中柱是2根短柱托起屋顶。粮仓有2层，第一层是空的，仅用于放少量的杂物。第二层用横板密封，架上便梯，用于存储谷物。粮仓都是集中修建，稍离住房，为的是防火。

风雨桥：村落内现有1座风雨桥，由桥、塔、亭组成，全用木料筑成，桥面铺板，两旁设栏杆、长凳，桥顶盖瓦，形成长廊式走道。是大广村村民平时纳凉、对歌的所在。

民族文化

祭祖先：祭祖先是为了"追养继孝、民德厚望"。追养是对亲恩的追思和缅怀，继孝是为了发扬孝道。

敬土地神：土地神分为桥头土地、寨

大广村民居主体建筑1

大广村民居主体建筑2

大广村平面图

王太权民居

整巨石作桥的拦敦，并镌刻吉祥图案镶嵌其间；叫回龙桥的东面石拱桥，桥面高入两头路面，从那边踏上整齐的青石板步梯到桥面，走过桥面，再下整齐的青石板步梯到这边路面，一株古树张扬在溪边桥旁，极有画意；接着两部桥面，砌青石板路至寨中。它记录了一个历史时期的兴旺没落，见证了人世间的风雨沧桑，是苗侗特色石文化的再现载体，是人类桥梁建筑艺术的精巧图文，有观赏、记史、研究价值。

青石板古井：它记录了人类社会的曾经生存方式，展示了人类尊崇自然的情理规则，教育后代珍惜发展成果的不易，有观赏和警示价值。

20世纪60年代传统建筑：两处60年前的传统民居建筑，王太权民居及张青民居。悬山顶，小青瓦盖顶，为三间2层，带偏厦，木柱架为穿枋结构，端庄典雅，极富特色及研究价值。

兴隆石拱桥

青石板古井

青石板路

头土地和山坳土地等几种。人们以为土地神执掌人畜兴旺、地方安宁，并镇慑猛兽。

敬古树：古树是长寿、吉祥、根基稳、充满活力的象征。侗家人对古树极其崇拜，认为古树能座守一方，能消灾避邪。

敬鬼神：敬鬼神一般由鬼师（亦称巫师）主持，大凡病痛、灾祸、家宅不宁及发生自然灾害时，人们认为是不同的鬼怪精灵在作祟。因此，就要请鬼师驱鬼。

侗族民歌：侗族由于没有本民族文字，在历史长河中，侗家人"记史"多依靠于"歌"。民族文化传承、生活习俗描述、社交礼仪、文治教化等都是通过口耳相传的吟唱。

服饰：大广男女都有生活装和盛装，男、女服饰保持着传统的特色，外衣大多为蓝布花边，右衽圆领，斜襟开口，托肩彩色滚边，袖口亦镶花边。

人文史迹

大广坳红军战斗遗址（包括红军亭、红军烈士墓）：大广坳是当年红军长征途中与桂军、湘军激战过的重要遗址，据剑河县党史记载：1934年9月25日，红六军团在凯寨与湘军第九师五十五旅、桂军第七军十九师经过一天激战后，分兵两路回师大广，在翻过大广坳时，又与敌方展开了激烈的争夺战。凯寨、大广坳两次战役中，红军伤亡近200人，牵制了敌军，确保了红六军团主力的安全大转移，粉碎了湘桂两军妄图通过南北夹击歼灭红六军团于大广坳一带的阴谋。

东西石拱桥和青石板路面及花街路：清乾隆至嘉庆年间，集贸市场异常繁荣，在乾隆六十年（1795年）修建了东西两部石拱桥，记载的碑文在"文化大革命"期间被遗失；叫兴隆桥的西面石拱，桥上方

回龙石拱桥及古树

红军亭

风雨桥

保护价值

大广村村落形成于明代，乾隆年间修建的石拱桥、石板路至今留存，有较高的观赏、记史、研究价值。而传统民居极具侗族村落特色，其中两栋民居建筑建于60年前，有较高的建筑研究价值。大广村红色史迹和丰富多彩的侗族民间文化，古朴的民风民俗和民族服饰依然存留，具有非常丰富的艺术特色及历史价值。

杨　涵　叶　茜　编

村落环境

大广村全景

黔东南苗族侗族自治州雷山县郎德镇也利村

也利村全貌

也利村区位示意图

总体概况

位于郎德镇西南面5.5公里，雷山县城西面28公里。全村总面积7.4平方公里，耕地面积为441.67亩，共有232户，1141人。辖棉花寨、中寨、排苟、也利、新村5个自然寨，共有15个村民小组。境内最高海拔965米，最低海拔750米。气候温和，雨量充沛，森林覆盖率高，土质肥厚。全村依山成寨，傍水而居，森林苍翠，望丰河绕寨而过。村寨依山傍水、沿河而居，四周是植被茂盛的山林重重环绕。民居依山势而建，错落于山水之间与宽广农田形成一派安静祥和的世外桃源。2013年被列入第二批中国传统村落名录。

村落特色

也利村坐落在望丰河谷的山坡上，15个村民小组的民居建筑就均匀分布在坡脊上，房屋依坡脊就势而建，形成多个组团，组团间以土路相连，层层排列，既有层次，又有错落感。农田依山就势，构成了美丽的梯田，山上林木茂盛，村落依然保存着苗族人浓郁的民族风情。吊脚楼多以盖小青瓦遮阳避雨，层层叠嶂、错落有致，与山体、梯田、古树林丛互融互衬，整个村寨展示出较好的历史风貌。

传统建筑

也利村以传统民居为主，其风格都具有苗族吊脚楼的特色，这些建筑形成了也利村的独有的历史风貌，数量众多的历史传统建筑群保存完整，其中以吊脚楼、粮仓、陈列室等为主要代表。

也利粮仓：多沿山体等高线修建，总共14座，多为木质吊脚楼结构，距离地面2米多，每个粮仓面积25平方米左右，可储粮约2500公斤，具有防火、防潮、防鼠、防虫蚁等功用。苗族粮仓既是当地苗族农

周边植被

河流、梯田

现状总平面图

植被

传统民居1

传统民居2

传统民居3

粮仓

耕文化的重要标志,也是中华农耕建筑史上的一大景观。

也利村吊脚楼:村寨内现有民居186栋,均为传统民居穿斗式木结构。楼的外部造型、内部装修、民俗陈设,极具地方特色,蕴藏着丰富多彩的文化内涵。由内往外看也利村吊脚楼内部装修更具特色,大门装有牛角,意为可保一家平安。几乎所有吊脚楼的封檐板,着意刻成拱桥形。将"桥"刻于封檐板上,以此记载古代居住习惯,同时认为可消灾纳福。大门、房门、窗户的装修也别具一格。门槛高,苗俗认为财富多,有利于财不外溢。窗户外侧即为走廊,窗不用支摘式,而用上下推拉式。再看吊脚楼的外部造型多为四榀三间,上下3层。底层进深很浅,只能圈养牲口。二层半虚半实,即所谓的半边楼。二层一般三面带廊,人从山面经廊进入堂屋。此层为全家活动中心。楼空部位,上铺楼板,与实地平。此外,还有三开间带一耳房、三开间带一迭落、三开间带量迭落、四开间吊脚楼等,屋面多为斜山顶。

民族文化

鼓藏节:是苗家最隆重、最独特的节日。说独特隆重是因为它是苗族祭祀本宗、支祖宗神灵的最大圣典,说它独特是因为13年才过一次,过节的地方比较少,过节有程序、仪式和专门的鼓藏语。苗族鼓藏节具有鲜明的民族传统文化内涵。鼓藏符期间,苗族同胞和远方来的客人一起围着圈跳铜鼓舞,很是热闹。

吃新节:该节日是居住在清水江和都柳江中上游的苗族节日之一。也叫"新禾节"。当日,来自周边村寨的近万名苗族同胞身着节日盛装,以跳芦笙舞、唱苗歌、斗牛等文娱活动共庆佳节。一到节日,苗族人民就举行各种聚会,赶热闹场、跳芦笙、辄夜欢歌,热烈庆祝。游方是西江吃新节中最活跃的活动,特别是晚上,人数众多,通宵达旦,情歌、飞歌交相呼应,此起彼伏。

苗族服饰:分为有盛装、便装等。从苗族祖先流传下来的服饰上来看,苗族比较重视女孩,所以女孩的盛装比较华丽,谁家女孩身上的衣服越好看银饰越多就表

鼓藏节1

鼓藏节2

鼓藏节3

吊脚楼1

吊脚楼2

吃新节1

吃新节2

刺绣

苗族服饰

示谁家越富有,而这一身的盛装将是女孩出嫁的嫁妆。

保护价值

也利村完好地保留了苗族自然原始的生活状态,历史村寨与自然环境有机融合,村寨规模适中,吊脚楼、苗族粮仓、鼓藏节、吃新节、传统苗族服饰等诸多民族元素的融合形成了也利村特有的苗族历史风貌。

唐 艳 余 飞 李函静 编

黔东南苗族侗族自治州黎平县龙额乡上地坪村

上地坪村全貌

上地坪村区位示意图

总体概况

上地坪村位于贵州省黔东南苗族侗族自治州黎平县龙额镇,距黎平县城100多公里,东与龙额乡岑母、吉林两村接壤,西和肇兴乡宰柳村比邻,南与龙额乡岑引村相接,北和肇兴乡肇兴上寨、成格两村相连。上地坪村由陆、杨两氏始祖于明代弘治年间,先后开发形成,迄今已有500余年,龙额镇上地坪村村域面积5.5平方公里,180户,总人口为820人,以侗族为主。2013年,上地坪村被列入第二批中国传统村落名录。

村落特色

黎平县龙额镇上地坪村是侗族"萨"文化的发源地,为"萨"的原居住地,村寨自然环境和乡村生产生活相协调,上地坪河贯通村寨及寨外梯田,由北向南,主导村寨形态,寨中四周的奇山异石,都被赋予美丽的神话传说。具有明显地方和民族特色的传统建筑沿河布置,寨中街巷格局保存完整,在村域范围内有清朝古墓群一处,各姓氏的先祖被安葬到规定的区域范围内,古墓群保存较好,乃典型的侗族村寨。

传统建筑

在上地坪村,现存的村庄建筑均为传统建筑。上地坪河贯通全村,将村寨分为南北两个部分。建有鼓楼1座,坐落于寨中;花桥3座,均横跨在上地坪河上,分别位于寨头、寨中和寨脚。

民居:上地坪村民居为清一色的木质结构吊脚楼,多为3层,少为2层。过去人居楼上,畜关楼下,现为防火,都已改居楼下。这里还保存有200余年历史的3座古楼房,其菱叶的干阑,装有"国"字、"寿"字的窗格,格外古色古香。

上地坪鼓楼:坐落于寨中,高达七丈,檐层虽不多,然各具特色,每层都有窗格花板,雄伟壮观。鼓楼为正方形,长宽均为8米,建筑面积约64平方米,全木质结构,飞阁垂檐层层而上呈宝塔形。瓦檐上彩绘或雕塑着山水、花卉、龙凤、飞鸟和古装人物,云腾雾绕,五彩缤纷,至今保存完整。每逢一年一次的祭萨活动,村里所有的男女老少都聚集在这鼓楼来庆祝。

风雨桥:上地坪村共有花桥3座,一于寨头,称接龙(脉)桥;一于寨中,称井泉桥,与鼓楼相衬;一于寨脚,称关山桥。3座花桥均为全木质结构、歇山顶中楼。

民族文化

祭萨活动:作为侗族"萨"文化的发源地,"萨"的原居住地,上地坪侗寨的祭萨活动是最具代表性的。每年年初全村的男女老少都聚集在萨坛举行祭萨活动,

古树

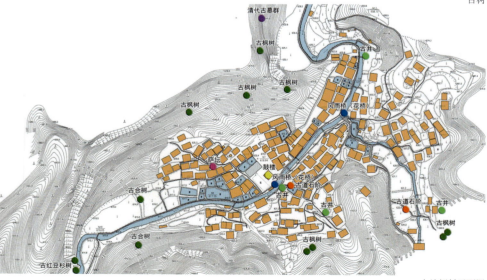

上地坪村平面图

民居

古墓

祭萨活动之踩堂歌

再转移到鼓楼坪进行庆祝。

芦笙节：作为侗族"萨"文化的精神中心，每逢农历八月十八，上地坪村周围上百寨的村民都会汇集在这里，举办隆重的芦笙节，人们伴随着芦笙的乐曲翩翩起舞，千把芦笙齐奏的场面非常壮观。

古井群：上地坪村井泉之多，可冠一方，村中3口，村边5口，各口各具特色。寨中鼓楼前，名曰雪泉，此井是用一尊大石钻凿而成的，四方形，大如打谷桶。寨里井澄，水从底朝上冒，水质清凉，常年保持一样。寨头湄明井，水从大山脚冒，冬暖夏凉。寨南50米处一口，名曰胸药，水质清凉。寨东边100米处一口，名曰略烈，这是瓢式之井，一泉入瓢，两处出流，冒大水凉。寨南边30米处一口，名曰井君，水冒较小，仅筷头大，水质清凉。传说七仙女在她的石洞房分娩坐月，就是饮用此井之水。寨东边150米处一口，名曰亚雪，水从大山底冒，水质只亚于雪。寨北边200米处一口，名曰班白，大山脚冒水，为全村井泉之冠，水最清凉。村上人病将死，无不叫人"讨班白水给我喝"，喝后断气，因而又叫瞑目井。

萨文化民间传承人：上地坪村的杨柳歌作为祭萨安坛师传人，在民间萨文化起源研究方面有很深的造诣，常常参加侗族人民组织的萨文化研究活动并做主要发言，在侗族村寨中享有很高的声誉。

神话传说：龙额镇上地坪村村寨的四周奇山异石，都被赋予优美的神话传说。东有仙女分娩洞，西有仙女留乳岩，北有文笔峰（又名景香山），南有文匾石，寨

马尾瀑布

侗戏剧本

脚溪流还有仙女童浴潭，形态逼真，空灵生动。

古墓群：上地坪村域内现有1处保存较好的古墓群，建于清代，古墓均用大型石板堆砌而成，在石板上雕刻一些精美的图案，相传，村内各姓氏的先祖被安葬到规定的区域范围内。

保护价值

作为侗族"萨"文化的重要发源地，上地坪村是传承侗族文化中不可替代的根据地；此外，当地完整的原始自然风貌和完整的典型侗寨村落形态，都是物质文化和非物质文化遗产的重要资源。

杨钧月 王 希 编

古石阶路

野猴

花桥

上地坪远景

鼓楼

沿河街巷

黔东南苗族侗族自治州雷山县达地水族乡也蒙苗寨

也蒙苗寨全貌　　　　　　　　　　　　　　也蒙苗寨区位示意图

总体概况

也蒙村位于达地水族乡西南部，距乡人民政府驻地14公里，村内主要居住以苗族为主，以也蒙自然寨黑苗为代表，其次为水族，全村共有204户，1045人，于2007年被列为雷山县民族旅游村寨，同时也被列为雷山县南线旅游的重点开发村寨之一。2013年被列入第二批中国传统村落名录。

村落特色

达地水族乡也蒙村生态环境良好，水资源丰富，一年四季水流不断。其中"白万山"水源，水质清澈，无污染，水落差1300多米，是当地人的饮水源。

也蒙村全村坐落于高山之巅，受地域环境影响，构成高山灌丛、山地常绿落叶混交林、常绿阔叶林等三个垂直植被形态。孕育了200余种生物物种，含国家珍稀保护动植物资源20余种。

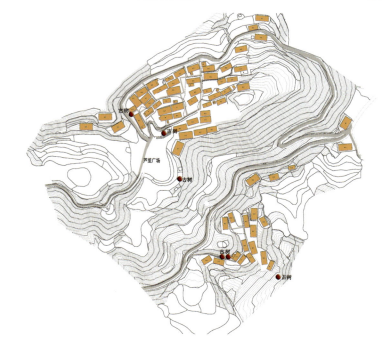

也蒙苗寨平面图

也蒙苗寨建筑群落

传统建筑

传统建筑：也蒙村的房屋建筑以木质干阑式吊脚楼为主，有平房、楼房。楼的外部造型、内部装修、民俗陈设，极具地方特色，蕴藏着丰富多彩的文化内涵。也蒙苗寨的木楼最大的为3层八柱五间，一般的为三间搭一厢阁，第一层存放生产工具，关养禽畜，贮存肥料；第二层作客厅、寝室、伙房；第三层存放谷物、饲料、瓜菜等生产资料。厅前外廊有长条木凳，供观景和乘凉憩息，造型典雅古朴，户与户之间有小道连接，整洁卫生，舒适清爽。也蒙村大门装有牛角，意为可保一家平安。几乎所有吊脚楼的封檐板，都刻意刻成拱桥形。将"桥"刻于封檐板上，以此记载古代居住习惯，也认为可消灾纳福。

芦笙场：也蒙村的芦笙场坐落在寨中、寨前共两个。逢年过节，男人们便在这芦笙场上吹响芦笙，女孩们便穿上盛装，在场上跳起传统鼓瓢、芦笙舞来。

古井：也蒙村现有古井1个，在寨子边上，在没有自来水以前，村民们一直饮用此井水。现如今遇见停水，村民还仍然使用。

也蒙苗寨百年建筑

民族文化

百鸟衣：也蒙村"百鸟衣"服饰色彩艳丽，图案古朴奇特，反映了也蒙苗族灵巧精细的刺绣工艺和独特审美观。近年来，通过村寨长老、村干部带头自发组织学习百鸟衣制作技艺和民族文化，使之得到了传承和保护。

古瓢舞：也蒙苗族古瓢舞舞姿奔放、豪迈，其古瓢琴琴声幽雅如山风，舞步欢畅如奔泉，节奏轻快，和声音效独具风采。

瓜年节：也蒙村在瓜年节会上演的传统舞蹈颇具特色，有盛装苗舞、芦笙舞、铜鼓舞、板凳舞等。

也蒙苗寨百鸟衣制作传人

人文史迹

也蒙伟人韦洪彬：男，水族，也蒙岩门寨人。1943年达地荒灾，韦洪彬召集羊福、千家寨、甲雄（现属三都县）、桥桑、草坪、达地、上马路、乌空等十余寨的苗、瑶、水、汉族群众500余人集会，宣布："抗兵抗粮；不准投降国民党；抗击国民党反动统治"。不久又在三都千家寨召开第二次会议，组成300余人的反国民党兵团。1944年6月，贵州省政府派保安团会同丹寨县保警队500余人，分进合击。韦洪彬率队百余人埋伏于高车夺鸟坳口，与敌人激战了三天三夜，终因弹尽粮绝，韦部失利，后被永乐乡长王某某诱捕，押送独山杀害。

也蒙苗寨古建筑群

也蒙苗寨吊脚楼

也蒙苗寨芦笙舞

也蒙苗寨节日庆典

保护价值

也蒙苗族是也蒙村极具有代表性的民族传统村落，该苗族寨百鸟衣和古瓢舞远近闻名，现在百鸟衣的制作以也蒙村也蒙组的耿老木老人的自制成衣最具代表性。也蒙村也蒙组的部分村民都还养蚕和自制土布，以蚕丝和自制土布来绣织百鸟衣。

李人仆 李函静 周祖容 编

黔东南苗族侗族自治州黎平县尚重镇上洋村

上洋村全貌

上洋村区位示意图

总体概况

上洋村位于尚重镇政府驻地12公里，东接归七，西于榕江县毗邻，南至下洋村，北达盖保。据调查，在400年前杨姓金商、银商和关商三兄弟从本镇洋卫村宰洋（侗族语言）寨迁来此地居住，金商住上洋、银商住下洋、关商住中洋，沿用原住地名为洋洞（含上洋洞、中洋洞、下洋洞）。上洋村村域面积8.77平方公里，总人口为1895人，以侗族为主。2013年，上洋村被列入第二批中国传统村落名录。

村落特色

上洋村村寨地处老山界和宝塘山之麓，蜿蜒的洋洞河上下游则分布了千亩良田，南北开敞，东西围合，成片的农田，加上气候适宜，上洋素有"鱼米之乡"的美誉。因上洋村独特的气候条件及无污染的自然环境，适合有机米的种植，有机米成为上洋村民与城市居民间联系的一个桥梁，也被称为"一袋米架起城市与乡村的桥梁"。村寨沿山坡等高线布局、地基层层升高的排屋建筑为中心特征，建筑呈由东西向，依山而建，层层叠叠，与洋洞河形成"小桥流水人家"的诗意格局。

传统建筑

上洋村以木质干阑建筑为主，一般为2～3层。上洋村传统民居具侗族传统民居建设特点，堂屋为笼式式，厨房、猪牛圈等皆设于屋侧房后。房屋一般分正屋、厢房、前厅、偏厦等。正屋是主要部分，有三柱屋、五柱屋、七柱屋、八柱屋等。侗族的民居，大部分均为木质结构。平屋为单檐结构，开口屋为双檐结构。凡柱、梁、枋、瓜、串、椽、檩等，均以榫卯，其中有鱼尾榫、巴掌榫、扣榫、斧脑榫、全榫、半榫等，楼房外围，均有走廊栏杆，宽敞明亮，空气流通，供家庭成员休息，也是侗家姑娘纺纱织布的好地方。

民族文化

鼓藏节：7年一次（上一次鼓藏节是2010年），与下洋村一同举行。以前是农历十一月过，后来改为春节期间过。节前，请先生在活动场地上做法事，驱赶遗留的鬼魂以便有个"干净"的场地。鼓藏节当天，男女着盛装，前方由男歌师和女歌师领头围绕着活动场地逆时针走，老人们则围着场地中间的树而坐，树旁围绕放置着大芦笙，白天由歌师领着大家唱歌，

民居1

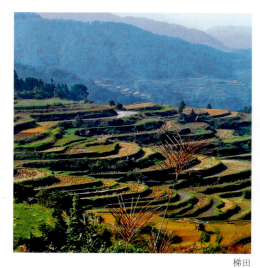

梯田

上洋村平面图

古井

"闷烂"古井

青石板台阶

晚上则围着篝火听歌师唱歌，持续三天。

十月二十六：也称"祭祖节"（同汉族的"七月半"），与下洋村一同举行。相传洋洞的祖先来到洋洞村时，人死后，将遗体抬到山上，并不下葬，后来因遗体越来越多，为了保护环境，人死后便将遗体下葬，在农历十月二十六这天统一祭祀。每年的十月二十六是上洋村最热闹的节日。

人文史迹

古井：上洋村一共分布3个古井，分别为闷烂井、闷的井和闷油井（皆为侗语音译）。最早的古井可以追溯到明代。井水为上洋村的主要水源，井水由山体岩石中流出，常年不断，泉水甘甜，冬暖夏凉，至今仍流水不断。

古树：古村子古树多分布于村子边上，且古树多以杉树居多。古树以村西的枫树和村东的禾木最为出名，且树龄皆为300～400年。村头的"擎树岩"用它的巨臂撑着一棵巨大的古树雄伟而壮观。村寨西侧分布的茂密的古木群，与古村东面的禾木古树遥相呼应，共同构成了东西呼应、阴阳契合的自然景观序列。

三刀石：三刀石位于原上洋到盖宝、尚重的必经之路旁。相传是以前上洋村先辈抗击周边匪患的防御点。

保护价值

上洋侗寨环境优美，郁郁葱葱的山林环抱上洋村，蜿蜒的河水流淌过沿河人家，寨后古树成林，山水、古树与村落相依存，形成了一幅小桥流水人家的和谐之景。村寨沿等高线呈梯状排列的建筑格局也体现了典型的山水相依的传统格局，是价值独特的历史遗产，具有极高的研究和保护价值。

徐 雯 王 莹 编

古树

琵琶歌

民居2

民居3

织布

村落一角

黔东南苗族侗族自治州雷山县郎德镇也改村

也改村全貌

也改村区位示意图

总体概况

也改村位于郎德镇西北部，海拔965米。距镇政府驻地8公里，距雷山县城23公里，全村面积3.7平方公里，耕地面积298.9亩，辖大寨、干条啊2个自然寨，11个村民小组，共143户，803人。也改是雷山苗族的木鼓之乡，属长裙苗的支系之一。现雷山苗族留存木鼓的长裙苗支系，只有这个苗族片区了。这里森林覆盖率高、土质肥厚、环境优美、民风浓郁，以苗族木鼓舞、鼓藏节、吃新节、传统刺绣等为代表的非物质文化遗产传承较好。2013年被列入第二批中国传统村落名录。

村落特色

也改村四面群山环抱，古木参天，苍松修竹常年郁郁葱葱，梯田层层，果园星罗棋布，两条溪河在寨脚日夜流淌，与报德河交汇向南流注入巴拉河。民居均为木质吊脚楼，吊脚楼多为盖瓦遮雨，村内街道和巷道均为水泥硬化且具有民族特色的花街路，村口建有苗族特色的寨门。

也改苗寨民居木质吊脚楼建筑，基本采用传统穿斗式木结构修建，楼房建筑多为3层，整个村落傍水而居，传统的吊脚楼与山水融为一体，古朴的民风、民俗和自然村落形成一个典型的苗族文化空间载体。传统吊脚楼建筑全采用木质结构，当地民族工匠现场加工制作构件，整幢木质吊脚楼建筑不需一钉一铆，传统的民族建筑工艺形成了也改苗寨典型的吊脚楼建筑群落，建筑风格与村落周边的环境共存，数百年历史的变迁，环境风貌基本保持完整。

小桥流水

传统建筑

也改村的历史传统建筑群文化价值较高，数量众多，保存完整。其中以吊脚楼和粮仓最具特色。

也改吊脚楼：大多为四榀三间，上下3层。底层进深很浅，只能圈养牲口。二层半虚半实，即所谓的半边楼。二层一般三面带廊，人从山面经廊进入堂屋。此层为全家活动中心。楼空部位，上铺楼板，与实地平。此外，还有三开间带一耳房、三开间带一迭落、三开间带量迭落、四开间吊脚楼等，屋面多为斜山顶。不同于一般吊脚楼也改村的吊脚楼大门装有牛角，意为可保一家平安。几乎所有吊脚楼的封檐板，着意刻成拱桥形。将"桥"刻于封檐板上，以此记载古代居住习惯，同时认为可消灾纳福；大门、房门、窗户的装修也别具一格。门槛高，苗俗认为财富多，有利于财不外溢。窗户外侧即为走廊，窗不用支摘式，而用上下推拉式。

也改粮仓：粮仓分布在大寨、干条啊两个自然寨，总共15座。大多建于清代和民国时期。粮仓布局完整，设施齐全，具有很好的防潮、防鼠功能。现状主体保存完好，这些粮仓沿山体等高线排列着，与周边环境相容性较好，展示了老一辈人的

周边植被

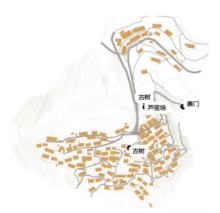
现状总平面图

梯田风光

聪明智慧。

传统建筑：也改村传统建筑大部分建于清代和民国时期，少部分建于现代，所有建筑都具有苗族吊脚楼的特色，这些建筑体现了也改村的历史风貌，现有民居242栋，主要以穿斗式木结构为主。楼的外部造型、内部装修、民俗陈设，极具地方特色，蕴藏着丰富多彩的文化内涵。

传统民居1

传统民居2

吊脚楼1

吊脚楼2

民族文化

鼓藏节：是苗家最隆重、最独特的节日。说独特隆重是因为它是苗族祭祀本宗、支祖宗神灵的最大圣典，说它独特是因为十三年才过一次，过节的地方比较少，过节有程序、仪式和专门的鼓藏语。苗族鼓藏节具有鲜明的民族传统文化内涵，是苗族人生价值观的展现。鼓藏期间，苗族同胞和远方来的客人一起围着圈跳铜鼓舞，很是热闹。

正宗的取藏祭祀木鼓和跳木鼓活动，自古以来一直传承。据说，该片区1997年（丁丑年）过的鼓藏节是该寨的第52次鼓藏节，以此推算，该片区苗族第一次鼓藏节是过于1385年（乙丑年），即是612年前明太祖朱元璋洪武十八年之时。悠悠岁月600多年的历史，也改不愧是苗家的木鼓之乡。2009年是也改的第53个鼓藏节。

苗族刺绣：苗族刺绣文化源远流长，因为苗族人民没有自己的文字，他们把在平时生产生活中常见的花草树木，鸟鱼虫兽绣在了衣服上。苗族刺绣具有传承历史文化的作用，主要表现在刺绣的图案上，几乎每一个刺绣图案纹样都有一个来历或传说，都深含民族的文化，都是民族情感的表达，是苗族历史与生活的展示。蝴蝶、龙、飞鸟、鱼、圆点花、浮萍花等图案都是《苗族古歌》传唱的内容，色彩鲜艳，构图明朗，朴实大方。刺绣很多作品都具有技术高超，造型奇特，想象丰富，色调强烈，风格古朴的特点。

吃新节：苗族古语叫"脑莫"即"吃新"，传说远古时候，人间没有谷子，只有天上耇嘎（雷公）的谷子国才有谷子。生活在世间的人只好在深山老林里打野兽、猎飞禽、摘野果、挖野菜度日，日子过得很苦。为了得谷种，住在南天门下的苗族祖先耇先，派一只狗到天上耇嘎（雷公）的谷田里去打几个滚，让谷种粘在狗毛上带回来，狗经过千辛万苦才把谷子带回到人间。有了谷种，耇先欢喜不得了，便把珍禽异兽杀给狗吃，以作酬劳。播种后，耇先日夜细心管理，一个月后，谷穗变成金闪闪、黄澄澄、胀鼓鼓的谷粒。农历七月十三日前后谷子已成熟了，为了记住这个日子，耇先便把这天定为"吃新节"，一直传下来。

鼓藏节1

黔东南苗族侗族自治州

木鼓舞

刺绣展示

鼓藏节2

吃新节

保护价值

自然生态环境较好，历史传统建筑群保存较完整，得天独厚的地理环境和文化资源使也改村成为一个融合众多文化元素且价值独特的历史遗产。吊脚楼、粮仓、寨门、古井、古保寨树群、木鼓舞、鼓藏节、游方、吃新节、苗族刺绣等让人目不暇接，流连忘返。

唐 艳 余 飞 李函静 编

黔东南苗族侗族自治州黎平县岩洞镇小寨村

小寨村全貌1

小寨村区位示意图

总体概况

小寨村位于贵州黔东南苗族侗族自治州黎平县岩洞镇南面，距镇政府所在地8公里，东面与大寨村相邻，西面与口江相接。小寨村祖先原于江西吉安府太和县（旧称），明朝为避灾荒迁居现今的天柱县远口乡地区，以后又迁到广东滋寄，由广东沿都柳江河上溯，于清朝初期赶"弹"（侗语）到此居住至今，铜关是现在岩洞镇大、小寨的统称。小寨村村域面积5.1平方公里，总人口为540人，以侗族为主。2013年，铜关被列入首批中国少数民族特色村寨；2013年，小寨村被列入第二批中国传统村落名录。

村落特色

小寨村选址用地为块状瓢形，三面青山环抱，层峦叠嶂关隘紧密如铁打铜铸，村寨坐落于山间谷地，孖河从村寨东侧进入，以"S"形盘旋环绕于村内。村落四周连绵山体上古树丛生，村内孖河柔美蜿蜒，水田层层叠叠，古井点缀其间，村落顺应山势，依托水体，形成互动的山水空间。

传统建筑

小寨村以木质干阑建筑为主，一般为2~3层，由于火灾、年久失修等因素，多建于20世纪六七十年代。与其他侗寨民居建筑有所不同，小寨侗寨民居建筑没有层层出挑，佢功能上又与侗族民居没有差别，形成汉侗文化相融的形式，小寨村在村庄西北角有一座风雨桥。

小寨风雨桥：小寨村西北角有侗族花桥一座，全长30米，桥面宽4.5米，桥廊上有桥楼，中楼大，边楼小，水泥桥墩，水泥桥面，桥体为木质结构，工艺精湛。壁板穿枋上绘有民族风情、历史人物故事和花木和动物彩画等，当地寨老题有诗词，具有浓郁的民族色彩。

民族文化

十八腊汉侗歌会：小寨村侗歌活动多种多样，以十八腊汉歌会最为隆重。相传很多年前，铜关"五百地方"有十八对腊汉、腊乜，经常一起行歌坐夜，一起嬉戏玩耍，一起"月堆华"，不仅情真意切，最后还达到了"生死与共"的境地。只可惜，腊乜们的婚姻都在款约里注定了

音乐厅

风雨桥

民居1

小寨村平面图

的，无论怎样抗争，都逃脱不了婚姻上的宿命。于是，18位腊也约上她们心上的腊汉，在那一年的10月17日来到铜关腊汉坡头，以歌传情，以歌诉苦，几天几夜不思茶饭，最后饥渴交加、心力衰竭，集体殉情。为了传承世界非物质文化遗产——侗族大歌，也为了纪念当年为追求幸福而殉情的18对侗家儿女，铜关"五百地方"的寨老、村干共同提议，村民们共同支持，设立"十八腊汉歌会"，一年一度的农历10月17日由同属"五百地方"的铜关大寨、小寨及宰拱轮流举办。歌会的主要内容是歌队之间对唱侗族大歌，同时展示当地的其他民族文化。

祭萨：小寨村有祭萨、祭土地、祭古井、祭古树的传统，这些活动都反映出老百姓原始而朴素的思想意识。其中以祭萨最为隆重，每年春节过后进行祭萨活动，全村男女老少着盛装到大寨萨坛集中，和五百地方的四个村的村民一起举行祭萨仪式，仪式完成后转移到鼓楼坪进行踩歌堂等欢庆活动。

人文史迹

古井：小寨村共有古井3口，其中门高有一口井，登放有一口井，还有一口在闷主，它们均匀地分布在村寨内，在还没实现自来水之前，这三口水井担负着小寨村的生活用水，水井里的水冬暖夏凉，并且沿用至今。

孖河：铜关河（孖河）贯通村寨及寨外梯田，常年水源充足，将小寨村分为南北两个部分，它是珠江水系的一个小分支，小寨河孕育着沿岸的侗家人民，侗家人的祖先就落户这里，从此人丁开始兴旺，小寨河默默地孕育着小寨村的周边的儿女。

田坝：小寨的祖先们落户小寨后，就开始大面积地开垦荒地，至今小寨已有农田264.89亩，勤劳智慧的小寨村民，根据山形就势逐级开垦，根据山形就势逐级灌溉，沿岸农田每年均能实现大丰收，形成今天的田坝，小寨村的梯田及农田实现了生产生活与自然的协调。

保护价值

小寨村青山秀水，山水格局独特，侗族民俗文化浓郁，体现了自然与人文的完美融合。保存完整的侗歌文化、祭祀文化、传统侗族建筑及手工技艺传承，具有较高的社会科学研究价值。

杨钧月 徐 雯 编

水井1

民居2

水井2

民居3

传统服饰

水井3

青石阶梯

小寨村全貌2

黔东南苗族侗族自治州锦屏县河口乡文斗村

文斗村风貌

文斗村区位示意图

总体概况

文斗苗寨位于锦屏县西部，距县城35公里。全村1412人，326户，村域面积10.45平方公里。村寨坐东向西，前临滔滔清水江，后有碧绿的乌斗溪环绕，离寨不远有一处高达90余米的飞瀑，如诗如画。全寨居住着400余户苗家，民居均系木质吊脚楼。2009年入选第二届中国景观村落；2010年，被评为"百年环保第一村"；2012年入选"贵州最具魅力民族村寨"，被列为"世界文化遗产预备名单"。2012年被列入第一批中国传统村落名录。

村落特色

锦屏县大山深处的苗族村落文斗村，至今不通公路。然而，早在500多年前，当地群众就开始了林业开发，随之应运而生了一系列保护生态环境的村规民约和林业契约。这些被专家称为中国继故宫博物院的清代文献和安徽徽州契约之后的第三大珍贵历史文献的"契约文书"，还涉及婚姻嫁娶、抚养继承、分家析产和订立族规等各个领域，使文斗苗寨在历史上成为一个严格依照规则办事的"礼法社会"。文斗村，其村名原为"文陡"，源于这里山高路陡。

传统建筑

文斗传统建筑物目前都尚在使用，布局相对集中。分布于文斗村上寨的有文斗上寨凉亭、文斗风水桥、姜廷庆老宅门楼、姜廷化古民居；分布于文斗村下寨的有下寨凉亭、姜启桂古民居。

文斗上寨凉亭：建于清朝末年，由规整青石砌成高出地面2米多，长和宽4米的平台亭基和木瓦结构的亭子组成。亭基在通道两侧，亭子为三开间，横跨通道而立在两个亭基之上，有柱和枋，不装楹壁，周围有栏杆、坐板和靠背，供来往行人歇息、乘凉、避雨、老人休闲、青年谈爱、放哨等多种用途。

文斗下寨凉亭：建于清朝末年，寨门在"V"形山口处，沿山边用正方形或长方形石块砌成石墙，两墙间开口处是寨门，石门墙高4米，宽4米，厚5米，且与两边山体相连，形成一道只有通过此门才能进出寨门的关口，平时供来往行人休息，战时派人守护。

姜廷庆老宅门楼：修建于清朝中期，其特点是门楼两边分别立一个石鼓，石鼓上雕刻有荷花和牡丹以及栩栩如生象征吉祥的龙凤图案。这种门楼在当时只有有钱人家才有能力修建，是显贵的一种方式。

姜廷财古民居：修建于清朝末年，房子的柱子为五柱七挂四排三开间，枋由上中下三排排成扁枋穿柱成排，板壁全用杉木枋和板子装修而成，屋的前后左右适当开有门窗，窗孔有花格窗架，其独特的修筑风格，反映出当时兴盛的民族文化。

文斗村环境1

门楼遗址

文斗村平面图

文斗村吊脚楼

文斗上寨凉亭

姜廷财古民居

民族文化

锦屏县文斗村有独特的非物质文化遗产，如契约文书、大河腔，等等。

契约文书：契约文书是在私有制的农耕社会，随着土地的逐步集中和林木贸易而兴起。在千百年的农耕社会实践中，契约文书被村民用来维系文斗与周边村寨的平等相待和互惠互利的人际关系。从先辈们创新到不断完善持续了几百年，给我们后代营造了一个"青山常在，绿水长流，持续利用"的"中国民族环保第一村"。

大河腔：大河腔是流行于清水江沿岸地区的一种民间音乐腔调。最初大多适用于男女青年间相互表达爱慕的"情歌"。随着社会的发展，其适用范围也越来越广泛，成为众多场合下人们表达心意的一种方式。大河腔因其音调优雅婉转、悦耳动听、适用范围越来越广而深受沿河一带男女老幼的喜爱，大多以口头传承的方式流传至今。

人文史迹

文斗村有众多的人文史迹遗存，至今保存完好，如古井、古树、古墓、古碑、古驿道、石鼓，等等。

六禁碑：是指6条禁规，涉及森林、水土、人畜健康及预防疾病等，现代人称为"环保碑"。该碑于清乾隆三十八年（1773年）仲冬月立在文斗后龙山上寨凉亭旁边。距今已有230多年历史。

婚俗碑：文斗有2块婚俗碑。"恩垂万古"碑主要内容讲婚姻习俗改革，人称"文斗婚俗改革碑"，该碑立于清朝乾隆五十年（1791年）孟冬月谷旦。"千秋不朽"碑，是在"恩垂万古"碑的执行中发现有的内容不尽完善，不便施行。过了15年，即到了清嘉庆十一年（1806年）三月十六日，大家又商议，补充接亲礼、定亲礼及对拆毁他人婚姻的处罚等。

太平缸：现代人叫"消防缸"，全寨现存的还有十多口，全用青石板构建成正方体或长方体等状，其功能是用于蓄水，一是生活所用，二是消防。一般设置在大户人家的天井或寨子中间位置和住户特别密集的地方。四周外壁多刻有各种图案，如鹿羊、龙凤、花草及鸟兽等。

石鼓：现在文斗还存有三对。分别立在三家大院的门楼两边，鼓上分别雕刻有荷花和牡丹以及栩栩如生象征吉祥的龙凤图案。

魁星塘：为下寨朝玺公之一族来此定居后所修造的，其作用是"蓄水防火，养鱼栽藕，美化寨景，关锁风水"。

青石板步道路：整洁美观，由于年长日久，人踩畜踏，风吹雨刷，寨火焚烧，对青石板路造成了不同程度的损坏。几年来国家对其进行了维修，因此文斗古老的青石板步道以它更加宽敞整洁、美观大方的新姿玉面迎接各方来客的光临，也供文斗人民世世代代沿着康庄大道走向更加美好的明天。

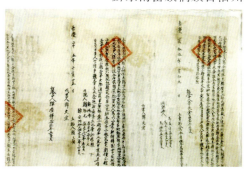

契约文书

太平缸

六禁碑

文斗古井

保护价值

据专家介绍，以文斗苗寨为代表的锦屏县民间留存的近10万份民族内部签订的山林买卖契约和山林租赁契约非常珍贵，是经济学、历史学、法学等多学科研究的重要历史文献，特别对研究中国西南少数民族地区古代经济开发和社会变化、明、清两代林业生产关系、环保状况具有极高的研究价值，还对今后如何处理人与自然的关系提供了一个活样板。

白 莹 陈佳俊 周祖容 编

文斗村环境2

黔东南苗族侗族自治州黎平县雷洞乡牙双村

牙双村全貌

牙双村区位示意图

总体概况

牙双村位于贵州省黔东南苗族侗族自治州黎平县雷洞乡，距乡驻地东北15公里，东抵广西三江县水塘村，西接德丰村，南与培福交界，北同细仪毗邻。牙双建寨历史无从考究，相传此处为虎形山，寨子在虎嘴的两只虎牙中间，遂命名"牙双"。牙双村村域面积3.6平方公里，总人口1278人，以侗族为主。2013年，牙双村被列入第二批中国传统村落名录。

村落特色

牙双村地处高山坡地峡谷，为典型的山地地形上的村寨，该村住地陡峭，寨旁有一条小河流过，建筑顺应山势、层层迭起，蔓延在山坡之间，成梯级向上，与山融为一体，房屋屋顶相接，层层跌落，自然相连，不可分割，体现了人与自然和谐相处的完美境界，形成丰富的屋顶景观。村寨以唯一的一座鼓楼为中心，顺应山势延展开来，鼓楼、鼓楼坪与戏台组合在一起，形成村民的主要公共活动中心，村寨中各巷道均能通往鼓楼坪以便开展公共活动。牙双村的建筑大多建在片石堆砌的基座上，村寨里的巷道也大多是片石铺面，片石和木材两种材质在牙双村相互映衬，周边生态环境保存较好，整个村寨浑然天成。

传统建筑

牙双村的传统建筑为全木质结构的干阑式建筑，屋顶小青瓦，以3层为主，大多数房屋屋顶相接，层层跌落，背山面水，百户人家依山而建，自然相连，与山融为一体，不可分割。

鼓楼：牙双村本有3座鼓楼，全毁于"文化大革命"时期"破四旧"，现存鼓楼为2014年村民自筹新建，位于村寨中心位置，八角攒尖顶，层高13层，全木结构，由当地侗族建筑师设计，当地工匠搭建。鼓楼底层用木板围合形成封闭空间，二层略出挑，形成可上人的走廊，有观景、休憩的功能，可见不管冬夏鼓楼都能成为当地居民的好去处。牙双鼓楼中间由4根金柱支撑，一冲到顶。8个角对应设置8根圆木柱，将4根金柱围绕。由于现在鼓楼功能的转变，其内部并未放置牛皮鼓，但鼓楼依然是村寨主要的公共议事场所。牙双村民认为，在金柱下做的决定是不可更改的，就像金柱一样，必须一做到底。

鼓楼

风雨桥

牙双村平面图

萨坛

民居

古树

戏台：牙双戏台位于鼓楼一侧，通过鼓楼坪与牙双鼓楼相连，戏台前的空地是当地侗家人设长桌宴的场地，也是当地老人闲聊的场所之一。每逢新年或者是重大节庆时候，戏台便轮番上演侗戏，成为村寨最热闹的地方。牙双戏台为全木结构，歇山顶，底层架空，演员换装空间设置在戏台后侧。戏台年代久远，确切建造时间无从考究。

风雨桥：牙双村寨脚风雨桥是与鼓楼一起新建的，全木结构，形式新颖，别具匠心。风雨桥并非传统的左右对称，而是只在一侧设置了边楼，并且边楼与主楼的歇山顶垂直。主楼为三重檐歇山顶，和雨披一同形成四重檐。风雨桥内两侧设有长凳供人们休憩娱乐。

戏楼

萨坛：牙双村的萨坛位于一个并不起眼的石板巷道交叉处，萨坛原本仅为一处石堆，2015年新建了庙宇建筑将石堆保护起来。庙宇为八角形状，中间透光，直照萨坛，屋顶为青瓦覆盖。

石碑：牙双村寨脚保留一块清同治十一年（1872年）九月所立石碑，上面有18条禁令及对违者的处罚措施，如开场赌博者，全寨送其见官处理。相当于今天的村规民约，对本寨的和谐稳定起到极大作用。

古树群：在牙双村西侧寨墙外和北侧有青枫古树群。

民族文化

牙双祭萨节：除了传统的侗族祭萨节外，在牙双，每逢闰年正月初八，都会举办一场规模宏大的祭萨节，周围村落的侗族人民都会聚集于此，甚至有广西、湖南的侗族同胞都远道而来。人们着盛装沿石板路绕萨坛祭拜后，绕回鼓楼坪进行踩歌堂、吹芦笙、看侗戏等活动。

人文史迹

寨墙：牙双村现仍残存部分寨墙，过去是防止土匪侵袭的有利屏障，由于村寨的发展扩大，没有科学合理的保护措施，导致大量寨墙已经被毁。由现存寨墙来看，寨墙由石块堆砌而成，并设有门洞。

古石板路：据当地人讲述，牙双村自形成以来就有石板路，保留并使用至今，历史相当悠久。石板巷道呈网状分布，四通八达。

保护价值

牙双村保存着原始的村落独特格局，历史悠久的石板路，同时见证着侗族建筑发展的脚步，再加上丰富多彩民族文化活动和习俗，对研究侗族的历史发展进程具有很高的历史价值和文化价值。

杨钧月 王 希 编

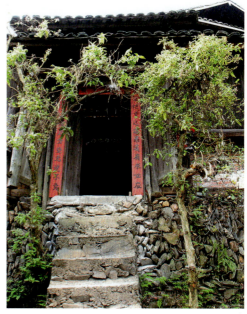
飞山庙

寨墙

村落一角

黔东南苗族侗族自治州黎平县肇兴乡肇兴中寨村

肇兴中寨村全貌图

中寨村区立示意图

总体概况

肇兴，侗语"肇"指开始，"兴"指兴旺之意。肇兴古寨建寨历史悠久，据民间相传的族谱记载，肇兴古寨始建于南宋正隆五年，也就是1160年间，距今已有840多年的历史。肇兴中寨村是肇兴侗寨本寨的一个组合部分，肇兴中寨村总面积2.42平方公里，地处山谷，海拔410米。辖5个村民组，195户，897人，侗族聚居；肇兴本寨分为12个大民族分居于5个组团即仁团、义团、礼团、智团、信团，中寨即为礼团。肇兴礼团鼓楼旁有专属的萨坛，即这里是肇兴最早的始祖开坛之地。2012年被列入第一批中国传统村落名录。

村落特色

肇兴古寨的形状犹如一条船，静卧在青翠的山间谷地。一个村寨能发展到上千户人家，近4000人口确实不多见。这个具有代表性的侗族村寨，在周边诸多村寨的拱卫下，起到侗文化的旗舰作用。肇兴古寨是最大的侗寨之一，是侗寨中首屈一指的"侗乡第一寨"，到处都体现出侗文化的古韵。

肇兴中寨坐落于肇兴河南岸的山谷内，谷内有河流通过，全寨民居依河而建。礼团属肇兴中寨村，有自己的全套的侗寨鼓楼、戏台、花桥、萨堂、歌堂、水井、水塘、鱼窝、碾房、古墓、侗家木楼。村寨建筑的布局方式是侗家的十多户人家围合成一个空院落，院落中心是一口水塘，水塘中心有鱼窝，岸边有亲水的平台，大家和谐相处，互相帮助，其乐融融。民宅聚在鼓楼周围，向鼓楼开放他们的门庭。溪边有聚在一起的木楼、吊脚楼，沿河有小街，小街上有染布作坊和各种侗家的生活场景。与错落有致的木质民居一起构成一个有机整体，形成中国最大的侗族鼓楼建筑群。

水塘

建筑群

传统建筑

鼓楼：肇兴在漫长的历史中，先后发展成5个组团，每团都建一座鼓楼，"鼓店邓"即礼团，现为省级文物保护单位，肇兴礼团鼓楼始建于清光绪年间，坐北朝南，13层，高24米，占地面积80平方米；鼓楼是侗乡的标志和吉祥物，族姓的象征，侗民族繁荣昌盛的象征。在侗族村寨中，鼓楼是议事、集会、娱乐的场所，也是侗民族的文化阵地，其建筑艺术有很高的研究价值。

花桥：肇兴礼团风雨桥始建于清代。东西走向，横跨肇兴河。桥宽4米、长9.9米，占地面积39.6平方米。风雨桥为水泥桥拱，桥廊三间，建二重檐六角攒尖顶中楼一座，桥内设有长条坐凳。

戏台：侗族是一个有戏剧才艺的民

中寨村总平面图

礼团花桥

礼团戏台

中寨村明清古墓群

水井

沿河民居

娶亲大礼

族。还创造出反映自己历史的戏剧——侗戏。在每个寨子里都建有戏台。更有意思的是在一个寨子内建好几个戏台。每逢节日庆典，都要举行侗戏比赛。肇兴中寨有一座戏台为2层木结构，离地1.7米左右，干阑式建筑。台面后有木板墙壁，台前额柱上有木雕彩绘。侗家戏台是侗族建筑的艺术结晶。戏台作为侗族特色民族建筑吊脚楼是侗族建筑形式的重要代表。

萨坛：肇兴中寨有一座萨坛在礼团鼓楼边上，属礼团民众专用，还建有凉亭。

鼓楼广场：鼓楼广场仍以卵石铺地为主，以植物作为广场空间和道路空间的过渡，加强环境整治，作为村寨旅游线上的重要景点。

民居：肇兴古寨的民宅大多为穿斗式干阑建筑，2~3层，是十分典型的吊脚楼。底层架空，二层设火塘、卧室的格局，但由于肇兴古寨已成为集镇，底层大多设门面或入口，大部分民居都向公共空间敞开，形成了以水塘为院落中心的侗寨布局中的一种特色格局，即"侗"意布局。

民族文化

肇兴有正月初一的祭萨，初三、初六的踩歌堂、六月六、吃新节、十月芦笙节、唱侗戏、抬官人等，有侗家特有的歌舞活动，唱侗家大歌，行歌坐夜、大琵琶叙事歌、拦路歌、拦门酒，等等；有侗家的各种食品，如侗寨月堂饭、腌鱼、腌肉、油茶、牛羊瘪、黑米饭、白香禾，等等。还有典型的侗家服饰、银饰、绣花钩鞋、绞绊花，等等。这么丰富的、有特色的侗文化，一旦遇到节庆，特别是大的节庆，肇兴就成了歌舞、银饰的海洋，由不得客人不来。

侗戏传统的戏剧剧目有《珠郎娘美》、《善郎娥美》、《顶郎索久》、《补义奶义》、《鲁郎花赛》、《吉金烈妹》、《王鲁郎》、《卜宽》、《龙门》、《莽随刘美》、《郎克》等。侗戏是由吴文彩在1830年左右首创的，侗戏很注重以情感人，还讲究表演五法和做戏四功。侗戏的唱腔以上下句为基本曲调，设有适合各种人物性格的固定曲牌，肇兴5个戏台同时上演形成了有特殊意义的汇演斗戏的场面。

蓝靛靛染工艺：侗族擅长纺纱织布，她们自纺自染的"侗布"是侗家男女最喜爱的衣料。"侗布"就是用织好的布经蓝靛、白酒、牛皮汁、鸡蛋清等混合成的染液反复浸染、蒸晒、槌打而成。

保护价值

1993年，贵州省文化厅命名肇兴为"鼓楼文化艺术之乡"；2001年，肇兴侗寨及鼓楼群被列入世界吉尼斯纪录；2004年1月，国务院批准建立"黎平侗乡国家级风景名胜区"。

赵晦鸣 徐胜冰 李函静 编

礼团鼓楼

拦路歌

黔东南苗族侗族自治州黎平县大稼乡邓蒙村

邓蒙村全貌

邓蒙村区位示意图

总体概况

邓蒙村位于黎平县大稼乡东南部，村辖4个自然寨，共有338户1553人，由苗、汉、侗3个民族聚居，其中苗族人口约占90%，是一个典型的少数民族村寨。这里天然山塘很多，传说共有大小山塘99眼，侗语得名邓蒙。侗语"邓蒙"即山塘多之意。邓蒙村2012年被列入中国第一批中国传统村落名录中。

村落特色

邓蒙村地处宝堂山脉的一片凹地里，四面高，中间低，形成百余个小丘陵盆地，利用半山地势较缓处而建，整体风貌保存完好，村寨四周均为楠木，古井均匀分布于寨内，古树屹立寨中。统一的民族特色民居和谷仓，保存完好，错落有致地点缀在半山腰上，古红豆杉、竹林环抱村寨周围，99口山塘点缀村寨间，构成一幅人与自然和谐相融的完美画卷。邓蒙村四面环山，绿水环绕，山中有寨，寨中有水，自然环境和乡村生产生活相协调，具有明显地方和民族特色。

传统建筑

邓蒙村的传统建筑群种类多，规模大，保存较完整，具有浓厚的民族色彩。主要有凉亭、萨堂、传统民居、禾仓、古老作坊等，主要分布在大寨、宰克等自然寨中。村内建筑与楠木、古树等自然环境融为一体，相互辉映，构成了一幅让人陶醉的风景画。邓蒙村的历史传统建筑按功能可分为宅居建筑和公共两大类。宅居类建筑基本采用传统的建筑工艺，均为木质结构，纯人工安装，造型古朴，居住舒适。公共建筑主要有祭祀性建筑、议事及娱乐性建筑等，如萨堂、凉亭。这些公共建筑大部分至今仍在使用，保存较为完整，周边环境良好。

鼓楼：邓蒙村的鼓楼共有3座，分别建在3个自然寨中，有3层、5层、7层不等。多以四大柱为主柱，层数为3层以上的单层，四面或八面倒水，多以四面、八面混同构建，顶层竖上宝顶。它的建造，个别能工巧匠主墨，多个木匠施工。美观与否，关键在于主墨师傅设计，结构复杂，尺寸合理，楼体便美观。

吊脚楼：是邓蒙苗族人的传统民居，吊脚楼多依山就势而建，呈虎坐形。苗族人认为：吊脚楼以"左青龙，右白虎，前朱雀，后玄武"为最佳屋场，后来讲究朝向，或坐西向东，或坐东向西。吊脚楼属于干阑式建筑，上下铺楼板，楼上开有窗户，通风向阳。窗棂刻有各类花草等图案，古朴雅秀，美观实用，具有浓厚的民族特色。

吊脚楼

禾仓群

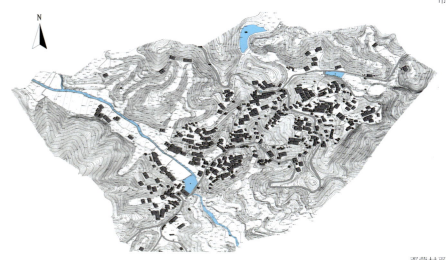
邓蒙村平面图

粮仓

拦路歌

寨门

吊脚楼建筑群

尝新节

条井

民族文化

邓蒙村寨民风淳朴，民族风情浓郁。传统民族节日丰富多彩，有尝薪节、唱苗歌、青年男女行歌坐月、赛芦笙等习俗。邓蒙村保持贵州东部地区传统的苗族文化，具有明显地方和民族特色。

鼓藏节：一般7年举行1次，节日内容主要有杀牛祭祖、踩歌堂、斗牛比赛、芦笙舞等。

蜡染：古称"蜡缬"。传统民间印染工艺之一。是一种以蜡为防染材料进行防染的传统手工印染技艺。蜡染今在布依、苗、瑶、仡佬等族中仍甚流行，衣裙、被毯、包单等多喜用蜡染作装饰。

苗歌：主要包括风俗歌、叙事歌及游方歌等，歌曲均由自编而来，内容丰富，曲调温雅缓和，是邓蒙苗族人们文艺生活的重要组成部分。

尝新节：一般在夏种过后举行，时间不定，旨在忙里偷闲，庆祝今年丰收，节日当天全寨杀猪宰牛，开田捉鱼，宴请八方好友。

人文史迹

寨门：寨门是进寨的标志建筑，也是迎接宾客的地方。邓蒙村寨门宽3米，高10米，由主亭和左右小亭三部分组成，主亭四柱坐落于入寨公路两侧，亭子墙壁上画有邓蒙村简图，亭子顶部采用塔式，极具民族特色；两侧小亭紧挨主亭，设有座位，可供人们休憩。

禾仓：邓蒙村禾仓群建造于新中国成立初期，至今共有300余座，基本上保持每家每户都建有1座。建筑主体均为木质结构，纯人工安装，造型古朴，造价低廉，储粮安全稳定。

古井：邓蒙古井共7口，均匀分布于寨内。古井年代久远，多采用石材砌成，建造形状以地形而定，规模大小不一，石块上刻有图案和文字，原貌保存较为完整。

凉亭：建造年代为新中国成立初期，分别坐落于4个自然寨内。面积约35平方米，高约15米，多为2层形制，选址一般设在民宅较集中处中心地段。凉亭第一层设为厨房，主要供寨内各类喜事办酒所用，第二层四周均设有座位及栏杆，供人们平日休憩、议事及娱乐等。

保护价值

历史价值：邓蒙在明永乐年间始属曹滴司管辖。清顺治年间裁革曹滴司，邓蒙直属于黎平府经历司管辖。近千年的生息繁衍，勤劳的邓蒙村民和肥沃的土地共同造就了邓蒙的历史文明，具有较高的历史价值。

科学价值：邓蒙村的历史传统建筑按功能可分为公共建筑和宅居两大类。公共建筑主要有祭祀性建筑、议事及娱乐性建筑等，如萨堂、凉亭。这些公共建筑大部分至今仍在使用，保存较为完整，周边环境良好。宅居类建筑基本采用传统的建筑工艺，均为木质结构，纯人工安装，造型古朴，居住舒适。村落民居整体风貌完整，规模庞大，具有较高的科学研究价值。

王　倩　陈婧姝　编

芦笙舞

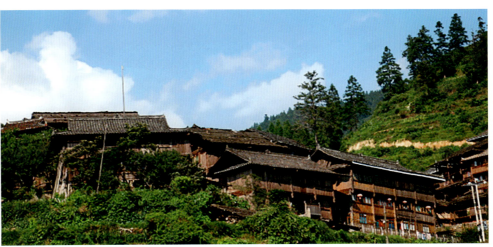
邓蒙村风貌

黔东南苗族侗族自治州台江县老屯乡长滩村

长滩村一角

长滩村区位示意图

总体概况

长滩村位于巴拉河畔，巴拉河从村前流过，河上建有一座吊桥，方便村民生产生活。村子旁边有大片良田，新建成的台江至老屯公路从寨脚经过。长滩村民居以木房为主，偶有几栋封火墙，封火墙内是木房。这些封火墙具有明显的汉族风格，墙头翘起，还装饰有花鸟书法。长滩村有7个村民小组，共210户，988人，主要民族为苗族；2013年被列为第二批中国传统村落名录。

村落特色

台江，唐代隶属于应州的陮隆县，宋、元、明、清为"化外生苗地"。清雍正六年（1728年），朝廷决定开辟苗疆，镇远知府方显至台拱诸寨招抚苗民，登记户名，赐苗族汉姓，编设保甲。

长滩村源于元朝时期，龙姓先辈先入长滩村开壁田地，取地名为长滩村，先后有刘姓、杨姓迁入。长滩村依山傍水，巴拉河从村前流过，河上建有一座吊桥，方便村民生产生活。村子旁边有大片良田。

传统建筑

传统村庄布局顺应地势形成顺应等高线布局的模式，从而塑造了长滩村现有的顺应山形地貌自由的空间肌理。街巷空间顺应地形呈"树枝"状布局。村落整体格局依山就势，布局紧凑，有着明显的主次轴线和清晰的街巷系统。村落中巷道宽窄变化有序，两侧建筑错落相接；其他巷道向周围及内部分散延伸，通向各家各户。

长滩村民居以木房为主，偶有几栋封火墙，封火墙内是木房。这些封火墙具有明显的汉族风格，墙头翘起，还装饰有花鸟书法。从蓝色的字体显示，建于清光绪年间。该村还有100多年的平脚木房，平房结构一般为五柱四栱，四联三间，即一明间（堂屋）和两次间，明间面宽一丈二尺许，大都将壁向里移进二尺，形成吞口式平房。房屋均为榫卯穿斗结构，上盖小青瓦。长滩前巴拉河流淌而过，河上建有一处吊桥，吊桥边有长滩龙舟，历史韵味犹存；偶有几栋建于清朝时期的封火墙；村中建筑多为贵州苗族传统平脚木房，苗族村庄风貌保持完好。

长滩码头

代表民居2

民居局部

代表民居1

长滩村平面图

民居

人文史迹

苗族姐妹节：苗族姐妹节是每年农历三月十五至十七日在老屯、施洞巴拉河和清水江沿岸以年轻女子和后生为主体的传统婚恋的一种节日聚会方式。历史渊源久远，可以追溯到4000年前苗族居住在长江流域、环太湖地区先民们情爱生活的历史。苗族姐妹节通过讨姐妹饭、谈情说爱游方对歌，捉鱼、吃鱼、穿刺绣花衣和银饰盛装踩鼓等一系列的特有方式活动，再现了母系氏族和母权社会的婚恋遗风，它是连接过去、现在、未来的文化纽带，具有社会历史、人类学、文化艺术、社会学和审美的研究价值和意义。

民族文化

独木龙舟：独木龙舟节是贵州省台江县老屯、施洞一带苗族人民每年农历五月二十四至二十七日举行的民族苗族独木龙舟赛活动的传统节日，届时，当地苗族人民在清水江中游和相邻巴拉河下游举行为期三天的龙舟大赛，其规模的盛大，气氛的热烈以及龙舟赛事礼仪的独特闻名遐迩，享誉中外。每年龙舟节都有五六万观众及几百外宾前往观光或作学术考察。龙舟节即苗族独木龙舟赛是我国著名的民族节日与民族传统体育竞技之一。

保护价值

长滩村传统村落保存的相对完整，同时还附存了大量的历史文化信息，见证了自建村以来该地区的生活方式和人文特色，有较高的历史价值、人文价值，具有较大的观赏价值和保护价值。

韩　磊　王　浩 编

刺绣艺人

长滩长桌宴

黔东南苗族侗族自治州丹寨县兴仁镇王家寨村

王家寨村全景

王家寨村区位示意图

总体概况

王家村，苗语叫"嘎闹样略"、"方尤"，意为苗族大寨、蚩尤后裔居住的地方。其位于丹寨县兴仁镇政府驻地东部9公里处，距县城25公里，东接翻仰村，南连福亚村，西邻翻杠村，北依岩英村。总面积1.884平方公里，下辖王家寨、王情寨两个自然寨4个村民小组，共113户527人，苗族人口占95%以上，系丹寨县7种苗族体系中的"舟溪苗"支系，均为王姓，故名王家村。

2006年10月，王家村被列为第三届都匀国际摄影博览会苗族采风创作基地。王家村是当前兴仁镇美丽乡村建设的重点示范村寨。2014年，王家寨村被列入第三批中国传统村落名录。

村落特色

王家寨村地处岩英河两岸，为前震旦系和寒武系地层，驻地海拔77米。低山地貌。属北亚热带季风湿润气候。村寨依山傍水，景色优美，有曲折的石板小巷，常年不断，冬暖夏凉的古井。村寨内部被参天古树环抱，清一色的木质吊脚楼掩映在翠竹和古木丛中，纵横交错的石板路串起一幢幢木楼，具有独特的民族风情。

王家寨村举全县之力进行基础设施建设，通村、通组公路基本实现全硬化，路面平整、干净，各家各户改水改厕整治，村寨内规划整齐，民风积极向上。村内有村活动室、村卫生室、村民健身篮球场、风雨桥、苗族文化长廊等基础设施。

传统建筑

王家寨村的苗族同胞与远古时代的"九黎"、"三苗"有着极深的渊源，自称为蚩尤后裔，早在清光绪初年以前就从雷山县境迁入此地。在建筑风格上，王家寨村至今依然存有古色古香的寨门，依然独具特色的吊脚楼，长廊相连，短梯相接，错落有致。在生活习俗上，王家寨村的房前屋后依然保有成片的千年古枫树，并尊为"保寨树"。

民族文化

王家寨村有丰富多彩的民族文化，有堪称民族工艺一绝的苗族银饰、挑花、刺绣、蜡染。主要节日有苗年节、翻鼓节、三月三、六月六、吃新节、芦笙节、吃灰节、摄影节、吃牯藏等，在众多节日中，均开展斗牛、斗鸡、跳芦笙、苗歌对唱等活动。

王家寨村从建寨至今至少有上千年历史。王家寨村的吃灰节、翻鼓节和苗年节

王家寨村传统建筑1

王家寨村传统建筑2

王家寨村平面图

历史悠久，其中，翻鼓节祭师王天宝和吃灰节祭师莫向田为县级传承人。

传统服饰：王家寨村的苗族女子，她们的着装没有婚否的限制与区别。平时，头绾大髻，额前盘发檐，老年妇女外搭青布巾。上穿青、蓝色大低领对襟式单纽扣短衣，外拴自织彩条格子宽布带或刺绣围腰，衣袖宽大（约24厘米）且仅长至肘部裸露的手臂套上素色或绣花的袖筒。下穿齐膝青色百褶裙，拴前后两块青色护裙片，后裙片一般都绣花并镶贴五彩饰片，片脚吊须。在结婚或节庆时这里的苗族女子，她们都是头戴银牛角，发髻插银梳、银簪、银花、缠绕银丝链。上装或是华丽的缎质面料绣花衣，或是土布缝制的缀满彩绣并镶钉有数百颗银泡、银铃、银花和彩珠的银花衣。崭新的百褶裙外围，披着满是刺绣、贴花图案加彩色吊须的护裙片，吊挂着镶有许多银铃、银泡、银鼓面、银刀、银锥、银盒等的织锦带。颈上、手腕上戴着白晃晃的银项圈、银手圈。整套服饰绚丽夺目，把女子打扮得如花似玉。

翻鼓节：王家寨村的民族节日众多，主要以苗年、翻鼓节、吃新节最为隆重。特别是翻鼓节，每年农历正月过后，农历二月的第一个"亥"（猪）场天，王家苗族同胞都宰猪杀羊，邀亲朋、接好友来同庆翻鼓节。节日期间，老人们在家款待亲友，姑娘和小伙们则三五成群、结伴相约到芦笙场，翩翩起舞，互表衷情。

王家寨村全貌

人文史迹

刺绣：王家寨村刺绣历史久远而闻名于周边县市，刺绣主要用于手工绣片、苗族服饰、饰品、手提包等绣品，产品远销深圳、上海、江苏、省内。在村两委的引导下，成立苗族古法手工刺绣合作社，注册了"苗家女"刺绣有限公司，为妇女利用茶余饭后刺绣增加收入创造条件。

古树：黄连木、红豆杉、榉木、黄樟木、桢楠木等，四人才能抱住的古树。

古城墙：龙虎冲城墙，在与夭坝村交界的老虎冲上，冷兵器时代的产物，长30米左右、宽1.2米左右、高3米左右，另有与早开乌计交界的延长段。

黔东南苗族侗族自治州

刺绣

古黄樟树

古城墙

古桥

古驿道：老虎冲驿道，国民党时期是专门连接外界的主要贸易通道，基本用石板铺制而成，具有历史悠久的意义。

古桥：平寨古桥，唯一现存的古桥，无一点水泥，破损严重，是王家寨村古老的见证。

保护价值

王家寨村的吃灰节历史悠久，具有较高的文化和研究价值；拥有丰富多样的古树、古城墙、古驿道、古桥等人文史迹，具有较高的历史价值；该村创立的"五户联保"社会管理体系具有较高的推广价值。

该村具有民族风格和地方特色，是苗族历史、文化、民族方面不可多得的保留地，有重要的历史价值、研究价值、传承价值、欣赏价值和旅游经济价值，值得加以保护。

张奇云 陈清銮 易婷婷 编

传统服饰

翻鼓节

跳芦笙

黔东南苗族侗族自治州台江县方召乡反排村

反排村一角

反排村区位示意图

总体概况

反排村位于贵州省黔东南苗族侗族自治州台江县城东南26公里，距乡镇府12公里，距州府凯里62公里，距G65沪昆高速和320国道都是26公里，864县道穿寨而过，交通十分便利。村子四面环山，隐映在绿树翠竹之中。全寨有440余户，1852人，主要民族为苗族，2013年被列入第二批中国传统村落名录。

村落特色

反排也称"方白"，意为"高山上的方姓苗族支系"。位于贵州省黔东南苗族侗族自治州，群山环抱，两山夹峙的一山坳里。全寨有412户，房屋主要以木结构吊脚楼为主，依顺山势，次第升高。有斗牛坪、起鼓山、议榔坪、藏鼓洞等景致。反排村自然环境幽美，民俗文化浓郁，是保存完好的少数民族村寨之一。

反排村所在地以耕地为依据，村寨建在小河沟边和半山腰为主，房屋与田土纵横交错，水源较丰富，可供人畜之用。村落房屋坐北朝南，路网以水泥石板为主。村寨三面环山，小溪、864县道穿寨而过，村落整体风貌保存完整。三面有群山环绕，村落以河道为中心呈点状向四周延伸分布。

人文史迹

反排村历史悠久，据苗族古歌记载，2000多年前，台江苗族祖先耶古夫妻来到反排后，生下了12个儿子，长大

村落环境1

反排寨门

反排村总平面图

后6个往东迁，5个往西迁，1个留在反排村，才演变成现在台江县的9个苗族支系（即9股苗）。台江县历史沿革：清置台拱厅，1913年改县。1941年废丹江县，划丹江河以东并入台拱县，二县各取一字得名。方召乡历史沿革：清初设覃膏堡。清雍正十年（1732年）设番招汛。1932年置李子、覃膏、九龙、乌南、横经等乡。1942年置覃膏乡。1953年析设方召、九龙、李子、翁脚等乡。1958年撤乡并入和平公社。1962年析建方召、翁脚2公社。1984年公社改乡。1992年合并置方召乡。

传统建筑

传统建筑以木质结构的2层吊脚楼为主（也有极少数3层，当代所建），其中有一部分吊脚楼建在半山腰上。其中有部分平房（1层），年代久远。是从久远的平房（1层），逐渐发展到现在2层、3层，属纯苗族村寨。目前，反排村村落建筑保存比较完整，传统村落建筑在修建时比较复杂，技术要求较高且精细，与别的木房建筑相比，吊脚楼有着独到的一面。因此，吊脚楼是苗族人们和苗族工匠们智慧的结晶，体现了苗族人民丰富的文化底蕴和科学技术水平。

风雨桥1

反排木鼓舞1

风雨桥2

反排木鼓舞2

村落环境2

民族文化

已列入国家非物质文化遗产代表作名录的《反排木鼓舞》，流传于贵州省台江县方召乡反排村，是一种世代相传的苗族祭祀性舞蹈，反映了苗族祖先不畏艰难险阻，披荆斩棘，长途迁徙，开辟疆土，围栏打猎，创造美好生活的壮举。

反排木鼓舞是苗族舞蹈艺术中最出名的一种。解放以前，反排木鼓舞只在祭祖节、招龙节等苗族重大节庆、祭祀活动时跳；新中国成立后，它已经从苗岭深山跳到了全国，跳出了国门，闻名遐迩。1954年，反排木鼓舞进京首次亮相在全国首届农民运动会上；1986年在全国第三届农民运动会上演出，被西方记者誉为"东方迪斯科"；1989年代表中国少数民族到美国华盛顿州参加中、美、日、苏四国民族民间艺术节表演；1990年参加北京亚运会艺术节表演，并应邀进入中南海献艺；1992年到荷兰、比利时参加民间艺术节表演；1998年到澳大利亚、斯里兰卡、法国、西班牙表演……如今，反排木鼓舞队员每年约有100余人活跃在全国各地演出，受到观众的热烈欢迎。

反排木鼓舞3

保护价值

反排村空间布局均匀合理，村庄有一条主干道穿过村寨，分解成几条小干道入村寨各个角落，并且在全村各角落中零星点缀些古树，使村落堪称完美。山与水的映衬，人与自然的和谐，造就反排似若仙女般的神圣与高洁，并暗藏于深山峡谷之中默默地享受着宁静致远与祥和幸福。

马勇超 劳巧玲 编

黔东南苗族侗族自治州黎平县永从乡中罗村

中罗村全貌

中罗村区位示意图

总体概况

中罗村位于贵州省黔东南苗族侗族自治州黎平县永从乡境内，距离永从乡政府驻地北面7公里，东与永从村相连，南与九龙村毗邻，西与岩洞镇接壤，北与中潮镇上黄村交界。据记载村落是明朝晚年吴氏先祖盛公（原籍江西省吉安府人士）及其后人逃避朝廷追杀，迁至"萨兰"定居，起名三龙。随着漫长岁月，人口增多，寨子增大分为3个村落，即：九龙、中寨、罗寨，中罗村的得名是以中寨、罗寨合并为1个行政村。中罗村村域面积19.73平方公里，总人口为2179人，以侗族为主。2013年，中罗村被列入第二批中国传统村落名录。

村落特色

中罗村地处喀斯特地貌地区，村寨依山傍水，山峰四面环抱，古树参天，形如船状。清澈的三龙河贯穿全境，犹如玉带缠绕，还有山谷间依山就势的建筑、农田形成了山水、田畴、村路、人家的和谐格局。中罗村是侗族大歌发祥地之一，有"歌海"的美誉。中罗村内建有侗族鼓楼、花桥，侗歌资源尤其丰富，中罗村含中寨和罗寨，其侗族大歌以其神奇的多声部合韵名扬世界，是侗族文化的直接体现。

传统建筑

中罗村保存了完好的侗族村落传统建筑，大多数房屋保持侗民族传统的卯榫干阑建筑，鼓楼、风雨桥等侗家建筑风格保存完整。

鼓楼：中罗村共4座鼓楼，各具特色。罗寨有鼓楼3座，分别为中鼓楼、外鼓楼、上鼓楼，中寨有鼓楼1座。其中罗寨中鼓楼约30余年历史，层数7层，四角密檐塔式结构，与罗寨戏台相对设置，互为呼应。罗寨外鼓楼层数9层，4主柱，12檐柱，四角密檐塔式结构，鼓楼前有开敞空间鼓楼坪。罗寨上鼓楼和中寨鼓楼均为新建鼓楼，建筑主体为木质的4柱贯顶，12柱支架四角密檐塔式结构，层数9层，顶部为四角攒尖，以杉木凿榫衔接，排枋纵横交错，上下吻合，层层支撑而上，不用一钉一铆，底层围栏空敞。

中寨风雨桥：位于中寨寨内，始建于20世纪80年代，跨度约20米，宽度约4米。桥廊上建有桥楼3座，大小基本一致，屋顶为3重檐小青瓦坡屋顶。桥身桥面均为木质，桥墩为当地青石堆砌而成，造型古朴自然。

鼓楼1

风雨桥

古井

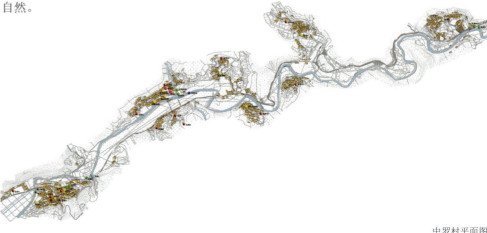
中罗村平面图

侗族大歌 1

侗族大歌 2

民居 1

民族文化

侗歌文化：三龙地区（九龙村、中罗村合称）侗歌十分丰富，中罗村以歌声悠扬婉转、清脆悦耳的侗族大歌而扬名，侗族大歌无论是音律结构、演唱技艺、演唱方式和演唱场合均与一般民间歌曲不同，它是一领众和，分高低音多声部谐唱的合唱种类，属于民间支声复调音乐歌曲，这在中外民间音乐中都极为罕见。一直以来，世界音乐界认为中国没有多部和声艺术，侗族大歌的出现让音乐界惊叹这是中国音乐史上的重大发现，从此扭转了国际上关于中国没有复调音乐的说法。

关秧门喊甲：过去科学不发达，全寨只有少数寨老了解历法、知晓物候，全寨的农业生产就由他们来引导，他们被称为"活路头"。每年春节，"活路头"会选择一个良辰吉日举行祭祀仪式，并在自家田里插上第一把秧，是为"开秧门"。开了秧门以后，各家各户即可插秧。在选定的另一个黄道吉日里，全寨插完最后一块田的秧，"活路头"还会举行隆重的祭祀活动，祈求谷神保佑五谷丰登，该活动被称作"关秧门"。祭祀活动举办时大家一齐呐喊，请求谷神保佑。祭祀完毕，有款约社会时期称为"款脚"的人，又称"甲公"会履行"喊甲"，要求众人不准捉别人田里的鱼、泥鳅，不准破坏别人的秧苗等事宜。活动完毕，众人合唱侗族大歌，祈求风调雨顺。三龙侗寨的"关秧门喊甲"活动，每年都会举行。

萨坛

人文史迹

萨坛：寨内萨坛2座，位于外鼓楼之侧，1层木质结构，青瓦坡屋顶，室内无任何陈设。

古树：九龙寨后山保留着千年古树群，寨内有百年历史古松树、枫树、杉树、银杏，直径0.6~1.2米不等，枝叶繁茂，优美挺拔。

寨门：中寨保留一座百年老寨门，木质结构，形式古朴。

民居 2

民居 3

保护价值

中罗村侗族习俗浓郁，侗族大歌、"关秧门喊甲"习俗尤其突出。侗歌不仅是一种音乐艺术，而且是了解侗族的社会结构、婚恋关系、文化传承和精神生活的重要组成部分，具有社会史、思想史、教育史、婚姻史等多方面的研究价值，三龙地区的"关秧门喊甲"活动是当地侗族文化的活态传承，具有极高的研究保护价值。

周 捷 徐 雯 编

花街

古树

鼓楼 2

村落一角

黔东南苗族侗族自治州雷山县丹江镇乌东村

远眺乌东村

乌东村区位示意图

总体概况

乌东村位于雷山县城东南面，距镇政府驻地19.6公里，归丹江镇管辖。全村1360人，300余户，村域面积20.5平方公里。全系苗族，是雷公山景区内著名的高寒山村，驻地海拔约1300多米，为雷公山国家级自然保护区的心脏地带。乌东村耕地面积518亩，其中田310亩，土208亩；林地面积25262亩，森林覆盖率达95%，水源丰富，都是来自雷公山。2013年被列入第二批中国传统村落名录。

村落特色

乌东村地处苗岭主峰雷公山半山腰的谷底内，群山环抱。村内建筑傍山而建，格局完整。

乌东村是个云雾缭绕之地，苗语"乌东"即为此意，有两条溪流汇合于此，潺潺地向西北流去，苗家在两条溪流中间的山梁上造屋而居。苗语称"羊欧东"，为河中之寨。

乌东村水资源丰富，水源来自雷公山，属饮水源头，不被任何污染；其土层深厚，土质疏松，质地良好，土体湿润，因而山地常绿，落叶阔叶混交，其中有红豆杉，马尾松等重点保护植物种类；也是养羊、养鱼的最佳之地。

传统建筑

传统民居：乌东村98%的传统民居为木制干阑式吊脚楼，乌东村吊脚楼大多依山就势而建，木料选用优质的杉木建造。朝向一般为坐西向东或坐东向西。吊脚楼多为2~3层，底层作喂养牲畜用，中间层作居住用，顶层作储物用。正房的主体部分全部用杉木建造，屋柱用大杉木凿眼，柱于柱之间用杉木斜连接，十分牢固。吊脚楼屋顶用小青瓦盖顶，原始的吊脚楼用的是杉木皮盖顶。在历史的进程中，吊脚楼不仅有着丰富的文化内涵，民居建筑的龙脉，更有着大自然村落的壮观景象。

水碾房：乌东村拥有的水碾房是雷山县境内最为古老的水碾房，已有200多年的历史，迄今仍然发挥着重要功能，其主要的部件是水车、狗牙式的木质齿轮、磨车、磨槽，他以水为动力，科学合理的动力学和机械原理汇集了乌东先民无穷的智慧。

风雨桥：乌东村在2000年初修建了乌东风雨桥，又名迎康桥。风雨桥修建于小河流上，桥底用石板所砌，桥身用杉木柱相互衔接，两旁设置栏、长凳，形成长廊式走道，桥顶用小青瓦所盖，凡外露的木质表面都涂有防腐桐油，所以它久经风雨。风雨桥的建成不仅为乌东景象增添了风采，更是人们心灵疲惫时的栖身地。坐在风雨桥上，聆听潺潺的溪水声，呼吸大自然散发的新鲜气体，那是另一种心的体会和释放。

古粮仓：乌东村现保存有古老粮仓1座，分别坐落在村寨的中南方向，至今保存完好。古老粮仓的建造具有防火、防潮、防鼠的作用，使丰收的粮食保存完好。

乌东村夏景

乌东村总平面图

乌东村冬景

传统空间

黔东南苗族侗族自治州

传统民居建筑群

巫文化1

民族文化

苗族飞歌：苗族飞歌，苗语称为"Hxak Yeet"，是苗族歌曲的一种，飞歌的音调高亢嘹亮，豪迈奔放、明快，唱时声震山谷，有强烈的感染力。飞歌多用在喜庆、迎送等大众场合，见物即兴，现编现唱，歌词内容以颂扬、感谢、鼓动一类为主，过苗年节、婚庆等喜庆活动，一般都要唱飞歌，迎客也要唱飞歌。

巫术文化：雷山苗族巫文化是该地区苗族历史的轨迹，是苗族文化的重要组成部分。苗族巫文化在史前就已初见雏形，是自然崇拜中演绎而来的，是崇拜自然的精神形态。乌东村的巫文化从来就有，一代一代地传至今日。

扫寨就是扫灾星之意。这种巫事形式，在雷山苗寨里普遍存在。如果某寨发生火灾时，则认为这是火星（即灾星）来弄所致，必须进行扫寨，扫寨苗语叫"迁洋"。

风雨桥2

敬酒歌1

巫文化2

扫寨

水碾房1

敬酒歌2

村寨居住环境

保护价值

村寨内古树葱郁，高大挺拔。村寨顺坡而居，层层叠叠，屋脊鳞次栉比，景色十分壮美。

村落反映了当地人民建造传统样式建筑的高超技艺，同时也反映了当地的苗族文化和地域风情，具有特殊的民族文化价值。

詹　文　李函静　张宇环　编

水碾房2

苗族飞歌

083

黔东南苗族侗族自治州从江县宰便镇引东村

引东村远眺

引东村区位示意图

总体概况

引东村位于宰便镇东北面约12.5公里处，距县城85公里。住在党风山山腰，属苗语地名，海拔750米。山地地形，山势陡峭，坡度大，沟谷深，最大高差达近千米，村驻地海拔千余米。引东村由怎江、引东、摆依3个自然寨组成，223户，1069人，苗族占90%以上，少数为汉族。2013年被列入第二批中国传统村落名录。

村落特色

苗寨大多是聚族而居，寨子依山傍水，寨前有河，寨后有山，山上是千百年来苗族代代接力修凿而成的稻田，吊脚楼参差错落，贴壁凌空，这是苗族村寨的基本特色。现状村落延续原有选址格局，村落依山就势，坐落在乌税山北麓，位于大山之中，后山山脊清晰，箐高莽深如传说的"九龙归巢"之地，是苗族传统村落选址的典型实例。东西两侧为村落对外出入口。怎江寨依托山形，整体呈坐南朝北之势，形成东西向的村寨主轴线；整体呈平行于务落山、引故多山，整体结合地形予以展开。村寨周边丛林密布，夹冲沟谷间，梯田重叠，层层而上；村落依山傍水，寨边古树参天；干阑式木质房屋，鳞次栉比；鱼塘四布，禾晾排立于寨间。具有典型的苗乡风情。巷道是构成名村整体空间特征的骨架。是传统民居的通道。巷道空间所创造出的物质和人文景观是名村特色的重要体现。村民利用有限建设用地建房，铺筑了弯弯曲曲纵横交错的石板巷道和水渠。虽然在长期的发展建设过程中几经改造，但是基本保留着传统的尺度空间。名村风貌依然清晰可览。

民族文化

从江县苗族服饰，大多以自纺、自织、自染、自缝而成。一般喜青色，白布制夏装或内衣。县境内苗族由于居住环境不同，穿着各有差异，男性衣着有大襟、对襟之别，下装有一般裤脚与大裤脚之分。20世纪80年代后，有部分青年已着汉装，女性装束各地村寨悬殊不一，大体可分为花裙类、青白裙类、青黑裙类三种类型。一些居住地邻近侗族和汉族的苗民，如西山等地苗族妇女穿着较素雅，有的不戴银或少戴银饰，不插银钗、银梳，不包头帕，少穿裙。

下江、宰便、停洞等地村寨，男装一般衣着是无领左衽或右衽短上衣，包青布头帕，留发齐耳或剃光头。岜沙、滚玉、同乐、高加、上乡、托苗各寨部分男孩和60岁左右的老人蓄长发，挽髻于顶，插木梳、戴耳环、项圈、裤管特大。宰河、寨坪、加车等地，一般衣着是有领对襟布扣或铜扣、钱毫扣的短上衣，包青布两端有长须的长头帕，也有黑白花格头帕。凡苗族男性都喜欢穿宽大的抿腰裤，部分人于裤前方配一个绣花小荷包，便于携带烟叶、火草之类。

女装花裙类有加鸠、加牙、加勉、寨坪、宰河、尧贵等地妇女平时装束是头发盘髻于顶，插银簪、木梳、戴耳环。未婚女子，发际缠一块黑白花格布。上装对襟无领，用三排九个铜扣连襟，襟边、袖口、衣脚用红、绿、黄花线缀成三行花边。贴身挂菱形胸兜，靠颈处有一小块彩

苗族代表服饰

引东村平面图

绣花牌，两角伸出小布带系于颈后，中部精绣各种颜色的花草图案。冬装不穿棉衣，只穿三五件单衣，以衣着多件为荣，以显富足，腰系一条五尺长的黑白花格布带。老年妇女衣长过膝。下装，内裤过膝，外围百褶裙，脚胫套绣花布筒。节日盛装的女青年，头戴银钗、银帽、银梳、项圈三五根，手镯五六对，银链两根，银牌一块，配有银珠、银砣、玛瑙、银针筒，着长短二领裙子，里面是一领黑布及脚长裙；外罩一领及膝的印花百褶裙，更显庄重。

传统建筑

怎江寨内建筑多为"干阑式"吊脚楼木结构建筑，建筑风貌具有鲜明的地方苗族特色。一般为三排两间两厦2层楼房。建筑材料为杉树，屋顶为歇山式，用杉树或小青瓦覆盖，一层墙板横装，用来关养牲口、家禽和堆放柴火、肥料。二层竖装，设火塘，长廊、卧室。家中设有火塘，火塘是祭祀的场所，也是用来烹调食物，接待宾客和取暖的地方。二层一般都还设有长廊，可供人们乘凉、歇息、就餐、妇女做针线和纺纱织布。传统民居只开很小的推拉式窗户，平时很少开启，有的民居甚至不开窗户。现在火塘改在一层以防火灾，牲口、家禽关在住房外，新建的房屋都开较大的窗户了。因村落内建筑年代均较新，规划考虑到在村民住宅中具有典型意义的且年代相对久远的1栋老宅建议纳入历史建筑，将其他村落内传统风貌较好的建筑纳为传统风貌建筑。将村落内与整体风貌相冲突的建筑纳入不协调建筑。

代表民居

引东香猪

引东远景

苗族服饰

保寨树

保护价值

该村坐落在海拔700~800米，全年平均气温为14摄氏度。村内主产水稻、玉米、产子、红薯、油菜、染豆等。盛产香猪、小个子黄牛、黑山羊、香鸡、香菇、木耳、九月笋等一系列"香型"绿色特产。

引东村古树较多，保护完好，整个村寨与自然环境相互融合，构成自然与人工环境浑然一体的整体村落，具有较高的保护价值。

杨程宏 周子恒 编

黔东南苗族侗族自治州剑河县太拥镇太坪村

太坪村一角

太坪村区位示意图

总体概况

太坪村位于太拥镇东南部，距乡政府所在地0.5公里，以苗族聚居为主，全村共有6个村民小组，150余户，536人。行政区域面积835.88公顷，林地面积712.98公顷。该村是苗族文化十分浓郁的乡土，中国传统村落。2013年列入中国第二批传统村落名录。

村落特色

太坪土地肥美，水资源丰富，便于开垦。苗寨形成于清代，坐落在太拥河南岸，临河建房，呈东西走向，随山势吊脚。两条寨内街道较小，没有主次之分，随地势弯曲，由东向西延伸，进入各家各户。村寨的形成，主要是依托太拥河的便利条件和相对平缓的山势。太坪村寨是一个整体的传统民居群，依山而建，层次分明。中部由于地势较宽，民居较为密集。两头地势窄，民居不多。东西向街道又由几条南上北下的道路相连，畅通无阻。南面山坡是护寨古树。村寨四面均可上坡耕田种地，也通其他村寨。

传统建筑

太坪村的传统民居均为木结构，大多修建于20世纪80～90年代，多为木质结构。鉴于其材质因素，加上时间的推移，大多数民居的外观及建筑质量已受到严重的损坏。

全村共有建筑150栋，其中建于民国时期的有3栋，建于1960年前的有16栋，建于1980年前的有44栋，其余建筑均建于1980年后。

民居结构：大多是3间2层或2间2层，悬山顶、小青瓦盖顶，穿枋结构。部分两头带小偏厦。剖面为排柱穿枋，中柱最高，两面倒水，每排为5柱4瓜，二层以上大多挑出60～80厘米，用以增加房屋的宽度。挑出的边柱脚悬在空中，通常刻有饰纹，窗口装饰有木格花以示主人勤劳富有，持家有方。立面为过间穿枋，柱顶上檩子过间而架，托起椽皮，椽皮上盖瓦。因是在斜坡上建房，外面柱子常常吊脚。如果吊脚空间大，则安排猪牛圈。如果吊脚空间小，猪牛圈另外择地安排。一层是堂屋和火堂，二层住人。

粮仓结构：粮仓不大，都是4脚立柱，悬山顶、小青瓦盖顶或杉木皮盖顶。中柱是两根短柱托起屋顶。粮仓有2层，第一层是架空的，仅用于放少量的杂物。第二层用横板密封，架上便梯，用于存储谷物。粮仓都是集中修建，稍离住房，为的是防火。

传统民居建筑2

传统民居建筑1

民族文化

太坪村在2009年被评为国家级非物质文化遗产1项，县级非物质文化遗产共有7项。

太坪苗族服饰已有几百年历史，其刺绣技艺流传于剑河县革东、柳川、南哨、太拥等十余个乡镇的苗族地区。刺绣活动是昂太坪苗族妇女日常休闲时光的活动内容，代代相传。

古歌：太坪苗族古歌已有千年历史，主要是唱苗族从东方到当地的迁徙过程，其中还有相当一部分是唱在当地定居后的安居乐业场景。

二月二：是祭桥节，流传于全县各处苗族地区。桥是苗家的神物，有保佑平安、送子的神力。每年二月二，家家户户

太坪村平面图

斗牛节

招龙节

祭桥节

土布制作

踩芦笙

保护价值

太坪村作为一个传统村落，是苗族同胞在漫长的古代农耕社会中，利用自然、改造自然的智慧、文化、习俗、审美观、宗教信仰等方面的活态存在。其传统民居是千年传承的手工建筑智慧结晶。承载了居住、审美、风水、山向、交往、习俗等方面的文化内涵。

太坪村具有丰富的苗族非物质文化遗产，同时完整再现着古代农耕社会各家庭自给自足的情景，在研究农耕文明演进和苗族早期生活状态时，具有珍贵的史学价值和很强的旅游观赏性，作为传承民族历史文化的载体鲜活地保存下去。

杨　涵　刘　翼 编

都要祭桥。

踩芦笙：在一年一度的重大节日里。活动有对歌、踩芦笙等。

斗牛：斗牛每年都要举办，每隔几年要邀请周边村寨的牛来参加比赛。

土布制作技艺，自古以来，身上的衣服是自己种棉，自己织、染、绣的，一套成品衣饰要十几道工艺才能完成。

招龙节：苗族招龙节有祈福、防火、保寨等意义，是苗寨的重大节日活动。

稻草节：是庆祝收成归仓的节日。在古代，有田地的人家在秋收结束后，要摆宴席欢送帮忙种与收的帮工和乡亲，并结算帮工所得的报酬。在苗家的心中，帮工不是低人一等的，是以节日的方式送他们回家打理家务。这是一个很隆重的节日。

传统服饰

人文史迹

太坪村的传统民居均为木结构，大多修建于20世纪80～90年代，多为木质结构。鉴于其材质因素，加上时间的推移，大多数民居的外观及建筑质量已受到严重的损害。

太坪村现有古树群一片，约为10余棵，位于村寨南部。

太坪村内，现有一口古井还在使用，水源为山泉水。

太坪村紧邻太拥镇镇区西侧，小学等公共服务设施与镇区共用，现村落内部还有村委会1处、卫生室1处、活动室1处，公共服务设施一般。卫生室、村委会均地处太坪村南部。

太坪村通过多年以来的传承，沉淀了丰厚的历史文化底蕴，让太坪村这座本是平凡的村庄，在历史的熏陶下具有了独特的魅力，影响着每一位太坪村的村民。

黔东南·剑河县·太拥镇·太坪村

黔东南苗族侗族自治州雷山县郎德镇乌瓦村

乌瓦村全貌

乌瓦村区位示意图

总体概况

乌瓦村位于雷山县西北，郎德镇政府驻地西南面，海拔1030米。距县城35公里，距镇政府驻地15公里，是郎德镇较为偏远的苗族村寨之一。全村行政区域面积5.2平方公里，共有133户，673人。这里自然环境优美、民族风情浓郁、建筑依山而建，以苗族芦笙、木鼓舞、鼓藏节、刺绣等为代表的非物质文化遗产传承较好。2013年被列入第二批中国传统村落名录。

村落特色

乌瓦村辖乌瓦上寨、乌瓦下寨2个自然寨，6个小组，乌瓦村坐落在绕村河谷的高山上，民居建筑依坡脊就势而建，形成几个组团并以土路相连；农田依山就势，成梯状分布，构成了美丽的梯田。民居住房建筑多以传统样式的吊脚木楼为主，错落有致的民居建筑与山体有机地结合在一起，寨前、寨后古树成林，高山上的梯田更是成为一道靓丽风景，村寨整体风貌保存完好。

河流

周边植被

村内环境

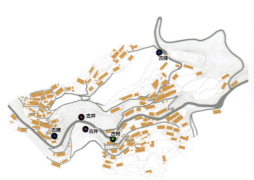
乌瓦村总平面图

传统建筑

乌瓦村的历史传统建筑群数量较多，保存完好，以吊脚楼、粮仓、芦笙舞陈列室等最为突出，乌瓦村现有民居142栋，粮仓14座，多建于清代或民国时期，也有少量的建于现代，这些建筑形成了报德村独有的历史风貌。

乌瓦吊脚楼：穿斗式木结构。楼的外部造型、内部装修、民俗陈设，极具地方特色，蕴藏着丰富多彩的文化内涵。大多为四榀三间，上下3层。底层进深很浅，只能圈养牲口。二层半虚半实，即所谓的半边楼。二层一般三面带廊，人从山面经廊进入堂屋。此层为全家活动中心。楼空部位，上铺楼板，与实地平。此外，还有三开间带一耳房、三开间带一迭落、三开间带两迭落、四开间吊脚楼等，屋面多为斜山顶。乌流瓦村的吊脚楼大门装有牛角，意为可保一家平安。几乎所有吊脚楼的封檐板，着意刻成拱桥形。将"桥"刻于封檐板上，以此记载古代居住习惯，同时认为可消灾纳福；大门、房门、窗户的装修也别具一格。门槛高，苗俗认为财富多，有利于财不外溢。窗户外侧即为走廊，窗不用支摘式，而用上下推拉式。

乌瓦粮仓：共有14座，分散在两个自然寨中，大多建于清代和民国时期；粮仓布局完整，设施齐全，具有防潮、防鼠等功能。主体保存完好，与周边环境互融性较好。

传统民居

吊脚楼

粮仓

民族文化

芦笙：乌瓦的芦笙文化源远流长，传说早在中原大地居住时就吹芦笙以祭祖，娱人，乐神。跋山涉水，历尽艰辛，往南迁徙途中，芦笙就一直伴随着不畏艰难的苗族同胞。关于乌瓦芦笙舞还有一种说法，古代苗族人民在大迁徙中，由于道路坎坷，荆棘遍野，行走十分困难，英勇的苗族祖先就用自己强壮的身躯滚出一条道来，有了路，又有信心百倍地前进。

木鼓舞：分为四个部分来表演，首先是在椎牛祭祖时跳"醒鼓舞"，通过它把藏在洞中的鼓唤醒；然后在"招魂"仪式上跳踩鼓舞，召唤祖先魂魄回来过节。接下来是在家举行的"敬鼓"仪式上跳木鼓舞以获得祖先的认同与保护；最后是"藏鼓"仪式，与祖先依依惜别，跳舞送行。木鼓舞有严格的限制，只有在鼓藏节才能敲响木鼓和跳木鼓舞。乌流村的鼓藏节源流，可追溯到明洪武十八年（1385年）。

鼓藏节：是苗家最隆重、最独特的节日。说独特隆重是因为它是苗族祭祀本宗、支祖宗神灵的最大圣典，说它独特是因为13年才过1次，过节的地方比较少，过节有程序、仪式和专门的鼓藏语。

苗族鼓藏节具有鲜明的民族传统文化内涵，是苗族人生价值观的展现。鼓藏节期间，苗族同胞和远方来的客人一起围着圈跳铜鼓舞，很是热闹。苗族的传统舞蹈颇具特色，有盛装苗舞、芦笙舞、铜鼓舞、板凳舞等。

吃新节：也叫"新禾节"。"吃新"是居住在清水江和都柳江中上游的苗族节日之一。当日，来自周边村寨的近万名苗族同胞身着节日盛装，以跳芦笙舞、唱苗歌、斗牛等文娱活动共庆佳节。吃新节是贵州省黔东南苗族侗族自治州苗族人民的传统节日，在每年的农历十月举行。一到节日，苗族人民就举行各种聚会，赶热闹场、跳芦笙、辄夜欢歌，热烈庆祝。吃新节游方，主要是青年男女互对情歌，谈情说爱，寻找对象。游方，是西江吃新节中最活跃的活动，特别是晚上，人数众多，通宵达旦，情歌、飞歌交相呼应，此起彼伏。

苗族刺绣：苗族刺绣文化源远流长，因为苗族人民没有自己的文字，他们便把在平时生产生活中常见的花草树木，鸟鱼虫兽绣在了衣服上。苗族刺绣具有传承历史文化的作用，主要表现在刺绣的图案上几乎每一个刺绣图案纹样都有一个来历或传说，都深含民族的文化，都是民族情感的表达，是苗族历史与生活的展示。蝴

芦笙场

鼓藏节1

鼓藏节2

吃新节

刺绣展示1

刺绣展示2

刺绣展示3

木鼓舞

蝶、龙、飞鸟、鱼、圆点花、浮萍花等图案都是《苗族古歌》传唱的内容，色彩鲜艳，构图明朗，朴实大方。同时刺绣也是苗族源远流长的手工艺术，很多作品都具有技术高超，造型奇特，想象丰富，色调强烈，风格古朴的特点。

保护价值

乌瓦村的自然生态环境较好，苗家人的民族风情浓郁。特殊的山地环境形成了奇特的空间序列，山体、民居、寨门、粮仓、梯田、古井、古树群等要素的有机融合构成了独特的村寨肌理。

唐 艳 余 飞 周祖容 编

黔东南苗族侗族自治州从江县东朗乡孔明村

孔明村一角

孔明村区位示意图

总体概况

孔明村位于县城西面东朗乡境，距县城80公里，距乡驻地14公里，海拔855米，辖8个村民小组，194户，866人；村内多为矮式的传统吊脚楼建筑，较为集中连片，保存完好，工艺精巧。2013年被列入第一批中国传统村落名录。

村落特色

村子坐落在山梁上，背靠孔明塘（山），孔明山东西长约20公里，南北宽约10公里，主峰海拔1427.4米。孔明山位于月亮山东北面，雄峙于榕江、从江两县交界处。距榕江县城30余公里，离从江县城160多公里。主峰顶上，原始森林遮天蔽日，时常云缭雾绕。林中古木粗大，平均直径都在两人合抱以上。枝干虬藤缠绕，苔藓层叠，其间野兽出没，人迹罕至。晴朗天气，站在榕江的车江大坝以北一带，可清晰地看到主峰的一部分。孔明山属月亮山腹地一支脉，两山主峰虽遥相呼应，却因山体高大，沟谷切割深长，山顶呈平台状，四周是缓缓起伏的小山冈。因山高树大林密，除偶有猎人或采竹笋的人出没期间外，很少有人问津。孔明山主要景观有原始森林，动、植物资源相当丰富，相传诸葛亮南征曾驻兵于此。村内亦保存有三国时期战士头盔、长剑等遗物，山上有将军岩、挡箭岩、孔明塘、清心泉、武侯练兵场、古道、花街等遗址。

人文史迹

苗族斗牛当地人称"牛打架"。每到农闲季节，逢节日，各村寨就牵牛到斗牛堂打架。斗牛那天，各村寨的男青年将牛牵到牛堂边等候，由斗牛总指挥出阄给各斗牛主人抽阄，按1、2、3顺序，确定谁跟谁为一对相斗，1和2为一对，3和4又是一对，以此类推。每对斗牛进堂时，鸣放三响铁炮，以示欢迎斗牛和主人入场，也为牛场增添热闹气氛。斗牛出寨前，主人为了让牛提神壮胆，还喂它一些白酒。牛进堂后，酒兴发作，眼睛呈现血丝，显得凶猛好斗。此时，双方主人将牵绳解脱，牛就犹如离弦之箭，相向跑来，"嘭"一声猛烈相碰，对打起来。此时，周围观众摇旗呐喊，喝彩连天，场面激烈，扣人心弦。在双方相斗的过程中，由于牛的年龄、体格、喂养、环境等因素的差异，有的一碰即跑，有的能相持数分钟或更长的时间。如若哪一对能势均力敌，长时间不分输赢的，待相持到一定的时候，双方主人即用绳子将各自的牛的一只后脚套住，

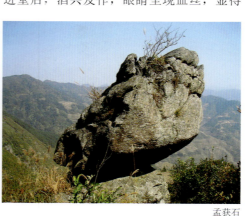

乌龟石　　孟获石

孔明村总平面图

将牛拉散，不让再打，避免伤牛。这种情况可不分输赢或说双方都是赢家。一场斗牛过后，人们在回家路上或到了家里，都在议论这场斗牛的情况，哪个寨子的牛打得如何如何，哪一对又打得如何如何精彩等等，滔滔不绝，许久才能淡忘。从江斗牛活动据说是从三国孔明南征时期开始的，至今已有2000多年的历史。如今斗牛既是供人们看热闹，也为客商提供商机进行物资交流，增加经济收入。

传统建筑

孔明传统民居以木质的吊脚楼为主，一般为3层结构。底层用于生产工具，储存肥料和家养家畜；第二层用作客厅、堂屋和厨房，堂屋外侧设有"美人靠"，是苗族建筑的一大特色；第三层用于存放生产生活材料等。孔明村传统民居源于上古民居的南方干阑式建筑，是中华上古民居建筑的活化石。

民族文化

从江县苗族服饰，大多以自纺、自织、自染、自缝而成。一般喜青色，白布制夏装或内衣。县境内苗族由于居住环境不同，穿着各有差异，男性衣着有大襟、对襟之别，下装有一般裤脚与大裤脚之分。20世纪80年代后，有部分青年已着汉装，女性装束各地村寨悬殊不一，大体可分为花裙类、青白裙类、青黑裙类3种类型。一些居住地邻近侗族和汉族的苗民，如西山等地苗族妇女穿着较素雅，有的不戴银或少戴银饰，不插银钗、银梳，不包头帕，少穿裙。

孔明妇女装为青黑裙类，头发挽髻于左边，插银簪、木梳，用一块长一尺五寸、宽八寸的青布包头。夏秋着对襟无领长过臀部的单衣，襟边、衣脚、袖口镶花"栏干"，用黑绸缎制菱形胸兜，靠颈处绣一呈月牙形花片，花片两角各有小布带交系于颈后，戴四至五根项圈、手镯二至四对，配耳环、银花、玛瑙。用黑或蓝、绿色缎制围腰，以花带系于腰后。内着短裤，外围青布细褶裙，脚胫套青布筒，于腰盖下以青布带系着，布带两端各有五寸长须。节日盛装的姑娘，头戴配有银珠的银钗、银梳，颈戴项圈五至七根，手镯五至六对，更显华丽雍容。老年妇女衣长至膝，裤长及脚，用粗青布带系于腰间，不戴银饰，有少数嗜吸叶烟。

保护价值

孔明村自古传承的传统民族服饰，历史悠久、民风淳朴、民族节庆、民间文化、民族手工艺等，都具有很高的保护价值。因具有独特的苗族文化，代代相传，并不断丰富村寨文化，他们很好地继承、保存和发展了苗族文化。

周尚宏 王浩 编

苗族男装

苗族女装

斗牛比赛

踩歌堂

黔东南苗族侗族自治州剑河县南哨乡反召村

反召村全貌

反召村区位示意图

总体概况

反召村位于剑河县南哨乡西北部,距剑河县城7公里,距南哨乡5公里。东接白德,西靠巫迷河,南接太拥河,北与白索村交界。反召村总人口367人,民族以苗族为主。寨子位于南哨乡西面,坐落于尖峰岭山脉于境内由北向西南延伸的一小岭山脚的巫密河北岸水畔。2013年列入中国第二批传统村落名录。

村落特色

反召四周山岭相连,土质优良,水资源丰富,便于开垦。苗寨形成于清代,坐落在巫密河东岸的斜坡上,坐东朝西,空间相对开阔,房屋依山而建,鳞次栉比。山上古木林立,是剑河百里阔叶林腹地。山水民房相互映衬,寨子显得格外清秀。

村寨布局:村寨是一个整体的传统民居群,西、南两面有两片护寨林。向西下码头可走水路,向东、东南、北面可上坡耕田种地,也通其他村寨。芦笙坪在水码头边的古树下。稻田分布于东南、北及对面河西岸的山上。

传统建筑

民居建筑:大多是三开间2层或二开间2层,悬山顶、小青瓦盖顶,穿枋结构。部分两头带小偏厦。

剖面为排柱穿枋,中柱最高,两面倒水,每排为5柱4瓜,二层以上大多挑出60~80厘米,用以增加房屋的宽度。挑出的边柱脚悬在空中,通常刻有饰纹,窗口装饰有木格花以示主人勤劳富有,持家有方。

立面为过间穿枋,柱顶上檩子过间而架,托起椽皮,椽皮上盖瓦。因是在斜坡上建房,外面柱子常常吊脚。

如果吊脚空间大,则安排猪牛圈。如果吊脚空间小,猪牛圈另外择地安排。一层是堂屋和火堂,二层住人。

其建筑形式为全木结构,1980年以前的纯手工民居保存较多,寨内民居完好地传承着农耕手工木建筑技艺及建筑理念,工艺流程完整,有较高的美学价值。

粮仓:4脚立柱,悬山顶、小青瓦盖顶或杉木皮盖顶。中柱是2根短柱托起屋顶。粮仓有2层,第一层为架空层,仅用于放少量的杂物。第二层用横板密封,架上便梯,用于存储谷物。粮仓集中修建,与住房保持一定距离,目的是防火。

风雨桥:村落内现有1座风雨桥,由桥、塔、亭组成,全用木料筑成,桥面铺板,两旁设栏杆、长凳,桥顶盖瓦,形成长廊式走道。是村民平时纳凉、对歌的所在。

民族文化

古歌:反召苗族古歌已有千年历史,主要是唱苗族从东方到当地的迁徙过程,其中还有相当一部分是唱在当地定居后的安居乐业场景,是世代传唱的民间文学与民间音乐形式。能以引用古歌里丰富的内容对唱的人称为歌师,受到村民的尊敬和喜爱。

反召村民居主体建筑

建筑布局

反召村平面图

传统织布

反召村祭桥节

反召村斗牛节

芦笙场

古树

渡口码头

节庆活动

二月二：是反召村传统节日的祭桥节，祭桥节流传于全县各处苗族地区。桥是苗家的神物，象征着有保佑、平安、送子的神力。每年二月二，家家户户都要祭桥，以保佑自己家人的幸福安康。

踩芦笙：在一年一度的重大节日里。村民都会组织活动，有对歌、踩芦笙等。

斗牛：斗牛的日期没有定日，每年都要举办，少则一次，多则几次，而且每隔几年要邀请周边村寨的牛来参加比赛，并设定赛制，取得头筹的队伍将获得极大的荣誉。

土布制作技艺：自古以来，身上的衣服是自己种棉，自己织、染、绣等，衣服制作技艺繁复，一套成品衣饰往往要十几道工艺才能完成。

人文史迹

反召苗寨位于剑河县南哨乡西北面。坐落在一个相对平缓的山岭上，巫密河从西侧由北向南流淌。水边码头拾级而上，穿过小片护寨林直通寨内。

得天独厚的地理位置，让反召村自古以来就是南哨乡重要的物资集散地之一，是通往县城的一个重要交通枢纽。

村边护寨林古木参天。整个村寨120余栋民居依山而建，组成一个完整的传统民居群，整体风貌协调统一，环境优美。

反召村为苗族迁徙暂居地。苗族从"松党故"迁出后，先于此暂居（遗址叫展甲，距现寨址约1公里），之后才由此再次分迁。

寨子旧址（展甲）现已无人居住。现在的反召寨何时所建无考，现住居民是其先人后来迁入，不是由"松党故"迁入暂居苗民之后嗣。现寨有王、龙、罗、易、杨、甄、何、梁、谢、唐、欧阳、徐、彭、吴、石等16姓氏。据考，龙、王、罗、易4姓为老户，于它姓先迁反召。16姓氏中除龙、王二姓由何地迁入无考外，其余的均有考源。

风雨桥

保护价值

反召村作为一个传统村落，有着悠久的历史和深厚的文化底蕴，是重要的少数民族特色村寨，拥有丰富而珍贵的物质与非物质文化遗产。村落风貌相对完整，存在真实的历史遗存。

该村传统民居建筑，大多数为悬山顶，小青瓦盖顶，多为三间2层，带偏厦，木柱架为穿枋结构，端庄典雅，极富特色及研究价值。

该村落存在许多非物质文化遗产，如古歌、二月二、土布制作技艺等，很多具有较高的历史价值及意义。同时这些物质与非物质同时附带了大量的历史文化信息，完整地体现了当地的苗族传统民风民俗，见证了自清代以来该地区的生活方式和文化特色，有较高的历史价值。

杨　涵 陈传炳 编

反召村风貌

黔东南苗族侗族自治州雷山县郎德镇乌流村

乌流村全貌

乌流村区位示意图

总体概况

乌流村地处郎德镇的西部，位于镇政府驻地西面，海拔920米，距县城22公里、镇政府驻地5.5公里。全村面积7.3平方公里，耕地面积542.83亩，辖乌流、打统、干南友3个自然寨，14个小组，共265户，1323人。气候条件适宜，一般年均气温在15摄氏度左右，森林覆盖率高，土质肥厚。乌流村是贵州省规划的苗族风情旅游示范村寨，但由于基础设施较差，目前仍以农耕经济为主。2010年乌流村还被称为"木鼓舞之乡"。2013年被列入第二批中国传统村落名录。

现状总平面图

村落特色

乌流村全村沿山而居，依山傍水，古树参天，村境内有望丰河绕东而过，辖3个自然寨，整个村寨基本上都是传统民居均已传统样式的吊脚木楼为主，环境清幽，古朴典雅；村寨依山而建，留出宝贵的平地和河谷两岸做耕地，最大限度地有效保护和利用土地，保持人与自然的和谐发展，加之展布与各寨的古井与古保寨树群都构成了乌流村独特的村寨风貌，从远处望去，古寨、林丛、梯田相互掩映，景色十分迷人。

周边环境

传统建筑

乌流村的历史传统建筑群文化价值较高，数量众多，保存完整。其中以吊脚楼和粮仓最具特色。

乌流吊脚楼：大多为四榀三间，上下3层。底层进深很浅，只能圈养牲口。二层半虚半实，即所谓的半边楼。二层一般三面带廊，人从山面经廊进入堂屋。此层为全家活动中心。楼空部位，上铺楼板，与实地平。不同于一般吊脚楼，乌流村的吊脚楼大门装有牛角，意为可保一家平安。几乎所有吊脚楼的封檐板，着意刻成拱桥形。将"桥"刻于封檐板上，以此记载古代居住习惯，同时认为可消灾纳福；大门、房门、窗户的装修也别具一格。门槛高，苗俗认为财富多，有利于财不外溢。窗户外侧即为走廊，窗不用支摘式，而用上下推拉式。

乌流粮仓：粮仓分别分布在乌流、打统、干南友3个自然寨，共19座。大多建于清代和民国时期；其中1座还保存着民国时期的宣传文字。粮仓布局完整，设施齐全，具有很好的防潮、防鼠功能。现状主体保存完好，这些粮仓沿山体等高线排列着，与周边环境相容性较好，展示了老一辈人的聪明智慧。

吊脚楼

吊脚楼骨架

粮仓

传统建筑：乌流村的历史传统建筑群数量众多，保存完整。

传统建筑大部分建于清代和民国时期，少部分建于现代，所有建筑都具有苗族吊脚楼的特色，这些建筑体现了乌流村的历史风貌，现有民居242栋。主要以穿斗式木结构为主。楼的外部造型、内部装修、民俗陈设，极具地方特色，蕴藏着丰富多彩的文化内涵。

木鼓舞2

吃新节

传统建筑1

游方：苗寨的人在步入青年时就开始游方（苗族把谈恋爱称为游方），因而他们的爱情生活来得较早。由于与异性接触的时间较长，选择对象的机会相应增多。开始朋友可谈多个，但组成家庭时只能从中选一人，无疑是久经考验，情投意合者。苗族嫁娶在白天的称为"大路婚"。在夜间嫁娶称为"偷情"，娘家父母及哥弟不参送。礼金女方家可到男方家谈，也可以由男方家到女方家谈讲，酒礼款待。嫁姑娘称为"喝喜酒"。

鼓藏节：是苗家最隆重、最独特的节日。说独特隆重是因为它是苗族祭祀本宗、支祖宗神灵的最大圣典，说它独特是因为十三年才过一次，过节的地方比较少，过节有程序、仪式和专门的鼓藏语。苗族鼓藏节具有鲜明的民族传统文化内涵，是苗族人生价值观的展现。鼓藏节期间，苗族同胞和远方来的客人一起围着圈跳铜鼓舞，很是热闹。

传统建筑2

刺绣展示

过得很苦。为了得谷种，住在南天门下的苗族祖先耆先，派一只狗到天上耆嘎的谷田里去打几个滚，让谷种粘在狗毛上带回来，狗经过千辛万苦才把谷子带回人间。有了谷种，耆先欢喜不得了，便把珍禽异兽杀给狗吃，以作酬劳。播种后，耆先日夜细心管理，一个月后，谷穗变成金闪闪，黄澄澄，胀鼓鼓的谷粒。七月十三日前后谷子已成熟了，为了记住这个日子，耆先便把这天定为"吃新节"，一直传下来。

苗族刺绣：因为苗族人民没有自己的文字，他们便把在平时生产生活中常见的花草树木，鸟鱼虫兽绣在了衣服上。几乎每一个刺绣图案纹样都有一个来历或传说，都深含民族的文化，都是民族情感的表达，是苗族历史与生活的展示。蝴蝶、龙、飞鸟、鱼、圆点花、浮萍花等图案都是《苗族古歌》传唱的内容，色彩鲜艳，构图明朗，朴实大方。

民族文化

木鼓舞：乌流村有"木鼓舞之乡"的美称，十三年才跳一次，是乌流鼓藏节不可缺少的一部分。木鼓舞分为四个部分来表演，首先是在椎牛祭祖时跳"醒鼓舞"，通过它把藏在洞中的鼓唤醒；然后在"招魂"仪式上跳踩鼓舞，召唤祖先魂魄回来过节。接下来在举行的"敬鼓"仪式上跳木鼓舞以获得祖先的认同与保护；最后是"藏鼓"仪式，与祖先依依惜别，跳舞送行。传统中的木鼓舞有非常严格的限制，只有在鼓藏节才能敲响木鼓和跳木鼓舞。乌流村的鼓藏节源流，可追溯到明洪武十八年（乙丑年1385年），传说是人类祖先姜阳过鼓藏节是为了祭祀创世的蝴蝶妈妈。

游方——出嫁路上

鼓藏节

保护价值

乌流村的风光秀丽、民风古朴；传统建筑群数量众多，保存完整；民居建筑与自然生态环境互融性较高，村寨规模适中，吊脚楼、粮仓、寨门、古井、古保寨树群、木鼓舞、鼓藏节、游方、吃新节、苗族刺绣等诸多元素凸显博大精深的苗族文化。

唐　艳　余　飞　周祖容　编

木鼓舞1

吃新节：苗族古语叫"脑莫"即"吃新"，传说远古时候，人间没有谷子，只有天上耆嘎（雷公）的谷子国才有谷子。生活在世间的人只好在深山老林里打野兽、猎飞禽、摘野果、挖野菜度日，日子

黔东南苗族侗族自治州黎平县德顺乡平甫村

平甫村全貌

平甫村区位示意图

总体概况

平甫村地处德顺乡东南部，距乡政府7.5公里。东抵洪州镇下温村，南接黑洞村，西、北与地青村接壤。总面积9.94平方公里，耕地面积963.3亩（其中：稻田944.95亩，旱地18.35亩）。共205户，952人，均为侗族。森林覆盖率达81.3%，1995年被全国绿化委员会授予"全国绿化造林十佳村"称号，2010年获"贵州魅力侗寨"称号，是黎平国家森林公园太平山的一个重要景点。2012年被列入第一批中国传统村落名录。

村落格局

平甫村平面图

村落特色

村内有莲花古井两口，井水清澈见底、清凉可口，据说当年红军长征路过此地时曾对这两口井水赞不绝口。村内外还随处可见整齐的石板路，是古代一条重要的官道。村内有两座古楼，一座是建于清光绪十五年（1889年）的老古楼，另一座是新建于1984年的莲花楼，莲花楼有7层，高22米，该楼以其别致的造型、精细的工艺及美观大方的外表吸引着本县内众多的摄影爱好者前来参观。与古楼相呼应的是一座建于20世纪20年代后期的戏台（原来该村有座老戏台，后被一场寨火烧毁），古楼和戏台构成了有独特韵味的侗寨。平甫村有古树800余棵，有近百年至上千年树龄，有香樟、桂花、松树、枫树等，是平甫寨的风水树。

平甫村鼓楼

传统建筑

平甫村以木质建筑为主，房屋一般为2~3层，传统民居具有侗族传统民居建筑的特点，堂屋两侧为卧室。厨房，猪、牛圈等一般建于屋侧或屋后。房屋分正屋、厢房、前厅、偏厦等。正屋是主要部分，有三柱屋，五柱屋，七柱屋等。侗族的民居，均为木质结构，房屋为人字顶面，平屋为单檐结构，开屋口为双檐结构。凡框、梁、枋、瓜、串、椽、檩等，均以榫、铆穿合逗作。其中有鱼尾榫、巴掌榫、扣榫、斧脑榫，全榫、半榫等。这些建筑工艺在侗族民间由来已久。

平甫村莲花鼓楼，飞檐重叠共有7层。楼身庄重巍峨，直入云霄，气吞山河，十分壮观。楼两侧有精致的栏杆和舒适的座位，可供人们休息。楼檐上或雕或画山水、人物、龙凤吉祥、古香古色，栩栩如生。据传有镇邪和留财之意。

鼓楼是以杉木为主要建筑材料，整座建筑不用一钉一铆，全系木料凿榫衔接，横穿竖插，盖青瓦，凡外露的木质表面都涂上桐油防腐、防虫，所以造一座庞大的建筑物，傲立苍穹，久经风雨，仍然坚不可摧，这些古建筑结构严谨，造型独特，富有民族特色。

平甫村戏楼，建于1926年，为3层五间木砖结构房屋，为全村娱乐活动场所，墙体绘有彩画，布有彩灯，是全村的聚集中心。

村落自然环境

黔东南苗族侗族自治州

平甫村建筑群

平甫村居住环境

平甫村老鼓楼

平甫村古树

琶歌。平甫琵琶歌是唯一用高音假声唱的琵琶歌，以其曲调的优美悦耳，音域的宽广敞亮，旋律的悠扬婉转，情感的激越忧伤，别具一格的演唱风格，被音乐界评价极高。关于这种独特民间音乐的形成有一个美丽的传说：有两个青年男女，相爱在月堂，男弹琵琶女对歌，情意绵绵，为了不吵醒家中老人，不让家人发现，由此形成了男女都用假嗓浅吟低唱，随着时间的推移，这种唱法变成了一种风格——假嗓子，由此形成了男女都用假嗓高音的唱法。

平甫琵琶歌曲调统一，在民族音乐中占有重要地位，是侗族琵琶歌中的绝品，是古老民歌的遗传，被列入国家首批非物质文化遗产保护名录。

平甫村侗歌

平甫村戏楼

平甫村屋檐彩绘

平甫人生活

平甫村侗族歌舞

民族文化

现平甫琵琶歌产生于明代永乐年间。1952年贵州省文化厅音乐工作者发现这种琵琶歌，选调参加少数民族文化汇演，后推荐上北京演出，被命名为平甫琵

保护价值

目前平甫村有古树800余棵，有近百年至上千年树龄，有香樟、桂花、松树、枫树等，是平甫寨的风水树。

平甫戏楼楼高3层，共5间，墙体有精美民族绘画。为平甫村侗戏表演的主要场所，也是平甫侗家人节日活动室内主要场所。

平甫莲花鼓楼，飞檐重叠共有7层。楼身庄重巍峨，直入云霄，气吞山河，十分壮观。楼两侧有精致的栏杆和舒适的座位，可供人们休息。楼檐上或雕或画山水、人物、龙凤吉祥、古香古色，栩栩如生。据传有镇邪和留财之意。

平甫老鼓楼，共有3层。楼身庄重，古朴壮观。两侧有栏杆和舒适的座位，可供人们休息。楼檐两侧雕有各种飞禽走兽，画有山水、人物古香古色，栩栩如生。

古井古朴厚重，水清冽而甘甜，养育着平甫侗家人一代又一代，是全寨人的生命之泉。

王 攀 周祖容 黄鸿钰 编

黔东南苗族侗族自治州黎平县水口镇平善村

平善村全貌

平善村区位示意图

总体概况

平善村位于贵州省黔东南苗族侗族自治州黎平县水口镇，距黎平县城75公里，距镇政府所在地9公里。北邻平松村，西接登杠村，南与上、下岑厦村交界，东同岑遂村毗邻。村落为明代陆姓搬迁至此，距今约有五百年的历史。平善村人口91户，共646人。2013年贵州大学民族文化研究基地在村内设站（水口站），2014年，平善村被列入第三批中国传统村落名录。

村落特色

平善村坐落于七背山脉的菩萨山腰上，村寨四周被层峦叠嶂的梯田和葱郁茂盛的山林环绕，建筑依山而建。村落选址注重防御，东西两侧均为高山，依靠山体设置防御设施，南北向狭窄通道为唯一进村道路，全村共设7个寨门，用于防御。村落地理环境独特，风景秀丽，气候宜人，有常年不化的千年冰茶、山花梯田、彩云追雾等自然景观，有雨后天晴便会出现环山流转的"平流雾"气候现象，有公母红豆杉、香料王等名木古树，有红豆杉酒、黑白糯米饭、油茶等旅游特产，有苗族对歌、芦笙舞和斗牛等民俗活动。

传统建筑

平善村是一个典型的苗族村寨，寨中现存1座鼓楼、1座凉亭及大量苗族传统民居。

鼓楼：平善鼓楼为楼阁式鼓楼，建于清代，是象征族姓群体的标志性建筑物。屋顶为坡屋顶二重檐，上层为悬山式，下层为四方形。鼓楼内部结合主柱设置一圈木质长凳，中央设火塘。使用空间分为上下2层，顶部作鼓亭，其下为聚众议事的场所。平善鼓楼是村寨或族人祭祖、仪式、迎宾、娱乐之所，是1座承载物质活动的公共建筑，是有血有魂的苗族文化精神家园，体现着苗族人民彼此的融合与和谐。

凉亭：平善凉亭设置在西寨门旁边，为八柱长方形建筑，屋顶为二层四角重檐，有楼冠，楼冠为歇山顶。面积约23平方米，高约12米，左右两边置长木枋供行人歇脚，是平善村寨西侧主要的社交活动场所。

鼓楼

平善梯田

西寨门

平善村平面图

民居

凉亭

南寨门

北寨门

自然风光

古树1

古树2

村落一角

传统民居：平善村传统民居具有苗族传统民居特点，建筑风格与当地侗族建筑极为相似，房屋一般分正屋、厢房、前厅、偏厦等。正屋是主要部分，有三柱屋、五柱屋、七柱屋、八柱屋等。民居大部分均为木质结构。平屋为单檐结构，开口屋为双檐结构。凡柱、梁、枋、瓜、串、椽、檩等，均以榫卯穿合逗作。楼房外围，均有走廊栏杆，宽敞明亮，空气流通，供家庭成员休息。苗族传统建筑不用一钉一铆，工匠们只用半边竹竿和棍签作为标尺，俗称"丈杆"和"鲁班尺"。精明的木匠师傅，就凭这根"丈杆"和一捆"鲁班尺"建造出许许多多秀丽的建筑。

民族文化

平善芦笙舞：又名"踩芦笙"、"踩歌堂"等，是一种以男子边吹"芦笙"同时以下肢（包括胯、膝、踝）的灵活舞动为主要特征的传统民间舞蹈，因用芦笙为舞蹈伴奏和自吹自舞而得名，大多在年节、集会、庆贺等喜庆时刻表演。在平善，人们从儿童时代起就开始学吹芦笙和跳芦笙舞。凡是在演奏和舞技上出众的芦笙手和芦笙队，都深受群众的尊敬和爱戴。在过去，青年小伙子会不会吹芦笙，能不能跳芦笙舞甚至都成为姑娘们择偶的重要条件之一。

苗族中秋节：平善村的苗族中秋节已有100年以上的历史，是全村参与，具有当地民俗特色的活动节日。平善村的中秋节和我们所过的传统中秋节时间并不相同，传统的中秋节为农历八月十五，而平善村村民以农历八月二十八为中秋节，主要原因是平善村的经济收入都是以外出务工为主，村民们很多都难以在八月十五赶回家中，后来就慢慢形成了农历八月二十八为中秋节的传统。在苗族，中苗年和中秋节是一年中最重要的两个节日，过节当天村民们会在白天杀猪宰羊，宴请各方宾客。晚上会举行隆重、盛大的芦笙吹奏，和各方宾客们欢庆中秋佳节。

人文史迹

寨门：平善村现存7处寨门，包括西寨门、南寨门和北寨门等，是进寨的标志建筑，也是迎接宾客的地方，由村民自发组织捐款建造，古时主要用于防御。

古井：为平善村的重要水源，泉水甘甜，流水不断，古井上建有井亭，作为保护水源之用。

土地庙：始建于清代，青瓦悬山双坡顶，为村民祭拜土地神的地方。

斗牛场：平善村居民节日斗牛活动的场所，平时用以休憩娱乐。

古树：村西侧后山海南玉针松古树群与村东侧分布的香樟树、百花木兰、公母红豆杉、青枫等相呼应，共同构成了东西呼应的自然景观序列。

保护价值

平善村承载了苗族丰富多彩的芦笙文化资源，由千百年来积淀而成，展现当地具有特色的民俗文化。传统的村寨空间格局、独特的村落布局形式、古朴的民族文化习俗具有较高的保护价值和科学研究价值。

王　希　王　曦　编

黔东南苗族侗族自治州施秉县双井镇龙塘村

龙塘村全貌　　　　　　　　　　　　　龙塘村区位示意图

总体概况

双井镇龙塘村位于施秉县东南部，距施秉县城38公里，距镇政府所在地8公里。全村总面积25.36平方公里，有223户，共1220人，全寨均为苗族，是典型的少数民族聚居传统村落，也是黔东南的一百个民族文化村寨的村庄之一，2014年龙塘村被列入第三批中国传统村落名录。

村落特色

"龙塘"之名源于寨中有一个龙潭，全寨200余户苗族聚居在一个山冲半坡腰上，大多数房屋集中在一块，看似建在一个圆的内部，总体布局颇似道教的太极残图。

进入寨子的路有寨门，共有10多条大约2米宽的小路，路面是用青石板铺成，每一条小路都非常相似，陌生人进入寨中很难找到出口。寨前一条小河围着寨子，寨中随处可见具有100年以上的明清建筑，青砖白墙，飞檐翘角，错落有致，墙上浮雕彩绘，横匾门联，其内容为孟子、论语等儒家经典。建筑全为木质结构，有苗族朴实无华传统特色的木地板、吊脚楼、走廊"美人靠"、木织布机，以及嵌在堂屋里的小木桥等。高墙和堡坎全用钟乳石砌成，能自然粘结，经历风雨越久越牢固。

传统建筑

龙塘民居都是连在一起的，以马头墙和苗家木屋相结合的砖木结构建筑物和吊脚楼为主。现在部分采用马头墙造型的建筑物大门门楣上，保存有该建筑物落成时题写的"平庐郡"、"延陵郡"、"树德"等字样及两副门联。马头墙上的阶梯形平面以瓦呈双坡状覆盖，其外侧瓦檐下用石灰抹上，上面绘有图案，主要以青色调为主色，有山水草木，花卉鸟虫等图案。

民族文化

古歌：古歌内容十分丰富，从宇宙的诞生、人类和物种的起源、开天辟地、初民时期的滔天洪水，到苗族的大迁徙、苗族的古代社会制度和日常生产生活等，是苗族古代神话的总汇，一般在婚丧活动、节日等场合演唱。

建筑和街巷空间

踩鼓场

马头墙

龙塘文化长廊

钟乳石砌成的墙和木楼

传统民居建筑

板凳舞表演

古城墙上的望风口

刺绣印染：苗族服饰无花不成衣，刺绣是苗族服饰的必然装饰物，其图案主要以鱼、龙、鸟、凤、蝴蝶为代表的动物图案，同时还有一些以枫、花草、月、云等为代表的自然物图案，印染在龙塘有重要的地位。

踩鼓舞：踩鼓舞是龙塘群众自娱自乐的一种民间舞蹈。踩鼓时节主要集中在"二月姊妹节"、"五月大端午"、"七月吃新节"等几个大节日里。踩鼓舞没有音乐，舞蹈随鼓点的节奏的改变而改变，击鼓者由1~2名男性或女性围在圆圈中央击鼓，踩鼓舞一般是青年女子，身穿大襟衣无扣银衣，袖口、肩膀等处挑着各种花鸟等吉祥物，下穿着青色百褶衣裙，头戴闪闪发光的牛角银帽，耳戴一对大银耳环，佩带一层层的项链，手戴一串串的银手镯，脚穿船形的挑花无后跟布鞋。

人文史迹

古遗址：有清咸丰年间苗族起义将军乌姆席故居遗址、报音脚和小岗山虎跳坡的清军兵营遗址战壕、建于清末的书院等。另外，在龙塘自然寨靠东北的小路北侧，保存有4座坟墓连成一体的古墓群，村里还有古洞穴1处，洞内有水，可容纳数百人，洞口非常隐蔽，不易被外人发现。

乌姆席：苗族，出生于贵州省镇远县涌溪乡，成人后嫁到施秉县双井镇龙塘自然寨。民间传说她时而化妆成老太婆，时而巧扮成回娘家的少妇，深入敌营刺探军情。她武艺不凡，行走如飞，随身带1把兽皮伞，旋转起来能挡箭羽，还会施放"五毒绣花针"，至今仍流传着动人的《乌姆席歌》，现在龙塘自然寨内，乌姆席的故居遗址尚存。

保护价值

龙塘民居既有苗族传统特色的木地板吊脚楼、走廊、美人靠等，又有马头墙等徽派建筑特征，体现了建筑上的形神合一，苗汉文化的有机结合；苗族古歌、刺绣印、染踩鼓舞等涉及本民族的神话、历史、社会习俗、宗教文化、思想的方方面面，是研究苗族文化的最宝贵的资料，是苗族人民勤劳智慧的结晶。

龙塘远离城市，居民民风淳朴，加上

刺绣

节日活动

其浓烈的地方特色，鲜明的民族特点，因而具有极高的社会、经济、文化价值，应予以保护，在此基础上进行适当的旅游开发。

张奇云 陈清銮 杜莉莉 编

古石桥

院墙小道

石洞

村寨一角

黔东南苗族侗族自治州从江县西山镇田底村

田底村远眺

田底村区位示意图

田底村古树

总体概况

田底村位于西山镇西北面，距镇所在地6公里，村域面积3.24平方公里，全村现有1个自然寨、4个小组、92户，305人，是一个以侗族为主的村寨，同时也是香樟树群村寨之一。2013年列入第二批中国传统村落名录。

村落特色

田底村坐落在田底溪畔，溪水至东向西流入广西梅林。村寨依山而建，背山面水。田底村坐落在半山腰上，村内气候适宜，环境优美。村内50多米长的风雨桥，是年轻人情歌对唱、表达心中爱意的场所。三年一度的重阳佳节热闹非凡，男男女女穿着节日的盛装，跳起欢快的舞蹈，庆祝这一盛事。

传统建筑

鼓楼是侗乡独有的建筑物。座座鼓楼高耸于侗寨之中，巍然挺立，气势雄伟。飞阁垂檐层层而上呈宝塔形。瓦檐上彩绘或雕塑着山水、花卉、龙凤、飞鸟和古装人物，云腾雾绕，五彩缤纷。高达20余米，一般在13层左右；鼓楼以杉木凿榫衔接，顶梁柱拨地凌空，排枋纵横交错，上下吻合，采用杠杆原理，层层支撑而上。鼓楼通体全是本质结构，不用一钉一铆，由于结构严密坚固，可达数百年不朽不斜。在侗族历史上，凡有重大事宜商议、起款定约，抵御外来官兵骚扰，均击鼓以号召群众。由寨中"头人"登楼击鼓，咚咚鼓声响彻村寨山谷，就能迅速把人集中起来。无事是不能随便登楼击鼓的。

鼓楼下端呈方形，四周置有长凳，中间有一大火塘；楼门前为全寨逢年过节的娱乐场地，每年正月初一到十五男女穿着民族服装进鼓楼哆吔，农历正月初三举行芦笙比赛。每当夏日炎炎，男女老少至

保寨树

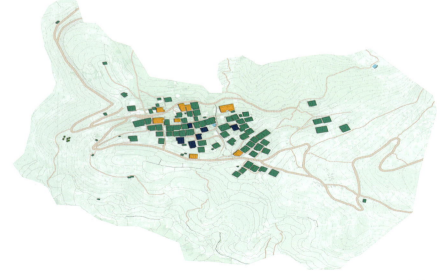
田底村总平面图

田底村鼓楼

古水井1

古水井2

此乘凉，寒冬腊月来这里围火，唱歌弹琵琶、讲故事。侗寨有坐鼓楼的习俗。特别是春节期间，村村寨寨聚集鼓楼广场，吹芦笙，"哆耶"对歌作乐。或以侗族民间传统故事为题材，自编自扮侗戏，登台演唱。

民族文化

侗族大歌起源于春秋战国时期，至今已有2500多年的历史，是在中国侗族地区一种多声部、无指挥、无伴奏、自然和声的民间合唱形式。侗族大歌无论是音律结构、演唱技艺、演唱方式和演唱场合均与一般民间歌曲不同，它是一领众和，分高低音多声部谐唱的合唱种类，属于民间支声复调音乐歌曲，这在中外民间音乐中都极为罕见，侗族大歌不仅仅是一种音乐艺术形式，对于侗族人民文化及其精神的传承和凝聚都起着非常重大的作用，是侗族文化的直接体现。

侗族大歌多声部、无指挥、无伴奏是其主要特点。模拟鸟叫虫鸣、高山流水等自然之音，是大歌编创的一大特色，也是产生声音大歌的自然根源。它的主要内容是歌唱自然、劳动、爱情以及人间友谊，是人与自然、歌手人与人之间的一种和谐之声，因此，凡是有大歌流行的侗族村寨，很少出现打架骂人、偷盗等行为，人们甚至是"夜不闭户，路不拾遗"，如同陶渊明笔下的"桃花源"一般。

侗族大歌历史上分布在整个侗族南部方言区，目前主要流行于侗语南部方言第二土语区，其中心区域在以小黄为中心从江县北部与黎平县南部接壤地区和榕江县车江、宰麻一带。

侗族大歌

田底村风雨桥

保护价值

田底是个美丽而富有诗意的侗寨，坐落在风光秀丽的田底溪畔，青山环抱，依山傍水，古木苍翠，吊脚楼错落有致，风景十分优美。悠久的村寨历史，保存完好的传统村落，传承优良的民族工艺，拥有丰富而珍贵的物质与非物质文化，具有较高的历史价值。

杨程宏 周子恒 编

黔东南苗族侗族自治州黎平县水口镇东郎村

东郎村全貌

东郎村区位示意图

总体概况

东郎村位于贵州省黔东南苗族侗族自治州黎平县水口镇以南，距水口镇政府所在地12公里。据传说清代，有一个名叫石东郎的人先居于此，故因此得名东郎村，至今已有600余年的历史。东郎村村域面积10.15平方公里，全村共有300户，1700人，以侗族为主。2013年，东郎村被列入第二批中国传统村落名录。

村落特色

东郎村是典型的森林式村落，原始森林覆盖率超过80%，有保存较好的岑烂古墓群、东朗古墓群、同根四胞千年古树和"晴雨神树"，是一个自然与人文景观兼具的典型侗族村落。东郎村地处山地地形的一山谷盆地内，谷底一条小河穿流而过，与其他沿河流两侧地势平坦处建设的村寨不同，东郎村的房屋是沿盆地内侧的半山腰呈环形分布的，究其原因主要是盆地四周坡度大，洪水容易淹没谷底平坦之处所致，体现了"背山面水，近水利而避水患"的选址格局特点。村寨内的民居建筑基本采用传统的干阑建筑形式，依山而建，充分利用等高线层层而上，形成错落有致的房屋布局。

传统建筑

东朗村传统建筑除了鼓楼、公坛等公共建筑，其他建筑基本采用传统干阑建筑修建，楼房建筑以2层为主，少数为3层，整个村落依山梯建，传统的干阑建筑与山水融为一体，古朴的民风、民俗和自然村落形成一个典型的侗族文化空间载体。

岑烂寨鼓：建于1901年，至今已有113年历史。鼓楼为穿斗式3层檐单层四角攒尖顶楼冠，一层水平面为正方形，长宽均为10米，建筑面积约83平方米，有内4根金柱和外24根双排檐柱，中间有火塘，四周有木凳环绕。二层有楼梯直通，其四周有约1米宽回廊，金柱成为回廊的四角支撑，二层的栏板和窗格均成菱格和矩形格状镂空，协调一致。三层为宝顶，无楼梯上去，鼓楼经历了百年风霜至今仍旧保存完好。

高寨鼓楼：为近期原址重建。高寨鼓楼为穿斗式11层密檐单层八角攒尖顶楼冠，密檐最下方2层为四角，其余为八角，楼底半围合，内4根金柱外12根檐柱。檐口雕龙画凤，装饰豪华体形宏伟，与岑烂鼓楼正好形成了鲜明的对比。

大厦午鼓楼

同根四胞古枫树

东郎村平面图

民居

岑烂鼓楼

公坛

民族文化

上鬼殿:"公坛"作为侗族崇拜"萨岁"之用,与其他侗寨不同,本村崇拜的神为祖父神,敬称之为"公",神位"公坛"始建于明代,后曾多次修复,"公坛"占地20余平方米,为全村最为神圣之处,因各种历史原因,现由岑烂派管理和祭祀,高寨派则不参与任何祭拜"公坛"的活动。每年正月初一是岑烂派举行祭祀活动拜祭"公坛"的日子,当日男女老少身着民族盛装,青年敲锣打鼓、吹芦笙、鸣放铁炮和鞭炮;儿童涂花脸、穿破衣;两名男青年男扮女装,身着女士盛装,模仿女人神态和步伐,颇具喜剧效果;老人身着绸缎锦衣,头戴清代样式锦帽,撑半开伞、带领大伙围绕"公坛"缓缓而行,俗称"上鬼殿"。

侗族芦笙节:芦笙节是贵州省黔东南苗族、侗族自治州苗族人民的传统节日,约在农历九月二十七日举行。相传,芦笙管是诸葛亮教苗族人民做的,所以他们又把芦笙管叫做孔明管。节日期间,男子穿对襟或右大襟短衣和长裤、头缠青布巾,腰束大带,手持芦笙、唢呐、铜鼓,涌向会场;姑娘们穿着绣有各色花纹、图案的衣裙,头缠青帕,腰束绣花彩带,佩戴银饰,边说边笑跟随而来,人们伴随着芦笙的乐曲翩翩起舞。东朗村的芦笙节在芦笙坪举办。

人文史迹

古墓群:东郎村拥有保护完整的明清古墓群两处,一处位于岑烂寨学校球场的前方,坐东朝西的风水宝地,视野开阔,东郎村的先祖们选择此地长眠,一层覆一层,如今我们看到的只是最上一层的墓群了。另一古墓群位于村寨之南的一山脊之处,面朝远处最高的山峰,此处墓葬宝地专属石东郎家族,墓群的最高处是石东郎的坟墓,其子孙后代依次排列而下,层层叠叠,十分壮观。

古井:东朗村共有古井三口,全部位于东朗村寨内,古井水质良好,清澈透底、清凉可口,多少年来依然是东朗村寨内数千人口饮水的主要来源,至今保存完好。

古树:东郎村四周原始森林环绕,植被非常丰富,其中有两棵古树最具特色:

古井

芦笙坪

其中一根位于寨边山脚的四胞同根千年古枫树,在冒出地面的地方就分为四支各自生长,历经千年形成了如今形态挺拔优美之相;另一根古树位于稍远处原始森林之中,从寨中可以远眺,由于下雨天树叶会变成红色,一直以来被村民们当成晴雨表,用来预测是否会马上下雨,村民们称之为"晴雨神树"。

九牛恋塘:距村子3公里的小河下游有一处风水宝地,名曰九牛,九牛恋塘成为当地一处著名山水景观,经常有各地风水师慕名前来观赏。

保护价值

东郎村建筑与村落格局至今保存完好,盆地内风光秀丽,四周原始森林环绕,最具特色的明清岑烂古墓群、东郎古墓群、同根四胞树与"晴雨神树"如画龙点睛之笔,使村落更具保护发展和科学研究价值。

代富红 王 希 编

古树

古墓

高寨鼓楼

东郎村建筑群

黔东南苗族侗族自治州从江县加榜乡加车村

加车村远眺

加车村区位示意图

总体概况

加车村芦笙堂坐落在加车大寨正中间，是村民节日各种活动的公共场所，芦笙堂四周分布几颗形态十分怪异的古树，非常漂亮，成为点缀加车苗寨的美丽风景线。加车村距乡政府驻地10公里，距县城110公里，全村辖8个村民小组，262户，1162人，全部为苗族。2013年被列入第二批中国传统村落名录。

村落特色

加车村离乡驻地12公里。因住地坐落在苗语叫"党机"的山垴上，后人写为汉语近音"加车"而得名。加车大寨有261户，是全乡最大的一个自然寨，除学校外，全寨所有的民居属于当地传统的苗族吊脚楼，与闻名遐迩的加榜梯田美景融为一体，形成人在寨中，寨在田中的童话似的田园风光，尤为壮观。由于历史悠久，这里的民俗文化底蕴也十分深厚，除了传统的苗族新年外，更具特色的新米节、芦笙节和开秧节更能够展现当地的民族文化和农耕文化。

人文史迹

相传4000多年前，加车人民的先祖王故拆、王故西两兄弟带领族人从黔东南州境内的丹寨排调出发。一天，兄弟二人外出狩猎，追赶着一头野猪满山跑，途中，王故西发现加车河面完全被原始森林覆盖，河两岸被树藤连接，人可直接从树藤上面走到对岸。过河时，王故西无意将背在身上的水稻种子落入乌税山的一个泥塘中。次年农历六月卯日，当王故西狩猎再次经过此地时。发现池塘里竟长出了水稻。他把这一消息告诉了族人，族人们经过商量后认为，乌税山是一个适宜人类居住的好地方，于是王氏兄弟决定率全族人到乌税山比较平缓的加车坡定居，并率领全族人挖山造田，开始了他们"稻饭鱼羹"的美好生活。在漫长的历史长河中，苗族的先辈们通过一代又一代的努力，他们用自己的勤劳和智慧把一座座山峰修整成了一片片雄伟壮观的梯田。

加车村祭祖

村落环境1

成片民居

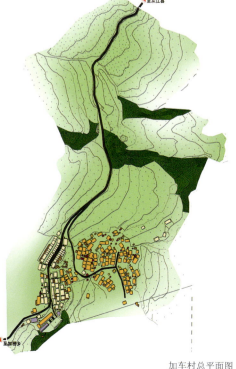
加车村总平面图

传统建筑

加车村的传统建筑数量较多，主要分布在下寨，大部分保存情况较好或一般，少量建筑已腐朽倾斜，破败不堪。整个村庄都是传统民居，以木质的吊脚楼为主，有着独特的文化价值。建筑风格为苗寨传统建筑，吊脚木屋、小青瓦、四面坡，与袅袅炊烟及房前屋后的层层梯田构成了一幅大自然与古村落交相辉映、和谐美丽的画卷，令人赏心悦目。

加车村的传统建筑部分建于民国时期，部分建于现代。民居建筑一般为2～3层结构：底层用于生产工具、储存肥料和家养家畜；第二层用作客厅、堂屋和厨房，部分建筑堂屋外侧设有"美人靠"，是苗族建筑的一大特色；第三层用于存放生产生活材料等。

民族文化

苗族服饰：苗族银饰服饰保持着中国民间的织、绣、挑、染的传统工艺技法，造型上，采用传统的线描式，善于选用多种强烈的对比色彩，追求颜色的浓郁度和厚重的艳丽感。当地苗族银饰服饰独具特色，与月亮山区周边村寨苗族银饰服饰有所不同。

苗笛：苗笛为竖吹管形乐器，即"四孔箫"，在从江苗族地区广为流传。据载，箫与笛的起源说法不一，据《周礼》记载，周代的雅乐中已用到"篴"，虽与笛同音同义，但篴为竖吹，并非横吹之笛。另相传此种乐器原出于羌中，汉代称"篴"。但它门最初都为四个指孔。蚩尤与炎黄逐鹿中原，战败后，其九黎部落南迁徙形成三苗集团即苗族先祖，他们迁徙至过程中也把中原文化随之带来，"篴"可能在其中，苗笛即"篴"的活化石。

苗笛一般为竹制，声音清脆，曲调低沉委婉，它能表现丰富细腻的情感，寄托宁静悠远的遐思，幽静典雅，回味无穷。

保护价值

加车村建在山腰，村寨被山林和稻田围绕，木屋、树木、稻田相互辉映，融为一体，构成一幅幅美丽的田园风光画。建筑主要为木结构吊脚楼，有较好的研究价值，保存和发展了自成体系的民族文化，代代相传，内容丰富，成就了一个保存完好的原生态的文化村。

周尚宏　周　杨　编

村落环境2

加车芦笋堂

祭祀仪式

苗笛表演

加车村芦笙堂

加车村大寨主要街道

黔东南苗族侗族自治州黎平县尚重镇归德村

归德村全貌

归德村区位示意图

总体概况

归德村位于黔东南苗族侗族自治州黎平县尚重镇南部，距镇驻地20公里，东与归养村归养寨、龙溪村相邻，南与归养村岭吉寨和定正寨相邻，西与上洋村相邻，北与洋类村相邻。村落始建于明朝初期，祖辈由黎平县矛贡乡登岑、地扪一带迁入。归德村村域面积为4.69平方公里，全村约140户，共650人，以侗族为主。归德村于2013年被列入第二批中国传统村落名录。

村落特色

归德村仅辖归德一个自然寨，村落依山傍水、沿河而居，四面环山，有一条南北走向的小河从寨子中间穿过，河上有休闲花桥、河两边有成排的风景树，村寨周围有四季常青的古树、竹林。村落整体风貌保存完好，传统民居多分布在河道两旁，古井、古树主要分布在寨旁。

传统建筑

归德村以木质干阑建筑为主，一般为2~3层，由于火灾、年久失修等因素，多建于20世纪六七十年代。与其他侗寨民居建筑有所不同，但功能上又与其他侗族民居没有太大差别，归德传统民居具有尚重侗族传统民居建筑特点，堂屋为笼统式，这与汉族民居有明显的区别，与黎平其他侗族乡镇也有较大的不同，厨房、猪牛圈等皆设于屋侧房后，房屋一般分正屋、厢房、前厅、偏厦等，正屋是主要部分，有三柱屋、五柱屋、七柱屋等。侗族的民居，大部分均为木质结构，平屋为单檐结构，开口屋为双檐结构。凡柱、梁、枋、瓜、串、椽、檩等，均以榫卯穿合逗作。其中有鱼尾榫、巴掌榫、扣榫、斧脑榫、全榫、半榫等，这种建筑工艺在侗族民间由来已久。楼房外围，均有走廊栏杆，宽敞明亮，空气流通，供家庭成员休息，也是侗家姑娘纺纱织布的好地方。

古树1

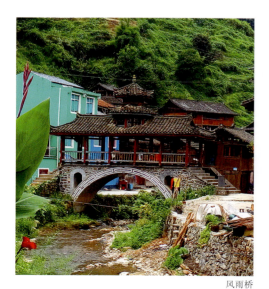

风雨桥

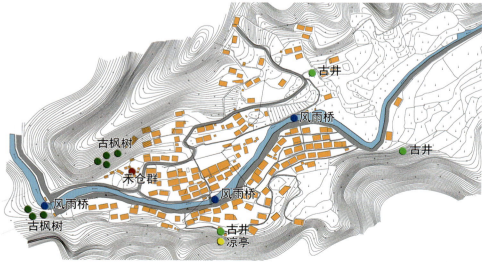

归德村平面图

大会堂

禾仓

风雨桥：归德村有3座风雨桥。其中一座坐落于归德村寨头，长15米，宽4米，建筑面积96平方米，是寨中最古老的一座风雨桥，屋顶为小青瓦坡屋顶，桥墩以碎石砌，桥体桥面都为木质结构，整座桥匀称轻巧，工艺精湛。另一座桥位于归德村寨中，桥廊上建有桥楼1座，屋顶皆为小青瓦坡屋顶，中间桥楼屋顶为2层六角攒尖屋顶，桥墩为混凝土砌筑，水泥为桥面，桥体为木质结构，桥廊内两侧下部设有连通桥凳，供人休息。

凉亭：归德村凉亭建于橘井之上，加上大部分的村民到凉亭要经过一座花桥，所以将此凉亭命名为"桥井亭"（橘井亭）。该凉亭顶部竖起个宝塔式楼阁，楼阁飞檐重叠，共有3层，占地面积约23平方米，凉亭四周有精致的栏杆和舒适的座位，可供人们憩息。凉亭壁上或雕或画有雄狮、蝙蝠、凤凰、麒麟等吉祥之物图案，形象诙谐洒脱，古香古色，栩栩如生。都是以杉木为主要建筑材料，整座建筑不用一钉一铆，全系木料凿榫衔接，横穿竖插。棚顶都盖有坚硬严实的瓦片，凡外露的木质表面都涂有或红或蓝的油漆。

民族文化

侗族琵琶歌：侗族琵琶歌起源于尚重镇西迷村，尚重镇被国家文化部命名为"国家非物质文化遗产——侗族琵琶歌之乡"。尚重镇各村寨对琵琶歌都特别喜爱，尚重镇侗族琵琶及琵琶歌的主要特点是：尚重侗族人民所有的琵琶大多数是由梨树制成，有雌雄之分，雄琵琶身长体大而声宏，奏出刚劲雄浑之声，多为男歌手所用，雌琵琶身短体秀而声纤，弹出柔软美妙之音，多为女歌手所用。尚重侗族琵琶歌的主要特点是委婉飘逸，清脆悦耳，悠扬婉转，优美动听，加之与琵琶声和谐相配，令人如痴如醉，心旷神怡，流连忘返。

人文史迹

古井：归德古井有3口，分布在寨边及寨尾，这3口水井担负着归德村的生活用水，水井里的水冬暖夏凉，十分可口，可以不通过处理直接饮用。

土地庙：土地庙又称福德庙、伯公

古树2

庙，为民间供奉土地神的庙宇，多于民间自发建立的小型建筑，属于分布最广的祭祀建筑。归德村土地庙位于归德村寨头，占地面积8.5平方米，村民们会在逢年过节时带上祭品到这里来供奉土地神，祈求保佑全村人民平平安安，五谷丰收。

石碑：村子里有一块清道光年间的古碑，位于橘井亭旁，碑上记载的是修建橘井的人员及其捐献的钱数。

古树群：古树成片，分布在村庄周围山上。古树品种有枫树、合树等，约有40株。

古树群

归德服饰1

归德服饰2

保护价值

归德村是黎平侗族发展的实物见证和侗族文化的典型代表，保存了侗家人特有的民族文化，它犹如一个"历史光盘"记录着明、清以来人民的生活状态和习性，是侗族文化的一个印证和写照。归德村的村落格局和传统建筑历经数百年风雨而存留，见证了村寨从古至今的发展历史。

余压芳 王 希 编

民居

村落一角

黔东南苗族侗族自治州从江县雍里乡归林村

归林村远眺

归林村区位示意图

总体概况

归林村位于雍里乡政府驻地西北面，距政府驻地17公里，全村村域面积38.62平方公里，辖8个自然寨，13个村民小组，486户，2354人，是雍里乡最大的壮族村；全村有耕地面积1201亩，2013年被列入第二批中国传统村落名录。

村落格局

归林村坐落在一个四面青山环抱的半山腰上，寨周围高山峻岭重峦叠翠，古树参天，四野层层梯田，盛产香糯，米粮丰产，是个鱼米之乡，村内建有风雨桥，村落布局坐落有致、完美和谐。因民族生活习惯，呈块状群聚于半山腰，木屋吊脚楼林立。现开通通村公路1条，通组公路5条，农田公路4条，公路里程共达40公里。村里每个自然寨都有2至3棵的护村树——枫香树，就中心寨里的大枫香树就有300年以上的树龄，每年正月初一，群众都到那里烧香祭拜，当然，此意并不是在于迷信，而在于对大自然的崇拜和爱护。湾淋人民对大自然的爱护不仅表现在精神上，而更多的是在于践行，每一春，都是湾淋人民植树的大好时节，又是一场植树大运动，在这里不仅有科学伐树，更有持续植树，我们提倡可持续美，和谐美。

传统建筑

归林寨位于归林村中部，是归林村的中心寨，全寨位于党德山山腰上，临寨脚下有归林河流过，归林寨对面为影架山，整个村寨处于两山夹一沟，滨水靠山的选址格局中。

归林村落内建筑多为"干阑式"砖木结构建筑，建筑风貌具有鲜明的地方壮族特色。村落内建筑主要为村民住宅，建筑年代从近两年至四五十年均有。距今较久远建筑为木结构2层建筑，底层多为圈养牲畜、堆放杂物。二层为居民生活空间，进深呈"三段式"布局，最前段为宽约3米的宽廊，是居民会客、晾晒衣物、手工生产等日常活动空间；最里段为卧室，中段为起居室，内设火塘，是家人团聚、娱乐、休息空间。在建筑构造上，采用传统营造方法，在屋顶、栏杆、门窗等构造方面均具较强的实用性，颇具地方特色。近年新建建筑，底层多为砖石结构，上层为木质结构，内部布局也与老式建筑有所不同。

村落环境2

村落环境1

归林村总平面图

黔东南苗族侗族自治州

人文史迹

民间传说，壮人先从广西来到加勉、加牙一带，因不适应，又往古州到九朝九洞的壮乡苗寨迁移。另一支由广西的拉雷（今石牌）到尾另（viu limz）（今归林），最后在归林寨这块土地上定居，建立了最初的寨子。主要由王、韦、罗三姓居民组成，久后融合成为一个较大村子，直至今日的300多户的大寨子。

1930年，下江镇来了一群土匪，归林寨寨民在寨王韦朝贵带领下，英勇参战，最终将下江镇土匪打跑。

民族文化

为中国和世界非物质文化遗产的侗族大歌，本是侗族人民的文化精粹，然而，归林壮族唱侗族大歌是从江部分壮族村寨独有的文化现象，是民族文化相互融合的活标本。相传，在民国时期，归林壮族村与周边侗族吃"相思"交往活动，壮族男子与侗族女孩发生恋爱，按侗族习俗，男方必须对歌赢女方，女方父母才同意这门婚事，于是男方日夜学侗歌，之后对歌赢了女方，这门婚事变促成。后来，壮族就都学侗族唱侗歌，以歌声谈情说爱至今。壮族的许多节日风俗与汉族相同或相近，但有的节日是特有的，除著名的"三月三"歌节外，每逢农历的七月初七至七月十五之间，举行聚会唱歌活动，杀鸭、做糍粑祭祖，出嫁的女儿必须拿鸡、鸭回来祭祖。归林壮族过"八月十五中秋节"，又称"恋爱节"，庄家丰收，明月圆，青年男女找心上人对唱情歌，寻找伴侣。

保护价值

归林村位于雍里乡政府驻地西北面，海拔560米，距从江县城25公里。整个村寨由大寨、下寨、平用寨、根稿寨、弄稿寨、影架寨、高刚寨和高碑寨8个自然寨组成，分别散落在山脊两侧，干阑式吊脚楼依山而建，或高或矮，随地起伏，掩映在茫茫树林中，与青青翠竹交织在一起。

李 礼 黄明皓 编

代表民居

民居堂屋

拦门酒

村寨环境——进村道路

壮族刺绣

111

黔东南苗族侗族自治州黎平县双江乡四寨村

四寨村全貌

四寨村区位示意图

总体概况

四寨村位于贵州省黔东南苗族侗族自治州黎平县双江镇，距县城63公里，距镇政府所在地2公里。村落由寨丢、告宰、平城、摆架4个自然寨组成，故名"四寨"，古称"千三四寨"。据说大约在800年前，祖宗"公记"和"公力"追随苗兰祖先从"三色古州"（现榕江车江一带）顺河迁徙而来。村落总人口为1781人，以侗族为主。2013年四寨村被列入第二批中国传统村落名录。

村落特色

四寨村是"侗族摔跤"节庆项目之发源地，亦是"中国原生态稻作民俗科学研究基地"，故又名"摔跤之乡"、"稻作之乡"。四寨选址于云贵高原山地丘陵地貌的都柳江上游河谷平坝地带，位于三岔河和太极水之畔，具有"丘陵盆地，河谷平原，两河交汇，太极之上"的选址特点。村落依山傍水，清澈的四寨河蜿蜒穿城，寨后山峦蜂拥、古树成林、翠竹成群点缀其间，寨内景观独特，广阔的田野间，野花星星点点洒落，寨门花桥之旁，古树枝繁叶茂依伴。四寨有着"三寨聚合，一寨分离，鼓楼为心，人家环绕"的村落格局，寨内民居、鼓楼、花桥鳞次栉比，加之典型的侗族摔跤文化，构成了一幅具有浓郁侗族文化气息的原生态人居画卷，彰显了"太极锁水青山抱，最美四寨摔跤乡"的村落特点。

传统建筑

四寨传统建筑保留相对完整，除了大量民居外，公共建筑中最具代表的有鼓楼4座、风雨桥2座、戏台1座。

鼓楼：寨内的4座鼓楼均层层叠叠，重檐而上，主体形态相似，细节却有差别，展现了不同姓氏家族的威望和审美取向。如高宰鼓楼为穿斗式十三层檐双层八角攒尖顶，楼底半护栏围合中央火坑，三面开镂空花格门，楼前水景影照，美轮美奂。宰堵鼓楼穿斗式十一层檐双层八角攒尖顶楼冠，最下面的两层檐为四角，其余为八角，楼底四边形半护栏围合，开两镂空花格门。坪城鼓楼为穿斗式十三层檐双层八角攒尖顶楼冠，屋檐翘角处有小兽装饰，楼底半围栏，地面卵石满铺。摆架鼓楼为穿斗式十三层檐双层六角攒尖顶楼冠。鼓楼是村民击鼓议事的会堂，更是他们的民族精神凝聚之所，即便是在贫穷落后的年代，村民们都会踊跃捐资修建，团结一心。

风雨桥：风雨桥是侗民们横跨河流的

四寨花桥

四寨一角

交通设施，更是延续被河流打断的村寨龙脉之桥梁。四寨村有两座风雨桥，一座位于寨门之外横跨河流之处，成为村民们接送贵客的场所；一座位于寨内的河流蜿蜒之处，桥上提名"四寨花桥"。四寨花桥历史悠久，桥廊全长62米，桥面宽4.5米，桥廊上建有桥楼3座，中间大两头小，桥墩以青石砌，水泥卵石为桥面，桥体为木质结构，整座桥匀称轻巧，工艺精湛。桥楼脊上，泥塑双龙抢宝，桥楼翼角塑有各种珍禽异兽。桥廊内两侧下部设有连通桥凳，供人休息，花桥绘有各种侗族风情及山水、花木和动物彩画，具有浓郁的民族色彩。

戏台：侗族村落的鼓楼和戏台大都集中而建，而四寨村的戏台却是与摔跤场结

四寨村平面图

风雨桥

斗牛

四寨服饰

合，构成了村里的公共活动空间，体现了摔跤之乡的特点。戏台采用优质杉木建成，造型及雕刻极为精致，是一种干阑式木结构的建筑，台面离地3米，宽5米，进深约6米，台侧有楼梯，台面后有木板墙，两面各有1个拱门。台前额枋上有木雕彩绘，戏台顶面采用本地小青瓦。

萨坛：四寨村有萨坛1座，为卵石墙瓦坡屋顶结构，水平面为长方形，屋脊约1米高。侧面开有1个小木门，内置神灵，每逢重要节庆日村民们都会来此祭拜。在诸多神灵中，"萨岁"是侗家人的最高信仰。在侗家人的传说里，"萨岁"曾经是一位美丽善良的姑娘，后来成为英武能干的女首领，面对外来的侵虐，她不畏强暴，率领侗家儿女奋力防抗，最后英勇就义，后人设萨坛祭之。

民族文化

四寨村除了拥有鼓楼营造技艺传承，服饰文化、侗歌侗戏文化、婚庆习俗等典型的侗族传统文化之外，值得一提的要数摔跤文化、斗牛文化和集体大婚习俗。

摔跤文化：四寨村是侗族传统摔跤的发源地，每年农历三月十五日，四寨都隆重举行盛大的侗族传统摔跤节，被评为国家级的非物质文化遗产。相传明朝熹宗年间，世态混乱匪盗成群，四寨、寨高商议联盟，推崇四寨公蛮、寨高公柳于当年农历三月十五比武选首领，然两人均武艺高强不分胜负，后来，两寨就共同拥戴他俩为首领，从此以后两首领率领村民剿匪除盗，保得世代平安。后来为了纪念公蛮、公柳，每年三月十五均在四寨田坝举行摔跤活动，年长月久，这项活动便成了一个固定节日得以流传下来。

斗牛文化：在黎平县许多传统节日集会中，"斗牛"这项活动最为侗族人民喜爱。全县许多乡都有斗牛活动，规模最大的是双江乡四寨村的斗牛。斗牛的日期，有名顺口溜："侗家斗牛日子怪，春冬两季要逢亥，二月十五在坑洞，三月十五在四寨。"大型的斗牛活动，都在传统的"斗牛塘"（即斗牛场）里举行。斗牛前还要举行盛大的"踩堂"仪式。"牛王"停歇的地方，周围插着许多竹制彩旗，竹竿上挂满五色鸡毛；竹旗之间用绳子连接，严禁外人进入。待各寨牛王进场后，就

萨坛

摔跤

举行邀约斗牛仪式。

集体大婚习俗：四寨成亲过程与其他地方侗族婚俗截然不同，定亲后全寨统一在农历十二月二十六日晚将新娘接进家，第二天早上"回门"，大年三十晚新郎正式将新娘接进家，即大年初一，四寨全寨集体送新娘回家。

人文史迹

古树：四寨村古树成群，其中有3棵百年古榕树最为醒目，分别位于寨门之侧、花桥之头和寨中心的地方，如3个英勇的士兵守卫着村民世代平安，取挡水聚财之祥照，是村落的镇寨之宝。

神兽：据说祖先公力之子公高、公闹、公暖3人因生产生活需要，三兄弟各据一方创业，公高居寨高，公闹居四寨，公暖居黄岗。为了表达兄弟互助、手足情深之情感，村内各设神兽石雕1个，相对遥望。每逢节日村民们便来此祭拜，当地人亲切的称呼它为"老爷爷"。

保护价值

四寨村是"侗族摔跤"发源地和"中国原生态稻作民俗科学研究基地"，村里民族风情浓郁，民族民间文化尚保留原生状态，民居及传统建筑艺术独特，生态景观、人文景观互相映衬，传统文化具有浓郁的多样性、完整性、地域性，具有较高的科学研究价值。

余压芳 代富红 王 希 编

寨前古树

四寨远景

四寨鼓楼

黔东南苗族侗族自治州雷山县方祥乡平祥村

平祥村全貌

平祥村区位示意图

总体概况

平祥村位于贵州黔东南苗族侗族自治州雷山县方祥乡，距雷山县城约47公里，明代时期群族的迁徙形成了此村落。平祥村苗语称"仿降"，与"八溜"是清朝改土归流之前整个方祥片区的地方自治地区，现平祥村辖7个村民小组236户799人，主要民族为苗族，全村总面积14平方公里。生态环境条件良好，地表资源丰富，2014年被列入第三批中国传统村落名录。

村落特色

平祥村始建于苗岭主峰雷公山的乌迷河两岸，四面环山，村子对面是沿山而造的层层梯田。现有民居224栋，均是遗承于7000年前的"干阑"式建筑风格，村容寨貌原始古朴，护寨树——枫香树高大挺拔，生机盎然，寨子临河而居，清澈的乌迷河从寨脚淌过，依山傍水，民风淳朴，民俗文化、节日独具特色，受外来文化影响较小，是典型的雷公山山区苗寨。

传统建筑

方祥乡稻作博物馆：平祥村的寨内有1座建立于民国时期的19排柱6大间2个厢房的木楼，曾做教学用，现在是方祥乡稻作博物馆，属于县级保护文物单位，正申报省级文物保护单位。房屋保存完好，陈列着以前老人们用过的生活器具、服饰等展示村民生产生活的物具。

民族文化

芦笙文化：目前雷山县唯一的高排芦笙制作技艺传承人是平祥村人，村里高排芦笙文化传承得较好，每逢苗年节，都要定时吹奏，6～8日不等，男女老少、亲戚朋友同场翩翩起舞，现在芦笙舞蹈成了雷山县民俗民间文化旅游的奇葩。方祥高排芦笙与其他地方的芦笙相比，具有管长和高大的特点，高达7米，堪称是世界最高的乐器，其特点是公母芦笙及子芦笙的有机组合，声音浑厚洪亮，有较强的音质感染力，在特定的环境或盛大的节日、礼仪活动等演出吹奏具有不同凡响的音色效果，方祥高排芦笙还多次参加庆典演出，蜚声国内外，2012年高排芦笙已被列入我国非物质文化遗产。

稻作博物馆木楼

稻作博物馆一角

平祥村平面图

人文史迹

古井：平祥村现有古井1个，已有上千年的历史，村民们都在这里取水，水井里水从未干枯过。

古树：平祥村有古树2棵，其中方香树距今500多年的历史，秃衫距今有600多年历史，被敬重为"保寨树"。

保护价值

平祥村已经有300多年历史，作为一个传统村落，不仅有先民留下的民居建筑，还保留着一定的传统社会文化生活传统，其独特的芦笙文化传承良好，使得平祥村有着与众不同的独特魅力，具有一定的保护价值和旅游开发潜力。

唐历敏 陈清鋆 杜莉莉 编

芦笙场

河流

芦笙场鹅卵石

平祥村大桥

古井

苗年活动芦笙舞

石桥

建筑群

苗族青年服饰

平祥村远眺

黔东南苗族侗族自治州台江县施洞镇旧州村

旧州村一角

旧州村区位示意图

总体概况

旧州村沿清水江而建，村前是清水江古码头，村后是山，寨中为鹅卵石铺就的古寨道，住房星罗棋布，错落有致，间有小院落，古朴典雅。距施洞政府6公里，距台江县府46公里，距凯里州府63公里。旧州村有1个自然寨，4个村民小组，共133户，707人。2013年被列入第二批中国传统村落名录。

村落特色

旧州村始建于明代，具有较悠久的历史。现有乡村公路贯穿其间，水陆交通便利。旧州村位于清水江中游的河谷岸边，村落临江而建，前为清水江，后为田园。村庄上下两头各有两条小溪环绕，住地格局独特。村落地势平坦，村道平直整洁，民居建筑规整古朴。旧州村是一个风光旖旎、安宁祥和的苗寨。

旧州村自然寨地处苗岭山脉，清水江中游河畔，山环水绕。山水之间穿插梯田，不乏优美的田园风光。

地势北高南低，主要道路呈"T"形，依自然山体江流顺势而建，贯穿东西南北，将山川分为东西两部分，三座自然山体相互辉映，造就了旧州村寨的自然式山水田园风光。

旧州村寨地处山水田园之间，并与之融为一体，相互依存，不可分割。旧州村风光旖旎、安宁祥和，村寨的自然景观充分体现了人与自然和谐相处之道，达到了人与自然共生共存的优美境界，令人无比向往。

传统建筑

建筑形式多为传统木质结构歇山顶穿斗式木楼，上盖小瓦。猪牛圈另建于一边，主房整洁。寨子住地平坦，寨子背后为宽阔的田园与隐隐的青山。

旧州村现状房屋建筑层数主要为1~3层，平面形式主要为正方形、长方形等，全村房屋外墙建筑形式较为统一，主要为木质结构，有少量砖结构房屋，但由于建设的时间比较久远，部分外墙严重老化、发黑，木材有脱落的现象，房屋质量参差不齐，大部分现状建筑较为破旧，布局较为密集、混乱，通风、采光、消防等难以保障。旧州苗寨整体传统风貌保存较为完整，民居住房采用干栏式建筑。巷道格局、院落空间完整。建筑选材绝大多数为木质结构，木墙采用桐油漆刷，但由于近年来受外界的影响，不少现代材质穿插在村寨中，导致整个村貌格调失调。

村落环境

旧州村寨门

旧州村总平面图

龙舟棚

民居巷道

特色民居

民居大门

民族文化

旧洲村具有丰富的民族民间文化，苗族古歌、飞歌、情歌丰富多彩。主要民族节日有二月二敬桥节、三月十五姊妹节、五月二十四到二十七日龙船节，等等。民间技艺主要有织染、刺绣、木建、雕刻、民族银饰制作等。旧洲村民族文化浓郁，民族文化底蕴深厚。传承方式主要以言传身教的形式延续。

苗族刺绣，人们的审美观念和审美情趣各异，因而制作的刺绣造型风格也各异。就服饰而言（服饰不同，其刺绣纹案也各异）台江苗族服饰可划分为方你型、方纠型、方南型、方翁型、方白型、方秀型、翁芒型和后哨型等多个不同类别。刺绣手法主要有平绣、辫绣、缠绣、破线绣、锁绣、绞绣、马尾绣等多种。

苗族古歌是苗族古代先民在长期的生产劳动中创造出来的史诗。它的内容包罗万象，从宇宙的诞生、人类和物种的起源、开天辟地、初民时期的滔天洪水，到苗族的大迁徙、苗族的古代社会制度和日常生产生活等，无所不包，成为苗族古代神话的总汇。

由于苗族没有自己的文字，古歌传唱实际具有传承民族历史的功能。因此，演唱古歌时有较严格的禁忌，一般都是在祭祖、婚丧、亲友聚会和节庆等重大场合时演唱，演唱者多为中老年人、巫师、歌手等。酒席是演唱古歌的重要场合，演唱时，分客主双方对坐，采用盘歌形式问答，一唱就是几天几夜甚至十天半月，调子雄壮而苍凉。传承古歌的方式也较严谨，有祖先传授、家庭传授、师徒传授、自学等几种。

旧州纺织1

纺织闲暇

旧州纺织2

保护价值

旧州村是清水江中游河漫滩高阜上的一个临河苗寨，集青山、绿水、溪流、田园等秀美风光于一体。寨内建筑布局有致，寨道规整，民居建筑古朴，住地舒适。当地政府正拟将旧州村打造成旅游观光民族村落。

石庆坤 周 杨 编

黔东南苗族侗族自治州雷山县桃江乡龙河村

龙河村全貌

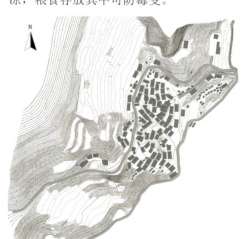

龙河村区位示意图

总体概况

龙河村位于贵州省黔东南苗族侗族自治州雷山县的南部，由南八、略果、孔勇、白水寨、里送5个自然寨组成，现有居民254户，1049人，以苗族和汉族为主。村落与自然环境融为一体，与山水亲切交织，展示出人的聚落环境与自然的和谐。2013年龙河村已被收入第二批中国传统村落名录中。

村落特色

龙河村坐东向西，位于都柳江上游，气候温和，冬无严寒，夏无酷暑，四季分明，村域内有乌族河、孔勇河流经。龙河村村地处雷山县南部，是较为偏远的山区村寨，且居住在半山腰上。在龙河村的所有建筑中，最有代表性的就是传统民居吊脚楼。龙河村吊脚楼以木质干阑建筑为主，共有传统民居吊脚200多座。高山深壑，川谷崎岖，这对村落选址而言具有相当的牵制力，它迫使绩溪人"遇山川平衍处，人民即聚族居之"，对居住环境的选择余地远不及平原地区灵活广大。也正因如此，才造就了龙河村古村落丰富的自然形态，显现出独有的魅力。

传统建筑

龙河村的历史传统建筑群数量较多，保存完整，有着浓厚的文化价值。龙河村的建筑工艺独具特色。龙河村的传统建筑，主要有吊脚楼、粮仓等，其中吊脚楼110座，古粮仓40座。龙河村是雷山县境内苗族风情保存完好、规模较大、数量较多，具有特色价值的物质文化遗产，主要有传统吊脚楼建筑群、芦笙场等，有传统民居吊脚楼110座。传统民居住宅不仅要满足居民的生活起居，还要保证生产活动的进行。

吊脚楼：在龙河村的所有建筑中，最有代表性的就是传统民居吊脚楼。龙河村吊脚楼以木质干阑建筑为主，龙河村大多居住在山区，山高坡陡、平整、开挖地基极不容易，加上天气阴雨多变，潮湿多雾，砖屋底层地气很重，不宜起居。因而，勤劳的龙河村人民，构筑一种通风性能好的干爽的木楼。苗族的吊脚楼通常建造在斜坡上，分2层或3层。最上层很矮，只放粮食不住人。楼下堆放杂物或作牲口圈。2层者则不盖顶层。一般以竹编糊泥作墙，以草盖顶。占地十二三平方米。屋顶除少数用杉木皮盖之外，大多盖青瓦，平顺严密，大方整齐。

粮仓：龙河村有粮仓40座，布局完整，设施齐全，主体布局基本保存完好，与周边环境无冲突。粮仓木质吊脚楼结构6根木柱支撑，仓高约3.5~4米。在距离地面1.5米处，用横穿枋将6根柱子连起来，再横装楼板及板壁，屋顶用小青瓦加盖。每仓面积约25平方米，可储粮5000公斤，这种粮仓具有防火、防鼠、防虫蚁三大功用。仓顶设有通风楼，这些古粮仓冬暖夏凉，粮食存放其中可防霉变。

吊脚楼

粮仓群

石阶

龙河村平面图

民族文化

龙河村这里风俗浓郁，人们热情好客，每年春节总是热闹非凡，举行各种具有民族特色的娱乐活动项目，其中最为盛行和历史悠久的就是一年一度的芦笙会。

芦笙：是苗族特别喜爱的一种古老乐器之一，逢年过节，他们都要举行各式各样、丰富多彩的芦笙会，吹起芦笙跳起舞，庆祝自己的民族节日。芦笙是雷山苗族最喜爱的乐器之一，是苗族文化的符号和象征，是表达苗族人民思想感情的纽带，是苗族人民奋进向上的精神支柱。其制作是世代相传，能工巧匠辈出。芦笙可以分为高排芦笙、芒筒和多管芦笙3种，其原料是水竹，由簧片、竹管、气斗、共鸣筒4个部分组成。

苗年：是苗族仅次于鼓藏节的重要节日。县内所有苗寨都过，都要在节日期间举行斗牛、赛马、斗鸟、跳芦笙、踩鼓游方择偶等传统娱乐活动，最集中地展示苗族服饰、银饰、工艺美术等有形文化。

古树林：龙河村依山而建，又尚未开发，所以寨内古树极多。在苗寨，我们通常都能看到楠木树。这是因为楠木树是苗族村寨的图腾树、风水树、护寨树，有着神圣的意义。所以寨内对古树的保护极为重视，长辈从小就教导者不能对古树不敬，否则会遭到古树的惩罚。逢年过节还要对古树进行祭祀活动。

梯田：龙河村作为传统的稻作文化民族，在长期的山地的生产生活中，运用自己的智慧，改造自然，形成了梯田。梯田空间虽然不是自然形成而是人为创造的，但是它是依据山体空间的基本形态而打造出来的。在纵向坡度上，龙河村民按照相同的坡度顺着山形建造梯田，形成层层叠叠的阶梯状。梯田是治理坡耕地水土流失的有效措施，蓄水、保土、增产作用十分显著。田的通风透光条件较好，有利于作物生长和营养物质的积累。从山上流下来的泉水，能更好地灌溉农田，减少劳力，田内还能养鱼，一块梯田能给岩寨村民带来不

古树

梯田

错的经济收入。全村开垦良田710.17亩。

保护价值

文化艺术价值：龙河村作为一个苗族聚居地，历史悠久、民族风情浓郁，村寨都保存着苗建筑、服饰、习俗、歌舞、乐器工艺等传统古老和原汁原味的古朴内涵，是对实现民族文化交流的重要场所。

龙河村自古传承的传统舞蹈、传统节庆、传统民间技艺、民族特色美食等，均具有较高的保护传承价值。龙河人勤劳勇敢，充满智慧。他们在继承传统文化的基础上，形成独具魅力的特色民俗文化，流传至今，生生不息。民族民间文化尚保留原生状态，民居及建筑艺术独特，生态景观、人文景观互相映衬，传统文化具有浓郁的多样性、完整性、地域性。勤劳的龙河人，在与大自然和谐相处的千百年中，创造物质财富的同时，也创造了优秀的传统文化。苗族传统节庆文化、传统民间技艺文化、民族特色美食文化等，均具有较高的保护传承价值。

苗年节

芦笙会

人文史迹

古步道：龙河村祖先落户龙河村后，修建了房子，由于山高坡陡，下雨后道路湿滑，龙河村村民充分发挥了他们的智慧，用勤劳的双手把青石板和鹅卵石铺设成了步道，长达1200米，步道铺设后，方便村民的出行及串寨。

乌族河：乌族河从开屯坳流经苦力冲和冷竹山水源汇合发源而下，而龙河村是这条河的下游，途经南族桥，从而就叫乌族河下游。乌族河贯通村寨边缘，常年水源充足，河道宽约12米。乌族河从开屯坳发源贯通桃江部分村寨，最后在与乔王、两洋的河流汇合，最终流入丹寨，美丽的乌族河孕育着一代代的龙河村民。

古步道

付 伟 陈婧姝 编

乌族河

龙河村远景

黔东南苗族侗族自治州从江县光辉乡加牙村

加牙村一角

加牙村区位示意图

总体概况

苗族系山地民族，大多都是居住在山腰或山梁上。民居坐向依山势而定。从江苗族民居一般体量都较小，特别是古民居。距乡政府所在地15公里，东靠光辉村，南接党郎村，西邻长牛村，北望榕江加早村，全村共辖5个村民小组，5个自然寨，195户，772人。2013年被列入第二批中国传统村落名录。

村落特色

加牙村地处光辉乡西面，村庄坐落在月亮山的主峰上，周边高差极大，居民在这片崇山峻岭之地，过着日出而作、日落而息的自给自足生活，由于地势偏远，交通极为不便，使得苗族文化得到了较好的传承。

加牙村是典型的苗族聚居村落。干阑式的纯木吊脚楼依山而建，鳞次栉比，疏密有致。村寨四周是茂密的原始森林，和层层叠叠的梯田。村寨、稻田、森林等构成人与自然和谐相处、悠远宁静的田园景色。

传统建筑

从江苗族民居大体可分为两种类型，一种为矮脚楼，一种为楼房。坐落在山梁上的住户大多是矮脚房，主要是防止房屋被大风吹歪或吹倒。矮脚楼不设置底楼，一般在柱子距地面1.5尺的地方穿枋铺枕镶楼板以隔地防潮。屋内结构与设置基本与楼房相同。楼房一般为3层，底层墙板横装，主要用来关养牲口、家禽和堆放柴火、肥料等。二层设火塘、长廊、卧室。三层放置平时少用的家什。而矮脚楼人家的牲口则主要关养在一侧的偏厦里。苗族民居大多是两排一间两厦和三排两间两厦，四排三间两厦的很少。民居建筑材料全是杉树，柱子和瓜柱、吊脚柱都是杉木做成，楼枕和楼板、装板均是杉材，屋顶为歇山式，用杉树皮盖，只有部分人家的屋顶用小青瓦覆盖。柱子有明显"侧角"，出檐较为深远。不管是平房还是楼房，居民家中都设有火塘，不设神龛。节日祭祀活动都是在火塘边进行。火塘既是祭祀的场所，也是用来烹调食物，接待宾客和取暖的地方。火塘上方设有1米多见方的炕架一个，用来烘烤谷物。苗族民居一般都设有长廊，宽约1.5米，可供人们乘凉、歇息、就餐、妇女做针线和纺纱织布。苗族民居都只开很小的推拉式窗户，平时很少开启，有的民居甚至不开窗户。

污流河上人行桥

加牙村总平面图

人文史迹

红军时期红七军经过从江县境的主要目的是攻打榕江县城,所以在从江县境内并不久留。但是,红军每到一寨宿营时,红军总是不顾疲劳,和群众摆家常,宣传革命的主张,红军在百吉宿营时,红军战士见韦故定家还留有伪政府派款派粮单时,红军战士就向韦故定作宣传,韦故定很受启发。

由于红军的宣传影响,人民群众中蕴藏着革命的火种。

1948年8月中旬,邝先知等同志遵照渤海军区的指示精神,为了牵制敌人,配合全国解放战争,深入国民党军队防御力量比较薄弱的黔桂边区,组织起义部队,发动当地的农民进行抗丁抗粮。后来部队总部移到月亮山(长牛村范围)时,碰到有的农民到月亮山种苞谷,有的农民到月亮山打鸟等,起义部队给这些农民饭吃,并说明这支部队是帮助穷人打国民党反动派的,是来组织农民抗丁抗粮的,是红军的后代,希望他们都来参加。当时百吉新寨龙老对正在月亮山上种苞谷,听宣传后,毅然参加了起义部队。

由于红七军经过长牛、加牙一带,在群众中有着红军要回来的传说。不多久,很多农民都互相传递着这是红军部队后代的消息,邀约参加了起义部队。由于农民纷纷参加起义部队,一些有钱有势的人也害怕了,百吉龙祥光是一个较富的人,听说穷人的军队又回来了,便对去参加起义部队的农民说:"我这个家业不要了,也去找个出路",后来他也去参加了起义部队。

红七军路过从江已经70多年了。当年给红军烧饭带路的人也都作古,然而红军当年的形象仍留在月亮山区苗族人民的心中。

民族文化

从江县苗族服饰,大多以自纺、自织、自染、自缝而成。一般喜青色,白布制夏装或内衣。县境内苗族由于居住环境不同,穿着各有差异,男性衣着有大襟、对襟之别,下装有一般裤脚与大裤脚之分。

女便装上装一般为右衽上衣和圆领胸前交叉上装两类,下装为各式百褶裤和长裤。

女便装上装一般为右衽上装和无领胸前交叉式上装两类。右衽上装结构与男上装中的左衽上装大体一致,唯方向相反。无领胸前交叉式上装称"乌摆"是传统的苗族女装,如"袈裟",无纽扣,以布带束腰。苗族女便装质地一般为家织布、灯芯绒、平绒、织贡呢、士林布等,颜色一般为青、蓝等色。

银饰品有男饰和女饰两类。

男饰较简单,有银锁、手箍、手镯、头花、烟盒、项链、项圈等;女饰有银花、银角、银泡、银簪、银梳、插针、耳环、耳柱、耳坠、项圈、围腰链、压领、披肩、项链、手钏、手镯以及各种银片、银缀、银泡、银铃等数十种,每块银片、银泡都有精致的浮雕。一套完整的银饰用银多达10公斤。一个盛装的苗族妇女,全身银饰可达二三十斤。苗族用银的观念一是审美,二是表示富有和避邪。

在众多的银饰种类中,每种又有不同的式样,如头花就有"双凤同栖"、"喜鹊登梅"、"锦鸡高鸣"等,手镯和手钏则有实心的、空心的、六角形的、泡花的几种。在每件银饰的结构上有对称的、均衡的、放射的、球心的等。在花纹图案上,雷公山、月亮山麓多取样于花草、雀鸟、人兽、蝴蝶等。清水江、都柳江和潕阳河边的花纹多取样于水族动物。

服装、银饰 1

服装、银饰 2

村落环境

自然环境

保护价值

加牙村是红色文化的传统村落,相对地保存了大量的历史文化,同时还附带了大量的红色文化,相对完整地体现了该地区的生活方式和生活特点,村庄的建设对于原自然环境影响较小,形成了相互交融的自然环境,具有较大的观赏价值和保护价值。

李 礼 黄明皓 编

黔东南苗族侗族自治州黎平县茅贡乡冲寨

冲寨全貌

冲寨区位示意图

总体概况

冲寨是己炭村村委会所在地,位于茅贡乡东南部,距黎平县城41公里。全村560人,115户,村域面积1.1平方公里。由于村落远离城市,处在大山深处,交通闭塞,信息闭塞,使得这一珍贵的侗族文化遗产不被外人所知。其先祖最早居于寨头,因人多田少,便进山烧炭维持生计,于是落户于冲寨。冲寨人口、房屋集中成群,在大山环抱之中,一条小河穿寨而过,全寨多为侗族风情的建筑,鳞次栉比,极具侗乡风情。2012年被列入第一批中国传统村落名录。

村落特色

冲寨古村背山面水,整体布局依山就势,建筑与自然融为一体。冲寨侗寨以学校、鼓楼、村民委为中心,一条小河穿寨而过,民居向四周沿河而建,形成了带状结构。村寨周围有粮田百顷,四周环山,山林郁郁葱葱,有四季常青的参天古树。民居住房采用干阑建筑,多数为2层楼,禾仓、戏台、风雨桥互相映衬,古井、古树、构成了典型的侗族文化空间形态,巷道格局与院落空间完整。历史传统建筑群、典型建筑物及环境保护均保持完整。

传统建筑

冲寨的历史传统建筑群是黎平县内数量较多,规模较大,保存较完整的物质遗产。历史建筑主要有鼓楼、风雨桥、凉亭、戏台、传统民居、禾仓、古井等。其中有鼓楼1座,风雨桥1座,凉亭1座,传统民居113栋,禾仓50余栋,建筑面积达1.5万多平方米。

冲寨村的历史传统建筑按其功能可分为公共建筑和宅居两大类。公共建筑有祭祀性建筑、议事及娱乐性建筑等,如鼓楼、风雨桥等。这些公共建筑保存基本完整,周边环境良好。传统民居有大户建筑和一般民宅建筑,这些建筑最早建于清代,少量建于民国时期,均具有侗族传统建筑特色。分布于寨内其他的公共建筑和古民居大多相对保存完整,基本体现了冲寨的历史风貌。

在冲寨村所有建筑中,最有代表性的是鼓楼、风雨桥、凉亭、禾仓等,至今都保存完整。

禾仓:目前冲寨村共有禾仓50栋。禾仓群布局完整、设施齐全,具有防火、防鼠、防蚁虫、防潮等功能。冲寨禾仓群现保存着其基本布局,主体建筑等基本保存完好,与周围环境无冲突。

鼓楼:冲寨村尚存鼓楼1栋,高耸于村寨之中,巍然挺立。飞阁垂檐层层而上呈宝塔形。鼓楼通体全是木结构,不用一钉一铆,由于结构严密坚固,可达数百年不朽不斜,充分表现了侗族人民中能工巧匠建筑技艺的高超。

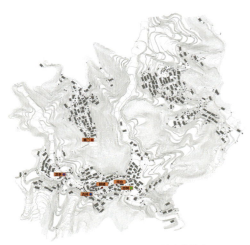
冲寨传统建筑分布图

冲寨花桥正面

冲寨鼓楼正面

冲寨传统民居

冲寨禾仓

冲寨古树

花桥：花桥又名风雨桥，为侗族独有的桥，由桥、塔、亭组成。全用木料筑成，桥面铺板，两旁设栏杆、长凳，桥顶盖瓦，形成长廊式走道。塔、亭建在石桥墩上，有多层，檐角飞翘，顶有宝葫芦等装饰，被称为世界十大最不可思议桥梁之一。因行人过往能避风雨，故名。

传统民居：冲寨传统民居有113栋，部分民居始建于新中国成立前和新中国成立初期，大部分传统民居建于20世纪70年代。冲寨传统民居具有侗族传统民居建设特点，在建造时从来不用图纸，工匠们只用半边竹竿和棍签作为标尺，俗称"丈杆"和"鲁班尺"。精明的木匠师傅，就凭这根"丈杆"和一捆"鲁班尺"建造出许许多多雄伟、秀丽的建筑物。

民族文化

侗族大歌：侗族大歌不仅是我国目前保存的优秀古代艺术遗产之一，也是最具特色的中国民间音乐艺术。作为多声部民间歌曲，侗族大歌在其多声思维、多声形态、合唱技艺、文化内涵等方面举世罕见。由于侗族大歌具备人类创作的突出价值，2005年进入国家级第一批非物质文化遗产代表作名录，并作为中国"人类口头及非物质遗产代表作候选项目"。

侗戏：我国民间戏曲中的戏种之一，是侗族人民在长期的劳动生活中创造并喜闻乐见的艺术形式。侗戏是民族民间戏剧艺术瑰宝之一，它的发展源远流长，经历人民群众集体创作、集体传播、不断得到加工、改造，古朴而不单调，抒情而不低劣。侗戏民族民间特色鲜明，有深厚的群众基础，并且尚在发展之中，其内容丰富多彩，形式清新活泼，乡土气息浓郁。

服饰：侗族服饰按照性别和年龄分为男子服饰、女子服饰和儿童服饰，按照生活场合分为日常服饰和盛装。其中女子盛装按照服装款式又分为对襟裙装式、交领左衽裙装式、交领右衽裙装式和交领右衽裤装式四种。侗族的饰品主要包括头饰、胸颈饰、首饰、背饰、腰坠饰、绑腿、绑带、鞋子等，在盛大节日中佩戴的种类较多，且这些饰品多喜用银制作。

蓝靛靛染技艺：侗族擅长纺纱织布，她们自纺自染的"侗布"是侗家男女最喜爱的衣料。

人文史迹

冲寨河：贯通寨子及寨外梯田，常年水源充足，将冲寨分为南北两个部分，河道宽约3米。冲寨河孕育着沿岸的侗家人民，侗家人的祖先落户这里后，就开始人丁兴旺。

凉亭：冲寨目前有凉亭1个，为六边形。边长2.5米。面积约15平方米。建造于20世纪70年代，凉亭供人乘凉、休息、避雨之用。

古井：冲寨古井一共有3口，均匀分布于寨内。在还没实现自来水之前，这3口水井担负着冲寨村两个自然寨的生活用水，水井里的水冬暖夏凉，十分可口，至今仍在使用。

古树：冲寨只有1棵古杉树，位于寨脚，古杉胸围2.84米，主干高9米，树高26.1米，树冠14.6米。

侗族大歌

制作蓝靛

进寨路口凉亭

保护价值

冲寨地形山清水秀，水绕环抱，绿荫在林，古树参天，是一片美丽的沃土，人杰地灵的好地方。这里远离城市，处在大山深处，才使得这一珍贵的侗族文化遗产不被外人所知，至今保存完好。冲寨村民将侗族文化与当地自然环境相结合，形成了具有侗族文化特色又具有代表性的乡土景观。

罗孝琴 李玉柱 周祖容 编

冲寨一角

黔东南苗族侗族自治州台江县南宫乡交包村

交包村一角

交包村区位示意图

总体概况

交包村坐落于雷公山脚下，位于雷山、台江、剑河和榕江四县交界处，距乡政府驻地32公里，是南宫乡西北面较偏远的行政村之一。辖交包、展包2个自然寨，7个村民小组，全村有205户，952人，属纯苗族村寨。2013年被列入第二批中国传统村落名录。

村落特色

一条小溪穿寨而过，把村寨一分为二，溪水清澈见底。具有苗族特色的风雨桥跨溪而建，把两边村寨连通。古树大且年久悠远，有千年以上的古杉、山枣树7棵。这个村具有小桥流水的田园风光。

传统建筑

建筑风貌保存完整，历史悠久。交包村建筑历史悠久，村内206户苗家住居大部分都保持木质结构"吊脚楼"风格，整村依山傍水，鳞次栉比，错落有致，集中连片分布，就连人民公社时期的办公楼和粮仓都有这些特点。

村落环境

村落古树1

连片粮仓

村落古树2

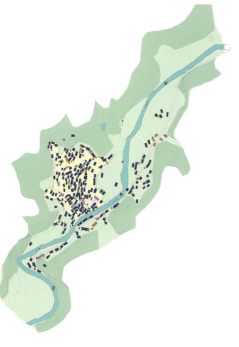
交包村总平面图

进村道路

民族文化

芦笙，是苗族具有代表性的一种民间传统乐器，也是苗族悠久历史文化的象征和产物。苗族人民最喜爱用芦笙吹奏来表达劳动、爱情、祖先等的庆祝、怀念和喜悦。交包村每年都在"好庆"节日上举行盛大的芦笙比赛，以一种活态方式传承和弘扬苗族芦笙文化。因此，芦笙是苗族人民的心声，苗族人民离不开芦笙。

苗族传统节日喉饧节：喉饧节在交包村要数"喉饧"节为最隆重的民族民间民俗节日。一年一度的七月壬戌日，这是交包村"喉饧"的节日（喉饧，苗语直译为"喝戌日"，意译为"过戌日"），也是这个苗寨独有而又隆重的节日。每年到农历七月头卯日之后第七天逢的"戌日"就是过这个节日的时间。此节与其他民族节日一样，都有一个美丽的传说。据苗族历史及古歌记载，大约在五六百年前，方圆一二百里之内的台江、剑河、雷山等地苗族同胞，均为"方"、"希"同族血缘关系，他们之间不能开亲，男婚女嫁要选择几百里以外的宗支结合。由于这些严格的族规制约，许多苗族青年男女都很难实现自己的理想婚姻或酿成了许多婚姻悲剧，或留下了许许多多的遗憾。也正是如此，在苗族地区产生了许多婚姻故事传说和节日传说。其中，远古的交包苗寨有阿里和啵茶两姊妹，受父母之约，远嫁到离交包三四百里的独山县境"香都白登"。在一个秋季的卯节，父母约她俩姊妹回家过节。她们匆匆带礼赶回娘家。然而，奈何路途遥远，加之深山密林，人烟稀少，毒蛇猛兽出没，他们走走停停，停停走走，直到卯日之后的第七天才赶到久别的故里，这日恰好是"戌日"，却贻误了时日，父母兄弟都为她们的艰辛叹息，被她们的真情感动。于是寨里的老人决定为这对姊妹的到来重新在"戌日"这天补过"卯节"，并按故乡的风俗邀约周边村寨的男女聚会，举行"踩芦笙"、"跳木鼓舞"活动，并让这些男女自由谈情说爱，自由择偶，族内可以通婚开亲，男婚女嫁不再选择远方了。从此之后，便沿袭形成了固定的节日和婚姻习俗。这个节日不仅传承了一个地区的民族节日文化，同时也记载了一段重要的苗族由严禁族内通婚到打破族内通婚的重要历史。现在每到"喉饧"节，许多远嫁的姑娘都要互相邀约想方设法赶回欢度节日，乡亲们还精心为她们准备了如糯米、酒、鸭、鱼等丰厚的礼物，其中鱼是不可缺少和最重要的礼物。因为这里视鱼为最吉祥的礼物，送客必须有鱼，鱼象征繁衍与富有，多数人企求"家家子孙繁衍象鱼苗"。

苗族招龙节1

苗族传统节日招龙节：招龙节也是交包苗岭人的传统文化和传统习俗，13年轮回在农历二月份过的节日。主要是苗族同胞把龙视为兴风降雨的神灵，作为消灾免难，祈祷来年，吉祥如意，风调雨顺，五谷丰登，幸福安康，发富发贵之要意。招龙前，全寨各户主共同筹资，集中商议举办招龙事宜，选定日子，确定祭师、砍龙（水牯牛）人，筹备祭物，维修寨内、村头路尾道路、龙池等。祭物主要为水牯牛1头、羊1只、鹅1只、白公鸡和鞭炮、香纸等，每户酒1斤、米1碗、鱼1尾、糯米饭1坨。全寨14岁以上男子被分编为若干组，分别去维修寨内、村头路尾道路、龙池等。时辰一到，牵着水牯牛、羊等祭物、带着芦笙、锣鼓等于辰日子时先从村边的维修好的龙池起沿着主峰脉开始登山，每走到一山山顶停下来插挂一吊白纸条，吹一场芦笙，到达主峰时逢卯时，即开始举行祭祀活动。主峰上的活动由鼓主和祭师主持，其他山峰上的活动由一般人主持。主峰上的活动祭物为水牯牛1头、鹅1只、白公鸡1只，其他山峰上的活动祭物为羊和鸭。

保护价值

村落建筑保存比较完整，但随着时代久远和经济的飞速发展，许多较古老的吊脚楼房已重新装修或改良，使古吊脚楼房披上了时代的新装。传统村落建筑在修建时比较复杂，技术要求较高且精细，与别的木房建筑相比，吊脚楼有着独到的一面。因此，吊脚楼是苗族人们和苗族工匠们智慧的结晶，体现了苗族人民丰富的文化底蕴和科学技术水平，是一个保护完整的苗族原生态文化之地。

石庆坤 周 杨 编

苗族招龙节2

黔东南苗族侗族自治州雷山县桃江乡乔王村

乔王村全貌

乔王村区位示意图

总体概况

乔王村位于雷山县桃江乡南部，由下寨、岩寨、大寨3个自然寨组成，现有居民169户，常住人口710人，以苗族为主。该村是一个典型的农业村落，主要以种植水稻为主。村落依山傍水，紧邻的白竹山风景优美，村前一条小溪流淌而过。这里夏无酷暑，冬无严寒，是一个修身养性的好地方。2013年乔王村已被收入中国第二批中国传统村落名录中。

村落特色

乔王村位于桃江乡南部，四面环山，河流从乔王至丹寨党干村、两洋村寨脚而过，周边与两洋、乔兑、和丹寨的党干村相连。乔王村是一个具有独特的自然风光和古朴浓郁的民族风情的苗族自然村寨，这里不仅有白竹山美丽的风光，更有历史悠久的乔王菩萨慈善庙。村落中最有代表性的就是传统民居吊脚楼。乔王村吊脚楼以木质干阑建筑为主，是黔东南地区苗族传统建筑的典型代表。

传统建筑

乔王村的历史传统建筑群数量较多，保存完整，有着乔王的文化价值。乔王村的建筑工艺独具特色。乔王村的传统建筑，主要有吊脚楼、粮仓等，其中吊脚楼160座，老式历史建筑1座，古粮仓29座。苗族民居住宅不仅要满足居民的生活起居，还要保证生产活动的进行。据方志记载"苗人喜楼居，上层储谷，中层住人，下为牲畜所宿"。这概括了苗族民居的功能特点：底层是生产用房，中间是居住生活的中心，顶层是储物晾晒的阁楼。苗居住宅这样的功能布局既满足了生产需求，也让生活方便。

吊脚楼：乔王村大多居住在山区，山高坡陡，平整、开挖地基极不容易，加上天气阴雨多变，潮湿多雾，砖屋底层地气很重，不宜起居。因而，勤劳的乔王村人民，构筑一种通风性能好的干爽的木楼。苗族的吊脚楼通常建造在斜坡上，分2层或3层。最上层很矮，只放粮食不住人。楼下堆放杂物或作牲口圈。2层者则不盖顶层。一般以竹编糊泥作墙，以草盖顶。占地十二三平方米。屋顶除少数用杉木皮盖之外，大多盖青瓦，平顺严密，大方整齐。全村吊脚楼160余座，建筑保存完好。

粮仓：乔王村有粮仓29座，布局完整，设施齐全，主体布局基本保存完好，与周边环境无冲突。粮仓主要指的是乔王村的建筑奇观，此建筑优越性在于防鼠、防火、防盗。整个粮仓是全杉木结构，各仓的立柱也大小不一，仓柱胸径大的35厘米以上，小的也有30厘米左右。柱选用方石挚脚，岩石挚脚需超出水面。水塘上很多粮仓修建年限已久，木柱脚外层已朽成倒瓶的模样，可柱心仍然峰固鼎立，展示了老一辈人的聪明智慧。

吊脚楼

粮仓

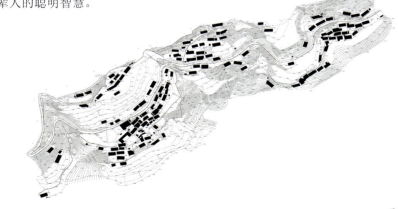

乔王村平面图

民族文化

鼓藏节：在苗族民俗节日中鼓藏节最具有代表性，苗语称为"脑略"，每逢13年一次，是苗族最隆重的祭祖大典。传统的祭典以一木星年即十二年地球为周期。它起源于苗族的父系始祖姜央祭祀母系祖先蝴蝶圣母。祭祀的用品由鱼、松鼠、羊、大象演变到现代的水牛、猪、鸡等多种畜禽，它是苗族祖先崇拜与迁徙的文化沉淀，按照鼓藏节的传统，在杀猪牛祭祖之前，必须杀一只雄鸡祷告祖宗神灵，表示每十三年一次的祭祖节日来到了。杀猪之前全寨还选良辰，必须从鼓藏头第一家开始，全村紧跟其后杀猪牛祭祀。从开始杀猪到中午祭祖，吃饭喝酒过程中不能乱说话，只能说含蓄的鼓藏语，过鼓藏节的村寨，每家每户都要邀请所有的亲朋来抬猪腿，亲友来得越多，主人越高兴，每组亲戚提前一天，抬一只鸭、10来斤米酒、5~9条鱼（必须是单数），到主人家门前放鞭炮祝贺，并在主人家住一晚。节日当天客人返家，主人要回赠一条猪腿、一筐糯米饭，以表示友好往来。同时还要举办芦笙表演，牛打架等一类的活动来欢庆鼓藏节的到来。

人文史迹

乔王庙：乔王菩萨慈善庙位于乔王村东部，距乔王村2.5公里，乔王菩萨庙地处雷公山东南部山麓之白竹山西面。乔王庙通常由木头、塔、亭组成。用木料筑成，靠凿榫衔接，风格独特，建筑技巧高超。只在柱子上凿通无数大小不一的孔眼，以榫衔接，斜穿直套，纵横交错，结构极为精密。每月初一和十五，来这里观光旅游烧香拜佛的人络绎不绝。据不完全统计，来这里观光旅游烧香拜佛的人有远及广东、湖南、贵阳、都匀、丹寨、凯里等地。

古树林：乔王村依山而建，又尚未开发，所以寨内古树极多。在苗寨我们通常都能看到枫树。这是因为枫树是苗族村寨的图腾树、风水树、护寨树，有着神圣的意义。所以寨内对古树的保护极为重视，长辈从小就教导者不能对古树不敬，否则会遭到古树的惩罚。逢年过节还要对古树进行祭祀活动。

春臼：春臼有一个石坑和一把春锤。石臼是石头制成的，有大有小，有方有圆。凹进地面的，如倒置的圆台，表面非常粗糙。春锤的木柄直径约15厘米，高50厘米左右，下端安有铁锤。以前用来春稻谷的，是村里不可或缺的工具。

鼓藏节

乔王庙

古树林

保护价值

科学价值：乔王村历史悠久，从其建村至今，人们用其独特的生活之道与大自然和睦相处。其中传统建筑的建造、农耕需求对大自然的改造等各类与自然息息相关的人类生活活动，都蕴藏了千百年的人类智慧，值得我们细细专研及学习。同时传统民居整体建筑风貌保存完整，规模庞大，对干阑式建筑的科学研究具有较高的价值。

文化价值：乔王人勤劳勇敢，充满智慧。他们在继承传统文化的基础上，形成独具魅力的特色民俗文化，流传至今，生生不息。民族民间文化尚保留原生状态，民居及建筑艺术独特，生态景观、人文景观互相映衬，传统文化具有浓郁的多样性、完整性、地域性。勤劳的乔王人，在与大自然和谐相处的千百年中，创造物质财富的同时，也创造了优秀的传统文化。苗族传统节庆文化、传统民间技艺文化、民族特色美食文化等，均具有较高的保护传承价值。

王 倩 付 伟 编

乔王村民居内部空间

春臼

乔王村远景

黔东南苗族侗族自治州雷山县达地水族乡同鸟水寨

同鸟水寨全貌　　　　　　　　　　　　　　同鸟水寨区位示意图

总体概况

达地水族乡同鸟水寨位于贵州省黔东南苗族侗族自治州雷山县的南部，全村总面积163亩，有68户，共278人，主要民族为水族。

同鸟水寨生态环境良好，山地灌丛越温暖带、北亚热带、中亚热带3个气候带，构成高山灌丛、山地常绿落叶混交林、常绿阔叶林等3个垂直植被形态，孕育了200余种生物物种，生态环境优越，地表资源十分丰富。2014年被列入第三批中国传统村落名录。

村落特色

同鸟水寨有一条从达地村经过的小道，沿着小道进村，户户错落有致，树影婆娑生姿，道路辗转，青草簇簇，村落在山、田、树的映衬下，显得淳朴归真。

传统建筑

同鸟水寨的房屋建筑多是以木质为主的吊脚楼，大多为四榀三间，上下3层。底层进深很浅，二层半虚半实，即所谓的半边楼，一般三面带廊，人从山面经廊进入堂屋，此层为全家活动中心，楼空部位，上铺楼板，与实地平。此外，还有三开间带一耳房、三开间带一迭落、三开间带两迭落、四开间吊脚楼等，屋面多为斜山顶。

同鸟水寨的木楼一般第一层存放生产工具，关养禽畜、储存肥料；第二层作客厅、寝室、伙房；第三层存放谷物、饲料、瓜菜等生产资料，厅前外廊有长条木凳，供观景和乘凉憩息，造型典雅古朴，户与户之间有小道连接，整洁卫生，舒适清爽。此外，大门、房门、窗户的装修也很有特色，别具一格。

寨域环境

木结构民居

吊脚楼1

吊脚楼2

村寨周边环境

吊脚楼建筑局部

民族文化

马尾绣：同鸟水寨"马尾绣"独具特色，是现存一种现存最古老而又最具有生命力的原始艺术，被称为刺绣的"活化石"。马尾绣的制作过程繁琐复杂，成品古色古香，华美精致，结实耐用，其刺绣图案古朴、典雅、抽象并具有固定的框架和模式，是研究水族民俗、民风、图腾崇拜及民族文化的珍贵艺术资料。同时，反映了同鸟水寨妇女巧夺天工的刺绣工艺和独具风格的审美观念。

水族铜鼓舞：是水族民间最原始，最古老的民间舞蹈，水语称为"丢压"，源于古代祭典活动，它从祭坛演变为民间的日常舞蹈，至少已有几百年的历史。现在，同鸟水寨在过"端"节、庆丰收，以及婚娶、丧葬期间，都要跳铜鼓舞。这种舞蹈把撒秧、栽秧、薅秧、打谷等田耕作活动的种种动作融入其中，表演时老者敲铜鼓，一人用嗡桶配合嗡音，再一人打木

水书

古树（红豆杉）

铜鼓舞

古河道

马尾绣

鼓伴奏，舞者随着鼓声的节奏，踏着雄壮的步伐，旋转起舞，鼓点从慢到快，从低沉到高昂，直到急密如雨，戛然而止，舞步也跟着由缓而急，由快而密，到马上收步，使观众既兴奋又愉悦。

人文史迹

水书：水书是水族的文字，水族语言称其为"泐睢"，其形状类似甲骨文和金文，主要用来记载水族的天文、地理、宗教、民俗、伦理、哲学等文化信息。2002年3月，"水书"被纳入首批"中国档案文献遗产名录"。水书与刺绣、碑刻、木雕、陶瓷锻造等一起，都是作为水族文化传承的载体，水书主要靠手抄、口传流传至今，因而被专家、学者誉为世界象形文字的"活化石"。

古树：同鸟水寨一共有古树3处，分布在寨前、寨中、寨后，树在也水族人民心中认为可保"人寿年丰"等，因此特别敬重。

古井：同鸟水族现有古井1个，位于寨子边缘，在没有自来水之前或断水季节，村民们都在这井里取水，井里水从未干枯过。

古河道：同鸟水寨寨脚有一条河，称同马山河，河流水源处在黔东南与黔南两州交界处，常年水源充足，河道宽约10米，河流清澈见底。

保护价值

同鸟水寨青瓦吊脚楼疏密有致，与大山融为一体，民居的外部造型、内部装修都极具地方特色，蕴藏着丰富多彩的文化内涵；同鸟水寨独特的水族的芦笙舞、铜鼓舞舞、马尾绣，保存了古朴的民族风情，根植于水族群众的生产生活中，与水族人民生息相关，是水族人民智慧的结晶；独有的"水书"保留着远古文明的信息，在水族地区仍被广泛使用，被专家、学者誉为世界象形文字的"活化石"。

同鸟水寨是研究苗族传统文化的重要素材，具有较高的历史文化价值。

张奇云 陈清鋆 杜莉莉 编

护寨石鸟

水族铜鼓

村寨一角

黔东南苗族侗族自治州台江县南宫乡交密村

交密村一角

交密村区位示意图

总体概况

交密村坐落于雷公山自然保护区内，距县政府44公里，距乡政府驻地16公里，是石灰河村、南牛村、阶利村、交包村必经之地，是雷公山自然保护区交密保护站设置点。全村7个自然寨，8个村民小组，全村有274户，1286人，世居全为苗族。2013年被列入第二批中国传统村落名录。

村落特色

岩寨——秀冠苗疆的古堡。岩寨属交密村管辖的自然村寨之一，在交密村洞寨上游斜对面向阳的一座小山岗上，由一座木桥横跨翁密河与洞寨相连接，层层叠叠的木楼环绕山岗而建，隔河望去犹如一座古堡，人称"苗疆布达拉"。据说早年一位苗族首领来到这里，看中了背山雄伟气势和山岗以及山岗下的平坦土地，加之翁密河环绕而过，是理想的风水宝地，平时高居山岗，可以便捷耕种和守护脚下的土地，即使发生战乱，可以迅速退避背山，藏进原始森林中，于是，在山岗上兴建了第一座规模较大的苗族风格木楼。后来，人们跟随着在周边建造了自己的房屋，几百年风雨，几十代营造，形成了这座独具风格的古堡村落。

洞寨——水车之寨。洞寨属交密村管辖的自然村寨之一，该寨背靠波共山，面向翁密河，刀壁斧削的木房，犹如一座山洞中的村寨。八、九月份之后，太阳西斜，养当山形成阴影，唯有寨尾的数间房屋被阳光所照，形成了强烈的明暗对比。河边有无数的大小水车，围绕着寨前一弯农田，构成了如诗如画的苗寨田园风光，无与伦比，堪称美景一绝。洞寨的水车比其他地方的水车都多，更有特色。传说很早以前，洞寨的先民首先使用了水车，把河中的水提升到高于农田的水槽灌溉秧苗，同时也把水车的制作和使用技艺传授给上游以及邻边的苗族群众，提高了劳动生产效率。洞寨沿河的田坝上全是水车，景观十分壮丽。

成片民居

村落古树

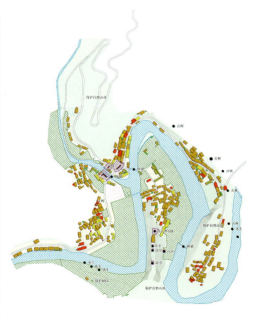
交密村总平面图

村落环境

得天独厚的自然风光：有人说如果要说黔东南哪个地方有桂林山水的景色，那就是台江县的交密村，具有"交密水龙寨 台江小桂林"之称。这里是一湾峡谷，源自"人类疲惫心灵的最后家园"——国家级自然保护区雷公山深脊的翁密河蜿蜒穿村而过，河水清澈见底，河两岸岩壁峻峭，花木丛生，原始森林苍翠浓烈，风景迷人。翁密河在这里边走边驻足，就像一个跳芦笙的姑娘，左三步右三步，呈"S"形而后向东流去。木楼苗寨，背靠青山，坐龙脊，面向绝壁欲破壁。水声、歌声，鸟虫啼鸣声，汇成轻轻交响曲，随云飞雾绕，散失在田园林间。春天的交密，野婴花欲与含笑花争鲜斗艳。翁密河时而湍急时而舒缓平展，荡舟其间，似有"两岸猿声啼不住，轻舟已过万重山"之感，整条河段就是天构地造山情水韵的天然绿色艺术长廊，是夏季漂流幻想河段，是真正用矿泉水洗澡的天堂。该村巫迷河、氧档坡、巫背沟白岩脚瀑布、杉木王等景色优美自然，极具开发潜力。

保存完整的苗族特色建筑风貌：苗族建筑以吊脚楼最具特色，风格迥异，各有特色，表现了苗族人民古老、实用的建筑艺术，被国内外专家学者誉为"建筑艺术的精华"、"民族文化的瑰宝"、"传统建筑园地里的奇葩"。交密村也秉承这一传统至今，依山而建的都是木质结构吊脚楼，房屋建筑鳞次栉比，错落有致，集中连片分布，极具苗族特色。

民族文化

在雷公山周边的雷山县方祥乡、榕江县平阳乡、台江县南宫乡和剑河县太拥、南哨两乡活跃着一种古朴奇特的高排芦笙苗族文化——芦笙节。他是苗族文化的重要组成部分。而交密村位于这个苗族高排芦笙文化区域的中心，每年定期邀请周边四县附近村寨聚集到交密举行隆重盛大的苗族高排芦笙文化节，交密村是台江、雷山、剑河和榕江等周边县苗族高排芦笙文化的中心，是苗族高排芦笙文化的代表，是苗族主要分支的栖身地，是保护和弘扬具有地区特色的民族文化服务村寨。

村中村道

芦笙节

村中道路

交密民居

自然环境

保护价值

村落建筑保存比较完整，以枝繁叶茂的巨树为护寨树，尤其以枫树居多，建筑全部为木质吊脚楼结构，以小青瓦盖顶或杉木皮盖顶，寨中小道以青石或河卵石铺砌，村寨四周梯田层层、绿树环绕，苗寨与自然环境和谐共处。每个苗寨各具特色，都有自己古老的歌谣、美丽的传说、动人的故事以及代代相传的历史和文化传统，构成一道独特的苗疆风景线。

劳巧玲 欧阳丹玲 编

贵州省黔东南苗族侗族自治州黎平县茅贡乡地扪村

地扪村全貌

地扪村区位示意图

总体概况

在侗戏之乡——黎平县茅贡乡的清水江支流源头的大山深处，有一个古朴迷人、风情浓郁的侗寨——地扪。它仅次于全国最大侗寨肇兴，是黎平县的第二大侗寨。地扪与肇兴犹如两颗明珠撒落在侗乡之都黎平的版图上。地扪村位于茅贡乡北部，距黎平县城47公里，全村2678人，574户。村域面积22.1平方公里。地处长江水系和珠江水系分水岭地带，属中亚热带季风气候，四季如春。2003年列入中国历史文化名村，2012年被列入第一批中国传统村落名录。

村落特色

"地扪"，为侗语音译，意为泉水不断涌出的地方。地扪千三河贯通村寨及寨外梯田，常年水源充足，将地扪寨分为南北两个部分，河流自西向东蜿蜒穿过。地扪村为黎平侗乡国家级风景名胜区民族村寨核心保护区。著名的美籍华裔女作家谭恩美手绘一幅村寨地图和两幅图片，并写道："地扪，一个尘封千百年的贵州山村，优美的自然环境、恬静的田园风光与古朴淳厚的民族文化在这里融为一体。"

地扪村落选址和整体布局体现了"枕山、环水、面屏"的理念。村落前的案山和朝山，起到了屏风的功能，可以阻挡来风的直接吹入，也有安全防御的作用。地扪村的瞭望口就是寨门所处的神山，爬上神山上基本上可以看清村子的全貌。从地扪村寨结构和文化特质看，古老的侗寨具有防卫军事营垒的功能，如寨中的鼓楼是全寨的信息中心和议事中心，具有"指挥部"的性质。寨子周围一般都是寨门、围墙、栅栏或者荆棘，陌生人一般不许随便出入，起到防卫性的作用。

相传地扪侗族祖先原生活在珠江下游岭南的水乡泽国，秦汉时期为了逃避战乱，溯江而上，几经迁徙来到地扪这个地方定居后，勤劳耕作，丰产足食，人丁兴旺，不久就发展到了1300户，因此，地扪为"千三"的总根，至今仍称为"千三侗寨"。

地扪千三河

地扪村街巷

传统建筑

地扪村的传统建筑群是黎平县内数量较多，规模较大，保存较完整，价值独特的历史遗产。主要有鼓楼、风雨桥、凉亭、塘公祠、传统民居、禾仓、古老作坊、古井等，其中地扪千三鼓楼和地扪生态博物馆最受游客推崇。

地扪千三鼓楼：千三鼓楼于2006年被毁后重建，被称为"千三"之根、建寨之源。鼓楼为正方形，长宽均为9米，13层，建筑面积约81平方米，全木质结构，至今保存完整。每年"地扪千三节"期间，侗家人都会在鼓楼唱歌、议事等。鼓楼高耸于寨中，巍然挺立，气势雄伟。侗族鼓楼建筑是侗族特有的民族文化象征和标志。

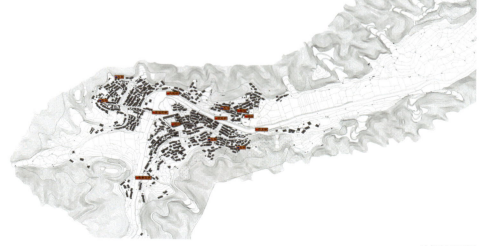

地扪村平面图

黔东南苗族侗族自治州

千三鼓楼

地扪村古井

传统古法造纸技术：地扪侗寨至今依然保存着传统的造纸技术，村寨几乎60岁以上的老人都会这个技术。地扪古法造纸生产历史悠久，它是侗族先民借鉴汉民族的造纸技术研发而成，距今已有1000多年的历史，其工艺保存非常完整。

人文史迹

地扪村现存有较多的人文史迹，除了知名的鼓楼、风雨桥外还保留了历史悠久的古井、古树、古墓、凉亭、禾仓群、造纸坊、梯田、田坝等等。

古井：7口，均匀分布于寨内。百余年前，这7口水井担负着地扪村5个自然寨的生活用水，水井里的水冬暖夏凉，清冽甘甜，至今仍在使用。

禾仓：300余座，禾仓群中有建于清嘉庆年间的53座，清光绪年间的76座，清末至民国初期的155座；其布局完整、设施齐全，具有防火、防鼠、防蚁虫、防潮功能。这些沿山体等高线排列的禾仓，傲然

地扪生态博物馆

地扪禾仓群

地扪生态博物馆：2005年，中国第一家民办生态博物馆——地扪侗族人文生态博物馆在地扪村开馆，吸引了大量的国内外研究者。地扪博物馆致力于当地非物质文化遗产的研究与保护。地扪生态博物馆，在做好各物质文化遗产普查的基础上，运用文字、录音、录像、数字多媒体、网络等多种方式，对地扪侗寨非物质文化遗产进行全面记录，建立非物质文化遗产档案，并以书面、电子等多种数据形式进行保存。同时，针对不同的非物质文化遗产进行传承。

民族文化

地扪，作为黔东南最大且发展最好的侗寨之一，其民族文化是丰富多彩的，传统节日、传统技艺、传统曲艺、传统舞蹈、传统服饰等都是地扪敲开世界大门的黄金钥匙。

地扪千三节：在地扪侗寨丰富的民俗活动中，以"千三欢聚节"最具代表性。地扪侗寨过去分散到各地的1300户人家，每年正月十一至十五日都汇聚地扪，前来祭祀女神——"萨"（始祖母），故称"千三欢聚节"，亦称"祭祖节"。

侗戏：侗戏，是我国民间戏曲中的戏种之一，是侗族人民在长期的劳动生活中创造并喜闻乐见的一种艺术形式，它具有独特的民族风格。侗戏是民族民间戏剧艺术瑰宝之一，它的发展源远流长，经历人民群众集体创作、集体传播，不断得到加工、改造，古朴而不单调，抒情而不低劣。民族民间特色鲜明，有深厚的群众基础，并且尚在发展之中，其内容丰富多彩，形式清新活泼，有浓郁的乡土气息。从学术上看，它是有发展前途的民族民间剧种。

千三节活动现场

古法造纸材料制作

展示着他们的古老与悠远的历史记忆。

古墓群：地扪古墓群位于母寨后山，至今约有180组坟墓，占地面积8亩，此地为地扪风水宝地。地扪村古墓群处可以直接眺望整个地扪村，吴氏祖先们，一直都在守望保佑着地扪侗家人。

保护价值

地扪积淀着千百年的侗族风情文化，淳朴浓郁，原汁原味。民居都是南方侗族典型的干阑式木楼，层次分明，错落有致，幽深曲径，是一块极具侗族文化禀赋的原生地，无愧为返璞归真、回归自然的栖息之处，人类疲惫心灵的最后家园。

走在地扪，就如同融进了一幅山水田园画卷：土地平旷，屋舍俨然，有良田美池桑竹之属。阡陌交通，鸡犬相闻。或许地扪人并不懂现代村落规划理论，却在自己的家园上创建出一个真切的世外桃源。

地扪，不为游客而存在；地扪，古风依旧。

王晓青 白 莹 周祖容 编

地扪村侗戏戏台

黔东南苗族侗族自治州丹寨县长青乡扬颂村

扬颂村远眺

扬颂村区位示意图

总体概况

扬颂村位于黔东南苗族侗族自治州丹寨县扬武镇人民政府驻地东北部，距镇政府驻地8公里。2014年年初中心村撤并后，辖小排甲、扬颂、腊尧3个自然寨，7个村民组，有居民217户，875人，村域面积5.51平方公里。世居苗、汉、水三种民族，其中以苗族为主。村内山水、古木、田园、民居浑然一体，交相辉映，勾画出一幅宜业宜居的和谐自然人文村落画卷。扬颂村作为中华人文始祖蚩尤的发源地之一，有着大量的物质和非物质文化遗存，2013年被列入第二批中国传统村落名录。

村落特色

扬颂村是贵州省500个特色民族村寨之一，同时是祭祀中华人文始祖蚩尤的主要传承地之一。村庄至今已有近600年历史，民族风情浓郁，民族民间文化尚保留原生状态，民居及建筑艺术独特，生态景观、人文景观相互映衬，传统文化具有浓郁的多样性、完整性、地域性。

扬颂村平均海拔720米，地处低洼河谷，山泉河水终年不涸，水资源好，绿水青山，森林覆盖率达70%。村庄周围有丘陵平地，也有绵延秀丽的山体，村内木楼栋栋、梯田层层，周围密林郁郁、古木参天，原生态植被种类繁多，飞禽走兽出没其中。

扬颂村属于"山腰顺势分层筑台型村寨"。扬颂村坐西朝东，东面面朝田地及山谷，西面背靠大山，村寨布局依山就势，顺山势而行，层层叠落，村落内217户人家依山而建，建筑依山顺势，呈梯级向上，全村建筑与山坡融为一体，不可分割。

扬颂村还保存着丰富的非物质文化遗产，国家级非遗项目苗族贾理、芒筒芦笙祭祀乐舞，省级非遗项目苗族"祭尤节"，州级非遗项目"苗族芦笙送葬仪式"等文化习俗在扬颂保留传承至今。

勤劳的扬颂人，在与大自然和谐相处的千百年中，创造物质财富的同时，也创造了优秀的传统文化，并还在一直传承下去。

村落及周边山体田园环境

村庄环境

村内河流（益来河）

传统建筑

扬颂村落坐西朝东，东面朝向田地及山谷，西面背靠大山，村落建筑依山就势，呈梯级向上，全村建筑与山坡融为一体，不可分割。

扬颂民居依山傍水而建，无论是旧房还是新建房，房子均为干阑式杉木建筑，小青瓦盖顶。部分建筑为典型的苗族吊脚楼，多为一楼一底，也有二楼一底的。底层主要存放农具以及厨房用，二层作日常生活休息、用餐、卧宿，三层为储仓。3间或5间为一栋，有5柱、7柱为一排的结构形式，进深为二丈至三丈，二层均隔有走廊，并安有栏杆为美人靠（阳台）。民居建筑特色和建筑风格保护良好，完整地体现民族文化元素。

传统民居

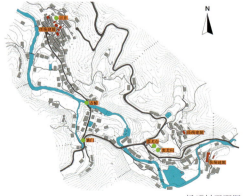
扬颂村平面图

传统民居

祭尤台

苗族贾理

寨门

人文史迹

蚩尤祠：位于扬颂村西南侧，"波离颂"顶上，距寨子100余米。始建年代无考，清朝末年曾维修过。1层楼木质建筑，小青瓦盖顶，建筑面积80多平方米，占地面积200多平方米。宫内尤公座为料石块修建，尤公像为一尊木质雕塑。过去，每逢节日来临，苗族村民争相聚集宫前，摆上祭品，烧香焚纸，祈祷尤公，企盼来年风调雨顺、五谷丰登、人丁兴旺、老少安康。

"四清运动"到"文化大革命"期间，蚩尤祠被视为"四旧"、"牛鬼蛇神"，人们去祭祀怕挨批遭斗，公祭活动停止，建筑物及其内设无修损毁，仅遗存尤公座。蚩尤祠2012年得到修复重建。

蚩尤祠

祭尤坛：祭尤坛位于蚩尤祠前，是扬颂村内几百年历史的文物古迹。千百年来，每逢节期，扬颂村民家家户户备上九碗酒、九块糯米粑、九条鲤鱼、九张构树叶、九张青菜叶进行祭祀，祈祷始祖保佑来年风调雨顺、五谷丰登、家兴业旺、老少安康。若是公祭，村民则聚集于扬颂祭尤坛上，备上上述供品，由祭师念祭词，宰杀祭牛，击鼓吹笙，烧香焚纸，祈求福佑，远近亲朋和游客慕名前来共同欢度。

古桥：就地取材，用石材砌成，年代久远，古人巧夺天工修建此桥。

古桥

古井：扬颂村共有古井两口，位于村寨外围，其中一口古井叫一碗井，因其口径只有一个碗大小，由此得名。

古树：扬颂村共有两处古树，其中一处为古树群，另外一处古树在村域腊尧寨旁，此古树为千年古枫树，需要四人环抱，历史价值较高。

一碗井

千年古枫

民族文化

苗族贾理：根据贾理，苗家人原来住在黄河边，蚩尤被黄帝打败后，才迁徙至云贵高原。几百年来，当地村民过世时，家人会请巫师将逝者的灵魂送回黄河边，因为那里是家乡。

蚩尤节：农历十月的第二个丑日，传说是当年蚩尤下葬之日。在扬颂村里，这个日子成了"祭尤节"，三年一次公祭，每年村民都会在自己家中小祭。每逢这一天，村民会在家中做好菜肴，等待祭师前来。

与其他的祭奠不同，当地村民祭祀用的只有鱼、糯米、菜叶及树叶。当地人说，这是他们的祖辈在黄河边居住时所食用的食物，蚩尤也是如此。

蚩尤节

保护价值

扬颂先民世代居住，已经有近千年历史，文化底蕴深厚，历史氛围浓郁。拥有丰富而珍贵的物质与非物质文化。有着独特的历史风貌和山水格局，是保存较完整的传统村落。传统民居源于上古居民的南方干阑式建筑，是中华上古民居建筑的活化石。自古传承的传统民族服饰、民风民俗、民间节庆、民间文化、民族手工艺等，均具有较高的保护传承价值。

扬颂村有多个国家级、省级、州级县级的非物质文化遗产保护项目，是祭祀中华人文始祖蚩尤的主要传承地之一，有悠久的祭祀传统。

刘　娟　喻　萌编

益来河及周边景色

黔东南苗族侗族自治州黎平县孟彦镇芒岭村

芒岭村全貌

芒岭村区位示意图

总体概况

"芒岭",侗名"宰芒"。意为原属一片蕨草丛生地,先人挖蕨根制淀粉(芒粑)为食,垦田开地之基而命名。该村属黎平县孟彦镇,位于县城西部59公里处,距乡镇所在地8公里,地处清水江支流源头,植被以松、杉为主。一条小河自西向东绕寨脚蜿蜒流过,境内多条小溪贯通村寨梯田坝区,汇集河流,农田水源较为充足。芒岭村为孟彦镇较大的一个村寨,全村村域14.79平方公里,村庄占地52亩,全村9个村民小组,共303户,总人口1328人。整个村庄由"德赶"、"江边寨"、"高寨"和"杨排"4个自然寨组成。村民姓氏主要有石、杨、欧阳、林、吴等,其中石姓占60%,杨姓占30%,芒岭村居住最早的也是石、杨两姓。芒岭村山清水秀,人杰地灵,具有传统的乡土人文景观和独特的风景资源。2012年被列入第一批中国传统村落名录。

村落特色

芒岭地处长江水系源头地带,境内以低中山为主,村寨依山傍水,位于清水江支流的一个长条形河谷地段。村寨择河岸大岭聚集,外围是植被茂盛的山林,寨中地势较为平坦,民居多倚南北方向而建,街道布局整齐。外围民宅高低错落,与小溪、农田及山林形成一幅安静祥和的山水田园村居图。

芒岭村自然风景十分独特,"起凤山"为一片古老丛林,占地面积768.7亩,山头面积626亩;"笔架山"占地面积180亩,山上古木参天。文物古迹、传统民居290栋、寨门2座、花街路4条、花桥1座、古井4口、诰封碑1座、节孝碑1座、银杏古树4棵、禾仓100余栋、起凤山碑林、起凤山寺庙等。

五层鼓楼宝鼎

腾龙花桥

传统建筑

芒岭村的传统建筑群是黎平县境内数量较多、规模较大、保存较完整的聚落,具有独特价值的历史遗产。主要有腾龙花桥、传统民居、禾仓古井、寨门、寺庙等。主要分布在寨中及寨周边等地。

芒岭村的历史传统建筑,按其功能可分为公共建筑和宅居两大类。公共建筑有祭祀性建筑和娱乐性建筑等。如寺庙、花桥、寨门、古井,这些公共建筑保存完整,周边环境良好。传统民居主要是民宅建筑,这些建筑时间早的建于清代乾隆、嘉庆年间,少量的建于民国时期。所有建筑均具有侗族传统建筑特色风格,分布于寨内外。公共建筑大多相对保存完整,基本体现了芒岭的历史景观。

在芒岭村所有建筑中,最具代表性的是花桥、寨门、寺庙、禾仓等。

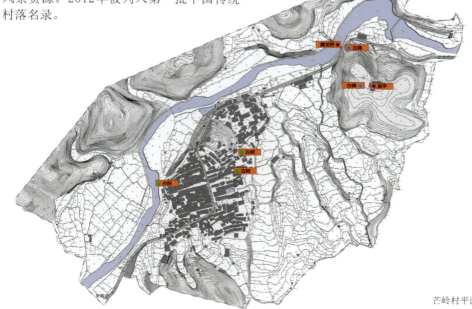
芒岭村平面图

禾仓：目前芒岭村共有禾仓250间，建筑面积5000平方米。布局完整，设施齐全，具有防火、防鼠、防虫蚁、防潮的功能。芒岭禾仓现保存着其基本布局，主体建筑基本保存完好，与周围环境和谐统一。

花桥：芒岭有1座花桥，位于寨东北锁口山跨江建起，故名腾龙花桥。桥结构以桥墩、桥身为主要部分，桥头靠田边磴底是用松木垫底，遗憾的是因洪水暴发原老木桥被大水冲走。为方便过往行人劳作农耕，芒岭村于1993年在原地重建水泥砂石拱桥。侗族花桥是侗族人民勤劳智慧的结晶，也是中国木质建筑的艺术珍宝。

寺庙：寺庙位于寨东北起凤山上，起凤山上地势平坦，古木参天，空气清爽，风景秀丽。寺庙始建于清乾隆六年（1752年）。自从建庙以来，芒岭一带风调雨顺、五谷丰登，犹如安泰祥和的世外桃源。每年农历六月十九，寺庙云集四方游客近万人，开展以侗歌和民族山歌为主的歌会活动，从早到晚，人流不息。

传统民居：芒岭村以木质堂屋，门前燕窝式建筑为主，房屋一般为2~3层，由于火灾，大部分重建于20世纪六七十年代。与其他侗寨民居建筑有所不同，芒岭侗寨民居建筑没有挑出，但功能上又与侗族民居没有差别，形成汉侗文化相融的形式。芒岭传统民居具有侗族传统民居建筑的特点，堂屋两侧为卧室，厨房，猪、牛圈等一般建于屋侧或屋后。房屋分正屋、厢房、前厅、偏厦等。正屋是主要部分，有三柱屋、五柱屋、七柱屋等。侗族的民居，均为木质结构，房屋为"人"字形顶面；平屋为单檐结构，开屋口为双檐结构。凡框、梁、枋、瓜、串、椽、檩等，均以榫、铆穿合逗作。其中有鱼尾榫、巴掌榫、扣榫、斧脑榫、全榫、半榫等。

江边寨门，高3.47米，宽6.42米，门洞高2.22米，宽1.42米，寨门一共有4个，在清乾隆六年（1742年）建寨北石拱门一个；又在清嘉庆十年（1806年）、嘉庆十六年（1812年）各建寨东北和西南门楼各1个，又因新修进寨公路寨北石拱门被埋没，现寨门保存有两个。

德赶寨门：寨门是进寨的标志建筑。寨门过去的功能是防卫，如今，这个功能消失了，但它是进寨的通道，是侗寨地域感和凝聚力的标志。

民族文化

芒岭起凤山山歌会：在起凤山的民俗活动中，以起凤山"山歌庙会节"最具代表性。每年农历六月十九，邻近芒岭县、乡村、自然寨的山歌好手和善男信女都汇聚芒岭起凤山，前来参与和观看"山歌庙会节"。起凤山古木参天、绿树成荫，山外烈日炎炎，山内凉爽如春，深受游客喜欢。游客们可以观赏山上二进庙观，观音塑像，菩萨群像，关公圣像，韦驮神像，北斗帝君；百年桂花，圣洁莲花，记事碑林，庵子古墙，参天古树；腾龙花桥，起凤山门牌楼，圣旨旌表节孝碑，沿河垂柳拦河坝等景区景点。

保护价值

芒岭侗寨周围有经数十代人修筑的梯田，苍翠茂盛的森林，百年桂花树，参天的古树群，春夏秋冬变换着不同的景象。无论何时何季，都犹如美好的画卷，令人流连忘返。古往今来，历经数百年，风风雨雨，有起有落，先辈们保存下来的自然风景，创建的文物古迹，保护价值巨大，意义深远。今天的芒岭人，当尊重历史，感恩先辈创世之艰辛，保护其现有资源，奋力创建小康社会，开创美好未来。

杨辉智 付家佳 王 攀 编

禾谷仓

山歌会活动现场

起凤山门牌楼

江北寨门

传统民居

芒岭河美景

黔东南苗族侗族自治州天柱县高酿镇地良村

地良村全貌

总体概况

地良村位于贵州省黔东南州天柱县最南端，素有"天柱的南大门"之称，全村总面积18平方公里，有14个自然村寨，520余户，2236人口，本村主要民族是侗族。

地良村平均海拔804米，植被茂密，森林面积达78%，气候凉爽，环境优美，蕴藏着丰厚的文化底蕴和多彩的民族风情，是远近闻名的度假胜地和民族文化传承基地，被列入少数民族特色村寨试点示范村，2014年被列入第三批中国传统村落名录。

村落特色

地良村属于典型的北侗传统村落，村落依山而建，傍水而立，14个自然寨相互连接，寨子中间就是阡陌交错的良田。广场是公共活动的核心，在广场旁边有新建的长廊，村民在此休息、行歌作月。

村落内建筑都是传统木房、吊脚楼和带有优秀传统建筑元素的新式民居，保存有宗祠、庙宇、石板路、花街路、石拱桥花桥的，记载着北侗民族文化辉煌历史。村落前面是参天古树环抱的龟山，佑佐村民延年益寿和健康成长，周围是茂密的巍巍群山，清洌纯净的山泉水接通到各家各户，是安居乐业的理想住所。

传统建筑

地良村以明清代传统两厢式民居建筑风格为主，坐北朝南，因地形坡度显得错落有致，质朴沧桑，古风浓郁。

民居建筑除几栋吊脚楼外，大多为传统的侗族两厢式木瓦房，集中并连片分布在大寨，由于侗族民风粗犷豪放，其村落的建筑风格更加豪放、淳朴和自然。在建筑的结构上，传统的两厢式房屋结构分为里外两部分，外面为堂屋、火房，里面为厢房。左侧堂屋一般为一间，右侧为火房（即厨房）一间，与堂屋和火房垂直并在明屋、伙房后面的两间为厢房。大多数的民居的院坝是石阶檐和石板堆砌而成，院坝中大多栽有花椒树。房屋窗子和外墙大多雕有图案，正门上方是门当，门当中间挂有碗、瓶子或其他，寓意为驱邪保平安。

民族文化

地良村是民俗文化的沃土，2012年，地良被县人民政府授予"民族民间民歌传承基地"。

地良民歌：地良民歌有很多门类，每年的农历七月七，地良都会举行盛大的歌会。地良歌会作为四十八寨歌会之一，被列入国家级非物质文化遗产名录。

"婚嫁"民俗：地良村风俗淳朴自然，

地良村区位示意图

吊脚楼民居

地良村新民居

地良村平面图

具有原生态的婚俗："糠问讯父母"—"过篮子"—"放炮"—"订婚取八字"—"迎亲嫁娶"，整个婚俗过程，民间才艺展现得淋漓尽致。

侗族刺绣：侗族刺绣构图对仗工整，层次分明，色彩艳丽，具有强烈的艺术感染力。

侗族芦笙：由笙斗、笙管、簧片和共鸣管构成，外观呈纺锤形，是地良侗族的主要乐器之一，伴以侗族芦笙舞，具有浓烈的民族特色。

皇上石拱桥

碑文

地良民歌

龙氏家祠

古井

地良婚俗（打好囍粑迎新娘）

建筑，家祠上的书画是古代书画和传统文化的瑰宝。

古碑：地良村石碑林立，碑文内容丰富，见证着地良的历史变迁。

古井：地良村古井众多，百年以上老井就有十余口，这些古井泉水清澈，甘甜可口，是滋养祖祖辈辈地良人的母亲泉。

歌仙亭：歌仙亭位于地良村龟山，是村民以歌会友的主要场所，是为纪念新中国成立前地良歌歌手龙贤锋建设的对歌亭。

歌仙亭

保护价值

地良村为典型的侗族传统村落，村落环境空间格局完整，传统建筑集中成片且保存完好，古书院、家祠、古井、古树、古亭等历史环境要素具有鲜明的地域环境特征，侗族传统服饰、节庆活动和"地良民歌"、婚嫁风俗等非物质文化要素体现了传统文化的精髓所在，极具保护和旅游开发价值。

唐历敏 陈清鋆 杜莉莉 编

苗族刺绣及服饰

人文史迹

地良村有保护完整的家祠、石拱桥、石碑文、花街、古井等传统建筑，民族文化旅游开发潜力巨大。

白云书院遗址：位于高耸入云的黄哨山腰，周边有碑和五合古墓，是地良第一阶梯。

皇上古石桥：清嘉庆十七年（1812年）建造，桥长8米，高6米，桥头是千年古树，树盘根错节，有1条根从岩石中钻出，顺着桥面铺设的石块下土层延伸到对面的另一棵古树上。

龙氏家祠：有武陵堂和燕府2座龙氏家祠，分别建于民国30年（1941年）和民国26年（1937年），属于县级文物保护单位。龙氏家祠是民族特色和欧式风格相结合的古

地良村远眺

黔东南苗族侗族自治州黎平县尚重镇纪登村

纪登村全貌

纪登村区位示意图

总体概况

纪登村位于黎平县尚重镇以南2公里，总面积12.23平方公里，海拔670米，辖纪登、便乐、高报、井母、灯汪、宰瓜、狮子坡、便妈、宰晃9个自然寨，有12个村民组，385户，2041人。有侗、苗、汉、水等民族，侗族人口占全村总人口的80%。各自然寨坐落于狮子坡脚尚重河谷两岸，尚重河穿村而过，依山傍水而居，历经数百年，民族自然、原始的生活状态都得以完整保留，村落整体风貌保存完好。文化活动以侗族文化为主，活动有7年一次的侗族鼓藏节、破新节、祭萨、斗牛、春节等。2012年被列入第一批中国传统村落名录。

村寨一角

村落特色

纪登村明朝初年开始有人居住，祖辈均由江西等地发配迁入。村寨沿尚重河谷上平地居住，处于尚重河下游沿岸地带，村寨依山而建沿河而居，四周是植被茂盛的山林重重环绕。民居依山就势，错落于山水之间与宽广农田形成一派安静祥和的世外桃源景象。正是因为有了成片的农田，加上气候适宜，纪登素有"鱼米之乡"的美誉，各村寨有通寨公路相连，交通便利。

古井、梯田、纪登河、古树群等环境要素的相互融合也形成了纪登村的特色。

古井：纪登古井一共有9口，古井均匀分布于9个自然寨内，这9口水井担负着纪登村9个自然寨的生活用水，水井里的水冬暖夏凉，十分可口，至今仍在使用。井水可以不通过处理直接饮用。

梯田：根据山形就势逐级开垦，形成了今天美丽的梯田文化，同时，沿河开垦农田，因有河水灌溉，沿岸农田每年均能实现大丰收，形成今天的田坝，纪登村的梯田及农田实现了生产生活与自然的协调。因独特的气候条件及无污染的自然环境，这里种植的有机米成为纪登农村村民与城市居民间联系的一个桥梁，既实现了纪登农民经济利益，又满足了大城市里市民们对有机米的需求。所以，被称为"一袋米架起城市与乡村的桥梁"。

纪登河：贯通村寨及寨外梯田，常年水源充足，将纪登村各分为南北两个部分，河道宽约30米，这里是长江的上游。纪登河孕育着沿岸的纪登村侗家人民，侗家人的祖先落户这里后，就开始人丁兴旺，由于条件限制，为了村寨能更好的发展，村民分别选址搬迁，至今形成纪登、便乐、高报、井母、灯汪、宰瓜、狮子坡、便妈、宰晃等自然寨协调共生的格局。

古井

梯田风光

纪登河

古树群：纪登村古树群建寨的时候就已经存在，在侗家人心里，村寨必须有古树在寨内或在周围，除了美化村寨环境外，还能为村寨遮挡大风，其中最主要的一点是侗家人认为这些大古树可以避邪，认为它们是侗寨的守护神，在一直守护着一代又一代的侗家人，所以，每每在过传统节日的时候，侗家人都会在大树前点上一炷香。

古树

传统建筑

纪登村的历史传统建筑群是尚重镇内数量较多，规模较大，保存较完整，价值独特的历史遗产。传统民居分布在各小寨，而清代古墓、清代古井等，主要分布在高枧、狮子坡、纪登寨中。其中古墓共约80座，就是一座古墓群，古井2座，传统民居221座，传统名居建筑面积达7.1万多平方米。这些建筑保存基本完整，周边环境良好。传统民居中大户建筑较少而一般民宅建筑占绝大多数。这些建筑相对保存完整，基本体现了纪登的历史风貌。

侗族服饰

纪登村以木质干阑建筑为主，一般为2~3层，由于火灾、年久失修等因素，多建于20世纪六七十年代。与其他侗寨民居建筑有所不同，但功能上又与其他侗族民居没有太大差别，纪登传统民居具有尚重侗族传统民居建筑特点，堂屋为笼统式的，这与汉族民居有明显的区别，与黎平其他侗族乡镇也有较大的不同。厨房、猪牛圈等皆设于屋侧房后。房屋一般分正屋、厢房、前厅、偏厦等。正屋是主要部分，有三柱屋、五柱屋、七柱屋等。侗族的民居，大部分均为木质结构。平屋为单檐结构，开口屋为双檐结构。凡柱、梁、枋、瓜、串、椽、檩等，均以榫卯穿合斗作。其中有鱼尾榫、巴掌榫、扣榫、斧脑榫、全榫、半榫等。这种建筑工艺在侗族民间由来已久。楼房外围，均有走廊栏杆，宽敞明亮，空气流通，供家庭成员休息，也是侗家姑娘纺纱织布的好地方。

传统建筑2

传统建筑3

民族文化

侗族琵琶歌：是国家级非物质文化遗产，流传始于黎平尚重镇育洞河流域，以琵琶伴奏而得名。歌词内容繁多，有唱人类繁衍、民族迁徙的历史古歌，也有相互挖苦的嬉戏歌，最为流行的是情歌。歌曲婉转悠扬，纯情缠绵，倾耳聆听如恋人鼻息轻拂手背，似一滴甘露滑落指间直沁人心脾。

纪登祭萨：活动时间一般与尚重侗族鼓藏节时间一致。祭萨活动规模有大有小，有的侗寨只供奉清茶，有的供祭酒肉，有的供祭后各自回家，有的供祭后仅寨老聚餐，有的侗寨则每户来一男一女，携带酒、肉、香、纸等祭品，集中在萨屋

传统建筑1

供祭。祭毕，即在广场上共进晚餐。首席上方留一空位，是给"萨"即祖母神就座的象征性席位，由寨老和管理萨屋的人相陪，其余自由就座。祭萨不仅是一种祭祀活动，也是一种自娱自乐的活动。祭萨时，邻近各村寨本民族和兄弟民族男女青年邀约前去祝贺联欢。一时间宾主手牵手、肩并肩，在萨坛前"多耶、对歌、吹芦笙"，热闹非常。人们用优美的舞姿、歌声，传颂"萨"的功德，祭奠"萨"的英灵，表达人们团结和睦、建设家园的美好愿望。

侗族服饰：十分精美，妇女善织绣，侗锦、侗布、挑花、刺绣等手工艺极富特色。女子穿无领大襟衣，衣襟和袖口镶有精细的马尾绣片，图案以龙凤为主，间以水云纹、花草纹。下着短式百褶裙，脚登翘头花鞋。发髻上饰环簪、银钗或戴盘龙舞凤的银冠，佩挂多层银项圈和耳坠、手镯、腰坠等银饰。男子服饰为青布包头、立领对襟衣、系腰带，外罩无纽扣短坎肩，下着长裤，裹绑腿，穿草鞋或赤脚，衣襟等处有绣饰。侗族的马尾背扇堪称一流绣品，其造型古老、绣工精制，图案严谨，色彩富丽，充分展示出侗族女子的聪慧和高超技艺。

保护价值

纪登村的自然风光秀丽、民俗民风古朴，侗族原生态文化保存完整。村寨的历史风貌较好，大规模的传统建筑群保存完整，"山—水—田—民居"的格局构建了纪登村独特的风貌。

余　飞　唐　艳　黄鸿钰　编

黔东南苗族侗族自治州黎平县尚重镇西迷村

西迷村全貌

西迷村区位示意图

总体概况

西迷村位于贵州省黔东南自治州黎平县尚重镇，距离尚重镇7公里，盖宝河从村前而过，与朱冠村隔水相望。村落形成于明永乐年间，至今已有600余年历史。西迷村村域面积为6.37平方公里，总人口为951人，以侗族为主。2013年，西迷村被列入第二批中国传统村落名录。

村落特色

西迷村沿公路两侧呈带状分布，公路横向贯穿整个村落，村寨背靠"风水山"，面朝西迷河，河水从村前缓缓流过，且与村落保持一定距离，是典型的近水利而避水患的选址布局。据村中老人描述，以前古城墙环绕村落，村民由村落两侧的寨门进入村寨。组成寨门的巨石敲击时会发出巨响，古城墙和寨门构造了当时很好的防御系统。随着时间的流逝，而今剩下的只有些许遗迹。

传统建筑

西迷村的传统建筑沿用侗族传统建筑木质干阑建筑制法，一般为2～3层，凡柱、梁、枋、瓜、串、椽、檩等，均以榫卯穿合斗作，当地侗民族工匠现场加工制作构件，整幢木质吊脚楼建筑不需一钉一铆。建筑中间为堂屋，堂屋两侧为卧室。厨房、猪牛圈等皆设于屋侧房后。房屋一般分正屋、厢房、前厅、偏厦等。正屋是主要部分，有三柱屋、五柱屋、七柱屋、八柱屋等。传统的民族建筑工艺形成貌基本保持完整。工匠们只用半边竹竿和棍签作为标尺，俗称"丈杆"和"鲁班尺"。精明的木匠师傅，就凭这根"丈杆"和一捆"鲁班尺"建造出许许多多雄伟、秀丽的建筑物。

古树

民居

西迷村平面图

斗牛习俗

"祭萨"

明代楠木

民族文化

侗族服饰：西迷村侗族服装分为便装和盛装两种，便装为平时劳动时穿，男便装色彩单一，仅黑白两色；女便装款式和色彩则多款多样。盛装则为女性专用服装，西迷村侗族女性盛装做工精细、美观，使尚重镇成为享誉世界的侗族盛装制作地之一。

侗族琵琶歌：相传西迷寨的一位年轻人，姓吴名叫摆衙，他用侗语编成歌词，创出歌调，配合琵琶来唱，编的第一首歌，教帅勇的女儿来唱，帅勇的女儿叫花浓，她熟练琵琶声律，并天生一副响亮的歌喉，唱出天下第一首以琵琶伴奏的侗歌《花浓传歌》。内容是歌队之间对唱侗族大歌，同时展示当地的其他民族文化。自此以后，吴摆衙的名声和花浓的歌声随着琵琶声响亮一方，学唱歌的人渐渐增多，会听歌的人比比皆是。就这样一代传一代，琵琶歌代代相传。"尚重侗族琵琶歌"被列入"国家非物质文化遗产"，而西迷村则是"尚重侗族琵琶歌"的发源地。

人文史迹

古树：村落里古村众多，村落内零星分布，和一些传统建筑构景形成很好的景观效果，有的独立生长为村里增添一道美丽的景观，村落背面则成片分布，构成整个村落美丽的屏障。村里拥有一棵历史悠久的楠木，体形硕大，估价很高。

古井：村内共有3口古井，与寨同建，年代久远，有序地分布于村落内。这些古井孕育了明清以来几十代的西迷人民，担负着西迷村的饮用及生活用水，水井里的水冬暖夏凉，十分可口，至今仍在使用。上面仍保存着古老的石刻，井里还有鱼儿四处游戏，每次路过，村民都会饮几口甘甜的井水。

保护价值

西迷村作为一个传统的侗族村寨，它见证了侗族文化的发展并传承了悠久的侗族文明，西迷村作为尚重侗族琵琶歌的发源地，是侗族文明的一个象征，不仅在琵琶歌的传承和发扬上起到翘首的作用，还见证了精美的侗族盛装文化的兴起和发展，同时见证了自明永乐年以来，村落形成的惬意的生活方式和独特的文化。西迷村依山傍水而建，传统的村落格局加上优美的自然环境，构成了一幅美丽的田园村落图。

徐 雯 谢 聪 编

古井

斗牛场

土地庙

西迷村田坝

黔东南苗族侗族自治州台江县革一乡西南村

西南村一角

西南村区位示意图

总体概况

村寨民居吊脚楼古色古香，民风浓郁，是苗族古歌传承的基地之一，全村目前尚有10~20余名古歌师，逢年过节，歌师们还弹月琴唱古歌、情歌等。

西南村距乡政府驻地10公里，总户数314户，1415人，全村均为苗族。2013年被列入第二批中国传统村落名录。

村落特色

历史悠久。村里原有吃鼓藏的习俗，现如今还有藏鼓山、藏鼓崖的遗迹。同时还有马鞍石、革家遗址等。同时还有姊妹节的发源地载体"妹里挑单"田。这里，还是古生物化石群的藏埋地之一。

村落古树

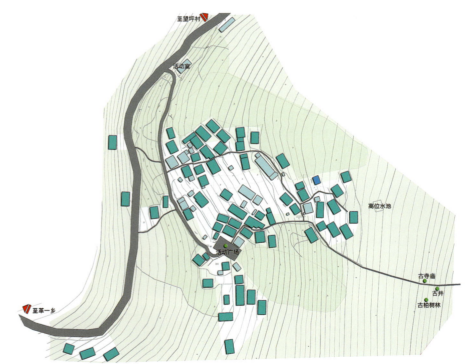

西南村平面图

村落环境

黔东南苗族侗族自治州

传统建筑

西南村传统民居多建于20世纪一二十年代，集中连片分布成三个小组团，多为榫卯结合的木构建筑，就山形，依山顺势而建，结地利，倚木而居，民居层层叠叠，鳞次栉比。建筑形态与山体形态一致，隐于古木绿树丛中，四周古树参天，怪石林立，翠竹绿树掩映其中，较好地结合本土地形地利，满足了山体形态的原生态，保持了建筑与自然环境的有机融合，建筑群体轮廓的走势充分体现了与自然山体坡度形态的一致性。村寨中干阑式传统民居有吊脚木楼、连廊木楼、回廊楼屋等；西南寨大部分传统建筑保存一般，大部分传统建筑因岁月年久及农民收入拮据失修，破损较为严重。随着近两年的发展，村内出现了新建的本土干阑式木构传统建筑，依山而建的苗族干阑式建筑群巧夺天工，是苗族人民与自然和谐共生的智慧结晶。

民族文化

民间古歌及民族服饰：西南村寨人文风情浓郁，村寨苗族群众农闲相聚学古歌，一代传一代。每逢年节或婚嫁，男女聚会弹月琴唱古歌、飞歌。目前，全村能传唱古歌的歌师约20～30余人。每逢春节正月初一、十五，姑娘下田捞鱼吃姊妹饭、跳木鼓舞、板凳舞，游方，唱情歌。现望平苗寨仍有"姊妹田"载体。

从古到今，苗家都把"学歌记俗"放在生活的首位，要求子子孙孙人人能唱能诵，个个懂规循礼，这体现了苗族古歌强大的社会价值。正是因为满足了苗族同胞的社会需求，苗族古歌因此而世代相传。

这里的苗族服饰精美。苗族妇女从小就开始学刺绣、织布、织锦等工艺，苗族

苗族织布

苗族古歌表演

西南村服饰

妇女服饰精美绝伦。民族服饰为革一型。

历史上，苗族有本民族语言，没有本民族的文字，因此对民族文化的继承和发展主要依靠口口相传，世代承袭。苗族古歌用鲜活的语言讲述了苗族祖先怎样创世、迁徙，如何改造生产工具、革新生产技术，是研究苗族社会、族源、婚姻和迁徙的重要史料。

保护价值

西南村相对保存了传统村落的特性，真实的历史遗存，同时还附带了大量的非物质文化，完整地展示了当地的民风民俗，具有较高的历史价值和人文价值和科学价值，有较好的观赏价值和保护价值。

石庆坤 周 杨 编

代表民居

成片民居

姐妹饭

民居楼道

黔东南苗族侗族自治州黎平县肇兴乡纪堂村

纪堂村鸟瞰

纪堂村区位示意图

总体概况

纪堂村是一个全侗族村，始建于宋代后期，迄今已有760多年历史，是肇兴寨宗族的分支之一，位于黎平县肇兴乡西南部。全村2041人，385户，村域面积12.23平方公里。村寨生态环境优美，相连的后龙山脉千年古树参天，葱葱郁郁。2012年被列入第一批中国传统村落名录。

郁郁葱葱的纪堂村

村寨自然环境

村落特色

纪堂寨是一个别具特色的村寨，寨中唯有两座鼓楼与寨门、戏台、萨坛结合，形成了以鼓楼的向心聚落空间格局，建筑、道路顺应地形肌理向外辐射形成蛛网式的网络格局。

相传元代以前纪堂侗寨的祖先是因生产生活等因素由肇兴侗寨迁徙而来，距今已有700百余年。全寨均为陆姓，有五大家族，每个家族都有自己的内姓，即：郭、曹、鲍、白、孟5个内姓，同内姓不能通婚。

村寨周围生态环境优美，特别是相连的后龙山脉千年古树参天，葱葱郁郁。

传统建筑

鼓楼：鼓楼是侗民族特有的文化象征，是侗族人民遇到重大事件击鼓聚众、"起款"议事的会堂，是侗族人民社交娱乐和节日聚会的场所，也是侗族村寨或族姓的形象标志，鼓楼雄伟壮观，结构严谨，工艺精湛，是侗族建筑技艺的集中体现。下寨鼓楼始建于清嘉庆年间（1813年），至今已有190多年历史，鼓楼于民国16年（1927年）修整，至1966年"文化大革命"期间遭到严重破坏，仅剩空架，1978年党的十一届三中全会以后，纪堂侗家人群策群力，继承侗族优良传统，筹措修整。

传统民居：纪堂村以2~3层的木质干阑式建筑为主，少数分民居始建于新中国成立前和新中国成立初期，大部分传统民居建于20世纪70年代。传统民居具有侗族传统民居建设特点，堂屋两侧为卧室，厨房、猪牛圈等皆设于屋侧房后。

纪堂鼓楼

传统民居建筑群

戏台

萨岁堂

戏台：纪堂村戏台建于2005年，结构为2层，采用侗族特有木结构、小青蛙建筑形式，是纪堂村表演侗戏以及其他文艺节目的重要活动场所。戏台作为侗族特色民族建筑吊脚楼、鼓楼、戏台、花桥等的一个部分，是侗族建筑形式的重要代表。

萨岁堂：纪堂萨岁堂位于黎平县肇兴乡纪堂村，坐东朝西，南靠堂明鼓楼，四面为民居，萨岁堂宽5.6米，长6.35米，高3.6米。萨岁堂对研究侗族文化、宗教信仰有一定的价值。

民族文化

祭萨节：侗族现存最古老而盛大的传统节日，起源于母系氏族社会。萨玛系侗语，"萨"即祖母，"玛"即大，萨玛汉译过来就是大祖母的意思。萨玛是侗族人民信奉、崇拜的至高无上的女神，在侗族古代社会的政治、军事、文化等方面占有重要地位。而一年一度的重大萨玛节祭萨活动，各村都请专门的祭师来主持祭祀仪式。"萨玛节"一般为各村各祭，有的也邀请邻村一起祭祀，场面壮观。参加祭萨的人员以妇女为主，从祭祀活动中，可以看出侗乡里还带有悠久的远古母系氏族社会遗风。

祭萨节

蓝靛靛染工艺：侗族擅长纺纱织布，她们自纺自染的"侗布"是侗家男女最喜爱的衣料。"侗布"就是用织好的布经蓝靛、白酒、牛皮汁、鸡蛋清等混合成的染液反复浸染、蒸晒、槌打而成。靛染工艺，有两个程序：蓝靛的制作和靛染工艺流程。

抬官人："抬官人"活动一般在农历正月初举行。"官人"由一青少年担任，他身穿奇特的"官家八团花衣服"，大家用轿子把他抬着在全寨游行。"抬官人"意为抬着对侗乡有突出贡献的名人、官员，此项活动已有300多年历史。活动形式奇特，通过化妆表演，夸张地再现了过去的社会现象和传说，具有浓厚的戏剧色彩。"抬官人"活动是纪堂侗寨的一项传统民俗活动，至今仍盛行于纪堂侗寨，并对周边地区有深远影响。

鼓楼花桥建造技艺：鼓楼建造不用一钉一铆，造型基本相同。底层中央用青石镶砌一个火塘，火塘四周设有固定的长板凳。每座鼓楼都有12根柱子。火塘四角有四根称"金柱"的柱子为主承柱，代表四季；"金柱"四周又有12根檐柱，代表12个月；紧靠一根金柱有一根柱子，3米以上每隔30厘米安有踏步，供攀登击鼓之用，一直支撑到最高层，叫"命根柱"，代表一年。总的象征一年四季十二个月平安康乐，事事如意。

侗款：侗族社会历史上建立的以地缘和亲缘为纽带的部落与部落、村寨与村寨、社区与社区之间通过盟誓与约法而建立起来的带有区域行政与军事防御性质的联盟，是侗族古老的社会组织和社会制度。组织由款首、款脚（传号令者）、款众（军）、款坪、款牌、款约、款判等构成。

侗款

萨蓝靛靛染工艺

抬官人

纪堂村一角

保护价值

纪堂寨是一个别具特色的村寨，村寨周围生态环境优美，特别是相连的后龙山脉千年古树参天，葱葱郁郁。寨中有历史久远的传统建筑（民居建筑、鼓楼、戏台、萨坛等）和历史环境要素（古井、古树、农用器具等）。特别是纪堂村鼓楼被贵州省人民政府批准公布为省级重点文物保护单位，并立了石碑保护标志，侗族鼓楼建筑是侗族特有的民族文化象征和标志。

纪堂村也有着侗族特有的非物质文化遗产，比如抬官人、侗族鼓楼花桥建造技艺、蓝靛靛染工艺、祭萨节，这些都是纪堂村的文化结晶。

张宇环 李函静 黄鸿钰 编

黔东南苗族侗族自治州从江县往洞乡则里村

则里村一角

则里村区位示意图

总体概况

则里村位于坨苗大山的山坡平地上，小溪从寨西流过，四周青山环抱，吊脚木楼与自然环境结合，建筑群体组合与空间布局较为理想，鼓楼、民居、禾晾、禾仓、风雨桥、古井、石板古道及自然景观保存较好。传统民族节日丰富多彩，"吃相思"、演侗戏、唱侗族大歌、青年男女行歌坐月，习俗浓郁。全村共有150户，460多人。2012年被列入第一批中国传统村落名录。

村落特色

300多年的生息繁衍，勤劳的则里村民和肥沃的土地共同造就了则里的历史文明。则里的先民们曾先后建造了象征侗族图腾的寨中鼓楼，象征饮食思源，不忘皇恩的北大青龙井，并建造了东南山口和西北山口护寨花桥及东南山瞭望六合亭。

传统建筑

则里鼓楼：州级文物保护单位。位于往洞乡则里村，距县城86公里。始建年代不详，一说为清乾隆二十一年（1756年），一说与增冲鼓楼同属于一个师父建造。确切年代待考。鼓楼为11层密檐式六角攒尖顶，杉木结构建筑。内竖长柱，分别用木枋榫头把6根内柱穿斗结合，形成锥体形楼架。外竖檐柱6根，以木枋与6根内柱穿斗连接，形成6条平形射线，上置大小瓜柱，以短枋穿斗连接，构成檐层步架，由下至上，逐层内收，每层架设檩子，上钉椽皮，铺以小青瓦。内设旋梯直上楼冠下置鼓处。楼冠呈伞状形屋面。角脊泥塑银白色小龙，呈欲腾跃状，昂首翘尾俯视前方。顶端安装鼓形垒叠的陶瓷葫芦宝顶，直指蓝天。楼冠下是人字形如意斗栱结构，支撑整个楼冠重力。斗栱形如蜂窝，千孔万眼，横直交错，排列整齐，工艺精湛，造型别致。各层封檐板绘以古代人物、狮猴鸟兽及花草彩画。一层门楼门檐脊上，泥塑双龙戏珠，横匾彩绘，艳丽多彩。鼓楼占地63平方米，高约20余米。底层四周栏板高1.4米，地面以青石板铺面，内设火塘，火塘外围置以简易长条木凳。东北面和西南面设置供出入的双开大门，门前用石板砌成五级台阶。则里鼓楼为杉木结构，铆榫穿斗结合，结构牢固、严谨，不用一颗铁钉，飞檐翘角，造型合理独特，美观大方，具有古代民族建筑传统的工艺特色。1982年春重新修葺。

人文史迹

北山青龙井建于清顺治1645年，分为井缸和井渠两部分。井缸用三块青龙石凿成圆筒垒砌而成，高约70厘米，直径约为60厘米，壁厚约18厘米，缸岩刻有双龙戏珠图案。井渠用青龙雕成一条长约80厘米的青龙，尾部钳入山石中，一股清流从龙嘴中

村落环境1

村落环境2

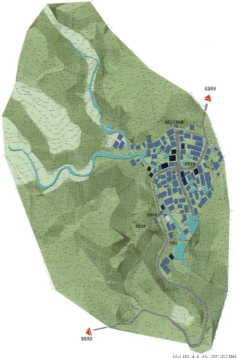
则里村总平面图

喷涌而出，注入龙头下面的青龙井缸中。作品雕琢古朴而生动，与周边的山水本石浑然一体。

民族文化

侗族木构建筑营建技艺：从江县位于贵州省东南部，都柳江中游，东与黎平县和广西三江相邻，西与黔南布依族苗族自治州荔波县交界，南与广西三江、融水、环江毗邻，北与榕江、黎平县接壤。从江属亚热带气候类型，常年高温多雨，年平均气温18.4摄氏度，无霜期332天，年降雨量1193.3毫米，优越的气候条件十分适合南方杉木的生长，是贵州省林业大县之一，从江侗族群众正是利用本地产大杉木建造了大大小小形态各异的侗族鼓楼108座，主要分布在往洞、谷坪、高增、西山、洛香、贯洞等乡镇。鼓楼是侗族群众智慧的结晶，是侗族村寨的象征，兴旺发达的标志，在侗族群众心中有着十分重要的地位。

由于侗族无文字记载，鼓楼建造亦无设计图纸，技艺的传承主要是以师带徒，言传心授为主。其建造过程复杂、结构严谨。设计者不但需要高超的技术，而且要有很强的系统观、协调性。

鼓楼的建造主要经过选址（新建的）、备料、下墨、立柱上架、上梁、装料、着色等过程，历时2~3年而成，这些建造工艺技师们靠口传心授及实践制作不断积累。

从江有大大小小的侗寨212个，分布各式各样的鼓楼108座。从江侗族鼓楼主要为密檐式宝塔形，其结构分类大体如下。

从楼体平面可分为正八边形、正六边形、四边形。

从楼体立面密檐形式上有3层、5层、7层、9层、11层、13层、15层等，极个别为偶数。顶部有悬山式、歇山式和多坡面攒尖等。在攒尖顶中，又有双叠顶和单叠顶之分。

从楼体主承柱上可分为：内四柱外八角、内六柱外六角、内八柱外八角、内四柱外四角等。

鼓楼规模大小、高度、平面呈几何形等要件，除与村寨的大小、族系、富有程度和杉木原料等因素有关外，还与定居落寨的先后、村与村之间的从属、同一村中的族系从属（或上下辈分）等有关，具有严格的等级区别。从形式上一般是六边形从属于四边形与八边形；矮从属于高；小从属于大。

大歌——侗语称"嘎老"（Gal Laox），"嘎"就是歌，"老"具有宏大和古老的意思。侗族大歌以"众低独高"，复调式多声部合唱为主要演唱方式。侗族大歌需要3人以上的歌班（队）才能演唱，参加演唱的人越多，效果越好。几乎每个侗寨都有歌队，有的侗寨多达10来个歌

侗族大歌

则里村鼓楼

队。对歌、赛歌一般在"侗年节"、"吃新节"、"春节"等节日。更为有趣的是村与村，寨与寨举行对歌比赛活动。那时，男女青年们不断地用目光相互偷看对方，彼此含情脉脉，他们常常通过唱大歌的这种形式初识相恋，直至结下良缘。

2005年已被列入国家级第一批非物质文化遗产代表作名录，并作为中国"人类口头及非物质遗产代表作候选项目"。

2009年，贵州省侗族大歌被列入联合国《人类非物质文化遗产代表作名录》，联合国教科文组织保护非物质文化遗产政府间委员会评委认为，侗族大歌是"一个民族的声音，一种人类的文化"。

保护价值

则里村地处东岭南侧，位于往洞乡东南部边沿，则里四面环山，村寨内溪流清涌，细瀑成群，植被茂盛，气候凉爽而滋润，相传这里曾经生长有大片的茶林。其地区传统文化保留好，历史遗迹破坏程度低，侗族文化保留好，鼓楼均为木质结构，纯人工安装，拥有独特的侗族文化。

周尚宏 王 浩 编

黔东南苗族侗族自治州黎平县肇兴乡纪堂上寨村

纪堂上寨全貌图

纪堂上寨区位示意图

总体概况

纪堂上寨位于黎平县肇兴镇西南部，地处坡岭，海拔670米，距镇政府驻地5公里，距离"厦蓉高速"洛香站出入口15公里。

纪堂及上寨村建于宋代后期，迄今已有760多年历史。

纪堂分为上寨、下寨两部分。纪堂上寨全村共280户，1276人，祖辈是从肇兴村迁移至此，经几百年的发展逐渐形成了现在的纪堂上寨。纪堂上寨是肇兴寨宗族的分支，全寨均为陆姓，有五大家族，纪堂上寨是肇兴八寨一山的重要组成部分。2012年被列入第一批中国传统村落名录。

村落特色

纪堂上寨坐落在半坡上相连的后龙山脉，千年古树参天，葱葱郁郁，是典型的山地形村寨。村寨四周均为坡度较大的山体，形成天然的保护屏障村。

纪堂上寨别具特色，寨中鼓楼、寨门、戏台、萨坛结合，形成了以鼓楼为中心的向心聚落空间格局。

传统建筑

鼓楼：纪堂上寨村至今保存完好的鼓楼有两座，分别为塘明鼓楼和宰告鼓楼，塘明鼓楼始建于1803年，1982年被定为省级重点文物保护单位。

鼓楼高耸于纪堂上寨寨中，巍然挺立，气势雄伟。飞阁垂檐层层而上呈宝塔形。鼓楼以杉木凿榫衔接，顶梁柱拔地凌空，排枋纵横交错，上下吻合，鼓楼通体全是本质结构，可达数百年不斜不朽。

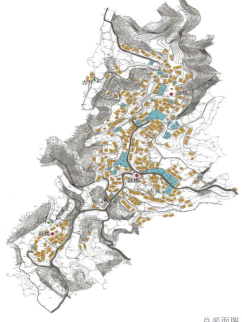
总平面图

纪堂建筑群

传统民居

宰高鼓楼建于1873年，鼓楼高22米，系用16根大杉木构成骨架，造型采用逐层内收梁方和金瓜柱支撑着层层挑出的屋檐，衔接无隙类似宝塔，空至顶层。全楼5层，四角攒尖顶，顶桅铁制，桅根部串叠5个陶制如意宝瓶。楼前有可容数百人的坪子叫歌坪，歌坪正面建有一座小而别致的戏台，与鼓楼对应。

纪堂本来还有一座鼓楼，遗址尚存，原名"鼓己"，现已计划重建，如重建起来，就会恢复纪堂侗寨"三个铁炮"的独特景观。

鼓楼广场：纪堂鼓楼周边建有广场、戏台，是村寨的活动中心。鼓楼都是村寨最热闹的地方，每当节日或寨中的重大活动，举行各种侗歌大赛、侗戏、侗歌坐夜、请宴客、踩歌堂、抬官人等。这时，人们会感到侗家人的团结与和谐。

民居：纪堂民居的古老与精致也是一道靓丽的风景。纪堂有侗家民宅380多栋，都是依山而建，大多数民房是三至五开间的3层木楼，现有100多年历史的民宅60多栋，50～100年历史的民宅183栋，30～50年的民宅140栋。侗族历史几百年，能像纪堂这样保存这样多古老民宅的村寨不多。

寅寨水井

戏台

泥人节

塘明鼓楼

抬官人

宰高鼓楼

地形、地貌较为独特的环境。五条小山脊蜿蜒而至，到一片洼地汇聚，洼地是一片湿地，有五龙汇聚之感。在五龙聚首的地方，有一个小庙，在五龙堂还有若干明、清古墓，石刻、石雕，还有很多神话故事传说。

民族文化

侗族文化中有遵"师"传承的传统，有鼓楼建筑师、民间建筑师、石匠师、木匠师、纺织师、歌师、戏师等。

抬官人："抬官人"意为抬着对侗乡有突出贡献的名人、官员，是在节庆活动中把活动推到狂欢高潮。此项活动已有300多年历史。活动形式奇特，通过化妆表演，夸张地再现了过去的社会现象和传说，具有浓厚的戏剧色彩。

泥人节：泥人节侗语称为"多玛"，该活动习俗已有500多年历史。泥人节是在秋收季节举行，有庆丰收之意，泥人节主要是将稻田里的鲤鱼放入塘中，然后人们到塘里捉，尽情表达人们对生养人类的土地无比热爱的深厚情感，也是侗民族对土地祭祀的独特表达。

祭萨节：侗族现存最古老而盛大的传统节日，起源于母系氏族社会。"萨"即祖母，"玛"即大，萨玛是侗族人民信奉、崇拜的至高无上的女神，她代表了整个侗族共同的祖先是神灵的化身，是侗族唯一共同祭祀的、本民族自己的神。

保护价值

纪堂历史上有著名的唱大琵琶叙事歌的陆氏两兄弟，鼓楼师陆文礼是最好的石木匠师，还有清代进士陆永声、陆学彬（有石碑为记）。一个小山寨竟有两名进士，也是当地可叙之事。

纪堂侗寨是肇兴八寨一山中没有被商业化的原生态侗民族传统的活化石，保留着极浓的原生态民风的传统，有着巨大的研究价值。

纪堂历史悠久，节事庆典活动丰富，如"抬官人"，参加者甚众，有超过5000人参与；芦笙节参加的人可达2万余人，场面盛大；另外，唱侗族大歌、侗戏、踩歌堂、行歌坐夜、或夜、或顶、祭祀活动、大琵琶叙事歌等，在纪堂独具特色。

徐胜冰　赵晦鸣　王　攀　编

萨堂：在纪堂有两座侗族的神堂"萨坛"，两座萨堂分别为"萨玛"和"萨温"，有主次或先后的排序，侗族的祭祀活动是侗族最神圣的活动，是祈福求得风调雨顺的大典，在"萨坊"的选址建筑也颇为讲究，从侗文化的角度看很值得研究。

已花银赛场：一般各侗寨在鼓楼和村落中心都保留有小广场，供节事庆典、踩歌堂、歌舞等使用。但纪堂在村外还有一片跳花场，而且是由古人保留下来的，不准作建房使用。于是每年的大型歌舞表演及大型的比赛等大型活动都会如期在这里举行，聚集的侗族民众可达2万多人。

五龙堂：五龙堂是两寨之间的一片

上寨一角

黔东南苗族侗族自治州台江县方召乡交汪村

交汪村远眺

交汪村区位示意图

总体概况

交汪村位于台江县的东南部，距县城22公里，距乡政府驻地9公里，全村苗族文化历史悠久，保存着完好的原始森林和清澈见底的小溪，村里木屋错落有致、鳞次栉比、层层叠叠，四周高山环抱，古树参天，形成别具一格的乡村美景。交密村共有7个自然村寨，8个村民小组，村内总人口1861人，2013年被列入第二批中国传统村落名录。

村落特色

交密村建设顺应山地地形建设，建筑布局体现了传统苗寨村落特征，建筑整体上统一协调而富有层次感，整体风貌独具特色。寨内交通通达方便，建筑随道路有序的排列，与山、水、田等自然格局相融合。村落建筑保存比较完整。村内建筑以木质吊脚楼维多，多以小青瓦盖顶或杉木皮盖顶。村寨四周梯田层层、绿树环绕，苗寨与自然环境和谐共处。

交汪上村坐落在山脚下，全村苗族文化历史悠久，保存着完好的原始森林和清澈见底的小溪，村里木屋错落有致，是苗家村寨典型代表的村落之一。

传统建筑

交汪村主要以吊脚楼建筑为主，连片的吊脚楼形成了壮美的图画。苗族吊脚楼通常建在斜坡上，分2层或3层，上层储谷，中层住人，下层楼围栏成圈，作堆放杂物或关养牲畜。住人的1层，旁有木梯与上层和下层相连，中堂前有大门，门有两扇，前檐下都装有背栏杆，称"美人靠"。

村落古树

成片民居

代表民居

苗族建筑大致可以分为两类：一类是苗族民居；另一类是公共建筑。苗族民居的最大特点是楼面层均有部分置于坡坎或与自然地表相连，即便有些场地并不受地形的限制也是如此。民居又称为"半边楼"或歇山式穿斗梁木架干阑房，因为吊脚楼实际上只有一半的楼是吊脚的。

交密村的传统建筑主要为传统民居建筑，是中国南方特有的古老建筑形式，楼上住人，楼下架空，被现代建筑学家认为是最佳的生态建筑形式。

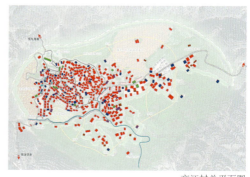

交汪村总平面图

民族文化

苗族节日：交汪苗族古歌古词神话大多在鼓社祭、婚丧活动、亲友聚会和节日等场合演唱，演唱者多为中老年人、巫师、歌手等。酒席是演唱古歌的重要场合。交汪苗族的古歌古词神话是一个民族的心灵记忆，是苗族古代社会的百科全书和"经典"，具有史学、民族学、哲学、人类学等多方面价值。今天，这些古歌古词神话还在民间流传唱诵。

芦笙舞是交汪苗族人民每节日喜庆举行的活动，尤其是农历二月二祭桥节，人们聚集在芦笙场上载歌载舞，激情无限。舞蹈动作三、四、七步不等，以四步为主，兼以六步转身，腰、膝的自然摇动为舞蹈的基本特点。每跳一步，舞者双膝同时自然向前颤动，下肢动作多，上肢动作少，双手于两侧自然放开，悠然摇摆。人多时，芦笙手在中间围成圆圈吹跳，女性在外围成圆圈漫舞。民间芦笙曲调丰富，有乐曲100多首，演奏起来轻快流畅，优美动听。

村落环境

交汪古井

交汪芦笙舞

苗服制作

保护价值

交汪村传承的传统民族服饰、民风民俗、民族节庆、民族手工艺等，均有较好的保护价值，民居保护完好，整体性强，具有当地特色，拥有浓厚的民俗文化，使交汪村成为一个保护完整的苗族文化地。

劳巧玲 欧阳丹玲 编

节日对歌

黔东南苗族侗族自治州黎平县平寨乡纪德村

纪德村全貌

纪德村区位示意图

总体概况

纪德村位于贵州省黔东南苗族侗族自治州平寨乡,距乡政府所在地9公里,东邻党脚村,南邻纪迫村,西靠尚重镇务弄村,北抵乌潮村。据《祖公落寨》叙事歌记载,村寨始建于明朝初年,距今已有600多年。纪德村村域面积26.16平方公里,总人口为1326人,以苗族为主。2013年,纪德村被列入第二批中国传统村落名录。

村落特色

纪德村坐落于群山环绕的"虎形"斜岭之上,后山峰峦独秀,杉茂林荫,前山叠叠屏障,重重青峦,四周梯田密布,一条小溪从寨脚流淌而过。纪德村地势呈西高东低走向,公路蜿蜒穿寨而过,村落传统建筑沿"虎形"山坡上的百年杉木南北发散,依山沿路而建,地基层层升高,鳞次栉比,错落有致,寨脚有红豆杉等珍贵古树数棵,寨内有古井3口,水质清冽,终年不竭,寨中有清朝修建的一条防火青石墙横亘上下,寨周围原有清康熙年间修建的护寨围墙,由于年久失修,加上人为损坏,现只存残垣断壁和1个石门。

传统建筑

纪德村内主要传统建筑物为苗族吊脚楼,它由杉木榫卯组合而成,沿山体等高线向上层层散开。苗族吊脚楼一般为3层,一层基本封砖,用作厨房、牛羊圈或堆放杂物;二层中间为客厅,是家庭主要活动场所,客厅左右两侧为主人及其家人卧室;三层多为客房,主要用于接待亲朋好友,屋顶一般用杉树皮或小青瓦覆盖。

民族文化

苗族刺绣:苗族刺绣工艺精美独特。纪德是四十八花衣苗寨的中心点之一,是非物质文化遗产的原生地和储藏库。纪德村居民以爱花绣花而得名,姑娘从小就学绣花,不会绣花和穿着衣物没有花则被视为心不灵手不巧。花的图案有龙、凤、鸟、花草、蝴蝶、鱼虾、狮子、麒麟等,在没有绘图的情况下,通过一针一线,将心中所要创作的作品一次性成功绣出,花色自然逼真,是刺绣行业的珍品。

吃新节:姜、杨两姓过吃新节(也叫破

古碑

古寨门

古树

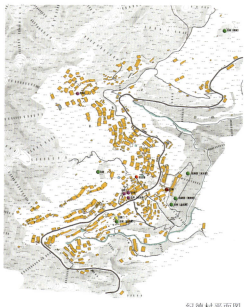

纪德村平面图

刺绣

民居1

民居3

新节），是一种祭祀祖先的节日，节日日期需要按照天干地支来算日子，定在五月的某一天，一般在胡姓房族的端午节后。当天，亲戚朋友都来相聚，带上一点糖果送给主人家的小孩。吃新头一天准备好吃新节当天要用的食物，早上6~7点由家里的妇女摆上鱼、粽子、肉来祭祀祖先，祭祀前，客人要在屋外等候，祭祀完后，开始用餐。

人文史迹

古树：纪德村古树约有50棵，村中有20棵，零散分布于村寨各处，主要品种为枫树和杉树，树龄多在200~300年之间，最老的古树可以追溯到村子出现之前，至今已有600多年历史。

古碑：古碑位于村内学校旁路边，现村委会门前。碑上主要记载了姜吉胜召集黎平、锦屏48苗寨头首在纪德立约废除了姑表亲(还娘头)的婚姻陋习，立碑以示后人。同时还有村子的禁火村规和禁止乱用"踩歌堂"用地警示。立此三碑以警后人之用。

古井：村中共有4口古井，分布于村寨各处。在还没实现自来水之前，这4口水井担负着纪德村所有人的生活用水，水井里的水冬暖夏凉，并且沿用至今。

民居2

保护价值

纪德村在平寨落拓的15个苗族村寨中是最大的1个自然寨，是四十八花衣苗寨的中心点之一，有着丰厚的民族文化底蕴，见证了自明清以来该地区苗族独特的生活方式和文化特色，是研究黎平县苗族村寨的活标本，同时纪德苗族花绣，精美绝伦，具有很高的文化价值和艺术价值。

徐 雯编

古树

古井

小路

村落一角

黔东南苗族侗族自治州从江县刚边壮族乡刚边村

刚边村一角

刚边村区位示意图

总体概况

刚边村地处从江西部，距从江县城60公里，海拔在300～500米之间，全村由古矮、刚边、宰弄、宰牙、那摇、雨停、雨咀7个自然寨组成，分别散落在三百河两岸，山清水秀，气候宜人。村内已实施步道硬化，部分寨子已实施铺青石板路面。干阑式吊脚楼依山傍水而建，随地起伏，掩映在青山绿水之间。北与雍里乡、下江镇接壤，距乡政府所在地良田村13公里，上银平和下银平，分12个村民小组，254户，1122人。2013年被列入第二批中国传统村落名录。

村落特色

刚边村寨选址一般都以河水为参照，各个自然寨分布在三百河两岸，面朝河水，依山坐落，自然寨间相距四五百米，村落四周农田环绕，寨后大树荫蔽。保寨树多为枫树、樟树、松树、银杉、红豆杉等树种，树龄都在百年以上，有的达数百年甚至上千年。

传统建筑

刚边村的民居以吊脚楼为主，房屋依山而建。一般为2层，少数为3层，用杉木制成，房顶为歇山式，上盖小青瓦。民居大多为三排两间两厦，部分为二排一间两厦或多排多间两厦，一层一般用来饲养牲畜和放置生产工具；二层两侧为卧室及食品存放室，中间为堂屋兼厨房，火塘偏靠一侧边厦，主要用来生火做饭及冬天取暖，堂屋后墙壁设有神龛，堂屋正面外侧设有走廊，宽在2米左右，供平时乘凉休息。刚边村凉亭是用杉树作材料建造的，悬山屋

村落古树

村落环境1

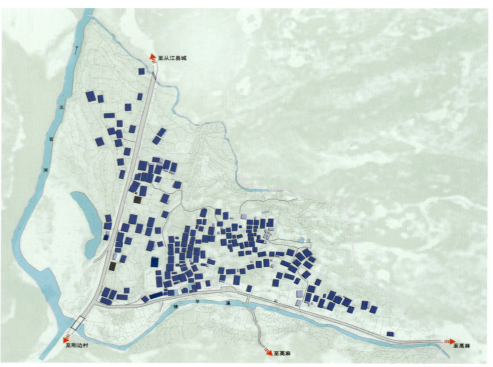
刚边村总平面图

顶，上盖小青瓦，四柱落地，多呈方形或是长方形。刚边的凉亭有偏厦，偏厦是供人们遮阴挡雨才伸长出来的。刚边的凉亭柱子比较粗大，一般直径达20厘米，有的甚至还要大一些。凉亭大多数不装墙板。有的建3、4层，也有的只做1层。这种装法与刚边壮族民居房子大致相同。

人文史迹

刚边村敲锣打鼓，在从江壮族地区广为流传。据载，刚边壮族是一支由广西迁徙于此处的，而锣鼓是人们最动听也是最喜欢的乐器，每逢过年时男女老少都来一起快乐而有节奏地敲打。是壮族祖先迁徙至过程中随之带来的"活化石"。

刚边锣一般都为铜制，声音悠扬动听，分为三种不同型号；而鼓则分为小鼓和长鼓，一般小鼓大多跟锣一起敲，起到附声作用。长鼓为每个自然寨一个，在重要或紧急时刻敲打，以示更多的人知道有事，起到通知大家作用。"节日讨粑粑逗乐、讨猫饭驱除瘟病"时也敲打。它能表现震耳欲聋且有节奏感的场面，寄托悠远的遐思，悠扬典雅，回味无穷。

民族文化

壮族服饰：刚边村壮族男装多为破胸对襟的唐装，以当地土布制作，不穿长裤，上衣短领对襟，缝一排（六至八对）布结纽扣，胸前缝小兜一对，腹部有两个大兜，下摆往里折成宽边，并于下沿左右两侧开对称裂口（不过现已少穿，只在重大节日偶穿）。

壮族妇女的服饰端庄得体，朴素大方。她们一般的服饰是一身蓝黑，头上包着白色提花毛巾（冷天时），腰间系着精致的围裙。上衣着靛青或深蓝色短领右衽偏襟上衣，颈口、袖口、襟底均绣有彩色花边。有一暗兜藏于腹前襟内，随襟边缝制数对布结纽扣。下穿黑色中短裤至膝间，小腿则另穿小圆筒型套裤，套在中短裤外用花带扎紧，腰扎围裙，裤脚膝盖处镶上蓝、红、绿色的丝织和棉织栏干。在赶圩、歌场或节日时穿绣绣花鞋。壮族妇女普遍喜好戴耳环、手镯和项圈。

壮歌：唱壮歌是刚边村群众日常生活娱乐的主要节目，也是重大节日、婚礼及小孩满月酒席等活动的主要社交方式。壮歌内容丰富，涵盖迎宾还礼、男女爱情、歌功颂德、叙事怀古等方面；壮歌句式如唐诗般结构严谨，讲究对仗和押韵，一般有七言四句或五言四句，壮歌又分"母歌"与"子歌"，即部分四句歌词中又配有四句歌词为"子歌"，作为"母歌"的补充；壮歌语言精练，是壮族语词的高度浓缩，是壮族民众在历史长河中智慧的结晶，形成壮族特有的民族文化。

成片民居1

成片民居2

村落环境2

刚边风雨桥

刚边凉亭

三百河

保护价值

刚边村非物质文化遗产传承较好，有着独特的历史风貌和自然格局，传统文化底蕴十分深厚，壮族传统民俗文化传承完整，村落格局独特，周围植被丰富，植物种群繁多。具有较大的观赏价值和保护价值。

魏 琰 李 婧 编

壮族服饰

黔东南苗族侗族自治州黎平县坝寨乡坝寨村

坝寨村全貌

坝寨村区位示意图

总体概况

坝寨村位于黎平县城西面，村辖2个自然寨，即坝寨和现寨，村内共有445户，（1677人）在总人口中，侗族占95%，是一个典型的少数民族村寨。村寨顺应溪流，分布在黎榕公路两旁，四周均为坡度较大的山体，形成了天然的保护屏障。因此，村寨历史形态得以较好的保存。如今坝寨村已被收入中国2012年第一批中国传统村落名录中。

村落特色

坝寨村坐落在一个船形地势上，小溪从寨子中穿过，寨子四周青山环抱，传统民居望山傍水。寨中流水潺潺，池塘星罗棋布。寨后有高大古树和大面积竹林，村寨山林、水体、田园风光融为一体，山中有寨，寨中有水，自然景观十分秀美。配以干阑式的建筑群体组合而成的建筑群落空间，从远处看整个村落，充分体现了"天人合一，道法自然"思想。同时村落世代相传历史悠久，其间所传承下来的民族文化使村落充满深厚的文化底蕴，于是也增添了一种神秘的民族色彩。整体而言，整个村落傍水而居，传统建筑特色显著，村落格局自然，整体风貌保存完好。

传统建筑

坝寨村内传统建筑主要有鼓楼、花桥、凉亭、戏台和传统民居，这些建筑最大的共同点都是大量的木结构，甚至纯木结构，这样的共同点主要是为解决山地建筑在地势高差差异的情况下发明而建造。在坝寨村内，这些传统建筑群保存较完整，具有独特的特色价值。村内建筑以传统风貌建筑为主，其中，民居为木质吊脚楼建筑，基本采用传统干阑式建筑形制修建，楼房建筑以2层为主，少数为3层。

传统吊脚楼建筑：传统吊脚楼建筑全采用木质结构，当地工匠现场加工制作构件，整幢木质吊脚楼建筑不需一钉一铆，由木质建造的建筑群落其建筑风格与村落周边的环境相融共存，自然协调。数百年的历史变迁，传统吊脚楼建筑的环境风貌基本保持完整。

鼓楼：从形态学的角度来考察侗族鼓楼，可以发现它是综合了多种建筑要素之后而形成的，这种建筑既让人熟悉而又令人耳目一新，有着强烈的民族风格。具体说来，侗族鼓楼是在形态上聚集和糅合了明堂、庑殿、楼阁、塔亭等多种建筑的局部之后而脱颖而出、自成一体的高层建筑，可以把它称之为复杂综合体形态建筑。坝寨鼓楼沿袭了这种风格，它在整体构架上，主要为木结构，盖红瓦，四大主柱，十二条檐柱，十二凳柱，高7层，四面倒水，翘角，顶层竖宝顶，檐下镶弯板，其他6层四方檐面自上而下，由小到大，层叠于鼓楼中断。楼下设粗大杂木长凳四条，四周设有懒板凳，中间设圆形火塘。其用途为开会、议事、休息、冬天烧火取暖、节庆活动的场所。

村落传统建筑风貌

鼓楼1

鼓楼2

坝寨村平面图

风雨桥（花桥）：风雨桥又称花桥，是侗族建筑中最具特色的民间建筑之一。兴始于汉末至唐代的古建筑，结构严谨，造型独特，极富民族气质。整座建筑不用一钉一铆和其他铁件，皆以质地耐力的杉木凿榫衔接，拔地而起。由于侗寨大多修在河溪两旁，跨水而居。因此，侗寨就出现了石拱桥、石板桥、竹篾桥等。而最富民族特色的也便是风雨桥。

风雨桥

传统吊脚楼建筑

民族文化

侗族来源于秦汉时期的"骆越"（"百越"中的一支）。经过不同时代的变更与发展，逐渐形成有自己的语言，自己的文字（新中国成立后，才有了以拉丁字母形式的侗文），随历史的不断发展，侗族的民族文化颇丰富多彩，如诗歌、舞蹈、饮食以及各种传统节日。侗族诗歌有"诗的家乡，歌的海洋"之美誉。如琵琶歌，曲调欢快流畅，为侗族所特有。侗族的舞蹈，有芦笙舞、舞龙和舞狮等。芦笙舞是有舞者吹奏芦笙边吹边舞的集体舞蹈。饮食方面，侗族人民普遍喜欢辣椒和带有酸味的东西，如酸汤鱼（侗族人民非常喜欢吃鱼），就是侗族地区的一大特色。而坝寨村民族文化主要沿承侗族文化，其中就有被列为国家级的非物质文化遗产保护项目的祭萨活动。同时还有演侗戏、唱拦路歌等优秀的传统民族文化世代流传。

祭萨：是坝寨村民的一种民俗活动，一般在春节期间举行，也有在建设萨坛的时候举行。活动地方与地方之间各有不同，相同的主体是在鼓楼里踩堂唱歌，唱歌时是以颂萨歌为首选先唱，还有在萨坛里烧香烧纸祭奠，均在春节期间进行。

侗戏：最早形成于贵州的黎平、榕江、从江一带，是侗族人民在长期的劳动生活中创造并喜闻乐见的艺术形式，它具有独特的民族风格。其祖师是茅贡乡腊洞村的吴文彩，他是以古代小说中的人物故事编译成侗语，并规范台词、唱词、动作后形成侗戏，如《凤娇李旦》等并传唱至今。

拦路歌：拦路是当地侗族村寨的民俗，进行时是在进寨的路口或寨门为拦路场地，场地上先是架上略高的带叶竹子长条数根，以表示不唱歌不准进寨，参与人员是当地女子与来宾或接亲时送担子的人群。

萨坛

戏台

拦路歌

水井

人文史迹

梯田：梯田是在丘陵山坡地上沿等高线方向修筑的条状阶台式或波浪式断面的田地；是治理坡耕地水土流失的有效措施，蓄水、保土、增产作用十分显著。坝寨村山地明显，农耕文化中早已形成梯田耕种。

古井：坝寨古村井一共有两口，均为明代古井，其中坝寨一口，现寨一口，坝寨古井位于寨脚的公路边，现寨古井建在寨边的破脚下，两口井均用大青石板镶制。在还没实现自来水之前，这两口水井担负着坝寨村两个自然寨的生活用水，水井里的水冬暖夏凉，十分可口，至今仍在使用。

保护价值

历史价值：坝寨村居民世代居住，已经有近千年历史。拥有丰富而珍贵的物质与非物质文化。有着独特的历史风貌和山水格局，是保存较完整的传统村落，具有我国侗寨传统村落选址和格局的代表性，具有较高的历史价值。

科学价值：坝寨村民居具有侗族民居特色，是全木结构穿斗式的"干阑"建筑，由于木楼层层出挑，一般都有"吊廊"与"吊厢"，故可称"吊脚楼"。"吊脚楼"源于中国南方建筑的"巢居"体系。先民们为了适应南方的潮湿气候与防止蛇虫禽兽的侵扰，在树上筑巢，谓之"巢居"，后发展成树桩上造屋，尔后成形为离地而居木结构的"干阑"建筑。坝寨村传统民居整体建筑风貌保存完整，规模庞大，具有较高的科学价值。

黄　丹　付　伟　编

坝寨村屋面近景

黔东南苗族侗族自治州雷山县郎德镇杨柳村

杨柳村全貌

杨柳村区位示意图

总体概况

杨柳村地处雷山县西北21公里，距镇政府所在地34公里，海拔在940.6米。全村依山成寨，傍水而居，森林苍翠，乌兑河绕寨而过。村域面积为6.1平方公里，全村共246户，1292人；分有5个自然寨，共有15个村民小组，森林覆盖率58%。杨柳村是郎德较偏远的一个苗族村寨，这里民族风俗习惯古朴典雅，和谐完美。山环水绕的杨柳苗寨，是乡村田园风光秀丽的苗寨之一。2013年被列入第二批中国传统村落名录。

乌兑河

现状总平面

村落特色

杨柳村建在乌兑河岸半山坡倾斜的山梁上，地势陡峭，房屋依山而建，木质结构，青瓦吊脚楼，错落有致。青石板铺垫的步道横贯全寨上下左右。寨内有棵高大的枫香树，远远就能看到。寨对面，与高寨、平寨、也东、新寨对望。乌兑河从寨脚弯弯曲曲的绕过。寨民历来喜欢跳铜鼓和吹芦笙，每逢过节，男女老少都汇集到大寨跳场，河沙坝是天然的斗牛场。从高处看去，山势雄伟、瀑布多级、古树参天，景色十分迷人。

周边植被

传统建筑

以吊脚楼、粮仓、芦笙舞陈列室等为主要代表的杨柳村的历史传统建筑群数量较多，保存完整。整个村寨以传统民居为主，其风格都具有苗族吊脚楼的特色，这些建筑形成了杨柳村的独有的历史风貌。

杨柳村吊脚楼：均为穿斗式木结构。外部造型大多为四榀三间，上下3层。底层进深很浅，只能圈养牲口。二层半虚半实，即所谓的半边楼。二层一般三面带廊，人从山面经廊进入堂屋。此层为全家活动中心。楼空部位，上铺楼板，与实地平。此外，还有三开间带一耳房、三开间带两迭落、三开间带两迭落、四开间吊脚楼等，屋面多为斜山顶。不同于其他吊脚楼，在杨柳村吊脚楼内部装修更具特色，大门装有牛角，意为可保一家平安。几乎所有吊脚楼的封檐板，着意刻成拱桥形。将"桥"刻于封檐板上，以此记载古代居住习惯，同时认为可消灾纳福。门槛高，苗俗认为财富多，有利于财不外溢。窗户外侧即为走廊，窗不用支摘式，而用上下推拉式。楼的外部造型、内部装修、民俗陈设，极具地方特色。

传统民居

传统民居屋檐

杨柳粮仓：高寨、平寨、大寨等几个自然寨，总共12座大多建于清代和民国时期；粮仓具有较好的防潮、防鼠等功能，布局完整，设施齐备。12座粮仓均保存完好，与周边自然生态环境统一和谐。

吊脚楼1

吃新节——打糍粑

糍粑

鼓藏节1

吊脚楼2

扫寨1

鼓藏节2

粮仓

扫寨2

鼓藏节3

民族文化

吃新节：传说远古时候，人间没有谷子，只有天上耇嚷（雷公）的谷子国才有谷子。生活在世间的人只好在深山老林里打野兽、猎飞禽、摘野果、挖野菜度日，日子过得很苦。为了得谷种，住在南天门下的苗族祖先耇先，派一只狗到天上耇嚷（雷公）的谷田里去打几个滚，让谷种粘在狗毛上带回来，狗经过千辛万苦才把谷子带回到人间。有了谷种，耇先欢喜不得了，便把珍禽异兽杀给狗吃，以作酬劳。播种后，耇先日夜细心管理，一个月后，谷穗变成金闪闪，黄澄澄，胀鼓鼓的谷粒。七月十三日前后谷子已成熟了，为了记住这个日子，耇先便把这天定为"吃新节"，一直传下来。一到节日，苗族人民就举行各种聚会，赶热闹场、跳芦笙、辄夜欢歌，热烈庆祝。"吃新"是居住在清水江和都柳江中上游的苗族节日之一。

扫寨：是雷山苗族人民的一种集体防火保寨的民间习俗活动。扫寨的含义一是灭旧火换新火（传说旧火作久了易误事，换上新火就安全）；二是驱逐"火灾鬼"远离寨子，避免发生火灾。雷山苗族扫寨是苗族民众为增强防火意识，让全寨各户凑钱、凑米，用于购米的牲畜，集中一起宰杀，经巫师念咒盟约，然后分牲畜之肉而食之，每个人吃了这种肉，就负有防火保寨的义务和责任，它体现了苗族社会中运用习惯法自治自理社会的一种形式，它是苗族习惯法文化的一种体现。这种群体的盟约形式，与苗族民众"议榔"制订乡规民约形式相同，它体现了苗族习惯法在苗族民众防火保寨方面的运用。

鼓藏节：是苗家最隆重、最独特的节日。说独特隆重是因为它是苗族祭祀本宗、支祖宗神灵的最大圣典，说它独特是因为十三年才过一次，过节的地方比较少，过节有程序、仪式和专门的鼓藏语。苗族鼓藏节具有鲜明的民族传统文化内涵，是苗族人生价值观的展现。鼓藏节期间，苗族同胞和远方来的客人一起围成圈跳铜鼓舞，很是热闹。苗族的传统舞蹈颇具特色，有盛装苗舞、芦笙舞、铜鼓舞、板凳舞等。

苗族刺绣：苗族刺绣文化源远流长，因为苗族人民没有自己的文字，他们便把在平时生产生活中常见的花草树木，鸟鱼虫兽绣在了衣服上。苗族刺绣具有传承历史文化的作用，主要表现在刺绣的图案上，几乎每一个刺绣图案纹样都有一个来历或传说，都深含民族的文化，都是民族情感的

刺绣展示

表达，是苗族历史与生活的展示。蝴蝶、龙、飞鸟、鱼、圆点花、浮萍花等图案都是《苗族古歌》传唱的内容，色彩鲜艳，构图明朗，朴实大方。同时刺绣也是苗族源远流长的手工艺术，很多作品都具有技术高超、造型奇特、想象丰富、色调强烈、风格古朴的特点。

保护价值

杨柳村的自然风光秀丽、民俗民风古朴，苗族原生态文化保存完整。村寨的历史风貌较好，大规模的传统建筑群保存完整，"山—水—田—民居"的格局构建了杨柳村独特的风貌。

唐　艳　余　飞　王　攀　编

黔东南苗族侗族自治州黎平县水口镇花柳村

花柳村全貌

花柳村区位示意图

总体概况

花柳村位于贵州省黔东南苗族侗族自治州黎平县水口镇东部，距水口镇政府所在地4公里。据传说最早搬到此居住的是石姓家族，后其他家族陆续迁到该地，发展形成了现在的居住格局，已有600多年的历史。花柳村村域面积1.37平方公里，全村共有110户，450人，以侗族为主。2013年，花柳村被列入第二批中国传统村落名录。

村落特色

花柳村建于山体中部地势平缓处，村寨依山而建，山的四周都是植被茂盛的山林和梯田，景色优美。寨内以鼓楼为中心向外辐射，构成网状格局，建筑均为木质结构，小青瓦、吊脚等含有浓厚的侗族建筑元素均融入其中，形成具有浓郁侗族特色及人与自然和谐共存的民族村寨。寨内有保存完好的古树2棵，它见证着花柳寨的历史，小巧精致的干阑建筑在树林的衬托之下显得更加美丽，与农田及山林形成一幅安静祥和的山间田园村居图。

传统建筑

花柳村传统建筑除了鼓楼、戏台和萨堂等公共建筑，其他建筑基本采用传统干阑建筑修建，整个村落依山梯建，传统的干阑建筑与山体和田园融为一体，古朴的民风、民俗和自然村落形成一个典型的侗族文化空间载体。

花柳鼓楼：花柳鼓楼建于1931年，距今已有100多年历史，鼓楼位于花柳寨内，为正方形，长宽均为10米，7层，建筑面积约80平方米，鼓楼通体是木质结构，以杉木凿榫衔接，不用一钉一铆，结构稳固，可达数百年不朽不斜，巍然挺立，气势雄伟，这充分表现了侗族人民中能工巧匠建筑艺术的高超。侗族鼓楼建筑是侗族特有的民族文化象征和标志，每当逢年过节村

鼓楼

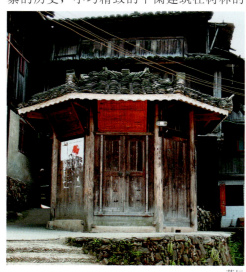
萨坛

花柳村平面图

民居

里所有的男女老少都聚集在这鼓楼来庆祝喜庆的日子。

民居建筑：花柳村民居建筑采用传统的干阑建筑形式，多为2~3层，以木质为主材料构建而成，依山就势而建，房屋一般分正屋、厢房、前厅、偏厦等。正屋是主要部分，有三柱屋、五柱屋、七柱屋、八柱屋等，凡柱、梁、枋、瓜、串、椽、檩等，均以榫卯穿合斗作。楼房外围，均有走廊栏杆，宽敞明亮，空气流通，供家庭成员休息，也是侗家姑娘纺纱织布的好地方。

民族文化

祭萨节：在花柳村丰富的民俗活动中，以祭萨节最具代表性。花柳侗寨过去分散到各地的107户人家，每年全村的男女老少都聚集在这里，祭萨节为侗族人为纪念侗族祖母"萨岁"于每年农历正月初一为祭萨岁。侗族世世代代对"萨岁"无限敬仰和崇拜，祭萨活动也非常庄严，虽然一定程度上带有迷信色彩，但具有传承侗族文化的一面，同时寨内专门有人传承。

银饰制作：花柳村具有悠久的银饰制作传统。银饰加工技艺世代相传，村内有多名技艺娴熟的银饰制作"高手"。银饰经过吹烧、锻打、镶嵌、擦洗和抛光五道工序，利用压、錾、刻、镂等技艺制作而成。花柳银饰制作技艺远近闻名，银饰工艺品远销全国各地甚至海外。

人文史迹

萨坛：花柳村萨坛位于鼓楼一侧，与鼓楼、鼓楼坪一起构成花柳村的公共活动空间。花柳萨坛为典型的侗族传统萨坛，一个半圆形的土堆，四周砌石块。萨坛设在一个八角木屋内，木屋顶部中空，可透一束光线直接照射在萨坛上。

古树：村寨内有两棵古树：一棵在水牛井上方的半山腰上，是一棵樟树，建村时这个古树就存在；另一棵古树在村子后面的山坳上，称为米粒树（音），上结板栗一样的果子，供人食用。该树有两个成年男子环抱那么粗，树叶茂密，像一个守护神一样俯瞰着整个村子。

古井：花柳村共有古井3口，分别为木桥井、水牛井和门荡井（音译）。3口古井均匀地分布在寨内，在还没实现自来

银饰制作

水之前，这3口水井担负着花柳村的生活用水，水井里的水冬暖夏凉，并且沿用至今。

水牛塘：水牛塘位于村寨南部水牛井旁，面积为150平方米。相传花柳村早期无人居住，附近的一些小村寨的村民经常在此放牛打猎，每次放牛牛都会在此塘洗澡喝水，因此决定搬迁至此。水牛塘存在时间比村寨更早，见证了整个村寨的形成和发展，至今仍然保存完好。

古石桥：古石桥位于木桥井旁，与寨子同时建造，距今已有600多年。古桥约1.5米长，50厘米宽，上面有牛的纹饰和圆形窗花图案。古石桥保存较好，桥体的雕刻花纹清晰可见，具有很高的艺术价值。

保护价值

花柳村保存了侗家人特有的民族文化，拥有精湛的银饰制作工艺，它犹如一个"历史光盘"记录着明、清以来人民的生活状态和习性，是侗族文化的一个印证和写照。花柳村的村落格局和传统建筑历经数百年风雨而存留，见证了村寨从古至今的发展历史，是后人研究传统侗族村寨的一本完美的教科书。

杨钧月 王 希 编

水牛井

祭萨节

古树

花柳村建筑群

黔东南苗族侗族自治州从江县丙妹镇岜沙村

岜沙村远眺

岜沙村区位示意图

总体概况

岜沙村位于从江县丙妹镇西南面，都柳江南翼大山东麓，海拔660米，距从江县城7.5公里，老321国道沿山脊穿寨而过。整个村寨由大寨、宰戈新寨、大榕坡新寨、王家寨和宰庄寨五个自然寨组成，分别散落在山脊两侧，干阑式吊脚楼依山而建，或高或矮，随地起伏，掩映在莽莽树林中，与青青翠竹交织在一起。全村472户，2395人。2012年被列入第一批中国传统村落名录。

村落特色

岜沙坐落在山脊上，5个自然村寨分别散落在山脊两侧，相距不过千米，杵杆之声相应，鸡犬之声相闻。一排排依山而建的干阑式吊脚楼，或高或矮，随地起伏，掩映在莽莽树林中，与青青翠竹交织在一起，自然和谐。

传统建筑

岜沙传统民居体量较小，一般可分为两种类型，矮吊脚楼和楼房吊脚楼。坐落在山梁上的住户大多是矮脚房，主要是防止房屋被大风吹歪或吹倒。矮脚楼不设置底楼，一般在柱子距地面1.5尺的地方穿枋铺枕镶楼板以隔地防潮。屋内结构与设置基本与楼房相同。楼房一般为3层，底层墙板横装，主要用来关养牲口、家禽和堆放柴火、肥料。二层设火塘、长廊、卧室。三层放置平时少用的杂物，家里有水牛角的放在三层楼板上，有的绑在中柱上。而矮吊脚楼人家的牲口则主要关养在一侧的偏厦里。民居大多是两排一间两厦和三排两间两厦，建筑材料为杉树，屋顶为歇山式，用杉树皮或小青瓦覆盖。

居民家中设有火塘，是用来烹调食物、接待宾客和取暖的地方。节日祭祀活动也在火塘边进行，火塘又是祭祀的场所。火塘上方设有1米多见方的炕架1个，用来烘烤谷物。现因防火和卫生需要，火塘都改设到了一层，炕架大多也取消，牲口、家禽和肥料也逐渐改关放在住房外。吊脚楼二层一般都设有长廊，宽约1.5米，可供人们乘凉、歇息、就餐，或供妇女

岜沙村石板路

岜沙村禾晾

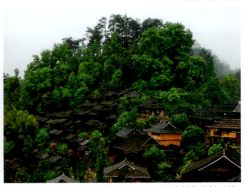
岜沙村保寨树（林）

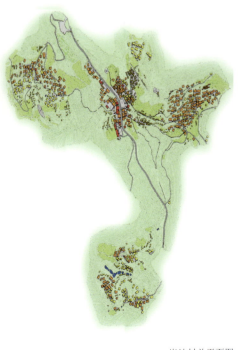
岜沙村总平面图

做针线和纺纱织布。民居都只开很小的推拉式窗户，平时很少开启。

岜沙禾仓也是用杉树作材料建造的，悬山屋顶，上盖杉树皮或小青瓦，四柱落地，多呈方形或是长方形。岜沙的禾仓有偏厦，偏厦是供人们进出仓门和放置楼梯的地方。

岜沙禾仓的柱子比较粗大，一般直径达20厘米，有的甚至还要大一些。禾仓大多数底层不装墙板。在第二层串枋上架楼枕，再铺楼板。禾仓墙板横装，每距30厘米左右装一块横枋。横枋是用一截杉树锯成两半，劈成近似三角形。这种装法与房子不同，也和其他地方的禾仓装法稍有不同。禾仓墙板满装，不留窗户，只留一扇门进出。取放禾把，用独木梯上下。独木梯平时有的放在家中，有的放在进出禾仓的过道上。

人文史迹

"岜沙"的意思是草木茂盛之地。岜沙部落苗人自称是蚩尤的后代，是自中原南迁时的前锋，他们骁勇善战。岜沙的地理位置恰好处于湘黔苗人聚集区的边缘，好像可以佐证"前锋"说。岜沙人古时过着半猎半耕的生活，猎枪是不可缺的生产工具。农业生产技术相对落后，比如使用晒禾架晾晒谷物，落后于广泛流行的脱粒晾晒。在川西藏区偏僻地方也可以看到晒禾架。晒禾架上木杆数量表示家中人口有多少。添丁加一棵木杆，若看到新木杆，那这家一定刚刚生了小孩。有人亡故，抽下一棵木杆，这棵木杆就是抬尸棍。岜沙苗人死后，尸体绑在木杆上，抬到山上掩埋，不立碑。

民族文化

苗族服饰：岜沙男女服饰，大多都是妇女自纺、自织、自染、自缝而成。一般喜欢青色，白布仅供作内衣。服饰分为便装和盛装两种。

便装。岜沙便装比较简约。男人头部周围未蓄长发，顶部长发始终未剃，挽髻于上形成特有的"苗鬏鬏"，苗话叫"户棍"。上身穿无领左衽铜扣青衣。下着直筒抵腰大管青布裤，赤足，出门时腰挂旱烟袋、火药葫芦、铁沙袋和砍刀。鸟枪不离肩，猎狗跟后走，个个如武士。女人头发散绾，插银簪、木梳，青年发式近似"公鸡头"。穿对襟无领布扣或布带上衣，挂菱形胸兜。胸兜各边均配有一小菱形，靠领处有块长约15厘米、宽约8厘米的蜡染或刺绣图案，两上角各有一条带子交叉系于领后。下身穿短裤，露出膝盖（从前着裙无裤），未婚者围一袭青色百褶裙，已婚者则围青白为主的花百褶裙，有的腰间还配带有银质或铜质针筒。

盛装。男女服饰除上述制式以外，着盛装时多着新衣，男人头上用中间白，两端织成花色并留有白纱线为穗子的包头帕绞成一股，捆在头上，颈上带有银质颈圈或颈链，有的多达六七根，配上右肩左跨刺绣或蜡染的花猎袋，衣内腰缠红绿花带及形同鹞鹰羽毛花纹的装饰彩带，和猎袋穗子一样飘在身后和左侧。此乃岜沙男盛装的一大特色。女人盛装头式同上，不同的是均着新衣新裙新围腰、佩戴银质耳环和颈圈颈链等银饰，耳环、颈圈有的多到三四根（只），小腿套着有刺绣或蜡染的花布筒。

岜沙村全景

"守垴"吹苗笛倾诉衷肠

保护价值

岜沙原生态民族文化色彩独特浓郁，民族传统文化历史悠久，岜沙人还传承着先祖生产生活习俗。这里的树葬文化及芦笙节、秋千节、映山红节等民族文化还保留着原汁原味的原生态色彩，被称为研究少数民族远古文化的"活化石"与"博物馆"。

王 浩编

毛主席纪念堂香樟木纪念亭

黔东南苗族侗族自治州黎平县九潮镇岑洞村

岑洞村全貌

岑洞村区位示意图

总体概况

岑洞村位于九潮镇西20公里，东临同腊村，南与榕江县高洞寨交界，西同榕江县求寨接壤，北与高寅村毗邻，山地地貌，海拔830米，全村面积26265亩，属于中亚热带季风气候。岑洞村自明代因兵变动乱，祖先吴氏和胡氏两姓从榕江县忠诚镇搬迁而来。村落坐西朝东，四周群山环绕，一条小河穿寨而过，辖上岑、中岑、辖岑3个自然寨，共1649人。2012年被列入第一批中国传统村落名录。

村落特色

岑洞村位于长江水系和珠江水系分水岭地带，一河流经村落，供应本地村民生活、生产水源。岑洞村属山地地貌，整体空间布局形如船状，村寨外围是植被茂盛的山林，在这里形成一个长条形的河谷地带。民居都依山面水而建，寨子被田坝围绕，布局合理，功能设施完善。

传统建筑

岑洞侗寨建筑物的材料以木材为主，兼用石块、泥土。全村村民居住的都是南方侗族典型的干阑式木楼。木楼因地而建，层次分明，其中"倒金字塔"木楼和风雨桥是岑洞建筑的典型代表。

风雨桥：侗族独有的桥。由桥、塔、亭组成。全用木料筑成，桥面铺板，两旁设栏杆、长凳，桥顶盖瓦，形成长廊式走道。塔、亭建在石桥墩上，有多层，檐角飞翘，顶有宝葫芦等装饰，被称为世界十大最不可思议的桥梁之一。因行人过往能避风雨，故名风雨桥。风雨桥是兴时于汉末至唐代的古建筑，结构严谨，造型独特，极富民族特质。这样一座庞大的建筑物，横跨溪河，久经风雨，仍然坚不可摧。

"倒金字塔"民居："倒金字塔"侗族民居建筑建造于明永乐元年（1403年），距今大约600多年的历史。楼层分为3层，柱子6排，1排7根柱子，5根落地，2根为吊柱，吊柱伸到二层为止。每上升一层，四周增加一排吊柱，加宽二尺，四面逐层悬挑，排枋纵横交错，层层支撑而上，形成下小上大的倒金字塔独特外观形状。其建筑以杉木凿榫衔接，玲珑雅致，古朴典雅。结构严密坚固，至今保持完好。

民族文化

岑洞村有丰富的民族文化，如侗族琵琶歌、六月六、侗族服饰，等等。

侗族琵琶歌：因为唱歌时歌师要自己弹奏琵琶伴奏，所以叫"琵琶歌"。这种琵琶不是常见的那种，而是自己制作的，它音箱是圆形的，长颈，用钢丝作弦，有四弦，声音婉转清脆。琵琶歌与侗族的生产生活联系密切，有青年男女谈情说爱互相对唱，闲时吃过晚饭，大家围坐在一起男女歌师弹唱，新居落成庆典男女歌师对唱，重大节日和庆典要踩歌堂时，歌师在前边唱边走，村寨男女老少着盛装在后边走边跳，围成一圈等。

岑洞村风雨桥

岑洞村风雨桥内部结构

岑洞村平面图

"倒金字塔"民居细节

岢洞村六月六迎宾

侗族服饰

六月六:"六月六,早禾熟"。侗族地区把这一天作为尝新节,有的地方择吉日尝新。尝新节是侗族地区共同的节日,各地尝新节内容大同小异。侗家人在这一天,就要把刚成熟或接近成熟的谷物摘取下来,煮成新米饭,伴以鱼、肉供奉祖先不忘恩德,沿袭至今。

岢洞服饰:岢洞村同样穿着最具侗族特色的服饰。侗族服饰历来是侗族人民追求美的重要组成部分,也是侗族社会发展的重要标志。因各地生活习惯有所不同,侗族服饰也多种多样,各有差异。侗族女式盛装极具传统民族特色,荟萃了民族工艺的精华。

人文史迹

岢洞村有古老的人文史迹,岢洞河穿寨而过,其中侗族建筑民居213栋,花桥1座,"倒金字塔"民居建筑2栋,古井5口,社祭坛1处,古树13棵。

岢洞河:岢洞村坐落在山脚下两道山梁环抱形成的峡谷地带,一条小河蜿蜒而下,自西向东流经岢洞三个自然寨,岢洞人沿河而居,世代靠这条小河供应生产生活水源,这条河常年不断,清澈见底,世代孕育着岢洞村民,一方水土,孕育一方文化,岢洞河见证和记录着岢洞村的发展历史。

社祭坛:为纪念死去的民族英雄"萨玛",人们在村寨中间的坪坝上垒起土堆,即萨坛,作为供奉和祭祀萨的场所。后来,部分侗族地区的萨坛改成了小木屋。到了清代光绪年间,有的村寨的露天萨坛先后改建成砖砌的"然萨玛",即萨玛屋。场所显得庄重而神秘。萨坛放一把半开的黑伞,黑伞下垒有一堆石头,象征侗族人在萨玛英灵的护佑下团结坚强,幸福安康。萨坛一般都栽有柏树或杉树和千年矮(一种灌木植物),以示萨玛的英灵万古长存。

岢洞河

岢洞社祭坛

岢洞村古井

岢洞村古树

古井:岢洞村古井至今还保存使用的有5口,3口位于岢洞大寨内,为寨内主要饮用水水源,另2口分别位于寨头和寨尾进出寨路口处,供路人饮用。村寨内虽然已经接有自来水,但平时的直接饮用水,村民们还是很乐意饮用原来水井里的水。水井里放有两条鲤鱼,以防水里被人投毒。过年时,三十夜晚打水井里的新年水饮用也成为侗家人的一种风俗。

古树:岢洞村的古树群在建寨的时候就已经存在,在侗家人心里,村寨必须有古树在寨内或在周围,除了美化村寨环境外,还能为村寨遮挡大风,其中最主要的一点是侗家人认为古树可以避邪。现今生长百年以上的古树已进入缓慢生长阶段,干径增粗极慢,形态上给人以饱经风霜、苍劲古拙之感。

保护价值

岢洞村距今已有500余年历史,其整体风貌以木结构建筑为主,木质房屋连片分布,造型独特,历史悠久,极富民族气质,保护价值较高。

岢洞村的侗族文化较为完整的传承下来,至今仍保持一种原真、古朴、自然、和谐之美,是人类不可多得的文化遗产,是侗寨历史的有力见证。

陈佳俊 付家佳 黄鸿钰 编

岢洞村环境

黔东南苗族侗族自治州台江县方召乡巫梭村

巫梭村一角

巫梭村区位示意图

总体概况

巫梭村位于方召乡政府驻地以南20公里，属纯苗族村寨，辖区有两个自然寨，其中大寨有6个村民组412户1835人皆为苗族，一条小溪穿寨而过，小寨离大寨5公里以东处。大寨四周均为群山环绕，大寨中有一条村级公路向北与城南公路相接。村寨周围群山林木茂盛，小溪清澈见底。2013年被列入第二批中国传统村落名录。

村落特色

梭村村庄坐落于三面环山的山脚下，村庄周围以耕地、河沟交错。水源丰富，可供人畜饮用，路面硬化穿梭于全村。全村所在地四面有群山环绕，村落以主道为中心呈点状向四周分布。延伸成入户路连接村寨各个角落，巫梭村空间布局均匀合理，并且在全村各角落中零星点缀些古树，使村落堪称完美。巫梭村依山傍水，河溪清澈见底、穿寨而流，野猪、野兔、野山羊、野山鸡等野生动物穿梭于山涧，植被有杉木、马尾松、阔叶常绿树，乔木灌木混交，属国家珍稀树种有台湾杉、南方红豆杉、楠木和榉木等，山中山泉清凉甘甜，富含矿物质。

传统建筑

村民有保护完好的苗族吊脚楼群，风雨桥，有独特的田园风光和农耕文化。

吊脚楼是苗族传统建筑形式，二层人居，一层存放生产工具盒饲养家畜，人与家畜兼顾的特点，被认为是生态建筑的最佳形式。苗族吊脚楼多利用原始地形中较为平坦的山坡为依托，在斜坡上把地面削成"广"字形的平台，避开冲沟滑坡，其余部分则灵活设立吊脚柱，不用一钉一铆，框架独立性强，坚实牢靠能经百年而不损毁倒塌，以最合理的方式创造合理的居住空间。

村中道路

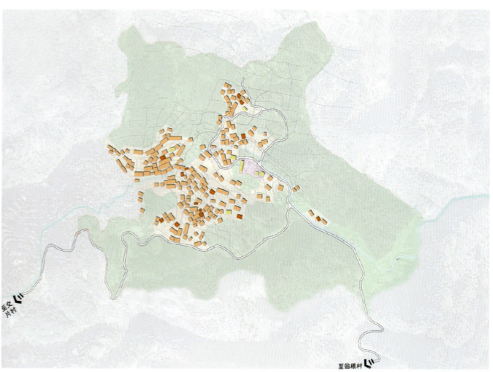
巫梭村总平面图

民族文化

巫梭村的古歌、酒歌、情歌等的民族文化底蕴十分深厚，尤其是古歌，有些带有商周文化的遗风，对台江苗学有一定的研究价值。

苗族"古歌"、"酒歌"是苗族人民生活中常见的民歌体裁。时逢佳节或婚姻喜庆饮酒，人们常用酒歌来祝福酬谢；席间酒后，老人们往往用酒歌曲调来传唱历史、歌颂民族英雄和祖宗的业绩。酒歌曲调旋律起伏不大，庄重严肃，带朗诵风格，常常是一个章句的无限反复，仅因歌词调值不同而稍有变化。

巫梭苗寨历史悠久，苗族文化底蕴深厚，苗族风情浓郁，民族节日众多，仅距享誉世界的"东方迪斯科"反排木鼓舞的发源地几里之遥。村民们能跳粗犷豪放的"反排木鼓舞"、优美的芦笙舞，也善演唱悠扬动听的多声部情歌和古朴庄重的古歌、酒歌。民族节日有金秋十月的"苗年节"、农历二月二日的"祭桥节"、吃卯节、吃新节等，这对于发展民族风情旅游观光具有得天独厚的优势。

成片民居

巫梭村风雨桥

巫梭村古井

代表民居

传承艺人

渔具

巫梭村织布

保护价值

巫梭村依山而建，环境清怡宜人，四周群山环绕，竹木郁郁葱葱，壮观而美丽。全村山高谷深，水量充沛，植被丰富，种类繁多，无山不青、无水不绿，植被保护完好。

韩 磊 编

黔东南苗族侗族自治州黎平县孟彦镇岑湖村

岑湖村全貌

岑湖村区位示意图

总体概况

岑湖村位于贵州省黎平县孟彦镇西北部,距镇所在地10公里,东抵大稼乡邓蒙村,西与尚重镇龙溪村毗邻,南同孟彦村接壤,北同大稼乡高枧村交界。岑湖村形成于清朝,迄今已有300余年。岑湖村村域面积约为13.61平方公里,总人口为1411人,以侗族为主。2013年,岑湖村被列入第二批中国传统村落名录。

村落特色

岑湖村地处长江水系源头地带,村寨依山傍水,位于清水江支流的一个长条形河谷地段。村寨沿河流两边地势较平,延伸至半山腰地形较缓处而建,寨中地势较为平坦,村寨四面环山,河流缓缓流过村落,大多数民居多倚有北方向而建,街道布局整齐,寨村四周有梯田、山坡、古井均匀散布于寨内,古树屹立于寨边,就像是侗族人的守护神。岑湖村民居高低错落,与小溪、农田及山林形成一幅安静祥和的山水田园风光。

传统建筑

岑湖村的传统建筑群是黎平县境内数量较多、规模较大、保存较完整的传统村落,在岑湖村所有建筑中,最具代表性的是花桥、寨门、戏台、禾仓、萨坛等。

禾仓:岑湖村共有禾仓250座,其中建于清朝道光年间的禾仓43座,建于同治年间的禾仓51座,建于光绪年间的禾仓78座,建于民国初期的禾仓58座。岑湖村禾仓群布局完整,设施齐全,具有防火、防鼠、防虫蚁、防潮的功能。

岑湖花桥:花桥又名风雨桥,岑湖花桥主要由桥墩、桥身两部分组成,原本的老木桥被大水冲走,现存木桥为20世纪初复建的。岑湖花桥桥面两侧设有栏杆,为方便过往行人劳作农耕,桥两头和中间各建鼓楼宝鼎楼阁1座,檐角翘起,有鱼尾龙凤,顶盖小青瓦,宝葫芦装饰。楼阁柱子均用粉红色油漆涂装,色泽鲜艳,栩栩如生,美丽壮观,气势雄浑。侗族花桥是侗族人民勤劳智慧的结晶,也是中国木质建筑的艺术珍宝。

花桥

青石板阶梯

古碑

建造房屋

岑湖村平面图

民居

民居

戏台

鲁班尺

古枫树

民族文化

侗族木构建筑营造技艺：侗族木构建筑营造技艺是国家级的传统技艺，其依托村落而存在有确定的传承人，已传承了超过100年了。侗族的传统民居均为全木质结构，技艺精湛的师傅们，凭借自己高超的技术，整个传统民居建筑从建造到完工只用短短两三个月时间，且不用一钉一铆便可完成整个安装。侗族民居一般为2到3层建筑，一层一般用来圈养家禽、家畜并设有厕所，二层则为居住，三层为客房。侗族的这种工艺已然发展成熟，其随着时间的流逝而发展至今，必然有其独特之处，是值得我们学习和铭记的。

人文史迹

古井：岑湖村一共修建有古井四口，其中寨外大井一口，寨内阳排水井一口，寨外红豆杉水井一口，寨外瓢井一口。在没实现自来水之前，这四口水井担负着岑湖寨的生活饮用水，井水冬暖夏凉，清甜可口。现在除阳排水井和红豆杉水井干枯外，大井和瓢井至今仍在使用。

花街路：寨内保存有一条完好的花街路，勤奋智慧的岑湖侗寨村民，为保证日常交往出入方便，防止雨天泥泞难行，寨老发动和组织大家投工投劳出钱出力，担来河边鹅卵石，将寨内主要道路镶成一定宽度的花街路，并配以花鸟鱼虫，阴阳八卦等传统文化元素图案，既方便了生产生活出入行走，又给人以视觉的美感和享受。

古树：岑湖村寨内部有古树5棵，其中有2棵百年的红豆杉，1棵位于西南寨边，1棵位于东北寨边，其余古树为百年桂花树，待到八月时分，远近芳香浓郁。

保护价值

岑湖村保存着相对完整的村落格局，拥有丰富的物质文化和非物质文化资源具有较高的历史意义和研究家住。其中侗族花桥是侗族人民勤劳智慧的结晶，也是中国木质建筑的艺术珍宝，而这些种种都承载着岑湖的历史，见证着岑湖的发展，值得后人所传承和发展乃至于融入其中去深入地感受它、保护它。

王　曦　编

古树

山泉

花街路

村落一角

黔东南苗族侗族自治州剑河县柳川镇巫泥村

巫泥村全貌

巫泥村区位示意图

总体概况

巫泥村位于柳川镇清水江北岸，巫泥村辖1个自然寨，14个村民小组，335户1574人。辖区面积13.4平方公里，距柳川镇所在地约22公里。巫泥村村落形成于清代，主要民族为苗族，苗族文化十分浓郁。2013年被列入第二批传统村落名录。

村落特色

巫泥村地处杠子岭侧山梁，寨下左右为溪；原来老寨子坐在一山坳上，坐西朝东；后往南、北两湾延伸，寨子大后，向最高的东面发展。寨里坐相依山取向，不形成统一相位。

原来老寨子坐在山坳和西面坡上，坐西朝东；后往南、北两湾延伸，寨子大后，向最高的东面发展居住。村寨西面坡顶牛打坪边有一口常年不干的水塘，南面湾也有一口四季水源不断的水塘。

这里饲养的巫泥花牛，在周边县市别具一格。全村有林地面积12569.85亩，森林覆盖率达62.62%。梯田面积占全县村寨前列。

传统建筑

民居建筑：大多是3开间2层或2开间2层，悬山顶、小青瓦盖顶，穿枋结构。部分两头带小偏厦。剖面为排柱穿枋，中柱最高，两面倒水，每排为5柱4瓜，二楼以上大多挑出60~80公分，用以增加房屋的宽度。挑出的边柱脚悬在空中，通常刻有饰纹，窗口装饰有木格花以示主人勤劳富有，持家有方。立面为过间穿枋，柱顶上檩子过间而架，托起椽皮，椽皮上盖瓦。因是在斜坡上建房，外面柱子常常吊脚。

如果吊脚空间大，则安排猪牛圈。如果吊脚空间小，猪牛圈另外择地安排。一楼是堂屋和火堂，二楼住人。

粮仓：粮仓不大，都是4脚立柱，悬山顶、小青瓦盖顶或杉木皮盖顶。

村寨全是传统的苗族木结构房屋建设，悬山顶、歇山顶错位摆布，老屋为一层楼，共三间，多到七间，外有走廊，建美人靠，中间为堂屋，两侧为卧室或火炉间，堂屋前建一板壁，两扇门从中间对开，房屋成"凹"字形。

巫泥村民居建筑

巫泥村平面图

民族文化

非物质文化是苗族人民在长期的观察自然、改造自然、社交活动、宗教活动、口头文艺创作等多方面的活动中积累的人文成果，其具有娱乐性、技术性、固定性、特定环境性等特点得以流传。

过戊节：俗称祭戊，端午节后逢日或子日必过，每次需过5次，多达7次。这天不宜动土，忌做农活，老人在家闲居品酒，青年男女相约会歌，意为祈天风调雨顺，农事免灾。

十月头卯节：是村寨里的大年，进客最多，节日气氛最隆重，意为新粮入仓，用节日约客庆典，寓意明年再接丰收。

刺绣：是剑河县境内名声在外的红绣支系，刺绣幅面大，彩线多为艳色，显得富丽堂皇，配以银饰穿戴，一派富贵身世，让世人钦佩。

民歌：分为酒歌和情歌，酒歌有盘问式、

巫泥村招龙节上的盛装女子

巫泥村招龙节上的芦笙舞

寨内古树

粮仓

长桌宴

古井

类似冰箱的地窖

住，张姓同意后，杨姓二兄弟回家辞别家人，落户西面山一带居住，并分别娶张姓两姐妹成家；之后张姓看此处宜居，因而搬迁入寨。

原来老寨子坐在山坳和西面坡上，坐西朝东；后往南、北两湾延伸，寨子大后，向最高的东面发展居住。村寨西面坡顶牛打坪边有一口常年不干的水塘，南面湾也有一口四季水源不断的水塘。

新中国成立前，曾是周边一带的商贸集镇。乾隆《清江志》载：50户235人，现全寨360户。

乾隆二年（1737年）境内柳落塘设塘驻兵，巫泥（时称翁宜）等寨属牙磨土千总管辖。民国三十三年（公元1944年）编整保甲后属岑松乡管辖。1953年属柳堡乡；1956年属柳川镇；1963年以管理区设柳堡公社管辖；1967年公社迁高标，仍称柳堡公社；1984年柳堡公社更名为高标乡，建并撤随小乡入柳川镇管辖。

互祝式、亲戚祖辈理顺式、古歌式、情感交流式等。情歌是青年男女的"游方歌"，是情爱歌曲，白天在护村树边的游方场唱，晚上在女方家火炉间唱。

护寨林：传统里自觉形成护树理念，视树为神，与树相安和睦共处，加上防火意识强，不发生寨火，参天古木，叠叠成林，得以保护，给村寨留下如画之境。

宗教活动：大年初一，全寨扶老携幼，络绎不绝，按户从早到中午，各自去祭祀寨中的一部老桥遗址（存留有1座菩萨庙，村里视为祖奶），和寨边1处石菩萨（石岩，村里视为祖公），按各自身份祈雨、求平安、拜健康、访钱财等。

民间传说：寨里有两兄弟，名叫朱报少、朱军少，受当时的政府重托，对周边屡次扰民的盗匪进行缉拿。

招龙节：一般此节为13年过一次，但遇到天灾人祸时（特别是火灾），第二年就必须过此节来消除灾祸，过此节的目的就是祈求全寨村民平安健康、风调雨顺、六畜兴旺、五谷丰登。

人文史迹

巫泥村村落形成于清代，村落形成年代久远，村落格局完整，苗族传统民居集聚而居，苗族传统民居建筑风格独具特色，民族文化底蕴深厚，原始寨容寨貌保存完好，是农耕时代形成的传统村落，是农耕文明不可再生的文化遗产，是剑河苗族特色保存较为完好的村寨之一。

据传，原来张姓在南面坡脚住，有杨姓二兄弟从天柱来此打猎，无意发现猎狗从山中岭上披着浮萍而来，就怀疑山中有水，宜人居住，杨姓二兄弟深入山中调查，在西面坡上见一口水塘盖满浮萍，就与山脚张姓要求这座背山赠予杨姓二兄弟居

传统织布

巫泥村招龙节上的踩鼓

巫泥村招龙节上的迎客歌

保护价值

巫泥村是苗侗族在漫长的古代农耕社会中，改造自然、利用自然的智慧、文化、习俗、审美观、宗教信仰等方面的活态存在，其传统民居是千年传承的手工建筑智慧结晶，承载了居住、审美、风水、山向、交往、习俗等方面的文化内涵。

巫泥村是一个传统的苗族村寨，大部分居民为苗族，其特有的苗歌苗话，苗节苗年等民族风俗得以保存及发展，具有较高的社会价值。

杨　涵　刘　翼　编

巫泥村全景

黔东南苗族侗族自治州台江县方召乡巫脚交村

巫脚交村一角

巫脚交村区位示意图

总体概况

巫脚交村位于方召乡政府驻地西南面，距乡政府9公里，共408户，1835人。巫脚交村沿河而建，部分依山而建，两条小河穿寨而过，村民住房较为集中连片。2013年被列入第二批中国传统村落名录。

村落特色

巫脚交村的选址，全村所在地是沿河而建，四面有群山环绕，村落以河道为中心成点状向四周延伸分布。巫脚交村空间布局均匀合理，全村有一条主干道从寨口直达村委会旁边，再分解成两条入户路连接村寨各个角落，并且在全村各角落中零星点缀些古树，使村落堪称完美。

传统建筑

苗族吊脚楼通常是分为3层，最底下一层用作牛栏、猪圈、鸡舍、堆肥、放柴以及一些杂物。有些人家也将厕所安排在此间。中间一层为人居住。正中间为堂屋，设有祖先牌位，家庭祭祖、宴饮待客多在此举行，因此在特别的时间当中，这里也就是一个仪式性空间，是一个以公共性为主功能的空间，堂屋两侧的两大间则按需要隔成睡房、客房、烤火间、存物间、通道等。第三层隔层数间，用于存放粮食、晾衣晾被、堆放各种闲置的杂物。家中来客多时，亦可以将这一层安置为客房。正房两旁的偏厦一头用作厨房，另一头则多用来作为进出的门厅。在吊脚楼的这种格式中，每户人家都把出入的大门安置在整栋楼房的侧面。左右侧皆可，依据同外面的道路相接方便而定。

村寨古树

代表民居

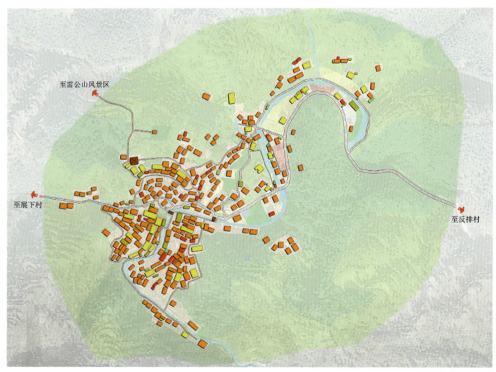
巫脚交村总平面图

民族文化

芦笙，是苗族具有代表性的一种民间传统乐器，也是苗族悠久历史文化的象征和产物。苗族人民最喜爱用芦笙吹奏来表达劳动、爱情、祖先等的庆祝、怀念和喜悦。巫脚交村每年都在"好庆"节日上举行盛大的芦笙比赛，以一种活态方式传承和弘扬苗族芦笙文化。因此，芦笙是苗族人民的心声，苗族人民离不开芦笙。

人文史迹

1934年，红军经过台江县大田角、交下、四登、巫脚交等地，那一年的寒冬，巫脚交村村民张堂开上山砍柴时发现小红军被人害死在路上，后来叫儿子一起把小红军安埋在一个向阳的山丘上。几十年来，张堂开祖辈三代默默地，无怨无悔地看护着这个安埋在苗疆无名红军坟，并且每年清明节一家人都要去扫墓。这个感人故事常常牵动着当地各级政府。这次中央电视新闻台"红色大益，爱心活动"一行7人慕名来到巫脚交村，并赠送一块刻着"英灵永在，浩气长存"的青石碑立在红军坟的墓碑旁。

村落环境1

村落环境3

村落环境2

成片民居

银饰和服饰

村落环境4

保护价值

村落建筑保存比较完整，但随着时代久远和经济的飞速发展，许多较古老的吊脚楼房已重新装修或改良，使古吊脚楼房披上了时代的新装。传统村落建筑在修建时比较复杂，技术要求较高且精细，与别的木房建筑相比，吊脚楼有着独到的一面。因此，吊脚楼是苗族人民和苗族工匠们智慧的结晶，体现了苗族人民丰富的文化底蕴和科学技术水平。

杨　渊　编

芦笙表演

黔东南苗族侗族自治州黎平县九潮镇贡寨村

贡寨村全貌

贡寨村区位示意图

总体概况

贡寨村属黎平县九潮镇，位于九潮镇北部26公里处，地处清水江支流源头，年平均气温16摄氏度，属中亚热带气候。一条小河自东向西北穿寨蜿蜒流过，境内农田水源较为充足。村落顺山势坐落，山清水秀。"贡寨"，侗名"炯"原意为弯的意思，意思是在一个山腰拐弯处。全村共216户，总人口969人，村域23.62平方公里。村民姓氏主要有吴、石、杨、周，其中吴姓占90%。2012年被列入第一批中国传统村落名录。

村落特色

贡寨村属山地地貌，村寨依山傍水，位于四周青山的峡谷地段。村寨择半山腰聚集，寨中地势较为平坦，民居依山势层层而建，布局错落有致，外围是植被茂盛的山林。

贡寨村整体空间布局如锅底状，民居建于半山中，常年水源充足。贡寨村因清水江支流水系的供给，村寨外围形成植被茂密的山林。水系、农田、山林组成独具特色的贡寨风貌。贡寨村的山水、田园、绿树、村舍及民族建筑元素合而为一。

据贡寨村口传，清朝初期吴姓由天柱远口迁来在此建寨定居，至今已500余年。历经数百年间民生繁衍，贡寨村是目前侗族人口居住较大的民族村落之一。

传统建筑

贡寨村落，青山环合，林木掩映，绿水为带，形成一个集古老建筑群和优美自然环境相结合的人居环境。现存侗族建筑民居168栋，全村居住的都是典型侗族吊脚木楼。木楼因地而建，顺山势呈半圆形层层而下，层次分明，错落有致。贡寨村传统建筑代表主要有传统民居、禾仓、禾晾等。

传统民居：贡寨很多民居建于清代乾隆、嘉庆年间，少量建于民国时期。所有建筑均具有侗族传统建筑特色风格，大多相对保存完整，基本体现了侗族建筑的历史景观。建造过程中，吉祥文化色彩非常浓厚。发展至今，全寨只有村委会一栋房子为砖混结构，其余都是木结构的建筑，其传统民族建筑形态保存完好。

禾仓：目前贡寨村共有禾仓10间，大都建于清朝。禾仓群布局完整，设施齐全，与周围环境和谐统一。在建造禾仓时，选址在远离寨子的水塘或水田周边，除了防潮防鼠虫外，最重要的是防火。贡寨禾仓至今保存完好，是古代劳动人民智慧的见证。

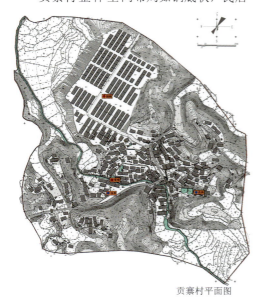
贡寨村平面图

贡寨建筑

贡寨民居

贡寨吊脚楼

禾晾：禾晾是侗乡独有的奇景。在贡寨溪水塘边或绿树旁，有一排排高达4米的大木架，整齐地围寨而立。禾晾作用是到了丰收的秋季，各家各户都选择寨边日晒时间长、通风良好的地方，起牌立架，专门用作晒禾把、黄粟和穄子穗。禾晾沿溪环寨，构成了一派雅致的田园风光。

民族文化

贡寨有很多原生态文化，其中包括建筑文化、语言文化、服饰文化、歌舞文化、精神文化等方面。

侗族鼓藏节：侗语称"记间节"，流行在黎平县毗邻的48个侗族村寨，7年举行一届，各村寨轮流举办，一般在春节前后举行，是黔东南侗族最隆重的祭祖仪式。节日期间，举行斗牛、祭祀、踩歌堂、唱侗族琵琶歌等活动，庆祝丰收，祈福村寨平安，风调雨顺，人丁兴旺。

侗族服饰：按照性别和年龄分为男子服饰、女子服饰和儿童服饰，按照生活场合分为日常服饰和盛装。侗族服饰以女式最为华丽，主次分明，色调明快，柔和而娴雅。侗族服饰制作一般为妇女在劳作闲暇时一针一线缝制而成，制作一套女式侗服大约一两年时间。

人文史迹

贡寨侗寨的形成经历了一个漫长、曲折的发展过程。经过"筑巢而居"、"聚居山谷"的原始社会，世居在这块土地的侗族先民才形成真正意义上的侗寨。该侗寨属山地地形，傍水依山，环境优美，村寨四周被农田、青山围绕，布局合理，功能、设施完善。

贡寨鼓藏节

贡寨古井

贡寨侗族服饰

古井：在选择定居地的时候，水资源作为不可或缺的必要条件。贡寨的古井起源于清代，散落在村寨其中。古井蕴涵着科学的技术和朴素的生态观，满足居民的日常生活需要，水质清澈，泉源甚盛，滔滔不绝，汲久不竭，几百年来成为贡寨村民的饮水之源。古井古朴自然，清甜冰凉，一方水土，孕育一方文化。

古树：保存数量和种类较多，现有古树35株。许多古树名木经历过朝代的更替，人民的悲欢，世事的沧桑，可借以撰写说明，普及历史知识。古树名木是名胜古迹的佳景，是研究自然史的重要资料，它复杂的年轮结构，蕴含着古水文、古地理、古植被的变迁史。从树木年轮可推测出大旱之年和风调雨顺之年，从树木年轮可确定此地主风方位。古树对于树种规划有很大参考价值，它的地理位置生长状况是很好的规划依据。

贡寨古树

古树在当地民间留下深厚的感情，是祖祖辈辈诉说活的历史。

贡寨村小溪：贡寨小溪流穿过寨内，宽约2米，常年四季均有水流过，即便是旱季也不会干枯，可以作为寨内消防水源和部分生活用水水源，同时还可以用于下游的农田灌溉，在贡寨侗家人心里，这条小溪流有着重要的位置。

保护价值

贡寨村自然风景十分独特，寨内背后大山有一片古老丛林，千年古树品种多样，郁郁葱葱；文物古迹、传统民居遍布整个村落。贡寨传统村寨的自然因素、地理环境和人文因素形成具有鲜明地方特色的人文景观，其具备的历史意义及文物保护价值不可估量。

杨辉智　王晓青　李函静　编

贡寨禾晾

贡寨禾仓

村寨一角

黔东南苗族侗族自治州黎平县雷洞乡岑管村

岑管村全貌

岑管村区位示意图

总体概况

岑管村位于贵州省黔东南苗族侗族自治州黎平县雷洞乡，距乡驻地4公里，东抵金城村，西接雷洞村，南与亚跨村交界，北同塘婢村毗邻。村落由上岑管、下岑管两个寨组成，总人口370人，主要民族为侗族。村落形成于清代，相传早年有两兄弟由湖南娄底迁到此地不远处定居，不久有鹅到此地下蛋，母猪也到此地产仔，人们说此地是风水宝地，遂迁于此。由于此地四面环山，得名岑管，汉释"岑"为山坡，"管"为环形。2013年岑管村被列入第二批中国传统村落名录。

村落特色

岑管村落地处环形山的坡岭上，地势较高，视野开阔，周边生态环境好，村寨道路格局独特，建筑层层跌落与山融为一体，侗族民族文化丰富多彩，是一个人与自然和谐共存的民族村寨。村落选址于山顶，居高望远，视野开阔，青瓦、鼓楼、戏台、寨墙、古树、梯田等自然与人文风光一览无余。

传统建筑

岑管村的传统建筑基本保存完好，有2座鼓楼、2座戏台、1座古庙和大量传统民居。

鼓楼：村落有鼓楼2座，分别位于2个自然寨内，其中上岑管鼓楼为底方7层重檐四角攒尖顶，下岑管鼓楼为底方5层重檐四角攒尖顶。2座鼓楼均为密檐式鼓楼，底部封闭、木板围合、设木门和木格花窗。鼓楼主体结构均为全木质，内4金柱、外12檐柱，以杉木凿榫衔接，顶梁柱拨地凌空，排枋纵横交错，上下吻合，采用杠杆原理，层层支撑而上，结构合理，楼形美观。

戏台：有戏台2座，分别位于2个自然寨内，与鼓楼一起围合鼓楼坪构成了村落的公共活动空间。干阑式木结构，檐面盖小青瓦，由于地处坡地留有支撑柱脚。

传统民居：为侗族干阑民居，一般为2~3层，民居建筑层层出挑，呈上大下小的形态。一般底层架空堆放杂物或饲养牲畜，二层设宽廊、火塘和卧房，顶层阁楼存放粮食。房屋一般分正屋、厢房、前

鼓楼

民居

岑管村平面图

寨门

寨墙

古树

厅、偏厦等。正屋是主要部分，有三柱屋、五柱屋、七柱屋、八柱屋等。民居均为木质结构。平屋为单檐结构，开口屋为双檐结构。凡柱、梁、枋、瓜、串、椽、檩等，均以榫卯穿合斗作。楼房外围，均有走廊栏杆，宽敞明亮，空气流通，供家庭成员休息，也是侗家姑娘纺纱织布的好地方。

民族文化

侗戏侗歌文化：侗戏是民族民间戏剧艺术瑰宝之一，它的发展渊远流长，经历人民群众集体创作、集体传播，不断得到加工、改造，古朴而不单调，抒情而不低劣，民族民间特色鲜明。岑管侗戏侗歌有深厚的群众基础，并且尚在发展之中，其内容丰富多彩，形式清新活泼，有浓郁的乡土气息。

传统技艺文化：主要包括侗布纺织和蓝靛靛染技艺。侗布是一种很珍贵的民间手工艺品，岑管侗族擅长纺纱织布，侗布是用织好的布经蓝靛、白酒、牛皮汁、鸡蛋清等混合成的染液反复浸染、蒸晒、槌打而成，具有很高的科研价值和经济价值。

人文史迹

萨坛：萨坛位于上岑管寨的边缘地势较高之处，前有台阶近十级，坛的外围是砖砌围墙，中间无顶，围墙水平面投影为六边形，高3米，前方有双扇木门，围墙顶上覆小青瓦。祭坛是村民们祭祀萨母天岁的地方，在黎平大多数侗族村寨的信仰里，萨母是他们的最高崇拜。

古庙：古庙位于上岑管寨内，木结构，建筑面积30平方米，双坡屋顶，覆小青瓦。每年大年三十周围村寨的村民都会集聚于此杀猪供奉，祈求风调雨顺。

寨墙：村寨周围设有2米多高的石砌寨墙，清末民初，军阀混战，社会治安混乱，土匪、强盗经常进村实施抢劫，村民不畏强暴，团结一心，人手持钢刀、土枪等武器与土匪进行搏斗，赶跑了土匪、强盗，保卫了村寨的安全，留下许多可歌可泣的英勇故事。寨墙现今大部分已倒塌，遗存部分断断续续的分布着。

寨门：村子保留有清代寨门两座，一座是西门，为重檐两坡顶，覆小青瓦，16根受力柱。另一个是南门，屋顶结构和西门一样，下方有6根承力柱。

古井：村寨南侧有明代古井1口，当地人称为"神水井"，传说井水有治百治百病、不育不孕之功效，古井内侧还刻有神秘人物图案。

古井

秀才石凳、旗基：在上岑管寨的学校前方有一明代的石凳和两个旗基，据村民介绍，明代村里出了个秀才，他就居住在这里，此人身材高大魁梧，力大如牛，文武双全，远近闻名。他上有四兄，下有二弟。房屋两旁有旗基两个用于固定红旗，前方有一石凳，夏日手提上千斤重的石凳到离寨有2.5公里的凉爽地方歇凉。

古树：村子周围到处都是古树，寨旁的六七棵千年松树最为壮观，树干挺拔俊秀，成为村子的一道风景线。

保护价值

岑管村村寨选址和道路格局独特，建筑层层跌落与山融为一体，体现了侗族人民原始风水观和尊重自然的观念。岑管村民风古朴，民族服饰独特，丰富多彩民族文化活动和习俗，对研究侗族的历史发展进程具有很高的历史价值和文化价值。

代富红 徐 雯 编

萨坛

村落一角

黔东南苗族侗族自治州黎平县地坪乡岑扣村

岑扣村全貌

岑扣村区位示意图

总体概况

岑扣村位于地坪乡驻地西南3.5公里，省级自然保护区——弄相山原始森林保护区山脚，地处高山，峡谷坡旁，这里风景优美、气候宜人，有闻名省外的苗族飞歌，苗族民间舞蹈，精湛的手工艺术（芦笙制造、竹编、苗家刺绣等远销黎平和广西各地）全村668人，150户，村域面积2.62平方公里。2012年被列入第一批中国传统村落名录。

岑扣村建筑肌理

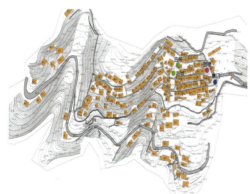
岑扣村平面图

村落特色

岑扣侗寨是半依山势半陡坡而建，整体风貌保存完好，寨脚及村寨右侧均为梯田，通村公路横穿于寨脚梯田间，古井位于寨头右侧，古树环抱于寨头和左右两侧，就像侗族人的守护神。

岑扣侗寨是先祖们在村落选址时，选取了有山泉、古树茂盛的地方，象征着风水好，充满生机，人丁兴旺。周边土地肥沃，历经几百年的辛勤耕耘，形成的梯田不仅抚育了这方百姓，还形成了一道亮丽的风景线。高低错落的吊脚楼木房点缀其中，构成一幅宁静祥和的山村田园图。

吊脚楼

周边环境

传统建筑

岑扣村的传统建筑主要有侗族鼓楼、寨门、吊脚楼、古井。鼓楼：据清代雍正年间有资料记载：侗人"以巨木埋地作楼高数丈，歌者夜则缘宿其上……"。岑扣村鼓楼高耸于村寨之中，飞阁垂檐层层而上呈宝塔形。侗族鼓楼建筑是侗族特有的民族文化象征和标志。

寨门：是历史上"围栏里的居民"的延伸产物。在传统的侗寨里，每一个进出寨的路口都建有寨门。寨门是全然不设防的聚居形态，因而现代的寨门是象征性的，只是在举行特别重要的祭祀活动时，才在门上结上草绳，打上标志，以示"封门"，侗寨的寨门都发挥迎宾、送客的礼仪功能，展示着侗寨的和谐与热情。

吊脚楼：岑扣村的传统建筑——吊脚楼均为全木结构，小青瓦。房屋一般分正屋、厢房、前厅、偏厦等。楼房外围，均有走廊栏杆，宽敞明亮，空气流通，供家庭成员休息，也是侗家姑娘纺纱织布的好地方。

寨门

黔东南苗族侗族自治州

鼓楼

古井：岑扣村的古井较讲究和别致，都用上好的青石块经过加工作为井壁，并用一块扁平的青石板盖于井上，一口井就像一栋木房一样，既能挡住雨水及杂物，又体现侗族人珍惜水源、爱护水源的淳朴观念。每逢传统节日时，村民都会主动地到该井进行祭祀，以感谢上天的恩赐。

古井

民族文化

侗族刺绣的图案上具有传承历史文化的作用。几乎每一个刺绣图案纹样都有一个来历或传说，都深含民族的文化，是侗族历史与生活的展示。蝴蝶、龙、飞鸟、鱼、圆点花、浮萍花等图案都是《河歌》传唱的内容，色彩鲜艳，构图明朗，朴实大方。

刺绣制作

春社节为立春后的第五个戊日称为"社日"。"春社"到来，寨中祭师、寨老齐聚鼓楼，举行庄重的"请社神"仪式，之后"赶社"、"吃社"拉开序幕……节前要杀猪宰羊，下河捞虾打油茶。"社日"的饭菜均是前一日做好，至期在墙上画三匹大马，燃点香烛，求保佑侗家消灾免难，人畜平安，五谷丰登。

"赶社"不在寨里，而在野外，用田坝或放牧坪，作为社场。每年方圆数十里侗寨万余名男女老少从四面八方赶赴社场。社场之上人山人海，万头攒动。姑娘佩戴各种银饰，系上绣花围腰和编带，邀请后生共进午餐，对歌结情。"社饭"席间，一些后生用棕皮、布块蒙面，或脸抹锅底灰，打花脸，扮成侗家妇女模样表演捞"社虾"、"社鱼"，诙谐地唱起酒歌向姑娘们吐露心迹。晚饭后，男女青年汇集歌堂，玩耍、对歌，欢乐的气氛延续深夜。

侗族婚姻，男方请媒人到女方家说亲，得到女方父母的应允，才能择日完婚。迎亲的傍晚，由"接亲婆"手提灯笼，背一床铺盖，把新娘接到郎家。新娘进门后，坐在火塘边的新凳上，由一位德高望重的老人念新婚词，向新婚夫妇祝福。新娘动手架锅作炊事仪式，表示她从此为这家主妇。

春社节

服饰

刺绣

娶亲聘礼

娶亲路上

保护价值

侗族的音乐历史悠久，创造出了光辉灿烂的音乐文化；侗族音乐中最有代表性、音乐水平最高、创造了辉煌篇章的是侗族大歌；侗族称大歌为"嘎老"，它是一种多声部、无伴奏、无指挥的复调音乐，内容丰富，有叙事为主的叙事大歌，有抒发爱恋的抒情大歌，大歌是侗族人民用歌声记录的历史；

当地人民好歌善舞，不管男女老少，每人都能唱出几首让人陶醉的歌曲，是地坪乡侗族歌师最为集中的地方，全村歌师达50多人。因为当地群众善歌好舞，热情淳朴，与邻居相处融洽，常有青年男女到广西对歌跳舞。

侗寨建于半山腰上，鼓楼高耸、梯田层层，古树成荫，顺山而下，随四季变化，形成主体五彩景观。一栋栋传统的吊脚楼拔地而起，这些因素构成了一幅侗家人与自然和谐相处的美景。

侗族虽大部分沿河而居，但像岑扣这样的半山依林而居的村寨也是时而有之，特别是与苗族村寨交错分布而能相容的格局，岑扣村就是一个很好的案例。

张　懿　赵晦鸣　李函静　编

黔东南苗族侗族自治州从江县高增乡岜扒村

岜扒村一角

岜扒村区位示意图

总体概况

岜扒村位于高增南面，距乡政府驻地9公里，由岩寨和平寨两个自然寨组成，村域面积14.84平方公里，全村共6个村民小组，1279人，是侗族聚居地。岜扒村青山环绕，绿树成荫，岩寨和平寨各有一片保寨林。2013年被列入第二批中国传统村落名录。

村落特色

岜扒村青山环绕，绿树成荫，岩寨和平寨各有一片保寨林。在距村外百米的山头上兀突起高达数十丈的一巨大石灰石，呈灰白色，成为岜扒村重要标志和最佳景观之一。岜扒村依山而建，四周都是茂密的树林，植被青翠原始，水田围绕村落，形成环形。

传统建筑

岜扒村侗族的干阑木楼一般是3层，底层接触地面，较为潮湿，易受虫蛇侵扰，是不住人的，多用来安放舂谷子的石碓，堆放农具柴草，圈养家畜等。第二层是住人的区域，有宽廊、楼梯间、卧室、火塘以及其他的辅助空间，这是人们生活的主要空间，是一个家庭使用最多的区域，也是人们日常起居，待人接物的场所。干阑楼房的第三层基本上是一个仓库，一般是用来存放粮食，以及一些不经常使用的生活用具和杂物等。有的人家也把这一层的一部分装成卧室，以备待客使用。

村中古树

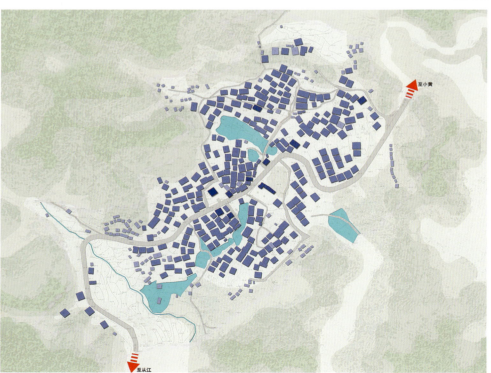
岜扒村总平面图

人文史迹

传说明朝洪武年间,侗王吴勉正从今洛香新安一带赶着众多石山往南走,到了贯洞遇一孕妇从八洛方向走来,吴勉即向孕妇询问:"见我前面的牛走到哪了?"孕妇答道:"我不见牛,只见石山在走。"一直被吴勉当牛赶着的石山顿时停了下来,气急败坏的吴勉便用赶山鞭向孕妇身边的一石山抽去,这一鞭非同小可,将石山抽断为三截,一截飞往西山,一截飞往岜扒,还留一截在贯洞。孕妇被吓坏了,漂亮的发髻也被掀到一边,故今贯洞一带妇女的发髻都是偏在一边的。飞到岜扒山头的是中间一截,故顶端较平。因巨石呈白色,侗语称巨石为"岜扒",即白岩石的意思,岜扒寨因此而得名。

民族文化

侗族大歌无论是音律结构、演唱技艺、演唱方式和演唱场合均与一般民间歌曲不同,它是一领众和,分高低音多声部谐唱的合唱种类,属于民间支声复调音乐歌曲,这在中外民间音乐中都极为罕见,侗族大歌不仅仅是一种音乐艺术形式,对于侗族人民文化及其精神的传承和凝聚都起着非常重大的作用,是侗族文化的直接体现。

鼓楼是侗寨老年人教歌、青年人唱歌,幼年人学歌,民间老艺人传歌编侗戏的集中场所。侗乡被称为"歌的海洋",是名副其实的。侗族大歌不仅曲调优美动听,而且在曲式上紧密完整。演唱形式活泼多样,特别是合唱中自由和谐地出现多音部,在我国各民族的民歌中是罕见的。

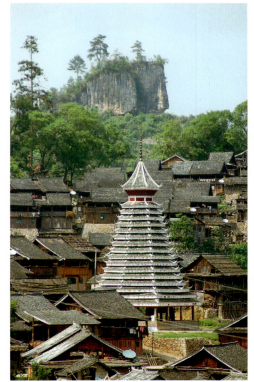
岜扒村鼓楼

村中一角

岜扒村古井

岜扒村招龙仪式

保护价值

岜扒村民间文化内容丰富多彩,当地侗族仍保留着完好的民族服饰和生活习俗,民族风情浓郁。除有侗族大歌、情歌对唱、激情芦笙舞,还有神奇独特的招龙仪式等等。村落特色明显,村落格局保存较好,保护价值高。

石庆坤 编

岜扒村寨门

侗族大歌

黔东南苗族侗族自治州剑河县南哨乡巫沙村

巫沙村全貌

巫沙村区位示意图

总体概况

南哨乡巫沙村位于贵州省剑河县城南部，距县城45公里，总面积181平方公里，辖17个行政村、44个自然寨，全村226户，总人口1192人。基本全部为苗族同胞，毗邻黎平县德化乡尚重镇，榕江县朗洞镇。2013年列入中国第二批传统村落名录。

村落特色

巫沙村是典型的苗族古村落，其民居古老多样，集中连片，多建于清末民初，全为榫卯结合的木构建筑，依山傍水，鳞次栉比，得天独厚，并保存良好。由于用地有限，为创造更多使用空间，建筑巧妙地与地形结合，手法独具匠心。

传统建筑

巫沙村传统建筑吊脚楼均为木质结构，巫沙村巫沙寨及九哨寨共有民居210余栋，房屋楼层为2～3层，多为建在两级屋基上、亦有前面一排柱子悬空吊脚。木房传统体现了苗族独特的居住风格和建筑工艺，具有很高的使用价值和观赏价值。一般住在第二、三层，第一层用作堆放杂物、圈养家畜等，因为是木质结构，通风性较好，冬暖夏凉，干爽舒适。吊脚高悬地面既通风干燥，又能防毒蛇、野兽。

民居除了屋顶盖瓦以外，上上下下全部用杉木建造。屋柱用大杉木凿眼，柱与柱之间用大小不一的杉木斜穿直套连在一起，尽管不用一个铁钉也十分坚固。有的除正房外，还搭建了一两个"偏厦"作为厨房。

建筑内部采取人口轴线方向为导向的平面布置形式，强调从活动区到安静区、外向到封闭纵轴线方向的空间序列，光线由明亮到暗淡。即由休息和手工劳作功能的宽廊—生活起居的火塘间—寝卧空间的布局形式，其空间序列关系是前—中—后的纵深格局，充分体现苗族同胞自身居住习俗的物质与精神两个方面的生活需求。利用不同层次变化，充分发挥竖向组合的特点；在节约用地的同时，外部空间高低错落，使村寨风貌和建筑景观让人应接不暇。

民族文化

巫沙苗族服饰已有近千年历史，其刺绣技艺流传于剑河县革东、柳川、南哨、太拥等十余个乡镇的苗族地区，2009年国务院公布为第二批非物质文化遗产名录。

巫沙苗族服饰：巫沙服饰是剑河县境苗族服装中较为朴素的一种。其特点是妇女衣裙、围腰、头巾、腰带不刺绣。头巾从脑后翻越头顶搭于前额上，银饰较少。

飞歌：巫沙飞歌的唱腔流传于南哨、观么、南寨、柳川几个乡镇。发音形式独特，以颤音为主，音调高吭，穿透力强，传声距离较远。每有外村的人来邀歌，未见人前，先闻远处飘来的歌声。

踩芦笙：巫沙苗族古歌已有千年历史，主要是唱苗族从东方到当地的迁徙过程，其中还有相当一部分是唱当地定居后的安居乐业场景，是世代传唱的民间文学与民间音乐形式。

传统民居建筑

传统民居建筑

巫沙村平面图

传统木仓

土布制作

斗牛：斗牛每年都要举办，每隔几年要邀请周边村寨的牛来参加比赛。

土布制作技艺：土布制作技艺，自古以来，身上的衣服是自己种棉，自己织、染、绣的，一套成品衣饰要十几道工艺才能完成。

节日：招龙节，苗族招龙节有祈福、防火、保寨等意义，是苗寨的重大节日活动。稻草节，是庆祝收成归仓的节日。在古代，有田地的人家在秋收结束后，要摆宴席欢送帮忙种与收的帮工和乡亲，并结算帮工所得的报酬。在苗家的心中，帮工不是低人一等的，是以节日的方式送他们回家打理家务。二月二，是祭桥节，流传于全县各处苗族地区。桥是苗家的神物，有保佑平安、送子的神力。每年二月二，家家户户都要祭桥。

人文史迹

巫沙苗族吊脚楼群：巫沙苗寨已有近300年的历史，历史悠久，文化遗存深厚，吊脚楼分布于北向南的一条相对平缓的山岭上，依山而建，集中起房，为苗族民居的典型建筑。

亭子：巫沙寨码头附近建有木质凉亭，建筑在路旁供行人休息。造型轻巧，选材独特。

青龙凹记事碑：中国的碑文历史源远流长，在历史长河中举足轻重。随着时间的推移，也衍生出来多种碑文，记事碑就是其中之一。这类碑意在存真，碑文必须质朴真实，稍有夸饰，就不能取信于人。

传统禾仓：巫沙村共有禾仓36座，粮仓群居于东北侧山弯，稍离住房，为的是防火。禾仓布局合理，大部分分布于房屋有一定距离，以便于防火、防鼠、防蚁虫、防潮等。禾仓大小一般在10～18平方米，每座禾仓皆为独立，一楼架空，二楼用木质性较好的杉树来进行围装，大部分上盖杉树皮，保持着传统的风貌。

古树群：依山而建的巫沙苗族山寨，西、南、东南三面都是高大的护寨林。其中寨子最北侧有成片楠木群极具历史价值。九哨同样由古树环保。

芦笙场：芦笙坪在寨内的最高处，遇有节日活动，东、南、北三个方向的外村客人从远处一望便知。

每年农历二月的第一个猪场天，苗族青年男女自动聚集于当地规定的歌场上踩鼓。这种鼓是用实心楠木挖空、两端绷以牛皮作成的。届时，由一个有威望的老人，将放在他家的楠木鼓和鼓架一齐搬进鼓场，并用力敲鼓，人们都闻声前来翩翩起舞，年轻人趁机择偶；老年人也穿着新衣，围着楠木鼓唱古歌。

古道：巫沙寨沿南哨河岸边，围绕大半个寨子。

芦笙场

村景

窗

传统服饰

古道

保护价值

历史价值：巫沙传统村落作为黔东南州最具代表性的苗族文化村寨之一，距今已有300多年的历史，仍保存了相对完整的、真实的历史遗存和文化遗产，同时附带了大量的历史文化信息，体现了很高的文化水准，见证了明清时期该地区的生活方式和文化特色，比较全面地反映出苗族的历史文化和发展轨迹。

科学价值：巫沙传统村落丰富的文物古迹，独特的苗族干阑式民居，是研究和传承苗族文化及苗族干阑式建筑的重要平台，由于用地有限，为创造更多使用空间，建筑巧妙地与地形结合，手法独具匠心，值得现代建筑借鉴学习。

艺术价值：巫沙传统村落依山傍水而建，巫沙溪穿寨而过，纤秀的干阑民居依山就势、高低错落，使村寨风貌和建筑景观让人应接不暇，极具观赏性。

余 军 刘 翼 编

古树群

黔东南苗族侗族自治州黎平县永从乡豆洞村

豆洞村幸福坪寨全貌

豆洞村区位示意图

总体概况

豆洞村位于永从乡政府驻地西南面1.5公里，东与永从村、上寨村相连，南与管团村毗邻，西与九龙村接壤，北与中罗村交界，辖幸福坪、豆洞、八高、什化、高洋等5个自然寨，8个村民小组，263户，1342人，有侗、汉、苗等民族，其中侗族1310人，占人口总数的97%。豆洞村气候四季交替分明，气温湿润，村内以山地地形为主，村域面积11.9平方公里，植被覆盖率达80%以上，河流分别来自什化寨大唐山和高洋寨高洋山于幸福坪寨汇集，河流常年水流充沛，是豆洞村的主要灌溉水源和饮水水源。豆洞村各自然寨依山傍水而建，村落呈带状式分布，每寨有小河穿流而过，寨旁古树参天，绿树成荫，宛如"小桥流水人家"的美景，寨内以鼓楼为中心向外连续辐射，构成网状格局，鼓楼建筑均为全木结构，全寨建筑98%全为木结构，现代民居建筑与传统民居建筑交相辉映，其中，最具特色的吊脚楼蕴含着浓厚的侗族建筑文化元素，形成具有浓郁侗族特色及人与自然和谐共存的民族村寨。2012年被列入第一批中国传统村落名录。

豆洞村村容寨貌

村落特色

豆洞村内分为两条小河，分别由什化寨、高洋寨流出，在幸福坪寨汇合，河流贯通村寨及寨外梯田，常年水源充足，这里是长江水系分支源头之一。豆洞河孕育着沿岸的侗家人民，侗家人的祖先迁徙到这里，开始生息繁衍，现已发展到279户。

豆洞村古井一共有5口，分布于全村5

豆洞村局部风貌

豆洞村自然环境

个自然寨，每寨1口，这5口水井担负着地扪村5个自然寨的生活用水，水井里的水冬暖夏凉，十分可口，至今仍在使用。

豆洞村百姓在明代就开始大面积的开垦荒地，至今豆洞已有农田1097亩。勤劳智慧的百姓，根据山间小坝，沿河开垦农田，因有河水灌溉，沿岸农田每年均能实现大丰收，形成今天的田坝，实现了生产生活与自然的协调发展。

传统建筑

豆洞村的历史传统建筑群数量较多，规模较大，保存较完整，特色价值独特的历史遗产。主要有鼓楼、花桥、书香的祠堂、传统民居、古树群、古井等，主要分布在幸福坪寨、豆洞寨、什化寨3个自然寨中。其中鼓楼共有3座，花桥2座，传统名居270座。

豆洞村的历史传统建筑按其功能可分为公共建筑和宅居两大类。公共建筑有祭祀性建筑、议事及娱乐性建筑等，如书香第祠堂、鼓楼、花桥等。这些公共建筑年久失修，损毁严重。传统民居有大户建筑和一般民宅建筑。这些建筑最早建于清代，少量建于民国时期，多数建于20世纪80，90年代，所有建筑均具有侗族传统建筑特色，民居大多相对保存完整，基本体现了侗民族的历史风貌。

在豆洞村所有建筑中，最有代表性的是鼓楼、花桥、书香第等。豆洞村目前尚存鼓楼3座，幸福坪鼓楼、豆洞寨鼓楼、什化寨鼓楼始建于明代，因年久失修，损毁严重；豆洞村座座鼓楼高耸于村寨之中，巍然挺立，气势雄伟。鼓楼通体全是木质结构，不用一钉一铆，由于结构严密坚固，可达数百年不朽不斜。这充分表现了侗族人民中能工巧匠建筑技艺的高超。

豆洞传统民居具侗族传统民居建设特点，堂屋两侧为卧室、厨房、猪、牛圈等皆设于屋侧房后。侗族的民居，大部分均为木质结构。

豆洞村建筑群

豆洞村鼓楼

民族文化

村落定居于此，多是男女老少聚集于鼓楼唱侗族大歌，久而久之鼓楼对歌成为豆洞每年必须组织开展一次全民性的活动，形成了老年教歌，青年唱歌，少年学歌的侗族浓郁氛围，村落越大人数越多，鼓楼对歌越是激烈，鼓楼对歌一直对到对方没有歌曲对出是方为胜出，每到逢年过节或重大节日时期举办侗族大歌比赛活动，从而促进侗族大歌更好地传承。

侗族刺绣是观赏与实用并举的工艺形式，绣品不仅图案精美，具有极高的装饰价值，其反复绣缀的工艺还能增加衣物的耐用度。侗族刺绣是农耕文化的产物。

侗绣是刺绣的一种，是侗族人民一针一线在侗布上绣出来的，其风格自然、朴素、大方。刺绣作品都要经过纯手工制作，历经作模、打面浆、粘布、拟模、贴面、镶边和绣花等数十道工序，制作一件完整的精品往往要花一年的时间。

农历四月初八，侗族族称为"乌米节"，又称"牛王节"。四月初八一过，打田栽秧就开始，这一天吃了乌米饭，打田栽秧这段时间，身强体健、百病不生，因此家家户户都要吃香喷喷的乌米饭。

三月三可以说是永从一代侗族人民的情人节，是青年男女一年中最活跃的日子，在这几天里，山上山下到处是三五成群的青年男女，他们一道上山采摘黄草。做成粑粑后又一道分享甜蜜的果实，最后由黄草粑奠定甜蜜的爱情。

豆洞村花桥

豆洞村古井

豆洞侗寨"吃新节"，主要是进入农历六、七月，为了预祝丰收，人们开田提鱼，品尝新谷，初尝丰收的喜悦。

豆洞村刺绣

豆洞村舞龙

豆洞村侗歌

保护价值

豆洞村各自然寨依山傍水而建，村落呈带状式分布，每寨有小河穿流而过，寨旁古树参天，绿树成荫，宛如"小桥流水人家"的美景，寨内以鼓楼为中心向外连续辐射，构成网状格局，鼓楼建筑均为全木结构，全寨建筑98%全为木结构，现代民居建筑与传统民居建筑交相辉映，其中，最具特色的吊脚楼蕴含着浓厚的侗族建筑文化元素，形成具有浓郁侗族特色及人与自然和谐共存的民族村寨，豆洞村为黎平侗族传统文化保护完整的典范之一，主要文物古迹有：传统古民居270栋、鼓楼4座，既苦栗坪和豆洞寨、八高寨、什化寨鼓楼，花桥2座；书香第古建筑1座；古井3座；凉亭1座。

王 攀 李函静 黄鸿钰 编

黔东南苗族侗族自治州剑河县观么乡巫包村

巫包村全貌

巫包村区位示意图

总体概况

拥有274户，1254人的古老苗寨，主要为苗族。巫包村位于观么乡西南方向东抵南包村，西、西南接柳川，北连观么村，坐落在巫包溪两岸。距老县城柳川12公里，距新县城革东38公里。2013年列入中国第二批传统村落名录。

村落特色

巫包苗寨已有近500年的历史，文化遗存深厚，吊脚楼分布于秀丽的巫包溪岸，古老多样，集中连片，为苗族民居的典型建筑。

苗族民族民间文化保存完整，有"中国苗族红绣第一村"及"仰阿莎文化的发祥地"的美誉，是黔东南首批公布的民族民间文化村寨之一，也是我县社会主义新农村试点村之一。仰阿莎叙事歌，已被列入国家级文化遗产名录，2003年被省列为苗族文化生态旅游村寨。

传统建筑

民居：一种纯木结构建筑，采用穿斗式结构，不用一钉一铆，无论梁、柱、枋、板、椽、檩、榫，都是木材加工。屋面则盖小青瓦或杉皮。吊脚楼的造型为长方形和三角形的组合。可分为内外两部分，内部柱、枋、梁、檩互为垂直相交，构成一个在三维空间上的相互垂直网络体系，奠定长方形结构的基础。

吊脚楼结构功能一般按三段式划分，即底层为牲畜杂物层，二层为生活起居层，三层为粮食储藏层，其中以二层为主要层。

粮仓：巫包村共有禾仓45座，建筑面积658平方米，巫包中大部分为20世纪60、70年代建，2座为清代建，12座为民国时期建。禾仓布局合理，大部分分布于房屋有一定距离，以便于防火、防鼠、防蚁虫、防潮等。禾仓大小一般在10~18平方米，每座禾仓皆为独立，一楼架空，二楼用木质性较好的杉树来进行围装，大部分上盖杉树皮，保持着传统的风貌。

传统民居建筑

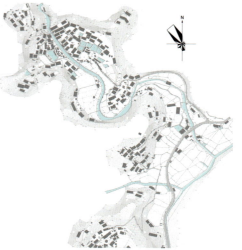
巫包村平面图

民族文化

巫包红绣：巫包红绣制作的服饰分春、冬、盛装三种。幼女、少女、中老年妇女服饰主要以春冬装为主，盛装为姑娘出嫁和吉庆活动（跳芦笙舞）时中青年妇女穿戴的衣袖。

苗族歌舞：巫包村是歌舞之村，这里的男女老少都能歌善舞，他们歌唱内容丰富，形式多样，有古歌、情歌、酒歌、叙事歌、建房歌等，歌唱形式有男女对唱、合唱等。

春节：农历的正月初一至十五过，杀年猪、打年粑，大年三十，全村凡有公鸡的集中于芦笙坪进行斗鸡。

二月二：即"祭桥节"，农历二月初二，家家户户蒸糯米饭，煮红蛋，拿鸭子至桥上宰杀，焚香祭桥。

吃新节：农历五月的第一个卯日是巫包苗家人的吃新日。

石板路

七星塘

竹林小道

到水井里,守候着阿月哥的到来。第二天拂晓,阿月哥挑着水桶到井边时,突然听到井里传来歌声,意为仙鹅仰阿莎爱上了阿月哥,妹愿和哥做一家。阿月哥听到歌声后回唱:仰阿莎妹若在意,哥愿与阿妹结终生。仙鹅幺妹仰阿莎便穿着红绣的盛装浮出井面,与阿月哥喜结连理。

仰阿莎神树:依山而建的苗族山寨,大凡浓荫蔽日的地方必然是护寨的枫树林。苗族的神话说:"沃土养树脚,雨水养树梢,润育枫树神"。

土地庙:土地神源于远古人们对土地权属的崇拜。土地能生五谷,是人类的"衣食父母",因而人们祭祀土地。土地庙作为人们集中祭祀土地神的地方,自然随之兴盛起来。

传统禾仓:巫包村共有禾仓45座,建筑面积658平方米,巫包中大部分为20世纪60、70年代建,2座为清代建,12座为民国时期建。

传统粮仓

踩鼓场

过卯节:过卯节是从"吃新"节开始,吃新为第一卯,每隔十三天过一次,直到秋收割完稻谷结束。

重阳节:农历九月初九,家家户户杀鸡宰鸭,打糯米粑,有时还组织斗牛和芦笙会,爱酒的人家,蒸糯米做重阳酒,直到第二年才开坛饮用。

苗年节:农历的十月,即当年的最后一个卯日。苗年节是苗家人最大的一个传统节日之一。

祭祖节:又称"牯脏节",是民间的一个传统节日,每十三年一次,即民间组织牯脏头换届前所举行的一次祭祀先祖的重大节日。

民俗:巫包的民俗的较多,较为突出的有"牯脏头换届仪式"、"拦路酒"、"招龙"、"洗寨"等。

人文史迹

巫包苗族吊脚楼群:巫包吊脚楼分布于秀丽的巫包溪岸,古老多样,集中连片。

踩鼓场(芦笙坪):位于村子中间在每年农历二月的第一个猪场天,苗族青年男女自动聚集于歌场上踩鼓,人们在此闻声翩翩起舞,年轻人趁机择偶。

七星塘:由七个池塘组合而成的,塘水如明镜,绿树成荫,其景令人着迷。七星塘,让巫包村涝能排水,旱能灌溉,年年有收。传说中的七仙女曾经在七星塘洗浴。

仰阿莎井:相传"仰欧色(仰阿莎)"原来是一只仙鹅,一天早晨一群仙鹅从天而降来到巫包湖湾"仰欧神泉(寨中一水井)"洗澡。其中最为漂亮的仙鹅幺妹看中了寨中勤劳勇敢的阿月(月亮)哥,在仙鹅们都纷纷飞上天的时候,仙鹅幺妹却躲

风雨桥

土地庙

保护价值

巫包享有"苗族红绣第一村"的美誉。红绣同锡绣一样,在剑河苗族11种服饰中,红绣独具特色,被誉为苗族服饰文化艺术奇葩。

巫包传统村落作为黔东南州最具代表性的苗族文化村寨之一,距今已有500多年的历史,仍保存了相对完整的、真实的历史遗存和文化遗产,同时附带了大量的历史文化信息,体现了很高的文化水准,见证了明清时期该地区的生活方式和文化特色,比较全面地反映出苗族的历史文化和发展轨迹。

村寨中苗族传统建筑在山坡上高低错落与茂密的山林、潺潺的溪流相互穿插融合,使村寨风貌和建筑景观让人应接不暇,极具观赏性。

黄 琨 刘宁波 编

巫包村全景

黔东南苗族侗族自治州雷山县郎德镇报德村

报德村全貌

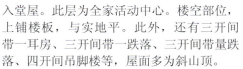
报德村区位示意图

总体概况

报德村位于雷山县城西北面，处于全镇的中心位置，交通便利，距雷山县城21公里，距镇政府所在地5公里。境内最高海拔1100米，最低海拔750米。全村沿山而居，依山傍水，古树参天，村境内有河绕寨而过。气候温和，雨量充沛，年均气温在15摄氏度左右，森林覆盖率高。村域面积为8.2平方公里，全村总户数为260户，1258人，分有3个自然寨、共有15个村民小组，居住人口以苗族为主。2013年被列入第二批中国传统村落名录。

河流

现状总平面

村落特色

报德村由3个自然寨组成，房屋依山而建，传统样式的吊脚木楼民居有189栋，粮仓35座。在丛丛翠竹点缀和高大古枫、杉木、香樟的映衬下，显得环境清幽，古朴典雅。这里地形为山地，居住在这个山区的苗族只有选择在斜坡上造房、建寨，留出宝贵的平地和河谷两岸做耕地，最大限度地有效保护和利用土地，保持人与自然和谐发展。这里山势雄伟、瀑布多级、山花遍野、森林苍翠。从高处看去，峰回路转，形似蛟龙，景色十分迷人。

周围环境

传统建筑

报德村的历史传统建筑群数量较多，保存完整，有着独特的文化价值。主要有：吊脚楼、粮仓、芦笙舞陈列室等，报德村整个村庄都是传统民居，传统建筑部分建于清代或民国时期，部分建于现代，所有建筑都具有苗族吊脚楼的特色，这些建筑形成了报德村的独有的历史风貌。

传统建筑：几乎清一色的穿斗式木结构。楼的外部造型、内部装修、民俗陈设，极具地方特色，蕴藏着丰富多彩的文化内涵。吊脚楼的外部造型，大多为四榀三间，上下三层。底层进深很浅，只能圈养牲口。二层半虚半实，即所谓的半边楼。二层一般三面带廊，人从山面经廊进入堂屋。此层为全家活动中心。楼空部位，上铺楼板，与实地平。此外，还有三开间带一耳房、三开间带一跌落、三开间带叠跌落、四开间吊脚楼等，屋面多为斜山顶。

报德粮仓：共有28座，分散在3个自然寨中，大多建于清代和民国时期；粮仓布局完整，设施齐全，具有防潮，防鼠等功能。主体保存完好，于周边环境统一和谐。

传统民居

内部装修1

内部装修2

黔东南苗族侗族自治州

粮仓

苗族刺绣1

报德村吊脚楼：不同于其他吊脚楼，在装修方面，更具特色，大门装有牛角，意为可保一家平安。几乎所有吊脚楼的封檐板，着意刻成拱桥形。将"桥"刻于封檐板上，以此记载古代居住习惯，同时认为可消灾纳福。

装修也别具一格。门槛高，苗俗认为财富多，有利于财不外溢。窗户外侧即为走廊，窗不用支摘式，而用上下推拉式。

在平时生产生活中常见的花草树木，鸟鱼虫兽绣在了衣服上。苗族刺绣具有传承历史文化的作用，主要表现在刺绣的图案上。几乎每一个刺绣图案纹样都有一个来历或传说，都深含民族的文化，都是民族情感的表达，是苗族历史与生活的展示。蝴蝶、龙、飞鸟、鱼、圆点花、浮萍花等图案都是《苗族古歌》传唱的内容，色彩鲜艳，构图明朗，朴实大方。

鼓藏节

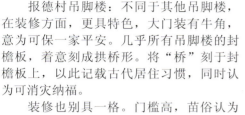
吊脚楼

吃新节

苗族服饰1

苗族服饰2

民族文化

鼓藏节：是苗家最隆重、最独特的节日。说独特隆重是因为它是苗族祭祀本宗、支祖宗神灵的最大圣典，说它独特是因为十三年才过一次，过节的地方比较少，过节有程序、仪式和专门的鼓藏语。苗族鼓藏节具有鲜明的民族传统文化内涵，是苗族人生价值观的展现。鼓藏节期间，苗族同胞和远方来的客人一起围成圈跳铜鼓舞，很是热闹。苗族的传统舞蹈颇具特色，有盛装苗舞、芦笙舞、铜鼓舞、板凳舞等。

吃新节：也叫"新禾节"。"吃新"是居住在清水江和都柳江中上游的苗族节日之一。当日，来自周边村寨的近万名苗族同胞身着节日盛装，以跳芦笙舞、唱苗歌、斗牛等文娱活动共庆佳节。吃新节是贵州省黔东南苗族侗族自治州苗族人民的传统节日，在每年的农历十月举行。一到节日，苗族人民就举行各种聚会，赶热闹场、跳芦笙、辄夜欢歌，热烈庆祝。吃新节游方，主要是青年男女互对情歌，谈情说爱，寻找对象。游方，是西江吃新节中最活跃的活动，特别是晚上，人数众多，通宵达旦，情歌、飞歌交相呼应，此起彼伏。

苗族刺绣：苗族刺绣文化源远流长，因为苗族人民没有自己的文字，他们便把

定亲

满月

苗族服饰：分为有盛装、便装等。从苗族祖先流传下来的服饰上来看，苗族比较重视女孩，所以女孩的盛装比较华丽，谁家女孩身上的衣服越好看银饰越多就表示谁家越富有，而这一身的盛装将是女孩出嫁的嫁妆。

人文史迹

报德村在明代时期建寨，距今已有600多年的历史。新中国成立前后均属报德乡所辖。原为报德公社报德大队，1984年8月社改乡后称报德乡报德村民委员会，1992年3月撤区并乡建镇后仍为报德乡所辖。1998年8月前，报德乡人民政府驻控拜，8月后，经《贵州省人民政府关于撤销雷山县报德乡设置郎德镇的批复》〔黔府函（1998）216号〕文件，将镇政府驻地搬到郎德下寨。该村辖控拜、平寨、干吾3个自然寨，15个村民小组，村委会驻近控拜。

保护价值

报德村的自然环境良好、民族风情浓郁，历史传统建筑群保存完整，尤其是沿山体等高线排列的报德村28座粮仓，布局完整，设施齐全，与周边环境互融性较好；此外民居吊脚楼、博物馆、寨门、古井、芦笙场、古树群等要素也构成了独特的村寨风貌。

唐 艳 余 飞 李函静 编

黔东南苗族侗族自治州剑河县敏洞乡沟洞村

沟洞村全貌

沟洞村区位示意图

总体概况

沟洞村距离剑河县城84公里，距敏洞乡政府驻地6公里，东邻磻溪乡高下柳村，西邻敏洞乡敏洞村、小高圹村，南邻磻溪谢寨村，北邻敏洞乡孟恩村。本地区的民居具有鲜明的地方特点和浓郁的民族特色。全村辖4个村民小组，260余户，1043人。村域面积为12.79平方公里，森林覆盖率75%，是一个侗族居住的村寨。2013年列入第二批中国传统村落名录。

村落特色

沟洞村地处苗岭南麓，溪流遍地，沟壑纵横，流水淙淙。当地侗胞，依山傍水，修建房屋。由于深受山区地形和潮湿气候的影响，几乎都建干阑式吊脚楼。他们还保留了越人"坐皆蹲居"的古俗，饮食用矮脚几案。坐的是原始木凳，很难找到高脚桌椅。做饭时柴火要由西方放进。

整体风貌上，自然山体风貌保护较好，山体背景绿意葱葱。新建建筑与陈年建筑形式统一，但部分新建建筑选址尤为不当，严重影响村落整体视线、天际线等。小景观风貌由于人为的乱丢垃圾而造成环境破坏。户外电网布局较为杂乱，不同程度地影响了村落的整体观感。

传统建筑

民居结构：沟洞村的侗族民居多建在山腰，至今仍保留着古代越人的"干阑"式木楼。这些房屋都具有独特的建筑技巧。

每座楼房，除屋面盖瓦之外，上上下下全部用杉木建造。屋柱用大杉木凿眼，柱与柱之间用大小不一的方形木条开榫衔接。整座房子，由高矮不一的柱子纵横成行，以大小不等的木枋斜穿直套。

木楼四周设有"吊脚楼"，木楼的檐角上翻，如大鹏展翅。楼房四壁及各层楼板，均以木板开槽密镶。

木楼两端，一般都搭有偏厦使之呈四面流水。房屋多为三间两层，带偏厦，木柱架为穿枋结构，通过杉木板来分隔房间布局，每间在正面房开设有三至四个窗户。

楼房外围，均有走廊栏杆，宽敞明亮，空气流通，供家庭成员休息，也是侗家姑娘纺纱织布的好地方。

粮仓：粮仓不大，都是4脚立柱，悬山顶、小青瓦盖顶或杉木皮盖顶。中柱是2根短柱托起屋顶。

粮仓有二层，第一层是空的，仅用于放少量的杂物。第二层用横板密封，架上便梯，用于存储谷物。粮仓都是集中修建稍离住房，为的是防火。

民国时期建筑

20世纪80年代建筑

民族文化

祭祖先：祭祖先是为了"追养继孝、民德厚望"。追养是对亲恩的追思和缅怀，继孝是为了发扬孝道。

敬土地神：土地神分为桥头土地、寨头土地和山坳土地等几种。人们以为土地神执掌人畜兴旺、地方安宁，并震慑猛兽，所谓"土地不开口，老虎不咬猪"讲的就是土地神的威力。

沟洞村民居主体建筑

沟洞村平面图

传统民居衣柜

青石板古井

青石板路

敬古树：古树是长寿、吉祥、根基稳、充满活力的象征。侗家人对古树极其崇拜，认为古树能坐守一方，能辟邪消灾。

侗族民歌：侗族由于没有本民族文字，在历史长河中，侗家人"记史"多依靠于"歌"。民族文化传承、生活习俗描述、社交礼仪、文治教化等都是通过口耳相传的吟唱。

服饰：侗家女子特别喜爱蓝色，因为蓝色是沉稳的象征，同时表现出一种美丽、文静、理智、安详与洁净。所以侗家姑娘捆扎头发用的头巾也都喜欢使用蓝色手巾来捆扎。

翁谱节：又叫"翁萨节"，在每年小暑过后的第一个卯日，翁谱节是沟洞一年一度最隆重的节日。节日的目的和意义是以纪念祖先落居沟洞建造家园、开田修路、劳作不易、吃穿简朴、艰苦朴素为主的祭祀活动。

翁谱节也是沟洞村青年男女的情人节，每到节日青年人就提前邀请外地的年轻人到本村对山歌、打篮球和举办文艺晚会。

人文史迹

沟洞村红军战斗遗址（包括红军亭、红军烈士墓）：沟洞村是当年红军长征途中与桂军、湘军激战过的重要遗址。战斗牵制了敌军，确保了红六军团主力的安全大转移，粉碎了湘桂两军妄图通过南北夹击歼灭红六军团于大广坳一带的阴谋。

沟洞古木桥，桥面高入两头路面，古木桥做为道路连接功能，两端会设有木质廊架相连，走过桥面、廊架，再下整齐的青石板步梯到路面，古木桥旁边有古树，可做观赏、乘凉的作用，极有画意；它记录了一个历史时期的兴旺没落，见证了人世间的风雨沧桑，是苗侗特色石文化的再现载体，是人类桥梁建筑艺术的精巧图文，有观赏、记史、研究价值。

青石板古井：它记录了人类社会的曾经生存方式，展示了人类尊崇自然的情理规则，教育后代珍惜发展成果的不易，有观赏和警示价值。

传统建筑：沟洞村传统民居建筑，大多数为悬山顶，小青瓦盖顶，多为三间两层，带偏厦，木柱架为穿枋结构，端庄典雅，极富特色及研究价值。

红军亭

过河节送贡品

沟洞古木桥

沟洞村寨内小溪

保护价值

沟洞村作为一个侗族传统村落，保存了相对完整的、真实的历史遗存，同时附带了大量的历史文化信息，完整的体现了当地的侗族传统民风民俗，见证了自清代以来该地区的生活方式和文化特色，有较高的历史价值。

余 军 陈传炳 编

艺术瓦头

沟洞村风貌

黔东南苗族侗族自治州黎平县九潮镇定八村

定八村全貌

定八村区位示意图

总体概况

定八村位于贵州省黔东南苗族侗族自治州黎平县东南部，西临九潮镇，北临大榕村，南临口江镇，东临茅贡乡，距九潮镇政府5公里。据记载早期居民由江西吉安普迁至天柱远口，自明初再迁至现在定八村，至今已有700多年。定八村村域面积13.94平方公里，共有290户，1300人，主要民族为侗族，聚居着杨、吴、王、贾、罗等姓氏家族。定八村于2013年被列入第二批中国传统村落名录。

村落特色

定八村地处半山地势较缓处，为山脊形侗寨，整体风貌保存比较完好，村子背靠青山，左右各有山梁蜿蜒而下，四周古树参天，郁郁葱葱，原始生态保存完好，村落民居沿山梁梯状延伸而下，村中道路构成阶梯状的道路格局。

传统建筑

侗寨的民居住房以鼓楼为中心，逐层扩散开来，形成一个个或大或小的建筑群，民居是完全生活化的空间，以实用为考虑根本，故没有鼓楼或风雨桥那样多的装饰和复杂的结构。侗族的民居建筑从最早的缘木"巢居"到原始的"棚屋"，到家庭公社共居的公房，最后发展到今天普遍可以见到的干阑式木楼，其间经过了漫长的演变过程。

侗族的传统民居建筑就大类型而言，属于典型的山地干阑式木楼建筑。干阑式木楼一般是3层建筑，底层接触地面，较为潮湿，易受虫蛇侵扰，是不住人的，用来安放春禾的石碓、堆放农具、柴草，圈养家畜等等，第二层是住人的区域，有火塘、卧室、楼梯间、宽廊以及其他辅助空间，这里是人们生活的主要空间。第三层一般是用来存放粮食，以及一些不常使用的生活用具，基本上是一个仓库。有的人家也把这一层装为卧室，以备待客时使用，卧室是一家之中私密性较强的空间，来客一般不随便进入，只是主人作寝室之用。

民族文化

萨玛节："萨玛"就是大祖母，是一

民居2

民居3

民居1

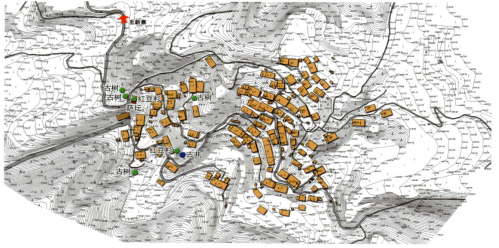
定八村平面图

黔东南苗族侗族自治州

定八村服饰1

定八村服饰2

位英勇善战的侗族女首领，侗族人景仰她的才干和气节，将她奉为能给本民族带来平安和幸福的神灵，尊称她为"萨玛"。为了纪念死去的"萨玛"，人们在村寨中间的坪坝上垒起土堆，即萨坛，作为供奉和祭祀的场所。祭祀萨玛的时间在春耕之前（农历正月或二月）或秋收之后（农历九月或十月）的农闲时间里，选吉日祭奠，参加活动是村寨已婚妇女和少数德高望重的男性寨老。

定八村服饰：定八村的民族服饰继承古装的印痕，使用侗族自纺、自织、自染的侗布制作，其服饰沿袭古装的烙印，使用侗族自纺、自织、自染的侗布来制作，其服饰的图案种类繁多，有鼓楼、龙、凤、斗牛、星星、月亮、花草树木、飞禽走兽等，纯手工刺绣，其做工精细，色彩丰富、造型富于想象，手法夸张。

梯田

古树

保护价值

定八村有山、有水、有田，融山水、田野及民族建筑元素为一体，定八民族服饰图案种类繁多，集聚地方特色，村寨仍保留原始的村落形态，真实地记录了这一地区明、清时期社会发展的历程，是传统村落建造的代表，对研究当地侗族的历史发展进程具有很高的历史价值和文化价值。

王 希 编

刺绣

人文史迹

古井：定八村有1口古井，古井始建于清代，井的两边和井顶用青石板镶嵌相对封闭，防雨水和山溪水流入，边上立有石碑刻字记载，古朴自然，现在仍然使用。定八村的井水水质特别，直接浸泡清洗蒸熟的糯米，口感软糯。

古树：定八村有古树6棵，零散分布在村寨的西边，现状保存较好。侗族人视树为护佑寨子的神灵，有保护、祭奠古树的习俗传统。定八村古树历经数百年甚至千年沧桑，长盛不衰，营造出人与自然和谐相处的美丽佳境，是人与自然和谐相处的见证。

萨坛：定八村内有1个萨坛，位于村寨西边，靠近古树，是坪坝上垒起的土堆，是村寨内祭祀"萨玛"的主要场所。

古井

侗族大歌

萨坛

村落一角

195

黔东南苗族侗族自治州黎平县尚重镇绍洞村

绍洞村全貌

绍洞村区位示意图

总体概况

绍洞村坐落在黎、榕两县交界处，与榕江县朗洞镇岑最、色边、宰牙三村接壤，位于尚重镇西部，距离镇政府驻地10公里，位于黎平县西北部，距离县城45公里。总面积16.63平方公里，海拔510米，辖上绍、中绍、下绍、高规、高岑五个自然寨，有12个村民小组，445户，2417人。有侗、苗两个民族，侗族人口占全村总人口的96%以上，语言属南侗语系。绍洞有着浓厚的民族风情，他们喜歌爱舞，家庭成员之间有着优良的道德风尚，和睦家风世代相传。2012年被列入第一批中国传统村落名录。

古井

古树及周围山体

绍洞河

村落特色

绍洞村地形似一艘船，称之为船形。前有文笔山的尖峰高耸入云，后有龙山一层比一层高，波浪式的像船形推进，似一艘大船在河中航行。都柳江源头的绍洞河穿寨而过，屋后有一片古木参天的风景林。古寨有3座木桥将河两边寨子连成一体，古有红军长征从此经过，今有村寨居民川流不息。以风雨桥、菩萨庙等历史建筑为代表的古建筑群、千级青石板路，石镶古井、石拱桥、石碑和一条长达3500米青石板路构成了绍洞村独有的村寨风貌。

传统建筑

绍洞村的历史传统建筑群数量众多，保存完整。主要有风雨桥、吊脚楼、菩萨庙、凉亭、古石碑、古井等，主要分布在上绍、下绍、中绍、高规、高岑5个自然寨中。其中风雨桥1座，凉亭2座，传统名居517座。

绍洞风雨桥：长36.3米，宽4.2米，一层，建筑面积116平方米，1997年修建。风雨桥又名花桥，为侗族独有的桥。由桥、塔、亭组成。全用木料筑成，桥面铺板，两旁设栏杆、长凳，桥顶盖瓦，形成长廊式走道。塔、亭建在石桥墩上，有多层，檐角飞翘，顶有宝葫芦等装饰，被称为世界十大最不可思议桥梁之一。因行人过往能避风雨，故名。

绍洞花桥：长27米，宽2.5米，建筑面积67.5平方米，于2011年修建，以杉木为主要建筑材料，整座建筑不用一钉一铆，全系木料凿榫衔接，横穿竖插。棚顶都盖有坚硬严实的瓦片，凡外露的木质表面都涂有防腐桐油，所以这一座座庞大的建筑物，横跨溪河，傲立苍穹，久经风雨，仍然坚不可摧。这些古建筑，结构严谨，造型独特，极富民族气质。

绍洞吊脚楼：于2008年被毁后重建，具有非常舒适的居住环境。吊脚楼为正方形或长方形，长约为6米，宽约为9米，建筑面积约130平方米，全木质结构，至今保存完整。吊脚楼位于绍洞寨中，气势雄伟，壮观耐看。吊脚楼以杉木凿榫衔接，顶梁柱拔地凌空，排枋纵横交错，上下吻合，采用杠杆原理，层层支撑而上。吊脚楼通体全是本质结构，由于结构严密坚固，可达数百年不朽不斜，充分表现了侗族人民中能工巧匠建筑技艺的高超。侗族吊脚楼建筑是侗族特有的民族文化象征和标志。

风雨桥

花桥

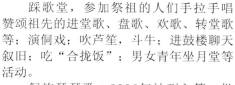

踩歌堂，参加祭祖的人们手拉手唱赞颂祖先的进堂歌、盘歌、欢歌、转堂歌等；演侗戏；吹芦笙；斗牛；进鼓楼聊天叙旧；吃"合拢饭"；男女青年坐月堂等活动。

侗族琵琶歌：2006年被列入第一批国家级非物质文化遗产名录。绍洞侗族琵琶歌属于六洞琵琶歌，是抒情琵琶歌的一种，用四弦小琵琶伴奏，男弹男唱或男弹女唱，在行歌坐夜的场合演唱，原先男女声均用假嗓，现在也有改用本嗓的。

侗族服饰1

吊脚楼1

鼓藏节活动现场1

侗族服饰2

侗族服饰3

吊脚楼2

鼓藏节活动现场2

侗族服饰4

绍洞凉亭：共两个建造年代均为20世纪80年代，都位于下绍寨，为正四边形，边长2.5米，面积约25平方米，凉亭供人乘凉、休息、避雨，水井供人解渴。

千级青石阶：又名"千层阶梯"。为村民上山下山的重要交通要道，至今保存完整。全部用青石筑成，表面粗糙耐用，是村民上山农作的首选之路。

琵琶弹唱1

琵琶弹唱2

刺绣

凉亭

民族文化

绍洞鼓藏节：在绍洞侗寨丰富的民俗活动中，以鼓藏节最具代表性。绍洞侗寨过去分散到各地的684户，每7年全村男女老少都聚集在此，其活动内容主要有：

绍洞侗族服饰：侗族服饰历史悠久，古朴典雅，几千年的历史铸就了绍洞侗族独特的纺织、洗染服饰设计及刺绣工艺文化。以至于它们的服饰显得庄重而典雅，代表着侗族特有的服饰。绍洞服饰一般分为便装和盛装两种，一套盛装由17种工艺品组成，分别是：纯棉纱织布蓝靛光亮衣服镶边、胸兜、长单衣、内装短白衣、马夹、围腰、飘带、肩花、绑腿、绑腿花带、围裙、花勾鞋、花帽、胸花、背扣花带、棉织花带、银饰等。各个环节的工艺是现代化机器无法代替完成的。同一刺绣品用锁绣、戳绣、平绣三种兼容才能完成。绍洞侗装如此的庄重，以至于很多人都称之为"皇宫藏务"。

保护价值

绍洞村的风光秀丽、民风古朴；传统建筑群数量众多，保存完整；民居建筑与自然生态环境有机融合，村寨规模适中，风雨桥、吊脚楼、鼓藏节、琵琶歌等诸多元素凸显博大精深的侗族文化。

余 飞 唐 艳 黄鸿钰 编

黔东南苗族侗族自治州台江县台拱镇板凳村

板凳村一角

板凳村区位示意图

总体概况

板凳村地处高山深处，海拔1200余米，四面群山环绕，阴天云雾缭绕犹如仙境一般，且在全村各角落中零星点缀些古树和古井，自古以来祖祖辈辈都在此安居乐业，有山有水，人居环境非常优美。距离台江县城15公里。现有总人口约700余人。2013年被列入第二批中国传统村落名录。

村落特色

板凳村位于报嘎山腰间，山上绿树成荫，寨子周围梯田连片。该村于2006年通车，公路直通道张秀眉墓地旁。张秀眉是清咸丰同治年间苗族英雄，墓地距离村子约300米。该村虽分上下寨，两寨相隔仅百余米。

传统建筑

板凳村传统民居以平脚木房为主，偶有因地势而建的吊脚楼。房屋均为榫卯穿斗结构，上盖小青瓦。平房结构一般为五柱四瓜，四联三间，即一明间（堂屋）和两次间，明间面宽一丈二尺许，大都将壁向里移进二尺，形成吞口式平房。左右次间各宽一丈二尺，进深在一丈九尺至二丈一尺之间。堂屋正中建有神龛，供节日及家里重大事情敬祭用，堂屋左前间供一家人饮食起居用，其余为卧室，两层楼房的楼上大都是放置东西，也有作为卧室的。该村房屋都是坐南朝北，大门对着远处的山峦，家家户户大门口还设有屏风。据说，以前是大门朝南，后改为朝北，因为看得太远，怕家中流财和影响家人安康，家家户户才建有屏风保财保佑家人安康。

成片民居1

人文史迹

张秀眉是清咸丰同治年间苗族英雄，墓地距离村子约300米。清咸丰同治年间苗族起义领袖。初以当雇工为生。咸丰（1851~1861年）初，苗族地区灾荒，无力缴纳军粮款，被迫联合众人于清咸丰五年（1855年）歃血盟誓起义。围攻台拱厅城，打死州吏吴复。攻击各地清宫汛堡。攻占丹江厅城。清咸丰六年，相继占领台拱、黄平、清江、清平等厅州县。与侗族义军合攻古州（今榕江）厅城。经过3年战斗，义军控制贵州东南

成片民居2

自然环境

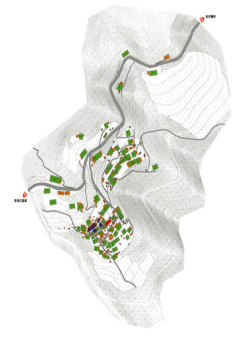

板凳村总平面

部苗族聚居的大部地区。在太平天国革命影响下。贵州各地先后爆发了各民族人民起义。他联合四周起义力量，没收土司、地主、屯军的土地，分给无地农民。有组织地训练士卒，打了很多胜仗。

民族文化

苗族服饰：

台江苗族服饰艺术以其内容丰富、形式多样、造型古朴神秘、色彩配制大胆、风格独特而闻名海内外。

分为盛装和便装。盛装，为节日礼宾和婚嫁时穿着的服装，繁复华丽，集中体现苗族服饰的艺术水平。便装，样式比盛装样式素静、简洁，用料少，费工少，供日常穿着之用。除盛装与便装之分外，苗族服饰还有年龄和地区差别。

男上装一般为左衽上衣和对襟上衣以及左衽长衫3类，以对襟上衣为最普遍。下装一般为裤脚宽盈尺许的大脚长裤。女便装上装一般为右衽上衣和圆领胸前交叉上装两类，下装为各式百褶裙和长裤。

台江苗族服饰刺绣是服饰艺术的重要组成部分，服饰有多种类型，其刺绣针法主要有平绣、辫绣、绉绣、锁绣、贴绣、挑花、织锦等。每当节日或走亲访友，妇女们都身着盛装或苗族便装。平时农闲时妇女们忙着绣花，为姑娘制作苗衣。

保护价值

板凳村，村落四面环山，自然环境保存良好，植物种群繁多，传统文化底蕴十分深厚。民俗文化传承完整，拥有丰富的非物质文化。具有较大的观赏价值和保存价值。

韩 磊 王 浩 编

代表民居

民居建造

民居一角

生活环境

布料制作

黔东南苗族侗族自治州雷山县桃江乡岩寨村

岩寨村全貌

岩寨村区位示意图

总体概况

岩寨村位于雷山县桃江乡乡政府驻地西面，村辖羊果、阁闹里送三个自然村寨，全村140余户居民585人。岩寨村是由短裙苗组成，以苗族为主少数民族聚集地，有少数的汉族等其他民族。岩寨村地处冷竹山脚下，自然环境优美，空气清新，冬无严寒、夏无酷暑。2013年岩寨村已被收入中国第二批中国传统村落名录中。

村落特色

岩寨村为苗族的超短裙之乡，民风淳朴，寨内古树参天，风光旖旎。岩寨村地处雷山县桃江乡乡政府驻地西面，与乡政府驻地有800米的路程，东面与桃江村相邻，北边与干角村相接，村脚有炉榕公路穿过，交通便利。寨内生态保持良好，民族文化厚重。其一是羊果寨子上方为祖先栽种的锥栗树，现存近20棵，古树一字排开，罩住全寨，因而有护佑苗寨的一只"神兵"。其二是寨子中央存有一口古井，古井右侧屹立着一巨岩形式古人头面，惟妙惟肖、栩栩如生。其三是全寨为苗族吊脚楼群，依山而建，层次感美。其四是民族文化多姿多彩，串门子、喝米酒、唱飞歌、踩铜鼓、跳芦笙是民族文化主要表现形式，特别是每年的农历十月苗年节尤为隆重。

传统建筑

岩寨村的历史传统建筑群数量较多，保存完整，有着独特的文化价值。岩寨村的建筑工艺独具特色。岩寨村的传统建筑，主要有吊脚楼、粮仓等，其中吊脚楼121座，古粮仓群两处，共粮仓29座。

吊脚楼：吊脚楼是苗族传统建筑，是中国南方特有的古老建筑形式，楼上住人，楼下架空，被现代建筑学家认为是最佳的生态建筑形式。由于岩寨村大多居住在山区，山高坡陡，平整、开挖地基极不容易，加上天气阴雨多变，潮湿多雾，不宜起居，因此岩寨村吊脚楼以木质杆栏建筑为主。苗族的吊脚楼通常建造在斜坡上，分两层或三层。最上层很矮，只放粮食不住人。一般以竹编糊泥作墙，以草盖顶。现多以改为瓦顶。吊脚楼是苗乡的建筑一绝，它依山傍水，层叠而上。楼下堆放杂物或作牲口圈。

粮仓：岩寨村有粮仓29座，布局完整，设施齐全。主体布局基本保存完好，与周边环境无冲突。粮仓木质吊脚楼结构，6根木柱支撑，仓高约3.5~4米。在距离地面1.5米处，用横穿枋将6根柱子连起来，再横装楼板及板壁，屋顶用小青瓦加盖。每仓面积约20平方米，可储粮5000公斤，这种粮仓具有防火、防鼠、防虫蚁三大功用。仓顶设有通风楼，这些古粮仓冬暖夏凉，粮食存放其中可防霉变。这些粮仓沿山体等高线排列着，展示了老一辈人的聪明智慧。

吊脚楼

粮仓

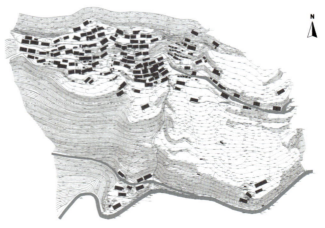

岩寨村平面图

民族文化

岩寨村以短裙苗为主，有丰富的民族文化，铜鼓舞、吹芦笙等活动在村里的喜庆节日中不断上演，特别是在每年农历十月的苗年节里尤其热闹，跳铜鼓舞、唱芦笙从早到晚，男女老少穿着节日的圣装载歌载舞，好不热闹。苗族刺绣、首饰、服饰等充满民族特色。

铜鼓舞：岩寨村民世世代代集体智慧的结晶，是民族文化中的奇葩，在民族文化研究中具有深刻的意义。这里的铜鼓舞鼓点复杂，雄浑洪亮，舞步豪放，幅度大，难度高，有的如蜻蜓点水，有的如猛虎下山，刚柔相济，独具风格。铜鼓舞主要是先民们在从事劳动生产、改造自然的过程中创造成的舞种，通过模仿劳动过程而产牛步调各异的各种舞姿（蹈），经世代创新，千锤百炼演变成集"铜鼓与舞姿"于一体的铜鼓舞。逢祭祖、庆典节日（娱乐）等活动时，由技艺精湛的长老敲打铜鼓指挥众人跳形态各异的舞姿。铜鼓舞舞姿动作豁达，热烈奔放，浓厚古朴、狙犷豪迈又刚柔相济，是岩寨村民集体智慧独创的民族舞蹈。

人文史迹

芦笙场：芦笙场位于岩寨村寨内，是苗族主要活动节日的举办场所，芦笙场平台采用小青石铺垫，极具艺术价值，芦笙场旁还修建了一排石凳，石凳采用石头和沙子建设而成，造型及雕刻都极其精致，给观看活动的村民提供了有座位的地方，场内用石板铺设而成，逢年过节的时候，也给青年男女提供了一个游方的地方。

古井：村里本有5～6口水井，但随着自来水的到来，就已废弃了。10年前，井水还可以用于生活饮用，但现在村里的这水井都已相继废弃了，存在的水井，能用于饮用的已经只有一处了。

风簸：一种用木头制作的农用工具。主要用来分离粮食作物中的杂质。一般高一米六七左右，长一到两米。宽六十厘米，内置木质扇片，一般六片或八片。用生铁做轴，引出手柄，通过手动摇摆吹风，起到将磨碾出来的米糠分开，扬尘去壳，从而得到珠圆玉润、晶莹剔透的纯大米。

梯田：岩寨村祖先落户岩寨村后，发现这里全是山坳，不适种植庄稼，勤劳智慧的先祖们就根据山型逐级开垦，形成了今天的梯田的文化，梯田是治理坡耕地水土流失的有效措施，蓄水、保土、增产作用十分显著。梯田的通风透光条件较好，有利于作物生长和营养物质的积累。从山上流下来的泉水，能更好地灌溉农田，减少劳力，田内还能养鱼，每年到打米的季节，养了一年的鱼也可以收获了，一块梯田能给岩寨村民带来不错的经济收入。

保护价值

艺术价值：岩寨村自古传承的传统舞蹈、传统节庆、传统民间技艺、民族特色美食等，均具有较高的保护传承价值，岩寨村是锦鸡舞的发源地。岩寨苗族锦鸡舞代表贵州省亮相全国文艺大舞台，并以底蕴深厚的婀娜舞姿有力亮出贵州省民族文化大发展、大繁荣的靓丽名片。

历史价值：据岩寨村老一辈村民口传，清代时期就在此建寨，距今已有300多年的时间。以前由于躲避抢匪及野生动物才迁移至此，故建房最具突出的民族特色。整个村落保存着传统苗族吊脚楼群的风貌。村中有古井，井上有古树，树为珍稀树种楠木，寨边有梯田，树房相映的美丽农村特色村寨。几百年的生息繁衍，勤劳的岩寨村民和肥沃的土地共同造就了岩寨的历史文明，具有较高的历史价值。

现有的街巷空间、公共空间、建筑形制，均是在各时代自然生长形成，体现了时代的延续性，具有较高的历史价值。

黄　丹　陈婧姝　编

梯田

芦笙场

古井

吊脚楼建筑群

风簸

岩寨村晨景

黔东南苗族侗族自治州黎平县雷洞瑶族水族乡金城村

金城村全貌

金城村区位示意图

总体概况

金城村位于雷洞乡驻地偏北7.5公里，地处坡旁，海拔450米，总面积6.30平方公里，森林覆盖率62%。农民人均纯收入1394元。这里主要产水稻、油菜、茶油等农作物。金城村辖3个自然寨，7个村民小组，243户，总人口1146人，是瑶族和水族的聚居区，总耕地面积654亩，其中：稻田面积600亩，人均田面积0.57亩。2012年被列入第一批中国传统村落名录。

金城村平面图

村落特色

金城村古树群建寨的时候就已经存在，在瑶族人心里，村寨必须有古树在寨内或在周围，除了美化村寨环境外，还能为村寨遮挡大风，其中最主要的一点是瑶族人认为这些大古树可以避邪，认为它们是村寨的守护神，在一直守护着一代又一代的瑶族人，所以，每每在过传统节日的时候，瑶族人都会在大树前点上一炷香。

金城古井位于金城寨中央，该井常年流水，每逢过节时，村民们还到此来烧香烧纸祭祀，以感谢上天的恩赐。

金城村生活环境

金城村自然环境

金城村风雨桥

传统建筑

金城寨傍山而立，山高坡陡，井然有序地分布在云雾缭绕的大山间。寨内建筑均为木质结构，小青瓦、吊脚、吊柱等浓厚的少数民族建筑元素均融入其中，形成了具有浓厚瑶族特色及人与自然和谐共存的民族村寨。

瑶族鼓楼不同于侗族鼓楼，其鼓楼形状外形类似于民居，2层，一层层高约3.6米，四周均用木板围设，山墙处设置一大门，内部为一火堂，后堂四周板凳围置，村寨每每有重大事项时，村寨德高望重的寨老们便在此商量议事，因鼓楼四周均设有墙壁，哪怕在冬天，只要中间火堂有火，整个楼内都是比较暖和的。

金城风雨桥共有两座，顾名思义，就是人们往来耕作突遇风雨来临时，可以在其中暂时躲避风雨的地方，更重要的是在洪水季节可以起到交通方便的作用。金城寨前风雨桥，位于进寨溪口处，该桥横跨于金城溪上，为进寨的必经之路，也是比较重要的交通建筑。桥长25米，宽4.6米，桥身两侧设有座凳。

风雨桥又名梳妆桥，过往的瑶族妇女无论怎样繁忙，都要站在风雨桥上，以清澈的流水为镜，在桥上梳妆一翻，梳妆桥也因此而得名。

寨内民居建筑基本采用传统木房建筑形式，多为2~3层，傍山而立，悬空吊柱、吊脚错落有致，和谐组合，俨然一体，期间不用一钉一铆，几百年来却依然坚挺矗立着。石板路、鼓楼、风雨桥等民族古典建筑与环寨风景交相呼应，形成了一个整体布局合理，民族文化丰富，地理环境优美的良好生存环境。

黔东南苗族侗族自治州

金城村建筑群

金城村花桥

金城村传统民居

金城村传统民居

金城村古井

民族文化

"瑶乡文化放异彩，四海宾朋听奇音"。金城瑶族民风民俗浓郁，在非物质文化上主要以瑶族芦笙舞最具代表性。每逢节庆或农闲，这里的瑶家人便聚集起来，带着几分醉意，乘兴吹起芦笙，手舞彩带，欢快狂舞。舞步随笙声而起，时而沉缓凝重，时而舒展奔放，时而炽热刚烈如火如荼，时而潇洒遒劲热情横溢。男人悦耳的脚铃，狂放激昂，女人轻盈的舞姿，灿烂洒脱，把客人们陶醉得心花怒放，赞叹不已。

《芦笙舞》是瑶族的传统民间舞蹈。源于古代播种前祈求丰收、收获后感谢神灵赐予和祭祀祖先的仪式性舞蹈。舞蹈气氛热烈而欢快，现已成为瑶族民众在稻谷收获后、农闲、佳节，由青年男女参加的自娱性、求偶舞蹈。金城瑶族服饰以织花为主，织绣开襟衣，衣襟角呈长带状缠于腰间，内套菱形织花胸兜，下穿织花褶裙，服饰素净。

金城村瑶族服饰

金城村芦笙舞

金城男子服饰用黑布头帕将头包皮很高的圆筒状，头帕端有彩穗从包头顶自然下垂，头帕外戴饰有银花，银锥体的红头带，上插白鱼羽毛，上身穿无领对襟黑上衣，斜披红色织花带，下身黑长裤。

金城妇女服饰用红色的瑶锦和花格布包头，成大盘状，头顶露发，头帕两端有珠串和彩色丝穗从头上垂于后背。上衣是对襟式绿色花长衫，外套黑色对襟坎肩，门襟和袖口处镶有红色宽花边。钉红色布扣，在长衫内系一条做工精致、花样独特的蓝、白挑花围裙。腰上系多层各色织花带、胸前戴银铃、银链。

金城村女子服饰

保护价值

金城的祖先们落户金城后，就开始大面积的开垦荒地，建造农田，以粮食收成维持数百年生活，至今已有农田600亩，分别分布在溪流两边和后山的一面坡上。金城地处高山，没有河流，种植水稻，紧靠山间泉水和雨水，由于山高水也高，故很多田亩均分布在山间半坡半岭，形成梯田文化。

金城寨傍山而立，山高坡陡，井然有序地分布在云雾缭绕的大山间。寨内建筑均为木质结构，小青瓦、吊脚、吊柱等浓厚的少数民族建筑元素均融入其中，形成了具有浓厚瑶族特色及人与自然和谐共存的民族村寨。石板路、鼓楼、风雨桥等民族古典建筑与环寨风景交相呼应，形成了一个整体布局合理，民族文化丰富，地理环境优美的良好生存环境。

王 攀 周祖容 黄鸿钰 编

金城村古树群

戴斗笠的石头

黔东南苗族侗族自治州榕江县栽麻乡苗兰村侗寨

苗兰村侗寨全貌

苗兰村侗寨区位示意图

总体概况

苗兰侗寨位于丘陵小盆地，距县城东北28公里，周边小山罗列，林木苍翠，寨外田畴毗连，菜花飘香。

寨外归狗溪注入深谷，仅5华里长的溪谷就有大小瀑布10余处，古林掩映，野芳吐艳，岩壁陡峭，水声雷动，飞珠溅玉，风光无限。西北距省城贵阳约230公里，西南距县城榕江约27公里，苗兰村共5个村民小组，256户，1241人，全为侗族。2013年被列入第二批中国传统村落名录。

村落特色

苗兰寨选址于丘陵小盆地中，四围青山，林木苍翠，中间坦平，冬暖夏凉，水源极为丰富。

寨外田畴毗连，溪沟水满；小山上绿树成荫，古枫、水杉、红豆杉、楠竹林等青翠欲滴。

寨中石板路纵横交错（今大部分被水泥硬化），方便起居出行。木构地屋、吊脚木楼建于盆地中或小溪两岸，环境独好。萨坛三处，散于寨内，便于寨民祭萨。

鼓楼建于全寨的中心部位，便于寨民集会、议事、乘凉、摆古、唱歌、娱乐。寨西侧小溪上原有亭廊式花桥，利于村民上山下田，外出劳作或乘凉悠闲。曾于清中晚期设有栅栏式木构寨墙，并建有防范兵匪的"卡门"，后毁。

传统建筑

寨中木构地屋和吊脚木楼鳞次栉比，九重密檐六角攒尖顶塔状鼓楼巍然屹立，石板路、水泥路交错纵横。

寨中民居分布于小盆地上，多为木构地屋，四排三间，上下两层，青瓦覆盖，鳞次栉比，集中连片。四排三间或六排五间，上下二层或三层，二楼或三楼前设走廊，装饰雕栏或"蒙鼓板"，自显特色。寨中鼓楼兀立，9层密檐6角攒尖顶塔状，风檐板饰彩绘彩画，有人物故事、花鸟虫鱼、斗牛拉脚等，情趣盎然。一条小溪穿寨而过，溪桥上原有亭廊式花桥，今存遗址。寨西侧原有防范兵匪的"卡门"，建于清中期，今存遗址。

村内小溪

苗南村侗寨总平面图

黔东南苗族侗族自治州

凉亭 1

村落巷道

村落一角

民族文化

1. 祭萨，正月初三始，连续3至5天，唱大歌，演侗戏，吃糯米饭盉鱼。
2. 棕粑节，六月六过节。
3. 吃新节，七月中过，吃新米包。
4. 重阳节，九月九过，吃烧鱼。
5. 过大年，春节期间过，唱大歌，演侗戏，寨际走访。
6. 侗族大歌，传承人杨昌文、杨正利。
7. 侗戏，剧目有《珠郎娘美》、《梅良玉》、《芒岁流美》、《李旦》、《金汉》等，戏师杨成明为传承人。
8. 传统器乐：牛把腿、琵琶。

凉亭 2

表演侗寨大歌

代表民居

教唱侗族大歌

9. 竹编：有饭卤、罗匡、竹篮等。

保护价值

村落整体风貌、民居、鼓楼、萨坛、古井及生态植被均保存完好。

寨西侧原有防范兵匪的"卡门"，建于清中期，今存遗址。

萨坛建筑传统而古朴，用山中毛石支撑一块大青石板，类似供桌，独具一格。萨坛有3处之多，为榕江侗乡之最。

周尚宏 编

黔东南苗族侗族自治州黎平县坝寨乡青寨村

青寨村全貌

青寨村区位示意图

总体概况

青寨村距县城29公里，离乡政府驻地1公里，村辖3个自然寨，即川寨、上寨和下寨，共有220户，923人，全村皆为居民侗族，是一个典型的少数民族村寨。青寨村坐落在一片较为宽广的坪坝，寨内小溪潺潺，山川秀美，自然景观十分优美，坝底坝头均有锁口山，把青寨地盘包得严严实实，村寨历史形态得以较好地保存。2012年已被列入中国第一批中国传统村落名录中。

村落特色

青寨村形成于明代，村落坐落在一片宽广的坪坝上，一条小河从寨子中穿过，寨子四周青山环抱，传统民居望山傍水。寨中流水潺潺，池塘星罗棋布。寨边四周的山坡上均是茂盛的林木，其中有名贵树种红豆杉，也有竹林、果树林，村寨山林、水体、田园风光融为一体，山中有寨，寨中有水，自然景观十分秀美。村落传统格局要素中的村落巷道、村巷格局、村寨周围自然环境、视廊等，均保持较好的风貌。

传统建筑

青寨村历史建筑、传统建筑主要有鼓楼、风雨桥、戏台、凉亭、民居、禾仓群和古井等，连片分布在3个自然寨中。其中：鼓楼3座，风雨桥2座，民居190栋，古井5口，凉亭2处，禾仓30栋。青寨村的历史传统建筑按其功能可分为公共建筑和宅居两大类。公共建筑有祭祀性建筑、议事及娱乐性建筑等，如鼓楼、风雨桥、凉亭、禾仓群等。这些公共建筑保存基本完整，周边环境良好。宅居建筑为一般民居建筑，这些建筑建于清代末期，所有建筑均具有侗族传统建筑特色。分布于寨内的历史传统建筑大多保存完整，体现了青寨的历史风貌。

鼓楼：青寨的鼓楼共有3座，分别建在3个自然寨中，有3层、5层、7层不等。多以4大柱为主柱，层数为3层以上的单层，四面或八面倒水，多以四面、八面混同构建，顶层竖上宝顶。它的建造，多以个别能工巧匠主墨，多个木匠施工。美观与否，关键在于主墨师傅设计，结构复杂，尺度合理，楼体便美观。

花桥：侗族花桥为排形物体，为五间以上的单间，中间上层檐面竖宝顶，较长的花桥一般竖有3个宝顶，一层檐下两边装上板子，可在板上雕龙画凤或书写文字、画画和书写谜语，称为花桥，架在河流上，一是方便行人过往，二可躲雨，三可休息乘凉。青寨村建有花桥1座，风雨桥1座，均盖瓦。

禾仓建筑群

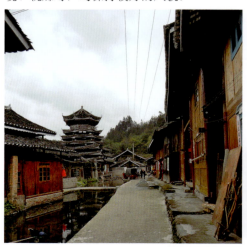
村落内部空间风貌

鼓楼

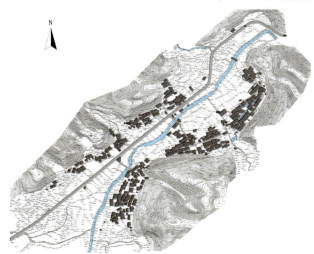
青寨村平面图

风雨桥

戏台

古河道

民族文化

青寨村民风淳朴，民族风情浓郁。传统民族活动丰富多彩，有祭萨、演侗戏、芦笙舞、拦路歌等习俗。青寨村文化底蕴深厚，历史氛围浓郁，是典型的侗族村寨，侗族所有的风俗在这里基本都能看到。青寨村的祭萨活动是国家级的非物质文化遗产保护项目，具有悠久的历史，同时演侗戏、唱拦路歌、跳芦笙舞等优秀的传统表演也永久不衰，世代流传。

拦路歌：拦路歌是当地侗族村寨饶有风趣的待客礼节和民俗。进行时是在进寨的路口或寨门为拦路场地，场地上先是架上略高的带叶竹子长条数根，以表示唱歌之前不准进寨，参与人员是当地女子与来宾或接亲时送担子的人群。

祭萨：是祭拜一心为劳苦大众的民族女英雄，为了祭奠这位侗族女英雄，侗家人民均在每年春节期间举行祭奠活动。通过活动，以获取萨老人的保平安和风调雨顺，五谷丰登。

侗戏：是民族民间戏剧艺术瑰宝之一，它的发展源远流长，经历人民群众集体创作、集体传播，不断得到加工、改造，古朴而不单调，抒情而不低劣。

民族民间特色鲜明，有深厚的群众基础，并且尚在发展之中，其内容丰富多彩，形式清新活泼，有浓郁的乡土气息。

人文史迹

芦笙：是侗族人群的主要民族乐器，绝大多数侗寨必不可少，有了它，可在多种场合利用。如迎萨、做众客、斗牛、笙赛、自吹字舞、节日喜庆、迎宾和各种欢庆等。

古河道：过青寨村寨中的这条河流，源头在茅贡和高近村的分水岭，到坝寨岔路口与器寨蝉寨河流汇合，这条河流无名，可叫青寨河段。河流长年流水，流量不大，易涨易退，数百年没有断流现象出现。河水供农田灌溉，村民洗刷，牲畜用水。

古井：青寨古井一共有五口，其中下寨3口，川寨1口，上寨1口。青寨古井均匀分布于各自然寨内，数百年来，这五口水井担负着青寨村3个自然寨的生活用水，水井里的水冬暖夏凉，十分可口，至今仍在使用。

凉亭：其功用为当地村民提供休息、乘凉和躲雨的场所。凉亭内置有牢固的座位，靠背有牢固的栏杆，设有画板，画上图画，写有诗歌、对联、谜语，很有欣赏价值。

水井

凉亭

保护价值

科学价值：青寨村的川寨鼓楼是县级保护文物，至今保存完整，传统民居整体建筑风貌保存完整，规模庞大，这些传统建筑具有较高的科学价值。

历史价值：在明代，青寨的居民就在这片土地上繁衍生息，经过几百年的历史沧桑，拥有丰富而珍贵的物质与非物质文化。有着独特的历史风貌和山水格局，是保存较完整的传统村落，具有我国侗寨传统村落选址和格局的代表性，具有较高的历史价值。

黄　丹　付　伟　编

萨坛

芦笙舞

拦路歌

青寨村沿路风貌

黔东南苗族侗族自治州凯里市三棵树镇乐平村季刀寨

乐平村季刀寨一角

乐平村季刀寨区位示意图

总体概况

季刀苗寨，"季刀"苗语音译为深潭，因村脚巴拉河中有深潭而得名。位于巴拉河畔，距离黔东南苗族侗族自治州州府凯里东南部20公里。全寨均为苗族，村寨110余户，近500人。2014年被列入第三批中国传统村落名录。

村落特色

季刀分上下两寨，苗寨沿山而居，依山傍水，古树参天，风景宜人，民族风俗淳朴、动人、浓郁。下寨前临河，后依山，巴拉河由南向北，后转东，绕村脚而过，隔河为炉（山）榕（江）公路。全寨苗族聚居，潘姓，110余户，近500人。村后一片古木风景树，寨前一片水田加河流。往西南1公里处的巴拉河右岸为季刀上寨，山寨沿山谷两旁居住，呈三角形状，村后依山，古木参天，村寨建筑古朴，吊脚楼木房瓦顶为多，错落整齐，坐东朝西，块状聚落。有百年粮仓、古花街等，寨前临巴拉河，风景秀丽。

在季刀，有几个方面值得大家观赏游览，一是踏百年古道，体验老百姓的勤劳；二是看百年粮仓，遥想劳动人民的智慧；三是听百年古歌，观民间文化；四是望百年古树，思世事沧桑；五是游巴拉河水，享清泉飞流之欢畅。

传统建筑

季刀苗寨的百年粮仓，始建于清朝道光年间，至今已有二、三百年的历史，当时，寨子人口少，住房分散，粮仓也随各户修建，由于社会治安差，盗贼抢劫和火灾时有发生，粮食遭受严重损失，人们为之惶恐不安。因山谷溪水从这里顺流而下，这里又是寨子的心脏地带，在村寨长老的建议下，人们都把粮仓搬到此地集中修建，在粮仓四周修建住房防守，并安了寨门。这样，既防火又防盗，粮食不再遭受损失，人们安居乐业，百年粮仓从此世世代代保存下来。

百年粮仓

村落空间

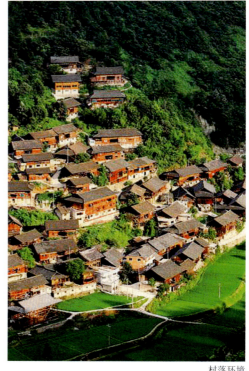

村落环境

季刀全景

民族文化

季刀村苗族的节日是展示苗族独特的风俗、文化并让世人了解和喜爱的最好机会，每年的主要节日：农历十月苗年节、农历三月爬坡节、二月二、九月九、端午节、中秋节、每年的七月吃薪，节季刀村都会举行篝火晚会、篮球竞赛等，古老的铜鼓、激越的飞歌和热情的舞蹈越来越被世人所喜爱，保持着数百年的传统建筑物和风格，保持民族特有的传统生活习惯和风俗。季刀村成了很多人心目中向往的地方。

平乐村季刀寨苗族织布传承人——杨春珍。她十三岁的时候就跟母亲学会了纺线织布，一直坚持至今数十年不辍。她织布技艺高超、远近闻名。她织造的作品粗朴厚重，色彩绚丽，极具乡土气息。在多年的织布生涯中，她创造了近百种图案，在当地织布艺人中享有盛誉。如今杨春珍已将自己的织锦技艺传授给了自己的女儿和儿媳，为苗族织布技艺的传承作出了重要贡献。

双针绕线绣

苗布织布传承人

人文史迹

季刀苗族古歌虽然在巴拉河河谷相传了几百年，却一直未被外人发现。关于牛马脚印的来历，传说在远古时候，天上有十个太阳炙烤着整个天地。大地上，岩石都被烧烤熔了，树木枯焦、水源绝继，天河也干涸了，人畜都找不到水喝，人们艰难地在烈日和缺水下生活。这里还幸存一股小水源、长年不断。人们都从四面八方到这里取水喝。天上的仙人也拉着神牛神马到这里来饮水。由此留下了永不磨灭的牛马脚印。

古歌堂场

古歌唱芦笙表演

保护价值

季刀苗寨依山傍水，古树参天，风景宜人，民族风俗淳朴、动人、浓郁，苗寨的百年古歌、百年粮仓、百年青石古道有极高的研究和旅游价值。

作为中国非物质文化遗产的苗绣，正面临失传的境地。季刀村的双针绕线绣是苗族最古老的绣法之一，现在仅有几位老人会缝制。古老的苗绣急需寻找接班人，并将手工艺转化为可流通商品发扬光大。

因此，保护好季刀苗寨，对于继承弘扬凯里民族优秀传统文化，从中吸取丰富的营养，为促进全市各民族团结进步和共同繁荣，为全面建成小康社会服务具有重要的现实意义。

朱洪宇 编

百年步道1

百年步道2

黔东南苗族侗族自治州黎平县水口镇南江村

南江村全貌

南江村区位示意图

总体概况

南江村位于贵州省黔东南苗族侗族自治州黎平县水口镇，距镇所在地10公里，距黎平县城100公里。村落形成于明洪武年间，南江人的祖先在江西被派遣至贵州镇压蛮苗兵变，镇压兵变后落地繁衍，距今已有700多年历史。有歌词记载"我们的祖先，来自江西，几经迁徙，逆河而上，落坐南江，繁衍至今"。村落户籍人口358人，常住人口324人，有吴、石两姓，以侗族为主。南江村2013年被列入第二批中国传统村落名录。

村落特色

在9村18寨构成的"七佰南江"区域格局里，南江村位居中心位置，是祖先落脚首选址，具有首脑地位。村落地处山地丘陵地区的河谷盆地内，地势较宽阔平坦，中间一条由北而南的南江河曲折穿越而过，将村落划分成了西、北、东3个自然寨，即岑兰、高寨、岑吾。农田集中位于河流下游两侧的地势平坦之处。南北向一条主路顺应河流走势，另一条主路则经由村落寨门通往岑吾。村落青山环绕，碧水穿越，山间植被丰富，古树成林，另有侗族服饰文化、鼓楼营造技艺等共性文化和传奇的"石鹅神"、"石牛神"个性文化流传其间，是一个具有浓郁民族特色和神秘色彩的侗族村落。

传统建筑

南江村拥有侗族村落典型的干阑式传统民居、鼓楼，另外还有保留完好的乡政府遗址。

传统民居：民居建筑基本采用传统的干阑式建筑形式，多为3层，以木质结构形式为主，依山就势，悬空吊脚，自然组合，井然有序。

鼓楼：村落内有鼓楼两座。一座是位于寨东的岑吾鼓楼，穿斗式11层檐，下部2层为四角，中部8层为八角，楼冠为单层四角攒尖顶。约1米高围栏围合楼底空间，4根金柱，24根双排檐柱，中央布置火塘，周围长凳围绕。另一座位于寨中河流之侧，叫高寨鼓楼。高寨鼓楼13层檐，双层八角攒尖顶楼冠，中间八角8层檐，下部四角3层檐。楼底4根金柱，12根单排，外部半围栏围合，中间布置火塘和长凳。两鼓楼均飞角垂檐，形态挺拔，有二龙戏珠雕塑及彩绘装饰，结合周边环境，构成了村民健身和集众议事的公共活动空间。

村落一角

民居

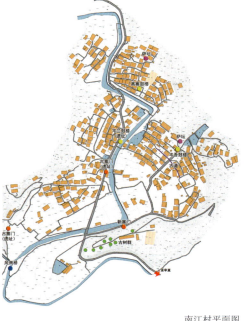
鼓楼

南江村平面图

民居

民居

古井

乡政府遗址：南江村至今还保留着老乡政府遗址，建于20世纪60年代。乡政府建筑位于寨中河流之旁的一处地势较高处，砖结构、三层、坡屋顶，外墙水泥砂浆抹面。遗址保存完好，现已作为乡村教师的住所得以继续利用。

民族文化

南江村与其他侗族传统村落一样，拥有最典型的鼓楼营造技艺传承、侗族服饰、侗戏侗歌、婚嫁习俗等共性文化和七佰南江艺术节、石鹅神等个性文化。

七佰南江艺术节：南江村是"七佰南江艺术节"的起源地，由七佰南江民间文化协会筹备，每3年举行一次，轮流在各村寨举行，周而复始，延续永远。

石鹅神文化：在南江村寨脚的"几绷"山上，放有一个神奇的石鹅，称其为石鹅神，被奉为保佑南江河一带四季平安，风调雨顺的天神。相传，南江人祖先落居南江寨后，当地原先居住的苗族逐渐离开，他们走后，南江河一带，连续3年风不调雨不顺，后来得知是因为苗族人从这里带走一只能保四方平安的石鹅神所致。后来村里找人要回一半石鹅——颈和脑壳在寨脚的"几绷"山上修建坛池存放，从此3年一大祭拜，每年十二月十九一次中祭拜，每月初一、十五一次小祭拜，终于南江河一带人民，风调雨顺，六畜兴旺。祭拜活动一直坚持到新中国成立。

人文史迹

萨坛：南江村的萨坛坐落于约七八十厘米的底座之上，水平面为八角形，约有1.5米高，砖木结构，八角缓坡屋顶，正立面有朱红色木门，萨坛内置圣母神灵，是村民的最高信仰所在。萨坛后面是山，前方两侧有砖砌围墙包围，正前方有台阶用于解决底座和地面的垂直高差，其设计方式用心良苦。

七百南江民约石碑：传说南江村的石牛神，是七佰南江人公正、平等之象征。传说很久以前河里有个貌似水牛的大石头，小孩骑并敲打之，后来敲打过石头的小孩头上生包，据说这是侵犯了河里的石牛神，家长们祭拜之后包方才消散。后来管这河潭叫"石牛潭"，这潭里的石牛叫"神石牛"。再后来，七佰南江人将"乡规民约"刻成碑文，将碑竖立于河潭边那块用来议事的大石桌旁，命名为"石水牛"。

古井：南江村共有古井4口，其中高寨1口、岑吾寨1口、岑兰寨2口井，它们均匀地分布在自然寨内，提供村民的日常用水。

寨门

保护价值

南江村是"七佰南江"的地理和民族精神中心，素有花雕建筑之最，又有擎天鼓楼之誉。一水穿境群山环绕的自然格局、丰富的古树资源，独有的石鹅神文化和石牛神文化，使南江村成为一个历史悠久、文化沉淀深厚，人与自然和谐共生的侗族村落。

代富红 王 希 编

古树

萨坛

村落一角

黔东南苗族侗族自治州台江县台盘乡南尧村

南尧村远眺

南尧村区位示意图

总体概况

南尧村位于台江县台盘乡西部，三面环山，环境优美，横穿沪昆高铁，形成一道美丽的风景线，距乡政府驻地4公里，距台江县城27公里，距凯里32公里，乡村公路从中穿过，交通便利。2012年统计，该村有146户，831人，全系苗族。2013年被列入第二批中国传统村落名录。

村落特色

南尧村历史悠久，早在清朝末年，民国初期，这里居住着侗族，后来由于文化的相互融合，渐渐以红衣苗为主，慢慢苗化，变为如今的南尧村。村落的整体格局依山而建，一条小河由寨脚蜿蜒流过。寨内有一口天然水塘，村寨内道路四通八达。

传统建筑

该村寨传统建筑主要是木屋建筑，房屋结构是五柱两间或五柱三间，或五柱四间，最为普遍是五柱三间，吊脚楼主要为厢房居多，村寨房屋都是歇山顶式瓦房。这些民居建筑，展现了苗族民间独特的建筑风格及其文化内涵。

民族文化

苗族刺绣及服饰：

苗族刺绣代表了中国少数民族刺绣的最高水平，具有传承历史文化的作用，主要表现在刺绣的图案上。几乎每一个刺绣图案纹样都有一个来历或传说，都深含民族的文化，都是民族情感的表达，是苗族历史与生活的展示。蝴蝶、龙、飞鸟、鱼、圆点花、浮萍花等图案都是《苗族古歌》传唱的内容，色彩鲜艳，构图明朗，

南尧村梯田

村落环境

寨中古树

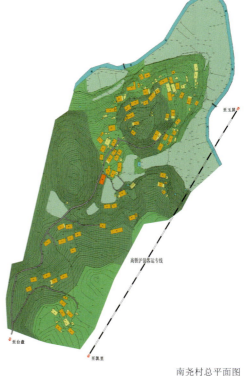
南尧村总平面图

朴实大方。南尧村苗族服饰精美，苗族妇女从小就开始学刺绣、织锦，苗族妇女服饰精美绝伦。

九月九、吃新节、苗族歌舞、银饰工艺：

1. 九月九。南尧村每年的农历九月初九，都会举行一年一度的节日。节日中主要以斗牛、苗族飞歌、情歌、酒歌、踩鼓等传统活动为主。

2. 吃新节。每年的农历六月十八日，是一年一度的吃新节。这个节日对当地人而言与过春节一样的隆重。在这一天的早上男人们忙着杀鸡、杀鸭等，女人们就起来梳妆打扮，帮女儿打扮穿银衣，到了中午，吃好饭后，就统一到踩鼓场，参加踩鼓活动。最让人期待的就是斗牛比赛，有牛的人家都拉牛来参加比赛，与牛主家有亲戚关系的，都纷纷买炮和买红绸来为牛主加油助威，到了晚上大家就聚在一起喝酒，这里喝酒不是用杯子，而是用碗，并且是一碗一碗地喝下去，酒还不能撒漏掉。

3. 苗族歌舞。该村苗族文化保存完好，特别是苗族歌舞，独具特色。男女老幼都会唱苗歌、跳芦笙舞、铜鼓舞。特别是铜鼓舞，有别于其他地方的舞蹈。全村男女老幼、亲戚朋友身着盛装，聚集在鼓楼下，围成圆圈，尽情欢娱，鼓点不紧不慢，旋律明快，步伐整齐，间有转身，既娱乐和又锻炼身体，实为该村一道靓丽人文景观。

4. 银饰工艺。该村几乎家家户户都有银饰加工作坊，是远近闻名的银饰加工村。银饰加工一般都是子承父业，世代相袭。银匠先把熔炼过的白银制成薄片、银条或银丝，利用压、刻、镂等工艺，制作出精美纹样，然后再焊接或编织成形。银饰加工出来的花、鸟、鱼、虫、飞禽走兽等，造型美观、活灵活现、工艺精湛、精美绝伦。

人文史迹

古洋洞，离南尧村约4公里左右，洞中有许多钟乳石奇观，洞中流水潺潺、怪石嶙嶙，水流清澈，冬暖夏凉；洞外古树参天，植被保护完好，环境优美，气候宜人，传说洞中生长有一种比目鱼，鱼的形状颜色很好看，当年张秀眉领导苗族人民起义后，清军进剿掌梅尼时，万余苗民只好借此洞躲藏避难，躲过了军兵的屠刀。

苗族银饰

苗族吃新节

节日装束1

节日装束2

苗族点绣

保护价值

南尧村环境优美、植被茂盛，有美丽的古洋洞等特色景观。

南尧村有丰富而珍贵的物质和非物质文化遗产，有着独特的历史风貌和自然格局。

南尧村为纯苗家村落，拥有苗家的独特文化，清朝末期从侗族同化到现在的苗族，形成现在的南尧，是一个值得深入研究的村落。

苗族刺绣

杨 渊 编

黔东南苗族侗族自治州剑河县磻溪镇洞脚村

洞脚村全貌

洞脚村区位示意图

总体概况

洞脚村位于剑河县磻溪镇北部，距乡政府所在地3.5公里，与本乡岑广、谢寨、团结、大广及敏洞乡的沟洞、南寨乡的白都等村为邻。全村辖一个自然寨，130户，728人。全村侗族人口占总人数的99.9%，是一个具有600年历史和浓郁的传统民族文化的古老侗寨。2013年被列入第二批中国传统村落名录。

村落特色

洞脚村坐落在岩王溪边平坦的南北两岸；岩王溪由北向南流过大寨，到门前与岑广溪交汇。据传，这是一块沼泽地，先民原来住在岩妈洞上的杨家塘一带，家里放养的鸡鸭和水牛，都习惯下到洞前的沼泽地一带来觅食，又不愿回去，先人认为这是一块福地，就搬下来居住，以岩妈洞的位置命寨名为洞脚。

传统建筑

民居建筑：洞脚村的侗族民居多建在岩王溪的两岸，至今仍保留着古代越人的"干阑"式木楼。木楼四周设有"吊脚楼"，楼的檐角上翻，如大鹏展翅。楼房四壁及各层楼板，均以木板开槽密镶。木楼两端，一般都搭有偏厦使之呈四面流水。房屋多为三间两层，带偏厦，木柱架为穿枋结构，通过杉木板来分隔房间布局，每间在正面房开设有三至四个窗户。

鼓楼：洞脚村的鼓楼高28.8米，为17层。鼓楼以杉木凿榫衔接，顶梁柱拔地凌空，排枋纵横交错，上下吻合，采用杠杆原理，层层支撑而上。鼓楼通体全是木质结构，不用一钉一铆，由于结构严密坚固，可达数百年不朽不斜。

粮仓结构：粮仓不大，都是4脚立柱，悬山顶、小青瓦盖顶或杉木皮盖顶。中柱是2根短柱托起屋顶。粮仓有二层，第一层是架空的，仅用于放少量的杂物。第二层用横板密封，架上便梯，用于存储谷物。粮仓都是集中修建。

风雨桥：村落内现有2座风雨桥，由桥、塔、亭组成，全用木料筑成，桥面铺板，两旁设栏杆、长凳，桥顶盖瓦，形成长廊式走道。

风雨桥

洞脚村平面图

民族文化

在洞脚村，传承的是侗族"七月半"祭祖节风俗。

祭祖先：祭祖先是为了"追养继孝、民德厚望"。追养是对亲恩的追思和缅怀，继孝是为了发扬孝道。

敬土地神：土地神分为桥头土地、寨头土地和山坳土地等几种。人们以为土地神执掌人畜兴旺、地方安宁，并震慑猛兽。

敬古树：古树是长寿、吉祥、根基稳、充满活力的象征。侗家人对古树极其崇拜，认为古树能坐守一方，能消灾避邪。

服饰：洞脚村男女都有生活装和盛装，男、女服饰保持着传统的特色，外衣大多为蓝布花边，右衽圆领，斜襟开口，托肩彩色滚边，袖口亦镶花边。

村寨一角

传统民居

粮仓

侗族"七月半"祭祖是我国民间传统的三大祭祖节（春节、清明节、七月半）之一。侗族人将"七月半"俗称"鬼节"。为缅怀先祖，人们每逢此节日都自发组织祭祖活动。久而久之。洞脚的村民也自然形成了每年一小祭、五年一大祭的"七月半"习俗。小祭以家庭祭祖和宗族祭祖为主，大祭以全村全族同堂公祭为主。每逢公祭之年，由各姓氏推选代表，组成公祭活动祭祀组，共同组织大家公祭活动。其祭祀内容有：敬古树、送瘟神、敬岩妈、敬祖宗、敬鬼神、敬桥神、敬井仙等，其中有一项甚为特别，就是各族长者代表，要统一到当地人称为"岩妈"的岩王洞前，表达感恩之意，并祈求子女平安、风调雨顺、五谷丰登、六畜兴旺、事业有成。他们念念不忘祖先，他们让祖祖辈辈的故事，在石头上生根发芽，并万古相传。

街巷

祭拜庙

敬岩妈："岩妈"，是在岩王洞下有一尊形似孕妇的巨大石头立于路旁，每逢除夕、正月半、七月半，全寨家家户户都要到"岩妈"跟前焚香秉烛供奉，祈求保佑平安。

禳桥神：每逢农历二月二，家家户户都分别禳桥神。因为，二月二象征着春守。禳桥神可保出入平安，无灾无难。

人文史迹

洞脚村村民在顺治年间，居住在岩妈亭洞上杨家塘一带，每天放养的家禽和水牛，都愿在洞脚沼泽地一带觅食栖身，先人认为这是一块风水宝地，便移居而住，

侗寨七月半祭祖活动1

侗族七月半节日里女子盛装

保护价值

洞脚村村民创作了多方面的人文成果，保存了相对完整的、真实的历史遗存，同时附带了大量的历史文化信息，完整地体现了当地的侗族传统民风民俗，见证了自清代以来该地区的生活方式和文化特色，有较高的历史价值与保护价值。

杨　涵　张　奕　编

传统民居

以岩妈亭洞为方位，叫洞脚。

洞脚村现有古树约为8棵，位于村寨东北处。古树是宝贵的自然资源和活的文物，保护好古树名木有利于开展科学文化研究和发展城市园林绿化事业。

洞脚村全景

黔东南苗族侗族自治州黎平县尚重镇洋卫村

洋卫村全貌

洋卫村区位示意图

总体概况

洋卫村位于贵州省黔东南苗族侗族自治州尚重镇驻地南7.5公里。据老辈人口述和墓碑文考证，洋卫村早期居民是明永乐年间从外地迁来此居住，至今已有600余年的历史。洋卫村村域面积13.19平方公里，总人口为2150人，以侗族为主。2014年，洋卫村被列入第三批中国传统村落名录。

村落特色

洋卫村依山而居，充分利用等高线层层而上，形成错落有致的房屋布局，高差用石板台阶相连，盖宝河从村寨前方流过，形成"河似弯弓塔似箭"的格局，洋卫村的民居在布局时，依据地形和防火需求，民居建筑自发性的形成建筑群，村里的房屋坐落形成片区，每个片区之间有一定的隔离带，各个建筑群疏密结合，通过道路进行联系。村内古树成群，以桂花居多，其中一棵百年桂花树位于洋卫庙遗址旁，与花桥形成很好的互映，据说是贵州现存最大的桂花树，每到花开时节，村里浓郁着桂花香。

传统建筑

洋卫村基本采用传统干阑建筑修建，楼房建筑以两层为主，少数为3层，整个村落依山梯建，传统的吊脚楼与山水融为一体，古朴的民风、民俗和自然村落形成一个典型的侗族文化空间载体。传统吊脚楼建筑全采用木质结构，当地侗民族工匠现场加工制作构件，整幢木质吊脚楼建筑不需一钉一铆，柱、梁、枋、瓜、串、椽、檩等，以榫卯穿合斗作，传统的民族建筑工艺形成面貌基本保持完整。

民族文化

洋卫村的文化活动以侗族文化为主，活动有七年一次的侗族鼓藏节、破新节、祭萨、斗牛、春节等活动。同时尚重镇举办民间赏花节的活动在当地海拔最高

古树

村落一角

洋卫村平面图

琵琶歌

村落一角

地——阳岳坡高山杜鹃灌丛景区举行,赏花节由尚重镇盖宝片区洋卫、朱冠、西迷、岑奋4个侗族村寨轮流承办本次活动

以高山杜鹃为媒介,分有致赏花词、献琵琶歌、情歌对唱等丰富内容。

侗族琵琶歌:洋卫村的侗族琵琶歌与朱冠、西迷统称为"盖宝侗族琵琶歌",是"尚重侗族琵琶歌"的代表和精髓。2006年"侗族琵琶歌"申报世界非物质文化遗产成功后,尚重镇政府把洋卫村列为"尚重侗族琵琶歌"传承地之一。村里的杨丹艳和赵学开就是国家级的琵琶歌歌师,潘孟姑为州级琵琶歌歌师。

人文史迹

古桥:村里面在老寨与新寨之间有1座古花桥,为民国时期建成,木构桥,保存完好,历史色彩浓厚,与老洋卫庙、老桂花树形成呼应,景观优美。村头锁口山处还有1座古桥,以前为木桥后被大水冲塌后翻修为混凝土桥,据说红军过贵州时曾经过此桥,位于锁口山处也见证了盖保河水势一张一弛的变化。

古井:洋卫村分布4口古井,沿山体脉络引流而出分布村里,为村民主要水源,至今仍流水不断,水质良好,孕育村里几十代人,其中有1口名为香水井随着时代的发展演变为村民祈福消灾之地,赋予了其神井的色彩。

保护价值

洋卫村保存了侗家人特有的民族文化,是很多侗族文化的发源和传承地。它犹如一个"历史光盘"记录着明清以来人民的生活状态和习性,是侗族文化的一个印证和写照。洋卫村的村落格局和传统建筑历经数百年风雨而存留,见证了村寨从古至今的发展历史。

徐　雯编

民居1

古树

民居2

风雨桥

黔东南苗族侗族自治州丹寨县雅灰乡送陇村

送陇村全貌

送陇村区位示意图

总体概况

送陇村位于黔东南苗族侗族自治州丹寨县雅灰乡人民政府驻地南部，有居民270余户，户籍人口1140人，常住人口1125人，村庄面积15.4公顷，村民以苗族为主，讲苗族语言。村庄主要为中低山地貌，以山地为主，地形复杂破碎，山地特色明显。村域森林茂密，寨周古树苍劲。村庄地处送陇坡缓坡上，环抱于群山翠竹之中，有着大量的物质和非物质文化遗存，尤以苗族百鸟衣技艺与苗族格哈舞而闻名国内外。2013年被列为第二批中国传统村落名录。

村落特色

送陇村是个美丽幽静的苗寨，至今已有上千年历史。村落三面环山，北面是大片开阔的梯田，东南两侧也有少量梯田，寨周的古枫树、红豆杉、楠木、楠竹林等与民居相互掩映，环境优美。村庄整体环抱于群山翠竹之中，山、田、寨交辉相印，自然和谐。

村落选址于高山半坡，登高望远，视野开阔，利于争战，是军事和村际交往的需要。送陇村树密竹多，竹树掩映，古木森森，清幽凉爽。

村落属于山腰顺势分层筑台型村寨，村中小路顺应或垂直山体等高线铺设，自然形成灵活多变的街巷。村落保存着完好古朴的木结构建筑群，典型苗族干阑式建筑。群山环绕，山田相依。依山就势，错落有致，村落呈"块"状布局，结构完整。村内分布有古树、古井、土地庙、石板步道等历史遗存，村庄自然环境优美，具有得天独厚的生态环境优势。

李姓是最早迁入的家族，祖先沿都柳江上来，落居此地已有上千年历史。送陇人淳朴、好客，民俗活动丰富，民间工艺独特，饮食文化丰富，享誉盛名的百鸟衣从这里发源，古瓢琴舞（格哈舞）、苗族古歌、酒歌、飞歌、夜箫、芦笙词等非物质文化遗产在这里保存良好，并有指定的传承人。热情好客的送陇人继承着"百节之乡"。

环绕村庄的古树

村落景色

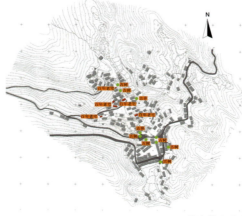
送陇村平面图

村域传统耕种的梯田风光

村域原生态的森林植被

传统建筑

送陇的传统建筑主要集中在村寨北部，多建于20世纪50、60年代，多为榫卯结构的木构建筑，依山顺势而建，鳞次栉比。建筑形态与山体形态一致，较好地满足了山体形态的原生态，保持了建筑与自然的有机结合，建筑群体轮廓的走势充分体现了与自然山体坡度形态的一致性，典型的苗族干阑式建筑。

整个送陇寨内以两层高的木质穿斗式建筑为主，传统民居有吊脚木楼、连廊木楼、回廊楼屋等，材料均为杉木和松板，有5柱或7柱一排的，结构为歇山式小青瓦盖顶，多为二楼一底，以三间一栋常见，少数为四、五间或搭有披厦吊脚楼。因地形坡度显得错落有致，质朴沧桑，古风浓郁。

百年老宅

古井

芦笙舞

传统干阑式木结构建筑

传统干阑式木结构建筑

民族文化

送陇人淳朴、好客，常以其俗食来款待客人，席间苗族姑娘常向客人唱歌敬酒，用歌声表达对客人的热情，让客人感受苗族的习俗。

送陇传统的节日有苗年、吃新节、春节、七月半、端午节等。凡苗族人拥有的民风民俗在此都有，跳古瓢舞、芦笙舞、对歌、斗牛、斗鸟等无一例外。

村内流传有非物质文化遗产保护项目：国家级《苗族芒筒芦笙》、《苗族服饰》；省级《给哈舞（即古瓢舞）》；县级苗族古歌、酒歌、飞歌、情歌、夜萧、芦笙词等。

苗族刺绣：送陇的刺绣以百鸟衣闻于海内，花鸟虫鱼，栩栩如生，2007年被定为全国第二批非物质文化遗产项目。

苗族格哈舞（古瓢琴舞）：苗家男女老幼喜爱的一种独特的娱乐形式，约有四五百年的历史了，是过去苗族男女青年茶余饭后，玩乐取悦的媒介。

古瓢琴舞

百鸟衣

蜡染：送陇蜡染为榕江之最，长幅达10米，且有色彩，独树一帜。2006年5月20日，该蜡染技艺经国务院批准列入第一批国家级非物质文化遗产名录。

人文史迹

送陇村内保存下来的人文史迹较多，较有代表性的有芦笙坪、古井等。

芦笙坪：呈长方形，水泥铺成，占地面积约1200平方米，每逢节庆，村内的苗族男女身着百鸟衣等苗族服饰，随着优美的音乐，踏着矫健的步子，翩翩起舞，从而拉开了节日的序幕，送陇的节日表演以芦笙舞、古瓢舞为主。

芦笙坪

古井：村内共有两口古井，均位于村落中部。两口古井建于明代，泉水甘爽清冽，解决人畜饮水问题。

苗族蜡染

苗族芦笙舞：又名"踩芦笙"，是一种以男子边吹"芦笙"同时以下肢的灵活舞动为主要特征的传统民间舞蹈，因用芦笙为舞蹈伴奏和自吹自舞而得名。

苗年

保护价值

送陇苗寨是百鸟衣之乡，其制作工艺舞闻名国内外。村落依山就势，顺应地形，其建筑极具苗族村落特色，具有木结构建筑、鹅卵石地面等众多的极具当地特色的建（构）筑物元素。村落整体景观良好，自然协调，古朴静谧。从整体格局到建筑风貌，送陇都具有较高的科学与艺术价值。

送陇村是典型的苗族村落。地处深山之中的送陇，民居、禾晾、禾仓，保持着特有粗犷、真实、原始的品质，神秘古朴、原汁原味的民族原生态文化独树一帜，苗寨人的生活方式在此世代相袭。

刘 娟 喻 萌 编

村落环境

黔东南苗族侗族自治州雷山县郎德镇南猛村

南猛村全貌

南猛村区位示意图

总体概况

南猛村由3个自然寨组成，分别为上寨、中寨、下寨，共10个村民小组，844人，村境内有望丰河绕东而过；村寨距县城13公里，距镇政府驻地15公里，交通条件差，信息闭塞，经济发展较为滞后。2012年被列入第一批中国传统村落名录。

南猛村居住环境

南猛村平面图

村落特色

南猛村是省规划的苗族风情旅游示范村寨，该村房屋依山而建，错落有致。吊脚木楼，在丛丛翠竹点缀和高大的古枫、杉木、香樟的映衬下，古朴典雅。村外，山峦重叠，梯田盘山蜿蜒。一条溪流自南而来绕村北去，清澈见底，彰显着灵气。从高处向下俯视，峰回路转，景色迷人。境内植被主要以高山灌丛、山地常绿落叶混交林、常绿阔叶林等植被形成，并含国家珍稀保护动植物资源50余种，资源丰富。

南猛村村民历来喜好苗族芦笙歌舞，这里家家有芦笙，男女老幼能歌善舞，尤其擅长高难度的芦笙舞蹈。1957年本村村民杨炳福、杨炳芳把苗族芦笙舞带到世界舞台，回国后南猛村被文化部命名为"芦笙舞艺术之乡"。

寨中小溪

寨中石板道路

传统建筑

传统民居：南猛村传统建筑部分建于清代或民国时期，部分建于现代，所有建筑都具有苗族吊脚楼的特色。吊脚楼的外部造型，大多为四榀三间，上下3层。底层进深很浅，只能圈养牲口。二层半虚半实，即所谓的半边楼。二层一般三面带廊，人从山面经廊进入堂屋。此层为全家活动中心。楼空部位，上铺楼板，与实地平。此外，还有三开间带一耳房、三开间带一跌落、三开间带量跌落、四开间吊脚楼等，屋面多为斜山顶。

粮仓：南猛村的粮仓有15座，分散在各自然寨中，大多建于清代和民国时期；布局完整，设施齐全，具有防火、防鼠、防水、防潮等功能。主体布局基本保存完好，与周边环境无冲突。这些粮仓沿山体等高线排列着，展示了老一辈人的聪明智慧。

芦笙舞陈列室：近年新建，与村寨其他建筑风貌统一，建于中寨芦笙场旁边，是用于展示南猛芦笙舞的发展历程。

南猛村建筑群体

南猛村建筑群体

粮仓

南猛村传统建筑

吃新节芦笙舞

斗牛

送亲

苗家女出嫁

南猛芦笙舞

苗族刺绣

苗族刺绣

民族文化

吃新节：也叫"新禾节"。"吃新"是居住在清水江和都柳江中上游的苗族节日之一。当日，来自周边村寨的近万名苗族同胞身着节日盛装，以跳芦笙舞、唱苗歌、斗牛等文娱活动共庆佳节。吃新节是贵州省黔东南苗族侗族自治州苗族人民的传统节日，在每年的农历十月举行。

婚俗：南猛村的人在步入青年时就开始游方（苗族把谈恋爱称为游方），因而他们的爱情生活来得较早。苗族嫁娶在白天的称为"大路婚"。在夜间嫁娶称为"偷情"，娘家父母及哥弟不参送。前后有提亲酒、订婚酒、满寨酒、迎亲酒、进门酒、婚宴酒、闹寨酒、洗脚酒、新人酒等诸多酒俗，但如今已有所简略。

苗族刺绣：苗族刺绣文化源远流长，因为苗族人民没有自己的文字，所以苗族刺绣具有传承历史文化的作用，主要表现在刺绣的图案上。南猛村的绣品传承了苗族人的历史、传说，深含民族文化，是民族情感表达的寄托体。蝴蝶、龙、飞鸟、鱼、圆点花、浮萍花等图案都是《苗族古歌》传唱的内容，色彩鲜艳，构图明朗，朴实大方。

保护价值

南猛村芦笙队队员杨炳福、杨炳芳于1957年被邀参加国家文化部组团代表中国到莫斯科出席世界青年和平联欢节，以其古朴高昂的芦笙舞曲让外国人感受到东方苗族文化魅力，第一次把芦笙艺术带到国际舞台，因此回国后南猛村被文化部命名为"芦笙舞艺术之乡"。南猛村的芦笙舞代表了富有苗族特色的非物质文化体现，是苗族人的民族文化结晶。

南猛村还于2002年被世界旅游组织专家列入《贵州省旅游发展总体规划》巴拉河乡村旅游示范村寨。被联合国专家列为"中国文化与发展伙伴关系项目村"。

陈　铖　黄鸿钰　周祖容　编

黔东南苗族侗族自治州榕江县塔石乡怎东村瑶寨

怎东村瑶寨全貌

怎东村瑶寨区位示意图

总体概况

怎东村位于榕江县塔石乡南部,距乡政府驻地30公里,距县城20公里。怎东村村域面积约42平方公里,总人口253人,共56户,全村为瑶族。寨建于约40度的斜坡上,朝向东南,面对青山绿水。吊脚木楼鳞次栉比,层层叠叠,蔚为壮观。2013年被列入第二批中国传统村落名录。

村落特色

怎东村选址于高山峡谷半坡,因山势陡窄,故民居自下而上层叠依山而建,增添了山寨的威严气势和错落层次感。寨中主干道是一条直上直下的长约100米、宽约1.2米的石板道,它与两条横向延展的石子小路和花街石板路构成寨中的主要交通路网,寨中的其他小路四通八达。吊脚楼屋或木构地屋一律背山面谷,向阳通风良好。四口古井分布于寨脚和寨中,利于村民取水用水。寨南侧的乌荣河和乌美沟分别注入寨前的南吉河(永乐河)。寨外的水系与寨中房前屋后的果树、花木为瑶寨频添丽色。

传统建筑

传统民居集中连片,仅吊脚木楼就有42幢,多为四排三间(明间凹进为"燕窝门"),上下二层,悬山小青瓦屋面,其特点为二楼多建回廊,三面回廊居多,更有四面回廊;正面回廊为宽廊,中段设有"美人靠",舒适雅致。吊脚木楼中,歇山青瓦屋面的共12幢之多,其中有上下3层的,其生活空间布局极为合理;底层关禽畜、置厕所、放农具;二楼明间为堂屋,设神龛、迎客人,两次间前房住

代表性民居1

代表性民居2

怎东村总平面图

年轻人，后房住老人，拖厦为厨；三楼也可住人，可存放禾谷杂粮，可放置织机纺车等。寨子又是一个美丽的花果园，房前屋后广栽桃、李、柚、梨、枇杷、樱桃、柿子、黄花、菊花、兰草、鸡冠花、紫金花，四季花香，艳丽无比。

民居楼道

代表性民居3

民族文化

1. 瑶族盘王节，古历十月十六日全寨祭祀盘王，庆祝漂洋过海成功，感谢盘王保佑脱险。
2. 还盘王愿，每一位婚后男子必须还一次"盘王愿"，在本家进行，连过三天三晚。首日巫师唱漂洋过海歌、男女对歌、唱瑶歌、当晚摆长桌吃酒肉；次日半夜宵夜、摆长桌吃南瓜、对歌、跳春杵舞；第三天早上还跳春杵舞、吃糯米饭、煮鸡鱼吃。
3. 二月二，架桥求子，吃红蛋、糯米饭、鸡、鸭。
4. 三月三，吃甜藤粑。
5. 四月八为牛节，放牛上山吃草休息一天，人吃乌米饭。
6. 七月七，包粽粑，开田捉鱼煎或煮酸汤吃。
7. 踩红犁，择吉日，驱鬼除魔，传承人盘祖权、盘祖奎等。
8. 包红帕，择吉日，驱鬼除磨，"坐马"拍腿，唱鬼歌，用桃叶、芭芒驱鬼。

代表性民居4

民居楼道

代表性窗花格

9. 瑶族榨油，传统劳作，施用铁头大碰杆人力操作。

保护价值

寨中吊脚楼民居与石板古道均保存完好。传统民居整体建筑风貌保存完整，相对完整的、真实的历史遗存，同时还附带着大量的历史文化信息。整个村落与自然相互融合，对环境改变小，具有较好的保护价值。

古城墙一角

鸡观崖

周尚宏 李先通 编

黔东南苗族侗族自治州剑河县南寨乡柳富村

柳富村全貌

柳富村区位示意图

总体概况

柳富村位于仰阿莎湖北岸半山腰上，距南寨乡人民政府4.5公里。由柳富、中富、广丰合并而成，共有36个村民小组，516户2206人，均为苗族，有耕地面积1763亩，民居主要以吊脚楼结构为主，森林覆盖率为40%，2013年列入中国第二批传统村落名录。

村落特色

柳富村具有独特的苗族双层吊脚木楼之一，优美的卢笙歌舞，风味独特的地方食品，有古老的民风民俗，热闹的民族节日，具有旅游吸引力。柳富村依山而居，村后青山耸立，四周古树参天，村前层层梯田直抵清水江边，风景秀丽，生机盎然，是人与自然和谐的典范。众多的吊脚楼掩映在繁茂的千年古树之中，寨脚有清澈的清水江缓缓向东流去，更显这里的山水相连，风景如画，宜于民居。

柳富民族村寨能让你切实地感受到一种返璞归真的意境，古迹人文景观和浓郁的原生态民族风情构成一道完美和谐的自然生态旅游风光。

传统建筑

柳富是典型的苗族古村落，传统建筑吊脚楼均为木质结构，柳富村共有民居128余栋，房屋楼层为2～3层，多为建在两级屋基上，亦有前面一排柱子悬空吊脚。木房传统体现了苗族独特特的居住风格和建筑工艺，具有很高的使用价值和观赏价值。一般住在第二、三层，第一层用作堆放杂物、圈养家畜等，因为是木质结构，通风性较好，冬暖夏凉，干爽舒适。吊脚高悬地面既通风干燥，又能防毒蛇、野兽。民居除了屋顶盖瓦以外，上上下下全部用杉木建造。屋柱用大杉木凿眼，柱与柱之间用大小不一的杉木斜穿直套连在一起，尽管不用一个铁钉也十分坚固。有的除正房外，还搭建了一两个"偏厦"作为厨房。

建筑内部采取人口轴线方向为导向的平面布置形式，强调纵深轴线方向为导向的平面布置形式，强调从活动区到安静区、外向到封闭纵深轴线方向的空间序列，光线由明亮到暗淡。

柳富村民居主体建筑

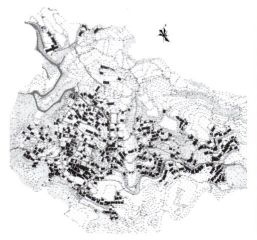
柳富村平面图

民族文化

在柳富村，锡绣支系苗族是苗族大家庭里的一个分支，主要分布在贵州省剑河县境内的清水江中下游两岸，在仰阿莎湖畔。居住在南寨、南加、敏洞、观么一镇三乡里，有38村，56个自然寨。锡绣，具有独特的制作工艺，精细而复杂的手工，清晰别致的图案，料源特殊而色彩独异，极具鉴赏和收藏价值。深受欧洲、美洲有关人士的喜爱，国外博物馆争相收藏。距今"五千年以上"，从锡绣产生的时间，结合锡绣装束来看，其衣袖口宽大而短，只到肘处；衣服无布扣，以右压左，用布带系腰；女人戴头巾时，脑前左右各折叠一个方角，随即用头巾两根细长的布带，围头捆紧在脑后打结，极有汉代时期装束的特点，但至今仍以活态方式传承，尚没有规范的文字记载。

柳富村被列为世界非物质文化遗产保护名录的苗族锡绣艺术地区的村寨之一。

柳富村整体风貌图

寨内风景

黔东南苗族侗族自治州

村寨内部空间

粮仓

在这里苗族锡绣与其他民族刺绣的不同，它不是用蚕丝线而是用金属锡丝条在藏青棉布挑花图案上刺绣而成，其核心图案犹如一座迷宫，变化莫测，耐人寻味，寓意深刻，充满强烈的神秘意味。工艺独特，手工精细，图案清晰，做工复杂，用料特殊。

柳富村为了锡绣不失传，培养接班人，科学化、商品化，使这一祖先留给的非物质文化遗产能够代代相传，经常请省级代表传承人龙女三九来传授经验技艺讲课。村寨中苗族干阑式传统民居有吊脚木楼、连廊木楼、回廊楼屋等，依山而建的苗族干阑式建筑群巧夺天工，是苗族人民与自然和谐共生的大智慧，也是苗族文化的最佳写照与缩影。苗族的各项歌舞及传统节日等民风民俗在柳富沿袭至今，突显了柳富不可小觑的民族文化价值。

人文史迹

柳富村柳富寨建于明代，柳富《清江志》载，关于锡绣的起源，传说苗族先民来到清水江两岸居住后，由于当地盛产木材，且水路运输非常便利，先民就把木材砍伐并编成木排，沿清水江而下到达湖南洪江一带，用木材换取其他商品。当时有人发现锡与银子的颜色相似，并且不易被氧化，于是就有人把锡用于苗族的刺绣上，因锡绣制品的光泽度好，质感强，深受当地苗族人民的喜爱，锡逐渐成为这一地区苗族刺绣的一种重要材料。

据说，1997年，英国皇家艺术奖获得者夏丽斯专程率团深入柳富村考察锡绣技艺之后，每年均有英、美、法、日、荷等国客人前来观瞻锡绣地，揣着锡绣艺术品，如宝在怀。2002年，美国《乡村之音》杂志撰稿人费拉·迈克丹尼尔到锡绣地参观访问后，在《乡村之音》杂志上发表了名为《中国·贵州·苗族刺绣（锡绣）》的文章，锡绣从此名噪而起，备受人们的喜爱。那些被时代缤纷的色彩迷乱了的眼睛，看见锡绣之后，忽然聚拢了骄傲的眼球，眼前的色彩一时为之纯净了。

柳富村原汁原味的民族原生态文化独树一帜，苗寨人的生活方式在此世代相袭。距今已有300多年的历史，仍保存了相对完整的、真实的历史遗存和文化遗产，同时附带了大量的历史文化信息，体现了很高的文化水准，见证了明清时期该地区的生活方式和文化特色，比较全面地反映出苗族的历史文化和发展轨迹。

柳富村传承人在制作作品

柳富村芦笙舞

柳富村锡绣少女踩鼓

古井

石拱桥

保护价值

锡绣经过不知多少年的沉淀，已形成一套较为完整的理论体系，在历史发展过程中，产品产生了很多专业代表语，外人一般看不懂，让人不得不惊叹锡绣技艺的博大精深。

苗族锡绣具有浓郁的民族气息，作品图案纹样具有深远的文化意义，2005年，锡绣被列为国家级第一批非物质文化遗产保护项目。苗族锡绣堪称世界一绝，锡绣工艺独特，做工精细，图案清晰，深受国内外客人的青睐，具有极高的鉴赏和收藏价值，被列为国家非物质文化遗产名录。曾经在这里绣出去的"锡绣"工艺品远出国门，成为日、英、美、法、荷兰等国旅客的收藏。

柳富传统村落丰富的文物古迹，独特的苗族干阑式民居，是研究和传承苗族文化及苗族干阑式建筑的重要平台，由于用地有限，为创造更多使用空间，建筑巧妙地与地形结合，手法独具匠心，值得现代建筑借鉴学习。

黄　琨　付文豪　编

柳富村全景

黔东南苗族侗族自治州从江县停洞镇架里村

架里村全貌

架里村区位示意图

总体概况

架里村位于停洞镇东北面，距镇政府驻地5公里。全村辖4个自然寨，13个村民小组，596户，2703人，停往公路（停洞—往洞公路）穿境内而过，交通较为便利。2013年被列入地二批中国传统村落名录。

村落特色

架里村坐落在都柳江北岸坨苗大山西南山脊上，村寨高差的近200米，吊脚楼依山而建，箐莽古树，片片翠竹穿插期间，景色如画。清晨，白雾初起、朝阳映照，村寨宛如海市蜃楼，似人间仙境。架里村位于从江县境内月亮山腹地，主峰海拔1247米。主峰顶上，原始森林遮天蔽日，时常云缭雾绕，林中古木粗大，平均直径都在两人合抱以上。枝干虬藤缠绕，苔藓层叠，其间野兽出没，人迹罕至。晴朗天气，站在榕江的车江大坝以北一带，可清晰地看到主峰的一部分。架里山属月亮山腹地一支脉，两山主峰虽遥相呼应，却因山体高大，沟谷切割深长，需要行两天路程方可到达。

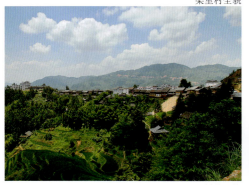
村落环境

村落环境

村寨道路

架里村总平面图

传统建筑

架里村的吊脚楼也建造在斜坡上,有2层或3层的。3层的吊脚楼最上层很矮,一般只存放粮食不住人。中间一层供人生活起居,而底楼则主要堆放杂物或作牲口圈。如为两层的吊脚楼则不修建顶层。有的人家还在侧间设有火坑,冬天就在这烧火取暖。吊脚楼为全木修筑,工艺复杂,需要专业木匠才能建好。

民族文化

架里苗族服饰是从江县苗族服饰的一个独特支系,大多以自纺、自织、自染、自缝而成。一般喜青色,男装一般衣着有无领对衽短上衣,包青布头帕。

妇女平时装束是头发盘髻于顶,插银簪、木梳、戴耳环。未婚女子,发际缠一块黑白花格布。上装对襟无领,用三排9个铜扣连襟,襟边、袖口、衣脚用红、绿、黄花线缀成三行花边。贴身挂菱形胸兜,靠颈处有一小块彩绣花牌,两角伸出小布带系于颈后,中部精绣各种颜色的花草图案。冬装不穿棉衣,只穿三、五件单衣,以衣着多件为荣,以显富足,腰系一条5尺长的黑白花格布带。老年妇女衣长过膝。下装,内裤过膝,外围百褶裙,脚胫套绣花布筒。节日盛装的女青年,头戴银钗、银帽、银梳、项圈三、五根,手镯五、六对,银链两根,银牌一块,配有银珠、银砣、玛瑙、银针筒,着长短二领裙子,里面是一领黑布及脚长裙;外罩一领及膝的印花百褶裙,更显庄重。

人文史迹

架里在新中国成立前及新中国成立初属新民乡二、三、四、五保的四保。1953年建政时架里辖区划为两个小乡。即将二保及三保合建为忠诚乡;将四保和五保合建为架里乡;1956年并大乡时忠诚、架里两个乡合并,命名为架里乡;1957年架里乡、停洞两乡合建片,名为新发片;1958年为停洞公社架里工区;1961年停洞公社划小,将架里工区改建为架里人民公社;1984年8月改称架里村民委员会。

成片民居

架里芦笙场

苗族盛装

苗服制作

保护价值

架里村苗族服饰不同于其他苗寨,服饰独具一格,架里村苗族在漫长的历史中,由于自给自足的自然经济的作用,他们很好的传承、保护和发展了本土性的社会生活。从一定的角度上来说,成就了一个保存完整的苗族村落。

魏 琰 李 婧 编

村落环境

贵州传统村落 第一册

黔东南苗族侗族自治州雷山县大塘乡独南村

独南村全貌

独南村区位示意图

总体概况

独南村位于贵州省黔东南苗族侗族自治州雷山县的西南部，村辖独南、党果、早格三个自然寨，存268户居民，户籍人口1222人，常住人口951人，以短裙苗族为主。村落民风淳朴，外界人士涉足较少，是黔东南保存最完好的一块未受污染的生态文化净地之一。2013年独南村已被收入中国第二批中国传统村落名录中。

村落特色

独南村四面环山，坐落在一座大山梁半山腰一块平坦的地方，像在一个马鞍上，而马在前进，腾云驾雾。寨中有几眼清澈见底的凉水井，几棵大树点缀在寨中的各个角落，风景很是特别。人们称独南苗寨"坐落在云贵高原，隐身于苍山雾海，是一个很美丽迷人的苗寨，感觉那是一个建在天上的寨子"。独南村的建筑几乎清一色的穿斗式木结构。楼的外部造型、内部装修、民俗陈设，极具地方特色，蕴藏着丰富多彩的文化内涵。

吊脚楼：一般为二层四开间以上，柱用材质好的杉木建造。房子的框架系榫卯衔接，一栋房子柱、梁、穿枋等有上百个榫头眼多。这些吊脚楼大多为四榀三间，上下二层。底层一般圈养牲口。二层半虚半实，即所谓的半边楼。二层一般二面带廊，人从侧面经廊进入堂屋。此层为全家活动中心。楼空部位，上铺楼板，与实地平。此外，还有三开间带一耳房、三开间带一跌落、跌落、四开间吊脚楼等，屋面多为斜山顶。但苗族的造房木匠不用图纸，仅凭墨斗、角尺、竹竿尺、墨线、斧头、凿子、锯子使柱柱相连，芳芳相接、梁梁相扣。

粮仓：独南村有粮仓100余座，布局完整，设施齐全，具有防火、防鼠、防水、防潮灯功能。主体布局基本保存完好，与周边环境很是协调。这些粮仓沿山体等高线排列着，展示了老一辈人的聪明智慧。

吊脚楼

粮仓群

传统建筑

独南村的历史传统建筑群数量较多，保存完整，有着独特的文化价值。独南村的建筑工艺独具特色。独南村的传统建筑，主要有吊脚楼、粮仓等，其中吊脚楼140座，清代历史建筑7座，古粮仓群两处，共粮仓37座。

独南村的传统建筑有公共建筑和居住用房两类。公共建筑有村委办公楼、学校等。这些公共建筑有议事、娱乐、学习等，公共建筑保存基本完好。传统居民建筑以吊脚楼为主，具有苗族特色，建筑群大多保护完好。

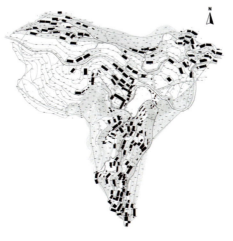
独南村平面图

步道

棕粑节

芦笙场

古井

苗歌

民族文化

独南村民与其他苗族同胞一样，都是热情好客、朴实憨厚。民族风情浓郁，且独具特色，保留了原生态的苗族文化。主要节日有棕粑节、吃新节、苗年节等。特别是"棕粑节"，远近闻名，热闹非凡。同时还开展各种文娱体育活动、男女青年情歌对唱及芦笙盛会等。

棕粑节：是苗家最隆重、最独特的节日。说独特隆重是因为它是苗族祭祀本宗支祖宗神灵的最大圣典，说它独特是因为过节的地方比较少，过节有程序、仪式和专门的棕粑语。

苗歌：是苗族文化的结晶，是苗族民间文学中的一枝奇葩。苗族人民通过苗歌传唱追溯历史，追忆传统，祭祀先民，教化子孙。

刺绣：苗族刺绣文化源远流长，因为苗族人民没有自己的文字，他们便把在平时生产生活中常见的花草树木，鸟鱼虫兽绣在了衣服上。

人文史迹

芦笙场：芦笙场是每个苗族村寨必不可少的集体活动场所，逢年过节，苗族人民都会在芦笙场上举办丰富多彩的庆祝活动。独南村的芦笙场坐落在大寨地区，芦笙场上用混凝土修砌而成，面积大概250平方米，每到重大的节日，村民们都会在芦笙场上载歌载舞，男人们在芦笙场上吹响芦笙，女人们穿上苗族盛装，在芦笙场上跳起苗族的传统舞蹈。

古井：独南村一共有古井2个，分布在寨子周边，在没有自来水以前，村民们一直在这2个井里喝水，村民的生活用水均来自于这两个古井，这两个古井是独南村村民不可或缺的水资源。

古树：独南村一共有古树3处，分布在村寨周围，保寨树具有悠久的历史，独南村村民代代相传"保寨树"可以保佑独南村人民身体健康，农作物年年丰收，所以保寨树在独南村村民的心中可被誉为神树。

保护价值

历史价值：从江西迁徙至此，到独南居住至今已有500多年。作为一个苗族聚居地，历史久远、民族风情浓郁，村寨都保存着苗族建筑、服饰、习俗、歌舞、乐器工艺等传统古老和原汁原味的古朴内涵。几百年的生息繁衍，勤劳的独南村民和肥沃的土地共同造就了独南的历史文明，具有较高的历史价值。

现有的街巷空间、公共空间、建筑形制，均是在各时代自然生长形成的，体现了时代的延续性，具有较高的历史价值。

文化价值：独南人勤劳勇敢，充满智慧。他们在继承传统文化的基础上，形成独具魅力的特色民俗文化，流传至今，生生不息。民族民间文化尚保留原生状态，民居及建筑艺术独特，生态景观、人文景观互相映衬，传统文化具有浓郁的多样性、完整性、地域性。勤劳的独南人，在与大自然和谐相处的千百年中，创造物质财富的同时，也创造了优秀的传统文化。苗族传统节庆文化、传统民间技艺文化、民族特色美食文化等，均具有较高的保护传承价值。

黄　丹　陈婧姝　编

古树

独南村建筑风貌

黔东南苗族侗族自治州剑河县南哨乡翁座村

俯视翁座村

翁座村区位示意图

总体概况

翁座村属剑河县南哨乡管辖，寨子位于南哨乡东南部，属于亚热带季风气候，森林覆盖率为75%，动物种类共120余种，植物种类共180余种。

翁座村处长江水系，流经村寨的有一条小溪沟和一条小河，河水流量小，年流量为1600万吨；以山地为主，平均海拔873米，翁座村全村苗族1084人，侗族136人，汉族6人，水族3人。

翁座村民居分布于两条山岭之间的山谷斜坡面上，背靠大山，寨子饮水主要靠山上泉水，自然植被保护完好；该村整体风貌保存较好，仅有传统民居盖瓦受到破坏，由木皮改换成机制的红瓦。2012年被列入第一批中国传统村落名录。

村落特色

翁座村动物种类共120余种，植物种类共180余种，其中：珍稀动植物主要有：穿山甲、五步蛇、眼镜蛇、娃娃鱼、苏门羊、麝羊、相思鸟、猕猴、鸳鸯、三七、鹅掌楸、红豆杉、榉树等。

寨子坐落在两条山岭之间的山谷斜坡面上，三面环山，前面是稻田，稻田下为溪谷，正面远观其如凤凰展翅，居住地势较陡，屋基多为前面砌坎，后面劈坡，房屋依山而建，民房均为木质结构，房屋多建在两级屋基上，亦有前面一排柱子悬空吊脚。寨子四周，古木参天，环境风貌十分优美。

传统建筑

翁座村全村民居以南方苗族典型的干阑式木楼，民居共198栋，建筑面积20790平方米。受地势条件限制，民居多为平地楼，也有吊脚楼、矮脚楼分布。民居因地而建，建在平地上的多为平地楼，建在水塘边的为矮脚楼，建在坡坎上的为吊脚楼，民居层次分明，错落有致。民居的用途主要有居住和关牲畜，一般一楼为圈养牲畜，二、三楼为人居住，功能层次分明，使民居的使用性增强。

例定千秋碑：位于翁座寨东面路口（1894年立），碑高1.8米，宽1.16米，厚0.13米，碑座高0.6米。

传统禾仓：翁座村共有禾仓123座，建筑面积1476平方米，禾仓中大部分为20世纪六七十年代建，6座为清代建，25座为民国时期建。禾仓布局合理，大部分房屋有一定距离，以便于防火、防鼠、防蚁虫、防潮等。禾仓大小一般在10～18平方米，每座禾仓皆为独立，一楼架空，二楼用木质性较好的杉树来进行围装，大部分上盖杉树皮，保持着传统的风貌。

传统晒禾廊：晒禾廊是翁座村传统建筑之一，主要用于晾晒稻禾，兼晾晒玉米、辣椒等，是最古朴的晾晒工具，远古时几乎每3～5户共用一个，现村内仅剩2个保存下来并继续使用。

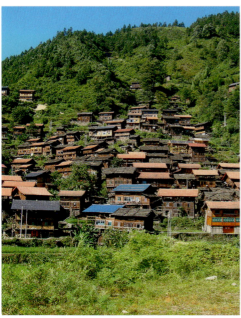
翁座村格局

自然环境

翁座村总平面

传统民居建筑

禾仓群

民族妇女用餐

节日庆典

民族文化

1. 古歌，翁座苗族古歌已有千年历史，主要是唱苗族从东方到当地的迁徙过程，其中还有相当一部分是唱在当地定居后的安居乐业场景。是世代传唱的民间文学与民间音乐形式。

2. 二月二，是祭桥节，流传于全县各处苗族地区。桥是苗家的神物，有保佑平安、送子的神力。每年二月二，家家户户都要祭桥。

3. 芦笙舞，在一年一度的重大节日里。活动有对歌、踩芦笙等。

4. 卯节，是村寨里的大年，进客最多，节日气氛最隆重，意为新粮入仓，用节日约客庆典，寓意明年再接丰收。民俗节气主要有"过卯"、"八月二"、"苗年"等。

以上四项在2009年被县人民政府公布为县级非物质文化遗产。

人文史迹

翁座村形成于清代，翁座寨是由现在的老寨村老寨自然寨迁来，原居老寨苗族因清政府的反苗政策，无辜苗民遭杀戮，被迫迁至翁座。原名"翁铭"，民国时期称"翁脚"，新中国成立后改称"翁座"。翁座寨三面环山，悬崖峭壁，另一面是深山溪谷，唯独有一条通达世外的长约1公里的陡坡窄道，苗民为了躲避和生存，选于此地隐居。

保护价值

翁座村，是重要的少数民族聚居地，房屋建筑均为木质结构，多盖木皮和小青瓦，颇有苗族特色。主要的文物古迹有：传统民居198栋，传统禾仓123栋，例定千秋碑1座，红军烈士墓1座。

李人仆 黄鸿钰 王 攀 编

仰视翁座

翁座古桥

古河道

贵州传统村落 第一册

黔东南苗族侗族自治州雷山县大塘镇桥港村

桥港村全貌

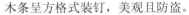
桥港村区位示意图

总体概况

桥港村位于贵州黔东南苗族侗族自治州雷山县西南部，距大塘镇政府驻地18公里，距雷山县城26公里，由开茶、大寨、新寨、两卡、羊单等5个自然寨组成，村域面积约3.5平方公里。全村有304户，共1274人。全村以短裙苗和长裙苗为主。桥港村村脚下两条小溪，周边古树参天，山水条件优越，2014年列入第三批中国传统村落名录。

村落特色

桥港村作为典型的苗族村落，历史悠久，建筑保存比较完整，以枝繁叶茂的巨树为护寨树，尤其以松香树和杉木树居多，建筑全部为木质吊脚楼结构，以小青瓦盖顶或杉木皮盖顶，村寨四周梯田层层、绿树环绕，苗寨与自然环境和谐共处。

传统建筑

桥港村村落建筑保存比较完整，村民就地取材建筑居所，修建吊脚楼中有成套的建房工序，如择吉日筑屋基、备料（尤其是选中柱和屋梁及其砍伐和搬运）、发墨、拆枋、凿眼、立房、上梁、盖瓦、装房、立大门、立神龛、栽花树等及其举行相应的礼仪和禁忌（带有浓厚的巫文化遗风）。

桥港村的建筑几乎清一色的穿斗式木结构。民居的外部造型、内部装修、民俗陈设，极具地方特色，蕴藏着丰富多彩的文化内涵。吊脚楼大多为四榀三间，上下三层，底层进深很浅，只能圈养牲口，也有两层结构房屋，上下各一层，开间三间，均为人居，二楼中间有"美人靠"，结构独特，供休闲用。一般民居大门、房门、窗户的装修都极有特点，门槛略高，苗俗认为这样有利于聚财不外溢，窗户用木条呈方格式装钉，美观且防盗。

吊脚木楼1

民居和粮仓

吊脚木楼2

苗族刺绣服饰

桥港村平面图

民族文化

桥港村是典型的苗族谷地村落，村内短裙苗族与长裙苗族世代聚集，和谐共处，民族风情浓郁。与其他苗族同胞一样样，桥港村热情好客、朴实憨厚，村里的男女老少能歌善舞，特别喜爱吹芦笙，跳铜鼓舞，跳扁担舞等，主要节日有鼓藏节、端午节、吃新节和苗年节等。

苗族刺绣：苗族刺绣文化源远流长，色彩鲜艳，构图明朗，朴实大方，所绣之花草树木，鸟鱼虫兽活灵活现，几乎每一个刺绣图案纹样都有一个来历或传说，都深含民族的文化，都是民族情感的表达，也是苗族历史与生活的展示，所配银饰更是图案精美。过节时，谁家女孩身上的衣服越好看银饰越多就表示谁家越富有，这一身的盛装也将是女孩出嫁的嫁妆。

鼓藏节：鼓藏节是苗家最隆重、最独特的节日，是苗族祭祀本宗支祖宗神灵的最大圣典，十三年才过一次，过节的地方比较少，有程序、仪式和专门的鼓藏语。苗族鼓藏节具有鲜明的民族传统文化内涵，是苗族人生价值观的展现，鼓藏期间，苗族同胞和远方来的客人一起围着圈跳铜鼓舞，很是热闹。

人文史迹

粮仓：全村均匀分布，布局完整，设施齐全，具有防火、防鼠、防水、防潮灯功能，主体布局基本保存完好，是老一辈人的聪明智慧的结晶，也是桥港村一道独特风景。

桥港鱼酱酸：因为《舌尖上的中国（第二季）》而闻名中国的桥港鱼酱酸，在桥港村已经有300多年的历史，鱼在坛里已融化成酱，坛子里的辣椒和被酱化的鱼汁，有点透亮有点黑，香气四溢，美味异常。

桥港村妇女捕鱼

桥港鱼酸酱用料

古井：桥港村共有较大的古井2口，水冬暖夏凉，十分甘甜，至今仍然在使用。

古树：桥港村一共有古树2处，分布在寨中、寨后，古树在村民心中认为可保"人寿年丰"，尊为"保寨树"，格外敬重。

保护价值

美学价值：桥港村建筑因地制宜、活泼灵巧，在满足民族生活需求的同时也反映着桥港人作为苗族特有的审美眼光，具有很高的美学价值。

历史文化价值：桥港村是典型的传统苗族村落，300多年的历史使得它蕴含了丰富的、特有的苗族历史文化气息，同时其特点的风土人情记录了苗族村民的生态状态，对于地域文化趋同的今天，桥港村依然有着很高的历史文化价值，形成了苗族村落独特的地域文化景观标志。

唐历敏 陈清鋆 杜莉莉 编

古树

芦笙场

古池塘

村居环境

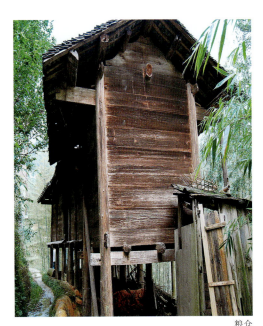
粮仓

桥港村远眺

黔东南苗族侗族自治州锦屏县隆里乡隆里所村

远眺隆里所村

隆里所村区位示意图

总体概况

隆里所村位于锦屏境内南部，全村3751人，912户，村域面积28.4平方公里，为低山盆坝地形。境内海拔平均在450米以上。四面环山，峰峦起伏，山林地土壤肥沃，是杉、松树和毛竹生长的理想场所，有着良好的生态环境和丰富的林业资源。由于地势开阔平坦，雨水充沛，无霜期较长，阳光充足，适于发展粮油生产。境内为岩溶地质，地下水十分丰富，水资源好。2012年被列入第一批中国传统村落名录。

隆里所村总平面图

村落特色

1. 自然特色：隆里所村四面环山，有良好的生态环境和丰富的林业资源，山中盛产特有的青石，境内主要河流为龙溪河，溪水从古镇西部蜿蜒向北流去，清澈见底。

2. 独特的城防和空间环境：隆里古城地处要冲，以军事防御理论及传统环境理论指导选址布局，依山傍水，将山川形貌与城堡融为一体，与山为刚，以水为柔，形成了东南据山，西北临水空间形态。

3. 街道分布合理，古城内的街道均用鹅卵石漫铺形成花街镶嵌出各种图案，现村落整体风貌保存情况较完整。

古祠堂

传统建筑

龙标书院：现存建筑为清光绪年间重修，主体已不存在，存留大门。该书院旧时为黎平府的八大书院之首，为封建时代培养了大批人才。

陶家大院：位于城东北角，是清代木商陶明哲的住宅，是隆里最具有代表性的保存最完好的古建筑。

科甲第：位于南门大街，天井铺青石板，天井地面放有清石防火缸，龙蟠护，翘角凌空，白墙悬瓦，古色古香，山上彩画或花鸟鱼虫，或山水人物，惟妙惟肖。

书香第：含义世代为读书人，位于南门大街，建于清末，江氏宅第，三间二进二天井，堂屋窗格为各式花窗。

祠堂：王氏祠堂（所王）位于王家巷，为烽火墙围护厅堂式，内天井，木构为抬梁和穿斗式，有长、短对联3副，记述了王家迁移历程和对于子孙后代的训导。

春季的隆里所村

夏天的村落

古巷子

古建筑

民族文化

花脸龙：隆里民间花脸龙自北宋以来，已有1000余年历史，经过长期的发展演变，明代屯军时由隆里先民带入隆里，清代臻于成熟，传承至今。"花脸龙"顾名思义，所有扛龙人的脸上，用颜色画上五彩脸谱，生、旦、净、末、丑尽全。玩舞游街时兴腻粑粑，故称"腻粑龙"。在以苗侗文化为主流的黔东南，隆里古城作为处于南北分水岭线上的一个社区，却坚守花脸龙这一"文化孤岛"现象，在中国传统历史文化发展的百花园中，独具一格。

汉戏：古城的先民是由中原江南各省迁徙而来的，将源于湖北、湖南一带的汉戏传入上演，盛行于隆里所，一直传承到1970年代初。这在锦屏县亮江流域实属罕见。汉戏班子推陈出新，演出了一些歌舞、革命京剧样板戏，深受好评。

玩故事：又叫"迎故事"、"迎春"，实际也是演戏，剧情、人物、衣作等和演戏一样，不同的是舞台不固定，演出场面是游动的。活动时间在元宵节前后，连续玩3天。众将"舞台"抬起，敲锣打鼓，热闹非凡，形象逼真，让观众一饱眼福。一般情况第一天表演《观音洒净》，第二天表演《仙姬送子》，第三天表演《唐僧取经》，除此还有《八仙献寿》、《天女散花》、《七姐下凡》等剧目，意在驱邪迎祥，祈求幸福，歌颂美好。

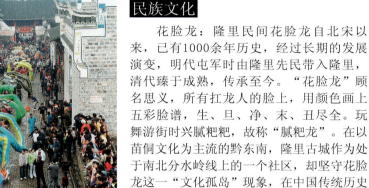
耍花龙

古门头

东门鼓楼

隆里古城汉戏

保护价值

隆里古城1999年被列为贵州省重点保护和发展的民族文化村镇，是中国与挪威文化合作项目——贵州4个生态博物馆之一（梭嘎、镇山、隆里、堂安），2003年被贵州省政府列为省级风景名胜区，2004年又被省政府确定为全省首批优先发展的重点旅游区之一，2006年列为省级历史文化名镇，2006年隆里古建筑群被列为省级文化保护单位，2007年列为中国历史文化名村。隆里古城成为锦屏县对外宣传的一张名片。

李人仆 王 攀 黄鸿钰 编

隆里花脸龙

黔东南苗族侗族自治州黎平县坝寨乡高西村

高西村全貌

高西村区位示意图

总体概况

高西村是一个拥有500余年历史的侗族村寨，由高西、洋寨和小洋寨三个自然村寨组成，全村共265户，1263人，均为侗族，以石、杨两姓为主。村落位于贵州省黔东南苗族侗族自治州黎平县坝寨乡，距乡政府驻地10公里，东与高场村接壤，西与孟彦罗溪村交界，南与器寨村比邻，北与孟彦寨官村相连。2013年高西村被列入第二批中国传统村落名录。

村落特色

高西村位于宽阔平坦的山谷，四周山林环绕，溪流在村落内蜿蜒流淌，溪流两侧为自然分布的稻田，县道坝尚公路沿溪流东岸穿村而过，交通较为便利。村落内建筑于溪流两侧坐坡朝河，呈带状分布，两座鼓楼分别矗立在两个大寨子中间，谷仓建在寨前显眼处。

传统建筑

鼓楼：两座鼓楼均为密檐式鼓楼，底方5层重檐四角攒尖顶，底部封闭、木板围合、设木门和木格花窗。4大主柱，12条檐柱，檐面均为翘角，顶层中央竖上瓷质宝顶，檐下四方镶有弯板，颈部镶方格，楼下有长条粗凳，中设火塘。

传统民居：高西村传统民居多为两层木楼，三间五柱或三间三柱，不用一钉一铆，悬山双坡顶，覆小青瓦或杉木皮。主屋楼上楼下各有4小间，堂屋内墙壁主设神位，退堂屋为楼梯间。在溪流的另一边有十余户分散建在公路上坎的陡坡脚，屋宅狭小，但可容纳三间五柱。

禾仓：是高西村民存放粮食的专用建筑，以家庭禾仓为主，全村约有70座，分别建在寨中的水塘上和寨前的溪流上，多成群成排。禾仓建造均用杉木，有一间一层4柱的，也有两间一层六柱的，檐面为两面倒水，前后两面三尺出水，两边三尺出山，粗材大料，防倒防盗防鼠咬。

民族文化

高西村除了拥有鼓楼营造技艺，服饰文化，侗戏文化，侗歌文化及婚庆习俗等典型的侗族传统文化之外，让高西人最为饱含情感便是餐食节了。

餐食节："吃餐食"俗称"或也"，高西村吃餐食其实是寨与寨之间的集体串门活动，都是在正月上旬进行的。连续举行3年，又间歇3到5年。吃餐食的初衷是喜庆丰收，交流农耕经验，畅想未来。吃餐食在高西村有着自己独有特征，一是其传承时间久远；二是方式独特，主事的一方由寨老组织全寨男丁集中到鼓楼里报名，再按年龄大小分成甲乙丙丁不同等次，用

鼓楼

石碑铺地

高西村平面图

民居

花桥

古井

大红纸誊写，封好，再派几个青壮年将名单送到对方鼓楼，亲手交给对方寨老，下完拜帖，就表示对方已经接受。因为两寨是对门亲，难免有人会抽到至亲的，比如亲表兄弟、郎舅、亲家之类的，关系密切，平时经常往来，这时可以私下里和别人调阄，其他情况一律不可以换阄，那样别人会说你嫌贫爱富而遭到唾骂。

人文史迹

烈士陵园：位于洋寨，是新中国成立初期为解放茅贡牺牲在高西的5名解放军战士的安葬处，陵园内立有纪念石碑，建有烈士亭，陵园前面是高西村数百年保存下来的参天古树群。

古井：高西村内分布着古井数十口，现状保存较好，均为青石板镶嵌，井口石板雕刻有动物或花草等图案，个别古井还刻有碑文，介绍井的渊源、建造者及井的历史等内容，其工艺精巧。这些古井经过几百年岁月的洗礼，至今仍然渊源不断地涌出清泉，养育着高西人。

青石及石碑铺地：高西村是一个建在青石板上的村庄，无论是古色古香的侗家民居，还是曲径通幽的街巷，还有晒谷坪，甚至是架在溪流上的石桥，无处不能寻觅到青石板的痕迹。

烈士陵园

禾仓群

古树：高西村分布着不同树种的古树，有杉树、榆树及红豆杉等，它们像守护神一样，世世代代守护着高西村。其中，尤为突出的有村寨入口处山上的两棵杉树，洋寨烈士陵园旁的古树，以及小洋寨后龙山上的一棵古榆树。

保护价值

高西村群山环抱，随山就势的选址特点、大规模侗族传统建筑群、遍地都可觅见的青石板铺地、现状保存完好的古井、满山分布的各品种的古树，作为侗民族文化的物质载体，在与高西村独特的节日文化相得益彰，共同构建了高西村这一研究侗民族思想、理念、生产、生活习俗的重要科学载体与典型代表。

王　希　王　艳　编

飨食节活动

清朝碑刻

古井

古树

小河

高西村建筑群

黔东南苗族侗族自治州黎平县地坪乡高青村

高青村全貌

高青村区位示意图

总体概况

高青村位于县城东南49公里（直线），距乡驻地东北11.6公里。地处坡旁河谷，海拔270米，是一个典型的苗族村寨，是地坪乡第二大村寨。全村2295人，535户，村域面积14.13平方公里。高青村落500年前是一片荒无人烟的山地。后来从从江高新迁来几户苗家落居这里。从此村寨从小变大，为了纪念故地，故名叫"高青"。2012年被列入第一批中国传统村落名录。

石板路

村落特色

高青村坐落在省级自然保护区——弄相山原始森林山脚下，地处山谷，四面环山，东高西低，寨子中间平坦，地势形如脸盆，一条小溪沿寨脚穿流而过。村寨内建有两座风雨桥和一处凉亭，构成"鑫"字形而相互照应的格局。

古树是苗族人民选址的一个重要因素，因为苗族人民对于大树有种图腾文化与信仰，有古树多的地方象征着这个地方风水好，人丁兴旺，充满生机。每逢节日期间，苗家人民都会到古树前烧香烧纸进行祭祀。

民居建筑均为全木结构，小青瓦、木皮、吊脚吊柱，居民建筑基本采用传统的形式，大部分为2～3层，主要以原杉木为建材。高青村的民居建筑与风雨桥、凉亭等传统公共建筑遥相呼应，石板古井，石桶古井、石板村巷古意盎然，构成一幅含有浓郁苗族传统特色的风情画面。

高青村平面图

传统建筑

高青村的传统建筑群是本地苗族文化保存较为完整、规模较大的村落。主要有苗族吊脚楼、风雨桥、古井、"俄虾"。这些建筑集中反映了高青村自迁到此地以来的生产生活状况及风俗习惯。

吊脚楼：高青村的传统建筑——吊脚楼均为全木结构，小青瓦。苗家吊脚楼一般是分为4层，苗家吊脚楼一般建在半山腰上，占空不占地的建筑风格，充分体现了苗族人民的智慧及其朴素的人与自然和谐相处的生态理念。

风雨桥：风雨桥又名花桥，由桥、塔、亭组成。全用木料筑成，桥面铺板，两旁设栏杆、长凳，桥顶盖瓦，形成长廊式走道，有多层，檐角飞翘，被称为世界十大最不可思议桥梁之一。风雨桥其结构以桥墩、桥身为主的两部分。墩底用生松木铺垫，用油灰粘合料石砌成菱形墩座，上铺放数层并排巨杉圆木，再铺木板作桥面，桥面上盖起瓦顶长廊桥身。桥身为4柱抬楼式建筑，美丽、壮观，逶迤交错，气

高青村环境

黔东南苗族侗族自治州

吊脚楼

古树风雨桥

势雄浑。风雨桥是苗族人民智慧的结晶，也是中国木建筑中的艺术珍品。

古井以石作为井壁，呈圆形或方形状。井壁上还雕有鸟兽等形状。在苗家人民心目中，水是最重要的，所以对古井保护比较好，聪明智慧的苗家人还在水井里放着鱼儿，以防水体有毒人们能提早发现。

俄虾："俄虾"为祭祀用的传统建筑，苗家人每逢节日或祈求风调雨顺时，都会来此祭祀求保佑。风水好，人丁兴旺，充满生机。每逢节日期间，苗家人民都会到古树前烧香烧纸进行祭祀。

古井

俄虾

民族文化

芦笙节，是苗族人民为纪念一年一度风调雨顺的传统节日，至今已流传200多年，象征着苗族人民热爱和平、热情待客、喜好交友。芦笙节以芦笙比赛为主，年轻妇女踩蹚为辅。每年农历正月七日这天，高青村及周边的苗族、侗族同胞们都会穿上编织了一年的节日盛装。

春社节，是苗族一个隆重的传统节日。每年农历二月春分的翌日，生活在地坪的苗族同胞，都要欢度春社节。春社节，苗语称为"兴暇"，兴是清闲、游玩、约会的意思，暇是社稷、祭祀的意思，合起来就是苗族同胞利用春社祭祀社稷、纪念先人之机，欢聚一堂，分享快乐，传播友谊，播种爱情。因此，春社节也是苗族青年的"情人节"。

"俄地"为高青苗家人在传统节日祭祀时专用，采用石块垒砌而成，为圆形状，直径约2米，每逢节日时，苗家人都会来此祭祀。

"公衣几"为高青苗家人在传统节日祭祀时专用，采用石块垒砌而成，为圆形

芦笙节

春社节

俄地

公衣几

状，直径约2米，每逢节日时，苗家人都会来此祭祀。

保护价值

高青村是一个典型的苗族村寨，是地坪乡第二大村寨。地坪境内苗族的芦笙节，每年以高青村的为开幕，每个村寨相继举办，一直到正月十二日的滚大村芦笙节闭幕。每年农历正月初七有成千上万游人到此观赏苗家芦笙舞。

高青村是典型苗族村寨与自然原始森林相结合的优秀案例，是苗族以山林泉水为依托，与古树森林和谐相处。人保护山林，古木保护人类的完美典范。

张　懿　赵晦鸣　李函静　编

风雨桥

黔东南苗族侗族自治州榕江县栽麻乡宰荡村

宰荡村一角

宰荡村区位示意图

总体概况

宰荡村位于贵州省黔东南苗族侗族自治州榕江县栽麻乡境中南部，西北距省城贵阳约230公里，西南距县城榕江约25公里；是一个侗族村寨，村民全部为侗族，讲侗族语言，现有总人口1337人。2012年被列入第一批中国传统村落名录。

村落特色

村落选址于深山溪谷，侗民称"槽"为"荡"，寨子故名"宰荡"。寨周青山层叠，古木森森，风景优美。谷中一溪流，溪岸筑石板道，溪上架石板桥，民居沿溪而建。寨头横跨花桥，寨中点缀鼓楼，布局十分得体。

石板村道，随溪而筑，民居分布于石板道和溪流两侧，村内小路（石板路和土路）纵横交织，便于出入。水井建于寨中，分布较为均等，便于村民取水用水。村民排水于溪。

传统建筑

民居多为吊脚木楼和木构地屋，布局得体，错落有致。青瓦危栏的木楼，曲曲弯弯的石板古道，临风照水的长廊式花桥、高峻挺拔的密檐式鼓楼，溪边浣衣的村姑、牛背上的顽童……渲染成一幅绝妙的侗乡山水画。鼓楼为七层八角攒尖顶密檐式塔状木构建筑，上复小青瓦，有楼冠一级，花桥为楼廊式风雨桥，正中建桥楼一座，小巧精美。鼓楼花桥均为寨民集会议事，休闲娱乐之所。

村落环境

村寨道路

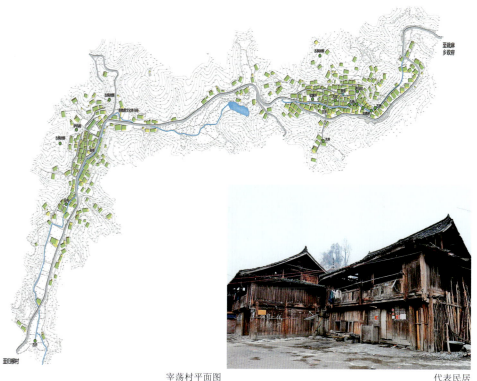
宰荡村平面图　　　　代表民居

黔东南苗族侗族自治州

宰荡村鼓楼

代表民居

民族文化

侗族大歌花带编织竹编：

悠久的历史铸就了宰荡村深厚的文化内涵，古建较多，民风古朴。民俗节日有侗年、吃新节、为也、行歌坐夜、鼓楼对歌等。祭萨传统文化保存良好，每年一次，全村参与，宰荡侗族大歌为榕江之最，传承人（歌师）有胡胜华（生于1910年）、胡官美（生于1955年）、罗俾云等，官美教歌30余年，培育歌手200多人，其2个女儿于2006年到北京比赛得到银奖，并于2006年、2011年分别到西班牙、法国演出。竹编与花带编织亦远近闻名，竹编传承人罗绍民、花带编织传承人胡官美等。村落是非物质文化的根基；离开村落，宰荡的非物质文化也就不存在。

萨玛祠

萨坛

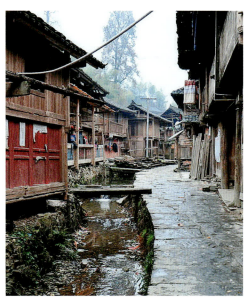
村中道路

鼓楼下教侗歌 1

鼓楼下教侗歌 2

保护价值

村寨周边小山罗列，林木葱郁、翠竹森森，更有古木林分布其间，村外古木群及村落整体风貌保存完好。古井分布在溪流旁或民居之间，便于村民取水用水。使用传统教学方式下更好地延续非物质文化。在客观上，对非物质文化的保留做出了巨大贡献。

周尚宏 黄明皓 编

侗歌表演

241

黔东南苗族侗族自治州黎平县九潮镇高寅村

高寅村全貌

高寅村区位示意图

高寅村风雨桥正面

高寅"倒金字塔"主体建筑

总体概况

高寅村位于九潮镇西部，距九潮镇政府14公里，村域面积20.8平方公里，是黔东南的侗寨村寨。地处长江水系和珠江水系分水岭地带。以山地为主，年平均气温17摄氏度，属于中亚热带季风气候，四季如春。全村389户，总人口1851人。"高寅"为侗语"您"音译而来的，"您"侗语为人，原意为适合人居住的地方，后来为方便记录村名，根据高寅地势比周围村寨高，加"高"字，固得名"高寅"。2012年被列入第一批中国传统村落名录。

村落特色

高寅村是坐西朝东的地理格局，后山是天歌塘山脉，山脉蜿蜒而下，整体空间布局形如船状，村寨的外围是植被茂盛的山林。高低错落的小青瓦民居依山势地形面水而建，溪流、农田、山林融合其中。

天歌塘山脉：从半山腰分为南北走向两道山梁延伸到高寅田坝脚，逐渐合拢形成关口，形成自然屏障，两道山梁之间形成一条狭长、宽阔的田坝。

溪流：源自天歌塘山脉延绵数公里流经高寅寨子中间，供应高寅村居民充足水源。民居由小溪两边平坦地带向山脚四面延伸，两边寨子由两条4米宽的水泥路贯穿，形成寨内交叉、畅通的交通网络和消防通道。

民居：原先皆为侗族木干阑吊脚楼。随着社会的发展，以及现代建筑元素的参透，民居功能逐渐健全，大部分侗族古建筑保存完好。

传统建筑

高寅村平面图

高寅村是侗族聚居的地方，有着优良的自然条件和丰富的森林资源，为其创造俏美独特的木结构体系建筑提供了丰富的建筑材料。高寅村由江西迁至天柱远口再迁至现在高寅村至今已有700多年。村内现有大大小小百来幢木屋，一幢大屋住一个家族的一支人（几代同堂），每幢屋便是一座碉堡。500年历史的老木屋30座，且不倾斜，无虫蛀。在500年前，没有起重推吊机械工具，完全靠人工劳作，工程之艰巨，工艺之精巧，充分体现了侗族人民的智慧和建筑的独特风格。高寅村现保存民居286栋，"倒金字塔"建筑民居7栋，风雨桥1座，老禾仓10栋。

"倒金字塔"建筑：多采用杉木，通常有2~3层，两端有偏厦，四面逐层悬挑，由底层至顶层作，一层层悬挑，排枋纵横交错，上下吻合，层层支撑而上，形成下小上大的"倒金字塔"独特外观形状。由于侗族聚居地多为山区且气候多雨潮湿，为防湿气、毒蛇虫兽的侵袭，底层不住人，只用来饲养家禽，安置柴草，放置农具和重物等，2~3层是主体使用层，是侗家人饮食起居的地方，由堂屋、宽廊、卧室等构成。

风雨桥：高寅村现有风雨桥一座。风雨桥也被侗家人称为花桥，是一种集桥、廊、亭三者为一体的桥梁建筑，多取材于当地盛产的杉木。风雨桥从结构上可以分为亭阁式和鼓楼式两种。亭阁式风雨桥在侗族地区较为常见。

民族文化

高寅村是以侗族为主的少数民族村寨，侗族源于古越人，与侗族古歌《祖宗

黔东南苗族侗族自治州

高寅村侗族琵琶歌

高寅村萨玛节

高寅村古井

高寅村穿寨小溪

入村》所唱的"我们都是越王子孙，没有贵贱之分"的说法相吻合。在高寅侗寨发现的明代古钱币和其他石器等，说明了这片区域很早就有人类繁衍生息。2012年，黎平县高寅村被列入第一批中国传统村落名录。

侗族琵琶歌：侗族琵琶歌于2006年5月20日，经国务院批准列入第一批国家级非物质文化遗产名录，侗族琵琶歌是民族文化精品，不仅深受当地群众喜爱，还多次登上"大雅之堂"。她们唱到北京亚运村，唱到法国巴黎……这朵民族民间文艺鲜花，越来越绚丽夺目。

民俗节日：侗族民族节日活动丰富，具有丰富多彩的民族文化活动，如侗年、六月六、花炮节、姑娘节、尝新节和赶歌会等等。其中，"记间（鼓藏节）"和"祭萨（萨玛节）"是高寅村延续至今最为知名的两个传统节日。侗族人通过"记间"，祈求风调雨顺，五谷丰登，人丁兴旺，人民安居乐业。"踩歌堂"、"斗牛"是两个传统节日中的两项主要内容。萨玛节是流传于黎平、榕江侗族地区的一种盛大的祭祀活动。

人文史迹

高寅村自然与人文相得益彰的传统历史文化，让我们对源远流长的侗族文化充满了崇敬。丰富的历史背景具有较大的资源转化空间和特色经济发展优势，可推进民族文化旅游产业的快速发展。

高寅村现居民286栋、禾仓10栋，社祭坛2处，古井6口，古树70多株，自然景观有"天歌塘"、"望乡台"。

古井：高寅村的古井起源于明末清初，古井的两边用青石板镶嵌相对封闭，防雨水和山溪水流入，井口两边拱形石板上刻有龙纹，边上立有石碑刻字记载，古朴自然。

社祭坛：为了纪念死去的侗家一位英勇善战的女首领"萨玛"，人们在村寨中间的坪坝上垒起土堆，即萨坛，作为供奉和祭祀萨的场所。萨坛一般都栽有柏树或杉树和千年矮（一种灌木植物），以示萨玛的英灵万古长存。

溪流：高寅村村落选址为四面重山围合，前面流水穿过，为高寅村村民提供充足的生产生活水源，民居建筑沿河道展开，背水面街成"一"字形。这种典型的格局是村落的最简单形态，在实际中，村落的生长受到了多方面的影响，从不同的

社祭坛

中心向外展开，形成多中心的复合体。山环水抱，层层叠叠的围合空间是人们生活的理想环境。青山为屏，绿水环绕，人们更愿意在这样的封闭环境中过着男耕女织的田园生活。

保护价值

高寅村传统村落是在长期的农耕文明传承过程中逐步形成的，凝结着历史的记忆，反映着文明的进步。高寅村古建筑群吸引着不少学者专家和游人前来欣赏和研究。

高寅，这个普通山寨里蕴藏着几百年来的神秘，浓郁的侗乡文化、热情好客、勤劳善良是高寅人的代表。高寅传统村落不仅具有历史文化传承等方面的功能，而且对于推进农业现代化进程、推进生态文明建设等具有重要价值。

白　莹　陈佳俊　李函静　编

高寅村倒金字塔民居修建工艺

高寅村环境

黔东南苗族侗族自治州黎平县大稼乡高孖村

高孖村全貌

高孖村区位示意图

总体概况

高孖村位于贵州省黔东南苗族侗族自治州黎平县大嫁乡驻地北部，距乡所在地3.5公里，北邻中盘现村，南接岑凤村。据记载，元末年间吴、杨二姓在逃避天灾兵匪的迁徙中到高孖定居，他们利用简陋的生产工具辟岭开田，植树造林供子孙繁衍生息，从落户定居到今天已有700多年的历史。高孖村村域面积9.59平方公里，总人口为1075人，以侗族为主。2013年高孖村被列入第二批中国传统村落名录。

村落特色

高孖村村落选址别具一格，它不像多数侗寨那样选择依山傍水的缓坡建寨。高孖村坐落在宝塘山东南山麓下黎—尚公路边犀牛岭上，整个村落坐落在险、峻、奇的半坡上，谷底有河流穿过，远离村寨，民居建筑呈阶梯式从寨脚升到寨头，给人以步步高升之美感。再加上寒脚花桥，寨中石板路、石井，寨边花街和"仙女"杉，寨后万亩梯田，后龙古树林的点缀，使高孖成为集自然景观和人文景观为一体的侗族村寨。

传统建筑

高孖村的传统民居具侗族传统民居建设特点，堂屋两侧为卧室。厨房、猪牛圈等皆设于屋侧房后。房屋一般分正屋、厢房、前厅、偏厦等。正屋是主要部分，有三柱屋、五柱屋、七柱屋、八柱屋等，凡柱、梁、枋、瓜、串、椽、檩等，均以榫卯穿合斗作。楼房外围，均有走廊栏杆，宽敞明亮，空气流通，供家庭成员休息，也是侗家姑娘纺纱织布的好地方。

风雨桥：高孖风雨桥又名映仙桥，因其与三株仙女杉相距500米，相互辉映，故名为"映仙桥"。整座桥造型庄重典雅、结构严谨、工艺精湛，集楼、塔、亭、阁为一体，梁、枋、檩、板全系穿斗扣衔接，巧夺天工，蔚为壮观，充分展示了侗民族的文化特色。

民居1

民居2

风雨桥

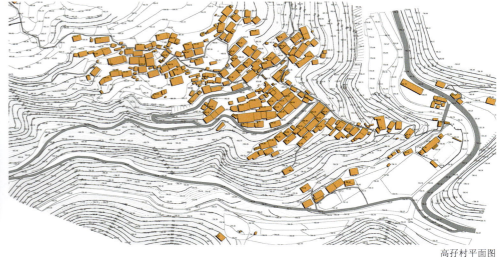
高孖村平面图

民居3

踩堂歌

仙女杉

民居4

民居5

民族文化

鼓藏节：高孖侗族鼓藏节，每7年举行一次。鼓藏节期间，还同时举行斗牛、斗鸡、斗鸟、山歌、琵琶歌、芦笙表演、民族服饰展演等丰富多彩的赛事活动。

尝新节：尝新节是高孖侗民在隆重程度上仅次于春节的节日。时间限于栽完秧后的20天之内。

侗族琵琶歌：高孖是侗族琵琶歌的发源地之一，百多年来，歌师辈出，好歌不断。琵琶歌即是弹琵琶伴唱侗歌，弹唱者手持琵琶横胸弹唱，潇洒闲适，或坐或站，豁达大度，形象高雅。百余年来，琵琶歌是侗族人民在婚姻嫁娶、生子祝寿、新建入宅、工程告竣、逢年过节、"记间"等吉期佳节必不可少的致喜表现形式。

人文史迹

石板路：石板路是高孖寨一大人文景观，全长2公里，宽1.3米至2米，有21个"之"字拐，1800石级穿寨而上，被人们誉为"千步云梯"。

青龙大井：侗乡名泉——青龙大井，始建于1873年，于2013年进行修缮。井口两边刻有"泉中水川流不息，寨内人永享长生"对联，对联两侧至井口上方刻有双龙抢宝图案，栩栩如生。井门石柱内侧棱边截成外八字，写有"位居中四方来，职列五行先"对联，井帽为五角。1934年12月，红军过境，在此小憩，痛饮井水，赞不绝口。

仙女杉：传说很久以前，从高高的峰峦上走下3个仙女，她们与侗家后生对唱情歌，待唱完第一千首情歌时，3个美丽的仙女突然消失了。在3个仙女原来站立的地方，留下了3棵高大挺拔的杉树，从此，当地侗族同胞把这3棵巨杉爱称为"仙女杉"。

保护价值

高孖村是贵州侗族传统村落保护相对完整的村寨，村寨仍然维持自明清以来该地区的生活方式和民族文化。当地传统的吊脚楼与险峻的山势融为一体的建筑风格和古朴的民风民俗加上青龙大井、石板路、仙女杉等物质文化，琵琶歌及侗族特有节日等非物质文化，使得高孖成为研究黎平侗族文化的活化石，具有很高的保护价值。

徐 雯 王 曦 编

千步云梯

青龙大井

村落一角

黔东南苗族侗族自治州从江县下江镇高良村

成片民居

高良村区位示意图

总体概况

高良村隶属于从江县下江镇，位于下江镇的西南部，距下江镇镇区约20公里，全村辖2个自然寨，3个村民小组，总人数为：557人。2013年被列入第二批中国传统村落名录。

村落特色

高良村2个自然寨旁都有10多株高大的百年古树，这些树被称作保寨树。村民认为这些树关系到村寨的龙脉，是全寨的命根子，保寨树多为枫树、樟树、柏树、荷树、银杉、红豆杉等树种，树龄都在百年以上，有的达数百年甚至上千年。

传统建筑

水族民居都是两层干阑吊脚木楼，房子建造时，用3根至5根主柱穿成排，将3排或5排相对竖立，再以穿枋连架。上端架梁、铺椽，呈中高前后低的两檐。左右两边分别竖短柱，并架上梁，称为偏厦。有的两侧有偏厦，有的一侧有偏厦。房子大小和占地面积基本相同，多为单幢独立，也有两房相连。房顶呈"人"字形，大部分盖杉树皮或茅草，有的家盖小青瓦。偏厦上盖杉树皮或茅草，但比正房顶平。房顶与偏厦之间镶板子，并于左边开一扇门，可架楼梯进入堂屋，是晒东西上下出入口，二楼是民居的主要部分，面对房子正面，楼梯从房子左侧上楼，右边的偏厦连接房间。房子前间左边紧连楼梯头成走廊。走廊对直后厢为堂屋。堂屋中央放置火盆（亦称火塘）。有的火盆是用木板镶成无盖盒式，上放泥土，即可烧火，并可根据需要把火盆移动。堂屋后侧开一扇小门，可倒水和垃圾，在堂屋左后侧（即楼梯对准楼上）为一小间卧室。房子右边全部是卧室，房门分别从走廊和堂屋进入。房子吊脚柱呈5×5排开在房子四周，共有13个吊脚柱，并与基柱一一对应。但也有的房子只是前面有吊脚柱，右侧和后面与基柱对直相坐。房子楼下的柱子呈5×5，共有基柱25根，除楼梯左侧外，与吊脚柱、中柱一一对应，但所镶成的体积比二楼小。因为前后的基柱都往里移，两侧基柱齐偏厦以内。大部分房子楼下镶板子，亦有的房子未镶板子。楼下主要用于关养牲畜、家禽、存放柴火、肥料、石碓、农具、家用厕所。

村落环境

高良村全貌

村落古树

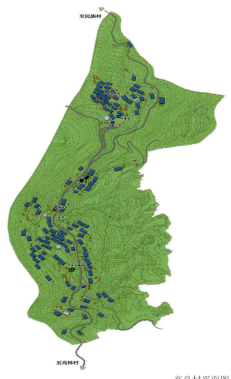
高良村平面图

民族文化

水书又称"鬼书"、"反书",其一是指其结构,有的字虽是仿汉字,但基本上是汉字的反写、倒写或改变汉字字形的写法。"水书"文字为何与汉字不一样,其写法与汉字相反,这些问题令世人百思不得其解。其二就是:在古代,水族先民因受统治阶级所迫害,相传其祖先"陆铎公"创制"鬼书"以反对和报复统治者。目前,水书和汉字是世界上使用的文字当中唯一的非拼音文字。

2006年5月20日,该民俗经国务院批准列入第一批国家级非物质文化遗产名录。

水书即水族古文字,其结构大致有以下3种类型:一是象形字,有的字类似甲骨文、金文;二是仿汉字,即汉字的反写、倒写或改变汉字形体的写法,三是宗教文字,即表示水族原始宗教的各种密码符号。书写形式从右到左直行竖写,无标点符号。目前见到的水族古文字的载体主要有:口传、纸张手抄、刺绣、碑刻、木刻、陶瓷锻造等。水书主要靠手抄、口传流传至今,因而被专家、学者誉为世界象形文字的"活化石"。由于其结构多为象形,主要以花、鸟、虫、鱼等自然界中的事物以及一些图腾物如龙等所撰写和描绘,仍保留着远古文明的信息,在水族地区仍被广泛使用,因而被专家、学者誉为世界象形文字的"活化石"。

水书,一个仅有800多个单字的文字体系,成为一个民族的精神支柱,支撑着这个民族几千年的文字史和文明史。在水书研究领域多年的潘朝霖认为,水书具有独特的魅力。首先,水书是水族固有的文化,水书有自己独特的文字体系,是中华古文化不可分割的重要部分,尽管这个文字体系显得十分"稚嫩"与脆弱,但能穿越时空,流传至今,本身就显得十分神秘。水书储存的信息量,已远远超过水族社会的范畴,"礼失求于诸野",从水书中蕴含的一些信息有助于解开中原古文化的内涵。另外,在全国56个少数民族中,有自己语言和传统文字的民族约为三分之一,仅有40万余人的水族就占其一,这很值得研究。而且,水书是水族信仰文化的重大集成,是研究水族宗教信仰、天文历法、哲学思想、文学艺术、生产生活等诸多方面的珍贵典籍。

2006年5月20日,水书被国务院批准列入第一批国家级非物质文化遗产名录。

人文史迹

水族卯节是水族人民最为隆重的节日,卯节又称歌节,水语称"结卯",定在每年农历五月栽秧结束后,由当地的水族寨老和懂水书的师傅选择一个吉祥的卯日来举办。活动期间主要举办水族祭祖祭祀仪式、大型水族铜鼓舞、水族婚礼习俗、水族迎宾拦路和教水语、读水书等活动。卯日当天,村寨杀猪宰牛接待宾朋,四邻村寨的亲朋好友、男女老少也身着节日盛装前来庆贺节日。

水族"卯节"源于一对神仙恋人的动人故事。相传,在很久以前,有一对非常恩爱的神仙夫妻,男的叫阿腊,女的叫阿向,他们勤劳、善良,教会了水族同胞种植庄稼,并且带领大家过上了好日子,后来被顶尖王发现了,他怕阿腊和阿向影响自己的统治,就想方设法将他们赶出摆亥,但这对夫妻深爱着这片土地和这里的人们所以不愿离去,于是阿腊化身成正腊坡,阿向则变成了要向井,守护着彼此,守护着村寨,从此正腊坡上的树木枝繁叶茂,要向井里的井水长流不息,于是水族同胞选择了卯日纪念这对神仙眷侣,感谢他们的恩赐,同时也纪念他们忠贞的爱情。

铜鼓舞

水族服饰

保护价值

高良村传统村落保存了相对完整的、真实的历史遗存,同时附带了大量的历史文化。完整地体现了当地水族的传统民风民俗。村落记录了当地水族的生活方式和文化特点。拥有独特的水族风情,是一个重要的文化交流场所。

石庆坤 编

水族对联及活动

黔东南苗族侗族自治州黎平县茅贡乡蚕洞村

蚕洞民居布局

蚕洞村区位示意图

总体概况

蚕洞村位于黎平县茅贡乡东南部，距乡政府所在地24公里，距县城56公里。全村786人，164户，村域面积4.2平方公里。村寨侗族风情浓郁，土地肥沃，气候宜人，交通便利，民族文化浓郁古朴。以鼓楼、花桥、侗族民居作为弘扬侗族文化的根基。蚕洞人杰地灵，群众勤劳好客，是一个典型的侗族村寨。2012年被列入第一批中国传统村落名录。

村落特色

蚕洞村寨坐落于一条小溪两边，房屋以木结构为主，有提供村民休闲议事的鼓楼两座。村中房屋建造井然有序，鼓楼、古井历史悠久，且保存基本完好。

蚕洞村是侗族地区保存较为完整而又最具代表性的村寨。顺着新修的村公路一眼望去全村坐落在青山脚下，沿地铺开，民房错落有致，村里清雅不喧。

传统建筑

蚕洞村传统建筑秉承侗族特色，有鼓楼、古民居、风雨桥、禾仓等。

鼓楼：寨中的鼓楼造型十分独特且古老，耸于村寨之中，巍然挺立，飞阁垂檐显古典气息。瓦檐上彩绘或雕塑着山水、花卉、龙凤、飞鸟，清晨云腾雾绕，五彩缤纷，气势完全不输现代砖瓦城墙。鼓楼通体木结构，独特而别致，由于结构严密坚固，可达数百年不朽不斜。历史上鼓楼是侗族人民作为族姓群体的外形标志和集会议事及娱乐活动的场所，一寨一姓一鼓楼。

风雨桥：蚕洞村有风雨桥1座，其结构分桥墩、桥身两部分。桥身为四柱抬楼式建筑，桥顶建造数个高出桥身的瓦顶。多层飞檐翘起角楼亭、美丽、壮观。蚕洞村桥亭，逶迤交错，气势雄浑。长廊和楼亭的瓦檐头均有雕刻绘画，人物、山水、花、兽类色泽鲜艳，栩栩如生。侗族风雨桥是侗乡人民智慧的结晶，是别具一格的建筑艺术。传统民

禾仓群

传统民居

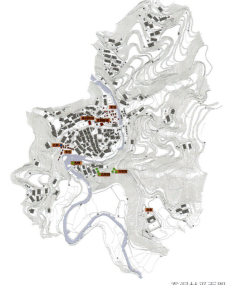
蚕洞村平面图

蚕洞村全貌

居：蚕洞侗寨建筑有着侗寨特有的风格。该村共有民居164栋，造型都是古朴木楼。侗族建筑以小聚居为主，村民楼阁古朴特别，冬暖夏凉，蚕洞村木质民居相互围绕，更具民族气息，多数民居以吊脚格局为主，精湛的手工艺门窗、孔雀等图案，显示侗族建筑艺人的巧夺天工。

民族文化

蚕洞村是以侗族为主的少数民族村寨，蚕洞村建筑、传统节日都保留侗族的传统文化特征。在蚕洞村丰富的民俗活动中，以春节、三月三、六月六、重阳节、十月平安节最具代表性。

侗族春节：侗族春节期间盛行一种"打侗年"（又叫芦笙会）的群众活动。这种活动类似汉族的"团拜"，只不过比"团拜"显得更加欢乐、热烈。活动一般是由两个村庄共同商定举办，两队在广场上正式举行芦笙歌舞比赛。村庄的观众，伴随着乐曲，翩翩起舞，尽情地欢乐。

三月三：又称播种节，是侗族重要的民俗节庆，大约有400多年的历史。侗家为劝民适时耕种而设，每年农历三月初三举行，狂欢三日，节后即进入春耕大忙。节日活动包括舞春牛、抢花炮、踩芦笙等。

十月平安节：平安节是蚕洞村的"村节"，起源已有200多年的历史。在每年农历十月初十日为平安节，寓意风调雨顺、安居乐业、五谷丰登。节日以侗歌、侗戏、斗牛、吹芦笙等活动为文化娱乐。

侗族春节

侗族三月三抢花炮

蚕洞梯田

古井

蚕洞河

人文史迹

蚕洞村有较多的历史遗迹，如古井、古树、蚕洞河等。

蚕洞梯田：蚕洞的祖先们，迁徙落户后，就开始大面积的开垦荒地，至今蚕洞村已有农田385.5亩。勤劳智慧的蚕洞村祖先们，根据山形就势逐级开垦，形成了今天美丽的梯田文化，蚕洞村的梯田及农田实现了生产生活与自然的协调。

古井：蚕洞村有古井1口，位于寨中，常年有水，一年四季清泉如涌，可以供蚕洞村全体村民的日常饮用水。

古树：蚕洞村的古树群在建寨的时候就已经存在。在侗家人心里，村寨必须有古树在寨内或在周围，除了美化村寨环境外，还能为村寨遮挡大风，其中最主要的一点是侗家人认为这些大古树可以避邪，认为它们是侗寨的守护神，一直守护着一代又一代的侗家人。

蚕洞河：蚕洞村蜿蜒穿寨而过，宽约10米，在寨头修建有拦河坝，因年久失修，至今失去利用价值。蚕洞河一年四季水流不断，为蚕洞下游农田的灌溉也提供了基础保障，也是稻田保收增产的主要环境要素，它养育着早期的蚕洞人民，并继续哺育这里的侗家人。

蚕洞村消防水塘：寨内有消防水塘6个，大小不等，水塘的存在增加了村寨房屋之间的建筑间距，形成防火隔离线，同时具有美化村寨环境的效果。

保护价值

蚕洞村秀美的自然风光是在特殊的喀斯特地貌环境中经过千百年孕育而成，应对这样不可再生的优美环境进行保护。此外，蚕洞村村民与当地自然环境和谐相处，将侗族文化与当地自然环境相结合，形成了具有侗族文化特色的乡土景观，是研究侗族少数民族文化的鲜活实例。

杨辉智 罗孝琴 黄鸿钰 编

蚕洞村一角

黔东南苗族侗族自治州黎平县水口镇宰洋村宰直寨

宰洋村宰直寨全貌

宰洋村宰直寨区位示意图

总体概况

宰洋村宰直寨位于黔东南苗族侗族自治州黎平县水口镇，距镇所在地2.5公里，东面与己信村相邻，南面为水口镇区，西面与金抗村接壤，北面与南江村相连，宰洋寨属南江侗族，俗称"七佰南江"。传说洪武年间"南江人"的祖先从江西吉安移徙贵州，来到黎平，落居南江，至今近700百年的历史。村落共120户，共586人，以侗族为主。2013年宰直寨村被列入第二批中国传统村落名录。

村落特色

宰洋村宰直寨交通便利，有"通天村"之称，更有诗仙李白诗曰："千年古树出云霄，万丈冰山比天高，徒游四海壮与浩，唯有宰洋叹与笑。"宰洋村宰直寨有"仙人同居"之称，其利用坡脚较缓处、背山面水而建，村寨南北面均为田坝，东面河流名为宰洋溪，西面后龙山上保留着千年古树群，后龙山有一条万级石阶林荫路，古井分别在后龙山左右冲里，寨头和寨脚分别有5人合抱的大枫树，为宰直侗寨的守护神。寨头和寨脚分别有5人合抱的大枫树，为宰直侗寨的守护神。

传统建筑

宰直寨是一个典型的侗族村寨，寨中有1座鼓楼，侗族传统民居沿山体等高线呈龟背形凸向水面分布，传统建筑保存状态较好。

宰直鼓楼：建于民国末年，保存状况较好。鼓楼为木质建筑，7重檐，最上层屋顶为歇山顶，7层平面均为四方形，封檐板白色无彩绘，整个建筑造型古朴自然。一层满布全封闭围栏，两个门开在侧面，4根主柱约65厘米，双层檐柱共24根约30厘米，均没有柱础。建筑内部两圈座椅，双层檐柱支撑一圈座椅，主柱设置一圈长凳，中央设方形火塘。鼓楼为宰洋的议事场所，鼓楼边空地建有篮球场，是开敞的公共活动空间。

宰直民居：民居以木质干阑建筑为主，一般为2~3层，由于火灾、年久失修等因素，多建于20世纪60，70年代。宰直民居建筑层层出挑，功能上与汉族民居没民居具侗族传统民居建设特点，平屋为单檐结构，开口屋为双檐结构，第一层为猪牛圈，堆放杂物，第二层为主人接待客宾用，第三层为主人休息的地方或是堆放杂物和粮食的地方。

民俗文化

龙崇拜：龙崇拜为南江侗族独特文化，传说小龙神吴公旭就是宰洋人，当地有很多关于他的传奇故事，如巧断古邦案

民居1

民居2

宰洋村宰直寨平面图

鼓楼

古井

宰直侗族服饰

节日活动

古树2

等，小龙神后成为南江河一带最崇敬的神童。龙，象征吉祥如意，宰洋人渴望家庭平安无事，有吃有穿，吉祥如意。凡生活有所不顺，特别是遇到大旱季节，宰洋人都会请来巫师来招谢地脉龙神，举行仪式祈求龙神保佑。

吃鱼节：吃鱼节又称"祖宗节"，是七佰南江地区侗族特有的节日，一般在十月的第二个"甲戌日"或十一月的第一个"甲戌日"过吃鱼节。吃鱼节主菜以鱼为主，有鱼稀饭、烤鱼、酸汤鱼、白块鱼、煎鱼、晒鱼、吊鱼肠等五花八门的鱼菜谱。吃饭后，还举行斗牛、斗鸡比赛、小朋友们斗草牛比赛，斗牛过后还演侗戏唱大歌或主客"多也"对歌。

人文史迹

古树：宰直后面后龙山上保留着千年古树群，大部分为杉树，寨头和寨脚分别有五人合抱的大枫树，枝叶繁茂，优美挺拔，相传为宰洋侗族的守护神。

古井：宰直寨内有古井4口，分布在寨中的四处。尤其是后面后龙山一古井，相传为神鱼井，相传有千历史。

古路：宰直后面后龙山有一条万级石阶林荫路，青石错落堆积而成，拾级而上，绿树成荫、凉风习习、环境幽静。

保护价值

宰洋村宰直寨背山面水，得天独厚的古杉树群、青石古路、千年古井等自然景观与"七佰南江"侗民族的美丽传说、风土人情相互融合，使得宰洋村宰直寨为"七佰南江"侗族村寨的典型代表，具有自然和人文等多方面的保护价值和科学研究价值。

周　捷　徐　雯　编

宰洋溪

黔东南苗族侗族自治州剑河县南寨乡展留村

展留村全貌

展留村区位示意图

总体概况

展留村位于南寨东乡北部，东接新寨村，西靠白沙村，南邻青龙村，北与广丰村交界，距乡政府驻地5公里。地处清水江东岸的九龙山山腰。村寨坐落在海拔约800米左右的山间平缓处，东南西三面被大山环抱。全村共有128户，530人，全村以苗族为主。2013年被列入第二批中国传统村落名录。

村落特色

村寨的空间布局很有特点，以村寨公共墓地为中心，村民住宅集中为两个组团分居墓地两侧：西侧较大寨子是大寨，东侧较小的寨子为小寨，两个寨子及其间墓地之南的高处是大面积的护寨林，有成千株古枫、古松环绕。村寨的公共活动空间"马郎场"、芦笙场和"鼓藏场"呈东西向"一"字排开，散布在村寨上方的树丛之中；村寨主要生活用水取自古井，两口古井分别位居大寨和小寨下方的村边。展留至今未通公路，依靠一条密林中的山路与清水江相连，江边有码头可以上下船。

传统建筑

民居：采用苗族传统吊脚楼结构，功能一般按三段式划分，即底层为牲畜杂物层，二层为生活起居层，三层为粮食储藏层，其中以二层为主要层。由于这种性质的房屋在结构、通风、采光、日照、占地诸多方面都具有一定的优越性。

展留村的建筑特征为"龙口"，即将北侧屋面的出檐部分断开，形成上大下小两段坡面，之间的开口即称龙口。"龙口"来源于风水之说，目前全村尚有15座房屋保留有"龙口"做法。房屋保留有"龙口"做法。一楼是堂屋和火堂，二楼住人。

粮仓：展留村主要以家族或户为单位拥有一座谷仓，谷仓为干阑式建筑，散落在居住区附近，也有一些谷仓聚集在村寨外围。

展留村共有禾仓8座，粮仓分布于村寨各处，稍离住房，为的是防火。禾仓布局合理，大部分分布于房屋有一定距离，以便于防火、防鼠、防蚁虫、防潮等。

传统民居建筑

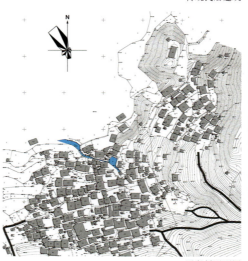
展留村平面图

民族文化

苗族锡绣：苗族锡绣是我国苗族文化的瑰宝，已流传了600多年，在全国仅存于剑河县清水江沿岸南寨乡的展留、白露、柳富、绕号、上下白都、展来、反寿，敏洞乡的高丘、平鸟、平教、小高丘、上下白斗、圭涛、圭怒、和平、章沟、干达和观么乡的白旦等村寨。

飞歌：苗族飞歌的唱腔流传于南哨、观么、南寨、柳川几个乡镇。发音形式独特，以颤音为主，音调高吭，穿透力强，传声距离较远。每有外村的人来邀歌，未见人前，先闻远处飘来的歌声。

踩芦笙：踩芦笙，又名"芦笙舞"、"踩歌堂"等，因用芦笙为舞蹈伴奏和自吹自舞而得名。

芦笙是苗族古老的吹奏乐器，苗家人吹奏芦笙，必定要以舞蹈配合。芦笙舞由十几甚至几十人盛装打扮的芦笙手围成圆圈，边吹边跳，又称"踩堂舞"。

青石路

村边古树

传统粮仓

此闻声翩翩起舞，年轻人趁机择偶。

展留苗族吊脚楼群：留苗寨已有近300年的历史，历史悠久，文化遗存深厚，吊脚楼分布于北向南的一条相对平缓的山岭上，依山而建，集中起房，为苗族民居的典型建筑。

传统禾仓：展留村共有禾仓8座，粮仓分布于村寨各处。禾仓布局合理，大部分分布于房屋有一定距离，以便于防火、防鼠、防蚁虫、防潮等。禾仓大小一般在10～18平方米，每座禾仓皆为独立，一楼架空，二楼用木质性较好的杉树来进行围装，大部分上盖杉树皮，保持着传统的风貌。

护寨古树群：依山而建的展留苗族山寨，东、西两面都是高大的护寨林。

古井：村寨主要生活用水取自古井，两口古井分别位居大寨和小寨下方的村边。

传统服饰

民俗拦路酒

斗牛：苗族斗牛起源传说很多，传说有斗牛起源于黄帝轩辕部落对蚩尤九黎部落发动的涿鹿之战、斗牛起源于鼓社祭、斗牛起源于农耕发展和黔东南雷山斗牛传说等，苗族古歌中的《刀利刀雅》就是专门讲述斗牛起源的。黔东南苗族斗牛历史悠久，斗牛的发展促进了当地的农业和斗牛产业的发展，同时增强了当地的文化交流，促进了民族内部的融合与团结，发展和保护了本民族的宝贵文化。

民俗：巫包的民俗的较多，较为突出的有"牯脏头换届仪式"、"拦路酒"、"招龙"、"洗寨"等。

踩鼓场

指路碑

保护价值

展留传统村落依山傍水而建，清水江穿寨脚而过，纤秀的干阑民居依山就势、高低错落，传统建筑与原生态的自然景观完美融合，使村寨风貌和建筑景观让人应接不暇，极具观赏性。

锡绣作为苗族独有的服饰制作工艺古老、纹样独特，色彩上的强烈对比和谐，几何纹样的巧妙运用，抽象与具象的完美结合，都使锡绣历史感与现代感兼具，从它本质来看可以追溯到周朝以前的历史。研究锡绣能够在于揭示人类服饰与纹样的早期深层内涵。

丰富的苗族非物质文化遗产，完整再现着古代农耕社会各家庭自给自足的情景，是研究农耕文明演进和苗族早期生活状态的活资料，具有珍贵的史学价值和很强的旅游观赏性。

黄　琨　刘宁波　编

苗年节仓

人文史迹

指路碑：展留村无寨门建筑，村寨东南树木高耸处是天然村寨入口，这里有石碑52块，村民称之为"指路碑"。碑面文字大多模糊不清，从可分辨的字迹和寨老的讲述可知，这些石碑是为新出生的子孙祈福而立，故碑旁往往有敬香烧纸的祭祀痕迹。

踩鼓场（芦笙坪）：位于村子村后林中，每年农历二月的第一个猪场天，苗族青年男女自动聚集于歌场上踩鼓，人们在

展留村一角

黔东南苗族侗族自治州黎平县茅贡乡高近村

高近村全貌

高近村区位示意图

总体概况

高近村位于308省道公路沿线上，黎平县城西部，距县城37公里，距榕江县60公里，东与流芳村接壤，西与茅贡村交界，南与本乡额洞村相连，北与登岑村接壤，区位交通便利。高进村人口645人，皆为侗族。村寨依山而建，风景秀丽，是一个独具特色的侗族村寨。2012年被列入第一批中国传统村落名录。

村落特色

高近村选址独特，依山傍水，前有小河环绕，后有青山茂林环抱，绿荫成林，古树参天，是一片美丽的沃土。村寨地势西高东低，地形起伏变化丰富，高近河顺延山势呈"S"形贯穿寨内，径直流向东南部。高近村的整体布局依山就势，顺山势而行，层层跌落，与山坡融为一体。寨子布局以鼓楼为中心，民居向四周辐射，连成一片。寨子周围是农田坝区，拥有粮田千顷，周边山林郁郁葱葱，具有优美的田园风光，充分体现了人与自然的和谐相处、和谐共生的完美境界。

高近村的村庄布局吸取了中国传统风水观中的精华，巧妙地利用自然地势，并与村民的生产生活有机结合，创造出独特的村寨布局。

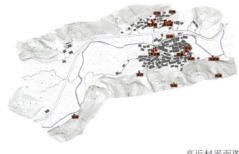
高近村平面图

传统建筑

高近村的传统建筑主要有鼓楼、古戏楼、风雨桥、传统民居、禾仓等。其中鼓楼有1座，风雨桥1座，花桥1座，传统民居116座，建筑面积达1.3万多平方米。

鼓楼：高近村目前尚存鼓楼1座，位于高近寨中间，建筑面积42平方米，该鼓楼始建于乾隆三十年。鼓楼主要用于群众议事、对歌、闲聊。鼓楼高耸于村寨之中，巍然挺立，气势雄伟，飞阁垂檐层层而上呈宝塔形，瓦檐上彩绘或雕塑着山水、花卉、龙凤、飞鸟和古装人物，云腾雾绕，五彩缤纷。鼓楼以杉木凿榫衔接，顶梁柱拨地凌空，层层支撑而上，不用一钉一铆，由于结构严密坚固，可达数百年不朽不斜。鼓楼建筑是侗族特有的民族文化象征和标志。

风雨桥：高近村有2座风雨桥，至今保存完整，分别为寨脚风雨桥、寨门迎宾桥，寨脚的风雨桥造型古朴而美观，是侗族人民传统建筑艺术中的瑰宝，1998年中国邮政以该桥为图案发行一枚纪念邮票。

传统民居：侗族的民居，大部分均为木质结构。整个村子民居依山而建，自然相连，层层而上，呈现出一种原生态的肌理。高近村传统民居有116座。传统民居具有侗族传统民居建设特点，堂屋两侧为卧室。厨房、猪牛圈等皆设于屋侧房后。房屋一般分正屋、厢房、前厅、偏厦等。

高近古戏楼：高近村的侗族古戏楼始建于清代乾隆年间，距今已有200多年的历史，戏台为四边形，类似于南方的四合院，长为12米，2层，高6米，全木质结构，至今保存完整。古戏楼包括三部分，主戏台、厢房和看戏场。厢房布置在主戏台左右两侧。主戏台正下方场地全部用鹅卵石镶成的各种图案，建筑侗族风情浓郁。古戏楼2006年6月被贵州省人民政府认定为省级文物保护单位。

高近寨门风雨桥

田间风雨桥

高近古戏楼

民族文化

高近村历史悠久，民俗文化丰富，为美丽的侗寨增加更为迷人的色彩。

侗戏：侗戏是我国民间戏曲中的戏种之一，是侗族人民在长期的劳动生活中创造并喜闻乐见的艺术形式，它具有独特的民族风格，现在侗戏已广泛流传，多流行在贵州省的从江、榕江等地，是民族民间戏剧艺术瑰宝。

侗族大歌：侗族大歌是我国目前保存的优秀古代艺术遗产之一，已唱出国门，惊动世界乐坛。作为多声部民间歌曲，侗族大歌在其多声思维、多声形态、合唱技艺、文化内涵等方面都属举世罕见，是最具特色的中国民间音乐艺术。

传统节日：高近村传统节日以祭萨节、六月六、十月平安节和春节最为隆重。节日期间，村里组织各种表演节目，全村男女老少欢聚一堂，热闹不已。

因独特的气候条件及无污染的自然环境，这里适合有机米的种植，有机米成为高近村村民与城市居民间联系的一个桥梁，高近村农民实现了经济利益，同时，大城市里的市民们对有机米的需求也得到了满足。所以，这也被称为"一袋米架起城市与乡村的桥梁"。

消防水塘：勤劳智慧的高近侗家人民，在村寨的发展过程中逐渐的明白寨内消防水塘的重要性，故对消防水池的保护尤为重视，至今寨内有消防水塘10个，大小不等，水塘内一般都饲养鱼儿，不仅起到了消防的作用，还解决了农户部分经济收入的问题。水塘的存在增加了村寨房屋之间的建筑间距，形成防火隔离线，具有一定的消防隔离效果，同时夏日因消防水塘的存在，即便烈日下，寨内空气也不会太热，因水塘水分的蒸发，促进空气流动，寨内反而变得凉爽；另外消防水塘还具有美化村寨环境的效果。

梯田

百年红豆杉

保护价值

高近村自然风景优美、民俗文化底蕴深厚，是我国南方侗族自然村寨的典型代表。

高近村村庄选址独特，一方面体现了我国传统文化中天人合一、人与自然和谐相处的人居环境理念，另一方面体现侗族人民的勤劳与智慧。

高近寨传统建筑是我国南方传统建筑中的瑰宝。鼓楼高耸于村寨之中，巍然挺立，气势雄伟，表现了侗族人民中能工巧匠建筑技艺的高超；风雨桥造型古朴而灵秀，是侗乡人民智慧的结晶，也是中国木建筑中的艺术珍品；侗族民居也对研究我国传统民居具有重要历史文化价值。

彭仕林　白　莹　周祖容　编

侗戏表演

古井

祭萨节

高近河

人文史迹

古井：高近村古井一共有6口，在还没实现自来水供水之前，这6口水井担负着高近村的生活用水，井水冬暖夏凉，十分可口，至今仍在使用。

高近河：高近河流经寨门、贯通寨外田坝，常年水源充足，河水常年清澈见底。高近河与高近寨、农田、村寨周边环境组成了一幅美丽的田园山水画。

梯田及田坝：高近的祖先们，落户高近后，就开始大面积的开垦荒地，至今高近已有农田288亩。

梯田由于是依地形逐步开发，因此形成层层叠叠、美丽壮观的梯田景观，是重要的农耕文化遗产。

高近村远景

黔东南苗族侗族自治州台江县南宫乡展忙村

展忙村远眺

展忙村区位示意图

总体概况

展忙村位于南宫乡北部24公里处，距台江县城74公里，处国家级保护区范围内，享有森林公园之美称。两个自然寨，共116户，592人，全部为苗族。2013年被列入第二批中国传统村落名录。

村落特色

展忙村是建立在陡峭的半坡腰上，保存着比较纯正的苗族建寨风格。远远望去，灰黑色的寨子隐隐约约地出没于竹林、古树丛间，树影婆娑，绿荫匝地，显得古朴神秘，和谐自然。寨子外围，不是层层梯田直插云霄，就是葱葱绿绿的原始森林。山上草木茂盛，古树参天，野果硕硕，兽迹遍地，百鸟啼鸣。至于那些连接着野外的阡陌小道，更像血管一样纵横交错，四通八达，或没于树丛中，或映于河畔边，或现于田埂上，无不给人以一种亲近大自然的感觉，有人景合一的景观。

传统建筑

寨子里是清一色的木质结构吊脚楼，屋顶盖着青苔斑驳的杉木皮。一栋栋依山而建，后半边靠岩着地，前半边以木柱支撑，层层叠叠，错落有致，从山下向山上延伸。这些房子，一般都是四榀三间三层，下层喂养牲畜、存放农具，中层设美人靠、堂屋、火灶、火坑等作生活休憩用房，上层作住宿。各家各户房前屋后，都建有1栋4柱2层的小木房，上层作粮仓，下层敞开，存放农家肥，同时兼作厕所。村道东抹西拐，古迹斑斑，映衬着这些古典雅观的吊脚楼群，显得风雨沧桑，保存有古老传统的建筑风格，极具特色。寨子里是清一色的木质结构吊脚楼，优美迷人。

屋顶盖着青苔斑驳的杉木皮。一栋栋依山而建，后半边靠岩着地，前半边以木柱支撑，层层叠叠，错落有致，从山下向山上延伸。这些房子，一般都是四榀三间三层，下层喂养牲畜、存放农具，中层设美人靠、堂屋、火灶、火坑等作生活休憩用房，上层作住宿。展忙村和拥党村相似，各家各户均在离自家房前屋后10至20余米、或更远的地方、或几十户集中在偏离村寨的公共用地修建一个个4柱2层的吊脚粮仓，上层作粮仓，下层敞开，存放农家肥，同时兼作厕所，从而形成四五个或七、八个粮仓并排林立的景观。粮仓内装的是农户一年收成的稻谷、苞谷、高粱、小米、南宫等粮食。这里的粮仓为什么单独修建，偏离住房区，一是防寨火殃及，可保住粮食进行自救。二是吊脚的粮仓可防老鼠侵害粮食。三是吊脚的粮仓有通风

村中古树

村落环境

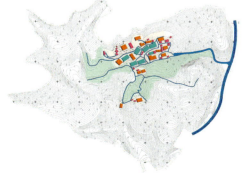
展忙村总平面图

干燥调节功能,可使粮食长久保质保存。目前,该村的吊脚粮仓为南宫乃至全县保存最为完整的一个村,成了该村一道不可多得的景观之一。村道东抹西拐,古迹斑斑,映衬着这些古典雅观的吊脚楼群,显得风雨沧桑,却优美迷人。

民族文化

民族苗族原生态文化浓郁,"超短裙"特色服饰和古朴的民风民俗沿袭至今。

独具特色的服饰。展忙的超短裙苗族部落的服饰以黑色为主,全部出自于当地苗族妇女灵巧的双手。在这里,会不会缝作一套漂亮的服饰,成为衡量一个妇女是否聪慧能干的标志,因为每一套服饰都集种植、纺织、印染、做衣、挑花、刺绣等手工艺术为一体。一个刚进入青春期的女孩,便在母亲的悉心指导下,学习种棉花、纺线、放纱、织布,学习种蓝靛、制染料、染布,学习裁剪、缝衣、挑花、刺绣……待到成年时,几乎每一位妇女都是纺织、缝衣、刺绣的能手。超短裙苗族部落制作的布料坚硬,他们都穿家里自制的苗衣,而且着装上特别富有地域特色和民族特色。男人都用一条长长的布带包扎头巾,穿无领大襟右衽短服和长裤,冷天束腰裹腿,看起来特别英俊潇洒。女子挽云髻,外缠长方形藏青色头巾,让发髻和木梳露在外面。上衣为无领、上对襟、下右衽短服,盖及腹部,衣袖长及手腕,下身围黑色百褶超短裙和齐踝的花围裙,冬夏皆裹腿。年轻女子沿衣服对襟边缘刺一道两寸宽的绣,背上吊挂一张宽大的绣帕,围裙绣花草树木或块状图案。其刺绣技艺采取反面挑花正面看的挑花方法,色彩偏重红黄色。

"超短裙苗"名字的由来全在裙子上。这些裙子,从裙脚到裙腰不过20厘米左右长,穿后衣服盖去一大半,仅现出不到10厘米的裙脚。裙子周长1.5米左右,可围身一两周。裙的样式皱褶似芭蕉叶面,无花纹,穿着时以"裙角越往上翘越美丽"。平时穿两条,盛装时穿10条以上,多者达20条,且从里到外,一层比一层稍短。这些百褶超短裙,被外人戏称为"东方芭蕾舞裙"。殊不知,苗族女孩盛装穿着的超短裙,由于高高翘起,越发显露出两只高挑而富有弹性的美腿,更是显得亭亭玉立,楚楚动人。

苗服超短裙

人文史迹

古朴迷人的风俗。"男耕女织"一词,在别处也许是徒有虚名的词组,但在展忙超短裙苗族部落里,却是最准确、最精辟的概括。

白天,人们上山干活,夜晚却是青年男女自由恋爱的天堂。寨子里没有固定的游方场所,哪家有姑娘,远道而来的苗族小伙子就在她家房前屋后唱情歌。若姑娘有意,则出来找歌对唱。歌声特别优美动听,有两种唱腔:早时,曲调像蝈蝈呻吟一样颤抖着;夜深了,歌声则像鸣蝉啼叫一样悠扬婉转。对歌对到情投意合、两心相悦时,两人就按照当地祖传的习俗成婚。

展忙超短裙苗寨的古老文化,主要体现在节日上。这里的节日特别多,除了13年1届的祭祖节外,一年中有敬桥、吃新、吃卯、苗年等20多个。节日期间,喜欢热闹的苗民们还举行斗牛、斗鸡、斗鸟、摔跤、唱歌、跳芦笙木鼓舞等活动,在一种自娱自乐的气氛里,淋漓尽致地把祖传的文化继承和发扬下去。

代表民居

村落环境1

村落环境2

成片民居

粮仓1

粮仓2

村中道路

保护价值

展忙村是建立在陡峭的半坡腰上,保存着比较纯正的苗族建寨风格。寨子里是清一色的木质结构吊脚楼,屋顶盖着青苔斑驳的杉木皮。一栋栋依山而建,后半边靠岩着地,前半边以木柱支撑,层层叠叠,错落有致,从山下向山上延伸。村落格局保存良好,自然植被破坏小。

朱洪宇 编

黔东南苗族侗族自治州黎平县坝寨乡高场村

高场村全貌

高场村区位示意图

总体概况

高场村位于坝寨乡北部，全村365户，1936人，整个行政村由大寨、下寨和己滚3个自然村寨组成。以侗族为主，是一个典型的少数民族村寨。寨中流水潺潺，池塘星罗棋布。寨边四周的山坡上均是茂盛的林木，村寨山林、水体、田园风光融于一体，山中有寨，寨中有水，自然景观十分秀美。2012年高场村已被收入中国第一批中国传统村落名录中。

村落特色

高场村在选址上继承中国传统村落选址的延续，即背山面水、左右维护的格局。同时注重于自然景观以及景观视线的通透，达到"天人合一"的理想居住环境。高场村处于高山地区，村落房屋的朝向均向相对开阔的视线朝向，近山作为依靠、远山作为对景的模式，形成山体—村落—河流—农田—山体的阶梯式景观格局。建筑沿用传统侗族民居建筑风貌特色，集中连片，多为榫卯结合的木构建筑，鳞次栉比。村寨中干阑式传统民居有吊脚木楼、连廊木楼、回廊楼屋等；高场大部分传统建筑保存完整。

传统建筑

高场村的历史传统建筑群是黎平县内数量较多，规模较大，保存较完整，价值独特，历史遗产主要有鼓楼、风雨桥、凉亭、传统民居、禾仓等，主要分布在大寨、下寨两个自然寨中。其中鼓楼共有2座，风雨桥1座，凉亭5座，寨门2处，传统民居315座，禾仓80余座。高场村的历史传统建筑按其功能可分为公共建筑和宅居两大类。公共建筑有祭祀性建筑、议事及娱乐性建筑等，如鼓楼、风雨桥、寨门、凉亭等。这些公共建筑保存基本完整，周边环境良好。传统民居为一般民宅建筑。这些建筑最早建于清代，少量建于民国时期，所有建筑均具有侗族传统建筑特色。分布于寨内其他的公共建筑和古民居大多相对保存完整，基本体现了高场的历史风貌。

鼓楼：高场村上寨鼓楼建于1938年，建筑面积64平方米，下寨鼓楼始建于1879年。

均以杉木凿榫衔接，顶梁柱拨地凌空，排枋纵横交错，上下吻合，采用杠杆原理，层层支撑而上。鼓楼通体全是本质结构，不用一钉一铆，由于结构严密坚固，可达数百年不朽不斜。同时侗族鼓楼建筑是侗族特有的民族文化象征和标志。

禾仓：目前高场村共有禾仓80座，建筑面积1600平方米；禾仓群中有一部分建于清朝时期和清末民国初期，禾仓布局零乱，但具有防火、防鼠、防蚁虫、防潮等功能。

鼓楼

村落传统建筑风貌

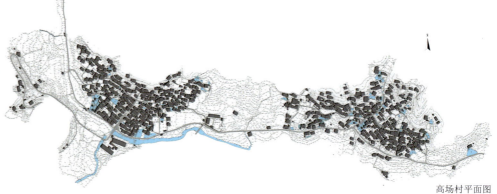
高场村平面图

吊脚楼

萨坛

寨门

禾仓

戏台

水井

民族文化

高场村民族文化形式丰富，传统民族活动有祭萨、拦路歌，传统表演有侗戏、芦笙舞，传统的手工技艺有侗族鼓楼花桥建造技艺、侗布的制作技艺等。

祭萨节：据说"萨"是民族女英雄，一心为劳苦大众。为了祭奠这位侗族女英雄，侗家人民均在每年春节期间举行祭奠活动。活动内容为：迎萨，唱歌歌颂萨，烧香烧纸祭萨。活动有大有小，大的活动全寨参与，活动三天，即以老年人穿着长衣顶帽先头带队，青年人吹芦笙放铁炮、鞭炮，其余男女随后一同迎萨去其他两个寨子做客，3个寨子相互请满客，还请邻村或远地的亲戚陪酒。酒饭后，3个寨子老人同坐鼓楼火塘边，以火取暖，听青年唱歌，3个寨子的青年男女则在鼓楼里对歌赛歌，赛歌时歌颂萨是首选；小的活动是每家每户各自到萨堂烧香烧纸。通过活动，以获取萨老人的保平安和风调雨顺，五谷丰登。

侗戏：是民族民间戏剧艺术瑰宝之一，它的发展源远流长，经历人民群众集体创作、集体传播、不断得到加工、改造，古朴而不单调，抒情而不低劣。民族民间特色鲜明，有深厚的群众基础，并且尚在发展之中，其内容丰富多彩，形式清新活泼，有浓郁的乡土气息。从学术上看，它是有发展前途的民族民间剧种之一。

人文史迹

古井：高场古井一共有9口，其中上寨4口，下寨4口，已滚1口，古井均匀分布于寨内、寨边坡脚，水井里的水冬暖夏凉，清凉可口，至今仍在饮用。古井的建造材料，绝大多数使用青石板，为了使古井精致美观，有的在石板上雕龙画凤，书写对联等。

寨门：高场村上寨有寨门两处，分别建在上寨寨边，1处建在寨脚的出寨处，旁边有1株红豆杉，1处建在寨前的河边，为出入通道。两处门楼均是木结构，盖红瓦，有休息乘凉、避雨和拦路功能。

风雨桥：风雨桥亦称花桥、福桥，为侗族建筑"三宝"之一，是壮侗瑶民族的一种交通风俗，是干阑式建筑发展及延伸，是侗族人民引以为豪的民族建筑之一。通常由桥、塔、亭组成。用木料筑成，靠凿榫衔接。桥面铺板，两旁设栏杆、长凳，形成长廊式走道。石桥墩上建塔、亭，有多层，每层檐角翘起，绘凤雕龙。顶有宝葫芦、千年鹤等吉祥物。

保护价值

历史价值：在明代，高场的居民就在这片河谷之地繁衍生息，经过几百年的历史沧桑，拥有丰富而珍贵的物质与非物质文化。有着独特的历史风貌和山水格局，是保存较完整的传统村落，具有我国侗寨传统村落选址和格局的代表性，具有较高的历史价值。

文化艺术价值：高场村的侗族鼓楼花桥传统技艺和穿侗布是侗族人民的传统，侗族鼓楼花桥传统技艺是省级的非物质文化遗产保护项目，同时侗布的制作技术，作为传统的手工技艺，具有较高的艺术价值。高场村文化底蕴深厚，历史氛围浓郁，是典型的侗族村寨，侗族所有的风俗在这里基本都能看到。

王 倩 付 伟 编

风雨桥

高场村远眺图

黔东南苗族侗族自治州黎平县茅贡乡流芳村

流芳村全貌

流芳村区位示意图

总体概况

流芳村位于茅贡乡的东南面，距县城所在地36公里，到茅贡乡政府所在地6公里，东与寨母村接壤，南与额洞交界，西与高近村比邻，北与登岑相连，全村786人，178户，村域面积6.5平方公里。美丽的流芳侗话称为"留皇"，传说古时候有位皇帝逃亡至此，称为"留皇"，亦写为"流黄"，后改为"流芳"，取"千古流芳"之意。流芳人杰地灵，村民勤劳好客，是一个典型的传统侗民族村寨。2012年被列入第一批中国传统村落名录。

村落特色

流芳村地处长江水系和珠江水系分水岭地带，背靠青山，前临小溪，选址独特。境内以低中山丘为主，村寨分为大寨、小寨、芒烂、登南、百快等5个自然村寨，村寨民房错落有致，别具一格。村落依山傍水，水系蜿蜒曲折，与农田及山林共同形成一幅世外桃源的美丽乡村图画。村寨的侗民族风情浓郁，土地肥沃，是著名的"十里侗寨"之一。

流芳村一角

传统建筑

流芳村的传统建筑种类丰富，主要有鼓楼、风雨桥、传统民居、禾仓等，村寨现有民居146栋、禾仓91栋、鼓楼1座、花桥1座、萨坛1座、凉亭1座、寨门1座，有机分布于村寨各处形成优美的侗寨景观。

鼓楼：流芳村目前尚存鼓楼1座，建于乾隆年间，鼓楼耸于村寨之中，巍然挺立，气势雄伟。飞阁垂檐尤显古典气息。瓦檐上彩绘或雕塑着山水、花卉、龙凤、飞鸟和古装人物，云腾雾绕，五彩缤纷，鼓楼虽经百年依然屹立，代表了侗族人民建筑艺术的最高水平。

风雨桥：流芳现有风雨桥4座，2座位于寨中，另外2座位于南北村寨入口。风雨桥其结构以桥墩、桥身为主的两部分。墩底用生松木铺垫，用油灰粘合料石砌成拱形墩座，上铺放数层并排巨杉圆木，再铺木板作桥面，桥面上盖起瓦顶长廊桥身。桥身为四柱抬楼式建筑，桥顶建造数个高出桥身的瓦顶数层飞檐翘起角楼亭，整座风雨桥美丽、壮观。5个石墩上各筑有宝塔形和宫殿形的桥亭，迤逦交错，气势雄浑。侗族风雨桥是侗乡人民智慧的结晶，也是中国木建筑中的艺术珍品。

民居：流芳村以木质干阑建筑为主，一般为2～3层，多建于20世纪60、70年代。与其他侗寨民居建筑有所不同，流芳侗寨民居建筑没有层层出挑，但功能上又与侗族民居没有差别，形成汉侗文化相融的形式。流芳传统民居延续侗族传统民居建设特点，堂屋两侧为卧室。厨房、猪牛圈等皆设于屋侧房后。房屋一般分正屋、厢房、前厅、偏厦等。平屋为单檐结构，开口屋为双檐结构。凡柱、梁、枋、瓜、串、橼、檩等，均以榫卯穿合。这种建筑工艺在侗族民间由来已久，侗族的传统建筑从来不用图纸，全靠工匠们世代传授的建造经验，现场直接指挥操作，展现出匠人高超的建筑技艺。

流芳风雨桥

风雨桥壁画

流芳鼓楼

禾仓

传统民居

民族文化

流芳村民族文化丰富，侗族大歌、侗戏、六月六等地域文化和传统节日让这个名不见经传的小山村走出州县，走向全国。

侗族大歌：自村民定居于此，多是男女老少聚集于鼓楼唱侗族大歌，久而久之鼓楼对歌成为流芳村每年必须组织开展一次全民性的活动，形成了老年教歌，青年唱歌，少年学歌的侗族浓郁氛围，村落越大人数越多，鼓楼对歌越是激烈，鼓楼对歌一直对到对方没有歌曲对出方为胜出。侗族大歌2005年入选国家级第一批非物质文化遗产代表作名录，并作为中国"人类口头及非物质遗产代表作候选项目"。

侗戏：侗戏是民族民间戏剧艺术瑰宝之一，它的发展源远流长，经历人民群众集体创作、集体传播、不断得到加工、改造，从学术上看，它是有发展前途的民族民间剧种之一。

六月六：流芳侗寨每年六月六的时候邀请周围村寨村民来此做客，一起欢聚歌舞、热闹非凡。

侗族大歌表演全景

人文史迹

流芳村自然人文史迹众多，是村寨生产生活历史记录的重要载体。

古井：流芳古井一共有5口，均分布在寨中，古井常年有水，一年四季清泉如涌，是可以共用流芳村全体村民直接饮用水的水源。

萨坛：萨坛始建明末清初，具体年代不详。萨坛建造技艺具有侗族传统建筑特色，综合了鼓楼、风雨桥和侗族传统民居建筑特色，萨坛主要是纪念护佑流芳民众的祈福灵坛，同时也是百姓盛大节日必须来请示祭拜的点，祈求祖先保佑并共享节日盛宴。

流芳河：流芳河贯通村寨前及寨外田坝，将流芳寨与农田分隔，河道宽约6米，这里是长江水系清水江源头之一。流芳河常年水源充足，勤劳智慧的侗家人通过水车将低水位河流水输送到高位置农田，使得稻田常年有水，保证了粮食的丰收，同时该溪流还作为流芳侗家人的日常部分生活用水来源，默默地孕育了一代又一代流芳侗家人。

古井

流芳河

萨坛遗址

凉亭

保护价值

传统村落保护的最终目的是促进村寨的发展，而传统村落的建筑艺术、民俗文化是村寨发展的根本。在经济全球化、全球城市化的大背景下，文化软实力成为国际竞争的制高点，文化的多样性又是文化竞争的核心，因此保护民族文化的多样性就是保护中华文化的多样性。

流芳村是我国南方侗族传统村寨的典型代表，拥有优美的村落格局、丰富的民族文化，保护这些自然历史文化遗产对研究我国南方少数民族文化具有重大意义。

彭仕林 付晓兰 王 攀 编

流芳村近景

黔东南苗族侗族自治州台江县台拱镇展下村

展下村全貌

展下村区位示意图

总体概况

展下村位于贵州省黔东南苗族侗族自治州台江县台拱镇东南部，距省城贵阳约210公里，距离县城11公里。是一个以苗族为主的村寨。现有总人口120人。2013年被列入第二批中国传统村落名录。

村落特色

展下村历史悠久，房屋多为木建，多为五柱两间或五柱三间等，房屋建筑独特，环境优美。幽静的沿溪小路随着小水流延伸，静静地盘旋于半山之间。

传统建筑

村寨民居木屋建筑是五柱两间或五柱三间，或五柱四间，最为普遍是五柱三间，吊脚楼主要为厢房居多。房屋都是歇山顶式瓦房，也有少部分为四面倒水式的瓦房。自然寨寨中现仍保存有一栋破旧的徽派建筑老屋。这些民居建筑，展现了苗族民间独特的建筑风格及其文化内涵。

人文史迹

清咸丰同治年间，曾经有故通报等民族英雄参加了张秀眉领导的苗族农民大起义。

张秀眉是清咸丰同治年间苗族起义领袖。贵州台拱厅（今台江）仰冈寨人。苗族。初以当雇工为生。咸丰（1851~1861年）初，苗族地区灾荒，无力缴纳军粮款，被迫联合众人于咸丰五年（公元1855年）歃血盟誓起义。围攻台拱厅城，打死州吏吴复。攻击各地清宫汛堡。攻占丹江厅城。六年，相继占领台拱、黄平、清江

村落环境

村寨道路

村落环境

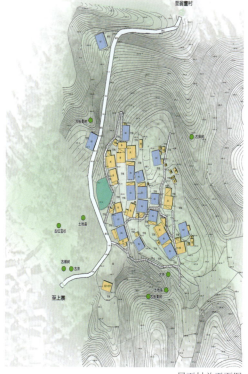
展下村总平面图

清平等厅州县。与侗族义军合攻古州（今榕江）厅城。经过三年战斗，义军控制贵州东南部苗族聚居的大部地区。

民族文化

苗族古歌，展下村寨人文风情浓郁，村寨苗族群众农闲相聚学古歌，一代传一代。每逢年节或婚嫁，男女聚会唱古歌、飞歌。目前，全村能传唱古歌的歌师约有15～30余人。

由于苗族没有自己的文字，古歌传唱实际具有传承民族历史的功能。因此，演唱古歌时有较严格的禁忌，一般都是在祭祖、婚丧、亲友聚会和节庆等重大场合时演唱，演唱者多为中老年人、巫师、歌手等。酒席是演唱古歌的重要场合。演唱时，分客主双方对坐，采用盘歌形式问答，一唱就是几天几夜甚至十天半月，调子雄壮而苍凉。传承古歌的方式也较严谨，有祖先传授、家庭传授、师徒传授、自学等几种。

这里苗族服饰精美。苗族妇女从小就开始学刺绣、织布、织锦等工艺，苗族妇女服饰精美绝伦。

代表性民居

代表性民居

民居楼梯1

民居楼梯2

土地庙

展下古歌师

保护价值

村寨周边古树绿竹掩映，古树绿竹与房屋相间，寨不但风光优美，且有许多古迹文物，村域内有5座古井，各自然村寨中道路四通八达，路面为水泥路，水源丰富。村寨内道路通畅。民居特点性强，保护强度高，是一个保存较完整的苗族村落。

李先通 编

黔东南苗族侗族自治州黎平县坝寨乡高兴村

高兴村全貌

高兴村区位示意图

总体概况

高兴村位于坝寨乡境内西北面。距政府驻地12公里，村辖一个自然寨，93户，405人，全村都是侗族，且全村姓石。由于受山水等地形地貌的影响，村寨充分利用地形，建筑依据自然山体等高线建设，与地形结合得惟妙惟肖。寨内建筑大部分以传统的木结构干阑建筑为主，多为2层，坡屋顶，独具侗寨传统特色。2012年高兴村已被收入中国第一批中国传统村落名录中。

村落特色

高兴村坐落于犀牛坡山脚，坡上植被茂盛，古树参天、四季常青，寨旁农田开阔平坦，流经高西、器寨、蝉寨河道的溪流穿寨而过，水流清澈见底，村落建设沿过境公路呈自然伸展的态势，且顺应地形，对稻田及山脉的改动较小，与周边环境融合较好，从而形成山水交融的整体环境特色。传统巷道四通八达，蜿蜒于民居组团之间，调节组团空间的节奏与层次，形成形态丰富、空间多样的组团团聚空间。村内建筑以两层木质传统民居为主，木柱、木墙加小青瓦，坡屋顶，侗寨传统建筑特色明显，传统风貌传承较好。

传统建筑

寨内建筑主要沿过境公路两侧布局，形成带状延展的整体格局，民居建筑以鼓楼为中心团聚而居，鼓楼位于秩序焦点位置，使村寨的布局和秩序更明显的被识别，并体现村寨空间构造和社会结构的高度统一。全村共85栋木制传统民居，主要建在以鼓楼为中心的四周。全寨共有67座禾仓，分别建在寨中的水塘上和寨前的溪流上，多有成群成排。高兴村内建构筑物主要为木质结构，坡顶青瓦白檐，鼓楼、戏台等传统建筑有重檐，檐面有翘角，顶层中央有宝顶；禾仓建筑为四柱或六柱一层结构，檐面为两面倒水，前后两面三尺出水，两边三尺出山，粗材大料；传统民居均为三间五柱两层，盖瓦片，几年前还有小部分盖杉木皮，主屋楼上楼下各装四小间，堂屋内墙壁主设神位，退堂屋为楼梯间。

鼓楼：高兴村鼓楼建于1935年，位于寨子中间，前后有民房，楼边有一条串户主道，由于地势问题，该鼓楼楼前不能开大门，故大门朝后，方便进出。楼体高为三层，四大主柱，12条檐柱，三层檐面均为翘角，顶层中央竖上瓷质宝顶，檐下四方镶有弯板，颈部镶方格，楼下有粗凳长条，有火塘，四面均有民居。

禾仓：禾仓是高兴村民存放粮食的专用建筑，因没有集体粮库，故家庭禾仓较多，全寨共有67座，分别建在寨中的水塘上和寨前的溪流上，多有成群成排。禾仓建造均用杉木，有一间一层四柱的，也有两间一层六柱的，檐面为两面倒水，前后两面三尺出水，两边三尺出山，粗材大料，防倒防盗防鼠咬。

戏台：高兴戏台建于2011年，不属传统建筑，但属传统规模。新建戏台高大宽敞，样式大方美观，两层檐面，木瓦结构，翘角，四面倒水，镶有檐下花板。戏台位于学校前的球场边，架在溪流上，利用球场作为观众看戏场地，场地宽广。

村落传统建筑风貌

石阶

高兴村平面图

鼓楼

萨坛

水井

禾仓群

侗戏

溪流

戏台

民族文化

高兴村历史悠久，形成具侗族典型文化特征的人文环境特色，许多民俗文化保留至今，其中最具代表性的为祭萨活动和侗戏，民族特色明显，民族风情浓厚。高兴村传统民俗风情浓郁，逢年过节或做客，寨上的中老年人均穿侗布，妇女则加穿裙子，戴银饰。节庆或闲暇时间进行侗戏演唱表演，过年期间，全寨举行祭萨活动。

祭萨：是侗族常开展的常事，过年期间，每家每户均在参与，有参加全寨举行的，也有各自到萨堂烧香烧纸的，活动大的全寨参与，着盛装，放铁炮鞭炮，吹芦笙，迎萨进鼓楼。

侗戏：侗戏是我国民间戏曲中的戏种之一，是侗族人民在长期的劳动生活中创造并喜闻乐见的艺术形式，它具有独特的民族风格。是民族民间戏剧艺术瑰宝之一，它的发展源远流长，经历人民群众集体创作、集体传播、不断得到加工、改造，古朴而不单调，抒情而不低劣，民族民间特色鲜明，有深厚的群众基础，体现侗寨实际。看了如同深入其境，并且尚在发展之中，其内容将更加丰富多彩，形式更加清新活泼，从学术上看，它是有发展前途的民族民间剧种之一。

人文史迹

古井：高兴村古井一共有3口，其中寨中1口，公路边两口，这三口水井担负着高兴村村民数百年的生活用水，水井里的水冬暖夏凉，十分可口，至今仍在使用。

溪流：高兴村寨前的河水流很小，故称溪流，源头是往上近两千米处的犀牛坡脚，流水处于高坡地带，故易涨易退，涨时对周边农田没有大的灾害，退时害处也不大，农田灌溉，但看平时。流水流经高西、器寨、蝉寨3个村域，到坝寨岔路口与青寨河段交合汇入坝寨河段，流经沅江、长江。高兴河段不长，流量不大，但河段周边田亩较多，基本全部依靠这条流水进行灌溉，取得常年的好收成。

梯田及田坝：高兴地处高山，没有河流，种植水稻，紧靠山间泉水和雨水，由于山高水也高，故很多田亩均分布在山间半坡半岭，形成梯田文化。梯田多的便是美景，但耕作工作量大，易干易裂易崩塌，管理难。但勤劳的高兴人能够征服，塌了又砌，缺了有补，保持原貌和面积，从而多打粮。

保护价值

保护价值：高兴村村落格局的主要特色为"带状伸展、团聚而居、格局鲜明、传统风貌完整"，同时又与自然和谐共生。能够明显地体现村寨与自然环境相互融合，自然与人工环境浑然一体的整体村落格局，使得村落风貌与自然具有较大的观赏价值和保护价值。

文化价值：高兴村传统村落保存了相对完整的、真实的历史遗存，同时附带了大量的历史文化信息，完整地体现了当地的侗族传统民风民俗，见证了自建寨以来该地区的生活方式和文化特色。高兴村历史悠久，形成具侗族典型文化特征的人文环境特色，许多民俗文化保留至今，其中最具代表性的为祭萨活动和侗戏，民族特色明显，民族风情浓厚。

黄　丹　付　伟　编

高兴村传统风貌

黔东南苗族侗族自治州从江县翠里瑶族壮族乡高华村

高华村一角

高华村区位示意图

总体概况

高华村位于翠里瑶族壮族乡东部，距乡人民政府驻地13公里，全村辖2个村民小组85户，415人，是个瑶族村寨。2013年被列入第二批中国传统村落名录。

村落特色

高华村地势陡峭，三面环山，房屋依山而建，远处望像层层梯田，一条小溪将寨子一分为二，村里已经有部分水泥路，和睦相处的社会伦理，丰富多彩的民风习俗，透过这些人文景观，可以了解高华村古代"耕读社会"、"宗族社会"的梗概，以及与此有关的民情风俗，是一份极为有价值的历史文化遗产。

传统建筑

作为山地民族之一的瑶族，大多都是住在半山腰或深山脚，民居依山就势而建。住在半山腰要建房须先将基础开挖"Z"形状，再在基础上修建木结构的吊脚楼住房，房屋都是以杉木为主要材料，用横梁穿枋斗榫合缝，不用铁钉，结构严密牢固，上盖杉树皮。装板壁用的材料有两种，楼下用树条竹片或木板围严，无窗户口，仅留一门；楼上用木板刨光装成，有窗棂。窗棂用小木枋装成长方形，无装饰花纹。瑶族民居一般是三排两间两厦，分上下层。下层用来圈养家畜家禽，设置厕所，堆放杂物和肥料。下层在偏厦安置楼梯，一侧开有大门，此门常随手锁着。上层室内有独木梯可供上下活动，家人和客人到底层不必绕道大门。上层住人，前部分是宽宽的走廊。从走廊正中进门是堂屋，堂屋中间有地火塘。是供冬季取暖，接待客人和供奉祖先的地方。供奉祖先的神龛在堂屋的左侧或右侧。堂屋两侧是卧房。厨房、碓房或磨房设在堂屋后侧的房间里，这部分房间未装地楼板，使用火烛比较安全也是伙房和用膳的地方。大部分人家都用竹笕将山泉引入家中，并用大青石凿成水池接盛，用水十分方便。偏厦是瑶族民居重要组成部分，是用来安置楼梯，堆放柴火、农具，并安置有煮锅和一供洗药浴的大木桶。此外，也有人家装来作卧室或客房。

高华鼓楼

高华村总平面图

成片民居

村落环境

民族文化

"瑶族药浴"是从江县瑶族人民世代相传的一种独具特色的洗浴方式，是在长期游耕、狩猎生活中形成的一种古老而神奇的保健方式。洗药浴既可舒筋活络、消除疲劳、抵御风寒，又可健身洁体、祛风除湿、防病治病，特别是对防治风湿、妇科、皮肤和伤风感冒等疾病尤为有效。据初步统计，"瑶族药浴"药方有188种，主要由追风伞、半边枫、九龙藤、血藤、节节草等30多种中草药组成，主治47类疾病。

据传，瑶族祖先在迁徙的过程中，缺医少药，加上瑶族同胞一般居住在高坡上，由于海拔高，常年云雾缭绕、湿度极大，极易引发风湿、伤寒等疾病。千百年来，生活在深山密林中的瑶族同胞，对原始森林中的野生藤木感知最为深刻，他们为了生存，利用大自然赋予的各种植被进行治病防病和保健养生，抵御病毒侵害，形成了重防病、保健、养生、长寿的生活理念。在漫长的岁月和长期的劳动中，他们经常采大山之灵草、深山之鲜药加水熬煮，修木桶浸泡洗浴。"瑶族药浴"就是瑶族人民千百年来与山草藤木朝夕相处，经过几千年历史、几十代人的实践与应用，不断完善创新而沿袭流传至今的千年古方。"瑶族药浴"的配方传女不传男，且瑶族世代不与外族通婚，所以那神奇的"瑶族药浴"配方是一个永远解不开的谜。

民国《从江县志概况》记载："板瑶好清洁，家必备一浴桶，劳作回家必药浴一次，因处深箐，又好清洁，故长寿者居多。"自古以来，由于历史原因，当地瑶寨通常都建在半山腰里，寨子四周多茂密的森林，常年云雾袅绕，每家每户门前屋后都栽种着竹林、茶林和各种树木，每家都用竹筒将山泉引进家中，家中都有杉树加工而成的浴桶。每当有客人进寨，乡亲们都会用油茶和药浴热情款待远方的客人，这是瑶族人民接待嘉宾的最高礼仪。

瑶族老人常说：靠山吃山，莫伤其本；靠水吃水，莫损其源；让水常清，让山常绿。因此，瑶族采药一年只采一面山，来年再采另一面山，周而复始，从不过分索取，以达到人与大自然的和谐。

"瑶族药浴"贯穿于从江瑶族同胞生活的始终，瑶村家家户户，煮药洗浴已成为"约定俗成"，先药浴后吃饭是这个民族的良好习惯。按瑶话意思说：人劳动一天，谁都会感到疲劳，不先洗浴驱除疲劳，吃饭不香也不多。瑶族人民把药浴和吃饭摆在同等重要的位置来看待，饭天天吃，药浴也天天要洗，一直延续至今。由于瑶族同胞十分注重用药浴健身和防治疾病，因此男女老少身强体壮，极少患病，长寿者多，其人均寿命亦比周边不沐药浴的村寨都高。妇女从怀孕之日起，每日都要洗药浴，直至产期，这种用于保胎的药草一共6种，都由孕妇自己采摘。更令人惊奇的是，医学称妇女分娩后可洗淋浴，但不得坐浴，以免细菌感染。而瑶族妇女分娩后20分钟，便可坐入浴桶洗浴，这种用于产妇生殖系统保健及加快子宫收缩的药水，共由15种药草配制而成。产妇经过10天的洗浴后，即可进行一些简易的劳动。当新生婴儿呱呱落地后，即可用4~5种药草配制而成熬煮的药水洗浴，可以预防婴儿常见疾病，每天洗1~2次，直至长大成人。当瑶人过世，不论长幼，均用一种药草煮水洗浴净身，方可超度亡灵。更为惊奇的是，整天劳作于大山之中的瑶族妇女，几乎没有患妇科病的，这即使在医学发达的现代社会也不得不说是个奇迹。

在从江瑶寨洗药浴，客人先洗，然后按先男后女、先老后幼的次序逐一洗浴。走进瑶寨任何一家，热情的主人除了端上茶水之外，还忙着把刚从山上采来的药草，分别捆成小把放进锅里，升火为客人准备洗瑶浴的药水，等到药草煮沸半小时左右后，水锅里散发出的浓浓的药草香味充满整个房子的时候，热情好客的瑶族妇女会趁热把药水勺入高70厘米、直径60厘米左右的大浴桶中，加入适量冷水，请远方的客人一一入桶洗浴。当客人浸泡十多分钟后，药汁慢慢地渗入人体的毛细血管、遍及全身，这时全身会有一种酥麻、又像喝醉酒后的感觉在全身流窜，全身大汗淋漓。浴后全身特别清爽舒畅，精神振奋，四肢有力，浑身上下一身轻松，一天的车船劳累顿时消失得无影无踪，让人不得不感叹"瑶族药浴"的神奇，也让人感觉到藏于深山的"瑶族药浴"完全可以和著名的芬兰桑拿浴、土耳其蒸汽浴相媲美。"一株传世药，满桶益身汤"，当你有幸来到从江瑶族村寨，在大木桶中泡上一泡，你肯定会有这样的感慨：此浴只应仙界有！

2008年，从江瑶族药浴被列为第二批国家级非物质文化遗产名录项目。

瑶浴采药 1

瑶浴选药 2

瑶浴采药 3

民族活动

保护价值

高华村带有特色的瑶族瑶浴，具有传统的生活方式，完整的体现了当地瑶族的传统民风民俗，见证了瑶寨文化的历史变迁。有较高的历史价值、人文价值和科学价值。

韩 磊 编

黔东南苗族侗族自治州黎平县尚重镇高冷村

高冷村全貌

高冷村区位示意图

总体概况

高冷村位于黎平县西北部的尚重镇，高冷村原属于盖宝乡"建并撤"后是建制的尚重镇高冷村，全村627人，139户，村域面积6.24平方公里。村内平均海拔734米。

高冷村每7年举行1次鼓藏节、侗族琵琶歌是国家级的非物质文化遗产。这里自然环境优美、民族风情浓郁、建筑依山而建，以侗族鼓藏节、琵琶歌、传统服饰等为代表的非物质文化遗产传承较好。2012年被列入第一批中国传统村落名录。

高冷村禾仓群

村落特色

高冷村坐落在绍洞河谷的高山上，山坡共有4个坡脊民居建筑依坡脊就势而建，形成4个组团并以一条3.5米宽的土路相连；农田依山就势，成梯状分布，构成了美丽的梯田。

民居住房建筑全木结构，侗族特色的吊脚楼以盖木皮或小青瓦遮阳避雨，层层叠嶂、错落有致的民居建筑与山体有机地结合在一起。

寨前、寨后古树成林，高山上的梯田更加成为一道亮丽风景，村寨整体风貌保存完好。

传统建筑

传统民居：独具侗族特色的吊脚楼民居住房建筑均为全木结构依山而居，基本采用传统干阑建筑修建，楼房建筑以两层为主，少数为三层，整个村落依山梯建，传统的吊脚楼、古朴的民风、民俗和自然村落形成一个典型的侗族文化空间载体，建筑风格与周边的环境共存，数百年历史的变迁，环境风貌基本保持完整。传统民居具有侗族传统民居建筑特点，堂屋两侧为卧室。厨房、猪牛圈等皆设于屋侧房后。房屋一般分正屋、厢房、前厅、偏厦等。

环境要素：为集中的两个坡脊之间建有一个活动场坪，每7年一次的鼓藏节便在这个场坪里举行，成为高冷村的核心活动场所。鼓藏节、破新节、祭萨、春节、祭祖节等传统节日活动地点大多在这个广场举行。

古井，高冷村古井至今还保存使用的有两口，一口位于高冷大寨内，为寨内主要饮用水水源，另一口位于寨头进寨路口处，并设有凉亭，供路人歇息解渴。寨头水井为漂瓜井，用一块青石板斫开一个沟槽，端头为一深度凹口，起到储水和沉淀的作用，路人可以直接嘴对着凹口喝。

梯田，因高冷村的地形地貌为高山地区，所以高冷村的农田注定沿山坡成梯状分布，因梯田多是在坡脊面，日照时间比较长，较宜水稻的种植。每每到夏季耕种时，梯田一片绿油油，秋天稻谷成熟时，一片金黄，在阳光照射下格外心动，春天油菜花开时，又是另一番迷人的景色。

梯田风光

民族文化

侗族鼓藏节：是国家级的非物质文化遗产，每7年举行1次，为期7日，届时全村参与，并邀请周围村寨参加，共同享受节日的氛围。不论你是否为熟人，只要您在主人家门前放一封鞭炮，主人听到后便出门迎接您，邀请你到他家里做客，侗家人会热情的款待客人，不会有丝毫的怠慢。节日期间杀猪、宰牛、杀羊等祭祀祖先，同时还举行踩歌堂、芦笙比赛、斗牛等等，妇女们都穿着节日盛装，载歌载舞，共同庆祝。

侗族琵琶歌：明末年间，由尚重盖宝西迷寨的吴帅勇开创，尚重侗族人民所有的琵琶大多数是由梨树制成，有雌雄之分，雄琵琶身长体大而声宏，奏出刚劲雄浑之声，多为男歌手所用；雌琵琶身短体秀而声纤，弹出柔软美妙之音，多为女歌手所用；琵琶歌委婉飘逸，清脆悦耳，悠扬婉转，优美动听，加之与琵琶声和谐相配，真是令人如痴如醉，心旷神怡，流连忘返。"侗族琵琶歌"2006年列入第一批国家级非物质文化遗产名录。

侗族服饰：侗族服饰按照性别和年龄分为男子服饰、女子服饰和儿童服饰，按照生活场合分为日常服饰和盛装，其中女子盛装按照服装款式又分为对襟裙装式、交领右衽裤装式四种。侗族的饰品主要包括头饰、胸颈饰、首饰、背饰、腰坠饰、绑腿、绑带、鞋子等，在盛大节日中佩戴的种类较多，且这些饰品多喜用银制作。侗族服饰以女士最为华丽，每个侗族女士一生中大约有三套这样的服饰，小时候一套，成年一套，出家一套。侗族服饰制作一般为妇女在劳作闲暇时一针一线缝制而成，一般制作一套女士侗服大约一两年时间。

传统民居1

侗族服饰1

传统民居2

传统民居3

弹唱琵琶1

踩歌堂

侗族服饰2

广场活动现场

弹唱琵琶2

侗族服饰3

保护价值

高冷村的自然生态环境较好，侗家人的民族风情浓郁。特殊的山地环境形成了奇特的空间序列，山体、民居、古井、广场、梯田、古树群等要素的有机融合构成了的独特肌理。

余　飞　唐　艳　李函静　编

古井

弹唱琵琶3

黔东南苗族侗族自治州从江县谷坪乡高吊村

高吊村一角

高吊村区位示意图

总体概况

高吊村坐落于都柳江北面,距乡政府所在地谷坪公里。有公路连接321国道。全村村域面积11.58平方公里,耕地面积854亩,海拔750米,居住着苗族。全村辖10自然寨,5个村民小组,239户,1252人。2013年被列入第二批中国传统村落名录。

村落特色

高吊村青山环抱,古木苍翠,风景十分优美。"妖娆"的苗族男装,即把很多只使用在女孩身上的饰品如鲜艳的花、珠子、羽毛等来装饰小伙子,有的男子还留有发髻,这使苗族文化更具独特韵味和神秘。

高吊苗寨周围有几株树龄百年以上的枫树、荷树和其他树种,由于民族风俗的影响,虽然没有村规民约规定,但从来没有任何人去偷伐,古树是他们寨子的象征。

传统建筑

吊脚楼一般以四排三间为一幢,有的除了正房外,还搭了一两个"偏厦"。每排木柱一般9根,即五柱四瓜。每幢木楼,一般分3层,上层储谷,中层住人,下层楼脚围栏成圈,作堆放杂物或关养牲畜。住人的一层,旁有木梯与楼上层和下层相接,该层设有走廊通道,约1米宽。堂屋是迎客间,两侧各间则隔为二三小间为卧室或厨房。房间宽敞明亮,门窗左右对称。有的苗家还在侧间设有火坑,冬天就在这烧火取暖。中堂前有大门,门是两扇,两边各有一窗。中堂的前檐下,都装有靠背栏杆,称"美人靠"。

村落环境1

村落环境2

成片民居

村落环境3

高吊村总平面图

民族文化

高吊苗族是从江特有的苗族支系，其男女服装与岜沙苗族相似，但因配有羽毛，使之更为美丽。

从江县苗族服饰，大多以自纺、自织、自染、自缝而成。一般喜青色，白布制夏装或内衣。县境内苗族由于居住环境不同，穿着各有差异，男性衣着有大襟、对襟之别，下装有一般裤脚与大裤脚之分。20世纪80年代后，有部分青年已着汉装，女性装束各地村寨悬殊不一，大体可分为花裙类、青白裙类、青黑裙类3种类型。一些居住地邻近侗族和汉族的苗民，如西山等地苗族妇女穿着较素雅，有的不戴银或少戴银饰，不插银钗、银梳，不包头帕，少穿裙。

男装，丙妹、下江、宰便、停洞等地村寨，一般衣着是无领左衽或右衽短上衣。包青布头帕，留发齐耳或剃光头。岜沙、滚玉、同乐、高加、上歹、托苗各寨部分男孩和60岁左右的老人蓄长发，挽髻于顶，插木梳、戴耳环、项圈、裤管特大。宰河、寨坪、加车等地，一般衣着是有领对襟布扣或铜扣、钱毫扣的短上衣，包青布两端有长须的长头帕，也有黑白花格头帕。凡苗族男性都喜欢穿宽大的抵腰裤，部分人于裤前方配一个绣花小荷包，便于携带烟叶、火草之类。

女装，花裙类有加鸠、加牙、加勉、寨坪、宰河、尧贵等地妇女平时装束是头发盘髻于顶，插银簪、木梳、戴耳环。未婚女子，发际缠一块黑白花格布。上装对襟无领，用三排九个铜扣连襟，襟边、袖口、衣脚用红、绿、黄花线缀成三行花边。贴身挂菱形胸兜，靠颈处有一小块彩绣花牌，两角伸出小布带系于颈后，中部精绣各种颜色的花草图案。冬装不穿棉衣，只穿三、五件单衣，以衣着多件为荣，以显富足，腰系一条五尺长的黑白花格布带。老年妇女衣长过膝。下装，内裤过膝，外围百褶裙，脚胫套绣花布筒。节日盛装的女青年，头戴银钗、银帽、银梳、项圈三、五根，手镯五、六对，银链两根，银牌一块，配有银珠、银砣、玛瑙、银针筒，着长短二领裙子，里面是一领黑布及脚长裙；外罩一领及膝的印花百褶裙，更显庄重。

代表性民居

苗族男装

苗族女装

保护价值

高吊村有特色服装，拥有独特的苗族风情，代表一定时期的特色文化，能更好地对从江苗族分支进行研究与保护。

高吊村村落自然环境保护良好，村落文化继承好，民俗节日、民族文化，具有我国苗族传统村落特性。

魏 琰 编

男装盛装

都柳江

黔东南苗族侗族自治州雷山县方祥乡格头村

格头村全貌

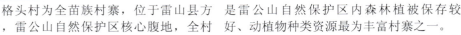
格头村区位示意图

总体概况

格头村为全苗族村寨，位于雷山县方祥乡，雷公山自然保护区核心腹地，全村563人，145户，村域面积23.1平方公里。村内最高海拔1447米，最低海拔735米，吊脚楼分布于河流两岸。全村地表资源丰富，气候温和，雨量充沛，村北部有成片的国家一级保护植物——秃杉林，是著名的"秃杉之乡"。2013年被列入第二批中国传统村落名录。

村落特色

格头村坐落于贵州省雷山县雷公山森林公园东南部一处谷底内，翁密河自西向东再向北穿过全村，村寨周边群山环绕，格外宁静。

格头村以古老的秃杉闻名于世，秃杉群落是以秃杉为主体的常绿针阔叶混交林，主要分布于格头村内北部片区。全村面积2121.36公顷，其中，林地面积多达1768.31公顷，森林覆盖率高达95%以上，是雷公山自然保护区内森林植被保存较好、动植物种类资源最为丰富村寨之一。

格头村建立于1605年，全村均为苗族。传统节日主要有苗年节、吃新节、芦笙节和春节。民俗文化包括饮食文化、礼仪文化、婚嫁习俗、农耕稻作文化等。

格头村四面环山，建筑均为木质吊脚楼，建于陡坡之上，建筑多为3层，屋面为树皮，独具特色。

格头村溪流

山地民居

沿河民居

格头村村貌

格头村平面图

格头村传统民居

古粮仓1

苗年节

格头村传统民居

古粮仓2

芦笙节

民族服饰

传统建筑

传统民居： 格头村的民居均为苗族干阑式传统建筑，建筑层数为2～3层。建筑底层随着村民生活方式的变更，由牲畜养殖变为堆物、仓储、居住所用，二层一般三面带廊，人从山面经廊进入堂屋，建筑二层及三层仍为户主主要生活空间，屋面多为斜山顶。

古粮仓： 村内多数古粮仓保存完好，多数粮仓散布于传统民居周边，集中成群的古粮仓多集中成片分布于民居建筑之间。由于村民生活方式的改变，多数粮仓的功能由储藏粮食变为堆柴、堆物、存放工具等。

民族文化

民俗节庆： 格头村的民族文化保存完好，民风浓郁，尤以高排芦笙、苗年、戊日节为最。

刺绣： 格头村民世代传承着刺绣技艺，上至长者，下至少年，均以自己的技艺传承着苗族刺绣文化。绣样多为平时生产生活中常见的花草树木，鸟鱼虫兽秀。色彩鲜艳，构图明朗，朴实大方。

民族服饰： 村民多在传统节日着全套的民族传统服饰，服样衣饰有着精美的传统绣样、饰品。而日常着传统服饰者多为村内的长者，与节日着装不同，日常的服饰较为简单。

格头村秃杉

保护价值

格头村独特的地理位置与区位优势、淳朴好客的村民、保存完好的民族文化与民俗文化，使其成为雷公山自然保护区的一处世外桃源，是理想的休闲旅游目的地。而格头村村域独特的气候，使其成为秃杉种植的理想环境。

李函静 周祖容 王 攀 编

秃杉　　刺绣中的格头少女

黔东南苗族侗族自治州黎平县德化乡高洋村

高洋村全貌

高洋村区位示意图

总体概况

高洋村位于贵州省黔东南苗族侗族自治州黎平县德化乡西南部，距德化乡政府2公里，西临朗洞镇，北临乌孟村，南邻尚重镇，东临德化乡政府。据老辈人传说和墓碑文考证，相传早年祖先落拓主要由尚重分迁而居，始初常见溪边有两只高大山羊白天在溪边打架，晚上突然消失，查询此羊无主人，依此得名。至今高洋安居已有600多年，起只有四大始祖，随后逐步有其他姓氏到此居住，现共有16姓氏。高洋村村域面积为12.90平方公里，总人口为1450人，以侗族为主。2013年，高洋村被列入第二批中国传统村落名录。

村落特色

高洋村地处老山界麓峡谷中，大南公路和小河并排从寨中穿过，连绵起伏的山峰形成一个天然屏障世代护佑着高洋人。村寨沿山坡等高线布局，村中有几十棵大小不一的红豆杉，院坝前后则分布着，呈现排屋层叠、树伴人家的独特格局。古井在村中很为常见，没有通自来水之前，作为村民的饮用水源。古井在村中地位极高，村民都把古井视作其神物来保护。

传统建筑

高洋村现保存有完整的侗族干阑建筑群，共300余栋。寨内民居主要为木质结构，按侗族建筑特点建造，一层作为厨房使用，现基本只用做厨房和堆放杂物。二层作为主人卧室，三层多用做客房，用来接待亲朋好友的接待来访，其中具有特色的侗寨戏台、鼓楼等，现保存完整，沿用至今。

鼓楼：鼓楼位于村中的中心地段，共有4层，顶部为重檐翘角攒尖式屋顶，覆盖小青瓦，建筑通体全是本质结构，不用一钉一铆，以杉木凿榫衔接，顶梁柱拔地凌空，排枋纵横交错，上下吻合，采用杠杆原理，层层支撑而上，墙面用红色清漆装饰，是目前高洋村最高的建筑。

戏台：始建于1921年，2006年修复，建筑层数为1层，面积为60平方米，顶部为一层单檐翘角歇山式屋顶，覆盖小青瓦，纯木结构，是该村最集中热闹之地，不仅是提供给寨老、村组干、党员商量本村事宜之地，而且还是举行节日活动之地。

古树

村落一角1

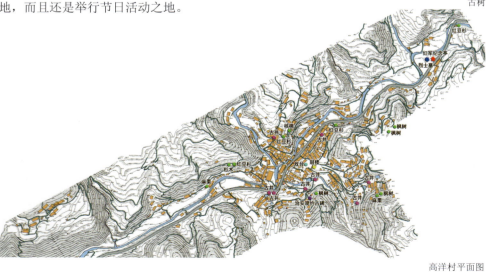
高洋村平面图

戏台

民居1

民居2

民族文化

黎平县德化乡高洋村是传统的侗族村寨，村民仍然保存着传统的生活习俗。高洋的侗族能歌善舞，芦笙是高洋人喜爱的乐器。尝新节、鼓藏节是该村最为隆重的节日。

人文史迹

古碑：在1949年己丑十二月立有高洋大款碑文治安规约1块。

古树：村中有几十棵不同大小的红豆杉，百年以上的有3棵。村中有一株国家一级保护树种——秃杉（台湾杉），树高34米，胸径1米，已挂牌保护。

保护价值

高洋村是黎平县侗族物质文化和非物质文化的活的载体，其物质文化从物质形式来看是村寨的建筑肌理、传统格局，非物质文化从物质形式来看是村寨传统的文化和生活习俗。高洋村无论从自然、历史人文等各个角度来说都独具自身特色，具有很高的保护研究价值。

徐　雯　高蛤　编

鼓藏节

斗牛

吹芦笙

高洋服饰

古井

村落一角2

村落一角3

黔东南苗族侗族自治州黎平县肇兴乡堂安村

堂安村全貌

堂安村区位示意图

总体概况

堂安侗寨位于黎平县东南部的肇兴乡境内。全村867人，200余户，村域面积4.84平方公里。堂安侗寨始建于清朝嘉庆年间（1795~1820年），共由7个姓氏组成，居民散居于班柏、几定两山之间，形成独特的梯田文化。这里风光秀丽、民风古朴，侗族原生态文化保存十分完整。2012年被列入第一批中国传统村落名录。

村落特色

堂安侗寨坐落于肇兴东边的"关对"山坳上，背靠"弄报"山，村寨脚下梯田层叠，周边树木环绕，植被覆盖率约57%，主要树种为松、杉木、枫树。堂安侗寨周边的田园风光形成独特的梯田文化。

村寨共由7个姓氏组成，居民散居于班柏、几定两山之间，以鼓楼、戏台形成的公共空间为中心。堂安侗寨背靠弄抱山，风光秀丽、民风古朴，侗族原生态文化保存十分完整。

寨内现有鼓楼1座，与戏台歌坪形成三位一体，禾晾、谷仓、水碾、水碓、鱼塘、井亭、萨堂等随处可见。寨子中间，有坟100余座，多建于清代。整个侗寨四通八达，共有7条进出寨子的路口，均建有寨门，所有道路全部用青石墁地。

堂安村平面图

古老的石阶梯

传统建筑

传统民居：全寨现状有民居建筑262栋，房屋大多数取南向北。民居建筑基本采用传统的干阑建筑形式，多为2~3层，以木结构形式为主，依山就势，悬空吊脚，自然组合，井然有序。民居建筑与寨门、鼓楼、戏台、风雨桥等传统公共建筑协调呼应，石板村巷、石制瓢井，古意盎然，构成一个典型的侗族文化空间载体。村寨布局肌理清晰，空间形态、街巷格局、院落空间完整，历史传统建筑群、典型建筑物极其周边环境风貌基本保存完好。堂安侗寨的民居基本还保存了浓郁的侗家特色。

戏台：堂安戏台建于1981年，为木质结构侗族吊脚楼建筑形式，主要为堂安侗族人民表演侗戏和其他节目所用。

堂安萨坛：堂安萨堂为木结构建筑形成，高约2米，用石板堆砌成萨岁坛八方形的外围，中间露天，石砌约1米高，有一小型圆柱土台。

堂安萨坛原来由于年久失修，萨堂已破旧不堪，土台内杂草丛生，损坏较为严重，故于2012年重新修建，现风貌保存良好，与周边民居、鼓楼、戏台等有机融合。

堂安鼓楼：堂安侗寨只有一座鼓楼，

梯田景观

传统民居

堂安鼓楼

古萨玛节

水上戏台

堂安花桥

蓝靛靛染工艺1

蓝靛靛染工艺2

堂安萨坛

娶亲时的礼饼

位于村寨较为中心的位置。该鼓楼式样为四方圆柱九层重檐攒尖顶，瓦檐呈多角形，飞檐重阁，反映了侗族村寨鼓楼的特色。始建于1981年，并于1999年进行了一次维修。目前，鼓楼除有部分檐口等位置破损外，基本保存完好。鼓楼，是侗民族特有的文化象征，是侗族人民遇到重大事件击鼓聚众、"起款"议事的会堂，是侗族人民社交娱乐和节日聚会的场所，也是侗族村寨或族姓的形象标志。鼓楼为木质结构，其顶层置一面大鼓，大鼓由族中的自然领袖执掌，遇到重大事件（如受外来攻击、火灾等）即攀登上去击鼓，一是召集族众，二是向邻近村寨传递信息，要求增援；楼，即是用木材建造的楼房，故称"鼓楼"。

堂安花桥：堂安花桥始建于明代，位于村寨寨脚，一面采用吊脚的形式跨于梯田溪流之上，由桥定、桥面、桥垮等部分组成。均采用木结构建造，桥楼绘有各种图案。

花桥又名风雨桥，为侗族独有的桥。由桥、塔、亭组成。全用木料筑成，桥面铺板，两旁设栏杆、长凳，桥顶盖瓦，形成长廊式走道。塔、亭建在石桥墩上，有多层，檐角飞翘，顶有宝葫芦等装饰，被称为世界十大最不可思议桥梁之一。因行人过往能避风雨，故名风雨桥，都是以杉木为主要建筑材料，整座建筑不用一钉一铆，全系木料凿榫衔接，横穿竖插。

寨门：寨门是进寨的标志建筑。寨门过去的功能是防卫，如今，这个功能消失了，但它是进寨的通道，是侗寨地域感和凝聚力的标志。

堂安村寨原有8处寨门，其中一处烧毁，其余的7处寨门大小不一，各具特色。在村寨北面进寨口寨门规模最大，于1999年建成，高约5米，为重檐斜山顶，仿如意斗栱装饰，显现三斗三升，斗栱上层装饰以交错叠覆的三层锯齿边，主楼檐下灵格四周，彩绘双鱼、孔雀、凤凰等图案，寨门顶部盖有青瓦。其余5处寨门均十分简约古朴，高度在3米左右。现存的寨门在历练多年风雨之后，均存在一定程度的破损。

民族文化

古萨玛节：堂安村平时每月初一、十五由管理萨堂的人打扫萨堂，敬供香茶。而一年一度的重大萨玛节祭萨活动在农历的正月都会举行，村里请专门的祭师来主持祭祀仪式。祭萨的供品必须有黑毛猪和绿头鸭，要在萨屋里宰杀，其方式很讲究。

侗族蓝靛靛染工艺：堂安村靛染工艺，有两个程序：蓝靛的制作和靛染工艺流程。"侗布"就是用织好的布经蓝靛、白酒、牛皮汁、鸡蛋清等混合成的染液反复浸染、蒸晒、槌打而成。

保护价值

堂安侗寨完好地保留了侗族自然、原始的生活状态，村寨与自然环境有机融合，规模适中，鼓楼、戏台、风雨桥等侗族建筑元素丰富，是中国和挪威合作建立的世界上唯一一座侗族生态博物馆，具有较高的国际知名度。得天独厚的生态环境和文化资源，使堂安侗寨成了一个侗族文化与世界沟通的重要窗口。

曾繁秋 李函静 张宇环 编

黔东南苗族侗族自治州从江县刚边壮族乡银平村

银平村远眺

银平村区位示意图

总体概况

银平村位于刚边乡的东北部，由两个自然寨组成，坐落在三百河东岸，村前绿水环绕，村后青山拥抱。距乡政府13公里，全村村域面积12.63平方公里，1156人，全村均为壮族。2013年被列入第一批中国传统村落名录。

村落特色

银平村地处刚边乡北面，是进入从江西部的门户，海拔在250~600米之间，风景秀丽，气候宜人。村庄依山傍水，两侧农田环抱，一派田园风光。银平村两自然寨相距500米，坐落于三百河东面，面朝河水，背靠山坡，村庄现已无寨墙，四周农田环绕，寨后大树荫蔽。

传统建筑

壮族民居以吊脚楼为主，一般为两层，少数为3层，房顶为斜山式，上盖小青瓦。其传统稻田鲤鱼人工孵化为古老传统技艺，目前还在此使用和传承。民居大多为三排两间两厦，部分为二排一间两厦或多排多间两厦，一楼一般用来饲养牲畜和放置生产工具；二楼两侧为卧室及食品存

成片民居

村落环境

村落道路

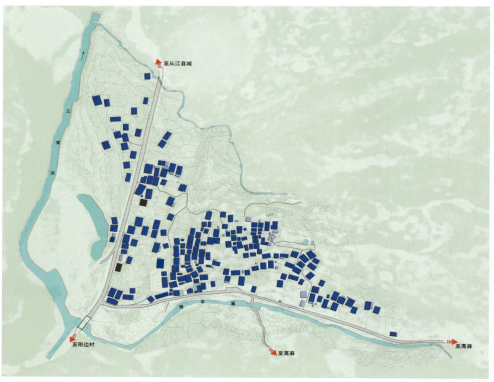
银平村总平面图

山体民居

成片民居

放室,中间为堂屋兼厨房,火塘偏靠一侧边厦,主要用来生火做饭及冬天取暖,堂屋后墙壁设有神龛,堂屋正面外侧设有走廊,宽在2米左右,供平时乘凉休息。

民族文化

壮族服饰

银平村壮族男装多为破胸对襟的唐装,以当地土布制作,不穿长裤,上衣短领对襟,缝一排(六至八对)硬币纽扣,胸前缝小兜一对,腹部有两个大兜,下摆往里折成宽边,并于下沿左右两侧开对称裂口。(不过现已少穿,只在重大节日偶穿)

银平村妇女的服饰端庄得体,色彩明艳。她们一般的服饰是主体为亮黑色,腰间系着精致的围裙。上衣着黑色短领对襟上衣,颈口、袖口、襟底均绣有彩色花边。有一暗兜藏于腹前襟内,随襟边缝制数对布结纽扣。下穿黑色中短裤至膝间(热天可省去),小腿则另穿小圆筒形套裤,套在中短裤外用黑丝带扎紧,腰扎围裙。在赶圩、歌场或节日穿绣花鞋。壮族妇女普遍喜好戴耳环、手镯和项圈。

蜡染晾晒

保护价值

银平村位于刚边乡的东北部,在公路沿线上,是进入刚边乡的第一村,北与雍里乡、下江镇接壤,村内民风淳朴,制作壮族服饰具有独特民风。自然环境良好有丰富的物产资源,也就有良好的保护价值。

周 杨编

村落环境1

村落环境2

黔东南苗族侗族自治州剑河县久仰乡基佑村

基佑村全貌

基佑村区位示意图

总体概况

基佑苗寨位于剑河县久仰乡政府所在地北面3公里处，坐落在斜坡上，坐北朝南，南面山沟有一条由东向西的小溪，溪两旁是个小田坝。基佑全村共有192户，940人，几乎全都为苗族。由于边远闭塞，在语言、服装、建筑、习俗方面完好地保留着自己的传统特色。2013年被列入第二批中国传统村落名录。

村落特色

大面积的护寨林分布在寨子东、西、南、北面的坡上。整个村寨140余栋民居依山而建，组成一个完整的传统民居群。参天古木与民居相映，整体风貌协调统一，环境优美。其建筑形式为全木结构，1980年以前的纯手工木传统建筑保存较多，特别是粮仓以家族的方式集中修建，很有特色，目前有1处年代较久的粮仓群，有30多个粮仓。

寨内传统木建筑完好地传承着农耕手工木建筑技艺及建筑理念，工艺流程完整，有较高的历史文化和美学价值。

传统建筑

民居结构：大多是3间2层或2间2层，悬山顶、小青瓦盖顶，穿枋结构。部分两头带小偏厦。剖面为排柱穿枋，中柱最高，两面倒水，每排为5柱4瓜，二楼以上大多挑出60~80公分，用以增加房屋的宽度。挑出的边柱脚悬在空中，通常刻有饰纹，窗口装饰有木格花以示主人勤劳富有，持家有方。立面为过间穿枋，柱顶上檩子过间而架，托起椽皮，椽皮上盖瓦。因是在斜坡上建房，外面柱子常常吊脚。如果吊脚空间大，则安排猪牛圈。如果吊脚空间小，猪牛圈另外择地安排。一楼是堂屋和火堂，二楼住人。

粮仓结构：粮仓平面呈正方形，都是4脚立柱，悬山顶、小青瓦盖顶或杉木皮盖顶。中柱是2根短柱托起屋顶。粮仓有二层，第一层是空的，仅用于放少量的杂物。第二层用横板密封，架上便梯，用于存储谷物。粮仓都是集中修建，与住房保持一定距离，以保证粮仓防火要求。

传统民居主体建筑

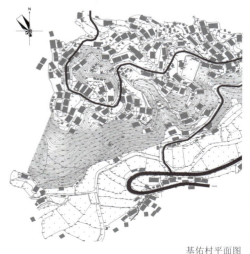
基佑村平面图

民族文化

非物质文化是基佑村人民在长期的观察自然、改造自然、社交活动、宗教活动、口头文艺创作等多方面的活动中积累的人文成果，其具有娱乐性、技术性、固定性、特定环境性等特点得以流传。

古歌，基佑苗族古歌已有千年历史，主要是唱苗族从东方到当地的迁徙过程，其中还有相当一部分是唱在当地定居后的安居乐业场景，是世代传唱的民间文学与民间音乐形式。能以引用古歌里丰富的内容对唱的人称为歌师，受到村民的尊敬和喜爱。

二月二，是祭桥节，流传于全县各处苗族地区。桥是苗家的神物，有保佑平安、送子的神力。每年二月二，家家户户都要祭桥。

踩芦笙，在一年一度的重大节日里。活动有对歌、踩芦笙等。

斗牛，斗牛每年都要举办，每隔几年

山间小道

护寨林

立新屋

要邀请周边村寨的牛来参加比赛。

土布制作技艺，自古以来，身上的衣服是自己种棉，自己织、染、绣等，一套成品衣饰要十几道工艺才能完成。

除以上2009年县人民政府公布为县级非物质文化遗产外。苗族具有的春节、吃新节、过卯节、祭祖节等节日在基佑都存在。

基佑苗族服饰已有近千年历史，其刺绣技艺流传于剑河县革东、柳川、南哨、太拥等十余个乡镇的苗族地区，2009年国务院公布为第二批非物质文化遗产名录。刺绣活动是昂太坪苗族妇女日常休闲时光的活动内容，代代相传。一套盛装要半年到一年的时间才能完成，每到重要节日，都要穿盛装参加对歌和踩芦笙等活动。

人文史迹

基佑传统村落作为黔东南自治州最具代表性的苗族文化村寨之一，距今已有200多年的历史，仍保存了相对完整的、真实的历史遗存和文化遗产，同时附带了大量的历史文化信息，体现了很高的文化水准，见证了清代以来该地区的生活方式和文化特色，比较全面地反映出苗族的历史文化和发展轨迹。

村寨中苗族干阑式传统民居有吊脚木楼、连廊木楼、回廊楼屋等，依山而建的苗族干阑式建筑群巧夺天工，是苗族人民与自然和谐共生的大智慧，也是苗族文化的最佳写照与缩影。苗族的各项歌舞及传统节日等民风民俗在基佑沿袭至今，突显了基佑不可小觑的历史文化价值。

嘎百福是基佑特有的一种劝解村民之间矛盾的形式，如果村民之间发生矛盾，要由一个德高望重、善于说理、长于唱歌

的长者出面调解。调解人使用唱歌的方式，引经据典，说服力强，曲调优美，常常使矛盾双方感动不已，握手言好。

由于这种调解方式需要较深的本地民族文化根底，现在的年轻人大多从小在学校接受汉文化教育，成年后又外出打工，反而不太关注自己较深层次的民族文化，这种调解方式逐渐被现代的村委调解组织取代，有濒危的趋势。

2009年被贵州省人民政府公布为第二批省级非物质文化遗产代表作名录。

嘎百福

古歌表演

传统斗牛场

传统民居大门

传统粮仓

节日盛装

保护价值

基佑传统村落依山傍水而建，溪流穿寨脚而过，纤秀的干阑民居依山就势、高低错落，使村寨风貌和建筑景观让人应接不暇，极具观赏性。

基佑苗寨形成于清代中期，村寨内部建筑形式，构造细节充分反映了苗族建筑这段时间的演变过程。

丰富的苗族非物质文化遗产，完整再现着古代农耕社会各家庭自给自足的情景，是研究农耕文明演进和苗族早期生活状态的活资料，具有珍贵的史学价值和很强的旅游观赏性。

余 军 付文豪 编

基佑村全景

黔东南苗族侗族自治州丹寨县扬武乡排莫村

排莫村全貌

排莫村区位示意图

总体概况

排莫村位于杨武镇南部，属丹寨县城扬武镇行政村之一，属云贵高原南缘的斜坡地带，黔东南变质岩地区，境内峰峦叠嶂，河谷深切，山高谷深，森林茂密。

村平均海拔570米，属亚热季风温湿气候，冬无严寒，夏无酷暑，气候温和，降水充沛，以种植水稻、玉米、家庭养殖、林木产品、蜡染产品的生产销售，外出务工构成。全村主要树种为杉树，主要动物有白鹤、猫头鹰、野兔等。传统古民居460栋，清朝立的跳月堂碑。

村落面积：排莫村全村国有土地面积22518亩，其中耕地1169亩，占0.051%，荒坡牧草地约3700亩，占16.65%，林地约17000亩，占75.5%，森林覆盖率达61%。住宅道路建设等村庄建设用地约600亩占0.027%。

民族构成：现分为8个村民小组，共521户，2164人，是一个以苗族为主聚居的村，苗族占全村总人口99.45%，汉族、土家族、水族等其他4个民族占0.55%。

经济来源：全村人均耕地面积0.54亩，排莫村村寨依山而建，排莫村主要的经济来源以种植水稻、玉米、家庭养殖、林木产品、蜡染产品的生产销售和外出务工构成。2012年被列入第一批中国传统村落名录。

村落特色

排莫村村寨依山而建，位于排莫小溪沟两侧，村寨沿小溪沟两旁聚集，外围是梯田和山林。民居依山而建，高低错落的吊脚楼，与周围的梯田、小溪形成一幅安居祥和的田园村居图。排莫村环境优美，风光秀丽。走进排莫，只见村头寨尾巍然屹立着数棵参天的古树，枝粗叶茂，周围林木葱茏，山花繁多，群山环绕，梯田层层，清泉潺潺流淌，构成了名副其实的依山傍水的自然风光。

传统建筑

排莫村吊脚楼是苗乡的建筑一绝，它依山傍水，鳞次栉比，层叠而上。祖先崇拜的苗族传统宗教，在吊脚楼的民居建筑上被充分完美地体现出来了。楼上住人，楼下架空，被现代建筑学家认为是最佳的生态建筑形式。

排莫村平面图

排莫村环境

村寨特色景观

石头上的吊脚楼

村内吊脚楼

传统建筑群

排莫村建筑群

排莫村古树

排莫村蜡染作品

穿在身上的史诗

蜡染传承人杨正云

制作蜡染的村民

绘制蜡染图案

民族文化

蜡染：排莫村苗放蜡染，被美国人称为"东方第一染"。20世纪80年代中期，苗放民间蜡染艺术家王阿勇，曾两次赴美国，进入白宫等地进行蜡染技艺表演，在美国引起轰动，其多幅蜡染作品被美国白宫收藏。被美国友人称为"来自东方的艺术家"。

排莫村是丹寨县蜡染艺术的典型代表之一，也是中国蜡染艺术的发祥地之一，苗族女性，从六七十岁的老媪到十一二岁的少女都能制作蜡染。家家都珍藏有蜡染珍品。

排莫制作蜡染的历史悠久而久负盛名，以蜡染制品表现出古朴典雅、粗犷豪放、美观大方的艺术风格而著称于世，素有蜡染艺术之乡的美称。

丹寨县排莫村蜡染从流传地域、流传图案，以及美术特点的创新和发展内容来看，它有三大价值：

1. 研究价值

它代替了苗族没有文字的历史，记录了苗族历史各个阶段的精神和事物，是研究苗族历史不可多得的证据。

2. 实用价值

它是生产和传承者本身在祭祀、生产、生活中必不可少的物品。

3. 审美价值

它集实用与美学为一体，形象与抽象地运用了美学观观察万物，捕捉灵感，突出特征，把理想与向往通过画笔表现得淋漓尽致。所以每年都有各大专院校师生前去考察、研究、实习。

排莫村是贵州省"蜡染艺术之乡"之一，也是国家级非物质文化遗产项目"苗族蜡染技艺"的主要传承地，

"苗族蜡染技艺"在2006年入选第一批国家级非物质文化遗产名录。

人文史迹

元代开始排莫苗族祖先迁徙到排莫定居建寨，至今已有600多年历史，以杨氏宗族为主，在排莫的山岭中以宗族或家族为单位定居，自然寨分布特点为大聚居下的小散居，形成了今天"一山一岭一寨"的村落历史格局。

保护价值

目前，排莫村依然保存有传统古民居460栋，清朝立的跳月堂碑。同时排莫村是贵州省"蜡染艺术之乡"之一，也是国家级非物质文化遗产项目"苗族蜡染技艺"的主要传承地。

李人仆 黄鸿钰 王 攀 编

黔东南苗族侗族自治州榕江县三江乡脚车村苗寨

脚车村苗寨

脚车村苗寨区位示意图

总体概况

脚车村位于贵州省黔东南苗族侗族自治州榕江县三江乡南部,距省城贵阳约260公里,距离县城40公里,距乡政府2公里。全村辖2个自然寨,共286户,总人口1178人。2013年被列入第二批中国传统村落名录。

村落特色

脚车大寨选址于锅子形谷地,因信其锅能蓄水,水能克火,体现了古已有之的消防意识。在水网分布上也很有趣,寨南乌街吊沟北流,纳乌校沟之水继续北流,与东来之乌血沟汇合后向西南流去则称为乌敖沟,水网密布,利于生存。脚车民居筑于溪流两岸,依山建寨,涉险凭高,又择林而居,楼的立面均有部分置于坡坎或与自然地表相接,因而寨的整体从远处看十分朴素壮观。由楼屋的建筑地面缺失而形成干阑或半边吊脚楼,这种建筑形式体现出苗胞与土地之间的亲密感情和血肉关系,以及因势利导、人畜兼顾的建筑特点。寨外或路头的古楠木群、古禾木群、古枫群和红豆杉群使脚车的整体风貌大放异彩,创造了一个人居和旅游的最佳空间。

传统建筑

居住区的楼层皆为木构吊脚楼,上、下两层,青瓦屋。木楼拥有精美的雕花图案,有牛角符号、老虎脚印、铜鼓等。多数木楼还在二楼走廊板壁或柱子上悬挂牛角和牛的下颚骨,神秘而典雅。脚车上寨的粮仓分布集中,利于管理和防火防鼠。脚车传统公共空间(牛打坪、芦笙坪)的分布得体,体现了苗胞对居住环境的匠心独运。四处古井的均衡分布,均便于苗胞取水用水。

村落环境

脚车一角

脚车村总平面图

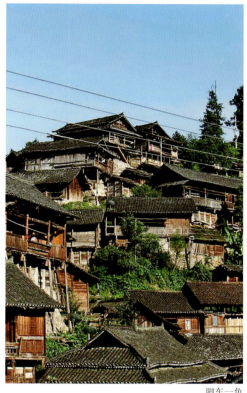

脚车一角

代表性民居1

民族文化

苗胞千百年传承的祭祖活动形成了13年1次的鼓藏节，脚车村的鼓藏节异常隆重，周边村寨都来参加，届时椎牛祭祖、放牛打架、吹芦笙、敲铜鼓、拉古瓢、唱情歌，彻夜欢娱。

议榔栽岩是苗族社会一种议事立法形式。议榔苗语称为"构榔"，意为"集中起来制定规矩"。栽岩也叫"埋岩"，议榔时将一块长方形石条埋入泥中，半截露出地面。栽岩是无字的法规，当地人们了解栽岩的目的和实情，谐热栽岩的内容（榔规），并以此规范自己的行为。苗族议榔栽岩习俗广泛流传于广西融水和黔东南都柳江一带，于2010年5月被列入第三批非物质文化遗产名录。

脚车蜡染远近闻名，传承人有徐老农（现年72岁）、王老能（现年48岁）、祝老本（现年51岁）。芦笙制作高手王大路（生于1930年，已亡故），会吹会跳，艺传其子王老祥，亦负盛名。芦笙坪上的盛会，全寨参加，农闲或过年过节举行。

保护价值

全寨民居均为传统建筑，多为四排三间，上下两层，平面布置以堂屋为中心向两翼展开，居住显得宽松方便。寨中小道纵横。水井4口，2口为自然泉井，2口为人工石板镶砌，分布合理，便于取水用水。

村落环境良好，植被丰富，古树参天，村落布局自由，结构完整，有着独特的历史风貌和自然格局。

朱洪宇 冯 泽 编

代表性民居2

代表性民居3

表演器具

芦笙表演

民居楼梯

黔东南苗族侗族自治州雷山县西江镇控拜村

控拜村全貌

控拜村区位示意图

总体概况

控拜村主要是由上寨、中寨、下寨三个部分和新寨组成，共12个村民小组，202户，1292人，苗族为主，有李、穆、龙、杨、潘等五大姓。位于西江镇北部，与台江县相邻，距西江镇14公里，距县城50公里。2012年被列入第一批中国传统村落名录。

村落特色

控拜村银饰文化距今已有600多年历史，记录了控拜苗族世世代代没有文字记载下来的痕迹，反映了控拜苗族对本民族文化的执着。积淀了控拜苗族传统文化的变迁过程，展示控拜苗族的生产生活方式和生活习俗。控拜村是中国唯一的银匠村，村民拥有精湛的苗族银饰锻造技艺，形成了独特的苗族银匠群体。控拜村的银匠一般都是子承父业，世代相袭。

控拜村是典型的苗族聚居村落。干阑式的纯木吊脚楼依山而建，鳞次栉比，疏密有致。村寨四周是层层叠叠的梯田，延续着古老的稻鱼生产传统。村寨、稻田、森林等构成人与自然和谐相处、悠远宁静的田园景色。

控拜村梯田

控拜村石板道路

控拜村瀑布

控拜村局部风貌

传统建筑

传统民居：控拜村传统民居主要以干阑式吊脚木楼为主，一般为3层结构。底层用于生产工具储存肥料和家养家畜；第二层用作客厅、堂屋和厨房，堂屋外侧设有"美人靠"，是苗族建筑的一大特色；第三层用于存放生产生活材料等。控拜村传统居民源于上古民居的南方干阑式建筑，是中华上古民居建筑的活化石。

穆你应民居：该民居有300多年历史，为典型的苗族干阑式建筑，建筑保存完好，完整地体现了苗族先人的建筑工艺与建筑艺术。

古井：村寨有古井两处，井口皆有青石打造，井水冬暖夏凉，四季长流，周边为村寨自然环境，无保护设施。

控拜村百年民居

控拜村村寨格局

黔东南苗族侗族自治州

控拜村传统民居

控拜村古井1

控拜村古井2

控拜村建筑细部

控拜村银饰作品

控拜村盛装过节

活动时间一般3天。第二年（即牛年农历丑年十月的第一个巳日）又举行庆贺活动（"祭鼓"），以及吹芦笙、跳芦笙舞等活动，这一年的祭祀活动又要比上一年多两天。第三年（即虎年农历寅年十月的第一个寅日）控拜人家家早早起来，并请最尊贵的来宾操刀屠宰大肥猪祭，并将子年挖的泥土填入坑中（"藏鼓"）。这一年的祭活动又要比上一年多两年，这一年也是新老鼓仗头交替的日子。

祭桥节：农历二月二，龙抬头，是控拜村的祭桥节。祭桥分为架桥和敬桥二种，架桥又分为两种情况：一是主家无子，无子的人家架桥目的就是保佑上天送孩子来。二是主家有子，有子的人家就祈求上天保佑孩子除病消灾，健康成长。

架桥方式也很多。有的人架石桥，有的人架木桥，还有的人兴架石凳（俗称坐桥）。

控拜村银饰制作

银饰制作技艺比赛

银饰制作

民族文化

苗族银匠群体：村寨中保存了较为完整的传统习俗，其中以苗族银饰的精湛锻造为村寨独特标志，控拜村银饰文化距今已有600多年历史，精湛的手艺均为子承父业，全靠口传心授，世代相传，形成了独特的苗族银匠群体，成为中国唯一的银匠村。

苗族年：是黔东南和桂北等地苗族人民祭祖和庆祝丰收的传统节日，苗年节活动随居住地的不同而各具地方特色。控拜苗年节今年主要仪式活动是"祭鼓"，控拜人过节素有"小喜庆三天，大喜庆三年"的习俗，于是每到鼠年农历子年十月的第一巳日，鼓仗头便主持庆贺活动（"起鼓"），

保护价值

控拜村寨中吊脚木楼错落排列、依山而建，整个寨子靠山抱水，自然风景优美，有美丽的乌香梯田、清澈的护寨河与奇险的乌香瀑布，自然环境优美，适合发展民族特色乡村旅游。

控拜村是以银饰制作精湛为自己的核心特点，而中国唯一的银匠村又成为他极为特色的名片；苗族银饰的锻造工艺被列为国家级非物质文化遗产，寨中银匠杨光宾师傅于2007年10月被评为省级非物质文化遗产项目苗族银饰制作技艺代表性传承人。结合控拜村的自然资源、人文资源以及对非物质文化遗产的保护与发展，可将银饰产品的制作观摩、体验、生产延伸至旅游产品、艺术品、纪念品的开发上来，让中国唯一的银匠村将手工银饰这一技艺传承并发扬下去。

陈　铖　黄鸿钰　周祖容 编

黔东南苗族侗族自治州丹寨县排调镇麻鸟村

麻鸟村全貌

麻鸟村区位示意图

总体概况

"麻鸟"系苗语音译名,意为"卖鼓",该地原有一面好铜鼓,后来被人买去,便得此名。

麻鸟村形成于清代,年代久远,历史悠长,在历史的长河里积累沉淀,传统文化底蕴十分深厚。苗族传统民俗文化丰富,特别是芦笙锦鸡舞声名远播,文化内涵十分浓厚。村落整个格局独特,是保存较完整的传统村落。

麻鸟村是以苗族为主聚居的山区旅游村,位于排调镇东南部,海拔1180米,森林覆盖率63%,东靠雅灰乡爱高村和排调镇也都村,南接排调镇排结村和雅灰村杀益村,西临本镇送俄村和排茸村,北抵羊先村,距州府125公里,距县城55公里,距镇政府驻地12公里,交通便利。总人口735人,2013年被列入第二批中国传统村落名录。

村落特色

麻鸟村村民全部为苗族,他们是以旱地烧耕为主的民族,不得不将高山、山腰或丘陵地带作为村落的寨址。他们依山而寨、聚族而居,自成一体。

麻鸟梯田规模宏大,气势磅礴,麻鸟村坐落在崇山峻岭之间,所有的梯田都修筑在山坡上,梯田坡度在15度至75度,海拔800~1190米之间,是麻鸟村的一大原生态风景点之一。梯田位于麻鸟村的北面,是麻鸟村人世世代代留下的杰作。如此众多的梯田,在漫漫云海的覆盖下,构成了神奇壮丽的景观。麻鸟梯田层层叠叠,绵延整个麻鸟坡,共有380余亩,梯田坡度较大,梯田级数很多,十分罕见。

整个麻鸟村呈南高北低的地势,鸟瞰整个麻鸟村,乃是"一山、一田、一寨"传统格局。

传统建筑

麻鸟村传统建筑均为木质穿斗式建筑,材料均为杉木和松板,有5柱或7柱一排的,结构为歇山式小青瓦盖顶,多为二楼一底,以三间一栋常见,少数为四、五间或搭有披厦。

传统民居为南方干阑式建筑,是上古民居建筑的活化石。

共有上百年历史建筑3处,传统建筑115处,古粮仓52处。

麻鸟村是一座彻彻底底的苗族村落,受高原山地地形及气候影响,传统民居建筑结构多为穿斗式干阑式建筑,建筑多为就地取材,体现因地制宜的思想,建筑色彩主要是建材的原始色彩原木色为主。民居建筑的符号与建筑细部类型十分丰富,主要体现在建筑装饰和细部构件上,如牛角宝顶等。

穿斗建筑传承了古老的河姆渡文化"干阑式"建筑风格与技术,是在适应麻鸟半山相对恶劣的环境下,经过逐步创新、发展、完善而形成的建筑文化载体。它承载着苗族对生态环境、民族心理、民族历史、宗教信仰、社会生活、美学观念乃至空间力学的理解,具有多方面较高的科学研究价值和保护价值。

麻鸟村传统民居

民族文化

麻鸟村浓郁的民族风情,具有天下第一锦鸡舞之称的苗族芦笙舞发源于此。以及种类繁多的传统民族节日和古朴典雅的苗族服饰,十分迷人。

麻鸟苗寨是锦鸡舞的发源地,传说祖先们来到这里,没有田耕种,他们一边开田,一边打猎充饥度日。锦鸡帮助他们获得了小米种,小米助他们度过饥荒,锦鸡也就成了他们的命运吉星。于是,他们模仿锦鸡的模样打扮自己,又模仿锦鸡的求偶步态跳芦笙舞。而在深层潜意识里,这支苗族自称"嘎闹",系远古鸟图腾部落的后裔,至今,锦鸡舞仍在他们的祭祖活动中扮演重要的角色。

如今,蕴藏在麻鸟地域的民族民间文化艺术已逐渐被人们所认识,养在深闺人未识的锦鸡舞从山旮旯里走进了都市,从民间走上了舞台,从国内走向了国外,深受国内外艺术家的赞誉。锦鸡舞自搬上舞台后,以其独特的艺术魅力久演不衰。20世纪80年代,锦鸡舞焕发出了艺术魅力的生机,被黔东南州歌舞团采编后带到意大利、匈牙利、南斯拉夫、奥地利和罗马尼亚参加国际艺术节演出,博得了西方观众

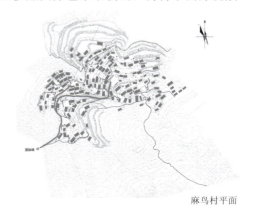

麻鸟村平面

的阵阵喝彩；1989年州歌舞团将锦鸡舞带到大连参加"首届中国民间艺术节"表演，赢得了专家学者的赞赏。

余贵周分别是2008年国家级，2009年县级非物质文化遗产项目苗族芦笙舞（锦鸡舞）的代表性传承人；余世美、白金富是2009年县级非物质文化遗产项目苗族锦鸡舞的代表性传承人。

锦鸡苗族服饰，绚丽多彩、千姿百态，保留着古朴典雅的民族特色。她们的银饰、绣裙、花带以及造型扮相，都以美丽的锦鸡为审美参照，姑娘们发丝高绾，形如粽子，光滑圆润，高昂秀丽，世人称之为唐代发型。花带多至20多条，前围帕短，绣上艳丽花色，后围帕素而长，花带垂至脚跟。盛装时，头戴银发箍，发髻插银牛角、锦鸡鸟、银梳、银雀花等，上身内穿七八件短衣，最外一件满是刺绣异彩纷呈的右衽短花衣，戴三五只银项圈、银手圈、银戒指等，下挂的花带各二三十件，犹如一只美丽锦鸡，靓丽迷人。

"锦鸡"图腾

1989年大连艺术节

文化传承人余贵周

麻鸟苗族锦鸡舞

迷人的锦鸡服饰

人文史迹

古粮仓：麻鸟村古粮仓遗存约有五十多处，粮仓多与古民居主体相邻，或立于田地旁，方便存放。麻鸟村民至今仍在使用粮仓储存粮食，粮仓底层不做储粮，粮仓保持透风，避免粮仓发霉现象的产生。

古井：村内共有古井两口，此井常年负担着麻鸟村民的生活用水，古井水质好，冬暖夏凉，清甜可口，至今仍在使用。

古树：共有100年以上古树15棵左右，有国家一级保护树种红豆杉八棵有余，二级保护树种楠木五棵有余，还有三尖杉等古树，在村落入口场坝处分布较多。特别在炎炎夏日，便是村民乘凉好去处。

石板路：麻鸟村屹立于半坡中，户与户之间连接通道多为传统石板路，部分平坦路段已硬化，其余都是村民利用当地石材进行铺设，曲径通幽的小路通往山底，看不见底部，十分优美。

民居一侧的古粮仓

寨内古井

寨内古老石板路

保护价值

麻鸟村的价值体现之处在于其历史价值、文化价值、科学与艺术价值和社会价值上。

明清古村落，非遗传承地——村落形成于清代，年代久远，历史悠长，以苗族锦鸡舞为代表的非物质文化遗产发源于此，文化内涵十分丰富。

半坡屹立筑，层层梯级楼——传统民居为南方干阑式建筑的代表，是上古民居建筑的活化石，建造手法等体现因地制宜的思想，建筑装饰和细部构件造型大方优美，不失内涵。

原始锦鸡舞，声名世人传——麻鸟村作为锦鸡苗族，是中华三组（炎帝、皇帝、蚩尤）之一蚩尤的后代，是苗族上百支系中的一支，居住在山区较高处。虽然处在崇山峻岭之中，地域比较封闭，但是他们的文化、心灵与当今人类优异品格接轨，是民族性的、世界性的文化。以锦鸡舞为代表性的民族文化，获得当今世界的认可和赞赏，其中锦鸡苗族服饰、锦鸡舞步、锦鸡舞乐器、锦鸡舞曲目更是民族文化的典型，是民族文化的代表，也是传统生活场景的缩影。

郭　谦　刘　娟　编

可爱的小锦鸡

黔东南苗族侗族自治州榕江县寨蒿镇票寨村侗寨

票寨村侗寨

票寨村侗寨区位示意图

总体概况

票寨村坐落于大山谷地之中（东北距县城52公里），四周青山叠翠，溪谷流水潺潺，侗家居民公布于小溪两岸，错落有序。票寨村所辖一个自然村寨，共8个村民小组，466户，2216人。2013年被列入第二批中国传统村落名录。

村落特色

村落选址于大山谷地，青山围合，松杉如海；溪谷坦平，溪水潺潺，便于建房和相互交往。票寨溪穿寨而过，归孖力溪、子子洞溪在寨侧环流，构成山环水抱的侗乡美景。5口石板框砌的古井几乎成等距离分布寨中，便于村民取水用水。寨中石板古道、水泥路、土路交错纵横，便于村民出行和上山下地劳作。寨内分布有古社稷塘和大歌坪，寨外布局平邓歌塘和牛打坪，此等公共空间利于全寨的祭祀和集体的庆典、娱乐等活动。

寨周山坡上松杉如海，楠竹成片，更有古枫，梧桐、红豆杉点缀其中。村落整体风貌保存良好。

传统建筑

民居多为木构地屋，四排三间，上下两层，青瓦屋面。吊脚楼依山而建，茂林掩映，绿竹依依，自成一景。民居中有4幢建于清同治年间，有一幢（德顺号）建于清道光年间。德顺号民居面溪而立，建有门楼。门楼木构，八开字形、两开门、盖青瓦，门额书"德顺号"三字，门额左右各书一字，曰"田宅"，显示"商贾归田"气派，流露大家隐居气息。寨中有木构古粮仓群，均为上下两层，青瓦屋面，楼厚壁坚。另有吴定标等4户共一粮仓，建

村落环境

成片民居

票寨村总平面图

黔东南苗族侗族自治州

村寨一角

粮仓1

粮仓2

代表民居

花桥1

花桥2

于清末，自立溪岸，上下三层，侗乡少有。石板古井5口，石板为框，青石建拱，分布寨中。传统民居、粮仓、古井保存良好。

民族文化

一、祭萨—逢寅年、申年开展祭萨活动，吃牯脏、斗牛、斗鸟、唱琵琶歌，全寨参与。

二、琵琶歌—祭萨或庆典时开展，歌师张承德和寨人吴伦香等8人于1954年到北京演唱，受到周恩来总理接见。

三、侗戏—逢节日或庆典，在大歌坪的旱桥、江家坎旱桥等地演出。

四、民族乐器—琵琶。

五、节日

1. 二月二—架桥敬桥，吃糯米饭，红蛋。

2. 三月三—吃三月粑

3. 四月八，吃乌米饭，放牛上山吃草，牛休息一天。

4. 破新节，古历交秋过后，开日、出日、成日过，吃禾包、糯米饭、盦鱼、烧鱼、牛瘪、羊瘪。

德顺号民居

德顺号民居一角

石砌

土地祠

迎唱侗歌

芦笙表演

保护价值

票寨坐落于大山谷地，青山围合，溪水环绕，侗家木构地屋分布小溪两岸，吊脚木楼依山而建，林木掩映，翠竹依依，风景独好。萨塘和大歌坪分布寨中，便于祭萨、对歌、和琵琶弹唱及庆典娱乐。民俗活动，民族文化保留完整。

冯泽 编

黔东南苗族侗族自治州黎平县口江乡银朝村

银朝村全貌

银朝村区位示意图

总体概况

银朝村位于贵州省黔东南苗族侗族自治州黎平县口江乡境内，距离县城55公里，银朝村东接口江村，南邻双江镇天堂村，西靠朝坪村，北抵兰扒村。村落始建于明朝初期，银朝村侗语称"告"，建寨迄今为止已近五百年，当时这里是一片参天大树，猫头鹰较多，而侗语猫头鹰称为"告"，故村寨因此而得名。银朝村村域面积15.80平方公里，总人口为1453人，以侗族为主。2013年，银朝村被列入第二批中国传统村落名录。

村落特色

银朝村寨坐落在海拔505米的山谷中，村寨四面环山，小溪穿寨而过，村寨以鼓楼、戏台、祭坛为中心，周围民居建筑、道路顺应地形肌理向外辐射，民居均为木质结构，房屋顺山而建，鳞次栉比，寨内步道纵横交错，风光秀丽。银朝村民族文化浓厚，民族风情保存完整，村寨古朴原始。

传统建筑

银朝村传统民居为干阑式建筑。银朝传统民居具侗族传统民居建设特点，堂屋两侧为卧室。厨房、猪牛圈等皆设于屋侧房后。房屋一般分正屋、厢房、前厅、偏厦等。正屋是主要部分，有三柱屋、五柱屋、七柱屋、八柱屋等，凡柱、梁、枋、瓜、串、椽、檩等，均以榫卯穿合斗作。楼房外围，均有走廊栏杆，宽敞明亮，空气流通，供家庭成员休息，也是侗家姑娘纺纱织布的好地方。

鼓楼：银朝鼓楼，高21米，11层瓦檐，八角尖顶楼面，耸立于村寨中央，整体保存完好，鼓楼内部结合主柱设置一圈木质长凳，中央设圆形或方形火塘，是村寨或族人祭祖、仪式、迎宾、娱乐之所。

花桥（风雨桥）：银潮寨头有花桥1座，长25米，4层重檐，3个圆顶。木质结构，两排木塔，中间楼塔为5层檐，两头楼塔各4层檐，瓦檐重置，廊桥形式。桥廊两边装置座位，供村民休憩、娱乐的场所，桥廊两侧绘有侗族风情画，瓦脚装饰纹式檐板。

鼓楼

花桥1

银朝村平面图

黔东南苗族侗族自治州

寨门

花桥2

古井

戏台：银朝戏台，占地56平方米，木质结构，根据侗戏表演特点建造，具有侗族建筑风格，属于侗民族的传统建筑之一。戏台底层高1.5米，上层高4米，前方为敞开的台面，左、右、后侧木板装修封闭，楼面分台前台后，中间一墙之隔，留有左右侧门，供演员出入台。

民族文化

侗戏文化：银潮寨侗戏产生于19世纪初叶的嘉庆至道光年间，至今已有150多年的历史。银朝侗戏最早的戏师是吴金度，出生于清嘉庆年间（1834年），最早创作出来的一出侗戏是《贵金》，目前尚存其用汉字记录侗戏歌词的手抄本。

"萨神"文化：银朝村对侗族女神"萨"的崇拜非常虔诚，逢年过节人们都会到萨坛去祭奠。银朝的祭祀仪式比其他侗寨特殊，每五年举行一次盛大的祭萨仪式，全村人均着民族盛装参与活动。萨坛最开始形式是石头砌成的圆形，围墙中间包着泥土，种灌木，后来村民再在石墙周围加上一圈砖砌的圆形围栏，以显对"萨"神的尊重。

银潮服饰文化：银朝服饰较其他侗族村寨更有特色，而且制作耗时更长。银朝侗族古老的盛装，绣饰精美华丽，婚嫁及重大活动时穿用，现今犹存其富丽堂皇的光彩，叶片式帘裙，帘裙上绣饰的"滚圆形龙纹"。银朝男装沿袭着宋代服饰风格，为侗族地区最为古朴的服饰，其特色是下身的围腰全绣花纹，下端系有吊花，吊花下吊串珠，串珠末端系有一撮玉百羽毛，给人以奇特神秘之感。

人文史迹

古树：银朝村周围古树分布众多，树龄均有100年以上。寨子东边有两棵枫树和两棵荷树，其中一棵枫树高达38米，冠

银朝服饰

祭祀活动

幅19米，树龄290年。寨脚花桥旁与寨脚小溪旁共有7棵枫树与1棵荷树，树龄最高也有210年。

古井：银朝村分布6口古井，青石围固，井底均为青石板。井水清澈见底，冬暖夏凉，味道清冽甘甜，是村民生活用水最主要的来源。

保护价值

银朝村的侗族传统民居建筑，工艺精湛，独具匠心，历经数百年风雨而存留，见证了侗族民间建筑从古至今的历史，银潮最古老的侗戏侗歌，曲调丰富，特色鲜明，演绎出乡土人民最朴实和真挚的感情与生活，银潮最著名的花样服饰，做工繁复，五彩斑斓，体现了侗族人勤劳的个性和对美好生活的向往。银朝村保存了侗家人特有的民族文化和传统建筑，是研究黎平侗族文化的活化石，具有很高的保护价值。

徐 雯 谢 聪 编

古树

祭坛

村落一角

黔东南苗族侗族自治州从江县谷坪乡银潭村

银潭村全景

银潭村区位示意图

总体概况

银潭村距从江县城20公里。全村共323户，1669人，是一个以侗族为主的少数民族村寨。2012年被列入第一批中国传统村落名录。

村落特色

弯弯曲曲的小溪呈多个"S"形沿着山谷在寨中潺潺流淌，小溪上40多座小桥把两岸的住户连接起来，如同江南水乡。两岸"干阑"式的吊脚楼矗立，一直向山麓延伸，鼓楼耸立其间，使整个村寨错落有致。稻田、池塘、溪流在阳光下泛起一片片银光，据说银潭因而得名。但也另有说法：古时一对恋人为反对姑表亲的婚姻制度，女青年拿走家中一坛银子与心上人连夜私奔，来到大山深处成家立业，从而诞生了银坛侗寨。银潭得名虽然各异，但都具有诗情画意。前者是一幅优美的田园风光画卷，后者却是一曲向往婚姻自由的动人歌谣。

传统建筑

地处深山之中的银潭，民居、鼓楼、禾晾、禾仓、戏台保持着特有粗犷、真实、原始的品质，神秘古朴、原汁原味的民族原生态文化独树一帜。说银潭处处显古并不为过。一是"干阑"式的吊脚楼古、鼓楼古、戏台古，这些清一色的杉木结构建筑物，不问世事，静静地耸立在山谷之中，经受着岁月的洗礼。大部分建筑都有50至100年的历史。银潭有3座鼓楼，其中上寨鼓楼建于清道光丙戌年（1826年），占地74平方米，通高约21米，1984年6月列为县级重点文物保护单位。在从江境内百余座鼓楼中，重檐均为奇数，只有银潭上寨等两座鼓楼重檐层数为偶数，十分奇特。银潭戏台修得十分华丽精美，仿古吊脚楼，悬山式屋顶，上盖小青瓦，屋脊两端高高地翘角上彩塑有龙、鸟和人物。人物居中，飞禽走兽环绕着人物。正面檐板彩绘两只凤鸟。台口两旁的吊脚柱上悬空各彩塑有武生人物一个，舞台正中和左右假台口各有戏剧人物绘画一幅。整座戏台的彩塑、彩绘和鼓楼彩塑彩绘一致，充分体现了人和自然高度和谐统一，反映了侗族人民天地合一，人与自然同在的古朴哲学思想。

粮仓禾晾

银潭村总平面图

银潭村全景1

银潭村全景2

银潭吃新节祭祖

民族文化

侗戏：

侗戏是流传在侗族聚居地的侗族民间小戏，是南部侗族方言区的戏曲剧种。清道光年间，黎平腊洞人吴文彩（约1798~1845年）首编剧本《梅良玉》、《李旦凤姣》，成为侗戏创始人。永从县六洞高霞人（今从江县贯洞镇贯洞村）张鸿干（约1779—1839年）把侗族民间故事编成侗戏《贵金》，后经增补修改更名为《金汉》，成为用侗族题材创作侗戏的鼻祖。自侗戏产生以来，长演不衰，戏师和剧目日益增多，遍及南部侗乡。中华人民共和国成立后，侗戏更趋繁荣，除传统剧目外，还创编了不少古代和当代题材的新剧目。据20世纪80年代统计，从江有业余侗戏班246个，演出戏台281座，戏师遍布各地。传统侗戏演出常在年节和农闲时间，特别是农历正、二月间是侗戏演出的黄金季节。传统侗戏不分场次，无需布景，只在前台靠里置一小方桌供戏师导演提词。道具只是扇子和拐杖。服装多为生活装。男角多着长衫戴礼帽；绅士、长者加穿马甲，画八字胡，拄杖拐杖，官员加戴眼镜。女角着民族便装，加系头巾或腰带。男主角一律着白布对襟短衫，外罩红（绿）背心，绸带束腰，胸前挂银牌、头插白羽、雉尾，一身古代罗汉装；女主角着节日盛装。丑角的脸谱、装束、表情、动作滑稽可笑。乐器有二胡、锣、鼓、钹等。演唱形式也十分简单，剧情全靠唱词表达，偶尔也有点表情动作。演员无需背台词唱词，由戏师一句句提词。一般只有两人出场，一人唱一人听。每唱完一句，二人在小过门乐声中走一圈"∞"字形台步，互换位置后再唱下句。每一唱段少则四句，多则数十句。如有丑角在场，则常于对方唱时插科打诨以增乐趣。唱完一段，前后台的人便随着锣、鼓、琴声高唱一段和腔——"哟嗬嘿，嘿依哟……"，然后再由另一角色唱。如此循环，周而复始，极少变化。唱腔简单，近似诉说，曲调为上下句结构，不体现感情，主要靠唱词和剧情感染观众。只有悲剧情节中的悲歌能以其哀怨悲凉的曲调催人泪下，唱时角色以扇掩面或背向观众，有的也在后台门边唱。过去唱侗戏均为男子，自1958年以后，从江结束了侗戏男扮女装的历史，并对刻的"∞"字形的二人转，过门、唱词、导演形式进行改革，仿效歌剧使用布景和增加必需的道具，强调演员表情，增加乐器种类，使侗戏向用侗语演唱的侗歌剧过渡。1981年，县文化馆黄能赋根据侗族民间故事编写的《蝉》剧是从江侗歌剧创作的一种尝试。该剧1984年应邀参加省音乐会演出得到与会专家的肯定。被称为"侗歌集锦"。随后文化馆梁维安、周恒山又先后创编了《四艾寻歌》、《良三传奇》、《官女婿》等侗歌剧。侗歌剧的出现，给侗戏艺术增添了新的异彩。使侗戏走上了多元发展的途径。1988年12月中国音乐家协会名誉主席吕骥为侗歌剧作者周恒山题写了"要大力发展侗歌剧，丰富我国歌剧艺术"的题词。

红豆杉下歌传情

侗族大歌多耶舞

银潭鼓楼

侗戏表演

保护价值

银潭侗寨坐落在山顶山谷之中，周围植被丰富，植物种群繁多，古树参天。弯弯曲曲的小溪呈多个"S"形沿着山谷在寨中潺潺流淌，小溪上40多座小桥把两岸的住户连接起来，如同江南水乡。

村落格局独特，保存较为完整。村庄坐落在山顶，村落自由布局，结构完整。丰富而珍贵的物质与非物质文化遗产，具有独特的历史风貌。

杨程宏 周子恒 编

黔东南苗族侗族自治州黎平县茅贡乡登岑村

登岑村全貌

登岑村区位示意图

总体概况

登岑村位于茅贡乡北部，驻地位于黎平县城西部，距县城48公里。全村655人，157户，村域面积9.28平方公里。侗语音译登岑，意为对面山坡的坡底。登岑东与寨母村接壤，东南面与高近村交界，北与罗大接址，形成西高东低的走向。西南与地扪村相连，农田坝区，粮田千顷，绿浪翻滚，具有优美的田园风光。2012年被列入第一批中国传统村落名录。

村落特色

登岑村整体空间布局形如网状，以鼓楼为中心向四周辐射，寨前千三河是长江水系清水江源头之一，顺延山势贯穿坝区，径直流向东北部，常年水源充足。村寨外围植被茂盛，形成河谷地带。

古村背山面水，整体布局依山就势，层层跌落，地形起伏变化丰富。整个村子100多户人家依山而建，自然相连，层层而上，与山坡融为一体，达到了人与自然共生共存的完美境界。

传统建筑

登岑村的历史传统建筑群在黎平县内数量较多，规模较大。主要有鼓楼、风雨桥、凉亭、传统民居、禾仓、古井等。在所有建筑中，最有代表性的是鼓楼、风雨桥、凉亭、禾仓等。

禾仓：目前登岑村共有禾仓135栋，建筑面积3500平方米；其中百年禾仓14栋；300年以上禾仓3栋；200年以上禾仓4栋；禾仓群布局完整、设施齐全，具有防火、防鼠、防蚁虫、防潮等功能。登岑禾仓群主体建筑基本保存完好，与周围环境和谐共存。

鼓楼：登岑村尚存鼓楼1栋，即中日友好鼓楼，建筑面积110平方米。鼓楼于1997年兴建。登岑村鼓楼高耸于村寨之中，巍然挺立，气势雄伟。飞阁垂檐层层而上，呈宝塔形。瓦檐上彩绘或雕塑着山水、花卉、龙凤、飞鸟和古装人物，云腾雾绕，五彩雾绕，五彩缤纷。

风雨桥：登岑村有风雨桥1座，由桥、塔、亭组成。用木料筑成，靠凿榫衔接。

登岑村禾仓群

中日友好鼓楼

桥面铺板，两旁设置栏、长凳，形成长廊式走道。石桥墩上建塔、亭，有多层，每层檐角翘起，绘凤雕龙。顶有宝葫芦、千年鹤等吉祥物。侗族风雨桥是侗乡人民智慧的结晶，也是中国木建筑中的艺术珍品，至今保存完好。

传统民居：登岑传统民居有135栋，部分民居始建于新中国成立前和新中国成立初期，大部分传统民居建于20世纪70年代。整个村子几百户人家依山而建，自然相连，层层而上，呈现出一种自然状态的肌理，与四周山坡融为一体，充分体现了人与自然的和谐相处。

登岑村环境

登岑风雨桥侧面

蓝靛靛染

树根门

登岑传统民居

登岑凉亭

民族文化

侗族文化艺术丰富多彩，有"诗的家乡，歌的海洋"之称。侗族大歌、芦笙舞、侗戏、斗牛会是传统的文化娱乐活动。

千三节：在登岑侗寨丰富的民俗活动中，以"千三欢聚节"最具代表性。每年正月11至15日都汇聚登岑，前来祭祀心中无所不能的女神——"萨"（始祖母），故称"千三欢聚节"亦称"祭祖节"。

侗戏：在中国55个少数民族中，有9个民族有自己的戏剧，侗族位列其中。这份殊荣，当归功于千山后裔吴文彩。是他在清嘉庆、道光年间创立了侗戏，使登岑这一社区成为侗戏的起源地。侗戏，是我国民间戏曲中的戏种之一，是侗族人民在长期的劳动生活中创造并喜闻乐见的艺术形式，它具有独特的民族风格。

侗族大歌：侗族大歌是我国目前保存的优秀古代艺术遗产之一，是最具特色的中国民间音乐艺术。侗族大歌也是国际民间音乐艺苑中不可多得的一颗璀璨明珠，已唱出国门，惊动世界乐坛。由于侗族大歌具备人类创作天才代表作的突出价值，2005年已进入国家级第一批非物质文化遗产代表作名录，并作为中国"人类口头及非物质遗产代表作候选项目"。

蓝靛靛染技艺：自纺自染的"侗布"是侗家男女最喜爱的衣料。"侗布"就是用织好的布经蓝靛、白酒、牛皮汁、鸡蛋清等混合成的染液反复浸染、蒸晒、槌打而成。

人文史迹

古井：登岑古井一共有2口，古井均分布于寨内，在还没引进自来水之前，这两口水井担负着登岑村的生活用水。水井至今仍在使用，冬暖夏凉、清冽味甜、十分可口。

千三河：千三河贯通村寨及寨外梯田，常年水源充足，河道宽约18米，这里是长江水系清水江源头之一。千三河孕育着沿岸的登岑侗家人民，侗家人的祖先落户这里后，就开始人丁兴旺，很快发展到了200余户，默默地孕育着登岑侗家人一代又一代。

古树：登岑现有红豆杉6棵，6棵树都集中于村后，形成了红豆杉群。胸围最大的为1.55米，树高21.3米，胸围最小的为1.13米，树高15.7米，均已结食挂果。红豆杉是珍稀保护树种，一直受到登岑侗家人民的喜爱和保护。

树根门：树根门是树根形成一道门，故名树根门，是登岑侗寨进寨的标志建筑。树根门过去的功能是防卫。如今，这个功能消失了，但它是进寨的通道，是侗寨地域感和凝聚力的标志。

保护价值

登岑村属农田坝区，粮田千顷，绿浪翻滚，具有优美的田园风光。登岑村村民将侗族文化与自然环境相结合，形成了具有侗族文化特色又具有代表性的乡土景观，应对这样不可再生的优美环境进行重点保护。

陆　玲　李玉柱　周祖容　编

侗戏表演

红豆杉山泉琵琶型水井

登岑村一角

黔东南苗族侗族自治州从江县往洞镇朝利村

村落一角

朝利村区位示意图

总体概况

朝利村位于往洞乡西北部，距从江县城57公里，距榕江县城36公里，距贵广高速公路托苗出口10公里，海拔430米，是侗族聚居的村寨。谷（坪）往（洞）公路穿境而过。全村5个村民小组，252户，1098人。2013年被列入第二批中国传统村落名录。

村落特色

朝利河发源坨苗大山，以一个"S"形把村子分为大小两个寨，向北流入四寨河。

传统建筑

从江县位于贵州省东南部，都柳江中游，东与黎平县和广西三江相邻，西与黔南布依族苗族自治州荔波县交界，南与广西三江、融水、环江毗邻，北与榕江、黎平县接壤。从江属亚热带气候类型，常年高温多雨，年平均气温18.4摄氏度，无霜期332天，年降雨量1193.3毫米，优越的气候条件十分适合南方杉木的生长，是贵州省林业大县之一，从江侗族群众正是利用本地产大杉木建造了大大小小形态各异的侗族鼓楼108座，主要分布在往洞、谷坪、高增、西山、洛香、贯洞等乡镇。鼓楼是侗族群众智慧的结晶，是侗族村寨的象征，兴旺发达的标志，在侗族群众心中是有十分重要的地位。

由于侗族无文字记载，鼓楼建造亦无设计图纸，技艺的传承主要是以师带徒，口传身授为主。其建造过程复杂、结构严谨。设计者不但需要高超的技术，而且要有很强的系统观、协调性。

鼓楼的建造主要经过选址（新建的）、备料、下墨、立柱上架、上梁、装料着色等过程，历时二至三年而成，这些建造工艺技师们靠口传身授及实践制作不断积累。

从江有大大小小的侗寨212个，分布各式各样的鼓楼108座。从江侗族鼓楼主要为密檐式宝塔形，其结构分类大体如下：

从楼体平面可分为：正八边形、正六边形、四边形。

从楼体立面密檐形式上有三层、五层、七层、九层、十一层、十三层、十五层

村落环境

朝利村全貌

成片民居

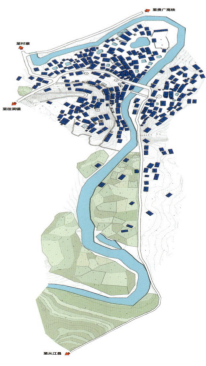

朝利村总平面图

等，极个别为偶数。顶部有悬山式、歇山式和多坡面攒尖等。在攒尖顶中，又有双叠顶和单叠顶之分。

从楼体主承柱上可分为：内4柱外8角、内6柱外6角、内8柱外8角、内4柱外4角等。

鼓楼规模大小、高度、平面呈何形状等要素，除与村寨的大小、族系、富有程度和杉木原料等因素有关外，还与定居落寨的先后，村与村之间的从属，同一村中的族系从属（或上下辈分）等有关，具有严格的等级区别。从形式上一般是六边形从属于四边形与八边形；矮从属于高；小从属于大。

民族文化

侗族大歌起源于春秋战国时期，至今已有2500多年的历史，是在中国侗族地区一种多声部、无指挥、无伴奏、自然合声的民间合唱形式。侗族大歌无论是音律结构、演唱技艺、演唱方式和演唱场合均与一般民间歌曲不同，它是一领众和，分高低音多声部谐唱的合唱种类，属于民间支声复调音乐歌曲，这在中外民间音乐中都极为罕见，侗族大歌不仅仅是一种音乐艺术形式，对于侗族人民文化及其精神的传承和凝聚都起着非常重大的作用，是侗族文化的直接体现。

侗族大歌多声部、无指挥、无伴奏是其主要特点。模拟鸟叫虫鸣、高山流水等自然之音，是大歌编创的一大特色，也是产生声音大歌的自然根源。它的主要内容是歌唱自然、劳动、爱情以及人间友谊，是人与自然、人与人之间的一种和谐之声，因此凡是有大歌流行的侗族村寨，很少出现打架骂人、偷盗等行为，人们甚至是"夜不闭户，路不拾遗"，如同陶渊明笔下的"桃花源"一般。

人文史迹

朝利村建寨历史悠久。据考证，朝利村曾为元、明、清三代曹滴洞蛮夷军民长官司驻地（该长官司直至清康熙二十三年即1684年废），是历史上黎平、从江、榕江交界地一个统领一方的村寨。今村中仍残留有古花街、古建筑及古石雕墓群。朝利是大王吴金随的故乡，吴金随自幼才智过人，年轻时即被推为九洞款首。清咸丰同治年间官府横征暴敛，盗贼蜂起，他率领款兵四处拒盗，屡战屡胜，保境安民，人称"大王金随"。清咸丰十一年，由于官军对太平军的血腥镇压，太平军天俸王刘定国部退逼九洞，想以九洞地区为根据地，遭到九洞侗民反抗，在吴金随的率领下，九洞侗族款军将刘定国部击溃，黎平知府袁鸿基获知后，欲授吴金随以官职，吴金随却拒之不受，宁居乡里。在晚年时期，他沉迷于侗歌创作，编出不计其数的侗民歌，并自成体系，被侗族地区称为"朝利大歌"，与小黄大歌齐名，至今仍在广为传唱。朝利村现存鼓楼4座，其中3座排成一线，被誉为"3座铁炮"，立在另一旁的垴垴寨鼓楼被誉为"点铁炮的人"，其中的良苦用心，叫人难以琢磨。连接大小寨的是座长30余米的风雨桥。2003年以前，该桥是世界上奇见的"两半桥"或"异体桥"。即大寨的一截由大寨建，小寨一侧由小寨修，双方均修建到河心只差一米即可合龙的地方戛然而止，此桥成了断桥。中间未连接处只用一块木板搭建，供人行走。且该桥远看是座平行桥，实则大寨修的桥面高但瓦顶低，小寨的桥面低但瓦顶高，成了一座世上罕见的"怪桥"。

保护价值

大部分建筑为单檐坡屋顶干阑式木建筑。它是黎平、榕江、从江的一个交汇点。朝利山清水秀，树木葱茏，人民热情好客，民俗古老而神秘。其婚丧嫁娶原始古朴，文化底蕴深厚，不仅是旅游的圣地，也是开展民俗历史研究不可多得的地方。

魏 琰 李 婧 编

朝利风雨桥

侗族大歌

朝利鼓楼2

朝利鼓楼1

祭萨

黔东南苗族侗族自治州黎平县肇兴镇厦格上寨村

厦格上寨村全貌

厦格上寨村区位示意图

总体概况

厦格上寨村以其典型的农耕文化和独特的泥人节庆文化而闻名。村落位于贵州省黔东南苗族侗族自治州黎平县肇兴镇，有村民260户约1200人。厦格上寨村始建于元朝，据说祖先迁入时最先落根于厦格村（下寨），随着家族的不断繁衍、迁入，村寨用地逐步扩张，于是另选址于地势较高处新建鼓楼，并以鼓楼为中心向外扩展，形成了现在的厦格上寨村。厦格上寨村是黎平侗乡国家级风景名胜区肇兴景区"八寨一山"区域格局中的一个村寨，2013年，厦格上寨村被列入第二批中国传统村落名录。

村落特色

厦格上寨村坐落于弄抱山山腰凹地处，地势西北高、东南低，村落被大片的山林树木与错落有致的梯田环抱，河流从山谷中汇集，在村落内穿流而过，周边山水田园风光秀丽。更有独特之处是在上下寨之间的山岭上呈现一条硅矿带，俗称"白玉带"，形状奇特，后山古墓群安葬的厦格祖先们一直都在保佑着厦格的侗家人。

传统建筑

厦格上寨村内传统建筑包括：3座鼓楼、2座戏台、2组禾仓群和大量侗族传统民居。

传统民居：民居为干阑式建筑，木质结构，大多2~3层，底层用来饲养家畜、堆放杂物和安置厕所。人居住在二、三层，二、三层有大约1米高栏板的半开敞式客厅，青山绿水由此渗透进来，体现了侗民们与自然和谐共生，悠然自得的生活细节。

鼓楼：有3座鼓楼，是村民的精神文化中心，具有击鼓议事和休闲娱乐的功能。一座位于寨中，属罗、嬴姓家族的楼井鼓楼；一座位于寨头，属罗、嬴姓家族的楼几鼓楼；还有一座位于上寨，属潘、陆、杨姓家族共有的宰大鼓楼。3座鼓楼均为密檐式鼓楼，底部架空，其中楼井鼓楼

鼓楼

民居1

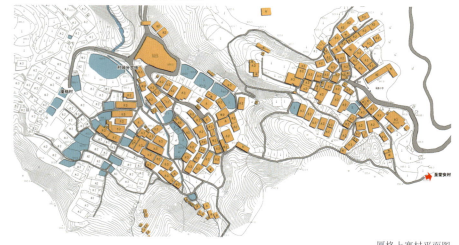
厦格上寨村平面图

民居2

民居3

鼓楼

花桥

和宰大鼓楼为底方七层重檐四角攒尖顶，楼儿鼓楼为底方五层重檐四角攒尖顶。

戏台：村落有楼井和宰大两座戏台，始建于清代，为村民表演侗戏的场所，是侗族村寨重要的公共建筑物之一，为两层干阑式建筑，悬山屋顶，楼顶覆盖小青瓦、面宽二间，三柱通底，与底层支柱穿榫结合。二楼分为左右间，以三排中柱连壁分前后间，右间为舞台，左前间为更衣室，后左右通间为化妆室，与楼梯相连。

民族文化

厦格上寨村除了拥有鼓楼营造技艺、服饰文化、侗戏文化、婚庆习俗等典型的侗族传统文化之外，还有属于自己特有的泥人节文化。

泥人节：是厦格村最隆重的节日，每年的农历八月十五举办，在厦格已有500余年的历史。"厦格泥人节"侗语为"多玛道神"，"多玛"即"抢鱼并打泥巴仗"，"道神"即黄牛打斗。"泥人节"有庆丰收之意，"抢鱼"也预示着年年有余。其独特之处是用泥取乐，尽情表达人们对泥土的崇拜，同时也是当地侗族人民展示农业成果和对土地祭祀艺术化的一种方式。

人文史迹

寨门：村落有寨门两座，分别位于村寨的东西两入口处，约有五六十年的历史。寨门简易古朴小巧，东西两门形态大小相似，约2米宽、3米高，两坡屋顶。东门朝向后坡，是村民上山打猎或农耕的出入口，西楼朝向厦格下寨，成为上下寨之间联系的必经之门。

古井：厦格上寨村保留有元代古井3口，均匀分布于寨内。由于村落坐落于山腰，离坡脚的河流较远，所以古井中的水源除了满足村民的日常所需之外还承担着农耕用水的部分需求。井内之水甘甜可口，从古至今一直养育着这里的村民，是生命之源。

蜡染坊：与其他侗寨一样，厦格上寨村的村民们所用的布料都是自己手工生产，其织布技艺靠父辈的言传身教，一代代地传承至今。由于村子不大，所以在这里并没有专业大型的织布作坊，只有简易的农家小作坊，自给自足，易于操作，无污染；原料加工采用日晒雨淋、露练等方法，全凭手工制作，天然制成，没有添加工业原料。村子里望去，随处可见家门口辛勤耕耘的妇女，或捶打、或染色、或晾、晒，深蓝色的布带随风飘扬，侗家风情十足。

白玉带：厦格上寨的后山自古以来就有一条天然形成的石块带，由一系列延绵的大石块构成，由高处俯瞰下去，犹如一条洁白的玉带，因此村民们都称呼它"白玉带"，成为该村的一大奇观，寓意吉祥。

保护价值

厦格上寨村原始而古朴，受到城市文化的冲击较少，最大限度地保留了传统建筑的风格和周围环境的原生状态，优越的土壤条件具备有机米的生产条件，兼具对泥土崇拜的泥人节文化，都使它成为一个具有较高科研价值的侗族村寨。

代富红 王 希 编

斗牛

梯田

村落一角

黔东南苗族侗族自治州雷山县大塘乡掌坳村

掌坳村全貌

掌坳村区位示意图

总体概况

掌坳村位于雷山县大塘镇的东南方向6公里，村辖南亮和掌坳两个民族自然寨，全村有171户居民791人。除外来媳妇有一小部分是汉族外，其他均为苗族。掌坳在苗语中意为"生长八月竹的地方"，以铜鼓和铜鼓舞闻名于世。这里是铜鼓舞的发源地，面临巴拉河。寨子住地斜平，块状聚落。2013年掌坳村已被收入第二批中国传统村落名录中。

村落特色

掌坳村位于雷山县大塘乡的东端，距县城8公里，到乡政府5公里，省道炉榕线从中穿过，交通极为便利。村庄坐落在一条由东北向西南方向延伸的山坳尾部上，寨后是连绵起伏，巍峨相接的莽莽群山，远看形似一条猛虎睡卧于众山之中（此山因形似卧虎，故名卧虎山）。寨前一条发源于雷公山腹地的莲花河由众溪交汇而成，奔流不息，潺潺流入巴拉河，河的两岸是一片良田沃土，金秋九月，禾浪翻滚稻穗飘香，呈现于眼前的是一幅醉人的田园丰收景象，后山坡上，草木郁葱果林绿荫，寨子四周绿竹映衬，村落掩映于青山翠竹之中，房屋依斜坡地势而建；站在村中，远看山有色，近听水无声。掌坳村传统村落集乡风美、自然美、人文美于一体，是活体的史书，承载着乡土的灵魂，延续着历史的文脉。

传统建筑

掌坳村的历史传统建筑群数量较多，保存完整，有着独特的文化价值。掌坳的建筑工艺独具特色。苗族大多数居住在高寒山区，山高坡陡，平整、开挖地基非常不容易，加上天气阴雨多变、潮湿多雾，不宜起居。因而，掌坳村苗族历来依山傍水构筑一种通风性能好的干爽的木楼，叫吊脚楼。现存的吊脚楼按照地基可以分为三类：平地吊脚楼、斜坡吊脚楼和池中吊脚楼。本村房屋依山而建，户与户之间房屋紧挨，非常密集。房屋为木房，保存至今仍然完好坚固，单栋房屋整体结构大多分两层或三层，基本上不用钉子等加固材料，可见工艺非凡。吊脚楼是苗乡的建筑一绝，它依山傍水，层叠而上。

花桥：2013年建于位于掌坳村入寨口，建筑面积112平方米。花桥为近年修建，建筑外形以苗族特色建筑花桥形式建造。横跨于莲花河之上，是掌坳村的入口形象的有利展示。

古仓：掌坳村中共有粮仓12座，分别散落布置在村落中。掌坳村有粮仓全村均有分布，布局完整，设施齐全，具有防火、防鼠、防水、防潮等功能。主体布局基本保存完好，与周边环境无冲突。展示了老一辈人的聪明智慧，也成了掌坳村一道独特风景。

花桥

古仓

掌坳村平面图

民族文化

掌坳村寨民风淳朴，民族风情浓郁。掌坳人民在精神生活上独具创造力和享受，其民间艺术历史悠久、内容丰富，主要包括：民间故事、民歌、民间舞蹈、民间工艺和民间剪纸艺术等，尤其擅长铜鼓舞。

锦鸡舞：锦鸡舞是掌坳年轻人喜欢的又一种舞蹈。缘何叫锦鸡舞？是因女子腰中系着约7寸的百褶短裙，图案艳丽，形如锦鸡的羽毛；裙子前后各系多个长方形的花腰带，如孔雀的两翅。在起舞时，以腰和膝盖以下的自然蠕动为主，双脚随曲调的变化而娓娓移动，脚步动作多，轻巧灵活的上身动作少，如同锦鸡在林中觅食行走一样；盛大节日里，年轻漂亮的姑娘们身着盛装（银衣），随着笙曲，迈着各种不同舞姿步伐，翩翩起舞。姑娘们帽冠上绣的图案有飞禽走兽、花虫鸟类，冠上系挂的银铃吊到双眼处，帽上高耸的银牛角亭亭玉立，颈套上的项圈舞动时来回翻滚，花腰带上下飘动、翻飞，看得人眼花缭乱、目不暇接。

铜鼓舞：掌坳村以铜鼓和铜鼓舞闻名于世，2008年文化部把"雷山苗族铜鼓舞"批准为国家级非物质文化遗产。掌坳村是铜鼓舞的发源地，位于村口的铜鼓雕塑已经成为这个铜鼓舞故乡的典型象征。铜鼓舞是掌坳村民世世代代集体智慧的结晶，是民族文化中的奇葩，在民族文化研究中具有深刻的意义。这里的铜鼓舞鼓点复杂，雄浑洪亮，舞步豪放，幅度大，难度高，有的如蜻蜓点水，有的如猛虎下山，刚柔相济，独具风格。掌坳铜鼓舞现已享誉九州，走向世界。如今在众多的苗寨中，唯有掌坳苗寨民众，才会跳这种别具一格的"铜鼓舞"。

人文史迹

铜鼓坪：位于村寨中心，有一处鹅卵石铺成是铜鼓坪。逢年过节，村内均举行跳铜鼓舞活动，临近村寨苗族来此汇集击鼓狂舞欢歌，已成为习俗。铜鼓坪可同时容纳上千人欢庆活动。

古井：掌坳村古井一共有一口、水塔一座，分别位于村庄内及村后半山腰上。在没有水塔之前，这一口井担负着掌坳村的生活用水，水井里得水冬暖夏凉，承载着传统村落生产生活的历史记忆。1966年建成人畜饮水工程后，水井渐渐荒废。

保护价值

文化价值：掌坳人勤劳勇敢，充满智慧。他们在继承传统文化的基础上，形成独具魅力的特色民俗文化，流传至今，生生不息。苗族语言与文字文化、传统节庆文化、传统民间技艺文化、民族特色美食文化等，均具有较高的保护传承价值。作为"铜鼓舞发源地"的掌坳村，是对实现民族文化交流的重要场所。

历史价值：从掌雷寨迁至此定居，最早至今掌坳村已有400多年的历史。作为一个苗族聚居地，历史久远、民族风情浓郁，村寨都保存着苗族建筑、服饰、习俗、歌舞、乐器工艺等传统古老和原汁原味的古朴内涵。几百年的生息繁衍，勤劳的掌坳村民和肥沃的土地共同造就了掌坳的历史文明，具有较高的历史价值。

王 倩 付 伟 编

锦鸡舞

铜鼓

铜鼓舞

铜鼓坪

步道

掌坳村建筑风貌

黔东南苗族侗族自治州黎平县肇兴镇厦格村

厦格村全貌

厦格村区位示意图

总体概况

厦格村始建于元朝，是一个有700多年历史的侗族村寨，位于贵州省黔东南苗族侗族自治州黎平县肇兴镇，距镇政府驻地4公里。村落共170户，650人，以侗族为主，全村有蓝、罗、嬴、潘、陆、杨6个姓氏。厦格村是黎平侗乡国家级风景名胜区肇兴景区"八寨一山"区域格局中的一个村寨，2013年厦格村被列入第二批中国传统村落名录。

村落特色

厦格村青山环抱、梯田层叠，村内错落有致的侗族传统民居和层层跌落的水塘相映成趣。美丽的传说和丰富的侗家传统节日和侗戏、侗歌等民俗文化相得益彰，独特的"泥人节"文化使这个充满浪漫色彩的民族村落更具魅力。

传统建筑

厦格村是一个典型的侗族村寨，村落内传统建筑包括1座鼓楼、1座戏台、1座檐公祠、2处禾仓群和大量侗族传统民居。

楼兰鼓楼：始建于清代，是侗族象征族姓群体的标志性建筑物，是村寨或族人祭祖、仪式、迎宾、娱乐之所。楼兰鼓楼为密檐式鼓楼，底方七层重檐四角攒尖顶，底层架空。鼓楼内部结合主柱设置一圈木质长凳，中央设圆形或方形火塘，火塘正上方屋顶悬吊百年历史的楠木牛皮鼓。使用空间分为上下两层，顶部作鼓亭，其下为聚众议事的场所。

楼兰戏台：始建于清代，为村民表演侗戏的场所，是侗族村寨重要的公共建筑物之一，为两层干阑式建筑，悬山屋顶，楼顶覆盖小青瓦、面宽二间，三柱通底，与底层支柱穿榫结合。二楼分为左右间，以三排中柱连壁分前后间，右前间为舞台，左前间为更衣室，后左右通间为化妆室，与楼梯相连。

檐公祠：建筑为侗族祭祀庙宇，始建于清代，摆放菩萨，供全村人祭拜，建筑结构为穿斗式木结构，青瓦歇山式屋顶，正脊两侧设鳌尖，窗户为木格窗。

禾仓群：厦格禾仓群修建在村寨梯田边缘，方便村民储存粮食和杂物，由10多个禾仓组成。禾仓多为单仓，平面有一开间一栋和两开间一栋两种形式，结构形式采取横梁与纵梁上下交错穿人柱子的方式固定。梁枋的前后左右都出挑，支撑屋檐，壁板镶嵌两个梁之间，竖向插入，形成箱式的贮藏空间，顶部架构为柱、瓜、枋穿斗结构。

民居：厦格村传统侗族干阑民居巧妙地与地势相结合，手法独具匠心，平面空间多样，建筑用柱子把建筑托起，使其下部架空，"人处其上，畜产居下"。一般

鼓楼

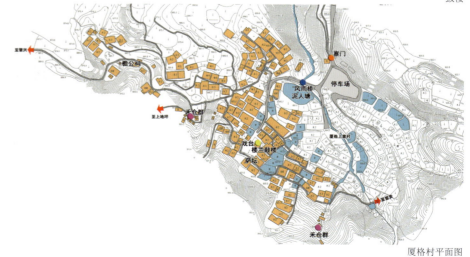
厦格村平面图

民居

檐公祠与许愿柱

禾仓群

为2~3层，层层出挑，呈上大下小的形态。厦格民居大多还保存了浓郁的侗家特色，一般底层架空堆放杂物或饲养牲畜，二层设宽廊、火塘和卧房，顶层阁楼存放粮食。

民族文化

泥人节：是厦格村最隆重的节日，每年的农历八月十五举办，在厦格已有500余年历史。"厦格泥人节"，侗语为"多玛道神"，"多玛"意即"抢鱼并打泥巴仗"，"道神"即黄牛打斗。"泥人节"有庆丰收之意，"抢鱼"也预示着年年有余。其独特之处是用泥取乐，尽情表达人们对泥土的崇拜，同时也是当地侗民族人民展示农业成果和对土地祭祀艺术化的一种方式。

祭萨节：侗家人认为萨玛能赋予他们力量去战胜敌人、战胜自然、灾难，赢得村寨安乐、兴旺。一般是农历十月、二月，但有时也根据生产、生活或其他重大活动情况改为其他月份举行。而一年一度的重大萨玛节祭萨活动，厦格村请专门的祭师来主持祭祀仪式。祭萨要在萨屋里宰杀，其方式很讲究，不用刀具，猪是由几个壮汉将它按下水池溺水而死，鸭子是用绳索套其颈部将它勒死，以示不用刀枪也能"驱魔除怪"。

侗布技艺：厦格村的侗布生产历史悠久，它是侗族先民借鉴汉民族的织布技术。厦格没有专业大型的织布作坊，只有简易的农家小作坊，自给自足，易于操作，无污染；原料加工采用日晒雨淋、露练等方法，全凭手工制作，天然制成，没有添加工业原料，加之侗族没有文字，长期以来，织布技艺仅靠父辈的言传身教，一代代地传承下来。

人文史迹

梯田及田坝：厦格村的祖先们，落户厦格侗寨后，就开始大面积地开垦荒地，至今厦格侗寨已有农田350亩。厦格梯田主要位于村寨北侧，其山体坡度较缓，厦格人根据山型就势逐级开垦，形成成片梯田景观。

风雨桥：厦格村有风雨桥（花桥）1座，横跨小河之上，折角飞檐，青瓦屋面。桥廊全长38.5米，桥面宽5.5米，桥廊

厦格建筑群

上建有桥楼3座，中大两头小，桥墩以青石砌，水泥卵石为桥面。桥体为木质结构，桥廊内两侧下部设有连通桥凳，供人休息，上部订有花桥，绘有各种侗族风情及山水、花木和动物彩画，具有浓郁的民族色彩，前来旅游观光的人无不赞美。

寨门：是进寨的标志建筑，也是迎接宾客的地方。在古代，由于村寨常受战乱及民间绑匪祸害，村里为抵御敌匪，特修建寨门，以发挥防卫的作用。如今寨门每逢重大节日，侗族姑娘身着侗族盛装，手持醇香的米酒和腌鱼腌肉，齐聚寨门喜迎八方来宾。

保护价值

厦格村青山环抱的格局、依山开垦的梯田、规模较大的侗族传统建筑群，作为侗民族文化的物质载体，与多姿多彩的侗族文化相得益彰，共同构建了厦格村这一研究侗族思想、理念、生产、生活习俗的重要科学载体与典型代表。

周 捷 王 希 编

吹芦笙

泥人节抢鱼

萨坛

古树

厦格梯田

黔东南苗族侗族自治州台江县台拱镇登鲁村

登鲁村一角

登鲁村区位示意图

总体概况

登鲁村位于贵州省黔东南苗族侗族自治州台江县台拱镇东南部,中心村距县城10公里,登鲁寨距县城16公里,登鲁下村位于台拱镇南部,距离县城12公里,全村140户,580人。2013年被列入第二批中国传统村落名录。

村落特色

一条小溪河蜿蜒流经寨脚,溪水静流,碧绿清澈,两岸峡谷树林影映,令人心旷神怡,流连忘返。至雨季,两岸多处飞瀑直泻溪面,伴随花香鸟语、悦耳飞歌,胜似天上人间。

村寨不但风光优美,且有许多古迹文物,村域内有3座古桥和2座风雨桥,登鲁寨内保存有一个清光绪年间的古墓,墓主张麻总,系苗族著名歌师和祭师,经常来回于台江、剑河、雷上等地判案,为民服务。其子张荣麻参加过张秀眉苗族起义军,任秀眉军师。

村寨古树

传统建筑

村寨民居木屋建筑是五柱两间或五柱三间,或五柱四间,最为普遍是五柱三间,吊脚楼主要为厢房居多。房屋都是歇山顶式瓦房,也有少部分为四面倒水式的瓦房。自然寨寨中现仍保存有一栋破旧的徽派建筑老屋。这些民居建筑,展现了苗族民间独特的建筑风格及其文化内涵。

登鲁村总平面图

成片民居

民族文化

登鲁村是清水江边的古老村寨,村寨人文风情浓郁,苗族群众能歌善舞。村寨苗族群众农闲相聚学古歌,一代传一代。每逢年节或婚嫁,男女聚会唱古歌、飞歌。目前,全村能传唱古歌的歌师约40余人。

这里苗族服饰精美。苗族妇女从小就开始学刺绣、织布、织锦等工艺,苗族妇女服饰精美绝伦。

保护价值

村寨周边古树绿竹掩映,古树绿竹与房屋相间,十分和谐。登鲁村自古传承的传统民族服饰、民族手工艺、民族节日及民间文化等均有较高的水准,具有较高的保护传承价值。

杨 渊编

村落一角

村中道路1

村中道路2

村中道路3

苗族刺绣1　　　苗族刺绣2

黔东南苗族侗族自治州雷山县桃江乡掌雷村

掌雷村全貌

掌雷村区位示意图

总体概况

掌雷村位于雷山县南部,村辖掌雷、排芒2个自然寨,全村275户居民,户籍人口1112人,常住人口986人。掌雷村是苗族超短裙之系聚集的一个古村落。吊脚楼群建筑气势宏伟,层次美感强烈;梯田与苗寨构成了一幅和谐的画面。2013年掌雷村已被收入第二批中国传统村落名录中。

村落特色

掌雷村位于桃江乡西南部,是较为偏远的山区村寨,且居住在半山腰上,故最具突出的民族特色有:古井、古树、斗牛场、芦笙场、粮仓群等。整个村落保存着传统苗族吊脚楼群的风貌。全村吊脚楼200余座,建筑保存完好。楼的外部造型、内部装修、民俗陈设,极具地方特色,蕴藏着丰富多彩的文化内涵。村中有古井,井上有古树,树为珍稀树种有红豆杉、楠木等,寨边有梯田,树房相映的美丽农村特色村寨。

二三小间为卧室或厨房。房间宽敞明亮,门窗左右对称。粮仓群布局完整,设施齐全,具有防火、防鼠、防水、防潮灯功能,与周边环境无冲突,沿山体等高线排列着。吊脚楼是苗族传统建筑,是中国南方特有的古老建筑形式,楼上住人,楼下架空,被现代建筑学家认为是最佳的生态建筑形式。吊脚楼是苗乡的建筑一绝,它依山傍水,层叠而上。

粮仓:掌雷村有粮仓50座,布局完整,设施齐全,主体布局基本保存完好,与周边环境无冲突。此建筑优越性在于防鼠、防火、防盗。整个粮仓是全杉木结构,各仓的立柱也大小不一,仓柱胸径大的35厘米以上,小的也有30厘米左右。柱选用方石垫脚,岩石垫脚需超出水面。水塘上很多粮仓修建年限已久,木柱脚外层已朽成倒瓶的模样,可柱心仍然峰固鼎立,展示了老一辈人的聪明智慧。

吊脚楼

粮仓群

传统建筑

掌雷村的历史传统建筑群数量较多,保存完整,有着掌雷的文化价值。掌雷村的建筑工艺独具特色。掌雷村的传统建筑,主要有吊脚楼、粮仓等,其中吊脚楼137座,古粮仓50座。掌雷村是雷山县境内苗族风情保存完好、规模较大、数量较多,具有特色价值的物质文化遗产,主要有传统吊脚楼建筑群、粮仓群等,主要集中在大寨内。吊脚楼:掌雷村吊脚楼以木质杆栏建筑为主。每幢木楼,一般分3层,上层储谷,中层住人,下层楼脚围栏成圈,作堆放杂物或关养牲畜。住人的一层,旁有木梯与楼上层和下层相接,该层设有走廊通道,约1米宽。堂屋是迎客间,两侧各间则隔为

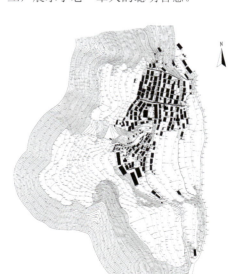

掌雷村平面图

石阶

民族文化

掌雷村是纯短裙苗族村庄，民族风情浓郁，且独具特色，保留了原生态的苗族文化。其中掌雷村的吃新节选在戊日举行，而雷山大部分苗寨都是卯日。每年的春节，掌雷举办隆重的庆祝新春活动，来自周边村寨聚集一起，跳芦笙、祝新春、贺丰收。现还存有祖先建的斗牛场。

芦笙舞：又名"踩芦笙"、"踩歌堂"等，因用芦笙为舞蹈伴奏和自吹自舞而得名。芦笙舞不仅仅是一项简单的舞蹈表演，它是一种文化，一种可感可知的特殊文化。它的传承不仅仅是舞蹈动作，而是整个苗族的发展轨迹以及深厚的历史积淀。它是民族发展的源泉，更是维系苗族社会存在的生命线，使苗族芦笙舞的传承意义和文化价值得到充分体现。芦笙是苗族古老的吹奏乐器，苗家人吹奏芦笙，必定要以舞蹈配合。芦笙舞由十几甚至几十人盛装打扮的芦笙手围称圆圈，边吹边跳，又称"踩堂舞"，是南方少数民族最喜爱、分布最广泛的一种民间舞蹈。芦笙舞已有两千多年的历史，是苗族人民珍贵的艺术财富。智慧的苗家人在传承中不断丰富和发展了芦笙的内涵。随着非物质文化遗产保护意识的逐渐加强，这一古老的艺术形式不断焕发出新的生机。

人文史迹

古步道：掌雷村祖先落户掌雷村，修建了房子后，由于山高坡陡，下雨后道路湿滑，掌雷村村民充分发挥了他们的智慧，用勤劳的双手把青石和泥土铺设成了步道，长达500米，步道铺设后，方便了村民的出行。

小溪：是一种在山涧、林中涓涓细流的水，它是生命力顽强的水。它能穿过碎石、草丛，隐没在丛林、山涧，行走在无人能到达，连鸟都飞不到的地方。大都是山上的泉眼衍生的。掌雷村境内的小溪，溪水清澈，溪流两旁青草、树木茂盛。到雨季充沛的季节，由于雨量的增加，溪水径流量大，溪水湍急。

古树林：掌雷村依山而建，又尚未开发，所以寨内古树极多。在苗寨我们通常都能看到枫树和楠木。就是因为这些古老的古树，因此有着神圣的意义。所以寨内对古树的保护极为重视，长辈从小就教导后者不能对古树不敬，否则会遭到古树的惩罚。逢年过节还要对古树进行祭祀活动。

春臼：春臼有一个石坑和一把春锤。石臼是石头制成的，有大有小，有方有圆。凹进地面的，如倒置的圆台，表面非常粗糙。春锤的木柄直径约20厘米，高50厘米左右，下端安有铁锤。以前用来春稻谷的，是村里不可或缺的工具。

春臼

芦笙舞

吊脚楼建筑群

古步道

小溪

保护价值

文化价值：掌雷人勤劳勇敢，充满智慧。他们在继承传统文化的基础上，形成独具魅力的特色民俗文化，流传至今，生生不息。民族民间文化尚保留原生状态，民居及建筑艺术独特，生态景观、人文景观互相映衬，传统文化具有浓郁的多样性、完整性、地域性。勤劳的掌雷人，在与大自然和谐相处的千百年中，创造物质财富的同时，也创造了优秀的传统文化。苗族传统节庆文化、传统民间技艺文化、民族特色美食文化等，均具有较高的保护传承价值。

历史价值：作为一个苗族聚居地，历史久远、民族风情浓郁，村寨都保存着苗族建筑、服饰、习俗、歌舞、乐器工艺等传统古老和原汁原味的古朴内涵。几百年的生息繁衍，勤劳的掌雷村民和肥沃的土地共同造就了掌雷的历史文明，具有较高的历史价值。

现有的街巷空间、公共空间、建筑形制，均是在各时代自然生长形成，体现了时代的延续性，具有较高的历史价值。

王倩 陈婧姝 编

古树

掌雷村远景

黔东南苗族侗族自治州榕江县兴华乡摆贝村

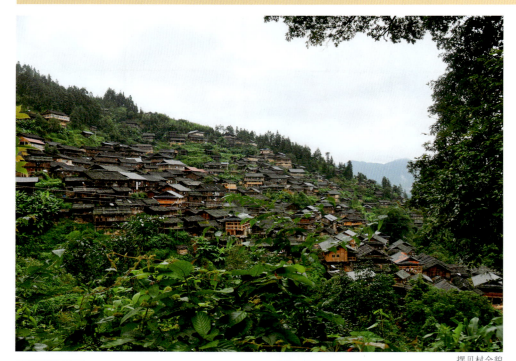
摆贝村全貌

摆贝村区位示意图

总体概况

摆贝村位于贵州省黔东南苗族侗族自治州榕江县兴华乡北部，距省城贵阳约240公里，距离县城58公里，距乡政府5公里。现有总人口1890人，有412户。2012年被列入第一批中国传统村落名录。

村落特色

摆贝寨坐落江畔高山半坡，背靠大山峰顶，左右各有山脊护卫，犹如坐在靠椅之中，形势独特，视野开阔。寨中小溪1条，左右山谷各有1条，形成溪流网络，供水不缺。寨脚古井4口，解决全寨饮水。

传统建筑

摆贝建寨于都柳江畔高山半坡，吊脚楼或吊脚半边楼依山而建，鳞次栉比，且隐于绿树丛中，十分壮观，吊脚楼上下两层，歇山或半歇山，青瓦盖顶。吊脚楼板壁上有高浮雕四脚蛇，显得奇异。民居为吊脚楼或吊脚半边楼，上下二层，人畜分居，居住条件宽松。寨中有芦笙坪，有苗王岩、裁岩、太阳石等古迹，寨外有苗王坟、鼓藏场。摆贝村鼓藏场历史久远，祭鼓场景宏大，居榕江之首。

村落环境

摆贝一角1

摆贝一角2

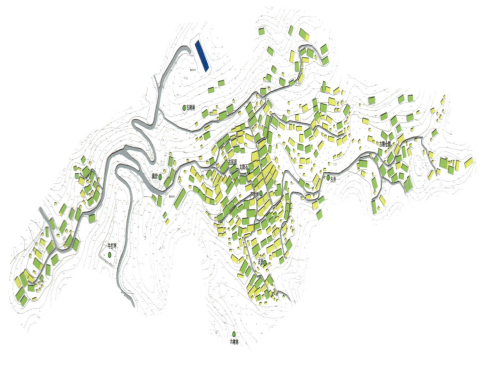
摆贝村总平面图

黔东南苗族侗族自治州

民族文化

鼓藏节产生于苗胞的祭祖活动，13年1次，盛大而热烈，摆贝鼓藏场的拓宽说明鼓藏节延续的强大活力。节日期间，举行杀牛、祭祖、游行、敲铜鼓、吹芦笙、踩歌堂、斗牛、对歌等活动。

摆贝的古瓢舞来源于远古生活，在古瓢琴的伴奏下，人们随着山风起舞，优雅、狂热、浪漫，彻夜欢娱。传承人杨老王、杨昌德。

摆贝蜡染为榕江之最，长幅达10米，且有色彩，独树一帜，传承人有江老本、潘老本、杨老妞。

摆贝的刺绣以百鸟衣闻于海内，花鸟虫鱼，栩栩如生，2007年被国家文化部公布为全国第二批非特质文化遗产项目，传承人江老本。

人文史迹

芦笙坪旁有磐石一块，苗王曾坐其上，故称"苗王石"，保存良好。寨中路旁存大石一块，正面呈斜立状，坦平，相似长方形，其上阴刻太阳一个，"申"字和方块字多个（未能破译），被称为"太阳石"。据说此石能送晴雨，求晴得晴，求雨得雨。相传此石为明代某皇帝及皇室人等避难摆贝而刻，其意为何，至今为谜。鼓藏场设在寨旁山谷之中，13年1次的祭祖活动在此举行，蜡染旗幡成林成阵，大小芦笙吹得山鸣谷应，远近诸寨苗众齐聚于此，场面盛大而热烈。

蜡染作品

蜡染制作

蜡染传承人1

蜡染传承人2

古瓢、牛角

古瓢传承人

木刻装饰

鼓藏节1

鼓藏节2

鼓藏节

保护价值

摆贝环境清幽，空气清新，最宜人居。周边环境极佳，青山滴翠，林木繁茂，间有古枫木林、楠竹林、老鼠杉林和楠竹林，保存良好。

民俗节日传承完整，传统文化底蕴十分深厚。村落格局独特，保存完整，有着独特历史风貌和自然格局。

冯　泽　编

黔东南苗族侗族自治州黎平县地坪乡滚大村

滚大村全貌

滚大村区位示意图

总体概况

滚大村位于地坪乡驻地东10公里，省级自然保护区——弄相山原始森林保护区山脚，地处高山，峡谷坡旁，这里风景优美、气候宜人，有闻名省外的苗族飞歌，苗族民间舞蹈，精湛的手工艺术（芦笙制造、竹编、苗家刺绣等远销黎平和广西各地）全村2856人，627户，村域面积20平方公里。2012年被列入第一批中国传统村落名录。

滚大村环境

滚大村建筑群

村落特色

滚大村苗寨是清朝时期，祖先从广西大苗山迁徙而来，相传当时有两个家族（滚家和陈家）滚家先到了现在的滚董大寨，并选址居住于山谷中，故得名"滚董"，"董"苗语翻译为山谷的意思。滚大村自古至今一直以滚、陈两大家族居多，当时各有70户，且滚家居于村寨的上部分，陈家居于下部分，故有"七十上"与"七十下"之说。

苗族有树图腾的风俗，祖先们在村落选址时，一般都喜好有古树的地方，树多且茂盛，象征着这个地方风水好，充满生机与活力，人丁兴旺。又因苗族祖先几经迁徙，曾经遭遇过多次洪水灾害，久而久之形成了远离河水的村落文化，所以滚大村和其他地方的苗寨一样，选择了居住在古树环绕的半山腰上。

滚大村的整体空间以寨中的"俄地"坪子为中心，向四周延伸，呈蜘蛛网状，寨中7条串寨青石阶步道呈"三纵四横"的格局，高低错落的吊脚楼木房点缀其中，错落有致，形成了一条条幽深曲折的巷道，并铺设有青石板路通向各家各户，层层叠叠，鸡犬相闻，构成一幅宁静祥和、与世无争的山村田园图。

滚大村平面图

滚大村周围环境

滚大村小路

传统建筑

滚大村的传统建筑群是本地苗族传统文化保存较为完整，规模较大，具备历史研究价值的村落。主要有苗族吊脚楼，粮仓，古井，古消防池，古墓群及"俄地"。其中吊脚楼始建于清朝时期。

黔东南苗族侗族自治州

滚大村的传统建筑吊脚楼均为全木结构，小青瓦。苗家吊脚楼一般是由三排五列的柱子及诸多木梁架构，并盖之以木板而成，分隔成两间两翼，房屋大部分为四层，底层储存农家肥料。第二层是猪、牛圈及家禽舍。第三层是整个建筑的主要部分，炉灶多设于此层，两侧则是卧室。第四层是客房和纳凉的地方。苗家吊脚楼一般建在半山腰上，地基有限，人们为了扩大空间又不占地才采用了吊脚楼的建筑风格，占空不占地，充分体现了苗族人民的智慧及人与自然和谐相处的生态理念。

粮仓多置于村寨外围，为全木结构，均有横梁，挂满糯米谷。稻草及秸秆一般也放在粮仓，以防火灾。滚大村的古井较为讲究和别致，都用上好的青石块经过加工作为井壁，并用一块加工成屋檐状的青石盖于井上，一口井就像一栋木房一样，既能挡住雨水及杂物，又体现苗族人民珍惜水源、爱护水源的淳朴观念。

芦笙节1

刺绣1

刺绣2

芦笙节2

俄地

芦笙均由笙管、笙斗和簧片三部分构成。常用的芦笙管6根，外侧开有接音孔，下端装置铜簧，插入一长形木头葫芦内，每簧一音。在每二三根笙管上端合套竹管作为共鸣管。小芦笙的管长十几公分，大芦笙长四、五米不等。低音芦笙类中，有在大竹筒内装一细竹管，发音者称为"芦笙筒"。现经改革，笙管数增至20余根，每管上端均套用薄铜皮制作的共鸣管，音域可达两个八度又五度。芦笙音色明亮浑厚，男女均可吹奏。每当过年，婚嫁喜事，起房盖屋，人们总要手捧芦笙，载歌载舞，以此抒发自己的欢乐和感情。

苗族刺绣具有传承历史文化的作用，主要表现在刺绣的图案上。几乎每一个刺绣图案纹样都有一个来历或传说，都深含民族的文化，都是民族情感的表达，是苗族历史与生活的展示。各种动物瑞兽图案都是《苗族古歌》传唱的内容，色彩鲜艳，构图明朗，朴实大方。

"俄地"为高青苗家人在传统节日祭祀时专用，采用石块垒砌而成，为圆形状，直径约3米，每逢节日时，苗家人都会来此祭祀，由寨老负责管理。

滚大村吊脚楼

古井

民族文化

芦笙节是苗族人民为纪念一年一度风调雨顺的传统节日，至今已流传200多年，象征着苗族人民热爱和平、热情待客、喜好交友。芦笙节以芦笙比赛为主，年轻妇女踩蹬为辅。每年农历正月十二日这天，滚大村及周边的苗族、侗族同胞们都会自觉穿上编织了一年的节日盛装。地坪境内苗族的芦笙节，每年以高青村的为开幕，每个村寨相继举办，一直到正月十二日的滚大村芦笙节闭幕。

每逢侗族的节日，吹芦笙是必不可少的节日活动，其芦笙的制作工艺比一般的民族乐器较难。芦笙大小不一，遇到较大的节日时，所采用的芦笙也较大，一般活动就用小芦笙进行表演。

芦笙制作

芦笙制作工具

滚大村古树

保护价值

滚大村形成传统的有中心的苗寨，整体空间以苗族村寨"俄地"为中心，向四周延伸。

在地坪乡境内的芦笙节，每年以高青村的为开幕，每个村寨相继举办，在滚大村的芦笙节闭幕。这充分说明滚大村在芦笙节中的重要地位，滚大村苗族的传统节日是所有地坪苗寨共同的节日，把整个地坪乡及周边的苗寨团结起来，形成关联和文化交流的整体。

李 翔 赵晦鸣 李函静 编

黔东南苗族侗族自治州剑河县南加镇塘边村

塘边村全貌

塘边村区位示意图

总体概况

南加镇塘边村，距集镇5公里，处于仰阿莎湖的南畔，展锦公路穿村而过，而且紧靠仰阿莎湖，亦可从水路弃舟登陆，交通极为方便。塘边村8个村民组，144户，总人口546人，主要民族为苗、侗、水、汉族。2013年被列入第二批中国传统村落名录。

村落特色

塘边村是既有苗族又有侗族的村落，其民居建筑以木房传统民居为多，整个村庄依山傍湖，鳞次栉比，层叠而上，体现了苗侗独特的居住风格和建筑工艺，具有很高的使用价值和观赏价值。该村风景优美，特别是村旁的雷打塘，是一个天然淡水湖。水面积227亩，蓄水192万立方米，平均深度13米。湖与村寨、森林环绕，山水相映，景观结构优良。湖泊群主要由雷打塘、姑娘塘和狗塘组成。几个湖泊既相连，又分开，即汛期时几个塘的湖水连成一片，而枯水时又各自为塘，湖泊奇异的地方就是几个湖泊都没有外来的水源，水源为地下水。

传统建筑

传统民居木楼为两三层建筑，除了屋顶盖瓦以外，上上下下全部用杉木建造。屋柱用大杉木凿眼，柱与柱之间用大小不一的杉木斜穿直套连在一起，尽管不用一个铁钉也十分坚固。房子四壁用杉木板开槽密镶，讲究的里里外外都涂上桐油又干净又亮堂。有的除正房外，还搭建了一两个"偏厦"作为厨房。一般住在第二、三层，第一层用作堆放杂物、圈养家畜等，因为是木质结构，通风性较好，冬暖夏凉，干爽舒适。吊脚高悬地面既通风干燥，又能防毒蛇、野兽。

苗侗传统民居具有丰厚的文化内涵，苗族侗族的建筑文化可以追溯到上古时期。河姆渡文化和良渚文化的考古发现证实了苗族先民的民居就是干阑式建筑。这些充满了苗族艺术意象的传统木楼，给苗族人民艰辛的生活提供了永恒的生命激情。按传统，在房子中间的堂屋，设置祖宗圣灵的神龛，体现了尊重先祖，敬畏神灵的传统思想价值观，他们信奉有了祖先的圣灵日夜庇荫，阖家方能兴旺发达，人人皆可健康平安。

民族文化

塘边村民族服饰：刺绣活动是塘边苗族妇女日常休闲时光的活动内容，代代相传。一套盛装要半年到一年的时间才能完成，每到重要节日，都要穿盛装参加对歌和踩芦笙等活动。

古歌：塘边苗族古歌已有千年历史，主要是唱苗族从东方到当地的迁徙过程，其中还有相当一部分是唱在当地定居后的安居乐业场景。

塘边民居主体建筑

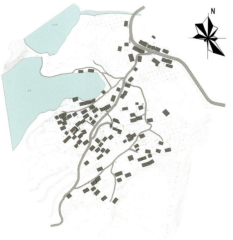
塘边村平面图

塘边村河边环境

黔东南苗族侗族自治州

土地庙

阴沉木：天气好时，雷打塘的塘水清亮。在最右侧的水塘边，可以看到了1株阴沉木躺在水底下，它的主干距离水面有半米多的距离，主干直径约30公分。主干以上部位，分出了两岔枝丫，这些枝丫与水面有些距离，所以看得不太清楚。

传统禾仓：塘边村共有禾仓13座，粮仓分布于村寨各处，稍离住房，为的是防火。禾仓布局合理，大部分分布于房屋有一定距离，以便于防火、防鼠、防蚁虫、防潮等。

古树：沿公路进入塘边村，第一眼见到的就是几株古树，古树在村寨的入口位置，作为村寨的护寨神树。

土地庙：在沿公路进入塘边村的几株古树旁。土地神源于远古人们对土地权属的崇拜。土地能生五谷，是人类的"衣食父母"，因而人们祭祀土地，土地庙作为人们集中祭祀土地神的地方，自然随之兴盛起来。

阴沉木

古树

粮仓

踩芦笙：芦笙舞由十几甚至几十人盛装打扮的芦笙手围称圆圈，边吹边跳，又称"踩堂舞"，是南方少数民族最喜爱、分布最广泛的一种民间舞蹈。芦笙舞已有两千多年的历史，是苗族人民珍贵的艺术财富。

节日：二月二，即"祭桥节"，流传于全县各处苗族地区。桥是苗家的神物，有保佑平安、送子的神力。吃新节，农历五月的第一个卯日是塘边苗家人的吃新日。苗年节，农历的十月，即当年的最后一个卯日。苗年节是苗家人最大的一个传统节日之一。

拦路酒：原为婚嫁喜事迎娶新娘中，男女青年向新娘要糯米饭、酒、肉吃的习俗，意为"吃新娘饭"或"拦路饭"。

招龙：可称为苗家人祈求老天爷赐予风调雨顺和植树造林的节日。

人文史迹

雷打塘：乾隆《清江志》叫雷大塘，民国《剑河县志》称雷打塘。由嫂塘（又名大塘，耙槽塘），姑塘（又名姑娘塘，锅底塘）和狗塘组成。嫂塘最大，长1200米，宽200～300米，最深处34米；姑塘次之，长30米，宽200米；狗塘最小，长60米，宽50米。三塘面积227亩，蓄水192立方米，平均水深13米。枯水季节各自成塘，百年一遇的大旱也干不透底。雷打塘景致有四：1.水上霓虹；2.湖中喷玉；3.浊涛雪兆；4.塘边春色。据地质部门勘察，该塘形成至今约有4千多年的历史，是一次巨大的山体崩塌将小溪堵塞而成。雷打塘湖面宽阔，深不可测，在三塘毗连的沙洲水底，有五眼水量不等的冲天泉，平时因水面压力大泉水未能喷出水面，但可见湖面上有呈放射状的波光粼粼。

雷打塘

节日盛装

保护价值

塘边传统村落作为黔东南州最具代表性的苗侗文化村寨之一，距今已有200多年的历史，仍保存了相对完整的、真实的历史遗存和文化遗产，同时附带了大量的历史文化信息，体现了很高的文化水准，见证了明清时期该地区的生活方式和文化特色，比较全面地反映出苗侗两族的历史文化和发展轨迹。

黄 琨 刘宁波 编

民族刺绣

村落环境

塘边村全景

黔东南苗族侗族自治州雷山县大塘乡新桥村

新桥村全貌

新桥村区位示意图

总体概况

新桥村地处贵州省雷山县南面，为大塘镇人民政府驻地，炉榕线公路穿村而过，距县城13公里，到黔东南州州府58公里，辖8个村民小组241户，1020余人，由三个自然寨组成。新桥原名王家寨，均系超短裙苗族。民族风情浓郁，服饰、建筑奇特。2013年新桥村已被列入第二批中国传统村落名录中。

村落特色

新桥苗寨是中国性感超短裙苗之乡，当地妇女都喜欢穿自己织的绣有花纹的短裙。新桥村地处雷山县南部，境内交通便利，旅游资源丰富，怪石林立，林海苍莽，沟壑纵横，自然风光秀丽。境内素有"一山四季，十里不同天"的气候特点。该村主要有古建筑群水上粮仓，风雨桥等，其中水上粮仓被建筑专家誉为"罕见的建筑风格，举世无双"，古朴的建筑、精妙的设计，使人为之着迷。新桥村选址负阴抱阳，背山面水，符合中国传统观念中村落选址的基本原则和格局。

传统建筑

新桥村的传统建筑有公共建筑和居住用房两类。公共建筑有风雨桥、村委办公楼、游客接待室等。公共建筑保存基本完好。传统居民建筑以吊脚楼为主，具有苗族特色，建筑群大多保护完好。新桥村水上粮仓共有65座，具有近600年历史，故被誉为"百年水上粮仓"。新桥村寨门有2座，是村民迎来送往，与客人唱拦路歌，向客人敬拦路酒的地方。村中的传统建筑为吊脚楼，一般为三层五开间以上，柱用材质好的杉木建造，小青瓦坡屋面。木楼层次分明，疏密有致，青石铺成的小路形成一条条弯弯曲曲的花街步道。

吊脚楼：吊脚楼一般为三层五开间以上，柱用材质好的杉木建造。房子的框架系榫卯衔接，一栋房子柱、梁、穿枋等有上百个榫头眼多。但苗族的造房木匠不用图纸，仅凭墨斗、角尺、竹竿尺、墨线、斧头、凿子、锯子使柱柱相连，枋枋相接、梁梁相扣。

水上粮仓：新桥苗寨内除了民居建筑外，另一类重要的建筑就是仓储建筑——水上粮仓。"水上粮仓"建在水塘中央，为木质吊脚楼结构。粮仓用六根木柱放置于青石上，各仓的立柱大小不一样。仓库全是杉木结构，仓高约5米，距水面约有1.5米，用横穿枋将六根木柱连起来，装上楼板和壁板。内部约有20平方米，供储存粮食，仓顶盖小青瓦或者杉木皮。据考证，这一独特的建筑至今已600多年历史。"水上粮仓"排列有序，错落有致，由于处于水上，具有防火灾、防鼠患、防虫蚁，防盗等功能，是少数民族地区人民智慧的结晶。

吊脚楼建筑群

水上粮仓

新桥村平面图

寨门：新桥村的寨门形如"楼牌"，状如"凉亭"，虽然造型各异，但都是木质结构，无门板，上盖小青瓦，且门楼内安有美人靠。身着古装服饰的村民，常在门楼"美人靠"上小憩。寨门是村民迎来送往，与客人唱拦路歌，向客人敬拦路酒的地方。

寨门

民族文化

新桥村是一座具有五百多年历史的苗族村寨，有着悠远丰富的民族民俗文化。由于历史与自然条件等因素，新桥村的苗族长期与外界鲜于交往，原生态的民族民俗传统文化保存得比较完整。新桥村苗族是属于苗族上百支系的短裙苗族，名称源于族群妇女的穿着。村子里妇女的服饰美丽而奇特，裙子很短，这种裙子是用近两丈长的自织清靛布折叠而成，所以叫做百褶裙。逢年过节的时候，穿上对襟青布的便衣或绣花衣，下装内穿紧身裤，裤脚较小，独具风格。外穿超短裙，腰部拴围腰片，前短后长，前面每片长的一尺二寸，并绣花镶边，后边每片长约一尺五寸，最外层系十余条花布，秀美别致。

锦鸡舞：锦鸡舞的舞者主要是"超短裙"支系苗胞的中、青年妇女，她们身着盛装，跳舞时，膝盖以下包裹脚、脚穿尖头花布鞋，右手上抬略高于头部并稍前伸，右拇指、食指捏紧像鸡嘴，中指后三指均伸直形如一个锦鸡头，手背为鸡颈，随着芦笙乐曲双膝一伸一屈，腰部蠕动，面带笑容点点头，身后彩带飘曳自如。当舞姿动作较大而又旋转时，舞者身上的彩带飘逸，身上银饰闪烁，形似"孔雀开屏"，"锦鸡亮翅"，这就是"锦鸡舞"称谓的由来。其充分展示了苗族人民自古对于飞鸟图腾的崇拜和向往。

锦鸡舞

人文史迹

古井：新桥村一共有古井5个，分布在寨子周边，在没有自来水以前，村民们一直在这几个井里水喝。现如今遇到停水，村民还仍然使用。

芦笙场：新桥村的芦笙场坐落在寨中，五条花街向外铺开，宛如太阳的光芒四射。芦笙场上用鹅卵石铺砌而成，铺成一个大大的铜鼓圈。逢年过节，男人们便在这芦笙场上吹响芦笙，女孩们便穿上盛装，在这场上跳起芦笙舞来。

大塘河：新桥村前有一条河，称大塘河。大塘河将新桥村分为南北两部分。河道宽约20米，河流清澈见底。每到汛期，还会发洪水，和着这山看起来很是壮观。

古树：新桥村一共有古树1处，分布在寨前寨后，树在新桥村的村民心中认为可保"人寿年丰"等，因此特别敬重"保寨树"。

大塘河

古树

古井

芦笙场

保护价值

历史价值：据新桥村村民口传，新桥村建寨距今已有600多年的历史。村庄保存并完整地展现了苗族民居乡村生活体系，综观新桥村落建筑群，从院落民居到公共生活空间，均保存了一个完整的社会生活网路，且与村落周遭的自然环境和谐共生。

文化艺术价值：新桥村为苗族村寨，其古老淳朴的装束、神秘的民俗习惯、原生的生活状态等，都独具特色，有很高的研究、保护价值。其独特的苗族服饰文化，如苗族妇女的短裙服饰等都别具独树一帜的民族风格。新桥村的苗族服饰美丽而奇特，古朴又潇洒，具有较高的艺术价值与研究价值。

黄 丹 王 倩编

迎客

新桥村远景

黔东南苗族侗族自治州黎平县茅贡乡寨头村

寨头村全貌

寨头村区位示意图

总体概况

寨头村位于茅贡乡东部，隶属茅贡乡管辖，驻地距乡政府10公里，地处东经108.52度至98.5度，北纬26度至30度之间，位于黎平县城西部，距黎平县城32公里，距榕江县60公里，东与坝寨乡青寨村接壤，东南与连洞村比邻，南与本乡已炭、蚕洞两村相连，西与寨南村接壤，寨头村有居民268户，总人口1338人，皆为侗族。2012年被列入第一批中国传统村落名录。

村落特色

寨头古村坐落在萨岭上，东临德山，西接寨南，南临羊二山，北临几上山，寨前是农田坝区，粮田千顷，青山环绕，田园风光优美。寨前是田园坝区，地势西高东低，地形起伏变化丰富，寨头河顺延山势呈反"S"形贯穿坝区，径直流向东南部。寨头的整体布局依山就势，顺山势而行，层层跌落，整体空间西高东低，背山面水，整个村子几百户人家自然相连，与山坡融为一体，不可分割，充分体现了天人合一，人与自然和谐相处的人居环境理念。

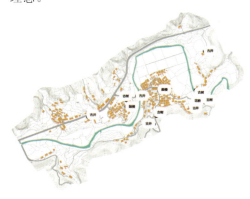
寨头村平面图

传统建筑

寨头村的传统建筑群是黎平县内数量较多，规模较大，保存较完整，价值独特的建筑群之一。主要有鼓楼、风雨桥、凉亭、戏台、寨门、传统民居、禾仓、古井等，主要分布在大寨、小寨2个自然寨中。其中鼓楼2座，风雨桥1座，凉亭1座，传统民居223座，禾仓100余座，建筑面积达2.8万多平方米。

鼓楼：寨头村目前尚存鼓楼两座，大寨鼓楼和小寨鼓楼，两座鼓楼高耸于村寨之中，巍然挺立，气势雄伟。鼓楼飞阁垂檐层层而上呈宝塔形。山水、花卉、龙凤、飞鸟和古装人物雕刻于瓦檐，云腾雾绕，五彩缤纷。鼓楼以杉木凿榫衔接，顶梁柱拔地凌空，排枋纵横交错，结构严密坚固，具有很强的抗震效果。这充分表现了侗族人民建筑技艺的高超。据清代雍正年间有资料记载：侗人"以巨木埋地作楼高数丈，歌者夜则缘宿其上……"。侗族鼓楼成为侗族特有的民族文化象征和标志。

风雨桥：村寨有风雨桥1座，位于大寨，建于乾隆二十六年，岁次辛巳年（1761年），此桥建在大寨寨脚，名为回龙桥，于乾隆二十七年元月竣工，有碑为证。此桥做工精美，桥身的瓦顶数层飞檐翘起角楼亭，尤为美丽、壮观，颇具民族风情，桥上雕刻的人物、山水、花、兽类色泽鲜艳，栩栩如生，是侗乡人民智慧的结晶，也是中国木建筑中的艺术珍品。

戏台：戏台建于2010年，在寨头村大寨村委会内，建筑保存完好，造型及雕刻极为精致，戏台采用优质杉木建成，是一种干阑式木结构的建筑，台面离地1米左右，宽18米左右，进深有12米左右，台侧有楼梯，台面后有木板墙，两面各有一个拱门。台前额枋上有木雕彩绘。戏台顶面采用本地小青瓦。每到节庆假日，戏台就成为村里最为热闹的地方。

传统民居：侗族的民居，大部分均为木质结构。寨头传统民居具有侗族传统民居建设特点，中间多为堂屋，两侧为卧室。厨房、猪牛圈等皆设于屋侧房后。房屋一般分正屋、厢房、前厅、偏厦等。正屋是主要部分，有三柱屋、五柱屋、七柱屋、八柱屋等。平屋为单檐结构，开口屋为双檐结构。凡柱、梁、枋、瓜、串、椽、檩等，均以榫卯穿合。其中有鱼尾榫、巴掌榫、扣榫、斧脑榫、全榫、半榫等。这种建筑工艺世代相传和提升，建造出许许多多雄伟、秀丽的侗式传统民居。

禾仓：目前寨头村共有禾仓100座，禾仓群布局完整、设施齐全，具有防火、防鼠、防蚁虫、防潮等功能。

寨头大鼓楼

寨头风雨桥

戏台

传统民居

民族文化

寨头村民族文化丰富，入选国家非物质文化遗产的有侗戏、侗族木构建筑营造技艺、侗族服饰、蓝靛靛染技艺；主要传统节日是萨玛节。

侗戏：侗戏是我国民间戏曲中的戏种之一，是侗族人民在长期的劳动生活中创造并喜闻乐见的艺术形式，具有独特的民族风格。

萨玛节：萨玛节是侗族现存最古老而盛大的传统节日，起源于母系氏族社会。萨玛系侗语，"萨"即祖母，"玛"即大，萨玛汉译过来就是大祖母的意思。萨玛是侗族人民信奉、崇拜的至高无上的女神，她代表了整个侗族共同的祖先神灵的化身，是侗族唯一共同祭祀的、本民族自己的神。同时萨玛又是古代侗族女英雄，在侗族古代社会的政治、军事、文化等方面占有重要地位。

侗族木构建筑营造技艺：侗族的传统民居均为全木质结构，技艺精湛的师傅们，凭借自己高超的技术，整个传统民居建筑从建造到完工只用短短两三个月时间，且不用一钉一铆便可完成整个建筑的建造，体现出侗族人高超的建筑技艺。

萨玛节

人文史迹

寨头村自然人文史迹众多，村寨内古井遍布、古树成荫、清溪环绕，构成寨头村独特的乡村自然风光。

古井：寨头村古井一共有3口，其中大寨2口，小寨1口，寨头古井均匀分布于寨内，水井里的水冬暖夏凉，十分可口，至今仍在使用。

寨头河：寨头河起源茅贡乡高近村，经流芳、寨母、寨南、寨头、坝寨等地，最后汇入长江。寨头河是村民生产生活的主要水源，是寨头村的母亲河。

凉亭：寨头目前有凉亭两个，大寨凉亭建造年代为20世纪60年代，小寨凉亭建造年代为20世纪90年代末。大寨凉亭，为正方形，边长3米，面积约9平方米，小寨凉亭为正六边形，边长2.5米，面积约15平方米。大、小寨凉亭内均有水井，凉亭供人乘凉、休息、避雨，水井供人解渴。

千登坎：民国十一年（1922年），吴国珍、吴祖兴二人为首修建己上至高安冲（侗地名）的路，大寨中至己上坡顶的这一段陡坡都是用青石板铺成的石板路，长达3公里，1000余个台阶，故名千登坎。

吴冕树里碑文：碑文契约立于民国二十七年，碑文宽25厘米，高50厘米，碑文置于吴冕树主干树洞中。吴冕树里碑文体现了寨头人诚实守信的契约精神。

回龙桥石碑：回龙桥石碑是寨头村回龙桥修建时所建的功德碑，年代久远，保存完好。石碑共3块，每块石碑高约1.2米，宽0.6米，建于清乾隆二十七年。功德碑时刻教育着寨头村人要乐于助人，积功颂德。

回龙桥石碑

古树

古井

凉亭

寨头河

保护价值

寨头村是民族的宝贵遗产，也是不可再生的、潜在的旅游资源。村落体现着当地的传统文化、建筑艺术和村镇空间格局，反映着村落与周边自然环境的和谐关系。可以说寨头村每处自然文化要素都是活着的文化遗产，体现了一种人与自然和谐相处的文化精髓和空间记忆。

寨头村是广大村民社会资本的有效载体，不仅是村民兄弟心理认同的地理环境，更是众多地方方言、风俗、手工艺品、传统节庆等非物质文化的有效载体。保护和利用寨头村的自然历史文化遗产，就等于引导村民走上一条致富路。

付晓兰 梁 伟 王 攀 编

寨头村田园风光

黔东南苗族侗族自治州黎平县茅贡乡寨南村

寨南村全貌

寨南村区位示意图

总体概况

寨南村位于贵州省黔东南苗族侗族自治州黎平县茅贡乡，距黎平县城33公里，该村于明末年间从江西吉安府搬入此地，至今已有400多年历史。寨南村共有148户，总人口为675人，均为侗族，分为寨南、寨俄、旧寨、寨芳和徐家湾5个自然寨，主要姓氏为吴、杨、刘、徐等。寨南河贯通村寨及寨外梯田，常年水源充足，将村寨分为南北两个部分，并东西方向连接了相距约1公里的寨头、寨母两个侗族村寨。2013年寨南村被列入第二批中国传统村落名录。

村落特色

寨南村选址所在谷地的南北两侧均为连绵高山，村落被省道308分为南北两部分，两山之间的谷底中间部是走势蜿蜒的寨南河，寨南河两侧则分布了百亩良田。村寨位于寨南河南北两侧的山坡地段，主要建筑群的布局与寨南河保持一定距离，是典型的近水利而避水患的选址布局。村落建筑依山傍水，整体景观东西开敞，南北围合。

传统建筑

寨南村民居为侗族传统建筑，其中鼓楼是侗族的传统公共建筑，极具历史文化价值。侗族民居多为纯木结构，建造过程不用一钉一铆，全系木匠师傅掌墨打槽设计，由寨内村民相互帮助，安装建造而成。全村有传统民居140多座，有鼓楼、关帝庙、"文革"大会堂、禾仓等建筑，这些建筑最早建于清朝嘉庆年间，距今200多年。

鼓楼：现存4座鼓楼，其中旧寨、寨芳两座鼓楼为厅堂式鼓楼，歇山顶，外部设栏杆围合，是清代原物；寨南、寨俄两座鼓楼为密檐式鼓楼，底方七层重檐八角攒尖顶，寨俄鼓楼底部为开敞式，寨南鼓楼底部封闭、木板围合、设木门和木格花窗。

吴氏长屋：位于村寨南部的坡地，是寨南村内最长的建筑，该建筑坐北朝南，共有5开间，陆续建于不同的年代。建筑主体结构为穿斗式木结构，悬山坡屋顶，覆青瓦，正脊两侧鳌尖并中设腰花，建筑山墙和后墙的维护结构为夯土和竹篾。墙窗均为实质木板，无窗花。

关帝庙：始建清朝年间，位于寨南村与寨头村交界处，其建造具有侗族传统建筑特色，主要是纪念关公，为保寨南一带风调雨顺，五谷丰登。寨南村的村民，逢年过节，家家都要到关帝庙去敬供上香，祈求关公保佑村寨祥和，老少平安。千百年来，代代敬仰，流传至今。

大会堂：建筑造型古朴，雕刻精致。

鼓楼

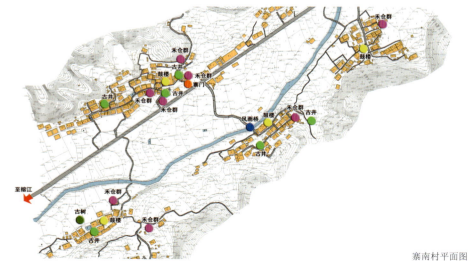
寨南村平面图

大会堂

采用优质杉木建成,干阑式木结构建筑,会堂始用于"文革"时期开展会议,商议大事,如今用于村寨集体大事商议或重大节日举办节目表演。

民族文化

侗族萨玛节:每年正月初一寨南村的村民都汇聚萨坛处,前来祭祀心中无所不能的女神——"萨"(始祖母),故称"祭祖节"。节日当天请专门的祭师来主持祭祀仪式,祭萨的供品必须有黑毛猪和绿头鸭,要在萨屋里宰杀,其方式很讲究,不用刀具,猪是由几个壮汉将它按下水池溺死而死,鸭子是用绳索套其颈部将它勒死,以示不用刀枪也能"驱魔除怪"。祭萨时,先由管理萨屋的人烧好茶水,给萨敬献茶,然后是各家各户的侗族妇女穿着盛装前往祭祀,每人喝上一口祖母茶,摘一小枝千年矮树叶插于发髻。随后,放三声铁炮,由"登萨"(掌管祭祀的老妇人,此时作为"萨"的化身)手持半开的黑雨伞开路(黑雨伞是萨玛的象征),参加活动的人们迎"萨"出门,跟随"萨"踩路绕寨一周,最后到达固定的耶坪,大家围成圆圈,手拉手跳起舞来,齐声高唱赞颂萨的"耶歌",唱耶跳耶,与萨同乐,这种边唱边舞的形式称为"多耶"。"萨玛节"一般为各村各祭,有的也邀请邻村一起祭祀,场面壮观。参加祭萨的人员以妇女为主,从祭祀活动中,可以看出侗乡里还带有悠久的远古母系氏族社会遗风。

人文史迹

古寨门:建于清朝末期,为寨南村原寨门,是村寨的重要限定因素,保存良好。

古城墙:建于清朝末期,位于旧寨,具有防匪侵扰的作用,现已被毁坏大半,仅剩古寨门处部分石砌墙体遗迹。

古栈道:寨南村现有保存良好的青石板栈道一段,建于明、清时期,约3公里,从古寨门通往后山。

古墓群:建于明、清时期,原始格局清楚,墓碑多为民国时期改修。

古井:寨南村共有7口古井,均匀分布于寨内,担负着寨南村5个自然寨的生活用水,古井里的水冬暖夏凉,十分可

寨门

口,至今仍在使用。

古树:寨内古木参天、郁郁葱葱,有数棵百年红豆杉以及古香樟树、古皂角树、古松柏树、古枫树等,村落外围山林将整个寨子映衬在绿色的海洋里,是寨南村数百年传承的象征。

萨坛:现有萨坛两个,始建于清乾隆年间,由大小不同的青石堆砌而成,平面呈六边形,这是古代氏族祖先崇拜的遗迹。建造萨坛是为了奉祀护佑村民的守护神——萨玛,每年新春要烧香敬茶,祈求萨岁保境安民,使六畜兴旺,村寨平安,是寨南村侗族民族文化的象征。

保护价值

寨南村保存了贵州侗族村落相对完整的、真实的历史遗存,见证了自明、清时代以来该地区的生活方式和文化特色。传统建筑及历史文化遗留保存良好,极具文化与考古价值。寨南村巧妙布置村落建筑,依山傍水,古树穿插其中,形成人与自然、建筑与自然、人与建筑的和谐统一。

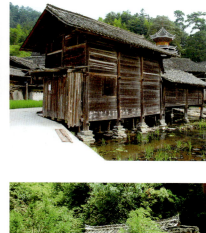

禾仓

关帝庙

古树

王 希 曾 增编

村落一角

黔东南苗族侗族自治州黎平县坝寨乡蝉寨村

蝉寨村全貌

蝉寨村区位示意图

总体概况

蝉寨村位于乡驻地西北面,距黎平县城32公里,村辖5个自然寨,即蝉寨、小蝉寨、上土寨、下土寨和下近,共有310户,1705人。总人口中,寨内居民皆为侗族,是一个典型的少数民族村寨。蝉寨村寨内两条小溪潺潺,层层跌水,山川秀美,自然景观十分优美,是典型的河谷坡地型村寨。2012年蝉寨村已被列入第一批中国传统村落名录中。

村落特色

蝉寨村背山面水,选址讲究,有古朴的吊脚楼民居建筑,有优美的巷道和小道、独特的空间格局、独特的建筑形式、精美的建筑装饰、苍老的古树和古井。蝉寨坐落在朝阳的一面坡脚下,地势平坦,可住几十户,留有寨前低处地带开垦田亩,翻过后山便是一片较为宽阔的地带,两条小溪从寨子中穿过,寨子四周青山环抱,传统民居望山傍水。寨中流水潺潺,池塘星罗棋布。寨前山后林木绿油油,现今还留有红豆杉等古树。村寨山林、水体、田园风光融于一体,山中有寨,寨中有水,自然景观十分秀美。

传统建筑

蝉寨村的历史传统建筑群保存较完整,价值独特的历史遗产,主要有鼓楼、花桥、寨门、戏台、凉亭、传统民居群和石桥。村内建筑以传统风貌建筑为主。

传统民居: 蝉寨村传统民居以三开间两层为多见,个别户建有五间两层,因屋宅大小条件限制,有的只建两间两层。所有传统民居均是木结构,盖青瓦。典型的吊脚楼建筑群落,建筑风格与村落周边的环境共存,数百年历史的变迁,环境风貌基本保持完整。传统的吊脚楼与山水融为一体,古朴的民风、民俗和自然村落形成一个典型的侗族文化空间载体。

鼓楼: 蝉寨鼓楼共有4座,分别建在蝉寨、上土寨、下土寨和下近4个寨子里。4座鼓楼构造基本一致,都是三层四面倒水、翘角、竖宝顶,楼内周边有长凳。其中两栋鼓楼年代久远(即蝉寨鼓楼建于1810年,现已有两百年历史;下近寨鼓楼建于1805年,现已有两百年历史),至今保存完整。

下近鼓楼

村落传统建筑风貌

蝉寨村平面图

上土寨鼓楼

下土寨鼓楼

拦路歌

石拱桥

传统民居

民族文化

蝉寨村传统民族活动丰富多彩，有祭萨、演侗戏、芦笙舞、拦路歌等习俗。传统节日以六月六、十月平安节和春节最为隆重。蝉寨村文化底蕴深厚，历史氛围浓郁，是典型的侗族村寨，侗族所有的风俗在这里基本都能看到。

祭萨：祭萨活动每年都在举行，因为"萨"是侗族女英雄，为的是劳苦大众。开展祭萨活动，以取得"萨"的关爱，使之风调雨顺，五谷丰登，家庭安康幸福。活动一般都在正月初进行。

拦路歌：侗族村寨近百年传承至今的一种歌唱方式，是针对客人"不准进寨"而进行拦路的一种赛歌方式。赛歌地点一般是在寨门或路头，先用带叶竹竿长条略高架起，宾客到来时，便知道是不唱歌"不准进寨"。

侗戏：侗戏，是我国民间戏曲中的戏种之一，是侗族人民在长期的劳动生活中创造并喜闻乐见的艺术形式，它具有独特的民族风格。

人文史迹

花桥：建在河流上，桥面平坦宽阔，是村民过往进行农田耕作的通道。桥头紧靠公路边，过往游客常到此处停步，取像留影。桥架、檐面均保存完好。

河流：河段过境全长4000米，河道宽约为4~6米，无天灾时，河水流量较为稳定，有洪涝灾害时，两边的农田受淹受毁，流量易涨也易退。数百年来当地村民在河边劳作，开垦田亩，架桥修路，修建河堤，引水灌溉，防旱排涝，拦河取水，兴修水渠，引水入寨。

石拱桥：下土寨石拱桥建在寨脚的河流上，长12米，宽3.3米，两个桥墩3个拱。三个拱体和两座桥墩全部使用料石砌成。

古河道

凉亭

花桥

上图寨寨门

保护价值

文化艺术价值：蝉寨村文化底蕴深厚，历史氛围浓郁，是典型的侗族村寨，侗族所有的风俗在这里基本都能看到。蝉寨村的祭萨活动是国家级的非物质文化遗产保护项目，具有悠久的历史，同时演侗戏、唱拦路歌、跳芦笙舞等优秀的传统表演也永久不衰，世代流传，艺术价值巨大。

历史价值：蝉寨村历史悠久，先民世代居住，已经有近千年历史。拥有丰富而珍贵的物质与非物质文化。有着独特的历史风貌和山水格局，是保存较完整的传统村落，是我国侗寨传统村落选址和格局的代表，具有较高的历史价值。

黄　丹　陈婧姝　编

萨坛

蝉寨村落风貌

黔东南苗族侗族自治州黎平县双江乡寨高村

寨高村全貌

寨高村区位示意图

总体概况

寨高村位于贵州省黔东南苗族侗族自治州黎平县双江镇东南部，距政府所在地3公里，东面与坑洞村相邻，南面与平天村接壤，西面与四寨村相接，北面与觅洞村相连。寨高属千三侗族，据说大约在800年前，寨高祖宗"公记"和"公力"追随苗兰祖先从"三色古州"（现榕江车江一带）顺河迁徙而来。寨高村村域面积15.42平方公里，总人口为1348人，以侗族为主。2013年，寨高村被列入第二批中国传统村落名录。

村落特色

寨高村地处典型的低山丘陵地区，地势起伏较大，村落位于两座南北走向的山体形成的山谷中间，河流从山谷内、村落西侧穿流而过。村落顺应山势，靠山傍水延绵布局。主要道路为南北向，位于村落东侧山脚下，顺应地形沿山体的走向延展。次要道路为东西向，依建筑肌理联系山体与水体。寨高村青山环抱、绿水穿境，村内及后山古树名木参天，民居依山势蜿蜒错落，更兼具极具特色的侗族摔跤文化、侗族驱鬼文化、侗布蓝靛靛染传统技艺传承，是一个自然与人文巧妙结合的侗族村寨。

传统建筑

寨高是一个典型的侗族村寨，寨中有5座鼓楼、1座风雨桥、1座戏台及大量侗族传统民居，建筑形态结合自然，鳞次栉比、自由布局。

寨高鼓楼：现寨内有5座鼓楼，鼓楼是村民的议事机构，其中"蜡圭"、"蜡滚"、"蜡桥"、"蜡节"4座鼓楼建筑形制相同，为木质建筑，平面四方形，4根主柱，8根檐柱，无柱础。"鼓"一般为2层，一层平面略小于二层平面，在一层形成一圈骑楼式的灰空间。屋顶为坡屋顶二重檐，上层为悬山式，下层为四方形，挑檐约60公分，起到遮风挡雨的作用。鼓楼内部一般结合主柱设置一圈木质长凳，中央

民居

鼓楼

寨高村平面图

"驱鬼"活动

摔跤竞赛

设圆形或方形火塘，火塘正上方屋顶悬吊百年历史的楠木牛皮鼓，鼓直径达70～80厘米。"蜡圭"鼓楼最大，三开间，与周围民居三面围合形成一个场坝，其二层兼具戏台功能。

寨高风雨桥：桥廊全长60米，桥面宽4.5米，桥廊上建有桥楼3座，中大两头小，屋顶皆为小青瓦坡屋顶，中间桥楼屋顶为三层四角重檐屋顶和一层六角攒尖宝塔顶，两边桥楼屋顶为一层四角屋顶和一层悬山顶。桥墩以青石砌，桥面为水泥，桥体为木质结构，整座桥均称轻巧，工艺精湛。桥楼脊上，泥塑两对双龙抢宝，桥楼翼角塑有各种珍禽异兽。桥廊内两侧下部设有双重檐柱和连通桥凳，供人休息，上部绘有各种侗族风情及山水、花木和动物彩画，具有浓郁的民族色彩。

民俗文化

摔跤文化：贵州省黎平县双江镇的四寨、坑洞、寨高、黄岗等地的侗族流传着集武术和娱乐为一体的摔跤竞技活动。侗族摔跤与其他摔跤不一样，双方靠臂力和腰腿劲相互角力，各自拾一根青布带，相互将右手插过对方的左肋，右肩互抵将布带绕过对手的腹部，布带两头置于对方的椎，两手抓牢，正如斗牛时两头牤子头角相抵的架势。

"驱鬼"文化："驱鬼"活动乃是寨高侗族的盛事，每年大年二十七到三十连续举行大型"驱鬼"活动，寨高人着盛装、摔跤、放铁炮鞭炮、吹芦笙、迎萨进鼓楼、唱侗歌、演侗戏，"驱鬼"活动期间侗族人唱歌赛歌，均以歌颂萨为首选，反映了侗乡悠久的远古母系氏族社会遗风。

侗布文化：寨高侗族擅长纺纱织布，她们自纺自染的"侗布"是侗家男女最喜爱的衣料。"侗布"采用蓝靛靛染的传统技艺，用织好的布经蓝靛、白酒、牛皮汁、鸡蛋清等混合成的染液反复浸染、蒸晒、槌打而成。

人文史迹

萨坛：位于"蜡节"、"鼓"后门场坝上，平面近圆形，石砌构筑物，逢年过节，寨高每家每户均到萨坛烧香烧纸，祭拜先祖，祈祷平安。

麒麟石雕：位于"蜡圭"、"鼓"前场坝东南角一个小型石坑内，石兽形似貔貅，憨态可掬。相传寨高村先祖"公高"与四寨村先祖"公闹"为两位亲兄弟，因生产生活需要，各据一方创业定居，两兄弟分别在寨内设立石兽，朝着对方村寨的方向，相互守望，手足情深。

古树：寨高地处山谷地区，山上分布大量古杉树。在寨高风雨桥西侧有古榕树，近千年树龄，枝叶繁茂，优美挺拔。

保护价值

寨高村山水格局独特，古树资源丰富，侗族民俗文化浓郁，体现了自然与人文的完美融合，具有较高的社会科学研究价值。古老的摔跤文化、驱鬼文化、传统的手工技艺传承，使得寨高村成为侗族传统村寨的典型代表和实物见证，交融和谐共处。村落中的十八腊汉歌会文化和青石板文化极具当地特色，具有极高的科学研究和保护价值。

周　捷　徐　雯　编

古榕树

风雨桥

祭坛

麒麟石雕

村落一角

黔东南苗族侗族自治州黎平县肇兴乡肇兴村

俯瞰肇兴村

肇兴村区位示意图

总体概况

肇兴村是肇兴侗寨的一个组成部分，总面积6.65平方公里，地处山谷，海拔410米。辖9个村民组，452户，1930人，全侗族聚居。村名为侗语构成："肇"意为开始，"兴"为兴旺之意，早在南宋正隆五年便开始建寨定居，距今已有840余年的历史。是肇兴侗寨"八寨一山"中的一部分。2012年被列入第一批中国传统村落名录。

寨一山"除了以陆为姓外，还有邓、袁、龙、郭、孟、夏、马、白、鲍、嬴、满、曹等12个内姓，分为12个大房族，一个房族一个片区，12大房族聚居于5个组团，一个组团1座鼓楼、1座戏台，按当时社会奉行的"五常"命名，即"仁团、义团、礼团、智团、信团"，其中智团和信团分属于肇兴村。

村落特色

肇兴村地处山谷，海拔410米，总面积6.65平方公里。村寨周边为高山，而内部地势平坦，有河流穿过，民居沿河而建，建筑分布紧密而不杂乱。

传说最初开辟肇兴这片土地的祖先为陆氏兄弟，哥哥叫陆闹，弟弟叫陆峦。兄弟2人因肇兴山清水秀、土地肥沃、气候怡人，便在此安居。整个肇兴侗寨"八

远观肇兴村

河道民居

传统建筑

传统民居：肇兴村的传统民居以2~3层的木质干阑式侗族传统建筑为主，多建于20世纪六七十年代。民居一般分正屋、厢房、前厅、偏厦等，堂屋两侧为卧室，厨房、牲畜圈舍等皆设于屋侧或屋后，楼房外围设有通廊，为通风、休闲所用。

信团鼓楼：肇兴信团鼓楼始建于清光绪年间，坐北朝南，为11层檐8角攒尖顶，高23.9米，占地面积78平方米。鼓楼是侗乡的标志和吉祥物，族姓的象征，侗民族繁荣昌盛的象征。其建筑艺术有很高的研究价值。鼓楼的结构为木瓦、石灰、雕塑、绘画，因日晒雨淋，为保持鼓楼的完美性，5至8年要修复一次，即重新修整瓦片和绘画。

智团鼓楼：肇兴智团鼓楼始建于清光绪年间，坐北朝南，8层，高20米，占地面积77平方米；鼓楼是侗乡的标志和吉祥物，族姓的象征，侗民族繁荣昌盛的象征。其建筑艺术有很高的研究价值。

肇兴是鼓楼艺术之乡，歌舞之乡，周边建筑以传统木质结构民居为主。

肇兴村总平面

传统民居

兴河。桥宽5米、长8米，占地面积40平方米。风雨桥为水泥桥拱，桥廊3间，建歇山顶中楼1座，四角攒尖顶边楼2座。此桥对研究侗族文化有一定的参考价值。

戏台：肇兴村有两座戏台，结构均为两层，采用侗族特有木结构、小青蛙建筑形式，戏台是侗族人民表演侗戏以及其他文艺节目的重要活动场所。戏台作为侗族特色民族建筑吊脚楼、鼓楼、戏台、花桥等的一个部分，是侗族建筑形式的重要代表。

迎客

信团鼓楼

信团花桥

智团花桥

侗布

婚俗

民族文化

侗歌与节庆：侗族大歌历史久远，它的形成已经有近千年的历史。肇兴村寨上有侗歌队、侗戏班。每逢节日或宾客临门，便聚于鼓楼、歌坪前，举行"踩歌堂"、"抬官人"等民族文娱活动。歌类尤其出名，有侗族大歌、蝉歌、踩堂歌、拦路歌等，以多声部混声合唱扣人心弦，轰动海内外。每隔一年于中秋节举行一次的芦笙会，主、客竞相吹奏，笙歌阵阵，热闹非凡。

侗布：侗布的制作是侗族先民借鉴汉民族的织布技术流传下来的传统技艺。肇兴没有专业大型的织布作坊，只有简易的农家小作坊，自给自足，易于操作，无污染。原料加工采用露练等方法，全凭手工制作。织布与制作的技艺无文字记载，仅靠祖辈的言传身教，代代相承。

侗族婚俗：侗寨有"行歌坐月"的习惯。晚上，几个要好的姑娘聚集在一家堂屋里纺纱、绣花，等待男青年的到来。有的后生虽不相识，但姑娘们总是脚手不停，一面纺纱绣花，一面热情接待，以歌相问，以歌相答，以歌传情，往往玩唱到深夜才离开。

保护价值

人称侗族文化三样宝"鼓楼、大歌和花桥"，肇兴村无疑是这三宝最大的聚集地，它有着最完整的侗族发展史、最大的传统建筑群、最动听的侗族大歌，是在此聚居的侗族人一代一代的保护、传承与发扬的结晶。

李函静 张宇环 周祖容 编

侗族大歌

智团鼓楼

信团风雨桥：肇兴信团风雨桥位于黎平县肇兴镇肇兴村，始建于清代。南北走向，横跨肇兴河。桥宽3.9米、长7.8米，占地面积30.42平方米。风雨桥为水泥桥拱，桥廊3间，此桥对研究侗族文化有一定的价值。

肇兴智团风雨桥：肇兴智团风雨桥位于黎平县肇兴镇肇兴村，信团鼓楼东北110米。始建于清代。南北走向，横跨肇

黔东南苗族侗族自治州从江县往洞乡增冲村

俯瞰增冲村

增冲村区位示意图

总体概况

增冲村位于贵州省从江县西北部，属从江县往洞乡的一个侗族村寨，距从江县城91公里，距乡政府8公里。全村共340户，居住着侗、汉等民族人民1342人。2012年被列入第一批中国传统村落名录。

村落特色

增冲侗寨坐落在一个三面环水的半岛上，3座花桥横卧增冲河上与外界交通。寨子四周青山环抱，吊脚楼望山傍水。寨中沟渠交错，流水潺潺，池塘星罗棋布，鱼翔浅底。寨中有水，水中有楼，古窨子风火墙，青石路古巷道，在国宝鼓楼的映衬下，构成一幅恬静的田园风光和侗族灿烂文明的历史画卷。

增冲水网从村头引增冲河水自流入寨，寨内水渠网络密布，河边建有防洪堤和码头，历经数百年功能完好，纵横有致的水渠网络还暗含八卦玄机，并且为全村的消防安全消除了隐患。完好的消防设施和完好的森林植被使增冲数百年来未发生一起火灾，百余年来无一水患。这在整个以木构建筑为主体的侗族地区是一个奇迹。

传统建筑

增冲鼓楼：增冲鼓楼是国内现存建筑年代最早的侗族鼓楼，属国家级文物保护单位，始建于清康熙十一年（1672年），立于寨中央，占地面积109平方米，通高20余米，落地柱12根，其中金柱4根，檐柱8根。金柱与檐柱之间用穿枋相连呈辐射状，逐层上叠收刹至十一层密檐，再覆盖两层八角伞形攒尖楼冠，巨大的楼冠下采用斗栱支撑，楼冠上按大小顺序将圆珠陶瓷串在一起，顶尖直指云霄，形成1座四层十三重密双楼冠塔状建筑，各层翼角高翘，泥塑人物鸟兽，各层檐口及封檐板略呈弧形（此建造技艺已经失传），彩绘人物花草图案。整座鼓楼飞檐翘角，造型优美，结构流畅。1985年11月，增冲鼓楼被列为贵州省重点文物保护单位；1988年元月，被中华人民共和国国务院列为国家级重点文物保护单位。

村落环境

增冲村总平面图

风雨桥：风雨桥又名花桥，是侗寨传统建筑的一个重要组成部分。风雨桥一般由廊、桥、亭三部分组成，并采用加长伸臂梁解决过河跨度大的问题，是侗族先民对祖国传统建筑技艺的一大贡献。风雨桥是侗寨中特有的一种交通设施，是村民遮阳避雨，休闲纳凉的地方，也是迎送宾客的场所，还是侗寨拦截财富不随水流走的吉祥物。增冲村在增冲河上建有3座风雨桥，均为廊屋式的全木结构建筑。

民居建筑：增冲传统民居以五岳式封火墙四合院、穿斗式吊脚木楼为代表。其中封火墙四合院近40栋，每宅仅留1处大门供出入，大门两侧石坊、门楣雕刻及绘有花草图案，墙上部嵌有一米见方石质透雕共窗。花窗图案由花草及"福、禄、寿、禧"字样构成，一窗一字，别具特色。

石刻雕塑：主要遗存有石质土地庙、石狮、石鸡、石瓢井、碑刻、古墓等。

哀乐。歌与侗家人的社会生活戚戚相关，不可分割，侗族的各种民歌，特别是侗族大歌，便成了他们久唱不衰的一首古歌。

保护价值

增冲是个美丽的村落，具有中国历史文化名村、黔东南州首批100个民族民间文化村寨、中国民间文化艺术（鼓楼花桥建筑）之乡、中国景观村落等众多的荣誉。

朱洪宇 编

伐木祭祖

增冲鼓楼

民族文化

侗族木构建筑营造技艺：

花桥：也叫风雨桥，分为亭阁式和鼓楼式两种。亭阁式风雨桥，桥面上亭阁秀丽，雅致玲珑。鼓楼式风雨桥建在较宽的河面上，大桥长廊之上，加盖几座鼓楼式建筑，十分美丽壮观。侗寨风雨桥，桥身全用杉木横穿直套，孔眼相接，结构精密，不用铁钉连接，别具一格。桥廊里设有长凳，供人歇息、凭眺。有的还备有茶水，供过往行人解渴自饮。风雨桥不仅便利行旅，还是侗家人欢唱歌舞、吹笙弹琴、娱宾迎客的游乐场所。

侗族大歌：侗家人把歌当作精神食粮，用它来陶冶心灵和情操。侗族人民视歌为宝，认为歌就是知识，就是文化，谁掌握的歌多，谁就是有知识的人。在侗族地区，歌师是被社会所公认的最有知识、最懂道理的人，因而很受侗人的尊重。于是他们世代都爱歌、学歌、唱歌，以歌为乐，以"会唱歌、会歌多"为荣，用歌来表达自己的情感，用歌来倾诉自己的喜怒

代表民居

侗族大歌1

侗族大歌2

古墓石雕

风雨桥内部

村内水渠

黔东南苗族侗族自治州黎平县茅贡乡额洞村

额洞村全貌

额洞村区位示意图

总体概况

额洞村位于贵州省黔东南苗族侗族自治州黎平县茅贡乡，距黎平县城51公里，距乡政府驻地9公里，海拔580米。村寨所在地原为高近、流芳的田地，坡名称"归额"（侗话），因种田路途遥远，先祖便从高近、流芳搬来此地居住，逐渐形成独立村寨，称为"额洞"。据《黎平县志》记载，元代已在此设有建置，依此推算，该村已有近700年历史。额洞村共有275户，总人口为1304人，由吴、石、杨三姓组成，均为侗族。2013年，额洞村被列入第二批中国传统村落名录。

村落特色

额洞村气候宜人，四季如春。村落所在谷地的东西两侧均为山林，山间是走势蜿蜒的小溪河，村落随小溪河自由布局。村落附近杨梅遍山，成为村落主要经济作物。民居木楼层次分明、错落有致、因地制宜，建在平地上的是平地楼，建在水塘上的是矮脚楼，建在坡坎上的是吊脚楼。建筑间青石板巷道幽深曲折，通向各家各户。村落背山面水，建筑高低错落，与水系、农田及山林形成一幅安静祥和的山水田园村居图。

传统建筑

额洞村的传统建筑群是黎平县内数量较多，规模较大，保存较完整，特色价值独特的历史遗产。主要有鼓楼、传统民居、禾仓等，分布在上寨、下寨两个自然寨中。

上寨鼓楼：被称为上寨之根、建寨之源，每年农历六月六日、十月平安节期间，侗家人都会在鼓楼唱歌、叙旧、议事等。鼓楼为正方形，长宽均为8米，建筑面积约80平方米。鼓楼通体全是木质结构，不用一钉一铆，由于结构严密坚固，可达数百年不朽不斜。以杉木凿榫衔接，顶梁柱拔地凌空，排枋纵横交错，上下吻合，采用杠杆原理，层层支撑而上。据清代雍正年间有资料记载：侗人"以巨木埋地作楼高数丈，歌者夜则缘宿其上……"

额洞民居：与其他侗寨民居建筑有所不同，额洞侗寨民居建筑没有层层出挑，但功能上又与侗族民居没有差别，形成汉侗文化相融的形式。房屋一般分正屋、厢房、前厅、偏厦等。正屋是主要部分，有三柱屋、五柱屋、七柱屋、八柱屋等。

清代禾仓群：额洞禾仓群多建于浅水塘上，布局完整、设施齐全，具有防火、防鼠、防蚁虫、防潮等功能。额洞村禾仓群现保存着其原有格局，禾仓都沿山体等高线排列，保存完好，古老朴实，与周围环境和谐自然。

民族文化

平安节：平安节被称为额洞村的"村节"，是额洞村侗族人民的一个民俗节日，是一个以侗歌侗戏、斗牛、吹芦笙等活动为主的文化娱乐节日。这天，全寨男女老少穿上民族盛装，拦路迎宾，寨子里的侗族后生们高奏芦笙，姑娘们身着带有银饰的盛装在寨门拦路唱酒歌，迎敬前来参加节日的宾客，男女老少夹道欢迎；踩歌堂，参加

民居1

和谐花桥

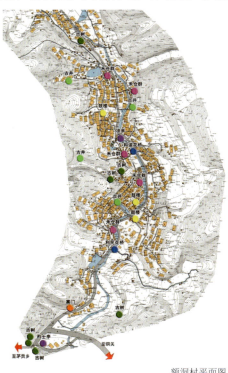
额洞村平面图

民居2

古井

上寨鼓楼

祭祖的人们手拉手唱赞颂萨的进堂歌、盘歌、欢歌、转堂歌等；演侗戏；吹芦笙、斗牛，随着三声铁炮声，紧接着阵阵芦笙之声、鞭炮声、人们欢呼声，斗牛活动开始，一场接一场争斗勇猛、精彩十足的斗牛场景博得在场观众的阵阵欢呼声和笑声；进鼓楼花桥、凉亭唱歌、叙旧；举办男女青年坐月堂等活动。

梯田文化：勤劳智慧的额洞祖先们，根据山形就势逐级开垦，形成了今天美丽的梯田文化，同时，沿河开垦农田，因有河水灌溉，沿岸农田每年均能实现大丰收，形成今天的田坝，额洞村的梯田很好地实现了生产生活与自然的协调。

人文史迹

花桥：又名风雨桥，由桥、塔、亭组成。长15米，宽2.5米，建筑面积约40平方米。全用木料筑成，以杉木为主，整座建筑不用一钉一铆，全系木料凿榫衔接，横穿竖插。桥面铺板，两旁设栏杆、长凳，桥顶盖瓦，形成长廊式走道。为亭楼式的风雨桥，于长廊顶部竖起3个宝塔式楼阁，楼阁飞檐重叠，顶有宝葫芦等装饰。塔、亭建在石桥墩上，因行人过往能避风雨，故名风雨桥，也是侗族建筑艺术的一朵奇葩。桥身庄重巍峨，如巨龙卧江，气吞山河，十分壮观。桥面两侧有精致的栏杆和舒适的座位，可供人们休息。桥壁上或雕或画有雄狮、蝙蝠、凤凰、麒麟等吉祥之物

清代禾仓群

寨中鼓楼

图案，形象诙谐洒脱，古香古色，栩栩如生。风雨桥建在溪河上不仅仅是给人们交通提供便利，而且还有辟邪和留财之意。

古井：额洞古井一共有3口，在还没实现自来水之前，这3口水井担负整个自然寨的生活用水，水井里的水冬暖夏凉，十分可口，至今仍在使用。

额洞溪：贯通村寨及寨外梯田，常年水源充足，将额洞寨分为东西两个部分，河道宽约5米，额洞溪孕育着沿岸的侗家村民。

保护价值

额洞村依山开垦的梯田、规模较大的侗族传统建筑群，作为侗族文化活的物质载体，构建了额洞村这一研究侗族民族思想、理念、生产、生活习俗的重要科学载体与典型代表。

王希曾 增编

平安节斗牛

额洞瀑布

下寨鼓楼

额洞村建筑群

黔东南苗族侗族自治州黎平县坝寨乡器寨村

器寨村全貌

器寨村区位示意图

总体概况

器寨村位于贵州省黔东南苗族侗族自治州黎平县坝寨乡境内北面，距黎平县城37公里，距乡政府驻地9公里，坝尚公路从寨中穿过。东与德凤镇中和村、改匡寨接壤，西与孟彦镇罗溪村交界，南与蝉寨村相接，北与高西村毗邻。器寨村历史悠久，早在唐宋时期就有人在此繁衍生息，清朝时期就有村级建制，民国时期至20世纪90年代一直为乡政府驻地，1992年撤区并乡，器寨乡与坝寨乡合并，设坝寨乡器寨村。全村辖上屯、中屯、下屯、岭上和宰维5个自然寨，总户数397户，总人口为1852人，以侗族为主。2013年器寨村被列入第二批中国传统村落名录。

村落特色

器寨村四面环山，一条小河由北向南蜿蜒穿村而过，坝寨至尚重公路沿着小河向北延伸，村落建筑位于河流两侧的山坡地段，背山面水，与自然融为一体。河流两岸是纵横交错的小溪，全村的农田也主要集中在河流两岸的平坦地带，小溪流形成的落差，对农田灌溉十分有利。器寨村拥有茂密的山林、纯净的泉水、丰富的地下矿藏、珍稀的生物和药材，是一个物华天宝，人杰地灵的宜居村落。

传统建筑

器寨村传统建筑主要有鼓楼、戏台、民居等，连片分布在5个自然寨，至今保留了大量的传统建筑。

鼓楼：现存上屯和中屯两座鼓楼，建于清咸丰年间，是村民开会议事、举办活动的地方。两座鼓楼均为密檐式鼓楼，上屯鼓楼为底方重檐四角攒尖顶，底部封闭，木板围合、设木门和木格花窗。中屯鼓楼为底方5层重檐四角攒尖顶，底部封闭、木板围合、设木门。两座鼓楼均有4大主柱，12条檐柱，檐面均为翘角，顶层中央竖上瓷质宝顶，檐下四方镶有弯板，颈部镶方格，楼下有长条粗凳，中设火塘。

戏台：位于寨中篮球场边，用于表演侗戏，借助球场容纳观众，为全木结构，三重檐歇山顶，覆小青瓦。

传统民居：器寨村传统民居多为两层木楼，三间五柱或三间三柱，不用一钉一铆，悬山双坡顶，覆小青瓦或杉木皮。主屋楼上楼下各装四小间，堂屋内墙壁主设神位，退堂屋为楼梯间。

民族文化

侗戏：器寨村近百年来，也是喜爱侗戏的村寨之一，多年来，该村常以多种

民居1 民居2

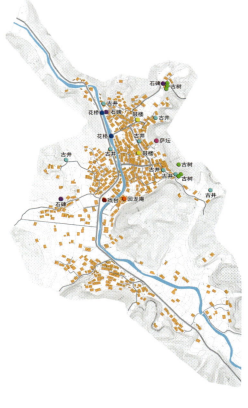
器寨村平面图

黔东南苗族侗族自治州

上屯水星楼

石砌巷道

上屯鼓楼

形式进行演唱传唱，如在舞台上演唱，在野外演唱，到外地演唱，以媒体方式传唱等。器寨有自编自演的戏师，也有很多喜爱的业余演员。

芦笙舞：器寨村的芦笙舞为男女混同舞。

拦路歌：侗族村寨的拦路歌现在较为流行，以唱拦路歌进行拦路是当地侗族村寨的民俗，用于"不准进寨"和"不准出寨"两种场面，不准出寨歌词有对客人进行诚意挽留的意思。

石碑晒坝

银饰

人文史迹

花桥：又名同心桥，位于寨中的河道上，桥长三间，分设3个塔式楼阁，四面倒水，翘角，顶上均竖有瓷质宝顶，顶层檐下镶有凹凸花板；一层檐下两边均镶上宽阔木板，在木板上书写文字，画上乡情侗礼美景。该桥为下寨的主要通道，可通车。

水星楼：始建于明成化年间，几经修葺，有碑记。楼高二丈有余，为鼓楼附凉亭式。鼓楼为三重檐攒尖顶，附属凉亭为二重檐攒尖顶。青瓦盖就，飞檐翘角。宝顶顶部形如碗状，据说能盛天地圣水，镇压村寨邪火。

古井：器寨村古井一共有10口，古井均用青石板镶制，部分古井石板刻有精美图案或井前置两圆石凳用于放置水瓢。这10口水井担负着器寨村5个自然寨数百年的生活用水，水井里的水冬暖夏凉，十分可口，至今仍在饮用。

凉亭：器寨村全村共有凉亭2座。均是杉木建就，盖红瓦，设长凳，建在路边水井边。功能为休息、乘凉和躲雨。

保护价值

器寨村历史悠久、民族文化浓郁、区域自然景观丰富、人文古迹众多、空间格局完整、传统建筑精美、民族关系团结融洽，是典型的传统侗族文化与屯堡文化融合的历史见证，具有极高的科学研究价值。

余压芳 王希 编

中屯鼓楼

传统服饰

古井

村落一角

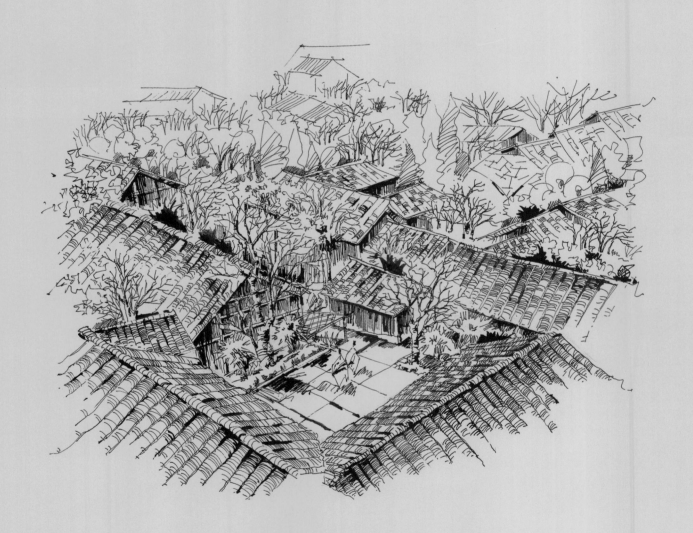

铜仁市

TONG REN SHI

铜仁市松桃苗族自治县寨英镇大水村

大水村全貌

总体概况

大水村位于贵州省铜仁市松桃苗族自治县寨英镇，修建于清代中期乾隆年间，距寨英镇政府所在地8公里，现全村面积10平方公里，户籍人口1075人，常住人口983人，该村民族主要为汉族，2014年被列入第三批中国传统村落名录。

村落特色

大水村因坐落在阳雀河与另一条河交汇处而得名，村落整体风貌良好，寨子星罗棋布地分布四处，村民房屋依山傍水而建，坐落在青山绿水之中，犹如一幅美丽的田园画卷。

传统建筑

村落传统建筑多为"吊脚楼"、"五柱四瓜式三开间"、"四合院"，木结构建筑具有三角形住宅的稳定性和拱形建筑的特性。

屋顶为坡屋顶结构，并铺小青瓦，屋顶翘角造型体现当地传统的建筑特色，屋面多用"人"字形两面排水，底部用川排连接，在离地二至三尺左右铺设地楼。房屋屋基一般都高出四周地面一尺以上，地落檐四周设二尺以上宽的阶檐，屋内屋外高矮有别，防水防潮，通风保暖。

民居中有明清时期建筑，其堂屋大门有着独特的民族特色，大门为六扇门装置，每扇门上窗户都刻有精美雕花，每一个吉祥图案、每一朵花纹时至今日都能清晰辨明，见证了当地匠师们精湛的建筑技术和创造精神，实现了技术与审美的有效结合。这些木雕石刻艺术不仅限于门窗，在横梁上也有独具特色的雕刻、绘画、吉祥语言及图案，栩栩如生、惟妙惟肖。

刘氏民居是该村典型的明清建筑，5个统子屋集中连体，长约80米，宽约20米，全部都是三进四合小天井，天井上厅和下厅三至六间、上下天井两侧均有厢房，天井下用青条石铺成，排水和防火系统非常完整。

大水村石文化

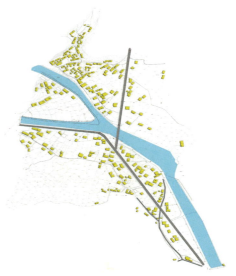

大水村平面图

大水村区位示意图

石阶路

传统民居建筑1

祭神

刺绣

刘氏民居

滚龙

民族文化

刺绣：大水村刺绣手法多样，有纱绣、锁绣、平绣、堆绣、钉线绣、打籽绣、挑绣等，把艺术与劳动生活融为一体，通过写意、夸张等手法将自然物体巧妙组合，勾勒出各种丰富多彩的图形，寓意含蓄，技艺精湛，独具风格。

滚龙：寨英"滚龙"是贵州省铜仁地区松桃县的民间民俗节庆。每逢新年春节、农历正月十二在集镇及村里面举行。滚龙的传统招式很多，流传至今的大致有"卧龙猛醒"、"祥龙出洞"、"蛟龙抖威"、"游龙戏水"、"金龙腾飞"等。"寨英滚龙"是我国首批经国务院审定的46个非物质遗产，是联合国教科文组织发布的世界非物质文化遗产之一。

祭神：祭神是村民祈望平安、风调雨顺、丰收的一种民俗节日活动，大水村每年农历六月十九都要举行。祭神时各家各户带上食物、香纸等祭祀用品到各村的土地庙供奉。祭神后，与寨上的村民共同分享祭神美食，增进友爱、促进邻里间的团结和睦，是大水村每年必不可少的活动项目。

人文史迹

土地庙：三座土地庙分别位于大水村内三个自然寨里，都有200多年的历史，现保存完好。每到过年、春种和每年的六月十九村民都会进行祭拜，意为祈祷土地神保佑每家每户的耕种、农作物的生长都优良，每季收成都好。

古井：两座古井分别位于大水村邵家寨和大水沟寨，都是有200多年的历史，其中1座在1栋传统民居旁边，保护甚好，周边清理很干净，旁边为石阶路，水质干净，清澈见底。另一处古井在村落未通自来水之前一直是村民的饮用水源，井水甘甜醇香。古井是用石板堆砌而成，板与板之间并没有使用任何的黏合材料，在经历了几百上千年的井水浸泡之后，壁上的石板大多已经风化和损坏，但是整体保存较好。

石阶路：位于大水村邵家山洗澡池后面，由大大小小、宽厚不一的条石铺成。石阶路历经岁月沧桑，路人的脚板将原本粗糙不平的条石磨得光光溜溜，呈现出种种印迹花纹。路旁全是茂盛的植被，环境优美安静，适宜散步，休憩。

古巷道：大水村的古巷道为数不多，分布在邵家寨和团坡寨几处，巷道结构错落有序，由内向外延伸。由于依山就势，因地制宜的山地建筑和许多木宅大院，造就了如纵横交错的巷道网络。巷道环境优美，用石板铺设而成，石板巷道间杂些许小草，古朴自然。古巷道两侧的民居建筑有些都有上百年历史，与古巷道风格相辅相成，组成了古色古香、原汁原味的大水村寨。

保护价值

大水传统村落具有完整的村落形态、丰富的非物质文化遗产及历史环境要素，这些都具有较高的文化价值。

大水传统村落较完整地保留了古朴的村落格局和优美的历史人文景观，村落内有山有水、有田有居、有井有木，阴阳交错、和谐自然。同时，大水村还拥有丰富的非物质文化遗产，如刺绣、纺织、木雕、石雕、传统节日等，以及典型的历史环境要素，如古建筑、古井、古石阶、古巷道、古树等，这些都记录了村寨的历史发展演变及传统文化的传承，具有较高保护价值。

唐历敏　陈清鋆　杜莉莉　编

大水村自然环境

铜仁市沿河土家族自治县黑獭乡大溪村

传统建筑

大溪村区位示意图

总体概况

大溪村位于铜仁市沿河土家族自治县黑獭乡，全村辖7个村民组，275户，1240人，主要民族为土家族。村落四周古树环绕，郁郁苍苍，环境优美，同时该村还属于乌江山峡国家级风景名胜区和国家级水利风景区范围内。大溪村是一个历史文化丰富、传统风貌保存完整的村落，于2013年被列为第二批中国传统村落名录。

村落特色

大溪村初步形成于明末年间，为自然聚居形成的村落，该村落选址形成于三面环山的一块斜坡上，地势险要，四周环境优美静谧。村落依山而建，错落有致，保留着大量传统的土家吊脚楼，分布较为集中，房屋为木质结构，窗花雕琢精细，图样较多，内容丰富多彩，且多为明、清代留存下来的建筑。村内有古井、古树、古巷道，同时保存和发展完美的土家文化和土家人的生活习性。

村落的独特之处要数建筑风格多为土家干阑式"吊脚楼"，通常正房五间，左右两侧建二通进"吊脚楼"厢房，与正房齐平，使整栋房构成"簸箕口"，寓意"财粮广进，家道兴盛"。

传统建筑

土家民居的建筑特点，一般一户一栋房屋，坐北朝南或坐南朝北，依山而建，靠山下一间为干阑式吊脚楼或转角楼。吊脚楼一般在屋右侧，也有建在左侧的。吊脚楼的立柱与上层地板空间距离较高，一般约二尺，横梁对穿，楼台悬空，飞檐上翘，楼台绕楼的曲廊上有一排廊柱悬吊于空中，从外观上看如楼吊脚，故称之为吊脚楼。

房屋结构有三柱二瓜、五柱四瓜，长三间、长五间、四合院。门窗均有木雕，浮雕与阴刻相间，精雕细刻，工艺精湛，图案多为"麒麟送子"、"蝙蝠绕梁"、"仙猴嬉树"、"喜鹊闹梅"等，古色古香，独具风姿，富丽堂皇，气势雄伟。

大溪村全貌

民族文化

土家族崇拜祖先，信仰多神，其祖先崇拜为土王、八部大神、向王、向王军，这些都是土家早期的祖先神，认为其灵魂可以庇护本民族的繁荣昌盛。建有庙、祠堂，定期祭祀。

大溪村至今仍留存原汁原味的土家族文化习俗，土家摆手舞、歌曲、祭祀、婚嫁、丧葬习俗均保存较好。

摆手舞、肉莲花、打八仙、傩堂戏、打镏子、薅草锣鼓、花灯戏和土家山歌等民俗文化保存良好，民族节日众多，有特色的有过赶年、牛王节、六月六、端午节、七月半、中秋节、重阳节、摆手节等。

传统民族服饰：大溪村现在仍然保持有穿着传统服饰的着装习惯。男着衣衫、女穿衣裙，衣裙上均有挑衣、刺绣图等装饰。以俭朴实用为原则，喜宽松，结构简单，但是注重细节，喜宽松、衣短裤短、袖口和裤管肥大。

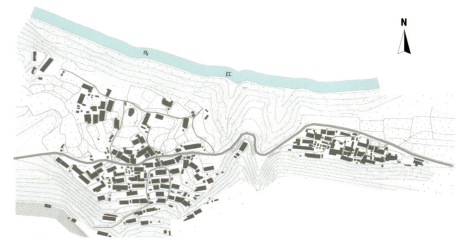

大溪村平面图

摆手舞：土家族最有影响的大型舞蹈，歌随舞而生，舞随歌得名，起源于远古，盛行于明清。土家人祭祀仪式毕，击大鼓，鸣大锣，由"梯玛"或掌坛师带领众人，进摆手堂或摆手坪跳摆手舞，唱摆手歌，气势雄浑壮阔，动人心魄。

摆手舞

牛王节：土家族的祖先从事农耕较早，自古以来养成爱护耕牛、尊重耕牛的传统。每年农历四月十八日，定为牛的生日。这一天，土家族人都要给牛做生日，哪怕春耕生产很忙，到了四月十八那天，也要让所有的牛休息一天，还要给牛加餐，主人还要恭恭敬敬地用土家语念一首《祝牛王词》。

摆手节：每年到了秋天，一般在秋收之后、牛王节之前，当他们把金灿灿的苞谷棒挂上吊脚楼、黄闪闪的稻谷装进粮仓时，一寨一寨的土家人全部聚集起来，走进摆手堂，开始了他们的盛大节日——土家摆手节。

过赶年：土家族比汉族提前一天过年，即月大是腊月二十九，月小是腊月二十八，因此叫做"过赶年"。土家族过赶年不但在时间上有其独特之处，而年事活动也丰富多彩，持续时间也长。主要内容有"打粑粑"、"做团馓"、"插柏梅贴纸"、"贴门神"、"吃团年饭"、"守岁抢年"等。

过赶年

人文史迹

古石门：建造时间较为久远，由青石块砌成，门洞约高1.8米，宽约1.4米，门墙高3~4米。

古封火山墙：建造时间久远，其墙山高出屋顶，呈阶梯状，这样可以有效防止火灾蔓延，故得名，这也充分见证了多种文化的融合。

石板路：由青石板铺成，历史悠久，是村落内部重要历史街巷。

土地庙：土家族人多信奉神灵，村落分布有土地庙，供村民进行祭祀。

封火筒子楼

古石门

村内土地庙

保护价值

大溪村落始建于元末明初，年代久远，历史悠长，在历史的长河里积累沉淀，传统文化底蕴十分深厚。土家族传统民俗文化传承完整。村落整个格局独特，是保存较完整的传统村落，具有较高的历史价值。

大溪村依山而建，顺应地形，村落自由布局，结构完整。传统民居为土家族吊脚楼式建筑，受高原山地地形及气候影响，传统民居建筑结构多为吊脚楼式建筑，建筑多为就地取材，体现因地制宜的特点，从整体格局到建筑风貌，大溪村落都具有较高的科学与艺术价值。

潘远良 刘 娟 编

牛王节

大溪村全貌

摆手节

铜仁市思南县兴隆乡天山村

天山村全貌

天山村区位示意图

总体概况

天山村位于铜仁市思南县兴隆乡中北部，人口约1500人。兴隆乡是贵州省思南县内位于乌江支流龙底江上的一个少数民族乡，总面积57.5平方公里，距县城52公里，东与石阡县平地场乡接壤，南与石阡县大沙坝乡相邻，西与塘头镇相接，北与大坝场镇相望，距铜仁市220公里。

天山村岭谷平行，主山脉呈南北走向，境内山峦起伏，溪河密布，地貌类型多样。

天山村境内河流为龙底江，属于乌江水系，龙底江水质优上，水温较低。2013年被列入第二批中国传统村落名录。

民居

村落特色

天山村位于丘陵区，西面靠山，坐落在半山腰，视野开阔，村寨山下就是碧波荡漾的乌江主要支流之一的龙底江，江面宽阔，一幅美丽的乡村田园山水画。整个村落为条形状，村内水资源丰富，空气清新，环境优美，整片的梯田不同的季节就是不一样的画面。村落整体风貌保存良好。

村落以田土、树林错落相间，龙底江盘寨而过，不均匀地沿山坡的转折而变化，景观互为衬托，交相辉映，浑然一体；整个敖家湾村寨落形态较为集中，由于村庄地貌为丘陵地貌，房屋大多依山就势而建，户户紧靠，呈现靠山面水带状条形分布，建筑多为坐西朝东，气势恢宏，独具特色，民族风情浓厚。

天山村拥有许多的物质与非物质文化遗产，物质文化遗产有古建筑、石板路、石磨等；非物质文化遗产有土家族语言等。

石笋　古家具

古井　古石阶

天山村现状

天山村平面图

传统建筑

天山村传统村落规划范围内现状建筑以居住为主，寨内民居建筑共有95余栋，另外还有大量的牲畜圈棚（附属用房）等。村内传统风貌建筑占建筑的90%，建筑年代从清民时期到2014年。建筑风格大部分都以"干阑式"民居为主。村落中房屋大多依山面水而建，主要聚集区沿山体呈现带状条形分布，建筑多为坐西朝东。整个村庄为典型土家族建筑风貌，传统的土家五柱四式木瓦房，村落建设房屋较为集中。

建筑风貌主要为土家族建筑风格，即以主房配一侧厢房为主要建筑搭配方式，简单的青瓦房角，部分有吊脚楼形式，楼房通常有绕楼的曲廊，曲廊还配有栏杆，屋角的部分采用反翘，故名"飞檐"，其他风貌特点还有木墙青瓦、花格窗、司檐悬空、木栏扶手，这些建筑工艺精美，整体协调。

天山村传统民居建筑，有着典型的土家文化特色住宅，正屋一般为一明两暗三开间，以龛子（厢房）作为横屋，形成干阑与井院相结合的建筑形式。从最简单的三开间吊一头的"一字屋"、"一正一横"的"钥匙头"，到较复杂的"三合水"、"四合水"。其正房中间为堂屋，后部设祖坛，位置与苗族民居无异。

传统建筑

人文史迹

天台寺遗址：天台寺位于山羊岩村，距敖家湾不到一千米，耸立在群山环抱之中，海拔500多米，三面环水且悬岩绝壁，只有西面一条地下通道通往山顶。山顶开阔，现存有石砌院坝、建寺石碑。地下室遗迹尚存石塔1座。

天台山遗址1

天台山遗址2

保护价值

天山村传统村落较完整地保留了古朴的村落格局和优美的历史人文景观，村落内有山有水、有田有居、有井有木、阴阳交错、和谐自然，这些元素一起构成了一幅和谐自然的历史空间画卷；天山村村落还拥有丰富的非物质文化遗产，如傩戏文化、土家花灯、土家山歌、手工艺、传统节日等。典型的历史环境要素，如古树、古建筑、古阶梯、古井等。民居建筑技术上采用土家民居传统的井干式、穿斗式、抬梁式木结构；整个构架均以榫卯相连，无钉无栓，从构思、设计到施工都不用图纸，皆由木匠师傅进行复杂的力学估算。土家匠师们精湛的建筑技术和创造精神，实现了技术与审美的有效结合。这种动态、多层次、高水平的对称均衡，把土家族民居推上了较高的层次，显示出超拔、典雅和流畅的形体风格，具有特异的视觉品质，这些无疑体现了土家建筑在造型、结构上的合理布设，具有较高的科学研究价值以及悠久的历史和较高的文化价值。

民族文化

土家族傩戏、花灯：傩戏又称傩堂戏、端公戏，是在民间祭祀仪式基础上吸取民间戏曲而形成的一种戏曲形式。的土家族花灯，大约起源于1000多年前的唐朝，历史悠久。

傩戏

花灯舞

刘　锐　季星辰　编

民居窗花

文化遗产1

文化遗产2

土家吊脚楼

文化遗产3

文化遗产4

铜仁市松桃苗族自治县寨英镇邓堡村

邓堡村全貌

总体概况

邓堡村位于贵州省铜仁市松桃苗族自治县寨英镇，距寨英镇政府所在地7公里，距松桃县城46公里。现邓堡村村域面积达6平方公里，户籍人口2150人，常住人口1900人，以汉族为主。村落以宗族血缘关系为纽带，以邓姓聚族而居。2014年，被列入第三批中国传统村落名录。

村落特色

邓堡村历史悠久，古朴典雅，风光秀丽，村落与田土相间，与山体河流互为衬托，交相辉映，浑然一体，有万亩大坝之称，且冬暖夏凉，四季分明，山清水秀，环境优美。邓堡传统村落整个村寨房屋布局密集，纵横交错，疏密有致，古巷道穿插在村寨中形成了独特的格局和特征，其形制、结构、风格以及其蕴涵的民俗文化韵味独特。

村落肌理清晰，格局完整，其轮廓与所在的地形、地貌、山水等自然风光和谐统一。

传统建筑

邓堡民居：邓堡传统村落主要聚集区呈现靠山临水分布，建筑坐北朝南，多以木质结构为主，五柱四瓜平方与四合院建筑是典型的传统民居建筑，至今保存尚好。其余木质建筑大多为"L"型和"凹"型，户户紧靠，依山而建，气势恢宏，独具特色，民族风情浓厚。大多数的民居有石阶檐和石板堆砌而成的院坝，院坝中大多栽有蔬菜。房屋窗子和装饰处大多雕有图案，门槛上面是镂空腰门，腰门顶上各刻有牛角，接为坡屋顶结构，并铺小青瓦，屋顶翘角造型体现当地传统的建筑特色，屋面多用"人"字形两面排水，底部

古牌坊

邓堡村区位示意图

邓堡村平面图

传统民居1

传统民居2

寨英滚龙

哭嫁

古井

邓堡老街

用川排连接，大门为六扇门装置，每扇门上窗户都刻有精美雕花。

邓堡古街：长175米，宽4.5米，每家之间有一堵防火墙，临街开有售货柜台，每家建筑基本都有自己的小天井和排污排水系统（现保存完好的有5处），街面大多用青石板铺成，有800平方米的防火池。

民族文化

邓堡村为多民族聚居寨，在漫长的发展与融合中，各个民族的传统风俗已融入邓堡村，村寨具有浓郁的传统民族风情，出现了多样化的传统文化活动。

傩戏：被誉为戏剧的"活化石"，其演出形式很特别，表演大多戴面具，早期的傩戏角色便是靠面具来区分角色行当，不同角色的面具造型不同，较为直观地表现出角色性格。

跳花灯：邓堡村每年过年，村民便会组织20~30人舞花灯到各家拜年，世代相传。

哭嫁：新姑娘出嫁前，都要哭嫁。哭嫁歌语言真切自然，情感真挚强烈，句式自由灵活，歌由情发，情随歌起，泪随歌涌，委婉动人，充满了人文情怀和人性色彩，文字表达七字句居多，充满浓厚的地方韵味。

祭祀：在邓堡村，当与自己朝夕相处的老人谢世，活着的人深感哀痛，总要虔诚、隆重地举办丧事以寄托哀思，由此形成具有浓厚民族特色的丧事礼仪及墓葬文化。

滚龙：寨英"滚龙"是贵州省铜仁地区松桃县的民间民俗节庆，也是我国首批经国务院审定的46个非物质遗产之一。每年新春佳节，这里的村民都要舞龙耍灯，代代沿袭，流传至今。滚龙长36米，分17节，以9根拇指粗的竹篾捆扎连接成龙骨。滚龙的传统招式很多，流传至今的大致有："卧龙猛醒"、"祥龙出洞"、"蛟龙抖威"、"游龙戏水"、"蟠龙戏珠"等。

人文史迹

邓氏宗祠：位于古井旁，距今已有300多年，是村民祭拜菩萨、土地神的地方。

古井：位于邓堡村邓堡老街街头，相传明洪武年间修建，古井规模大，功能分区明确，以石板堆砌而成，板与板之间并没有使用任何的黏合材料。

古树：邓堡古树约有120棵，主要位于邓堡村西面及五旗河边上，多为乌杨树和银杉。

古墓群：约建于明清时期，由于受百年的风雨侵蚀，石块和石碑字迹均被毁坏，部分古墓基石及碑文已破裂。

牌坊：分别为邓堡村明代进士邓汉臣纪念碑、邓堡村明代进士邓飞鹏纪念碑，位于古井旁，经过保护，遗存比较完整，记录了邓堡村悠久的文化历史。

保护价值

从明代起，邓堡村的祖祖辈辈便在这里生长繁衍，这片神奇的土地以其丰富物质文化和典型的历史环境要素哺育了一代又一代的村民。

邓堡村较完整地保留了古朴的村落格局和优美的历史人文景观，村内有山有田有居、有井有木，阴阳交错、和谐自然；同时，邓堡村又具有地域性和多民族性的双重特征，多样化的地域的自然物产资源和独具特色的民族村落建筑，折射出了不同民族的文化精神与审美情趣，具有极高的保护价值。

徐海贤 陈清鋆 杜莉莉 编

邓堡村局部

铜仁市沿河县新景乡白果村

白果村全貌

白果村区位示意图

总体概况

白果村桃山组位于铜仁市沿河县新景乡北部,是一个人口约520人的土家族村落。该村落选址于三面环山的一块山地上,地势险要,东临乌江,背靠大山,风景优美,土地肥沃,水源丰富,距离新景乡政府驻地8公里。

自古以来白果村自然村落称之为"古牛盖",新中国成立后改"古牛盖"为白果村桃山组。

白果村于2013年被列为第二批中国传统村落名录。

村落特色

白果村初步形成于明末年间,为躲避战乱聚居形成的村落。村庄东临乌江,洪渡河自西向东流入乌江,生产和饮食用水主要靠后山的泉水。村庄内部房屋依山而建,主要由3个小组组成,空间布局呈树枝状,房屋与房屋之间由晒坝分离开来,同时高低错落,井然有致,村内有一条主路通向全村,户与户之间有小道连接,呈网状结构。

村域内主要的古迹为乌江西岸的蛮王洞,还存在各时期各种字体及石碑的题笔,对了解巴蜀文化有着很高的考察意义和旅游价值。

白果村东面靠近乌江边中国十大古镇之一的龚滩古镇,旅游区位优势较好,同时村落四周古树环绕,郁郁苍苍,山间泉水清冽,稀珍鸟类和花草繁多,沿岸奇石林立,旅游资源丰富可作为向外界推荐的重点旅游点。

古巷道石台阶

古树

白果村平面图

土家吊脚楼建筑群

传统建筑

白果村房屋整体保存比较完整，分布较为集中，多为土家吊脚楼，房屋为木质结构，窗花雕琢精细，图样较多，内容丰富多彩。同时较为典型的是清代留存下来的一处书香府邸四合院构造，保存完好。

白果村前临乌江，后依高山，绿树环绕，景色幽美，村落建设，特别是房屋建设被誉为南方农耕文化的典型代表。其独特之处是建筑风格多为土家干阑式"吊脚楼"，通常正房五间，左右两侧建二通进"吊脚楼"厢房，与正房齐平，使整栋房构成"撮箕口"，寓意"财粮广进，家道兴盛"。门窗均有木雕，浮雕与阴刻相间，精雕细刻，工艺精湛，图案多为"麒麟送子"、"蝙蝠绕梁"等，古色古香，独具风姿。

土家民居建筑的建设和选址都表现出很深的文化含义，一般一户一栋，坐北朝南或坐南朝北，依山而建，靠山下一间为干阑式吊脚楼或转角楼。

土家建筑常用木、石雕刻装饰建筑物，有浮雕和镂空雕。木雕刻原料以梨木、白杨为主，用于雕梁、栏杆、门、窗的雕花。石雕刻原材料多用青石，用于石门、石柱、石阶沿、磉墩、石牌坊等。

传统建筑窗花

人文史迹

蛮王洞：为乌江西岸的蛮王洞，洞口高30米，宽12米，平直深15米；洞口左边自然立石，高3.2米，宽约1.6米，岩下半部有高约1米，宽0.7米摩崖，刻有花边，正中书有"蛮王洞"三字。

蛮王洞石刻

蛮王洞记录石刻

石碑

民族文化

祭祀歌舞：一般于祭拜山神和超度亡魂时所用，至今仍以活态方式传承。

民间祭祀舞蹈

经改编后的祭祀舞蹈

保护价值

白果村落始建于明末年间，年代久远，历史悠长，在历史的长河里积累沉淀，传统文化底蕴十分深厚。土家族传统民俗文化传承完整。村落整个格局独特，是保存较完整的传统村落。

白果土家寨依山就势，顺应地形，村落自由布局，结构完整。传统民居建筑结构多为吊脚楼式建筑，民居建筑的符号与建筑细部类型十分丰富。村落整体景观良好，自然协调，古朴静谧。从历史文化、整体格局到建筑风貌，白果村落都具有较高的保护价值。

喻　萌　刘　娟　编

土家民居封火墙式建筑

土家吊脚楼

村落周边古树林

铜仁市思南县文家店镇龙山村

龙山村全貌

龙山村区位示意图

总体概况

龙山村地处思南县城西南部，距县城33公里，东面接杨家山村，南临潘家宅村，西同文家店村相连，北抵万唐村46户，276人。

龙山村以丘陵地貌为主，境内最高海拔1033.2米，最低海拔440米，气候条件优越，年平均气温为17.1℃，有利于多种林木的生长。空气湿润，植物以常绿阔叶林为主，耕地土壤以酸性黄壤为主，农作物以水稻玉米为主。

龙山村现有耕地面积846亩，全村以种植、养殖业为主。2013年被列入第二批中国传统村落名录。

村落特色

龙山村风貌继承了传统土家村寨依山傍水而建，传统木材为主要建筑材料，吊脚楼、四合院、石板街巷配青石院落的风貌，其他风貌特点还有木墙青瓦、花格窗、司檐悬空、木栏扶手，这些建筑工艺精美，整体协调。

龙山（原名为龙绕山）村名的来历传神。据说很久以前这里是一湾深水，无人居住，端午前夕，天空乌云密布，顿时倾盆大雨而下，等雨过天晴后，原有的深水变成了现有的溪流，周围的平原变成了丘陵山地，恰是一条"巨龙"即将起步，后来人们便根据此山形修房造屋，取名为"龙绕山"，这便是龙山村落的来历。龙山村寨位于丘陵区，背靠青山，坐落在半山腰，视野开阔，寨前梯田成片，溪流喘息，恰似一幅美丽的乡村田园山水画，整片的梯田不同的季节就是不一样的画面。

村落一角

古石阶

古树

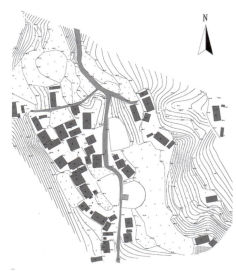
龙山村平面图

龙山村现状

传统建筑

龙山传统村落规划范围内现状建筑以居住为主，寨内民居建筑共有54余栋，另外还有大量的牲畜圈棚（附属用房）等。村内传统风貌建筑占建筑的90%，建筑年代从清民时期到公元2012年。建筑风格大部分都以"井干式、穿斗式、抬梁式"民居为主。村落中房屋大多依山面水而建，主要聚集区呈现带状条形分布，建筑多为坐西朝东。整个村庄为典型土家建筑风貌、传统的土家族五柱四式青瓦房，村落建设房屋较为集中。

该村最早的传统古建筑是清末、民国修建，至今保存尚好，但还需修缮和清理；建筑风貌主要为土家族建筑风格，即以主房配一侧厢房为主要建筑搭配方式，简单的青瓦房角，部分有吊脚楼形势，楼房通常有绕楼的曲廊，曲廊还配有栏杆，屋角的部分采用反翘，故名"飞檐"，其他风貌特点还有木墙青瓦、花格窗、司檐悬空、木栏扶手，这些建筑工艺精美，整体协调。由于不同的阶级和经济条件、不同地区和规模等差别，从而产生了不同平面与空间的布置形式，在因地制宜、适应不同的地形地势，合理使用材料和充分利用空间的基础上，能灵活地布置平面、空间和形态，表现出生机、丰富、活泼的民居面貌。

传统建筑1

土家民居

传统建筑2

人文史迹

非物质文化遗产：村内现存的傩戏、花灯组织都是村民自行组织起来的，在重要节日才参与表演，缺乏相关的培训和组织基金，随着岁月的更替，这些传统民间艺术正逐渐消失于人们的视野。

思南傩戏作为贵州的傩戏代表，随着时代的变迁已吸收了花灯的艺术成分，现代表演形式多样，精美绝伦。

傩戏面具是傩戏表演的主要道具，又叫假面、脸壳或脸子，是一种世界性的、古老的文化现象，具有民族学、民俗学、宗教学，以及雕刻、绘画、戏剧等多学科的研究价值。

民间祭祀舞蹈1

面具

保护价值

龙山村民世代居住在这沟壑纵横、荆棘丛生、密林覆盖、梯田遍野、土地肥沃的山林里，他们开荒种地，男耕女织，外迁较少，保持着古老的民族习俗，所以傩戏、土家花灯、炸龙、雕刻、手工刺绣工艺等至今还在流传。这些绚丽多彩的文化现象，既充分展示了强大的民族凝聚力，

村落一角

民族文化

傩戏：龙山被称为思南傩戏第一村，傩戏表演、跳花灯、舞龙灯、土家名俗节气、风土习惯独具特色。傩戏以表现神秘、花灯体现生动活泼、舞龙精彩，民族风味浓郁。

土家花灯：土家族花灯大约起源于1000多年前的中国唐朝，历史悠久。文家店花灯内容丰富，程式庞杂，有传统的正灯，如"万事兴"、"说春"、"十二花园姊妹"、"说福事"、"采茶"、"散茶"、"十颂寿"。还有带武术动作的"扫刀"（也叫扫堂）、"杀花枪"等30多种，文家店花灯分上半堂锣鼓座台灯，下半堂丝弦则子灯，有27个腔调。

民间祭祀舞蹈2

经改编后的祭祀舞蹈

又充分体现了龙山村深厚的民族传统文化底蕴，是传统文化的典型代表。龙山传统村寨较完整地保留了古朴的村寨格局和优美的历史人文景观，这些历史环境要素和非物质文化遗产真实详细地记录了村寨的发展进程和演变更替。

刘俊娟　季星辰　编

石碑

铜仁市松桃苗族自治县孟溪镇头京村

头京村远眺

总体概况

头京村位于贵州省铜仁市松桃县孟溪镇，距孟溪镇政府所在地12公里，该村形成于清代，孟溪农民起义领袖包茅仙为抗清而筑。现村域面积达3.5平方公里，户籍人口378人，常住人口378人，为汉族和土家族混居，有县级文物保护单位两处，2014年，列入第三批中国传统村落名录。

村落东低西高，呈阶梯状，周围群山环绕，一条古河由西向东蜿蜒流淌，景色优美，气候宜人。

村落特色

头京古城不知始建于何时，城墙高约6米，由砖石砌成，城内大巷套小巷，一色青石板铺就。

城内整个村寨房屋布局密集，纵横交错，周围山体呈环抱之势，仿佛众多山岭不约而同地主动保护此地。

村里有桶子屋二十多个，戏楼1个，围子四十多个，钟池1个，古巷道穿插在村寨中形成了独特的格局和特征，其间多山地，田土千亩，林木茂盛，水资源丰富。现状民居建筑依山而建，呈扇面铺开，布局严谨，气势轩昂，别有情趣，古巷两侧矗立着的一堵堵高大的风火墙，墙体挺拔坚韧，挡风驱火，防盗御敌，是小巷里固若金汤、坚如磐石的钢铁防线，桶子屋的大门及左右两厢花窗都非常精美、标致。

头京村深巷、高墙、宅院三者互为依托，融为一体，交相辉映，特色明显。

传统建筑

苗族三厢式木瓦房：头京村的建筑基本上是传统的苗族三厢式木瓦房，两边分别为厨房和卧室，堂屋宽敞明亮。传统建筑集中并连片分布在大寨，大多数的民居为石阶檐和石板堆砌而成的院坝。一般进院子会有龙门、一家或两家共用一个龙门，房屋窗子和窗子下方（房屋中部）都有雕花，龙门正上方有太极图样，寓意为驱邪保平安，门槛上面是镂空腰门，接着就是正门。

四合院：城内有两进式四合天井6处，天井上厅和下厅三至六间，上下天井两侧均有厢房，石大门前有石狮坐守，整个建筑气势恢宏，做工精细，极具明清时期风格。

头京村区位示意图

头京村平面图

头京村村落景观

雕花民居

传统民居建筑1

梦溪花灯

头京孝洁牌坊

传统民居建筑2

对歌

古城墙

吊脚楼：吊脚楼结构仍以穿斗式为主，分为里外两部分，靠里为实，屋面为地；靠外为虚，屋面为楼。楼底架空，底层圈畜。面阔三间明堂为堂屋，次间为卧室，堂屋为一退堂，前面是一个与一明两次三间等长或者与一明一次两间等长的前廊，堂屋正对的前廊外檐出枋悬挑，线条优美，做工精细，整个建筑显得刚柔相济，和谐优美。

民族文化

孟溪花灯：始于唐朝，是土家族的传统艺术，沿袭土家族摆手舞演变而来。花灯的演唱形式以二人转为主，辅以花灯歌舞和花灯戏，道具一般为花帕和花扇，演员多以男扮女装。乐器主要为打击乐器，伴唱时有丝竹、唢呐等。

苗族刺绣：代表了中国少数民族刺绣的最高水平。苗族妇女使用彩色丝线将独特、古朴、繁复和美丽的图样绣在服装上，其绣品色彩艳丽，对比强烈，图样取自苗族历史、神话、自然和生活，写意夸张，独具风格。

对歌：苗族青年男女喜欢对方或恋爱时，约好山头某地点见面，以山歌、民歌的形式表达对对方的爱慕话语，传承至今。

此外，头京村还有龙灯、傩戏等传承良好的非物质文化遗产。

人文史迹

头京古城：该城为正方形，周长约1.2公里，城墙、封头墙、街道和排水沟渠完整，城墙以青料石浆砌。外墙高3.2米，

苗族刺绣

宽0.6米，内墙与外墙间隔1.5米，略低于外墙。

头京孝节牌坊：为牌楼式构筑物，四柱三门，六面不基，坊柱由青砖砌成，石灰粉面，顶檐盖青瓦，坊高8.3米，宽7.6米，三道拱门上方前后两面嵌石共22块，大小横竖对称有致，石上刻有"圣旨"、"表节孝"等字样和人物浮雕。

古街巷

保护价值

头京村拥有空间格局完整的古城和保存良好的孝节牌坊，是宝贵的历史遗产，也是不可再生的、潜在的旅游资源。龙灯、傩戏等非物质文化要素亦体现了传统文化的精髓所在，具有时间和空间的唯一性，具有极大的保护价值。

徐海贤 陈清鋆 杜莉莉 编

龙门

铜仁市思南县许家坝镇舟水村

舟水村全貌

舟水村区位示意图

总体概况

舟水村辖10个村民组（雷家组、台上组、楼房组、水井湾组、柏角树组、杨家组、下湾组、上玩组、中湾组、湾里组），有380户1456人，行政区域面积有5.78平方公里，耕地面积有1158亩，其中田有661亩，土有497亩。舟水村为许家坝镇的一个行政村，村域地势较为平坦，视野开阔，农业发展较好，村内有古建筑莲台寺和舟水凉亭。

舟水村属中亚热带季风湿润型气候，具有水热同季，温湿共节，夏季较热，冬季较冷，夏季天气较长，冬季较短的特点。

自然植被主要有常绿针叶林、常绿针（阔）叶混交林、灌丛和草地等4种。

主要灾害性天气有每年初春易遭冰雹袭击和倒春寒。2013年被列入中国第二批中国传统村落名录。

村落特色

舟水传统村落的传统格局和历史风貌比较完整。

舟水村四周为山，中间宽阔，恰似一个脸盆，整个村落为圆形状，村民民居依山而建，形成四周面对面的形式，在中央有依稀点缀一些民居。一条小河穿过其中，可谓是小桥流水人家之美感。村内水资源较好，空气清新，环境优美。

一大片的稻田不同的季节就是不一样的画面。

舟水村主耕地土壤以酸性为主，因属岩溶丘岗谷地，而由石灰石组成的山地和盆地面积约占耕地面积的70%，沙石岩面积约占30%。

更有明代时期遗留下来的莲台寺和清代光绪十年时期建造的凉桥。

传统建筑

舟水传统村落现有各类传统建筑94栋，其中清代建筑6栋，民国建筑12栋。

具有独特的民族艺术特点和深厚的文化韵味。传统建筑装饰材料种类繁多，尤其是木雕和石雕，装饰风格独特，图案造型生动。这些装饰材料极具装饰品位，它的内容反映了人们对生活的态度和对美好生活的向往，体现了人们的精神追求，表达了人们的信仰、心愿、崇拜的装饰内容和审美情趣，形成了隐喻、暗示、象征的艺术表现手法，舟水村土家族房屋的形式主要是以吊脚楼群为主，根据地形、吊脚楼可分为半截住吊、半边吊、双手推车两翼吊、吊钥匙头、曲尽吊、临水吊、跨峡过涧吊等，这些都具有较高的艺术造诣，具有较高的科学和艺术价值。

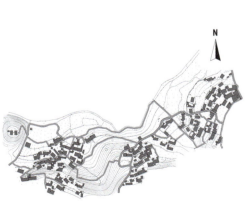

舟水村平面图

风貌图1

传统建筑1

风貌图2

传统建筑2

民族文化

炸龙： 每年春节期间的正月十三，各个龙灯队尽展技艺，这种自发性的比赛持续到黄昏时候，各龙灯队便陆续涌向街头，早已等候在各自家门口的镇街市民们便点燃用长竹竿挑起的鞭炮和用粗竹筒扎起的火焰筒一齐向活跃在街中心的龙灯队燃爆喷射，其景威武壮阔，其情荡人心魄。

花灯： 思南县许家坝镇是贵州土家族花灯的故乡。早在1993年，这里就被贵州省文化厅授予了"花灯之乡"的称号。

纯手工鞋垫： 土家族的鞋垫工艺分针纳和刺绣两种。从布料到花样，从配色到行针走样，样样都十分讲究。

雕刻： 雕刻在土家族中比较盛行，其中分木雕和石雕两类，其内容根据类别而定。房屋、门窗、庙宇、神龛、家具及牌坊等都有不少木雕和石雕的精湛图案。

人文史迹

舟水凉桥位于许家坝镇舟水村的雷家村民组，始建于清光绪十年（1885年），系青石拱妾石拱凉桥，1985年村民将木桥换成石拱桥，长9.5米、宽4.5米。桥屋大梁留有题记。

莲台寺遗址位于许家坝镇双坝村的舟水村雷家村民组，始建于明初，面积987平方米，明、清两代多次维修扩建。建于山顶，原有门墙、玉皇阁、观音殿、左右厅、后殿、僧舍等8栋29间，建筑面积约600平方米。毁于20世纪50年代。现存台基及清乾隆、嘉庆年间记事碑两个。2001年当地群众在原有基础上重新修建两栋木结构瓦房。

舟水村的石阶多是明初建设莲台寺时建设，石材为当地材料，与村落的古朴风格相吻合。

保护价值

舟水村传统村落拥有许多的物质与非物质文化遗产，物质文化遗产有古建筑、古井、古树、名木、古墓、古石阶等；非物质文化遗产有炸龙、花灯、木雕、石雕、土家族针纳和刺绣、纺织、竹编、祭祀、传统节日等。

舟水村传统村落较完整地保留了古朴的村落格局和优美的历史人文景观，这些历史环境要素和非物质遗产记录了村寨的历史发展演变及传统文化的传承，具有悠久的历史和较高文化价值。

舟水村传统民居建筑，坐南向北、依山傍水而建，从而形成立体的建筑空间。在建造技术与工艺上，代代相传，无任何图纸、模型可供参考和借鉴。一栋房屋的结构与形式，在何处挖眼、何处作榫等全部存于木匠师傅的头脑中。正是这种传承方式，使得这一古老的建筑技艺保持相对稳定，也得以世代相传。据史料记载："干阑"建筑是古代"越人"最主要的民居建筑，舟水村保留和传承了这种历史悠久的建筑形式，具有一定的历史文化价值和少数民族建筑特色。

刘　锐　周　博　编

炸龙

舟水凉桥

花灯

莲台寺

古巷

纯手工鞋垫

石阶

古树

（雕刻）

石巷

舟水村全景

铜仁市碧江区坝黄镇宋家坝村塘边古树园

古树园村全貌

传统民居建筑1

总体概况

宋家坝古树园村位于贵州省铜仁市碧江区坝黄镇，距铜仁城区12公里。该村总面积约12.5平方公里，户籍人口2467人，常住人口1500人，主要民族是侗族，2014年，列入第三批中国传统村落名录。

村庄地势平坦，周围全是明代以来的古树，品种繁多，树根千姿百态，树上勾藤交错，村内修筑了5口山塘，山泉常年奔流不息，水质洁净甘甜。村庄美景神造，自然环境优越。

古树园村区位示意图

传统民居建筑2

村落特色

宋家坝古树园村北面为鱼塘，东面为古树园，东西两侧是山，民居沿着东西向弯曲有序地排列，实现了山为骨架、水为血脉的环境构想，仿佛与大地同生同息，村落环境融于自然。村落特色可总结为：周围有8000亩茶树林，应季便呈现一片油茶花的海洋；有三处天然制造的奇特峻岭，如双峰山、玉印山、轿子岩，似泰山之奇，峨眉之秀，华山之峻，嵩山之美；有5处山泉水，水质洁净，属极软水，水质和矿物质含量都达国家饮用水标准，是最佳的山泉水；山塘田园布局合理，塘边有田，田中有塘，塘田之间有树，把自然风光和田园美景融为一体。

传统建筑

古树园的古木林中掩隐着数座古建筑群，从明代到清代直至近代各个时期都有遗存，比较系统全面地展示出古代建筑的发展轨迹。有的古建筑虽经维修，但房屋的梁架都是明朝时代留下的，整体格调基本上没变，具有独特的地方历史文化景观，依山傍水，青砖灰瓦，鳞次栉比，前后相连，左右相通，巷纵连横，曲折多变，既珠联璧合，又独立成章。青砖灰瓦的建筑群体，朴实素雅，高峻的马头墙仰天起，既可防风，又可防火，整个平面功能明确，构架合理，选料精良，采光良好，地方特色显著。

民族文化

宋家坝茶灯："有所谓茶灯者，以村童十二人饰女装，为采茶十二姊妹，装一茶

明代粮仓

宋家坝古树园村平面图

婆为其母率领上山采茶。别装四五十人作赶场式,贸易之间多戏谑十二姊妹语,茶婆往往怒骂之。各执一灯或数灯,极其繁盛,采茶歌声,风流婉转,观众听者,不可胜计。"茶灯一般在正月初八或初九出灯,在正月十五或十六收灯,出灯前要进行"开光"、"敬祖"等仪式,收灯时要燃放鞭炮、焚烧疏文,以乞佑平安。

婚嫁风俗:古树园的婚嫁程序繁多,要经过放信、访人家、行聘、订婚、过礼、观祭、烧香、请庚、哭嫁、唱伴嫁歌等过程。结婚时,有锁呐、打大锣、放三轮炮和放鞭炮,有三顶轿:一是大红轿(新娘座);二是乌红轿(是送亲客和红娘坐的),新娘进屋后要拜堂和喝交杯酒,晚上闹新房必须讲贺语,会讲的得进屋,不会讲站外面,结婚仪式有大罗声、三轮炮声、鞭炮声、唢呐声、贺语声,整个过程热闹欢快有序和谐。

其他:古树园所居住的居民,在长期的社会生活和生产劳动中,创造了独具风格、丰富多彩的民族艺术,这其中包括戏剧、舞蹈、歌谣等。如春节跳茶灯、玩龙灯、打阳钱,平时唱民歌,所唱的歌种类很多,有对真、善、美的颂扬,唱褒扬歌,对假恶丑的抨击唱的挖苦歌,男女往往要一唱一和,风趣别致,荡人心怀。

古寺庙遗址

古院门

古树(千年柏树)

古井

茶灯传统戏剧村台地

人文史迹

古寺庙:古书园村古木林中有一寺庙,原是明朝皇帝赐封的1座祠庵,寺庙前有小溪流淌缓缓前行,后有峻峰造美景,中有清泉三处潺潺有声,还有池塘静水滋养生灵,几百年来有不少高僧大德在这里修持悟道,弘扬佛法,无数信徒和善男信女在这里护法供养,每天到寺庙烧香拜佛的人络绎不绝。到了"文化大革命",该庙遭受破坏,但该寺庙还蕴藏着说不尽的传说,还经常地传颂着菩萨的功德,多个高僧曾在这里考查,许多村民要求自筹资金,再建该寺庙,招来各方云游人士前来朝拜,重现香烟缭绕,成为铜仁的旅游亮点。

保护价值

古树园村以山水竞秀而称奇,大小山丘星罗棋布,古树油茶相得益彰,民居建筑鳞次栉比,是黔东民居的典型,加之古树、古庙、山泉和戏剧、舞蹈、歌谣等独具风格、丰富多彩的民族艺术,无一不体现了侗族人民的生活智慧,具有极大的保护和旅游开发价值。

陈清鋆 杜莉莉 编

古街巷

村落远景

铜仁市碧江区瓦屋侗族乡克兰寨村

克兰寨村全貌

总体概况

克兰寨村位于贵州省铜仁市碧江区瓦屋侗族乡，距瓦屋侗族乡所在地2.5公里，城区36.5公里，村域面积9.9平方公里，户籍人口1835人，全村以汉族和侗族为主，2014年列入第三批中国传统村落名录。

该村寨的建立，可追溯到明洪武五年（1372年），刘贵奉诏由江西吉水来黔参加平定夜郎、水西之乱，立功授职思州宣慰司同知，六年（1373年），思州宣慰司设立施溪长官司，刘贵之子刘道忠任第一任长官，属思州宣慰司。其家族世袭二十七任二十四世至民国初年，刘氏一族，在此繁衍生息了六百余年，具有悠久的历史文化，其村寨的古建筑群是铜仁市碧江区地域民族文化建筑的典型代表。

村落特色

克兰寨古建筑群建于六龙山山麓缓坡地段，前临瓦屋河，坐西向东，占地面积150000平方米。其建筑随山势起伏绵延，巧妙地融入青松翠柏之间，与山、水、泉、林、田园有机地结合起来，形成了一幅"入村不见山，进山不见寨"的天人合一的山野村居图，构成了优美、宜人、质朴的人居环境。村寨建筑布局合理、紧凑，巧妙地利用了地形，通过小路、小巷将每家每户相互贯通，使建筑群保持盎然的活力。

传统建筑

刘元晃宅为克兰寨村典型的民居建筑，位于瓦屋乡克兰寨村西200米处，始建于清道光年间，坐西向东，原建筑面积600平方余米，现存建筑面积300平方余米，整个建筑由过厅，南、北厢房，正屋组成四合院落，四周有封火山墙围砌，在东侧和南侧各开有1个八字门。正屋面阔三间，通面阔11米，穿斗式悬山青瓦顶。厢房三间，通面阔11米，进深三间，通进深11米，穿斗式悬山青瓦顶。八字门为双坡穿斗式木结构。

刘元晃宅是克兰寨古建筑群中体量最大的建筑院落，特别是其院内天井和建筑中木雕极具特色，是黔东地区少数民族文化与汉族文化融合的代表，也是典型乡土建筑在黔东地区的集中反映。

克兰寨村区位示意图

克兰寨平面图

村庄周边环境

刘元晃宅院门

民族文化

傩戏：主要有"土师"，又称端工或巫神，它融巫术、原始宗教和戏剧为一体，成为一种佩戴面具演出的宗教祭祀戏剧，已有六百多年的历史，经过不断充实、扩展和完善，形成了以傩仪、傩戏、傩舞、傩技为主要形式的傩文化，至今仍然活跃在许多村寨。傩戏演出与傩坛祭祀交织在一起，分为祭祀、开洞、闭坛3个部分，从事此项活动的"土老师"头戴面具，身穿"法衣"，在庄严肃穆、香烟缭绕的"神案"前，在鼓、锣、丝弦、唢呐的伴奏声中"开坛"，或跳神唱戏，或占卜问卦，或为祈愿人家通报神祇意旨、祸福吉凶。至今，克兰寨的傩堂戏组成人员约30人，他们传承着民俗文化。

傩戏表演1

傩戏表演2

人文史迹

刘氏宗祠：位于瓦屋乡克兰寨村西200米处，始建于清嘉庆十五年（1810年），占地500平方米，建筑面积290平方米。坐南朝北，整栋建筑依山临河而建，由戏楼、东西厢房及正殿组成，四周为青砖封火墙，正殿两端为云跌式马头墙，西楼两侧厢房前为硬山式青瓦，戏楼前院由方形石板铺成，南北长8.2米，东西宽13米，以"八"字形五级石阶而上是正殿，面阔三间，前廊栅栏，月梁上有精美的图案，两次间后檐山墙上清嘉庆年间记事碑1通，为黔东祠堂建筑的典型之作。

刘简能、李宜合葬墓：刘简能、李宜合葬墓位于瓦屋乡克兰寨村西南400米处，建于清光绪二十二年（1896年）。坐南向北，为石围土封合葬墓，呈双圆丘形，高1.8米，平面长6米，宽3米，墓以厚约

刘氏宗祠正面

刘简能墓

0.1米的整块石板镶砌成长方形石室，墓碑为龛合牌楼式建筑形状，整个墓碑犹如1栋建筑外观，顶部前置葫芦宝顶，碑身刻有蝙蝠、花草、暗八仙、如意等浮雕雕刻图案，生平记事碑保存完好。刘简能、李宜合葬墓以其独特的造型和精美的石雕工艺，具有很大的历史价值和文物价值。

保护价值

克兰寨村的民居建筑依山而建，村民居所掩映在青松翠柏之间，建筑物与山、水、泉、林、田园巧妙融合，构成了一幅和谐自然的历史空间画卷，村民至今仍保留和传承着民族习俗、生活习惯和传统文化，是黔东地区民族文化与当地汉族文化融合的代表，具有很大的研究和保护价值。

陈清鋆 杜莉莉 编

桂花树

公共空间

瓦屋河

克兰寨村远眺

铜仁市思南县板桥乡郝家湾古寨

郝家湾古寨全貌

郝家湾古寨区位示意图

总体概况

郝家湾村位于思石公路主干线上，内有回龙河经过，境内拥有郝家湾清代民居，距思南县城40公里，距石阡县城20公里，与石阡县大沙坝乡关刀土村、板桥乡后屯村、水淹坝村、燎原村接壤。全村总面积3.96平方公里，辖区内有老木树坡、郝家湾、柿子坪、狮子岩、五角田5个村民组，有448户1758人，耕地面积913亩，其中田586亩。

郝家湾自然村属亚热带季风湿润气候，季节性非常明显；全村地形为山区丘陵地形，村寨地下水资源丰富。

1988年6月，郝家湾古寨公布为县级文物保护单位。2013年被列入第二批中国传统村落名录。

村落特色

始建于明景泰年间的郝家湾村，源于郝氏先祖从山东省宦游镇入黔平"苗乱"，依地形以姓取名郝家湾，郝家湾依山傍水、石头山寨，村内民居平面大部分呈规则布局，依山就势，坐南朝北，负阴抱阳，形成前低后高，两边高中间低的双拱曲线。重门叠户，错落有致。青石小巷与田地之间纵横交错，使村寨布局如阴阳两仪的太极八卦。

整个村寨格局也十分讲究，道路、沟渠、古墙、房屋几乎全是青石造就，户与户之间既有石墙相隔，又有石巷相连。依山傍水，地貌独特，风景优美，村寨内小渠围绕、古巷道连接，周围植被茂密、秀美的田野以及珍贵的动植物共同组成了郝家湾美丽的生存空间。

传统建筑

清道光年间，后裔郝朝相从镇远府"文林郎"衣锦还乡，以堪舆的理想兴建展吉的宅邸，组织族人按照"八卦阵"布局以及堪舆学规范精心建设村寨，进而形成了至今保存完好的郝家湾古寨文化景观。

从选址、规划、建筑、用料等方面来看，是一个带有特殊地域文化的建筑群。民居结构分为正屋、厢房和司檐：正屋一般为三间，中间一间为堂屋，前面有"吞口"。在正屋两头前面并与正屋垂直的两间为厢房；正屋后面的为司檐（也称拖檐）。所建房屋多为木结构，小青瓦，花格窗，司檐悬空，木兰扶手，走马转角古香古色。

该村传统建筑是明清年代修建，现大部分保存完好，建筑风格以苗族风格为主，该村是少数民族特色村寨试点示范点。

郝家湾古寨平面图

鸟瞰图1

鸟瞰图2

传统建筑1

传统建筑2

民族文化

花灯：各土家山寨都有固定的花灯队，有较为固定的排练场所，整齐的服装道具，有专人负责，各自都有自己特色节目，已初步构成了戏剧艺术的雏形，花灯是土家族文化的结晶。

灯扎：灯扎有着几百年的历史，主要是明代开发云贵以来，中原、江南的军事移民引进。充分展现了板桥绚烂的地方文化。

全鸡宴：在郝家湾每到过年时候全村都有一道丰盛的饭菜"全鸡宴"，"全鸡宴"是郝家湾村民的过年习俗。

抬甩神舞：是一种神奇而独特的活动，可谓一种罕见的民间杂神信仰。人民可将各种神像随意搬进搬出，甚至还要将神像抬起甩动玩耍，简直是奇之又奇，怪之又怪也。

人文史迹

石巷：郝家湾古寨内纵横交错的石巷运用八卦阵图，这样的布局主要是防盗和防御外敌入侵。

状元石：在清朝年间，郝朝相之孙年少得志，14岁中乡试武状元，15岁弃武从文，年少轻狂，此为当年赐予的一对习武练功石器。

北斗七星岭：改自然景观以"凤凰山"为主，在田野中有七个小山岭，从凤凰山山顶往下俯瞰，犹如七星布局，称七星岭，喻七星下凡，此地如人间仙境。

道光22年间的"中流砥柱"石墙，是水利设施。

郝氏古墓群：墓碑结构是板桥优质的青石组成，是郝家湾重点人文景观。

古营盘：郝家湾古营盘坐落在村落西部，为当时带领村民抵御外敌而建立。

保护价值

郝家湾传统村中居住的村民，世代居住在这丘陵荆棘丛生，密林覆盖，土地肥沃之地，他们开荒种地，男耕女织，外迁较少，保持着古老的民族习俗，保存着很多土家民族特有的非物质文化遗产，具有很好的保护和传承价值。

郝家湾村选址依山傍水，地貌独特，风景优美，村寨内小渠围绕、古巷道连接；周围植被茂密、秀美的田野以及珍贵的动植物共同组成了郝家湾美丽的生存空间，为郝家湾村落选址营造了良好的自然环境。

郝家湾传统村落具有完整的村落形态、丰富的非物质文化遗产及历史环境要素，以上两点都记录了村寨的历史发展演变及传统文化的传承；并且具有典型地域性或民族性特色的建筑工艺；郝家湾长时期单一的民族聚集，使其传统生活、生产方式保留完好，社会交往模式传承有序，传统节日和风俗保存完好，具有较高的研究价值。郝家湾村传统村落体现着当地的传统文化、建筑艺术和村落周边的空间格局，反映着村落与周边自然环境的和谐关系，体现了一种人与自然和谐相处的文化精髓和空间记忆。

周　博　王镜舫　编

花灯

石巷

板桥灯扎

状元石

郝氏古墓群

全鸡宴

北斗七星岭

古树

抬甩神舞

藏风聚水

古营盘

铜仁市沿河土家族自治县板场乡洋溪村

洋溪村全貌

洋溪村区位示意图

总体概况

洋溪村位于贵州省铜仁市沿河土家族自治县板场乡，中部偏西，北与枫香岭村相邻，南与友谊村相邻。形成于元代以前，是以土家族宋氏家族为主的血缘聚居，村落村域面积达6.8平方公里，户籍人口4080人，常住人口2860人，以土家族为主，2014年被列入第三批中国传统村落名录。

村落以溶蚀地貌为主，间杂多种地貌类型，地势由北往南呈阶梯状布局。

村落特色

洋溪村三面青山环绕，村庄建筑倚山而建，传统民居多分布于靠山体起坡处，多为"一"字形和"7"字形布局，因长期有人居住维护而保存较好。在山体中间是具有土家族典型历史特色的撮箕口和三合院、四合院式建筑，多建于明清时期，建筑年代久远，建筑破旧，急需维护。

村庄内巷道纵横交错，沟渠连贯。村庄古井布局在靠山村组的寨中间，参天大树交织其间，中间低洼地带为基本农田，村庄山脚边有一条约1.8米宽的沟渠，呈"十"字形连贯农田，水源主要从山体龙洞沿村庄顺流而下。

传统建筑

洋溪村有县级文物保护单位7处，有始建于明清的保存完整的干阑式民居建筑，亦有多处名人故居。

传统民居建筑：通常正房三到五间，左右两侧建二层厢房，与正房齐平，形成"撮箕口"，寓意"财源广进，家道兴盛"。门窗均有木雕，浮雕与雕刻相间，精雕细刻，工艺精湛，图案古色古香，独具风姿。民居建筑有由四合院组成的楼阁式建筑群，雕梁画栋，飞檐翘角，回廊花窗，富丽堂皇，气势雄伟；民居建筑亦有土汉两族文化有机结合的三合院建筑，天井坝以石板铺地面、阶沿以条石砌成，房屋柱头下垫石墩，雕有石狮、蝙蝠、梅花及人物等吉祥图案，工艺精湛，石料多为青石，经过细錾打造而成，房屋木料多选用粗且直的松木或柏木，有的房屋与房屋之间还建有石阶沿或土围墙，墙体为空斗墙，高度随屋面高低而起伏，分级向上收缩成宝盖形，顶部高于屋脊。

"撮箕口"传统民居建筑

洋溪书院

二匪山

洋溪村平面图

花窗

洋溪书院：在洋溪村南面有一座历史悠久的二匪山，由高低不同的两座山组成，成了土匪防御的天然屏障，在明朝末年有一个秀才（宋朝宪）成了匪首，劫富济贫，与村民和谐相处，同时注重文化教育，在二匪山脚修建了洋溪书院，保留至今。

民族文化

洋溪村土家族民间民俗文化丰富，有宋元时期的摆手舞、元代时期的傩戏，数百年历史的八仙唢呐和保存独特的土家山歌、哭嫁歌、哭丧歌、婚恋歌等，这些都是土家族传统文化的精髓，极具保护和研究价值。

"土家面具傩戏"：在元宵节期间，村民利用农耕的闲余时间进行的一种祭式活动，表达了土家族对"龙神"的崇拜，祈求来年的风调雨顺、庄家丰收。

"土家摆手舞"：是世代土家族人民在丰收的季节进行的民俗活动。为了庆祝丰收，人民聚结在一起围绕农作物跳的一种欢快喜悦的步子，后来逐渐演变成一种集体的舞蹈活动。现如今主要是自发传承，无任何拜师、出师等仪式，村民自发自觉参与，年轻人主动学艺，多为"口传心授"。

族宝贵的非物质文化遗产，是村民长期适应自然、利用自然条件的见证，承载着村民生产生活的点点滴滴，凝聚了世代土家人的智慧。

洋溪村无论在传统村落格局、建筑形式还是在民俗文化等方面，对研究我国西南部传统村落都具有重要意义，具有一定的保护和研究价值。

陈清鋆 杜莉莉 编

宋朝宪古墓群局部

"十"字形古巷道

古井

土家族面具傩戏

人文史迹

古墓群：后来在清朝时期，由于宋朝宪主张反清复明的思想，遭到了清朝的大力围剿，洋溪书院也在这次围剿中遭到了损坏，至今只保留了1栋建筑，以宋朝宪为首的土匪在这次围剿中几乎全军覆灭，由此在二匪山后面形成了大量的以宋朝宪为首的古墓群。

保护价值

洋溪村村落环境空间格局完整，村落布局因地制宜，建筑依山就势，古树、古井、梯田等历史环境要素具有鲜明的地域环境特征；面具傩戏和土家摆手舞是土家

撮箕口建筑古朝门

古街巷和吊脚楼

洋溪村全景及背后的古树林

铜仁市沿河县后坪乡茶园村

茶园村全貌

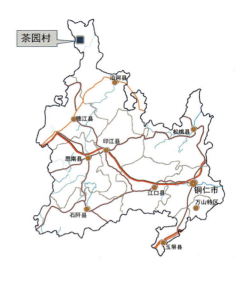
茶园村区位示意图

总体概况

茶园村位于贵州省铜仁市沿河县后坪乡，距后坪乡人民政府驻地约3公里，距县城直线距离约58公里，村域面积5.8平方公里。茶园村共223户，890人，常住人口798人，民族以土家族为主。村庄形成于明代，历史悠久，属于历代聚集居住的血缘村落，是一个历史文化丰富、传统风貌保存完整的村落。2013年，茶园村被列为第二批中国传统村落名录。

村落特色

茶园村初步形成于元末年间，选址于三面环山的一块山地上，地势险要，四周环境比较好，土地肥沃，水源丰富，一条小河穿过村庄将村庄一分为二，两岸杨柳垂钓，景色宜然。村落整体环抱于群山翠绿之中，山、田、寨交相辉映，自然和谐，符合土家人"高住平种"、"耕一居二"的选址原则。

村落四周树木环绕，郁郁苍苍，森林覆盖率高，以"自然生长"模式与山水环境融为一体。随地形地貌依山就势，且村落多以20户左右为组团，道路似"枝"，组团似"叶"，呈现小集中、大分散的分布特征，以及空间灵活的簇状组合方式。村庄内部房屋依山而建，主要由5个小组团组成，空间布局呈环状，房屋与房屋之间由石头坎子和晒坝分离开来，高低错落，井然有致。

茶园村是一个土家族聚集村落，土家族民族文化丰富，土家族歌舞、婚嫁丧葬习俗等特色文化在这里传承良好。

传统建筑

茶园村的房屋大多依山而建，村庄绿树环绕，景色幽美，是南方农耕文化的典型代表。建筑整体风貌保存完好，多为土家吊脚楼，分布较为集中，房屋为木质结构，窗花雕琢精细，图样较多，内容丰富多彩，层高一般在3层左右，整个村落因地形坡度显得错落有致，质朴沧桑，古风浓郁。

茶园村土家民居建筑一般一户一栋，坐北朝南或坐南朝北，依山而建，靠山下一间为干阑式吊脚楼或转角楼。吊脚楼一般在屋右侧，也有建在左侧的。吊脚楼的立柱与上层地板空间距离较高，一般约二尺，横梁对穿，楼台悬空，飞檐上翘，楼台的曲廊上有一排廊柱悬吊于空中，从外观上看如楼吊脚，故称之为吊脚楼。

土家干阑式"吊脚楼"，通常正房五间，左右两侧建二通进"吊脚楼"厢房，与正房齐平，使整栋房构成"撮箕口"，寓意"财粮广进，家道兴盛"。门窗均有木雕，浮雕与阴刻相间，古色古香，独具风姿。

房屋结构有三柱二瓜、五柱四瓜等，较富裕人家也有建四合院的，四围修封火墙，又叫封火桶子，中间是天井。修建时，柱头下多用精雕细刻的石磉礅。窗户用小木条做出几何图案花格，或在窗心部位一小块木料上刻出人物等图案。屋顶多用青瓦盖，有"一万三千六，拖盖三间屋"之说。

土家建筑常用木、石雕刻装饰建筑物，有浮雕和镂空雕。木雕刻原料以梨木、白杨为主，用于雕梁、栏杆、门、窗的雕花。石雕刻原材料多用青石，用于石门、石柱、石阶沿、磉墩等。

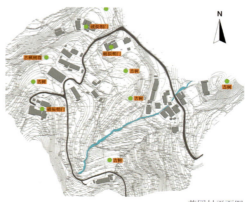
茶园村平面图

土家吊脚楼及周边环境

茶园村及周边环境

土家吊脚楼

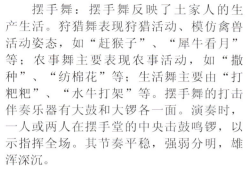

摆手舞：摆手舞反映了土家人的生产生活。狩猎舞表现狩猎活动、模仿禽兽活动姿态，如"赶猴子"、"犀牛看月"等；农事舞主要表现农事活动，如"撒种"、"纺棉花"等；生活舞主要由"打粑粑"、"水牛打架"等。摆手舞的打击伴奏乐器有大鼓和大锣各一面。演奏时，一人或两人在摆手堂的中央击鼓鸣锣，以示指挥全场。其节奏平稳，强弱分明，雄浑深沉。

人文史迹

古枫树群：在茶园村四周分布有72棵古枫树，枫树千姿百态，亭亭玉立。

古枫树

土家三合院

摆手舞

民族文化

茶园村是以土家为主的少数民族村寨，村寨内村民的民族服饰、传统民俗活动等都保留了土家族的传统文化特征。

肉莲花：是土家族先民——古代巴人军事乐舞遗风的延续和演变，是土家人传统文化和性格特征的集中体现。舞蹈气势雄壮，吼声震天，动作激烈威猛，刚柔相济，噼啪有声，极具民族性、体育性和观赏性。

哭嫁歌：土家族哭嫁歌是广泛流行于土家族区域的一种典型婚礼习俗中形成的最富民族特色、极具地方文化色彩且积淀十分丰厚的文化景观。由待嫁新娘及其女亲友们演唱的抒情性歌谣。它是女性出嫁时宣泄心中真情实感的一种演唱形式，也是新娘为了表达离别之情，由新娘哭诉、亲人们劝慰开导的一种以哭伴歌的口头文学形式。它抒情性强，催人泪下，被誉为"中国式的咏叹调"。

古枫树群

保护价值

茶园村落始建于元末明初，年代久远，历史悠长，在历史的长河里积累沉淀，传统文化底蕴十分深厚。土家族传统民俗文化传承完整。村落整体格局独特，保存较为完整，村庄坐落在群山之中，周围植被丰富，植物种群繁多，古树参天，村落自由布局，结构完整，拥有丰富而珍贵的物质与非物质文化遗产，有着独特的历史风貌和自然格局。

茶园村为纯土家族村落，拥有土家族所有的文化。并且传统资源丰富，当地农业、手工业等传统生活方式得以良好传承。

肉莲花

哭嫁歌

刘　娟　喻　萌　编

打八仙："打八仙"系当地婚丧嫁娶等所有事宴不可缺少的传统习俗，8人为一个班子。茶元村以田仁海为主要代表的打八仙班子，器具完备，技艺超群，在当地很有名气，经常被人们高薪聘请参与农村事宴。

打八仙

土家吊脚楼风貌

铜仁市沿河县思渠镇荷叶村

荷叶村全貌　　　　　　　　　　　　　荷叶村区位示意图

总体概况

荷叶村境内溪河密布、山脉连绵、崇山峻岭、河谷切割较深，沟谷纵横，地势西高东低，是典型的乌江河谷地貌。境内岩溶发育，属于亚热带季风湿润气候，年均温13.4℃～17.8℃，1月日均温2.4℃～6.3℃，极端最低温-9.7℃～-5.4℃，7月日均温23.7℃～28℃，极端最高温36.6℃～41.6℃，无霜期240～302天。年日照时数1200小时，年降水量1150毫米，立体气候明显。

作为原荷叶坪（婺州城）遗址，荷叶村有"婺州古城遗址"、"世外桃源"之古称，为唐代婺州治所，城分东西门，现遗址犹存。

荷叶村是一个以土家族为主的村寨，是一个历史文化丰富、传统风貌保存完整的传统村落。户籍人口1933人，常住人口1850人，荷叶村2013年列入中国第二批中国传统村落名录中。

村落特色

村落初步形成于唐朝年间，为躲避战乱聚居形成，选址于三面环山的半坡中，背靠大山，面向河流，四周环境幽美，土地肥沃，水源丰富，环抱于苍山翠绿中，山、田、寨交相辉映，和谐共生，印证土家人"高住平种"、"耕一居二"因地制宜的思想和生活态度，荷叶村被誉为南方农耕文化的典型代表。

传统建筑

建筑风格大部分都以"吊脚楼"民居为主。该村建筑特点体现为一户一栋房屋，坐北朝南或坐南朝北，依山而建，靠山下一间为干阑式吊脚楼或转角楼。

荷叶村的木质结构土家吊脚楼，保存比较完整，分布较为集中。古建筑窗花雕琢精细，图样多美，内容丰富，建造年代从明清时期到公元2000年左右。

土家干阑式吊脚楼通常正房五间，左右两侧建二厢房，与正房齐平，厢房与正房齐平整栋构成"撮箕口"，寓意"财粮广进家道兴盛"。门窗均有木雕，浮雕与阴刻相同，精雕细刻，工艺精湛，图案多为"麒麟送子"、"蝙蝠绕梁"、"仙猴嬉树"、"喜鹊闹梅"等，古色古香，独具韵味。且遗存有少量四合院组成的殿堂式或阁楼式建筑群，雕梁画栋，飞檐翘角，回廊花窗，富丽堂皇，气势雄伟。与土汉文化有机结合的三合院建筑保存完好，质朴沧桑，古风古韵。

民族文化

荷叶村是一个典型的传统土家族聚居的村落，荷叶村的村民还保留穿戴着土家族原有的服饰，土家族女装为短衣大袖，左衽开襟，滚镶2～3层花边，镶边筒裤；男装为对襟短衫。土家族男子穿琵琶襟上衣，缠青丝头帕。妇女着左襟大裾，滚两三道花边，衣袖比较宽大，下着镶边筒裤或八幅罗裙，喜欢佩戴各种金、银、玉质饰物。这些传统的服饰绣织在荷叶村一代一代的传承，每逢嫁女必穿土家族的服饰。

土家族爱唱山歌，山歌里有描述秀丽风景的、有抒情的、有叙事的等，据荷叶村里的老人说村里的人在上山放牛的时候唱《望牛山歌》、拉船的纤夫吼叫的船工号子经过后来人们的整编成为《乌江船工号子》，被一代代人传唱；还有村里的人在田间劳作而唱的《栽秧歌》，描写荷叶村及沿河土家族自治县秀丽山水的有

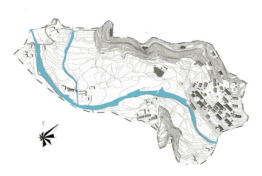
荷叶村平面

窗雕

土家哭嫁

《画廊乌江、我的山峡》，描述叙事抒情的歌曲有《哭嫁歌》、《闹花灯》、《奴幺妹》、《花花轿子》、《不唱山歌不快活》等经典歌曲；这些歌曲的题材最初都来自民间自发的传唱，后来经过一部分人的逐步创作改编而被荷叶村民传唱，并逐渐被沿河县的土家居民广为传唱。

荷叶村的民俗传统文化除土家山歌

土家山歌

外，还有花灯、地方教派等。

据本村老人相传，本村花灯舞蹈由重庆酉阳县传至本村到现在，仍以活动状态方式传承。

地方教派为佛教分支，由印度传入中

跳花灯

国，辗转多年多地至本村，是本村在人死后葬礼不可少的仪式，与村落密切相关。有相关图画、书籍、礼器等记载。

此外，荷叶村有过赶年、牛王节、

牛王节

六月六、端午节、七月半、中秋节、重阳节、摆手节等保持着鲜明的土家民族风格和特色乡土气息浓郁的传统节庆。

祭祀土地神

人文史迹

荷叶村保留有古四合院古建筑群，合院修封火墙，又叫封火桶子，中间是天井，院墙也独具特色。

人文遗存史迹还有村民早年建造的火神庙和信奉的土地神位等。

村落有古桥1座，古井两口，石刻1处，石拱门1处，古钟1个。

村寨古围墙遗址保存完好，寨内古巷道众多。

石拱门

封火墙

火神庙

明代古井

古围墙

铜仁市

古村落一角

千年古树

保护价值

荷叶村形成于唐代，年代久远，历史悠长，在历史的长河里积累沉淀，传统文化底蕴十分深厚。同时土家族传统民俗文化传承良好，如土家服饰、节庆、山歌、花灯等依旧流传至今。村落整个格局独特，是保存较完整的传统村落，具有较高的历史文化价值。

村落群山环抱，绿水相依，山田相依；依山就势而造，体现集中式的布局，房屋之间错落有致；自然环境优美，具有得天独厚的生态景观环境。

总体来讲，村落呈现山水田寨交融共生的自然格局。

刘　娟　郭　谦　编

村落自然格局

"六月六"

铜仁市石阡县聚凤仡佬族侗族乡黄泥坳村

黄泥坳村全貌

黄泥坳村区位示意图

总体概况

黄泥坳自然村落地处石阡县聚凤乡政府南7公里的一大山深处，村落坐东向西，村庄占地面积400亩，全村48户，208人，全部属仡佬族。村落依山而建，面向为较开阔山谷直通苏香河。整个村寨房屋布局密集，纵横交错，疏密有致，掩映在大片古松柏之间，处处显现出村落悠久的历史印迹。其形制、结构、风格以及其蕴涵的民俗文化韵味独特。黄泥坳村2012年已被列入第一批中国传统村落名录。

村落特色

黄泥坳村落坐落于一山腰处，呈南北带状分布，三面环山，坐东向西，西面梯田成片，向苏香河谷延展。整个村落有石寨墙庇护，具有防御功能。村落中遗存的清代建造的字库塔、焚香炉、石寨墙、158棵松柏古树以及与之呼应的连片森林，构成了该传统将村落景观的重要标志。寨中以陈慈之大院为中心，村南侧100米处有清代年间建造的焚香炉和字库塔。从选址空间整体布局到群体组合及单体建筑，处处体现了生态意识、伦理关系、地缘关系、防御需求及民俗信仰，村落选址及空间形态中仡佬传统文化符号随处可见。

传统建筑

整个村落呈南北带状分布，现存96栋民居建筑全部为穿斗式木结构青瓦房，形制为正房与厢房配对，以五柱六瓜正房配五柱二瓜或三柱二瓜厢房为主，具有独特的工艺水平和建造技艺，保存状况较好。

随着生产的发展和生活需求的变化，在住房的面宽和进深，视宅基条件和家庭人口的多少增加立柱和瓜柱，发展到五柱二瓜、五柱四瓜及八柱七瓜，由单层木屋发展到二三层木构楼房。

木构民居的墙体和屋面，依据当地建材资源、经济条件而定，有的内外墙全用木板，屋面多用小青瓦盖；经济条件差的则用木条、玉米秸或竹条等材料作墙，青瓦屋面较少，多以茅草覆盖。

传统民居建筑

民族文化

有学者推论，毛龙源起于古代仡佬的"竹王"崇拜和生殖崇拜。据《石阡县志》记载："（龙）灯从唐代起"，仡佬族民间亦流传有"唐魏征梦斩金骨县长老龙之子"的故事，故可推测"仡佬毛龙"可追随到盛唐时期。

毛龙为石阡独具的一种较为大型的龙灯品种。主要流传于全县大部分乡镇。毛龙其编扎甚是讲究；毛龙的舞法一般为"单龙戏珠"或"二龙抢宝"。

舞毛龙已成为石阡民间一种大型文化活动，其毛龙的编扎技术更加精致，舞毛龙的形式多姿多彩。时逢春节或重大吉庆活动，石阡的毛龙是一道最独特的风景，经申报，2006年石阡毛龙已被国务院批准为非物质文化遗产。

舞毛龙

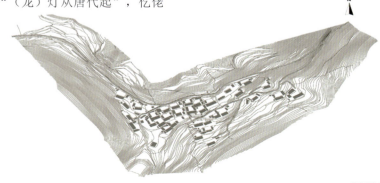
黄泥坳村平面图

仡佬节：仡佬族一年之中要过两个年节，一个是春节，另一个是仡佬年，仡佬年在农历三月初三过。春节的时间和习俗大致与汉族相同，但有"喂树"的特殊内容。"喂树"又被称为"祭树"或"拜树"，起源于仡佬族信仰万物有灵的古树（大树）崇拜。

见树后先鸣鞭炮，然后选择高大粗壮的古树烧纸焚香跪拜。拜毕给树"喂"祭品：一人执刀在树皮上砍3个口子，另一个"喂"些肉饭酒于刀口中，最后用红纸把刀口封住，给树除草培土。

人文史迹

村落中遗存的清代建造的字库塔、焚香炉、石寨墙、158棵松柏古树以及与之呼应的连片森林，构成了该传统村落景观的重要标志。寨中以陈慈之（民国时期曾经任石阡八区区长）大院为中心，村南侧100米处有清代年间建造的焚香炉和字库塔。

古风水树为该村寨的一大亮点，寨门及四周有大小风水树200多棵，古、大珍稀树158棵，其中胸径1米的达32棵，胸径1.5米的达26棵。这些古树，见证了黄泥坳村的悠久历史，同时也是该村先民及子孙保护自然、珍惜自然与自然融为一体的风水及民俗信仰的认同产物。

焚香炉

祭树习俗

吃虫节：而每年的农历六月初二，是仡佬族的"吃虫节"。这一天，家家饭桌上都摆着几盘别有风味的菜油炸蝗虫、腌酸蚂蚱、甜炒蝶蛹、烧炒蚜米泥鳅等。

古树

古石板道

吃虫节

古寨墙石雕

保护价值

黄泥坳村以古寨墙、古巷道、古树、传统建筑构成了独特的传统环境要素。古风水树为该村寨的一大亮点，整个村寨房屋布局密集，纵横交错，疏密有致，掩映在大片古松柏之间，处处显现出村落悠久的历史印迹。其形制、结构、风格以及其蕴含的民俗文化韵味独特。村落肌理清晰，格局完整，与地形、地貌、山水等自然风光和谐统一，具有较高的历史价值和审美价值。

潘远良 于 鑫 编

祭山节：祭山一般在三月初三，也有的在三月首寅或首巳日。祭山的村寨为单位各自组织。一村只有一姓者，祭山由长房世袭主持；多姓杂处的寨子，则轮流主持，每年由数户共同当值，用拈阄方式确定当值者，主持人面对神树，恭恭敬敬地献祭，呼请名山神来享受祭物，并祈祷山神保佑全寨清洁平安、五谷丰收、六畜兴旺、男子会犁牛打耙、女子会纺纱织布、多生子女。

祭山节

建筑天际线

铜仁市石阡县甘溪镇铺溪村

铺溪村全貌

铺溪村区位示意图

总体概况

铺溪村位于甘溪乡境内，距石阡县城25公里，乡政府4.5公里，居住着近200户冯姓侗族同胞，四面青山环抱，三面绿水萦绕，龙田河由西向东直下龙川河注入乌江，村寨四周森林茂密，古树参天，是休闲最佳场所。全村常住人口769人，主要民族为侗族。铺溪村2013年已被列入第二批中国传统村落名录。

村落特色

村庄居于一龙头形的宽阔地带，四面环山，三面临水，背靠国荣去台山麓，前临凤凰山，坐西北面东南，有龙凤呈祥之意。寨中古树参天，20余棵，古井星罗棋布，十余处。村庄居住着近两百户人家，整个村寨以曲折古石巷将其分为4个部分，为现今4个行政组的基本界线。村中古巷曲折，由许多"之"字形组合而成，是前人为防御入侵者而设置的路障，其转角处被称之为"杀口"，以供当入侵到来时族人可在转角处等待而将其歼灭。

传统建筑

铺溪村共居住有两百余户侗族人家，村内传统建筑众多，传统建筑占村庄建筑总面积达到85%以上，至今保存完好的百年以上古老木屋有二十多栋，古屋以四合院为主，传统古民居一般由下正房、书房、偏吊脚楼和对天吊脚楼构成。

民族文化

铺溪村民族文化众多，其中过"悄悄年"最具有特色。

"悄悄年"是石阡县甘溪乡冯姓侗族的过年习俗，比其他民族早一天悄悄地过年。明朝初年，冯姓先祖冯必亮奉明朝政府之命率子冯应魁、冯应成、冯应时入黔平定蛮夷暴乱，长子冯应魁自带一支队伍攻入贺公仙山与敌遭遇败绩，敌军蜂拥追赶，在这千钧一发之际，冯应魁急中生智，奋力将4具死尸拉来掩盖其身，并默默祈祝祷，若得活下来，令子孙世不忘恩德，敌军追至，看全是死尸，便离去，冯应魁得以存活，暴乱平息，定居于此，将4具死尸奉为四宝将军，每年过年时全寨将鸡犬等动物及老幼带出僻静之处，只留主祭一人在家赤脚悄悄地祭拜，夜深祭毕，老幼方可回，后因临寨临村他族放炮扰之而发生矛盾，县官断冯姓提前一天过年，后永为例。

年夜饭前，全村各家各户牵着牛羊走出村寨躲藏，确保家中清静祭祀。

民居鸟瞰

四合院

祭祀

铺溪村平面

细部构造

出寨

躲藏

古石板路

人文史迹

人文景观有村东头的冯氏祠堂，康熙、道光年间修建的文昌阁、举人栀子，以及道光年间修建的后山簸箕屯遗址。

村中古巷道和石板路多，保存较为完整，特别是饱经沧桑的串户石板路特别有历史岁月的痕迹。

村中古树茂密，古井密布，现有百年古树20余棵。有名贵树种榉木、红檬子、枫树、檀木等，其中红檬子在晚春开满树白花，给人以初春的感觉，檀木若发芽早帽则后期雨水稀少，若发芽晚帽则后期雨水旺盛，多年亦然，当地人称为气象树。

村内古井十余口，井中水质优良，清凉可口。

保护价值

铺溪村选址与格局良好，背靠国荣去台山麓，前临凤凰山，坐西北面东南，有龙凤呈祥之意。

村落形成年代久远，其古民居、文昌阁、古祠堂等历史建筑作为铺溪村由来和历程轨迹的重要见证，具有十分重要的历史文化意义。

村寨青山环抱，绿水围绕，村内古树参天，自然景观优美，人文古迹众多，历史遗存独特，文化内涵丰富。

村内民风淳朴，民间文化丰富，特别是当地冯氏侗族过"悄悄年"的民族节日，为贵州省级非物质文化遗产之一，独具魅力，研究价值和保护意义重大。

吴展康 于 鑫 编

冯氏祠堂

靠山而居

古树

大门山顶

古井

遗存记录

古巷道

历史遗存

村落一角

民族节日

铜仁市石阡县国荣乡楼上村

楼上村全貌

楼上村区位示意图

总体概述

楼上村位于贵州省铜仁市石阡县国荣乡境内，地处佛教名山——佛顶山脚下，与省级佛顶山自然保护区紧紧相连，距石阡县城15公里。楼上村始建于明弘治六年（1494年），是一座以周氏家族为主的血缘村落，始祖周伯泉避难图存，贸易入黔，行至寨纪（楼上的古称），安家乐业，发展至今，形成现有村落规模。楼上村村域面积4.2平方公里，总人口为547人，以汉族为主。2006年楼上村古建筑群被公布为第四批贵州省文物保护单位，2008年，楼上村被列入第四批中国历史文化名村名录，2012年，楼上村被列入第一批中国传统村落名录，2013年，楼上古建筑群被评为第七批全国重点文物保护单位。

村落特色

村寨三面青山环抱，前临千亩良田，并有廖贤河与对面青山相隔。整个村寨坐东北面西南，以"北斗七星"树为中心，以"北斗七星"的天枢至摇光交天权与天玑形成4个系象限，划分为不同的4个分区，其东南象限为生产区，西南象限为居住区，西北象限为娱乐区，东北象限为墓葬区，功能分区明确，宅院一般也顺应地形，呈阶梯式分布。整个居民区的道路结构为"斗"字，"斗"字的起源为一三合院（马桑木老宅）的中点，结束点为村的水源（天福井），且起点位于北斗七星中天权——天现星的连线上。

传统建筑

楼上村的民居坐北朝南，依山而建，鳞次栉比，全村200余栋民居中，有明代建筑5栋，清代建筑58栋，民国建筑34栋。民居多为四合院、三合院，四合院正房三间，两边各配有干阑式厢房两间，龙门呈八字形状，龙门不正对堂屋，都是歪着开，青石板古巷斜着走。三合院，正房三间，两边各配有干阑式厢房两间。民居正房中堂多挂牌匾，窗棂间镶嵌精雕细刻的人物、鸟兽、虫鱼、神鹿、花卉等图案。

古巷道

古寨道路

廖贤河

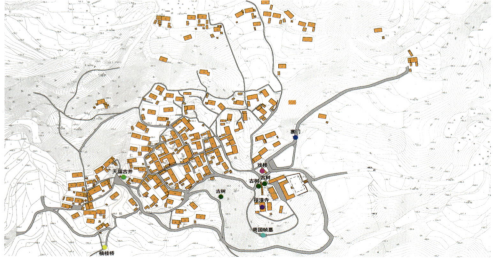
楼上村平面图

铜仁市

梓潼宫

周氏宗祠

戏楼

梓潼宫：古建筑群位于楼上村头龟山的顶部，四周古木参天，雀鸟云集，现存戏楼、正殿、两厢、后殿等，占地面积3000余平方米，建筑面积483.7平方米。正殿及两厢、后殿在一中轴线上，正殿居最高处，其平面高于后殿2.5米，戏楼位于正殿北侧，相距约百米，地势低于正殿20余米，保存较好。

周氏宗祠：坐北向南，面阔三间，通面阔15米，进深10米，通进深6.5米，建筑面积97.5平方米。大梁题记为"贵州思石二府新二甲所楼上住居"、"大清光绪拾玖年岁在癸巳仲冬月上旬建立"。西廊间有"轮水石碑记"石碑一通，该建筑及碑刻保存较好。

马榇古宅：始建于明代中期，为马桑木修建，清咸丰十一年（1862年）被苗教烧毁房屋时有幸得以完整的保存下来。古宅占地面积约800平方米，建筑面积约300平方米，院落坐北面南，正房出檐低矮，用材宽厚，手法简洁，与寨内其他建筑迥异，五开间，通面阔24米，通进深8米，两稍间与厢房相连，形成一三合小院，八字龙门位于院落东南侧，六柱落地，登11级台阶可进入小院。

民族文化

家祠文化：楼上古寨人自古以来就有清明祭祖的习俗，全寨人身着盛装、庄重肃穆，声势浩荡。这一习俗已被楼上人代代相传。

傩戏：名端公戏，是一种面具戏，本专家誉为"中国戏剧活化石"。石阡傩的活动，始于元代，明、清时期遍布石阡各地，现存傩戏班有近30个。

仡佬毛龙：是石阡仡佬族世代流传下来的民间信仰的表现形式，主要流传于贵州省石阡县龙井、汤山、国荣等乡镇的仡佬族村寨，"仡佬毛龙"被列为首批国家级物质文化遗产。

人文史迹

楠桂古石桥：始建于明末崇祯二年（1629年），桥身由一整块青石板组成，长约3米，厚约0.3米，重约20吨。因前面有一棵楠树和桂花树，因而取名"楠桂桥"。两棵树高大挺拔，四季常青，相距十多米，就像一个别具一格的寨门，楠桂桥为周国祯修建，这是在他六旬得子后，为敬天地，礼神明，扶难济急，无善不为的情况下而建的。

古巷：古寨坐东北面西南，依山而建，古巷呈"斗"字形分布，各巷道均以青石板铺路，斑驳凹凸，巷宽2～3.5米，并有0.3～0.4米宽的排水沟与之平行。

周氏墓群：村寨中古墓多处，阴宅阳宅相依相靠，墓冢文化深厚。有四方碑古墓、九子十秀才古墓、文林郎古墓等，墓群建造特色为省内少见，慕名前往观赏者络绎不绝。

北斗七星古树群：这一古木奇树群，面积约60亩，由紫薇、丹桂、红枫、柏树组成。其中有7棵古枫树，高达40米，奇特的是它们呈"北斗七星"状分布。

天福古井：井口坐东北面西南，原井处建有六角亭，早毁。现井上建叠涩悬山穿斗小青瓦顶建筑，占地面积30平方米。

保护价值

楼上村以得天独厚的北斗七星古树群和天福古井为依托，勾绘出楼上村的自然象限分区和"斗"字形古巷的古建筑群布局，与自然高度融合；楼上村古建筑群始建于明代，历史悠久，真实地记录了这一地区明、清时期社会发展，是传统村落建造的代表；楼上村宗族血缘关系浓厚、礼仪丰富，民族民间文化异彩纷呈，具有浓厚的民族文化色彩。

余压芳 颜 丹 编

周氏古墓

廖贤河

傩戏

仡佬毛龙

天福古井

铜仁市松桃苗族自治县寨英镇寨英村

寨英村全貌

总体概况

寨英村位于贵州省铜仁市松桃苗族自治县寨英镇。寨英村形成于清代，为镇压苗民叛乱，清军在此地筑城墙，建民舍，后形成村落。现寨英村村域面积达11平方公里，户籍人口2346人，常住人口1985人，本村主要民族是汉族。

2006年6月，寨英村被国务院列为第六批全国重点文物保护单位；2007年12月，被国家民族建筑研究会和国家旅游协会评为中国名村名镇保护与旅游开发"独具特色名镇"；2008年3月，被国家文化部评为"中国民间文化艺术之乡"；2011年7月，被国家住房和城乡建设部、国家旅游局评为第二批全国特色景观旅游名镇；2014年，列入第三批中国传统村落名录。

村落特色

寨英村传统村落靠山而建，临水而居，历史上就是商业贸易聚集地，水路交通便利，河流将寨英村串联为一体，形成良好的水文景观。村落内古老的街巷、古商号、传统手工作坊、传统四合院建筑等形成了寨英村独特的古老建筑群风貌，与田园、山水相融合辉映，相得益彰，共同构成了寨英村依山傍水的传统山水格局空间。

寨英古镇片区整个房屋布局密集，纵横交错，疏密有致，古巷道穿插在村寨中形成了独特的格局和特征，其形制、结构、风格以及其蕴涵的民俗文化韵味独特，古镇肌理清晰，格局完整，其轮廓与所在的地形、地貌、山水等自然风光和谐统一。

传统建筑

寨英古镇建筑群作为明清时期保留下来的梵净山区域最大最精美的建筑群之一，其建筑风格既有北京的四合院式、三合院式，又有"徽派"的明式住宅和湘西的苗族吊脚楼等建筑界遗存下来的艺术奇葩。"城如葫芦，一墙七门，五街六巷，八大商号，丁字结构的街道系统"，构成寨英古镇建筑别具一格的显著特征。

寨英村区位示意图

寨英村平面图

窗花

建筑木雕

徽派建筑民居

寨英滚龙

古井

吊脚楼民居

苗族服饰

古石门

古镇街巷

哭嫁

民族文化

滚龙：寨英滚龙距今已有600多年的历史，滚龙全长36米，共分17节（亦称洞），由34人轮换舞动，以9根拇指粗的竹篾捆扎连接成龙骨，500个直径60公分左右的篾圈等距排列成龙身，再以整幅的绸布画上斑斓的鳞甲，罩在篾圈上，龙头以粗竹揉扭而成，固于龙架之上，蒙上特制的防火布料后加以描画，龙头龙身点上油捻，光彩照人，远远望去，宛如真龙。

傩戏：傩戏在寨英历史悠久，历经几十代大师传承至今，现在本村传承人为村民刘仕秋。傩戏实际上是逢凶化吉的一种精神寄托，每逢家人及亲朋好友遇灾遇难，总要请傩戏大师去灾化吉，保佑长命百岁。

花灯：仡佬族人的曲艺、舞等表演，是村子正月娱乐的最好方式，全村人民闹元宵、贺新春，无不体现了仡佬特色，现存花灯戏主要有《金钱杆》、《米菜》等。

人文史迹

古城墙：环绕于古镇周围，连接4个城门、2个石门、1个卡子门，全长约673米，高3米到10米不等，宽在0.5～0.8米之间，由粗料石砌成，4个城门与城墙相连，成为完整的防御建筑。

古街巷：建于明朝洪武年至民国不等，有7条主要街道，多以石板铺设，排水良好，风貌完整。

古寺庙：现存有庵塘庙、宫庵庙和回龙寺，历史悠久，保存基本完好，是当地居民祭拜、赶庙会、祈福的地方。

保护价值

目前，寨英古镇同时拥有全国重点文物保护单位、中国滚龙艺术之乡、中国独具特色名镇、中国特色景观旅游名镇和中国民间艺术之乡的称谓。

"城如葫芦，一墙七门，五街六巷，八大商号，丁字结构的街道系统"是构成寨英古镇独具一格的显著特征，其鲜明的地方特色、民族特色和艺术特色相互映衬，互为依托，"南雄北秀"的建筑风格与魅力产生让人意想不到的艺术效果。这些宝贵的物质和非物质文化遗产是传统文化的精髓所在，极具保护和研究价值。

陈清鋆 杜莉莉 编

寨英村鸟瞰

铜仁市印江土家族苗族自治县新寨乡黔溪村

黔溪村全貌

黔溪村区位示意图

总体概况

黔溪村地处印江县城西南，距县城10公里，距杭瑞高速公路出口3公里，是清代著名书法家严寅亮故乡。

村落所处地区是山地河谷地貌，该村始建于明朝，村落内部以土家族聚居为主。下辖22个村民小组，410户1877人，其中80%以上的居民都是严姓，具有典型的家族聚居特色。2014年，黔溪村被列入第三批中国传统村落名录。

村落特色

村落位于后头坡山腰中间，背靠后头坡山脉，东面毗邻鹅林关。村落所在区域地形地貌以坡地为主，整个村落位于东西向坡地上，坡度自西向东逐渐降低，坡度很大。

村落内有风神保、秦家大宝坡等山头，村落自然景观优美，风景宜人，植物种类繁多，有桂花树、柏树、青冈、倒磷甲、榉木等十多种植物，古树千姿百态，树上勾藤交错，萝蔓拂地。

村寨中传统民居和古建筑以土家瓦檐木房为主，布局纵横交错，疏密有致，掩映在大片古林木之间，处处显现出村落悠久的历史印迹，体现了土家民族传统村落与自然一体的建筑文化特色。

民居建房依山而建，层次分明，总体呈组团状分布。村落前还有大片农田。村落、山、水、农田相得益彰，共同构成了黔溪组团状的山水格局形式。

传统建筑

黔溪村落内的传统风貌建筑占总建筑的75%，多数是新中国成立后修建的，其中建筑形式主要有土家族的吊脚楼和干阑式建筑，吊脚楼最基本的特点是正屋建在实地上，厢房除一边靠在实地和正房相连其余三边皆悬空，靠柱子支撑；干阑式建筑只有建筑主体没有厢房。木结构材质，几乎每家都有院子。

建筑细部上没有村落内历史建筑那么精细，但是也不乏土家族特色，窗一般是井字阁和万字阁，传统建筑占整个村落建筑面积的70%。

黔溪村建筑群落

黔溪村村落远眺

黔溪村传统建筑2

黔溪村传统建筑1

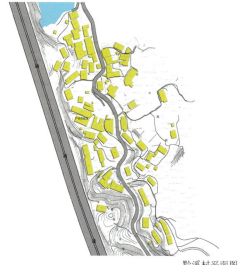
黔溪村平面图

人文史迹

严寅亮故居：始建于清咸丰年间，由严定山建，占地面积368平方米，建筑占地180平方米，坐南向北，现有建筑有照壁、龙门、厢房、正房、围墙、天井等建筑。

汪氏宗祠：始建于清光绪十八年（1893年），系砖、木、石结构古建筑，占地面积200平方米，建筑占地116平方米，坐北向南。

文昌阁：始建于清光绪二十五年（1900年），为五层六角攒尖顶式砖石结构，内为木构架，外为砖墙，短檐翘角。阁内柱础6个，均建楼向外连接翘角，顶层置雷公柱，有大梁题记，各层均有门额、题对联，为严寅亮所书。

汪家沟共济桥：始建于清嘉庆二十一年（1816年），民国二年（1913年）重建，南北横跨南溪之上，由青石垒砌拱凉桥，桥面为木质凉亭，系抬梁穿斗混合结构。

严寅亮故居

文昌阁

汪氏宗祠

汪家沟共济桥

花灯戏

织带：黔溪村落织带传承久远，具有鲜明的土家族特色。主要有背带、腰带和用于装饰衣物的花边。背带一般黑白色，腰带和花边一般为彩色。土家族的织带花纹多为万字覆八字勾花。

木雕：黔溪传统村落村民手艺突出，木雕、石雕很有代表性，在居民的窗花、栏杆上都雕刻有动物、花朵图案，雕刻精美、形象生动。

保护价值

新寨乡是土家集中分布的区域之一，黔溪村落作为传统村落，其格局肌理、传统民居建筑形式和民族文化在当地都具有较强的代表性。

村落具有两三百年历史且保存了大量历史建筑与历史文化遗迹，极具历史保护价值。

村落利用周围的自然山体作为保护的天然屏障，世代居民依山而建生产生活所用的梯田，收集井水用于灌溉，较好地利用了现有的自然资源，使得世人有了生存发展的保障，具有很好的科学价值和技术价值。

村落文化底蕴深厚，以歌舞为代表的"花灯戏"享誉一方，具有深厚的文化保护价值。

村落内自然人文景观良好，山水自然生态景观优美，有很大的旅游发展空间。

程　炜　陈清鋆　杨　斌　编

傩堂戏

木雕

民族文化

花灯戏：印江花灯，是印江土家民间主要文娱艺术形式，是贵州东路花灯的代表。印江花灯的源流，据民间的老艺人回忆，"灯从唐朝起，戏从宋朝兴"。

朝山节：黔溪村落有哭嫁风俗、祭神的习惯，我们地方叫作"朝山"，每年在同一天同一座寺庙去烧香拜佛。

赶年：过赶年，亦叫提前过年，又称过蓑衣年。相传明朝时期，正值岁末之际，为抵抗倭寇入侵开赴前线，印江土家族先民毅然打破腊月三十过年的规矩，提前一天过年。

竹编：黔溪竹编工艺风格独特，竹编产品美观、实用。

黔溪村村貌

安顺市
AN SHUN SHI

安顺市平坝县天龙镇二官村

二官村全貌

二官村区位示意图

总体概况

二官村位于贵州省平坝县天龙镇西北部，地理位置特殊，是一个典型的屯堡村寨，明朝时期江西萧授将军的部队就屯兵于二官，在军队征服南方后，为了便于统治，大军就地屯田驻扎下来，朝廷还下令从中原湖广和两江地区调集一些工匠、平民及犯官等强行迁至这一带居住。至清朝后逐渐形成"二官"村寨。该村总面积约11.87平方公里，常住人口约3842人，民族构成以汉族为主。2014年，入选第三批中国传统村落名录。

村落特色

由于二官村的地理环境及当时屯兵、守备等需要，村寨的建筑和格局具有强烈的军事色彩，村寨内部的巷子互相连接，纵横交错，巷子直通寨中的街道，形成"点、线、面"结合的防御体系。靠近巷子的墙体，留着较小的窗户，既可以采光，又形成了遍布于巷子中的枪眼。

同时，村寨在形成之初，军队为了能很好地居住下来，选择地势险要之处居住，户户傍山而居，错落有致，村中道路复杂，户户串联。同时各屯之间能相互瞭望，以便应对各种突发情况。

另外，也是为了满足防守功能，二官村建成了一个典型的以石材为主要建材的屯堡村寨。

传统建筑

主要建筑工艺特点为传统的石木结构，依据当地的地理环境和就地取材的原则，二官村的建筑大多使用长方体（长1米，宽0.8米，厚0.6米）的石头围砌地基，以0.4米厚左右的石块垒砌墙体，石块间的缝隙有湿泥土粘连，房顶有厚度约0.4米石板盖顶，并且根据贵州多雨水的气候特点，房顶通常采用两分水的屋顶。宅院大多是三合院、四合院为主，同时考虑到屯兵的作用，房屋四周大多设计有防御的墙洞，通常洞离地面6尺左右，通过墙洞往外看可以清楚了解敌人的动向，并待机袭击入侵者头部，给其致命的打击，并且敌人向内无法看清里面的情况，同时四合院房屋具有团结、有纪律的意义。

传统民居1

传统民居2

村景

村落景观

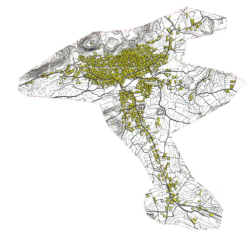
二官村平面图

古树

安顺市

民族文化

二官村是典型的屯堡村落，其文化既有自己独立发展、不断丰富的历程，也有中原文化、江南文化的遗存，既有地域文化特点，又有中国传统汉族文化的内涵。一方面，保留先民们的文化个性，一方面在长期的耕战生活中又创造了自己的地域文化。村寨语言经数百年变迁而未完全被周围方言同化，至今仍保存着北语音的特点，村内妇女古旧装束沿袭了明、清江南汉民族服饰的特征，易于长久储存和收藏的食品有着便于长期征战给养的特性，村民的信仰与中国汉族的多信仰一脉相承，其花灯曲调带有江南小韵味，原始粗犷屯堡地戏被人誉为"戏剧活化石"。

地戏是屯堡文化的精髓，是最早引起专家学者重视的屯堡文化元素，是戏曲文化、宗教文化、民俗文化的综合载体，属于中国傩文化的范畴，是世界非物质文化遗产。

屯堡地戏

窗

石、木雕刻

四合院门头

传统建筑

古巷道

王姓宗祠

人文史迹

二官村作为屯堡，其历史上社会环境动荡，受到来自不同地区汉族移民的文化影响，并与当地少数民族保持着既相互交流，又冲突不断的复杂关系，这些因素都在村寨的文化中留下了不可磨灭的痕迹。正是这样的文化传承造就了二官村独特的历史人文环境。

二官村民祖辈的爱水、善治水，造就了村寨内打井、挖塘、引溪流入村等景象。其汉民族的多神信仰使村落中除了随处可见的土地庙以外，还有鱼龙寺等宗教建筑。民国《平坝县志》说："名曰屯堡者，屯军驻地之地名也……"，由于村落自古卫国戍边的功能特性及世代流传的先祖们保家卫国的英雄事迹，造就了时至今日村民们异于别地的浓厚爱国情感，也让村落中除了县级文保单位——二官抗战胜利纪念塔而外，还有同为村民自发修建的香港回归纪念碑等。

抗战胜利纪念塔

保护价值

二官村建村历史较早，根据资料考证，可以追溯到元末明初，至今二官村下诏开垦农田，萧授携家眷，带领兵士来到陇格枝（现二官村），至今其建筑形式、民风民俗、文化、生活习惯都仍然延续着原有的状态，并有一定的历史遗存，具有较高的历史价值；二官村的屯堡文化是一个庞大载体，为当地的屯堡文化传承和经济发展产生无形的动力，具有强大的村落艺术和文化价值意义；同时，二官村对于科学研究的价值也是多元的，其在建筑学、屯堡地戏、人文地理、景观生态、旅游管理等方面以及在经济、历史、民俗、风土、人情、文学、艺术、哲学、人类学及社会学等领域都显现出重要的科学研究价值。二官村独特的文化氛围、历史建筑、传统民俗、传统艺术、地道美食都是其具有重要的文化、科考、经济、社会等价值。

赵　彬　陈清鋆　郭海娟　编

寨门

安顺市关岭布依族苗族自治县普利乡马马崖村下瓜组

马马崖村下瓜组全貌

总体概况

马马崖村下瓜组位于贵州省级风景名胜区花江大峡谷景区内，坐落在群山之中，该村位于关岭县普利乡西南部，与黔西南州隔北盘江相望，属北盘江流域，距离乡人民政府10公里。全村总面积10平方公里，共有906人。村落始建于明朝，是以布依族为主的少数民族村寨。2014年，马马崖村下瓜组被列入第三批中国传统村落名录。

村落特色

村落四周是岩石裸露在外的山体，景色迷人。村寨南面为视野开阔的农田，农山脚下和农田接壤处，有一处神树林，树林里古树众多，其中一颗古榕树，树龄千年以上。农田边缘外即为花江大峡谷，在这个花江大峡谷的制高点感受花江大峡谷的神奇风光，两岸为山体，或呈白色，或呈黄色，或呈红色。在农田与大峡谷交汇处即为省级文保单位马马崖壁画，而马马崖的雄伟壮丽能够给人强烈的震撼。

下瓜村落建筑构成空间明晰，肌理为顺应两边山势建造，处于半山坡和山脚，中间部分为农田地带，一直南下至花江大峡谷皆为景观视觉非常优良的田野。民居基本不占用农田，体现出祖先在资源的利用上因地制宜的思想。村落民居与四周山体、植被、田野、水渠等自然环境互融共生。在选址上，充分考虑了生存、发展、环境等因素，村落布局错落有致，建筑也颇为讲究，是典型的布依村寨实例。房屋依山而建，高低错落，以古榕树为中心，溪水穿寨而过，形成一条风水通道，迎合了下瓜村寨三面环山的地形环境。

传统建筑

布依族民居的显著特点是依山傍水聚族而居。多为干阑式楼房或半边楼式的木质或石板房。下瓜盛产石头，民居建筑以石条或石块砌墙，墙体垒至五六米高，再盖顶，石头铺成整齐菱形或者鳞纹，石头民居不透风雨，古朴美观，与周围山体石头遥相辉映。村落建筑多为一至二层建筑，历史悠久的建筑多为坡屋顶，近几年修建的民居有平屋顶盖顶形式。村落内有少量现代风格建筑，例如卫生室等。

传统民居

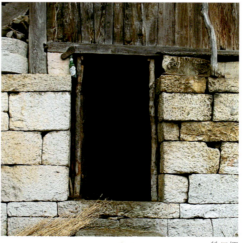

牲口棚

马马崖村下瓜组区位示意图

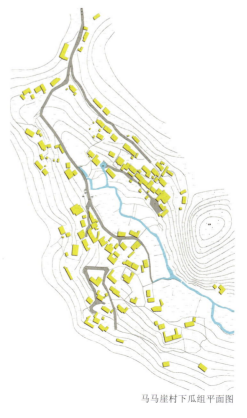

马马崖村下瓜组平面图

民族文化

下瓜布依民族村寨，乡风文明，文化醇厚。民风民俗多，比较有特色的布依民族节日有"三月三"、"六月六"、正月初三拜神、正月二十八了年、四月八开秧门。村落红白喜事、重要节日上都有下瓜布依族村落特有的文化。

布依族服饰：关岭布依族苗族自治县的花江等地区，妇女头缠大格花帕，夏季绾成"锅圈形"，冬天绾成"三角帽形"，长衣为大襟右衽，领口、衣边镶着"栏杆"图案，下穿长裤，裤脚宽约一尺，戴绣花围腰，工艺精细。

布依族摩经：摩经是布依族用汉字和土俗字记录布依语音形成的一种规范的宗教经典文本。是布依族最能展示社会生活、伦理道德、风俗规范、历史文化、思想信仰等行为特征的源头。

布依族服饰

下瓜布依长号

布依族摩经

马马崖壁画

人文史迹

马马崖村下瓜组历史文化丰富，其中"马马岩壁画"特色最为显著，岩画呈赤铁色，图案为赛马图，系战国晚期至唐宋年间贵州先民濮人和僚人的体育壁画。另有练兵场、古粮囤、古彝人遗址、汉元洞等遗迹。寨中有重阳木和乌桕树数棵，枝叶茂密，株株相连，沿着一石坡生长。路旁树下有一泉井，立碑"万代龙井泉"，泉水甘洌，水量甚丰，石砌护池，饮洗有别。

盘江小调

盘江小调：盘江小调是盛传于贵州省关岭布依族苗族自治县的古老演奏乐曲，主要流传于北盘江流域的布依族村寨。"盘江小调"的旋律清醇优美，乐声悠扬婉转、悦耳动听，是当地布依族男女老少表情达意、歌唱生活的演奏曲子。现已被列入贵州省级非物质文化遗产的保护名录。

下瓜布衣长号：长号是布依族古老而独特的乐器，由于种种原因许多地方长号演奏习俗已失传，下瓜村是布依长号比较集中和保存较好的村寨。

古石板桥：位于村落溪流沟渠上，主要起到通行的作用。由一块完整石板铺设于溪流或者沟渠上，保存比较完好，至今还在使用。个别于近来进行了修复。

溶洞：喀斯特地形地貌形成的溶洞，溶洞出水，深不见底，有村民抽水作生活用水。

古城墙：分布于古赛马场周围，根据推断，是古赛马场的边界，用石头叠砌而成，由于年代久远，赛马活动没有良好传承，故古城墙遗迹痕迹不太明显。

古石板路：村落串户路以前全为石板路，由于现代水泥铺设，大多进行了平整，现今保留有3处。

古碑：在村寨南边石板桥边有一处挡箭碑为2014年在原挡箭碑位置重新建造，用于祈祷平安祭神。另一处为古寨碑。

古渡口：位于花江大峡谷底，渡北盘江的始发地，现今仍在使用。

古树：分布寨子内及周围田野或山脚下，有血龙木、黄葛树、细叶香等。

古墓碑：一处较为古老，位于村寨西边半山上，另一处位于神树林对面山坡脚下。

保护价值

马马崖村现存历史物证有古练兵场、古赛马场及墙体残痕等，这些历史遗存说明下瓜历史悠远，使下瓜富有历史传奇色彩。下瓜物质文化与非物质文化众多，历史建筑、传统布依民居等作为载体体现布依建筑文化，国家级非物质文化遗产有布依族服饰，拥有众多省级非物质文化遗产项目，如盘江小调、布依长号、布依族土布制作技艺、布依铜鼓和布依族摩经。

下瓜拥有奇特宏伟的人文历史景观，如马马崖、马马崖壁画、汉元洞、汉元洞壁画、花江大峡谷等都具有保护价值，人文景观与田野、溪流、古树等自然景观共同形成奇妙的人间奇观，对村落的旅游经济发展起到不可低估的作用。

陈清鋆 王 军 易婷婷 编

马马崖村下瓜组风貌

安顺市普定县马关镇下坝屯

下坝屯全貌

下坝屯区位示意图

总体概况

下坝屯位于贵州省安顺市普定县马关镇北部，东距安顺市约28公里，东北距普定县城约8公里。下坝屯形成于明朝初年，是朱元璋征南调北在此屯兵形成，于清代康熙之后扩建。下坝屯村域面积6平方公里，总人口为1789人，以汉族为主，苗族、仡佬族杂居。2013年下坝屯被列入第二批中国传统村落名录。

村落特色

下坝屯坐落在丘陵洼地处，四周青山层叠，古木森森，尽显"天龙奇岚、碧绿回环"的山水空间格局。村落地处滇黔古道上，拥有着屯堡村寨独特的历史人文环境，是明代军屯的典型代表，是一个与自然共生、历史悠久的屯堡古村落。下坝屯的建筑群位于案山的东北面，在山峦之间呈团状布局。村寨平面以一条主巷道和多条支巷道构成，建筑则沿着古巷道以树枝状分布，鳞次栉比，高低错落。

传统建筑

下坝屯保存了大量的传统建筑，有传统民居16处、寺庙2处、戏楼1处、学堂1处、屯门2处。村落历史悠久，以保存完好的"七古"（古寺庙、古戏楼、古城门、古井、古巷道、古民居、古学校）而闻名。

民居：民居建筑沿袭了江南三合院、四合院的特点，由正房、厢房、围墙连成一门一户的庭院。天井在这样独立庭院中，不仅是家庭活动的场地，更是防止敌人纵火的措施。建筑整体坐西向东，采用江南风貌，以石木结构为主，大青石为基础，墙体用石块采用干垒工艺砌成，屋面青瓦盖顶。结构多为硬山板顶干阑式，屋顶铺石板，自然形的石片铺成"冰裂纹"，方形石片铺成菱形，山墙和后墙为石墙。木、石构件有精美雕刻，柱础、门楼、门窗等是主要装饰部位。

翔凤寺：位于下坝屯寨中间，建于明朝初年，石木结构形式，面积700平方米。寺庙两殿采用方形石柱，圆形石雕以龙凤形态支墩及方形支墩，上殿塑像有观音、文昌帝君、罗汉为主贡象，右配鼓1只，左

古戏楼

翔凤寺

民居

下坝屯平面图

安顺市

民居

巷道

花灯

配钟1口，铸铁结构，中亭为四合院落，左厢房为接待室，右厢房为比丘尼住宅，右配单间厨房；下殿为忠义殿，殿外长廊，石梯台阶，瓦屋面，采用木刻花门扇。

天龙山寺：建于明朝初年，于修建凤翔寺后修建，位于附近群山之冠，下坝寨的后山上，从山脚至山顶，有990余级台阶。要进入寺庙得经过两个山门，第一个山门是由石头砌成的石拱门，高2米，宽1.2米，两侧建有围墙，此墙是当地百姓的保护神，避乱、栖身的场所。在两门间还有一个斗姆殿，长4米，宽3米，高3米，是石木结构青瓦建筑，殿内有斗姆佛1尊。进入第二道门就看见整个寺宇，典型的四合院建筑，坐东朝西，中间为天井，东面是大殿，左右建有厢房，西面是前殿。是安顺传播佛教圣地之一。

古戏楼：始建于1808年，位于村寨中部，戏楼采用六柱支撑的长方形瓦木结构，左边雕刻为二龙戏珠，右边雕刻为三鲤鱼共头。

古学堂：位于村落中落，始建于清朝年间，距今150多年，为一楼一底正方形石木结构，现在为地戏脸谱等物的保管室。

民族文化

明朝朱元璋派30万大军远征滇黔，为了稳定边陲，沿交通线留下兵丁，实行屯田制、卫所制。数百年来，江淮军士、商人及其后裔在黔中大地上繁衍生息，延续祖先遗留下来的汉族传统文化，形成了独特而罕见的"屯堡文化"。

下坝屯的民族节日以敬奉神灵和祭供祖宗为主要内容。多神信仰和祖先崇拜的缘由，加上传说的民俗节庆，村寨一年四季各种活动不断。

地戏

古寨门

佛歌和孝歌：唱佛歌为屯堡中青年妇女喜好的娱乐活动，每当朝山拜佛休息之时或农闲晚上，她们便三三两两聚在一起，你唱我接，唱四季、唱百花、唱12个月的变化，唱古今历史的变迁；唱孝歌则是屯堡男子用唱的形式来表达对死者的哀悼，让生者从孝歌的劝式内容中受到教化。

人文史迹

古巷道：下坝屯传统巷道多为清末时期建设的青石板古道，主要的巷道有6条，巷道宽度在1~2.5米之间。各支巷道只有一个口通往主巷道，构成"关门打狗"之势。

古井：位于下坝屯的东南角和东北角，分别建于明代和清代。现在是下坝屯村民主要的饮水水源。

古鱼塘：位于下坝寨门前，塘地是一块天然大石板，四面采用方条石砌成的扇形古鱼塘，左边缘2米多宽，26米长绿化带，古柏因于50年维修古戏楼被伐，现还有零星古柏及风景树。在寨门前的左侧有一个新鱼塘，容水量是老鱼塘的30倍。

仙人坟：是一位姓何的老和尚坟，每逢初一、十五，吸引各方祭拜的人达2万余人，特别是每年的正月初一、十五，来祭拜的人之多使普定往返马官的公路造成堵塞。

保护价值

下坝屯是贵州地区一处保存比较完整的明、清古驿道军事要塞，是中国传统屯堡村落的典型代表和实物见证，是明代军屯历史和古代江南文化在同一区域内融合的遗存，是难得的历史实物"标本"，具有极高的保护和研究价值。

杜　佳　余压芳　编

古井

下坝屯建筑群

安顺市黄果树风景名胜区黄果树镇大三新村大洋溪组

大三新村大洋溪组全貌

大三新村大洋溪组区位示意图

总体概况

大洋溪组位于黄果树风景名胜区正北面，与镇宁县城关镇接壤，距离黄果树大瀑布约5公里，距新城西北面4公里处。全村总面积5平方公里，共1260人。村落始建于明朝，分布着布依族、苗族两个民族，是保存比较完整的明清古驿道军事要塞。2014年，大洋溪组被列入第三批中国传统村落名录。

村落特色

大洋溪古寨位于大山西北向半坡之上，三面环山，东面山体为靠山，北面、南面山体为两翼。寨前田园阡陌，寨后绿树成荫。白水河沿着村寨西侧自北向南缓缓流下，是大洋溪及周边村寨农田灌溉的主要水源。村寨西南处紧邻石头寨景区现正在整治建设的湿地公园。地貌以丘陵为主，地势南低北高，西低东高，村寨的自然条件优越，属亚热带季风湿润气候区，冬无严寒，夏无酷暑，气候宜人。

传统建筑

大洋溪建筑的选地，依山就势、靠山不近山，临水不傍水，地势干燥，视野开阔，水源方便。背后有大山"靠山"，坐向以南北为宜，要符合"前朱雀，后玄武，左青龙，右白虎"，"山关人丁水管财"的五行学说要求。

大洋溪古寨石屋沿着山坡自上而下修建。石屋层层叠叠、鳞次栉比、依山林立、布局井然有序。民居是大洋溪传统建筑群单体建筑的主要组成部分，也是村寨防御体系的基本组成单元。平面布局分为全封闭式三合院、四合院和单体三种。三合院（四合院）在平面上有明显的中轴线，正房在中轴线上靠后部位，体量较大，多为三间、五间，最大的为七间，台基高于厢房和门房。左右厢房不一定对称。结构多为穿斗式悬山顶，屋顶铺石板，自然形的石片铺成"冰裂纹"，方形石片铺成菱形。山墙和后墙为石墙。木、石构件有精美雕刻，柱础、门楼、门窗等是主要装饰部位。由于石料是浅灰白色，加工后更显晶洁，所以白天看镇宁，银光闪烁；月夜看高寨，凝霜盖雪。

大三新村大洋溪组古民居

大三新村大洋溪组建筑格局

大三新村大洋溪组干阑式石板房

大三新村大洋溪组平面图

民族文化

大洋溪保留有布依族浓郁的民族风情。在大洋溪，婚丧、节庆等民族习俗文化和敬天敬地、尊师尊祖等民族信仰文化的传承都是相对完整和丰富的。布依人喜歌舞、善歌舞，在有客人来或是节日时，村民就会穿上民族服装表演，在重大节日时也会欢歌载舞共庆佳节。作为一个有颇深的文化底蕴的传统村落，有望将民俗文化、传统文化发扬光大，通过自身拥有的非物质的资源为整个景区添设一道靓丽的风景。传统文化主要是农耕文化和体现布依族土语特点的习俗文化。传统唢呐、铜鼓、铜锣是布依族音乐文化的主要表现形式，布依族男子们每逢佳节或大型活动，便会敲铜锣打铜鼓，庆祝节日或是欢迎外来客人；婚丧嫁娶等均要演奏，独具特色。

蜡染是布依族服饰、装饰等生活文化的独特表现形式，每一位布依族女子均有一套属于自己的民族服装，便是蜡染作底、刺绣点缀，做工精细，优美大方，同时，不同年龄头饰均有区别；蜡染多以铜锣纹为主，与传统乐器铜锣相得益彰。于是纺线、布线、织布、绘图、染色、刺绣、做服饰、挂件等便成为布依族女子们农闲时的主要活动。

六月六活动

婚事

传统服饰

古树

载体，在村落的发展中起着重要的作用。

古巷道：村子有3处古巷道，都由石板铺成，历史久远，是村子的重要交通通道，也见证了一代代村民的生活变迁。

古树：古树位于村落中部，有100多年历史，年代久远，生长于悬空的崖边，形成悬崖古树奇观。

人文史迹

大洋溪不仅保留有能够反映布依族传统建筑的传统民居，还保存了较多反映民族历史发展的文物古迹。主要包括屯坡顶上修建于明代，古时用于守寨拒敌、供寨上老弱妇幼避兵、匪患的场所，具有较强的防御性质的古城墙；供村民纳凉乘阴古树；供村民敬天敬地寄予愿望的土地庙；遍布古人足迹、承载古寨发展历史的石阶梯以及石拱院门等历史要素。

古城墙：千米长的古城墙遗址，盘踞于山顶之上，当地人称防御城墙，早期修建用于保卫家园和防御外敌侵犯，这些古城墙建于明末清初，后期得到不同程度修复，因此目前保留得较为完好。

土地庙：大洋溪古寨内有土地庙两处。土地神源于远古人们对土地权属的崇拜，土地庙作为村民敬天敬地寄予愿望的

大三新村大洋溪组古城墙

大三新村大洋溪组老寨全貌

保护价值

大洋溪是至今保存较完整的明代军屯村寨，大山顶上千米长的古城墙遗址盘踞于山顶之上，是明代军屯遗存的典型代表和实物见证，完整地反映了在滇黔古道上建立的军事要塞与当地民居互相融合的发展历史，具有较大的历史价值。

大洋溪及其他屯堡村寨构成的"石头王国"构成了独特的历史人文环境，各种历史遗存反映出明代以来军屯文化所产生的物质生产、生活方式、思想观念、风俗习惯和社会风尚，记录了安顺地区的历史文化发展。同时，大洋溪充分体现了布衣文化，从形体、语言、服饰等方面反映了布依族民族特征。

程　炜　陈清鋆　杨　斌编

古巷道

安顺市黄果树风景名胜区白水镇大坪地村滑石哨组

滑石哨组全貌

大坪地村滑石哨组区位示意图

总体概况

黄果树风景名胜区白水镇大坪地村滑石哨组，因寨子建于大小不等的偏石板上而得名。位于安顺以西45公里，黄果树大瀑布下游1.5公里处。村落始建于明代，村域面积1.5平方公里，共228人。全村以布依族为主，是中国第一个布依民族保护村寨，也是"黄果树和谐家园建设示范工程"点之一。2014年，滑石哨组被列为第三批中国传统村落名录。

村落特色

村落属于云贵高原亚热带季风气候，冬无严寒，夏无酷暑，典型的喀斯特山地。

滑石哨古寨石屋沿着山坡自上而下修建。石屋层层叠叠、鳞次栉比、依山林立、布局井然有序。民居建筑的选地，靠山不近山，临水不傍水，地势干燥，视野开阔，水源方便。

整个寨子呈蜂腰形，坐西向东，背靠小米坡，面向红岩山，绿树成荫，薄雾缭绕。村民们用石料修造出了一幢幢颇具民族特色的石板房，石板房以石条或石块砌墙至五六米高；以石片盖顶，铺成整齐的菱形或随料铺成鳞纹。

滑石哨全组每户均通自来水，排水系统由和谐家园改造时统一修建的地下排水管网，有序地流出村外进入化粪池。建有蓄水池一个；村道路四通八达，有部分水泥硬化，有部分为石板铺路；户户用电，村里路灯已经安装，晚上通行方便；电话、宽带进入家家户户。

传统建筑

滑石村建筑以布依族传统石头建筑为主。建筑单体民居利用地形高差，满足使用功能要求。由上而下为牲畜圈、民住间、储藏间的空间立体布局，建筑平面为一正两厢三开间，正房为生活起居，两厢为前后两间，前间下部利用山坡地形高差，作牲畜间，上部作为卧室，后间分别为卧室和厨房，厢房设置阁楼作储藏间。另外，滑石哨民居在房屋平面布局上，强调中轴对称、主次分明，屋面覆盖的石板讲究美学的几何结构，体现了儒家思想的平稳和谐、包容宽纳的审美观念。其住房分配既讲究实用性又充分体现内外、长幼、主宾的儒家纲常伦理，从而制约和维系着家庭和社会的人际关系。

滑石哨组古寨门

滑石哨组村落景观

滑石哨组传统建筑

滑石哨组平面图

民族文化

民族工艺方面：主要有精工蜡染、刺绣、织锦；乐器方面：有唢呐、月琴、萧、笛、巴乌、锣、鼓、钹等。

精工蜡染：布依族蜡染称为"古典"，是布依族传统工艺，多用于布依族妇女的头巾、裙子、衣服袖口等，是布依族民族文化最富有特色的部分之一。

织锦：亦称"纳锦"，是布依族又一传统工艺，镇宁织锦最负盛名。锦面类似丝绣，光滑平整，花纹精致。在古老的织布机上，以青蓝色纱线作经，用各色丝线作纬编织而成，有菱形、方形、回形及各种花纹。

刺绣：挑花刺绣是布依族妇女擅长的一种传统工艺，具有浓厚的乡土气息和民族特色。

宗教信仰方面，除祖先和自然崇拜外，道教佛教的神祇和菩萨亦受敬奉。

节日方面，主要有正月三十（过了年，吃油团粑），三月三（染黄饭，上坟），四月八（开秧门），六月六（扫除、沐浴，过大年）等。

蜡染制品

古庙

织布机

石碾

六月六节庆

节庆活动1

人文史迹

滑石哨四周被山体环绕，寨前有水流过，村寨内有古榕树11棵，分布在村寨中部，覆盖大半个寨子，形成村寨的保寨林。古寨门位于村寨中部，位于前屯门，由石板砌成，年代久远，现状为20世纪90年代在原址上修复的，是村寨的重要标志性建筑，体现了布依族的建筑文化，同时也是村子历史的见证。村民结合古榕树及榕树下的空地，共同营造了一个休闲聚会的广场，在广场边上修建了休闲长廊，供村民和游客休闲游憩，长廊为近代修复的木结构建筑。另外，寨中部有土地庙1座。

保护价值

历史价值：滑石哨是至今保存较完整的明代民居村寨，是明代民族民居遗存的典型代表和朱元璋"南征北调"战略的实物见证。

文化价值：滑石哨充分体现了民族文化的文化价值，研究历史学、建筑艺术、文化交流与演化的宝贵的实物资料。

艺术价值：滑石哨集技术与艺术于一炉，是民居建筑的精品，是古代建筑技术与艺术融合的典范。

科学价值：滑石哨是中国明代具有民族迁徙形成群体村落的典型实例，总体格局具有极强的功能性，显示了高超的建筑设计构思，具有很高的科学价值。

社会价值：滑石哨是中国2000年确认的第一个布依族民族保护区，其中保存了大量不同于贵州当地的传统文化生活模式，是乡土建筑学、建筑历史学、军事学、民俗学等社会科学的重要研究基地。

经济价值：滑石哨聚落原始、朴素而浓烈的民俗风情和特色鲜明的自然环境及建筑，成了旅游开发不可多得的资源，同时位于黄果树风景名胜区之内，区位优势明显，具有重要的经济开发价值。

节庆活动2

陈清鋆 杨 斌 编

滑石哨组全貌

安顺市西秀区七眼桥镇云山村

云山村全貌

云山区位示意图

总体概况

云山村位于贵州省安顺市西秀区七眼桥镇东南8公里云鹫山峡谷中，距安顺市约20公里，与周边的本寨、雷屯等屯堡村寨合称"云峰八寨"。云山村建于明代洪武年间（1381年），距今有630多年历史。云山村村庄占地面积约2公顷，总人口为587人，以汉族为主。2001年云山村古建筑群被评为第五批全国重点文物保护单位，2005年云山村被列入第二批中国历史文化名村名录，2012年云山村被列入第一批中国传统村落名录。

村落特色

云山村（史称云山屯）地处黔滇古驿道上，由于地处滇黔古道重要据点，明清时期这里的商业贸易十分繁荣，沿主街布满各种商铺和手工作坊，村内至今较完整地保存了明清时期的风貌，村内传统民居沿古道两侧展开，至山体呈台阶状分布，石墙高垒，错落有致，商铺、戏楼、庙宇分布其间，是江南建筑与贵州喀斯特地域环境的融合。村内的布局充分体现了防御和商贸特征，一条古道贯穿其中，串联起数座商家大院和民居，前后屯门和屯墙形成两山夹一谷的带状空间，易守难攻，城墙与城门上分布枪炮眼和垛口，与各处制高点的哨棚，组成了一套完善的指挥作战体系，村落空间体现出强烈的防御色彩，是屯堡文化景观的典型代表。

传统建筑

云山村的传统建筑包括明清民居、古屯墙与屯门、寺庙、戏楼、洋房等。云山村古建筑群展现了明清的建筑文化和建筑工艺。

民居：民居建筑风格是江南建筑在喀斯特地形条件下的地域应答，江南四合院、垂花门、石柱础、木窗花与当地

后屯门

戏楼

前屯门

云山村平面图

戏台

民居1

民居2

石材完美结合起来，构架通常为木结构穿斗式，悬山顶，后檐墙和山墙则以石块砌筑，屋顶用石板菱形铺盖，屋脊以小青瓦装饰。

古屯墙与屯门：始建于明代，清代时加固完善，屯墙依山而建，高7~8米，厚约1.5~2米，屯墙全长1000米左右。屯门是用巨石垒砌而成，为歇山顶式建筑。

云鹫寺：位于云鹫山上，寺庙由三部分组成，最早的是建于500多年前的大佛殿，清康熙年间增修玉皇阁和关圣庙，民国初年再增待桥和化纸塔。玉皇阁为重檐式攒灵歇山顶建筑，是当地古寺的代表。寺庙有居高望远的优势，是周边乡民逢年过节虔诚朝拜的主要场所。

戏楼：建于清中期的木结构建筑，位于古街中段，前有集散场坝，建成后以演京剧、川剧为主，有时也跳花灯。一旦开锣唱戏，四邻屯寨无不闻声而来。

民族文化

明朝朱元璋派30万大军远征滇黔，为了稳定边陲，沿交通线留下兵丁，实行屯田制、卫所制。数百年来，江淮军士、商人及其后裔在黔中大地上繁衍生息，延续祖先遗留下来的汉族传统文化，形成了独特而罕见的"屯堡文化"。

花灯：每年的正月及七月谷子扬花时节，云山村的人都会跳花灯。花灯历史悠久，剧目丰富，如柳莺记、蟒蛇记、红灯记、凤凰记、八仙图等。演的常是家庭琐事和男女爱情，已被列入贵州省非物质文化遗产保护名录。

戏剧：云山村戏楼逢年过节常上演川剧和京剧，如京剧"四郎探母"、"萧何月下追韩信"、"借东风"；川剧"芙蓉花仙"、"古城相会"、"铡美案"等，曾在此多次登台。尤其是《铡美案》一剧，是该村最为出名的戏剧，一旦开锣唱戏，四邻屯寨无不闻声而来。

服饰文化：屯堡人仍保持着明代的穿衣风格，妇女常穿蓝色斜襟大袖长衫，领口和袖口绣着花边，系青丝腰束，脚穿"高帮单勾凤头鞋"，头包白布或青布。

人文史迹

古巷道：明清古街全长约600余米，宽3~5米，由青石板铺设而成。前段的建

云山服饰

民居3

筑与风景人文以明朝为主，中间是清朝，后段为民国及以后年代建造。在这条古街上，还有许多小巷巧妙地与各户的三合院、四合院、碉楼等相连接，形成了攻防相济的通道。

古树：桂花树，树龄有100多年，冠幅10米，高约7米，位于屯门前。

古井：云山村周边的山体中分布有大小水井二十余个，其中，"大水缸"和"接水坡"两股山泉最为独特，均从云鹫山山腰流出，常年不断，水质甘洌。云鹫山脚下还有一处水源称为龙潭，潭水冬暖夏凉。

保护价值

云山村是我国现存的明代屯堡的范例，是明代商屯遗存的典型实例，见证了明代滇黔古道要塞与当地居民融合发展的历史，并形成了独具特色的"屯堡文化"，在贵州这个特殊的地理空间中蕴含下来的明朝汉族文化遗存具有极高的历史、文化、科学价值。

街巷

古树

余压芳 杜 佳 编

村落一角

安顺市平坝县天龙镇打磨村虾儿井组

打磨村虾儿井组全貌

虾儿井组区位示意图

总体概况

虾儿井组坐落在天龙镇的北面，同时东与白云镇相连，西至天龙镇镇区，北抵城关镇，南抵国家级文物保护单位天台上。虾儿井组面积为1.5平方公里，户籍人口有300人，主要经济收入是种植业，因村落位于山丘之间，耕地较少，收入水平较低，虾儿井四面环山，景色优美，无工业化的污染。该村于2014年，被列入第三批中国传统村落名录。

虾儿井组的古建筑大多于明、清两代建成，保存至今。而雕花无疑是这些古建筑独具匠心的一大特色，无论从窗户、屋檐、门廊等，无不体现出先辈们惟妙惟肖的手工艺之精湛。这些雕花窗户大多只是起到装饰和采光的作用，并不能开启。

虾儿井组发展至今，一座座现代建筑拔地而起，因此，雕花这种传统手工艺的传承也同样面临了濒危的状态。

传统民居1

村落特色

虾儿井地势险要，山路崎岖，道路仰角到达45度左右，但各户之间能相互瞭望，以便应对各种突发情况，同时各家各户相互对望，形成掎角之势，共同防御敌人。户户傍山而居，错落有致，村中道路复杂，户户串联。同时东与白云镇相连，西至天龙镇镇区，北抵城关镇，南抵国家级文物保护单位天台上。

民国时期，村民为抗拒土匪的侵扰和外界的打搅，少数村民从天龙村搬迁至虾儿井居住，选择伴山而居，房屋错落有致，富有层次感，环境十分优美。随着时代的和科技的发展，目前寨中还保存一定的民国时期的石头和木的建筑。

传统民居2

村落景观

传统建筑

村庄整体风貌为石头建筑，目前还保存着一定数量的石头建筑，主要分布在高点，房屋建造主要是石头和木材为主，房屋均设计瞭望的窗口，房屋文化内涵主要是象征团结和生活稳定。目前还保存着古时候的建筑特色。

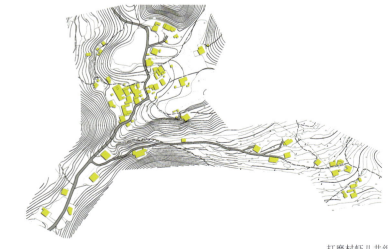
打磨村虾儿井组平面图

安顺市

民族文化

虾儿井组的民族文化主要体现在风土人情和民间艺术两方面：

风土人情主要有地方婚姻、丧葬、节庆等。作为屯堡文化的代表之一，石头组的婚姻民俗一般以父母之命，媒妁之言为主；丧葬方面，屯堡人历来用木棺顺直土葬，届时做"道场"，三、七天不等，以超度亡灵，服孝3年，春节不贴红对联，3年孝满，孝子洗孝除服；屯堡人的节日都以敬奉神灵和祭供祖宗为主要内容，多神信仰和祖先崇拜的缘由，加上传说的民俗节庆，使屯堡村寨一年四季各种活动不断。

虾儿井组的民间艺术丰富多彩，据清道光《安平县志》载："元宵遍张鼓乐，灯火爆竹，扮演故事，有龙灯、狮子灯、花灯、地戏之乐。"这种屯堡人在正月间的娱乐形式沿袭至今，其中最具代表性的是被誉为"喜剧活化石"的地戏。

地戏表演

古驿道

传统建筑

虾儿井

保护价值

虾儿井组古建筑群以及其他屯堡村寨构成独特的历史人文环境，各种历史遗存反映出自明代以来民屯文化所产生的物质生产、生活方式、思想观念、风俗习惯和社会风尚，记录了安顺地区的历史发展信息。

虾儿井组古建筑群与周边环境一起构成了丰富的地域特色人文景观，具有很高的审美价值。村落内部建筑和街巷均以石为主，结构、材料和施工工艺代表了当时当地的建筑成就，整个村寨的营造是古代建筑技术与艺术融合的典范。

虾儿井组是中国传统具有民屯功能村落中的代表之一，其中保存了大量不同于贵州当地的传统文化生活模式，是乡土建筑学、建筑历史学、民俗学等社会科学的重要研究基地。

赵　彬　陈清鋆　郭海娟　编

碉楼

石质民居1

三合院

石质民居2

人文史迹

村落中的人文史迹主要为古民居、古寺庙、古井等，保存完好。

民居：民居是虾儿井组古建筑群单体建筑的主要组成部分，也是村寨防御体系的基本组成单元。古建筑群始建于明代并形成规模，整体坐西向东。民居均为石木结构，大青石为基础，墙体用石块采干垒工艺砌成，屋面石板盖顶。结构多为硬山板顶干阑式，屋顶铺石板，自然形的石片铺成"冰裂纹"，方形石片铺成菱形。山墙和后墙为石墙。木、石构件有精美雕刻，柱础、门楼、门窗等是主要装饰部位。

打磨村虾儿井组全景

安顺市黄果树风景名胜区黄果树镇石头寨村偏坡组

石头寨村偏坡组全貌

石头寨村偏坡组区位示意图

总体概况

偏坡组位于黄果树风景名胜区，黄果树镇始建于清朝，位于贵州省西南部，安顺市区45公里。清（镇）镇（宁）高速路可直达该村，交通极为方便。村寨共102户，412人，主要民族为布依族。偏颇组地貌以山地为主，村庄修建于半坡之上，故曰其名为"偏坡"，村庄内前后有较大高差，建筑依地势而建，层层叠叠，鳞次栉比，井然有序。2014年偏颇组入选第三批中国传统村落名录。

村落特色

偏坡组建筑的选地依山就势，靠山不近山，临水不傍水，地势干燥，视野开阔，水源方便。背后有大山"靠山"，坐向以南北为宜，要符合"前朱雀，后玄武，左青龙，右白虎"，"山关人丁水管财"的五行学说要求。

传统建筑

偏坡组选址，依山傍水，四周有秀丽挺拔的群山，寨前田连阡陌，寨后绿树成荫，全村大约70栋传统石头建筑群，建材物材质有杉树、秋树等，用于柱头（柱子）板材，因而耐水性能好，可久远保存，建筑物主要为当地石头，从下基础到墙体都是石头砌成，用石板盖顶。整个寨子依山而建，村民们用石料修造出了一幢幢颇具民族特色的石板房，石板房以石条或石块砌墙，墙可垒至五六米高；以石片盖顶，铺成整齐的菱形或随料铺成鳞纹。还有用当地石材建成的石梯、石路、石墙、石门等。

民族文化

村内在家务农的村民多为中老年人，居住在祖先们建筑的老房子里，农闲时男人们聚在寨中打牌，吹奏传统的唢呐，敲打着铜鼓、铜锣。妇女们坐在火盆边，制作蜡染，上布机织锦，时而集中在一起唱布依族山歌，跳布依舞。年长者会耐心指导年轻的姑娘们织锦、绣花、蜡染绘画，并用蜡染做成色彩多样的民族服饰。

传统民居

沟渠

村落环境

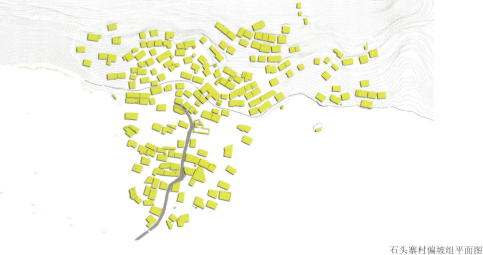
石头寨村偏坡组平面图

干阑式石板房1

蜡染

古巷道

干阑式石板房2

赶表

古井

干阑式石板房3

干阑式石板房4

人文史迹

偏颇组人文遗迹主要有传统民居，约180栋，历史建筑52栋；其他人文遗迹有反映村落历史风貌、构成村落特征的要素，如水渠、石拱寨门、石拱院门、古墓、古树等。可布河1条，古水渠1道，古巷道2处，土地庙1座，石木房2处，石拱院门1处。

可布河：寨门前不远处是黄果树瀑布上游的可布河，水源较丰富，距石头寨景区约1公里。可布河位于偏坡的南侧，也是偏坡古村落的主要朝向一侧，河流从东向西缓缓流过，水质清澈，水量丰沛，是偏坡乃至石头寨村以及周边村寨的农田灌溉的主要水源，也是偏坡的母亲河。

古水渠：由于本村落位于山区，地形地貌较为复杂，河流流经处往往都是该地段最低之处，由于农耕的需要，在古代便开始开凿渠道，引水灌溉。偏坡寨前的农田均高于白水河该流域的可布河，故有水渠1道，将白水河水从上游引流至此，以供灌溉，同时为村民提供生活洗涤用水，可谓功不可没。

保护价值

偏颇组是至今保存较完整的清代民居村寨，经过历史的洗礼，是清代至今的历史发展的足迹，在滇黔古道上建立的当地民居与自然山体互相融合的发展历史；偏颇组蕴含的丰富历史信息，可以印证、订正和补充文献记载中的有关史实；偏坡组是中国清代以后民居村落的典型实例，总体格局具有极强的功能性，显示了高超的建筑设计构思，具有很高的科学价值。偏坡组建造在滇黔古驿道上，借助山形地势，是贵州地区一处保存比较完整的明清古驿。

偏坡组集技术与艺术于一炉，是民居建筑的精品。村落内部建筑和街巷均以石为主，结构、材料和施工工艺代表了当时当地的建筑成就，整个村寨的营造是古代建筑技术与艺术融合的典范。

陈清銮 郭海娟 编

石头寨村偏坡组全景

安顺市西秀区七眼桥镇本寨村

本寨村全貌　　本寨村区位示意图

总体概况

本寨村是一个具有630多年历史的屯堡村寨，位于贵州省安顺市西秀区七眼桥镇东南，距安顺城区18公里，距贵阳80公里。村寨始建于明代洪武年间（1381年），是滇黔古道上用于休息的商屯军屯，后为了加强对西南边疆的统治，从江浙一带招募士兵，屯田驻军于此。村落占地面积4.6公顷，全村约230户1100人，以汉族为主。本寨村于2001年6月被公布为第五批全国重点文物保护单位；2005年被列入第二批中国历史文化名村名录；2014年被列入第三批中国传统村落名录。

村落特色

本寨村地处黔滇古驿道上，是明代军屯、民屯、商屯遗存的实物见证和屯堡文化的典型代表。本寨依山傍水坐北向南，坐落在云鹫山南麓，背靠箐林，前临田坝、河流，左为青龙山，右为姊妹顶山，前临三岔河，沿河是肥沃的田地。龙潭水源与杨柳河交汇从寨前而过，大桥横跨河流，径直而入村寨，寨门两边古寨墙向东西延伸，寨内碉楼耸立、石板房紧凑，自成一体的"三合院"、"四合院"建筑与各条小巷连成一体。户与户之间有高楼相隔，又有暗门相连。整个村寨布局严谨，主次有序，结构坚固，易于防守。村里既保存有善于防御工事的屯门、屯楼、屯墙、古街道，又有江南建筑风格的门楼、窗室，砖碉、石雕、木雕浑然一体。本寨与周边的云山村、雷屯等7个屯堡村寨合称"云峰八寨"，距云山村约1500米。

传统建筑

本寨传统建筑依山择平地而建，包括碉楼、民居、屯墙、屯门、驿馆等。屯墙、屋基多用方整石块砌筑，大多为硬山式建筑，屋外铺设精致的石地墁和石水漏，街巷均建有明沟以排水排污。

民居：当地民居建筑是江南建筑在喀斯特地形条件下的地域应答，民居院落宅院大门大都有雕凿精美的垂花门楼，房屋内均装饰雕刻精美的隔扇门窗和精雕细凿的额坊门簪。有些民居还在院落之角砌筑多层石碉堡，为四方体硬山顶建筑，每面墙体均开有"凸"形、"口"形观察孔以及"一"、"上"、"十"、"0"形箭孔、枪孔（村寨中的门壁、山墙及寨门、寨墙上亦然），已然呈现热兵器时代特点。房屋从内到外，选料考究，布局严谨，设计别致。屋基用方整石砌筑，雕须弥座，院落中央用石板铺就，饰以"八卦"图，石水漏雕鱼跃龙门图，镶边石精雕细刻吉祥纹饰，整个石砌工程均对门镶砌，不施黏合。其门、窗隔扇更是雕刻精美，整栋民

民居2

民居1

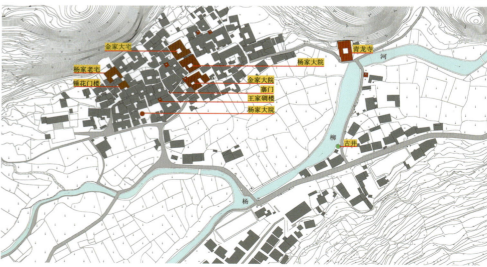

本寨村平面图

村落一角 1

居，匠心独具，极富江南民居特色。

金家大院：正房通面阔20米，通进深6.79米，二层穿斗式石板瓦顶。共有落地木柱40根。前檐明间辟板门，次间设槛窗。一层窗无存。两山墙为石墙。现为水泥砂浆地面。

客房、中厢、西厢：客房通面阔9.93米，通进深7.6米，二层穿斗式石板瓦顶。共有落地柱17根木柱。明间为板门，两次间设槛窗，南山墙、北向为后建砖墙。现为水泥砂浆地面。西厢面阔两间，通面阔3.45米，通进深3.16米，二层穿斗式石板瓦顶。共有落地柱8根木柱。前檐为板门和槛窗，后檐为石墙。现为水泥砂浆地面。中厢面阔两间，通面阔4.41米，通进深3.35米，二层穿斗式石板瓦顶。共有落地柱9根木柱。

东厢房：面阔通面阔11米，通进深7.19米，二层穿斗式石板瓦顶。共有落地柱24根木柱。

门楼：通面阔1.77米，通进深0.78米，二层穿斗式小青瓦顶。共有柱4根木柱，柱径在150毫米。前檐带垂花柱，雕花被人为部分破坏。

碉楼：四边墙厚为0.92米，二层为石楼板，其余三层为木楼板，四楼楼板糟朽30%。各层上都带有射击孔和窗。歇山顶式石板瓦顶。

民族文化

数百年来，江淮军士及其后裔在黔中大地上繁衍生息，固守着祖先遗留下来的汉族传统文化，他们的语言、服饰、民居建筑及婚丧风俗沿袭着明代的文化习俗，形成了独特而罕见的"屯堡文化"。

迎汪公：每年的正月十六，鲍屯人要把汪公从平日香火侍奉的汪公庙中请出来放在红色的轿子里，由村中德高望重者为

青龙寺

巷道

前引，鸣锣开道进行游乡，轿过的每一家都要烧香鸣炮奉迎，整个过程约需一天一夜。

屯堡地戏：源于傩文化，其主体本是中原文化，明军里盛行的融祭祀、操练、娱乐为一体的军傩，随屯军进入贵州，并与当地民情、民俗结合，形成了以安顺为中心的贵州地戏。2006年5月20日，安顺地戏经国务院批准列入第一批国家级非物质文化遗产名录。花灯：每年的正月到七月，本寨的人都会跳花灯和跳地戏。花灯历史悠久，剧目丰富。演的常是家庭琐事和男女爱情，已被列入贵州省非物质文化遗产保护名录。

屯堡服饰：屯堡人仍保持着明代的穿衣风格，妇女常穿蓝色斜襟大袖长衫，领口和袖口绣着花边，系青丝腰束，脚穿"高帮单勾凤头鞋"，头包白布或青布。

寨门

人文史迹

碉楼：寨中现存碉楼7座，高高耸立于村寨高低错落的民居之中，尤显奇特与安谧。其中金姓修建于民国时期的"鸿鹄别墅"是典型的碉楼民居精宅，是本寨造作最精美的民居之一。

古井：寨中现存古井1口，位于村寨东部，杨柳河旁，早期作为村寨内饮用水的水源，现状古井仍然很好地保存了其原有的历史风貌，主要用作生活用水。

保护价值

本寨村是明代军屯、民屯、商屯遗存的实物见证和屯堡文化的典型代表，是明代军屯遗存的典型实例，见证了明代滇黔古道军事要塞与当地民居融合发展的历史，并形成了独具特色的"屯堡文化"，具有极高的历史、文化、科学价值。

余压芳 杜 佳 编

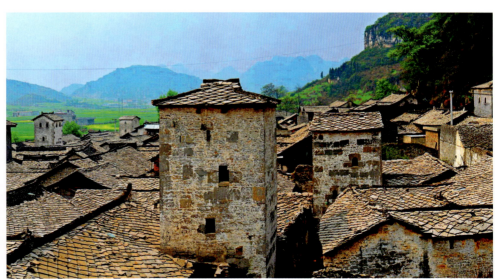

村落一角 2

安顺市黄果树风景名胜区黄果树镇石头寨村石头寨组

村落景观1

石头寨村石头寨组区位示意图

总体概况

石头寨位于黄果树风景名胜区，黄果树镇形成于明代，村域面积约1.5平方公里，常住人口约1100人，主要民族为布依族，距黄果树大瀑布约6公里，是具有典型石砌建筑的布依族村寨。2014年石头寨入选第三批中国传统村落名录。

石头寨当地布依语称之为"板波森"，其意"背靠石山，世居石屋"。石头寨位于石头山东部，背靠青山，面朝坝子，形成背山面水之势。寨前田园阡陌，寨后绿树成荫。白水河沿着村寨北面从东向西，绕过石头山西面缓缓流下，环至村寨南面。河水围绕着寨落而流，形成了玉带环腰之形态。

村落特色

石头寨村民的生活，主要以旅游服务为主，这种原生态的民族风情，吸引了不少好奇的游客。全寨都是石墙石瓦的石屋。石屋层层叠叠，顺山势而建，错落有致。有的石屋，房门朝向一致，一排排并列，有的组成院落，纵横交错。房间一般是单数，格局也有沿袭下来的规矩。有的组成一正两厢院落，一幢幢纵横交错；有的石屋是石砌围墙，有石拱朝门进出的单独院落。村头寨边的竹林柳荫下，还安置了许多的石凳石椅。

传统建筑

石头寨的石屋建筑极有特色：石屋沿着1座岩石嶙峋的山坡自上而下修建。房屋为木石结构，不用一瓦一砖。用木料穿榫作屋架，屋架有7柱、9柱、11柱不等，无论是三间或五间一幢，中间多作堂屋，下为实地地面；左右两边多作卧室上铺地板，下为"地下室"关牲口。在建房时，首先用石头砌好两个较高的屋基，一般在2米以上，然后将木柱房架立在上边。正因为屋基较高，家家都得砌石阶进门。房架立好后，就砌石墙四面封山，用薄石板盖房，有的用石料间隔，石柱支撑。这些房屋的墙，有的用块石、垫石垒砌或浆砌，有的用锤针剔打平整的料石安砌，有的用乱石堆砌再用石灰或混凝土在墙面勾缝成虎皮墙。砌石接缝紧密，线条层次匀称，工艺精湛，房屋造型美观大方。

石头寨村石头寨组全貌

天生桥瀑布

村落景观2

石头寨村石头寨组平面图

石拱门

安顺市

民族文化

石头寨是著名的蜡染之乡，寨里寨外，随时可见点蜡、漂蜡的女性。全寨约80%的成年妇女都会这种传统的民间工艺，农历六月六等布依族民族节日或赶场天，场坝两边，男女各自为阵，相好的意中人，便到田间、树下、河边、崖畔，背靠背，以歌声娓娓诉衷情，这就是布依族特有的"赶表"。

刺绣

木雕刻

六月六活动

赶表

古街巷

木雕刻

保护价值

石头寨是至今保存较完整的明代民居村寨，是明代偏远地区民居遗存的典型代表和实物见证。反映了明代布依族人民的智慧，也体现了明代滇黔古道上居民生活的发展历史。

石头寨以及其他周边村寨构成的"石头王国"，构成独特的历史人文环境，各种历史遗存反映出自明代以来民居文化所产生的物质生产、生活方式、思想观念、风俗习惯和社会风尚，记录了安顺地区的历史发展信息。

石头寨蕴含的丰富历史信息，可以印证、订正和补充文献记载中的有关史实。同时，石头寨是我国现存的独具特色的布依族石文化的范例，是我国建筑史、艺术史的珍贵例证，较好地展现了明代建筑文化和建筑工艺，具有很高的科学价值和艺术价值。

寨门

传统民居

陈清鋆 郭海娟 编

人文史迹

石头寨的石屋建筑极有特色：石屋沿着1座岩石嶙峋的山坡自上而下修建。房屋为木石结构，不用一瓦一砖。用木料穿榫作屋架，屋架有7柱、9柱、11柱不等，无论是三间或五间1幢，中间多作堂屋，下为实地地面；左右两边多作卧室上铺地板，下为"地下室"关牲口。在建房时，首先用石头砌好两个较高的屋基，一般在2米以上，然后将木柱房架立在上边。正因为屋基较高，家家都得砌石阶进门。房架立好后，就砌石墙四面封山，用薄石板盖房，有的用石料间隔，石柱支撑。这些房屋的墙，有的用块石、垫石垒砌或浆砌，有的用锤针剔打平整的料石安砌，有的用乱石堆砌再用石灰或混凝土在墙面勾缝成虎皮墙。砌石接缝紧密，线条层次匀称，工艺精湛，房屋造型美观大方。

干阑式石板房

石头寨村落生活场景

安顺市黄果树风景名胜区黄果树镇白水河村殷家庄组

白水河村殷家庄组全貌

白水河村殷家庄组区位示意图

总体概况

殷家庄位于黄果树镇的中部,距离黄果树大瀑布约7公里,至今已有数百年历史,该村始建于清朝(公元1616年至公元1911年)年间。因为明末清初时期贵州民居大迁徙时的布依族民族聚居而形成,村寨为布依族民族聚居村寨。全村村域面积7平方公里,全村人口1283人,412户。由村寨中的民居、水塘、古巷道、古井、碉堡、公共活动广场等组成。2014年该村入选第三批中国传统村落名录。

村落特色

殷家庄位于大山环绕的1个小型盆地中,四面环山,民居建筑依山而建,盆地中部地势平坦区域为农耕用地,在村庄中央有1池塘,池塘水量充沛。殷家庄古寨位于两山之间的垭口处,古寨为南北走向,坐东朝西,东面山体为靠山,西面山体为"关栏"。北面通向五里坝,南面为村庄的农耕区域,田园阡陌,寨后绿树成荫。

传统建筑

主要建筑工艺特点为传统的石木结构,全村大约60栋传统石头建筑群,建材物材质有杉树、秋树等,用于柱头(柱子)板材,因而耐水性能好,可久远保存,建筑物主要为当地石头,从下基础到墙体都是石头砌成,用石板盖顶。整个寨子依山而建,村民们用石料修造出了一幢幢颇具民族特色的石板房,石板房以石条或石块砌墙,墙可垒至五六米高;以石片盖顶,铺成整齐的菱形或随料铺成鳞纹。还有用当地石材建成的石梯、石路、石墙、石门等。

传统民居1

方形石门

天门村民居主体建筑

传统民居2

白水河村殷家庄组平面图

安顺市

民族文化

村内在家务农的村民多为中老年人，居住在祖先们建筑的老房子里，农闲时男人们聚在寨中打牌，吹奏传统的唢呐，敲打着铜鼓、铜锣。妇女们坐在火盆边，制作蜡染，上布机织锦，时而集中在一起唱布依族山歌，跳布依舞。年长者会耐心指导年轻的姑娘们织锦、绣花、蜡染绘画，并用蜡染做成色彩多样的民族服饰。

六月六活动

干阑式石板房1

蜡染　　织锦

古街巷

民；在哨口边上还有一个小洞，据说是枪眼，抗击外敌所用。从碉楼的形式和细节的处理不难看出碉楼在古时候的传统村落中起着非常重要的防御作用。

古建筑窗花是村内保存较好的历史文物，体现了当时的木雕工艺与艺术文化。

古巷道：古巷道由石板铺成，年代久远，是村子里的重要交通通道，同时也是村子历史的见证。

保护价值

殷家庄是至今保存较完整的明代军屯村寨，大山顶上千米长的古城墙遗址，盘踞于山顶之上，当地人称防御城墙，具有防御功能。修建在寨内的碉楼，具有观察放哨的作用，是古代村落防御体系中重要的因素。古城墙及碉楼，都是明代军屯遗存的典型代表和实物见证，反映了明代为实现一统大业，在滇黔古道上建立的军事要塞与当地居民互相融合的发展历史。

殷家庄古寨是中国明代具有军事防御功能群体村落的典型实例，总体格局具有极强的功能性，借助山形地势，在寨内高处建造碉堡，背靠大山，山顶建筑城墙，易守难攻，具有关哨作用，是贵州地区一处保存比较完整的明清古驿道军事要塞，显示了高超的建筑设计构思，具有很高的科学价值。

陈清鋆　郭海娟　编

干阑式石板房2

干阑式石板房3

干阑式石板房4

人文史迹

殷家庄的人文遗迹主要有池塘、1口古井、碉堡、古城墙、古巷道、寨门、4处石拱院门。

池塘：在殷家庄的田园中央有一个池塘，面积约6600平方米，对于殷家庄的发展来说，这是一个重要的传统资源。

殷家庄碉堡：是村子古时候的防御建筑，保存较为完好，具有一定的历史研究价值。整个碉楼用石块砌筑而成，总共三层，在每一层都有窗口，窗口较小，即是哨口，因碉楼建在高处，再加上碉楼高出其他建筑，通过四面的哨口边可以查看整个村寨周边的环境，观察敌情，通报村

白水河村殷家庄组全景

397

安顺市西秀区大西桥镇吉昌村

吉昌村全貌

吉昌村区位示意图

总体概况

吉昌村位于贵州省安顺市西秀区大西桥镇管辖距离安顺25公里，省城贵阳60公里。明初洪武征南奉旨留守建村于屯军山。明中期至明末，在军粮屯、鸡场屯建寨（因战乱回屯军山），清建寨鸡场屯至今。吉昌村村域面积25平方公里，总人口约为3980人，以汉族为主。2008年，"抬亭子·迎汪公"被列入省级非物质文化遗产。2009年吉昌村被列入省级历史文化名村名录，2012年被列入第一批中国传统村落名录。

村落特色

吉昌村是典型的屯堡村寨，村落选址依山不靠山、临水不遮水，群山环绕、一水相拥，村落严格按照军队的"一字长蛇阵"布局，南向各街巷均可通往后面的老柴山，便于迅速的集结和撤离，构成"关门打狗"之势，易守难攻，是有序的古代城堡布置，充分表现出村寨的防御功能，是屯堡文化中军屯的典型代表。

传统建筑

吉昌村的民居建筑中，三、四合院所占的比例约为50%，正宗的"江南水乡"式住房，以田、冯、汪、胡、陈、石、马、范姓居多，石木结构，墙体以石材为主，正房最高两楼一底，防贼防盗，冬暖夏凉，财门上方有吊瓜，门窗雕龙刻凤，工艺十分讲究，多数保护完好。

汪公庙：始建于明代初期，总占地面为1600平方米，位于村中心，坐南朝北，三层两天井五进。一进为古戏台，二进为前天井，三进为汪公殿，四进是后天井，五进为大佛殿。后面是玉皇阁，石木结构，四周墙体为石头，屋面石板，高架建筑结构，以"6"为主：中高2丈2尺6寸，用4~6分水法，椽柱、二柱、瓜柱为四分水，瓜柱至中柱为6分水，名曰罗汉衫水法，抬托连通前后椽，二柱、梁两栋；第一栋前三柱为院梁，第二栋为中柱，是主梁，屋脊上设佛型，椽边搬角（用竹条、瓦片、

建筑院落

汪公殿

民居

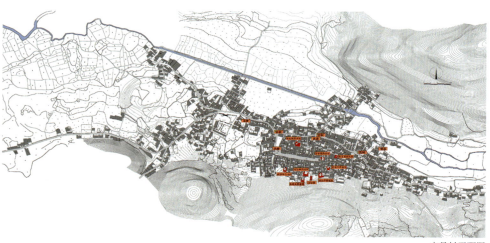

吉昌村平面图

古桥

古井

抬、祭汪公

石灰等制作而成）。大庙是全寨聚会、文化娱乐中心，历来从事各种屯堡民俗活动。

陈玉昌四合院：建于明末，四合院式建筑。共二进的院落。一进为前院；二进为主院落天井，分正房和厢房；院墙即为路道墙。建筑为下石上木结构，雕花以秋木、白杨木精心雕刻，木、栏杆上有春牡丹、夏荷花、秋菊花、冬梅花，雕工精美，极具研究价值。

左和平三合院：建于明代，三合院式建筑。共三进的院落。一进为过道；二进为主院落天井，分正房和厢房；三进为后院，院墙即为村寨的寨墙。建筑为下石上木结构，雕花以秋木、白杨木精心雕刻，木、栏杆上有春牡丹、夏荷花、秋菊花、冬梅花，雕工精美，极具研究价值。

民族文化

屯堡地戏：被人誉为"戏剧活化石"，地戏演出时，"跳神者首蒙青巾，腰围战裙，戴假面具于额前，手执戈矛刀戟之属，随口歌唱，应声而舞"内容为高昂悲壮、精忠报国的英雄主义题材。

屯堡抬亭子："抬亭子"源于明朝时期，明洪武十四年，朱元璋调北征南，留守戍边屯田，建立屯堡村寨，吉昌村就是明代征南将士从徽州歙县把汪公木像带入黔中进行供奉纪念。汪公其名王华，生于隋末唐初，曾被几代皇帝封为越国公，官至徽州府主称"汪王"。因九屯十八堡深受汪公恩惠，正月十八又是汪公圣诞，故每年正月十八日，吉昌屯都举行盛大庆典活动。

人文史迹

古城墙：明代屯军建寨，因战争需要，村寨四周都建有1.5米宽、5米高，全长1.5公里的寨墙，有3个门楼出入，门楼上有瞭望哨，寨墙下有护村河，可防、可守。由于年代久远，基本上完全消失，只有村后尚存一段古寨墙。

古驿道：明朝初期，吉昌村始建时是属于山区地形，所有的道路均新开且是土路。遇雨天时人马无法行走，当时的屯军驻扎在屯军山上，为了行动方便，屯军就地取材，用石头修建了当时行军和运送粮草的古道。

古桥：位于村西水浪荷叶，名曰罗家桥。始建于明代，为二孔石拱桥，至今仍保存完好，人还可通行。是连接两边农田的耕作通道，是吉昌村现存保存原貌的唯一古桥。

库塔：是屯堡妇女从事佛教活动专用的烧钱化纸的地方。该库塔分四面八方七层，呈宝塔形，正所谓"七级浮屠"之称，历经上百年，多次修缮，现状保存完好。屯堡妇女信仰"三教合一"，在一年内，每月都有会口，这里是她们拜佛烧纸的地方，特别是每逢正月十八日，格外热闹。

保护价值

吉昌村是我国现存的独特的防御性军屯的范例，是贵州地区一处保存比较完整的明、清古驿道军事要塞，其格局仍然保留着军屯的痕迹，对研究屯堡文化，特别是军屯特色有较好的历史价值，是明代军屯历史和古代江南文化在同一区域内融合的遗存，是难得的历史实物"标本"，是中国传统屯堡村落的典型代表和实物见证，具有极高的保护价值和研究价值。

杜　佳　王　曦　编

地戏

民族服饰

石碑

库塔　　　　　古城墙

戏台

安顺市镇宁布依族苗族自治县江龙镇竹王村（原猛正村）

竹王村全貌

竹王村区位示意图

总体概况

竹王村属镇宁布依族苗族自治县江龙镇，距镇宁县33公里，距江龙镇5公里，紫黄公路由该村横穿而过。全村总面积35平方公里，下辖8个村民组，共746人。该村历史悠久，形成于元代以前，是蒙正苗族夜郎竹王文化的起源。全村主要民族为苗族（蒙正苗）和汉族，姓氏以朱（竹）为主。2014年，竹王村被列入第三批中国传统村落名录。

筑分别以当地石材和木材作为墙体材料，而屋顶均为传统石板瓦，充分体现就地取材，因地制宜的思想。以石板盖顶，铺成整齐的菱形或随料铺成麟纹，石头民居不仅不透风雨，而且古朴美观，屋顶举重若轻，安居而不压抑，建筑细部如门窗、石雕也体现了村落匠人的精湛技艺。而进入室内的玄关空间及石梯也别具一番风味，在审美学、生活实用性等方面都具有科学艺术价值。

传统院落

村落特色

竹王村落选址处在河流的湾环之中，与传统理论相吻合。整个村落选择背依大山的马蹄形凹地，靠山临水，这里青山翠绿，碧水长流，整个生态环境呈现出一派安定祥瑞之气。中间凹地为连片农田，视觉景观良好，在传统聚落的生存延续上起到十分重要的作用。

村落中部自南向北有一条主河道，东部有部分支流。夏季雨水充足，河水不断，能起到排洪、灌溉等作用。冬季雨水较少，河道水流不大，但也能形成良好的景观轴线。

传统石板房

窗户雕花

传统建筑

贵州苗族房屋因材料使用不同，各地建筑形式也不尽相同。黔东南苗族地区木材较多，所以木房、瓦房较多，草房土墙较少。黔中南一带木板房、瓦房和草房、土墙房兼有。此外，黔西北和黔北地区，还有了不少苗族搭的"叉叉房"。

江龙镇竹王村古村落传统建筑较多，占全部建筑的85%以上。传统建筑分为石板房和木板房民居建筑两种。两种传统建

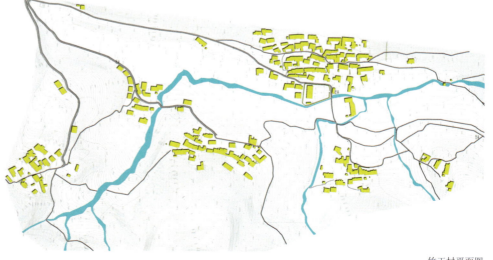

竹王村平面图

安顺市

民族文化

竹王村民俗传统节日主要有：每年正月十二"望山节"，二月十二"竹王节"，七月十二"跳花节"等。其中竹王崇拜最为隆重，而竹王作为村落祭拜的历史人物，有史书记载。《后汉书》卷八十六·《南蛮西南夷列传》第七十六曰"夜郎者，初有女子浣于豚水，有三节大竹流入足间，闻其中有号声，剖竹视之，得一男儿，归而养之。及长，有才武，自立为夜郎侯，以竹为姓。"夜郎竹王，即竹王村蒙正苗族后裔敬奉的祖宗。

竹王崇拜：2007年竹王崇拜已列为贵州省省级非物质文化遗产保护对象。夜郎竹王是蒙正苗族的祖先，称为其后裔的人们为缅怀逝去年代已久的祖先竹王，大家商定在农历二月十二这天杀一头牛来祭祖。这一天又称为蒙正苗族"竹王节"。祭祀对祖先的尊重和寄托哀思。它有一整套世代相传、富有民族特色的文化程序，蕴涵着独特的文化记忆。竹王崇拜的环节共分为9步。1."掩口舌"，2."起斋头"，3."交衣服给竹王"，4."扫屋"，5."起笙起舞"，6.祭"后羿射日"，7."交牛"，8."拜祭"，9."祭拜"。

跳花节：跳花节活动的意义是"庆丰收"每年农历七月十二这天，苗民们不分男女老少，大家都穿上节日盛装，吹着唢呐、芦笙，拉着四弦马头胡，载歌载舞在花坡上尽情欢唱，附近村寨的布依族、汉族群众都来参加活动。

茶山

古夜郎天象图：指的是古夜郎国刻在大石头的图案，位于蜂糖大山山腰的一块巨石，石头的前面、右侧、表面均刻有各种各样的图案。

竹王坟：竹王坟位于村落北面方向，每年竹王节，周边地区、其他省份的苗族后代会来这里祭拜祖先。这正是"竹王崇拜"的缩影一角。

竹王古城：古城遗址在竹王村落上原始森林中。现今保存较为完整，目前可见古城门、古城墙等遗迹现存，均由石头构成，其中古城门为几块条形巨石构成。

孟获洞：位于杨柳村革缀后山坡。传说古代有一个叫孟获的苗王带兵住在里面，被打败后往其他地方走了。镇宁蒙正苗族每个村寨至今都还供奉着孟获像。

古障树：古村落共有古树两棵，为樟树。分别位于李家院前和后，苍天古树挺立在村落中，给人视觉冲击力强烈。树木长势优良，目前没有进行挂牌保护。

竹王古城

竹王坟

竹王节

古夜郎天象图

保护价值

竹王村历史遗迹众多，有竹王古城、竹王坟、古夜郎天象图等。这些都是古人智慧的结晶，特别是在蜂糖寨半坡发现的天象图，是古人用来记载天象的，这些历史记录对我们考古研究极具科学研究价值。

竹王村建筑有两种建筑形式，分别为石板房和木板房。两种建筑都就地取材，用石材和木材作为墙体，屋顶都采用传石板铺瓦，充分体现因地制宜的思想。建筑细部门窗、石雕等体现匠人惊人的凿刻技艺，特别是玄关空间和石梯别有一番风味，在审美学、生活实用性等方面都具有科学艺术价值。

竹王村不管优美的自然环境，还是富有传奇色彩的历史文化，都是古村落与生俱来的天赐之物。与其他村落不同的山水格局和历史文化，必将成为人们的宝贵财富，源远流长。

陈清鋆 王 军 易婷婷 编

人文史迹

竹王村历史遗迹众多，李家院和冯家院有古树、古井、有夜郎竹王后裔供奉"竹王偶像"的活态文化；猛正有"竹王祠"、"活人坟"墓群古遗址；杨柳村有"竹王城"、"孟获洞"遗址；干坝村有"竹王坟"；蜂糖村有古人刻在大石头上的"古夜郎天象图"及文字符号，古人立在蜂糖大坡山脊上不认识的"天书"；在蒙正苗族中，还传承着夜郎王多同自制的夜郎王印和汉代朝廷颁发的一枚县印；有一个为夜郎王用过的会变多兽图形的奇石"夜郎国宝"。

竹王村风貌

安顺市西秀区宁谷镇小呈堡村

小呈堡村全貌

小呈堡村区位示意图

总体概况

小呈堡村位于贵州省安顺市宁谷镇（即古夜郎国境内），距宁谷镇2公里，交通十分便利。坐落于传说中诸葛亮七擒孟获之一的"擒孟山"脚下。该村形成于明代，村域面积约4.8平方公里，常住人口约1800人，民族构成以汉族为主。2014年入选第三批中国传统村落名录。

村落形成最初因陈姓祖先为躲兵到此处隐居，后明大军征南，罗姓祖先带兵驻守，逐步形成陈、罗为主的村落。

村落特色

小呈堡村建于群山之中，是典型的喀斯特地貌，地表附近有节理发育的致密石灰岩，绿色植被很好，工业污染少。

村落下山不到两公里就是交通要道（209省道、安紫公路），上山不到3公里就是南门最高的擒孟山，可俯视安顺城，作为天然屯兵处形成该村落，80%以上的建筑现保存完好。在山顶之上建有较大的水库，专门用于收集雨水，饮用及灌溉，村落中有三口古井，清澈透底，长年不干，是天然的屯兵大后方。

本村主要以木架结构古建筑四落院为主，各家相对独立，村落之中以小巷连接，以前的石板路现多改为水泥路，村落内部街巷整洁，环境优美。

传统建筑

小呈堡村传统建筑连片，保存相对较好，三、四合院所占比例约占30%，其中比较典型的传统建筑为安居寺（又称小圆通寺），陈姓古寨，修建历史均为600年以上，其他传统建筑基本为传统民居，是典型的"江南水乡"式住房，以陈、罗居多，石木结构，墙体以石头为主，正房最高两楼一底，防贼防盗，冬暖夏凉。

财门上方有吊花，门窗雕刻，工艺十分讲究，多数保护完好。随着人民生活水平的改善，新式楼房不断增多，传统民居在逐渐消失。因此，传统民居的保护已经迫在眉睫。

陈家老宅

老建筑局部

村落景观

小呈堡村平面图

安顺市

民族文化

小呈堡村居住村民基本为汉族，是屯堡文化比较突出的村寨。屯堡文化来源于朱元璋大军征南和随后的调北填南大军，在漫长的岁月中，征南大军及家口带来的各自的文化与当地文化融合，经过600多年的传承、发展和演变，"屯堡文化"因此而形成。小呈堡村村民至今还保持着自己的生活习惯、屯堡服饰、民俗活动。

非物质文化方面，村民每年都举行"跳神"活动，就是屯堡文化中的地戏，地戏随明朝征南大军来到贵州，是军人的文化活动，也是军事演练，如今只有安顺不多的几个村寨还在完整保存下来，是当年原汁原味的江南风味。小呈堡村有自己的地戏队伍，有完整的一套跳地戏的装备，每年正月，地戏表演吸引周边的村民至小呈堡村观看演出，热闹非凡。

地戏表演1

木饰雕花

地戏表演2

古井

保护价值

小呈堡村的传统建筑相对来说算保存得比较完整的村落，小圆通寺、陈姓古寨等比较具有代表性的传统建筑保存完好，村内历史文化元素相对较多，地戏、屯堡、服饰等一些比较突出的非物质文化给小呈村增加了特色，具有较高的保护价值。

陈清鋆 郭海娟 编

陈家老屋

阁楼

圆通寺

土地庙石雕

传统民居

人文史迹

小呈堡村历史上出过几位名人：罗玉森，原名罗树廷（1870~1930年），清朝末年，朝廷举行科举，罗树挺参加比武竞赛，获武秀才魁首，颁发证书、红顶子、马靴，官府赐名玉森。

罗满公原名罗永鹏（1908~1995年）清朝末年，朝廷实行科举即州府级授考文及科目，举文秀才。

安居寺：又称小圆通寺，修建于明朝洪武年间，建筑规模约400平方米，石木结构，墙体为石头，是当地居民祈福拜祖的重要场所。

农耕过水渠

安顺市西秀区新场布依族苗族乡花庆村石头组

花庆村石头组全貌

花庆村石头组区位示意图

总体概况

花庆村石头组属于新场乡，地处西秀区西南部，新场乡南部，距离新场乡政府驻地约12公里。该村形成于明代，村域面积约2.2平方公里，常住人口约360人118户，民族构成以汉、布依、苗、仡佬为主。2014年入选第三批中国传统村落名录。花庆村地貌以丘陵为主，地势起伏较大，平均海拔1257米，常年平均气温24摄氏度，年平均降雨量1130毫米，自然条件优越，全年气候温和，冬无严寒，夏无酷暑。

村落特色

村落基址四面环山，建筑整体采用江南风貌，石木结构。古街巷格局保存完好，尺度宜人的古街古巷纵横交错，顺山势地形蜿蜒曲折，空间收放有致，且仍保留有浓郁的生活气息。花庆村石头组民居依山势布局，或单体式，或三合院式和四合院式、或平行排列式，寨中有公共活动场地，公共建筑等，整个村寨由多条古街串联而成。花庆村石头组的后山称小屯顶，小屯顶上有明末清初时建造古围墙遗址，当年修建的古井、古巷、古民居等至今保存较好，共同构成完整的古村落。

传统建筑

石头组传统建筑群始建于明代并形成规模，整体坐南朝北。传统建筑均为石木结构，大青石为基础，墙体用石块采干垒工艺砌成，屋面石板盖顶。结构多为硬山板顶干阑式，屋顶铺石板，自然形的石片铺成"冰裂纹"，方形石片铺成菱形。山墙和后墙为石墙。木、石构件有精美雕刻，柱础、门楼、门窗等是主要装饰部位。

民族文化

石头组的民族文化主要体现在风土人情和民间艺术两方面：

风土人情主要有地方婚姻、丧葬、节庆等。作为屯堡文化的代表之一，石头组的婚姻民俗一般以父母之命，媒妁之言为主；丧葬方面，屯堡人历来用木棺顺直土葬，届时做"道场"，三、七天不等，以超度亡灵，服孝3年，春节不贴红对联，3年孝满，孝子洗孝除服；屯堡人的节日都以敬奉神灵和祭供祖宗为主要内容，多神

传统民居1

传统民居2

村落景观

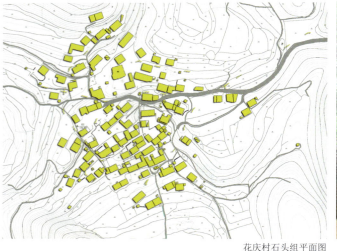
花庆村石头组平面图

古树

信仰和祖先崇拜的缘由，加上传说的民俗节庆，使屯堡村寨一年四季各种活动不断。

石头组的民间艺术丰富多彩，据清道光《安平县志》载："元宵遍张鼓乐，灯火爆竹，扮演故事，有龙灯、狮子灯、花灯、地戏之乐。"这种屯堡人在正月间的娱乐形式沿袭至今，其中最具代表性的是被誉为"喜剧活化石"的地戏。

人文史迹

建于明朝时期的石头组，经历了屯堡安寨、文化交流等，形成了极具地方特色的古建筑遗迹，主要有罗氏、杨氏、朝门头古院落、大门楼古集体活动场所、古围墙遗址、古井、古驿道、古围墙等。

古院落共同构成了石头组的民居群，是古建筑群单体建筑的主要组成部分，也是村寨防御体系的基本组成单元。

大门楼古集体活动场所，保存完好，至今石板铺地仍在。

古围墙遗址：小屯顶上建有石砌防御

屯堡地戏

古驿道

屯堡跳花灯

古井

大门楼

传统民居3

传统民居4

传统民居5

性寨墙，但现在已经破损，围墙遗址旁还有一颗200年的古树。

保护价值

石头组古建筑群是至今保存较完整的明代民屯村寨，是明代民屯遗存的典型代表和实物见证。反映了明朝的政治运作、经济发展以及边防军队补给及军需供应的发展历史。村落中的古建筑群以及其他屯堡村寨构成独特的历史人文环境，各种历史遗存反映出自明代以来民屯文化所产生的物质生产、生活方式、思想观念、风俗习惯和社会风尚，记录了安顺地区的历史发展信息，古建筑群蕴含的丰富历史信息，可以印证、订正和补充文献记载中的有关史实。

作为屯堡文化的典型代表之一，石头组还充分体现了屯堡文化的文化价值，是明代军屯历史和古代江南文化在同一区域内融合的遗存，是难得的历史实物"标本"。屯堡文化是研究历史学、建筑艺术、文化交流与演化的宝贵实物资料。

陈清鋆 郭海娟 编

花庆村石头组全景

安顺市平坝县白云镇肖家村

肖家村一角

肖家村区位示意图

总体概况

肖家村位于平坝县南面，距县城12公里，距白云镇政府5公里，东、北与元河村相邻，南与刘官乡蚱陇相邻，西与花柱村、汪井村接壤，肖家村隶属安顺市平坝县（2014年12月撤县设区），属行政村，辖肖家和骆驼山两个自然村寨，交通相对便利。该村形成于明代，村域面积约5.8平方公里，常住人口约2400人，民族构成以汉族为主。2014年，肖家村入选第三批中国传统村落名录。

村落特色

肖家村原名狄裸寨，明洪武十四年（1381年），明皇朱元璋为调北征南，平定云南蜀王，派付友德大将军为主帅，率30万大军远征西南边境，歼灭元朝残余势力。明朝付友德将军驻军狄裸寨，为抵御外侵，寨子建有石墙堡垒，且易守难攻，较为典型的属白虎山石屯墙堡，有利于屯军屯粮、安营扎寨设军屯，并把村寨后山的最高峰设为都军营，次峰为大营（现大营山上明军造饭遗址尚存），大屯、小营、小屯（即白虎山），大营与大屯之间的关卡为衙门官口、管冲，靠近村寨的石龙边设下马台（原立的石碑于"文革"期间被毁），在村前设上马台（现肖家学校教学楼处），同时为补给军事物资在中间街设打铁街，在今白云镇花柱村一个隐蔽之处养战马，称为养马冲，在瓦窑设窑制锅、制碗等（现旧窑遗址尚存）。

该村地形地貌为西高东低，平地与山地相间，土地肥沃，民风淳朴。该村是典型的屯堡村寨，文化底蕴极其深厚。

传统建筑

传统建筑大多是讲究中轴对称的平面布局和秩序井然的伦理营构，以组群布局的方式在平面上展开，形成传统建筑的独特布局。众多的建筑聚集在一起，看似凌乱的建筑群体中却有着严格的结构布局。占据中心位置的无疑是地位最高影响最大的建筑，其余的建筑围绕着中心建筑而建。这种理念和中国的儒家思想结合就使得中国的建筑群整体与局部相结合，使得中国的建筑具有强烈的文化意味。当这种布局思想和堪舆之学相结合时，就使得村落的建筑既具有浓厚的使用精神又渗透着先祖们的人生观和审美理想，充满了既理性又浪漫的艺术精神，展现了先祖们的无比智慧和独特风采，也展现了传统建筑的强烈个性和艺术魅力。

村落的传统建筑因为历史悠久受到极大的破坏，建筑面貌腐朽，但建筑骨架仍在。

村落景观

传统建筑

肖家村平面图

民族文化

肖家村有浓厚的屯堡文化氛围,有丰富的民族习俗文化,有保存较为完好的励志社。肖家村有着丰富的非物质文化遗产,如迎三圣、花灯、唱山歌等屯堡文化习俗传承是较为完整和丰富的,同时还有保存较为完好的各类族谱、墓碑、墓志铭等。屯堡古建筑群、白虎山军事遗址等保存较为完整的军屯肖家村,对研究屯堡文化具有重要作用。

刺绣场景

木雕刻

玉丹寺

地戏表演

古井　古驿道

胡氏大院

层,以前作为小学,现在作为老年协会活动场所。励志社正面有三道拱门,每个拱门上各有一副对联,但因"文革"遭到了严重的破坏。

文峰塔:位于瓦窑小坡的山顶,为七层塔式建筑,属县级文保单位。

玉丹山寺:为明朝永乐年间建成,后于2011年重修。寺庙为三合院布局,中央大殿一层,两侧为厢房,两层,大殿上方雕梁画栋,十分精美,部分"文革"期间被破坏。

傅友德故居

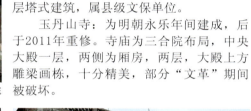
励志社

保护价值

肖家村始建于明代,历史悠久,是明初调北征南大将傅友德最早在安顺驻扎的地方,村内文化底蕴深厚,各类街巷保护较好,具有浓厚的历史价值;肖家村古建筑具有独特的屯堡民居建筑风格。丰富的文物古迹,独特的屯堡民居,对于研究和传承屯堡文化具有科学价值;肖家村古村落格局十分讲究:其中背靠大营山和大箐山,西临周家坡,东临白虎山,为"二龙出水阵"的格局。同时,肖家村内的建筑细部和手工艺品都具有很高的艺术价值,如石雕、木雕、透雕等。肖家村古村落是屯堡文化的见证,保护和发展肖家村古村落,可以带动屯堡文化旅游热,宣传屯堡文化,同时也可以改善目前古村落中居民的生活环境,结合乡村旅游热,提升村寨的集体收入,并带动大屯堡旅游圈的形成,极具经济价值和社会价值。

陈清鋆 郭海娟 编

人文史迹

肖家村是一个典型的军屯,文物古迹丰富,保存了极富屯堡特色的民居、寨门、励志社、古水利、古井、传统民居等古建筑和碑刻,堪称"国宝"级的文物。

白虎山屯军遗址(市重点文物保护单位):白虎山上有围墙600米围墙至山顶有两条阶梯,是明代驻守古驿道的堡垒。

励志社:励志社,民国二十三年(1934年)修建,自新中国成立后更名为肖家庄小学,保留至今。励志社为传统的四合院式建筑,共两层,中央为主厅,主厅二楼为廊柱式结构,左右厢房均为二

肖家村全景

安顺市普定县城关镇陈旗堡村

陈旗堡村全貌

陈旗堡村区位示意图

总体概况

陈旗堡村位于贵州省安顺市普定县南部，距普定县约2公里，距西秀区约5公里，属于普定县城关镇，村落建设可追溯到清朝时期。村域面积约2平方公里，全村人口约2260人，均为汉族。村内田连阡陌、山绵起伏，田地坝子隐于其中。村内有市级文物保护单位古戏楼，有古堡、古碉、古庙等历史性建筑8处，历史久远。2014年，陈旗堡被列入第三批中国传统村落名录。

村落特色

陈旗堡村选址于群山环抱之中，民居坐落在背北面南的山脚缓坡地带上，为防范贼寇与开垦相结合，依山傍水，鲤鱼防守，北山面水有一条道路东西贯穿村寨。民宅多以坐北朝南，民居多为江南水乡四合院三合院格局，是至今保存较完好的历史悠久的传统村寨。

村寨平面布局以一条主巷道东西而过，多条支巷道向山脚延伸，将各家各户连成片，形成依山面水的结构。民居沿袭了江南三合院、四合院的特点，由正房、厢房、围墙连成一门一户的庭院。结合特定环境的需要而加以改进成全封闭式的格局。

在房屋平面布局上，传统民居强调中轴对称、主次分明，屋面覆盖的青瓦讲究美学的几何结构，体现了儒家思想的平稳和谐、包容宽纳的审美观念。其住房分配既讲究实用性又充分体现内外、长幼、主宾的儒家纲常伦理，从而制约和维系着家庭和社会的人际关系。

传统建筑

陈旗堡村建筑整体采用江南风貌，石木结构及石砌结构。古街巷格局保存完好，尺度宜人的古街古巷纵横交错，顺山势地形蜿蜒曲折，空间收放有致，且仍保留有浓郁的生活气息。陈旗堡村民居依势布局，或单体式，或三合院式和四合院式，或平行排列式，寨中有公共活动场地、公共建筑等，整个村寨由多条古街串联而成。

传统民居1

传统民居2

传统民居3

陈旗堡村平面图

古巷道

安顺市

民族文化

陈旗堡村是明朝军屯文化的重要载体，其民族文化主要体现在风土人情和民间艺术两方面：

风土人情主要有地方婚姻、丧葬、节庆等。作为屯堡文化的代表之一，陈旗堡村的婚姻民俗一般以父母之命，媒妁之言为主；丧葬方面，屯堡人历来用木棺顺直土葬，届时做"道场"，三、七天不等，以超度亡灵，服孝3年，春节不贴红对联，3年孝满，孝子洗孝除服；屯堡人的节日都以敬奉神灵和祭供祖宗为主要内容，多神信仰和祖先崇拜的缘由，加上传说的民俗节庆，使屯堡村寨一年四季各种活动不断。

陈旗堡村的民间艺术丰富多彩，有地戏、花灯和山歌。花灯是屯堡人调北征南时从江南带来的，在上千首花灯曲目中，有许多曲调带有江南小曲的韵味。

花灯戏

古寺庙

传统民居4

河流

古戏台

有精美雕刻，柱础、门楼、门窗等是主要装饰部位。

公共建筑：如古寺等，建筑形式采用当地民居形式，做法精致。

古碉楼：陈旗堡村古建筑群落内，做法精致，至今仍保存完好。

古井：陈旗堡村的东南角和东北角有三口的古井，分别建于清代和民国。

保护价值

陈旗堡村古建筑群是至今保存较完整的清代传统民居村寨，是民屯遗存的典型代表和实物见证。陈旗堡村古建筑群以及其他历史村寨构成独特的历史人文环境，各种历史遗存反映出自明代以来民屯文化所产生的物质生产、生活方式、思想观念、风俗习惯和社会风尚，记录了安顺地区的历史发展信息。不同时期所建造的军屯反映出屯堡文化的时代特征，反映出各个时代发展的轨迹以及地方做法的独特性，对了解当地传统民居的文化内涵提供了丰富的信息。

而陈旗堡村古建筑群的选址充分利用地形环境满足实用功能。陈旗堡村背山面水，以四面山峰为屏障，合理利用其坡、岩、沟、坑、涧等自然环境，具有极强的功能性，显示了高超的建筑设计构思，具有很高的科学价值。

陈清鋆 郭海娟 编

古碉楼

传统民居5

人文史迹

陈旗堡村的后山上有清朝建造的寺庙，当年修建的碉楼、古井、古巷、古民居以及民国时期修建的戏楼等至今保存较好，共同构成完整的古村落。

民居：民居是陈旗堡村古建筑群单体建筑的主要组成部分，也是村寨防御体系的基本组成单元。古建筑群始建于清代并形成规模。整体坐西向东。民居均为石木、石砌结构，以大青石为基础，墙体用石块采干垒工艺砌成，屋面石板盖顶。结构多为硬山板顶干阑式，屋顶铺石板，自然形的石片铺成"冰裂纹"，方形石片铺成菱形。山墙和后墙为石墙。木、石构件

陈旗堡村全景1

陈旗堡村全景2

安顺市镇宁布依族苗族自治县扁担山乡革老坟村

革老坟村全貌

革老坟村区位示意图

总体概况

革老坟村地处典型的喀斯特地貌地区，地势较为平整，革老坟村背靠大山，左右两侧分布有纳墓山和龙脉山、村寨前一条蜿蜒的碧泉河流过。村内建筑依山势沿山体等高线分布，形成弧状扇形空间布局，与寨前的农田构成一幅祥和景象。

革老坟村位于安顺市镇宁布依族苗族自治县的最北端，扁担山乡的最西边，距县城25公里，距国家名胜风景区黄果树16公里。革老坟村始建于明朝，据记载村落祖籍是江西省吉安县豆腐街杀猪巷，因明朝洪武年间调北征南至此，至今已600多年。村域面积为58.5平方公里，总人口约为1388人，以布依族为主。2013年革老坟村被列入第二批中国传统村落名录。

传统建筑

革老坟村建寨历史久远，唐以来的历史建筑保存完好。有传统民居25处（其中四合院4幢）、庙宇1处、碾坊1处、碉楼1处。村落传统民居均为干阑式（石木瓦）结构，大部分有3层，第一层：牛圈房，适宜农村饲养（圈养牲畜）；第二层：设客厅、卧室、厨房；第三层：储藏粮食。每栋建筑一般三、五、七开间，厅堂（较宽敞，设有神龛）、卧室、厨房空间的数量大小不等，住宅一般都选在依山傍水向阳山麓地带，坐东朝西，室内装饰大部分用木板、门窗镂花，围以篱笆隔离。四合院由两正房、两厢房组成，石墙木壁黑瓦结构，墙壁用木板装饰，工匠精制雕刻各种花

石坊桥

稻田

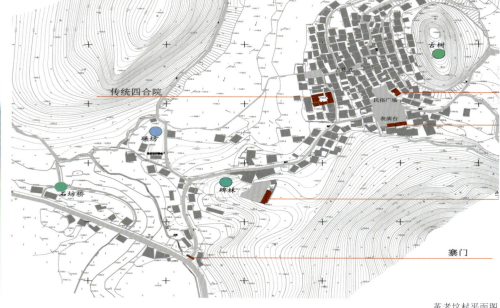
革老坟村平面图

民居1

民居2

民居3

草等图案，大门中还雕刻着福禄、吉祥、乾坤等字，建筑工艺精湛，造型美观大方，风格古朴且与自然融为一体。

民族文化

铜鼓十二调：布依铜鼓是布依族古老的打击乐器之一，用青铜铸造而成，常与唢呐、皮鼓、大镲、铙钹、锣木棍混合敲击吹奏，基本保存着古代乐器的演奏风格。布依族铜鼓十二调由"喜鹊调"、"散花调"、"祭鼓调"、"祭祖调"、"三六九调"、"祭祀调"、"喜庆调"等组成，合称"十二调"，是庆典、祭祖、祭祀等表达布依族丰富民族内涵的音乐体系。布依族铜鼓调是保存古代音乐最丰富最完整的现存的重要乐种。2006年，布依族铜鼓十二调被列入首批国家级非物质文化遗产保护名录。

服饰：革老坟村布依族的服饰以蜡染、织锦染色织布为主，妇女头饰颇具典型性，未婚姑娘头戴青蓝条纹交错的方巾，巾头巾尾镶以棉条，里为衬条，1～3层不等，衬巾有白有蓝，巾四角均绣对称的几何图案或花鸟虫鱼图案，披戴时同假发辫一起盘扎头上，面巾衬巾整齐重叠，覆上颜垂，顺脑披齐肩，假发辫梢加接青丝线簇吊于左颊垂齐胸，配以蝴蝶花，颜上留露一簇刘海，飘逸洒脱。婚后即将座家，改少方巾加衬由竹笋壳制模包上青布的，形如航模"佳角"。

民族节日：革老坟村民族节日众多，有春节、元宵节、三月三、六月六等节日，其中以春节和六月六最为隆重，村民们都会举行盛大的活动来庆祝，舞龙、舞狮、舞凤及布依民间的表演，展示民族民间自制各种灯式，开展布依民间的体育活动，展示布依民间艺术传统，弘扬布依民族的艺术风采。而每个节日必不可少的节目就是铜鼓十二调。

人文史迹

古树：6株古楠木和金丝楠木，分布于村寨后山，树龄达到五六百年，树高达到二三十米，冠幅达到一二十米，虽然年代久远，但这几株古树仍然苍劲挺拔。

古井：村寨有两口古井，都建于明朝，是村民的主要饮水水源。古井一位于村寨北边，后山山脚，古井二位于后山的北面。

石坊桥：位于村寨西南方向碧泉河旁，始建于清代，是村民过河的通道，沿用至今。

名人：王芳仁，1930年10月出生，铜鼓十二调的传承人。王芳仁熟练掌握各种调式，其敲击的铜鼓具有布依族鼓调的节奏明快感，具有浓厚的地方布依族音乐文化色彩，是布依族古代音乐和民俗形成的艺术特征。王芳仁多次参加省、市、县及当地周边地区重大活动演出。

保护价值

革老坟村是典型的布依族传统古村落，村落格局独特，保存较完整，布依族传统民俗文化丰富，特别是铜鼓十二调声名远扬，文化内涵十分浓厚，有丰富的文化价值，对研究布依族的乐曲文化具有较高价值。

杜 佳 编

铜鼓表演

鼎新门头

乾坤门头

古树

碧泉河

安顺市镇宁布依族苗族自治县城关镇高荡村

高荡村全貌

高荡村区位示意图

总体概况

高荡村位于安顺市镇宁布依族苗族自治县城关镇西部，距离县城13.5公里。高荡村建于明洪武年至天顺年间，已有600余年历史。村庄占地面积为28.71公顷，总人口约为1353人，以布依族为主。2011年高荡村被评为市级文物保护单位，2013年被列入第二批中国传统村落名录。

村落特色

高荡村四面环山，村寨坐落在紧紧相连的东、西、北三面山体之间的缓坡地带上。北山为靠背，东西为两翼，而南山则隔着山间坝子拱卫于寨前，寨前田连阡陌，寨后绿树成荫。梭啰河（白水河上游）自西北向东南沿村而过，从山后护拥着寨子缓缓流向下游，寨中有两条宽约3米的道路纵贯全寨，各排房屋之间有宽度不等的巷道连通各户，形成纵横交错的寨中交通网。寨前的大山上建有营盘，是古代守寨拒敌的攻防设施。寨脚有1个半圆石拱寨门，寨中还有5道石拱院门，院门以内成为相对独立的寨中"小区"。整个村寨的民居建筑依照地势的高低修建成数排，排列较为整齐，古建筑群整体坐北向南，东山脚下有少量房屋呈东西向。

传统建筑

高荡古建筑群始建于明代，形成规模于清代，传统建筑主要包括明清时期修建的民居、寨门、营盘、石拱桥等。

传统民居：高荡的布依族民居多为干阑式楼房或半边楼（前半部正面看是楼，后半部背面看是平方）式的石板房。木结构作框架，巨大青石为基础，墙体采用石块干垒砌成，屋面用石板盖顶。浅灰白色石料为主，加工后更显晶洁，白天银光闪烁，月夜凝霜盖雪，线条粗犷而简洁，具有独特的布依族民居建筑风格。

高荡学堂：高荡学堂始建于清代。坐东北向西南。建筑面积60平方米。石木结构，硬石板顶，通高5.6米，面阔两间，通面阔7.7米，进深四间，通进深7米。建筑保存较为完整，建筑木构件少部分脱落。

小屯营盘：高荡小屯营盘（古堡）为明代建筑，位于高荡寨内一独立的岩山顶上，离地约80余米，由围墙、石门、碉楼组成，占地面积约360平方米，块石砌成。围墙内设攻防射击孔9个，碉楼建在围墙内中央，占地18平方米，开有东西2处观察口，现残存围墙高2.7米，碉楼除屋顶因历史因素遭损毁外，其楼身保存基本完好。现屋顶及登山道路已经修缮。

伍国鹏宅院：宅院以石拱门进入，南北各两栋。外建筑以石为主，一层为石板垒成，二层以木板为主，屋顶盖石板，室内装饰以木为主。进屋门是厅堂，两边两

寨门

石巷

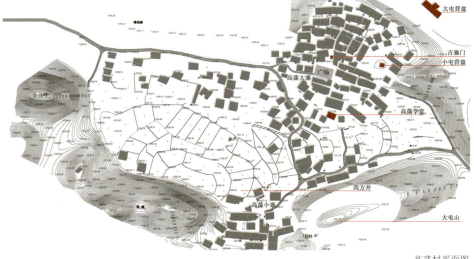
高荡村平面图

民居

寨中井

大屯营盘

间为卧室，建房以东西向为主，卧室下面为畜圈。进大门对面是神位，两边以木板分隔，分隔后为卧室。二层木窗雕刻以钟麟鹿秀窗花，极具保存价值。

民族文化

布依族"勒尤"：贵州省第二批国家级传统音乐类非物质文化遗产名录项目。"勒尤"系布依语译音，意译为"对情人发出信号的小喇叭"或"唤醒情人的小喇叭"，是一种布依族专用来表达情感的工具。

民族乐器

小屯营盘

民间生活：民族文化活动种类丰富，有布依族舞蹈、布依族山歌、唢呐、铜鼓等。布依铜鼓是布依族古老的打击乐器之一，由青铜铸造而成，常与唢呐、皮鼓、大钗、铙钹、铓锣、木棍混合敲击。

民族节庆："六月六"、布依族婚俗、"扫寨驱邪"等活动。

人文史迹

古井：在距寨门约十米处有古井一口，称寨中井。井壁、井盖和前面围墙均为石砌，长年水流不断，过去一直是高荡人的主要饮用水源（现在用自来水）。

古树：坐落于村寨古堡下有1棵苦树，树高30米，冠幅直径20米，树龄约有千年，相传枝丫能随风飘落至几公里外的邻村。

古水碾：布依族人民勤劳朴实，善于"农耕"，在布依族的村前寨口，靠近水溪的地方都设有水碾、水车或油榨房，解决村民粮油加工及附近稻田灌溉问题。高荡村为便于水碾的保护与文化的集中展示，现将村寨古水碾置于村内展示布依族文化的郭家大院内。

大屯营盘：高荡大屯营盘（云盘遗址）位于高荡西北100余米的后山顶部，与建古堡时同建。呈斜坡式不规则长方形局，三面绝壁，块石砌筑。由围墙、房屋组成，占地面积2000平方米。现残存石居30余间，每间20~50平方米。围墙残高5.8米，上宽1.2米，民居石屋墙身尚存。

梭啰大桥：梭啰大桥位于梭啰河下游，距寨子约2公里处，为高荡先民建造的跨河古石桥。高8米、宽6米、长64米，是高荡过去通向外界的重要交通设施。清宣统二年对桥面作过一次较大的修缮。

永定章程碑：永定章程碑位于高荡村梭啰河古桥西岸10米处，青石质，方首形，高1.02米，宽0.5米，厚0.17米，碑文额题"永定章程"4字，楷书阴刻，每字0.28米×0.08米见方。碑文竖行12行、281字，右题宣统二年（1912年）七月。碑文记载明、清时期建桥、补修梭啰河大桥之经过。碑文字迹仍清晰可辨。

保护价值

高荡村始建于明代，悠久的历史、丰富的文物古迹、独特的布依族民居是研究和传承布依族文化及布依族干阑式建筑的重要平台。其村落空间和建筑形态特征反映了明代以来布依族的发展和黔中政治变迁。

杜 佳 编

永定章程碑　　传统服饰

梭啰桥

高荡村建筑群

安顺市黄果树风景名胜区黄果树镇募龙村

募龙村全貌

募龙村区位示意图

总体概况

募龙村位于黄果树风景名胜区天星桥景区东南面3公里处,距离黄果树镇14公里。村域总面积10平方公里,共有1006人,全村80%为布依族,20%为苗族。募龙村地处峡谷之中,是一个拥有喀斯特地貌传统布依族自然村落。2011年,募龙村被评选为贵州"最具魅力民族村寨",2014年该村被列入第三批中国传统村落名录。

村落特色

募龙村四面环山,依山傍水,古树环绕,古河道从村口流入,河上架起1座古老的石桥,村东南面有古井1口。所属地域交通相对便利,风景优美,空气清新,气候宜人,村容整洁,民风淳朴,资源丰富,自然环境十分优越。布依族、苗族特有民居错落有致,良田阡陌穿插其中,诗意融融。村民一直都依靠农耕生息,过着日出而作日入而息的平凡、朴实的生活,保持着淳朴的民风、和睦相处的邻里关系以及热情好客等华夏民族的优良传统。是布依族、苗族风情山寨,被誉为"最具魅力民族村寨"。

传统建筑

募龙村四周高山环抱,气候宜人,几十棵古老的护寨大榕树环绕村寨周围,奇特而神圣;入村处一条河流,清澈见底。村落内多为石木结构建筑,房屋为单层多空间,房屋均用石块垒成。募龙村村寨平面布局以一条主要道路和多条支巷道,将各家各户连成片、形成片状的布局结构。各支巷道只有一个口通往主巷道,构成"关门打狗"之势。民居以合院式为主,由正房、厢房、围墙连成一门一户的庭院。

募龙村内建筑在平面上有明显的中轴线,正房在中轴线上靠后部位,体量较大,多为三间、五间,最大的为七间,台基高于厢房和门房。左右厢房不一定对称。结构多为穿斗式悬山顶,屋顶铺石板,自然形的石片铺成"冰裂纹",方形石片铺成菱形。山墙和后墙为石墙。木、石构件有精美雕刻,柱础、门楼、门窗等是主要装饰部位。

干阑式石板房:布依族民居多为干阑式楼房或半边楼(前半部正面看是楼,后半部背面看是平房)式的石板房。石头寨民居因地制宜,就地取材,用石料修造出一幢幢颇具民族特色的石板房。多数房屋是两边山墙和后廊用石块砌成,前廊下半段用木头夹着厚石板作墙面,俗称"挡风",上半段则为本质墙面和窗户。也有部分房屋为两边山墙和前后廊的墙体均用石头砌成,称为"四落腔"。寨脚有半圆石拱寨门,寨中还有5道石拱院门,院门以内成为相对独立的寨中"小区"。

募龙村院落

募龙村古民居

募龙村三组　　募龙村一、二组

募龙村平面图

民族文化

募龙村保留有布依族浓郁的民族风情。至今，村寨仍保留着布依族传统的民间风俗，如以六月六、"扫寨"、婚俗、丧葬、丢花包等为代表的布依族传统节庆民俗文化；以蜡染、织锦、刺绣、干阑式石板房等代表的传统民间技艺；以传统唢呐、铜鼓、铜锣等为代表的歌舞文化。

六月六：布依族最隆重的节日是每年农历六月初六。这个节日的主要活动，一是杀猪或杀牛敬祭神庙，以寨为主，订立保护庄稼，保护村寨安全等公共利益"的乡规民约"。二是家家户户杀鸡或打狗过节。三是包三角形或枕形粽粑吃。四是打扫清洁卫生，洗涤衣服帐被，消除一切污秽。五是走亲访友，共贺佳节，祝丰收。六是玩山娱乐，唱歌比赛，吹春天唢呐等民族乐器，欢度节日。节日期间，成千上万的布依族男女青年与其他兄弟民族青年来玩山，对歌谈情，看各种文化比赛，同享节日欢乐。据传说在此玩山，主要是纪

六月六活动1

古河道

六月六活动2

古树

古墓

募龙村古防御

念历史上一对忠贞的情侣，为争取婚姻自由而以身殉情的高尚精神。新中国成立后，节日增加了各种文艺、体育比赛活动更增添了节日的气氛。关于"六月六"节日的来历，还有一种传说，大意是：布依族祖先盘古开创了种植水稻的技术，并传诸后代，才使布依族有了好日子过，人们为了纪念盘古的恩典，于是在盘古谢世日——"六月初六"举行祭祖活动，日久天长，便形成了这个节日。

人文史迹

传统公共空间：传统公共空间是村民的主要活动空间，它展现现了村民的生活方式，同时也是村子历史的见证。

古河道：古河道位于寨边，水流清澈，两岸风景优美，孕育着这里的村民。

古桥：人们在入村处河流上架起的古老石桥，由于年代已久，河床抬高，古桥在汛期常常被淹没，于是人们在河道上重建1座大桥，名叫"募龙大桥"，桥栏柱子上雕有龙、凤、狮子等精美图案，做工精细、气势宏伟。

古巷道：古巷道由石板铺成，年代久远，是村子里的重要交通通道，同时也是村子历史的见证。

古防御：古防御建成于民国时期，曾是村子里的重要防御设施，同时也是村子历史的见证。

情人树：情人树位于村落中部，由两棵榕树交缠生长而成，较为稀有罕见，村民称之为情人树，是募龙村特有的古树。

募龙大桥

保护价值

募龙村自清朝建村以来，经过了几百年历史的风霜雪雨的洗礼，村内的宅院、巷道、石桥以及自然生态环境保存完整，寨内的社会风俗、礼仪、节庆、表演艺术及传统的手工艺技能等也留传下来。

募龙村的民族传统文化较有特色，民风淳朴，保存较为完好、特色鲜明，文化传承与发展的形式及内容丰富，且充分体现在寨民们的日常生活中。募龙村是现存较为完整的清朝民族聚居村寨，也是贵州布依族民居聚落中的重要代表。

陈清鋆 杨 斌 编

募龙村全貌

安顺市西秀区大西桥镇鲍屯村

鲍屯村全貌

鲍屯村区位示意图

总体概况

鲍屯村是一个具有640多年历史的屯堡村寨,位于贵州省安顺市西秀区大桥镇南面,距安顺城区22公里,交通便利。始建于明洪武二年（1369年）,为当时"调北征南"大军的一支先锋部队所建,最初称"杨柳湾",因村民大部分姓鲍,清改为鲍家屯,简称鲍屯,生活其间的鲍氏子孙已繁衍至27代。村落辖区为5.1平方公里,全村约700户,约2400人,以屯堡人（明清代迁至此江淮汉族人）为主。鲍屯村于2010年07月被公布为第五批中国历史文化名村,2012年被列入第一批中国传统村落名录,2013年7月鲍屯村古水利工程入选第七批全国重点文物保护单位。

村落特色

鲍屯是典型喀斯特低山谷丘陵地貌,峰林洼地,坝地广袤肥沃,前带流水,侧有护山,远有秀林。整个村落"负阴抱阳",面向平坝,背枕青山,形成"狮象地门,螺星塞水"的山水格局。村内运用诸葛亮"八阵图"的原理,结合当时的作战任务和地形特点,建造防御功能突出的军屯:以大庙为核心（中军）,内瓮城为纽带,几百幢坚固石头房屋构成8个防御阵地（8条街巷）,街巷各设街门,一道坚固高大的石头寨墙将八阵包围,形成由外墙、瓮城、街阵、院落多层防御体系构筑的"迷魂阵"。瓮城模仿了明代南京聚宝门（今中华门）的模式。

鲍屯还以古水利工程著名,明初修建的"鱼嘴分流式"的大型水利工程,具备灌溉、防洪、生产、养殖、用水、排污、景观、生态保护、安全防卫等功能,是贵州目前发现的唯一保存最为完整并依然有效发挥水利功能的明代古水利工程。

传统建筑

鲍屯传统建筑包括汪公殿、大佛殿、关圣殿、鲍氏祠堂、内瓮城、太傅府以及若干明清民居。

明、清民居:多为中式三进大院、小四合院、二进三合院,古朴敦实,空间丰富。建筑墙体和基座主要为石材,屋顶用石板菱形铺盖。四合院大门有垂花瓜柱

寨门

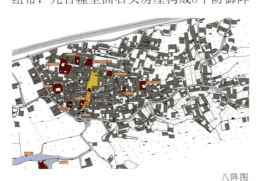

八阵图

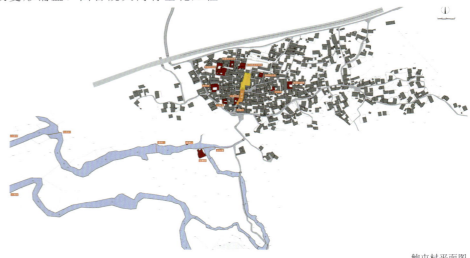

鲍屯村平面图

地戏

抬汪公

民居1

民居2

（垂雕花柱），四合院内门窗有木雕。

碉楼：鲍屯目前现存碉楼建于清代晚期，主体高29米，五楼一底，石木结构。底层墙厚1.1米，呈梯形，顶层墙厚0.6米，墙上开各式射击孔。碉楼第四层墙体外建有突出的碉堡状构筑物，其底部有射击孔，可居高临下阻截敌人。

民族文化

数百年来，江淮军士及其后裔在黔中大地上繁衍生息，固守着祖先遗留下来的汉族传统文化，他们的语言、服饰、民居建筑及婚丧风俗沿袭着明代的文化习俗，形成了独特而罕见的"屯堡文化"。

迎汪公：每年的正月十六，鲍屯人要把汪公从平日香火侍奉的汪公庙中请出来放在红色的轿子里，由村中德高望重者为前引，鸣锣开道进行游乡，轿过的每一家都要烧香鸣炮奉迎，整个过程约需一天一夜。

屯堡地戏：源于傩文化，其主体本是中原文化，明军里盛行的融祭祀、操练、娱乐为一体的军傩，随屯军进入贵州，并与当地民情、民俗结合，形成了以安顺为中心的贵州地戏。鲍家屯有一堂地戏，它融入祖传鲍家拳套路，在整个屯堡地戏的舞台艺术上，独树一帜。

纺织"丝头系腰"：清朝雍正六年鲍氏十一世祖鲍公大千，自费单人徒步到今安徽歙县棠越村始迁祖鲍公福宝老家，请鲍氏会纺织丝头系腰的师傅教此手艺，学成返回鲍家屯，收徒传艺，手艺代代相传，至今有110人会此手艺，一年生产近5000棵丝头系腰，销往320多个屯堡村寨，作为"丝头系腰"的唯一遗存生产基地，对研究和发扬传统手工技艺，弘扬非物质文化遗产均具有不可替代的文化价值。

屯堡服饰：屯堡人仍保持着明代的穿衣风格，妇女常穿蓝色斜襟大袖长衫，领口和袖口绣着花边，系青丝腰束，脚穿"高帮单勾凤头鞋"，头包白布或青布。

人文史迹

明代的古水利工程：鲍屯至今保留着明初修建的"鱼嘴分流式"的大型水利工程，是贵州目前发现的唯一保存最为完整并依然有效发挥水利功能的明代古水利工程。以邢江河为水源，以移马坝为渠首枢纽，采用引水、蓄水、分水结合的方式，将上游河道一分为二，形成老河和新河两个输水干渠、3个水仓、1个门口塘，再经过二级坝，将水量分配到下级渠道，实现了全村不同高层耕地的自流灌溉。

鲍家拳：鲍家屯村民世代相传著名拳术，现有始迁祖鲍公福宝的第21代、22代、23代传人，一直传承至今，共108式。分对打、单练两种形式。

保护价值

鲍屯的内、外八阵及瓮城，具有独创性、整体性、灵活性、防御性，在中国古代村落的营建中独树一帜，对于研究明代的筑城历史和明军防御作战的指导思想和战术，有较高参考价值。鲍屯古代水利工程既属于工程类遗产，是汉族亚文化族群屯堡文化的重要例证，反映了明朝和我国西南地区经济及农耕技艺水平和中华民族的治水史，其水利工程的技术、历史和文化具有较高价值，是中国古代乡村水利的典范，其沿用至今，为可持续水利工程的建设与管理提供了借鉴。

杜 佳 编

丝头系腰

大菁山坝西段

回龙坝七眼桥

村落一角

安顺市西秀区七眼桥镇猴场村

猴场村一角

猴场村区位示意图

总体概况

猴场村位于西秀区七眼桥镇，距七眼桥镇中心5公里，距西秀区15公里，村落形成于明代，村域面积约3.5平方公里，常住人口约810人，以汉族为主。2014年，入选第三批中国传统村落名录。

村落特色

猴场村毗邻云峰八寨，也属屯堡村寨，虽与云峰八寨只有一山之隔，却景致迥然。有"村在林中，屋在树中，人在景中"之称，远看好似一只船，岩石奇异，古荫浓郁，5个龙潭暗中相连，村后溶洞钟乳千姿百态。诡谲多姿的自然风光，隐藏着秀丽的景色与更加古朴的屯堡民风。

猴场村落前有龙潭很大的清凉水流入，冬暖夏凉。大山肢田坝为堂珠，肥厚高大的白鹤山作向山，后有大园坡山脉作靠山，陈家后头坡，洞顶左右扶手作围护，两层沙左环右抱，通村公路由石龙或岩上村进入，前人修建寨墙、寨门作关水。从地理上讲，山管人丁水管财，靠山景色秀丽，人才辈出，财源滚滚。

村落后依浓郁青山，前抱绿水，岩石奇特，5个潭暗中相连，潭边古树参天，藤条漫延，纯属黔中喀斯特地貌地形。

传统建筑

村内宅院的建筑有极强的屯堡风格，由于当地石头方便，整个村落的房屋都以石头为主。屋顶盖的、墙体砌的、楼层上铺的都是石头。近几年随着形势的发展，村落内极少数房屋改成砖混结构，修成平房，但从整体上看，大部分都还保存着古旧的屯堡风貌。

民族文化

猴场村居住的村民以汉族为主，村落形成受明代调北征南的影响，具有典型的"屯堡文化"特色。

非物质文化方面，"云峰屯堡巧色工艺"被评为非物质文化遗产。猴场村鲍吉刚受到祖辈石雕艺人鲍叔华、鲍仲明、鲍汉昌等老人的影响，其自幼酷爱石雕艺术，勤奋好学，博采众长，得到老一辈艺人的真传，使石雕技艺得到了很好的发展。

现在鲍吉刚继续钻研石雕工艺，并承

村落一角

传统民居

传统建筑

猴场村平面图

古树

接各类石雕工程。村内部分青年也主动学习石雕工艺，鲍吉刚希望通过年轻人的学习，把石雕工艺带向世界，把"云峰屯堡石雕工艺"发展壮大，永远传承下去。

安顺市

地戏表演

屯堡习俗

石雕作品

手工绣花鞋

石雕

徽派古长门

路家长门

保护价值

猴场村是现存较为完整的明代军屯村寨，是贵州屯堡民居聚落中的重要代表，屯堡人的生活环境、屯堡人的生活习惯构成了屯堡文化最典型、具体的文化表征，具有浓烈的地域文化特色。另外，猴场传统村落具有完整的村落形态、丰富的非物质文化遗产及历史环境要素，这些都具有较高的历史文化价值。

陈清銮 郭海娟 编

人文史迹

"云峰屯堡巧色工艺"乃非物质文化遗产。猴场村鲍吉刚受到祖辈石雕艺人鲍叔华、鲍仲明、鲍汉昌等老人的影响，其自幼酷爱石雕艺术，勤奋好学，博采众长，得到老一辈艺人的真传，使石雕技艺得到了很好的发展。鲍吉刚2004年被上级评为"贵州省拔尖人才"；2006年"三赛一会"获"西秀区十大名匠"奖。作品"金蝉戏珠"被安顺市评为"一等奖"，获"黔中名匠"称号。2010年贵州旅游商品"两赛一会"获"贵州名匠"称号。

洞门地道碉堡：建于民国时期，面积约150平方米，碉楼保存完好，常门石雕工艺精湛。洞门地道碉堡是民国时期的一种防御工事，一旦外来侵犯，可以通过碉堡的地道到达溶洞里躲避。

路姓老常门：建于明代，建筑面积约50平方米，此常门属徽派的一种雕刻艺术，是路姓家族的发源地，上有木雕掉瓜，下有石雕图案。

张家老宅

古井

猴场村一角

419

安顺市西秀区七眼桥镇雷屯村

雷屯村全貌

雷屯村地理位置

总体概况

七眼桥镇雷屯村形成于明朝，该村距七眼桥政府4公里，距西秀区14公里。村落因屯堡屯军而成，村域面积12平方公里，总人口约4000人左右，以汉族为主，历史文化特色明显，周边自然环境优美。2014年入选第三批中国传统村落名录。

村落特色

村落坐东北朝西南，三面靠山，一面靠水，依山傍水。靠北方山垭口，一方建有大庙1座，挡住北风对村落的侵袭；寨门有小河1条，有背靠青山，门朝绿水之吉利；村右首有麒麟山1座，周围有石八宝，有"麒麟献八宝"之称，八宝即：石马、石佛、石将军、石海螺、石蜘蛛、石蝎子、石老鹰、石鲴鱼。

房屋多为石木结构，坐落有序，放眼观望，就是石头路面石头墙，石头当瓦盖石房，石头碾子石头磨，石头板墩石头缸，还有石雕石碉堡，就是1座石头世界。

寨门外小溪有两座石桥，经过石头路面通向屯门，村落中有大街一条，长100米，上宽13米，下宽7米，街道两旁设石墩，供休闲交往，大街南北走向。

传统建筑

现存传统建筑占全村落60%左右，多建设于明代，建筑面积为10000平方米。村落建筑方式，采用江南遗风格局建造，以四合院、三合院为主，每院有八字常门、天井、左右厢房、正房照面，一般为两层，常门属于门户，照面储藏室、天井活动空间，厢房为书房、客房、堂屋供奉祖先及天地神灵，建筑材料以石木机构，左右山墙石头建造，左右厢房有木制花窗，既通风又透亮，常门顶上建造小屋，留有小窗，可观察四周动向，并有雕花瓣。

古街巷

传统民居

村落环境

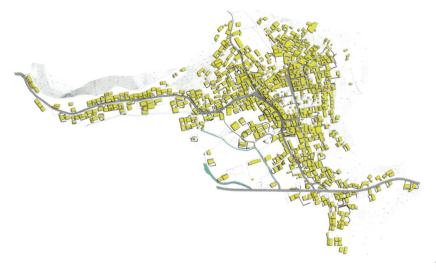
雷屯村平面图

安顺市

民族文化

屯堡人的节日均以敬奉各路神仙菩萨和祭供祖宗为宗旨，不同的节日则供奉不同的菩萨，各个节日都要祭供自家的祖宗。节日里，屯堡人都要做大糯米粑或做一桌好菜供奉菩萨和祖宗，然后全家饱食一顿以示欢度节日。雷屯村屯堡文化中的节日有春节、腊月间、除夕、逢九、清明节、端午、"晒菩萨"日、土地神生日、中秋节、重阳节、"牛王会"日、"腊八"、"串佛会"等。

雷屯村的地戏众多，屯堡地戏一样，是大明屯军带入的屯军，初年以演武祭祀娱乐为主，逐渐演变成现在以娱乐祭祀为主的文娱活动，原来以小家族方式传承，后来不分，人人皆可参与，所以本村地戏除十年动乱外，从未间断。

地戏

古门楼

杨家大院

寺庙

又给村落的老百姓带来信仰上的寄托及心理上的安慰。

古井、古沟：位于后山，井为圆形，深约15米，下宽1.5米，上宽80厘米，上面用高50公分，宽1米的巨石雕成圆筒，厚度15厘米。经过百年取水，井口大石已被绳索勒索，形成43道痕迹，深度约2至3厘米。

各条巷道有污水沟，通向主沟，进入水处理池，再流向小溪，形成了战略防御体系，是易守难攻的建筑群体。

保护价值

雷屯村是保存较好的明代军屯村寨的代表之一，雷屯村长期保留着军屯文化带来的服饰、风俗、宗教、信仰等文化特色，与当地的自然环境、历史人文，形成了具有浓厚特色的汉族地域文化。这些元素一起构成了一幅和谐自然的历史空间画卷；该村落还拥有丰富的非物质文化遗产和典型的历史环境要素，都具有较高的历史文化价值。

陈清鋆 郭海娟 编

杨家老宅

永丰寺1

永丰寺2

屯堡花碉

人文史迹

古箭门楼：横贯大街，上中下设有3座古箭门楼，门楼上设有瞭望台，可观每个角落动向，户户相连巷巷相通，首尾相顾，村落还有麒麟献八宝，七拱八翘之称，七拱所指屯门外两座石拱小桥，及进村两座古箭门楼和寨中三座古箭门，八翘所指太庙第一层戏楼八只脚，故而得名。

永丰寺：建于1465年，占地面积1485平方米，共分4层，第一层门顶有"圣城同登"匾一块，第二层中间有月亮水井一口，最后一层有屯可粮碑一块。第一层楼戏台，第二层关圣殿，第三层大佛殿，第四层玉皇大殿，此庙既挡北风，

雷屯村一角

421

黔南布依族苗族自治州

QIAN NAN BU YI ZU MIAO ZU ZI ZHI ZHOU

黔南布依族苗族自治州荔波县玉屏街道办事处水甫村

水甫村全貌

总体概况

水甫村位于荔波县玉屏街道办事处北面，与三都县相连，该村距县城20公里，距镇政府10公里，荔波至三都县油路贯穿村中心。全村总面积12.5平方公里，共有330人。村落始建于清朝，是以水族为主的少数民族村落，水甫村是中国共产党邓恩铭的故里，也是荔波旅游胜地的核心区域。2014年，水甫村被列入第三批中国传统村落名录。

村落特色

水甫村现状地形北高南低，村落周边山峦起伏，河谷纵横，用地条件较为复杂。村寨内民居建筑各具特色，排列有序自成风格，部分建筑有百年的历史，户与户间有石板路联通，房前屋后是庭院经济的瓜果花卉。村寨前后是退耕还林的茂盛景色，山上长势喜人的竹林，与人杰地灵的古老村寨形成一个有机的整体。

村落内部现状保留了大量历史人文、环境要素，包括有石棺墓群、古井、古树、碑刻和溶洞等，构成极具标示性的特色村落空间。

现状建筑主要沿等高线布置，通村路东西向穿过村寨，主要巷道沿山脊排列。建筑之间间距较小，建筑之间围合形成内部院落空间。北侧新建建筑体量较大，排列较为规整。

传统建筑

水甫村寨保留水族传统风貌建筑55栋，其中清末、民国时期（1911～1949年）修建的建筑有12栋，多为单体两层建筑。

水族木楼，古称"干阑"，是古代"越人"最主要的民居建筑形式，也是水族传统居住建筑。建筑分上下两层。下层为基础承重部件，以粗柱支撑，适应各种地形条件，空间多作为牲口养殖和杂物堆放。上层为屋面层，以居住为主。

木楼为穿斗式结构，在柱与柱之间用穿枋组成网络。特别是上层屋架柱脚扣枋为鱼尾式的斗角衔接，是水族木工在干阑建筑中最出色的创造。柱脚扣枋的这种鱼尾式"斗角"结构，牢牢固定每根柱子的方位。顶上再用檩子卡住各排柱头和瓜头，各部衔接处都是齿榫卯紧，使建筑物

水甫村区位示意图

水甫村传统建筑1

水甫村传统建筑2

水甫村粮仓

水甫村平面图

整体性强，十分稳固。下层的砥柱和横梁与上层排架必须对应，俗称"柱顶柱"，这使木材抗压的性能得到了充分的发挥。

建筑屋顶多用青瓦盖顶，屋脊有火龙压脊和鱼跃之类的花饰，屋檐下有波纹样式的屋檐板，屋檐下每排柱头加有吊瓜，窗户有方格、直条式的装饰图案。

水族卯节

祭祀

民族文化

水甫村传统村落民族文化构成颇为丰富，主要以水族传统文化为主，包括水族语言、水族"卯节"、水族"端节"、水族刺绣工艺、水族婚礼、水族丧葬、水族山歌（民歌）以及水族"速度赛马"等体育竞技活动。其中，水族"马尾绣"为国家级非物质文化遗产。

水甫村寨被称为水族的文化之乡，民间文艺主要有：水族语言和文字、水族"双歌"、"单歌"、"蔸歌"、"诘歌"；水族"铜鼓舞"、"斗角舞"、"斗角舞"。传统节庆方面，以水族村寨的民族传统节日为代表，主要有卯节、端节、苏宁喜节、敬霞节等。传统体育项目方面，比较具有代表性的有水族"速度赛马"。婚礼祭祀方面，水族婚礼祭祀主要有水族婚礼、水族丧葬习俗等。

水书：水族不仅有自己的属汉藏语系壮侗语族侗水语支的语言。还有一种古老的文字，称为"水书"。水族文字因其形象怪异被称为鬼书或反书，已被收录为世界人类口头记忆名录，"水书习俗"被列入国家级非物质文化遗产名录。

卯节：水族的卯节，水语称"借卯"、"过卯"，意为吃卯，是水族人的年节，相当于汉族的春节，历史文化悠久，古老而神秘，是荔波水族最为隆重热闹的传统节日。

人文史迹

石棺墓群：水浦石板墓群不仅是我们研究水族历史文化的"活化石"，更是荔波旅游的一张名片，充满诸多不为人知的神秘和悬疑。

古井：村内有2口古井，是水甫村寨的第二大水资源，下大雨山洪暴涨，古井的水不浑，且冬暖夏凉。

溶洞：保留大量天然溶洞，极具旅游开发价值。

碑刻：多为指路碑，传统水族文化的遗存，与水族传统信仰、宗教文化密切相关。指路碑的碑文往往大同小异，上端横刻"将军箭"或"挡箭碑"三字及弓箭图样，下刻"长命富贵"，明确左右方向、立碑人信息等。

石阶铺地：村内主要铺装材料，历史悠久。

古树名木：水甫村村寨内古树名木共有2株。

水族服饰

石棺墓

黔南布依族苗族自治州

古树

古井

保护价值

水甫传统村落具有完整的村落形态、丰富的非物质文化遗产及历史环境要素，具有较高的历史文化、艺术价值。水甫传统建筑是水族人民征服、改造自然的智慧和血汗的结晶，是水族传统文化的集中体现。水甫村村落空间格局完整，山水环境优越、具有大量景观旅游资源，极具开发潜力，同时也具有较高的经济、社会价值。

水甫村的水族文字碑刻有人物、龙凤、麒麟、禽兽、铜鼓及花草树木等图案，工艺精湛，形状栩栩如生，是研究水族民俗、历史、服饰、日常生活的生动资料。雕刻技术精湛，技巧娴熟，具有较高的工艺美术价值，是不可多得的艺术珍品。这是极有保护价值的水族文物，显示了水族地区碑刻的独有民族性。

闫田华 陈清鋆 易婷婷 编

水甫村一角

黔南布依族苗族自治州荔波县永康民族乡太吉村

太吉村全貌

太吉村区位示意图

总体概况

太吉村属贵州省黔南布依族苗族自治州荔波县永康水族乡，位于荔波县永康水族乡中部，是乡政府所在地，距县政府所在地18公里，海拔702~784米。村寨内古井数量较多，所以井水资源较为丰富。处于世界遗产地的缓冲区，太吉村辖5个村民组，全村总户数235户，农业口1053人。2012年被列入第二批中国传统村落名录。

太吉村古民居

村落特色

太吉村村落形成于明代时期，太吉村整体呈扇形分布，由两条传统轴线、一条蓝色彩带组成。其中两条传统轴线分别形成两条巷道，两侧坐落着西南干阑式建筑。太吉村世居水族，民风淳朴，传统民居建筑保存良好，集中连片，极具保护价值。由于古村修建年代较早，所以建筑间距较小，巷道狭窄，村寨路面进行了硬化。村寨中心修建文星塔，文星塔是太吉村一个主要的标志性建筑物，是古代为科举考试中举者而建造的，在文星塔西南侧还修建了菩萨庙，村民们都到此来祈求平安。

整个村落保留着两种风貌：一是古村主要的传统建筑干阑式风格，现在保存得很完好，已经列为民族村寨示范点进行保护，村内的文星塔、菩萨庙、蓝靛池、古井、古树等都按照相关文物保护制度进行保护；二是新村的现代建筑风格。这样的村落既可以有效地完好的保护传统建筑，又可以新村的发展来完善传统建筑。

传统建筑

蒙氏古屋：蒙氏古屋位于太吉村中心，为清朝五品大将蒙玉相于清道光二十五年（1845年）修建。至今已有160多年的历史，该屋坐南朝北，平面呈长方形，建筑面积为3000多平方米，由大门、前院、正房、后院、主楼组成。屋顶两侧各有一排高墙，檐角高高翘起，约比房顶高出5米，四周绘有各种精美图案。每幢房屋的前面各有庭院，院内全部用巨石雕刻装饰，做工精湛美观。室内有水井、花园、健身场所，墙上还有各种图案。该古屋独具西南民族建筑风格，保护该古屋，对研究清朝时期荔波县水族民居建筑工艺有重要的意义。

蒙氏古屋窗门构造

蒙氏古屋1

蒙氏古屋2

蒙文钊家住宅：水族木楼，一般分上下两层。下层是整个上层房屋的承重部件，因此先修好基脚，根据木屋间架结构的性能，屋基只要求按地形用块石安稳柱脚即可，一般不要修整屋基平面。下层柱粗，柱身榫眼用穿枋纵横连结，每排底柱上端扣架粗大的原木作为横梁，梁与梁之间铺着垫木，俗称"楼枕"，枕上铺着宽厚的楼板，形成平整的楼面。上层屋架，一般每排为五柱四瓜，也有五柱六瓜。木楼为穿斗式结构，在柱与柱之间用穿枋组成网络。特别是上层屋架柱脚扣枋为鱼尾式的斗角衔接，是水族木工在干阑建筑中最出色的创造。柱脚扣枋的这种鱼尾式"斗角"结构，牢牢固定每根柱子的方位。顶上再用檩子卡住各排柱头和瓜头，各部衔接处都是齿榫卯紧，使建筑物整体性强，十分稳固。下层的砥柱和横梁与上层排架必须对应，俗称"柱顶柱"。

文星塔：文星古塔位于太吉村边缘。坐北朝南，塔基为青砖砌筑，边长2.5米，高1.8米。为四层六角形尖顶空心砖塔，通高6米。一至四层正面书写有联句，二至四层正面开有半月形小孔。据传为明代末期当地有人参加科举应试中举后筹资建塔以作启示。20世纪"文化大革命"期间被毁坏。2000年9月当地政府筹资重建，塔东面立有建塔始末碑，现仍在使用，是古时荔波科学考试制度发展的史迹和见证。

蓝靛池：永康印染分为染色和印花两部分，民间称为普染和印染。染色，即以土蓝靛为主要染料，将本地生产的白土布染成月白、月兰、青蓝等各种颜色；印花，即以自制模板放到白土布上刮灰浆，印制各种图案。印染工艺流程繁复，号称"几十道"，主要包括花版制作、染料制作、染浆制作、灰浆制作、染色、印花等环节，每个环节又有几道或十几道工序。

蒙文钊家住宅

蓝靛池

文星塔

水族山歌比赛

传统民居

传统民居底层构造

民族文化

水族民族风情："卯节"水族语叫"借卯"（意思是"吃卯节"），是荔波县和三都县九阵地区水族人民的节日。日子要选在插秧结束之后的水历九、十月（阴历五、六月）的卯日。并以辛卯日为上吉日，忌丁卯属火的四比过节那天，人们盛装到"卯场"上唱歌，所以"卯节"也叫"歌节"。水族民间节日时间在农历十二月五日。节日那天，全寨的小孩提着特制的小竹器，结队挨家挨户去要象征长寿幸福的糯米饭、鸡蛋、肉片。家家都热情地接待他们，让他们快快乐乐。同时家家户户剪彩色纸人，缠竹条纸须，贴挂在祭桌的墙头上。

水族山歌比赛：卯日是节日活动的高潮。新年初一的卯日盛行着赶卯坡青年男女唱对歌的习俗。卯坡是经过多年遗俗选定下来的，专让青年男女以唱对歌的形式进行广泛社交活动的场所。一般多选在一个依山傍水地势较宽，能容纳下数万人平坦的坡顶上去进行。届时，不仅过卯节的村寨青年人要上卯坡对歌，就是不过卯节的外寨和毗邻各县的男女老幼也会赶来参加盛会。有些经商者也要来摆摊设点，出售各种食品和日用杂货，顿时会使得整个卯坡人声鼎沸，热闹非凡。

人文史迹

蒙绍先生于1884年6月，是荔波县永康水族乡太吉村人士，于1915年在太吉村借民房创办女学。5年后贡生覃金锡等捐资办"以德女学"于城北万寿宫（今二小地址）。1923年改为荔波县第一女子初级女子小学，1941年男女合校为荔波县立城区小学。

另外，还有《小儿熬万年兴》等水书文献资料。

水书文献资料

保护价值

太吉村村落形成于明代时期，历史悠久，已经被列入少数民族特色村寨试点示范。太吉村拥有蒙氏古屋、文星塔等历史建筑，传统建筑集中连片，保存良好，建筑构造如窗花、石刻等非常精美，极具保存价值。保护该历史和传统建筑，对研究清朝时期荔波县水族民居建筑工艺有重要的意义。

杨　健　张成祥　黄鸿钰　编

黔南布依族苗族自治州荔波县方村乡丙花村者吕组

丙花村者吕组全貌

总体概况

者吕布依古寨位于荔波县甲良镇东南部，方村乡西北部，距县城33公里，距镇政府驻地仅4公里；东与双江村相邻，南接拉街村，西与尧并村接壤，北靠甲良镇，交通便利。全村面积14.6平方公里，下辖3个组，共413人。村落始建于清朝，是以布依族为主、独具特色的民族村寨。2014年，者吕组被列入第三批中国传统村落名录。

村落特色

者吕村寨是典型的喀斯特地貌，古寨依山傍水，风景秀丽，靠山而居，山水辉映。选址与当地的地形地貌及当时生产生活方式密切相关，耕地位于山谷盆地处，清澈秀美的大七孔景区的上游支流方村河绕寨而过，而村落则选址于地质条件较好的山脚至半坡处，背山面水，村落建筑坐西朝东，采光通风良好，建筑层层叠叠，错落有致，极具美感。穿村河流（方村河）为周围田地的重要灌溉水源，村落内有古井1口，该井是方村河的第二大水资源，同时也是村民的饮用水源。山、水是村落选址中不可缺少的元素，者吕寨人杰地灵，环境优美，处于群山、河流环抱之中，是块难得的风水宝地。村落的主要公共建筑和公共空间为村落北侧的篮球场，入口处为门楼。

传统建筑

者吕布依族传统民居建筑，坐西朝东、依山而建，从而形成立体的建筑空间。早期民居以三间为一套，每套三间六格，一般分为上下两层，底高楼矮，屋基一般高二、三尺，就地取材，由当地料石砌成，门前有三至五级条石制成的石阶。一层正中间为堂屋，用于供奉祖先和举行礼仪；堂屋后为储藏室；左侧前格为火笼间，作为家庭餐厅和接待宾客之用；左侧后格为家长卧室；右侧前格或底层一般挖成圈喂养牲口；右侧后格为厨房。人口多的村民家中，子女一般住楼上或神龛背后，二层还用于存放粮食和堆放杂物。有条件的村民，还另起厢房或厨房、圈舍之类的附属建筑。

布依族民居屋顶多用青瓦盖顶，屋脊有火龙压脊和双龙戏珠之类的花饰，屋檐下有波纹样式的屋檐板，屋檐下每排柱头加有吊瓜，窗户有方格、直条式的装饰图案。

丙花村者吕组大部分传统建筑保存完整，有少部分传统建筑因年久失修，破损严重。这些依山而建的布依族干阑式建筑群巧夺天工，是布依族人民与自然和谐共生的大智慧。

传统建筑

丙花村者吕组区位图

丙花村者吕组平面图

黔南布依族苗族自治州

织布

斗牛

古树

古井

人文史迹

布依族文化长廊：为保护布依族民族文化，2012年建设而成。民族文化长廊可为民族节日提供更有民族风情的文化活动场地。

古井：在者吕组寨内有一口古井，该井是方村河的第二大水资源，下大雨山洪暴涨，该井的水不浑，且冬暖夏凉。

河流：即方村河，河道位于村落北部，宽15～20米，常年流水不断。其上游为流经甲良镇的黄江河，流经者吕组往南与甲站河汇流；河水清澈见底、常年不断，不时可见小鱼游弋其中，两岸风光秀美，景色宜人。

石阶铺地：石材为当地材料，村寨内多用石板铺设形成古朴的乡土风格。

古树名木：者吕组村寨内古树名木共有5株，主要有冬青树、毛栗树等树种。

白崖：位于村落北部河岸悬崖上，是村落奇观之一。

表演广场：表演广场呈长方形，兼作篮球场，占地面积约300平方米，每逢节庆，在此聚集开展表演活动。

民族文化

丙花村者吕组内居住着布依族。村保留着布依族特有的服饰、布依族歌舞及饮食习惯等。有着其悠久的民族生活习惯和多姿多彩的民族风情，给人们留下深刻的印象和美好的回忆。布依族是一个勤劳智慧的民族，有自己的语言和绚丽多彩的服饰，独特的婚俗、节日文化等有着悠久的历史，质朴、古老而神秘。"四月八斗牛节"、"端午节"、"农历六月六布依歌节"、"农历七月半"、"满月酒"、"祭神扫寨扫家"等节日使人们体味到幽远的布依族习俗和古朴的风情。

民间文艺：丙花村者吕组是布依族文化之乡，民间文艺主要有：布依族《铜鼓舞》、布依族《织布舞》、布依族《狮子舞》、布依族《糠包舞》、布依族《铜鼓刷把舞》、布依族"布依戏"、布依族"地戏"、布依族"花灯戏"、布依族民歌（山歌）、矮人舞、傩戏、祭扫村神等。其中，矮人舞被评为省级文化遗产。

刺绣工艺：丙花村者吕组刺绣工艺是布依族地区一种现存最古老而又最具有生命力的原始艺术，被称为刺绣的"活化石"，是研究布依族民俗、民风、图腾崇拜及民族文化的珍贵艺术资料。者吕组的刺绣以百鸟衣为主，花鸟鱼虫，栩栩如生。

四月八：传说这一天是牛王的生日，所以也称"牛王节"、"牧童节"。每逢这个节目要做黑糯米饭敬"牛王"。不但要做糯米饭还要杀鸡备酒祭祖，并用鲜草包糯米饭喂牛，给牛洗澡，让牛休息一天，表示人们对耕牛的爱护和酬劳；个别地区还要举行斗牛、赛马等娱乐活动。

布依族文化长廊

特色古墙

保护价值

者吕布依传统建筑具有一定规模，年代较久远，保存较完好，传承文化较丰富，因而是研究布依族传统建筑的典型代表。丙花村拥有绚丽多彩的文化，既充分展示了强大的民族凝聚力，又充分体现了者吕布依族深厚的民族传统文化底蕴，是布依族传统文化的典型代表。

同时，者吕传统村落较完整地保留了古朴的村落格局和优美的历史人文景观，村落内有山有水、有田有居、有井有木，阴阳交错、和谐自然，这些元素一起构成了一幅和谐自然的历史空间画卷；丰富的非物质文化遗产和典型的历史环境要素则具有较高的历史文化价值。

闫田华 陈清鋆 易婷婷 编

者吕组一角

黔南布依族苗族自治州荔波县永康民族乡尧古村

尧古村全貌

尧古村区位示意图

总体概况

尧古村属黔南州荔波县永康水族乡，位于永康水族乡西南部，距乡政府所在地6公里，距县政府所在地18公里，海拔702~796米。全村呈阶梯状分布，总面积23.2平方公里，山高谷深属喀斯特山石地貌地形。在国家级茂兰喀斯特森林保护区和世界自然遗产地内，四周环山，坐落于山脚之下，田园之边界，远离滑坡，避免洪灾。为此，祖辈们在此定居下来。处于世界遗产地的缓冲区，全寨共有63户，220人，全部为布依族。2012年被列入第一批中国传统村落名录。

村落特色

尧古村依山傍水，环境优美，寨前有古井、池塘，寨后有一条小溪，常年自流，植被丰富，民风淳朴，传统民居建筑保存良好，集中连片，极具保护价值。这里房屋基本是木结构房屋，住房条件简陋，为布族风格的干阑式建筑，俗称"吊脚楼"。东侧尧邑山上有一口泉眼，名为"圣泉"，泉眼在干旱的季节，它的水量也不会减少。古法造纸作坊位于村落边缘的尧邑山脚下，"圣泉"水流经古纸作坊，也有利于造纸用水方便，故在"圣泉"下方选址作坊。众多泉水在山脚下汇集成条小河，村民们称之为"打狗河"。

整个村落保留着两种风貌：一是古村传统建筑干阑式风格，现在保存得很完好，已经列为民族村寨示范点进行保护；二是新村的现代主义建筑风格。村内的古法造纸作坊、石磨、蓝靛池、古井、古树等都按照相关文物保护制度进行保护。

传统建筑

覃安奎家住宅：覃安奎家住宅坐北朝南，住宅由两兄弟合建而成，共有6个开间组成，开间平均为3.6米，9米的进深，主要由木柱、木梁组成的框架，采用小青瓦盖顶，毛石围护底层，木板围护上层结构，分别砌筑两个室外条石台阶上二楼。底层用于圈养牲口，上层住人。底层部分用来堆放杂物，目前还有村民居住，故保存得很完好。

覃从正家住宅：覃从正家住宅也是坐北朝南，共有5个开间组成，开间平均为3.6米，9米的进深，主要由木柱、木梁组成的框架，采用小青瓦盖顶，毛石围护底层，木板围护上层结构，由室外条石台阶上二楼。底层用于圈养牲口，上层住人。底层部分用来堆放杂物，现在还有村民居住，保存得很完好。

覃正吉家住宅：覃正吉家住宅坐落于尧邑山脚下，共有5个开间组成，开间平

尧古村一角

村寨大门

村寨风雨亭

覃安奎家住宅

均3米，8米的进深，主要由木柱、木梁组成的框架，采用小青瓦盖顶，毛石围护底层，木板围护上层结构，上二楼的台阶分为两段，下部分为毛石台阶，上部分为木制楼梯。底层用于圈养牲口，上层住人。底层部分用来堆放杂物。房屋背后没有其他建筑，留有一块空地作为后院菜田，现在还有村民居住，保存得很完好。

覃安奎家住宅

覃从正家住宅

住宅手工艺装饰

覃正吉家住宅

古法造纸作坊：在尧古寨至今还有1座原始的百年造纸作坊，有一套原始的造纸技术。它是用山上的竹子作原材料，经过锤烂、沁泡、洗净、碾细榨烂等十几道工序，即做成今天我们在过年、清明，或七月半（当地的"鬼节"）时候用的"纸钱"。尧古古法造纸技艺，工序原始复杂，造纸有十多道工序。

蓝靛池：蓝靛池是在地面上开挖一口直径约为3米，深为1.5米的水池，蓝靛池四周用水泥砂浆抹面，池边都配备有一个像洗脸盆大小的小池子，里面放油颜料，池内注满了蓝靛溶液，布依土布纺织出来后，还需要放进蓝靛池里浸泡，原先纺织出来的土布是纯白色的，经过后期的"蜡染"、"印染"等处理之后，呈现出各种各样的图案。

古法造纸作坊

蓝靛池

民族文化

布依傩戏：布依傩戏于元末明初传入荔波境内，发展至今已有400多年的历史。布依语称为"管桥"，即"作桥"之意。荔波布依傩戏的形式主要分为正戏和副戏两种，正戏以反映自然和神灵为特征；副戏则以反映历史人物和典故为特征。荔波布依族傩戏的正戏戏目主要有："酬神还愿"、"拜三界公爷"、"祭三光（日、月、星）"、"祭神树"、"祭泉井"、"祭五谷"等十余个，成了荔波文化旅游项目传演最为广泛的民间地方戏之一。尧古寨自办的傩戏陈列室，在全县是屈指可数的，里面陈列的傩戏面具，原始古朴、形态各异。

布依傩戏

古法造纸：古法造纸术在尧古寨得以传承。古法造纸需要用10月份以前生长的黔竹每1米砍成一段，一层竹子一层石灰地放在池子里一起浸泡半年以上，然后用山泉水把竹子洗干净，用刀砍成1厘米左右的小段，再放到磨石下碾成碎末，之后把碎末放到池子加水再浸泡一个月，用一种名叫糯叶的植物黏合剂，加到水池里进行搅拌，让竹子的细末纤维与黏合剂黏在一起，最后用特制的网在液体里舀。

布依族传统土花布工艺品：土花布的制作工艺已有上千年的历史。土花布的织法，用自纺、自染的棉纱线用土织机织成。用蓝、青、黑、白4色搭配织出"柳条、格格、梅花、鱼刺、桂花"等近十种布纹、150余个花式。以深色调为主，浅蓝相映，古朴大方，装饰性很强。

人文史迹

全正熹，生于1911年，贵州省荔波县永康乡尧古村人。1937年7月7日，日军大举侵华，全正熹烈士为保卫祖国，抗击日寇，献出了自己宝贵的生命，时年仅26岁。1937年12月23日，县城开大会追悼抗战殉国空军第十四队队长全正熹殉职后葬于南京空军公墓111号地——出自黄尔康整理的《抗日殉国空军飞行队长全正熹》。

覃自凡，生于1925年，贵州省荔波县永康乡尧古村人。是尧古村造纸技术唯一传承人——出自《光明日报》。

保护价值

尧古村形成于明代，历史悠久，已被列为少数民族特色村寨试点示范。尧古布依傩戏发展至今已有400多年的历史。布依古文字依靠傩书先生代代相传，仍能在祭祀场合"做桥"中使用。2010年布依古文字经国务院批准，文化部公布，成为全国拥有自己语言文字的18个少数民族之一，荔波"布依族傩戏"被列为国家级第三批非物质文化遗产名录。

杨　健　张成祥　李函静　编

黔南布依族苗族自治州平塘县卡蒲毛南族乡场河村交懂组

场河村交懂组全貌

场河村交懂组区位示意图

总体概况

交懂组（上寨）隶属于卡蒲毛南族乡场河村，位于平塘县域东部、卡蒲毛南族乡的中东部、卡蒲乡驻地的北面，村落距平塘县城仅17公里。寨内居住的村民全为石姓的毛南族，现有村民88户，总人口375人。其为贵州100个原始保护村落、30个贵州最具魅力民族村寨、美丽乡村建设、示范小城镇建设村寨之一。

建筑依山傍水，蜿蜒曲折的交懂河由北向南从寨中穿过，风景优美，山清水秀，气候宜人，历史文化源远流长，民族文化丰富多彩，民俗风趣魅力无穷。场河村交懂组2012年已被列入第一批中国传统村落名录。

村落特色

交懂组位于山区，耕地位于山谷盆地处，中间有河流穿过，而村落则选址于地质条件较好的山脚至半坡处，背山面水，村落建筑坐北朝南，采光通风良好。交懂河穿村而过，为周围田地的重要灌溉水源，河流边上有古井1口，该井是卡蒲河的第二大水资源，同时也是村民的饮用水源。"靠山而居，山水辉映"是对交懂传统保护村落自然格局的真实写照，其构成要素可概括为山、水、寨三要素。这三要素又包括有门楼、古井（洋井）、古树、古硐（燕子洞）古墓、古碑、古驿道、石阶、石板路、古桥、水库、水渠、渡槽等历史环境要素。

历史文化源远流长，民族文化丰富多彩，民俗风趣魅力无穷。毛南族历史上自称为"佯僙人"，1956年黔南布依族苗族自治州成立时被列为布依族，1983年经省、州调查组对佯僙人进行调查识别，1990年7月，贵州省人民政府批准将佯僙人认定为毛南族。

传统建筑

交懂组现有居民建筑200余栋，其中传统风貌建筑共有84栋。传统风貌建筑中，古建筑共有15栋，建筑时间从清末至民国（1911～1949年），多为单体两层建筑。

交懂组毛南族传统民居建筑，坐北向南、依山而建，从而形成立体的建筑空间。早期民居以三间为一套，每套三间六格，一般分为上下两层，底高楼矮，屋基一般高二、三尺，就地取材，由当地料石砌成，门前有三至五级条石制成的石阶。一般分为上下两层，底高楼矮，屋基一般高二、三尺，就地取材，由当地料石砌成，门前有三至五级条石制成的石阶。毛南族民居屋顶多用青砖盖顶，屋脊有火龙压脊装饰，屋檐下有飞檐，每排柱头加有吊瓜，窗户有斗地牯牛图样的窗花，部分人家门头上悬挂牛头等装饰。建筑形式多为干阑式。

民族文化

交懂寨是毛南族文化之乡，民间文艺主要有：毛南族语言、猴鼓舞、舞火龙、毛南族山歌、毛南族刺绣工艺等，其中毛南族猴鼓舞在2008年6月已被列入国家非物质文化遗产名录。

毛南族的传统节日较多，主要有毛南族火把节、毛南族迎春节（也叫毛南族母亲节）、毛南族女儿节等。毛南族的民族传统

传统风貌建筑

场河村交懂组平面图

体育项目也很多，其中最具代表性的是"打耗尾"和"斗地牯牛"。

猴鼓舞：传承至今已有六百多年的历史，发源于贵州省平塘县卡蒲毛南族乡甲坝村甲翁组。

"猴鼓舞"是毛南族人在丧葬习俗中，由巫师表演的民间舞蹈，用来表达对亲人的怀念，传承至今已有六百多年历史，其舞蹈节奏欢快、动作滑稽，如今已演变成毛南族独特的民间舞蹈之一。

毛南族打猴鼓舞独特的动态魅力，源于它独特的律动规律，而独特的律动规律形成了它整体体动态的风貌，无论在表演场面上或动作特征上，都突出了粗犷豪迈，机灵朴素的特点。舞蹈的表演分为男子独舞、双人舞和多人舞三种形式，全舞共分猴王出世、猴子敲桩、猴火引路三段。

猴鼓舞

舞火龙：传统的毛南族"舞火龙"是在除夕之夜，以祈祷来年风调雨顺，族人幸福安康。现在"舞火龙"一般从大年初三开始，到正月十五结束。开始和结束也都有固定的程式，一直沿袭到现在，有着浓郁的民族文化特色。毛南族"舞火龙"的阵势庞大，人员有地师（俗称端公，须懂道教、佛教、儒教，在族中必须是德高望重的人），有神灯童子、号手、牛角手若干，还有金银水财神、玩宝手、玩龙手等。一般是同时舞两条火龙，需要64个精壮的汉子。

"舞火龙"有请水、舞龙、放水灯3个程式。整个活动至正月十五以前必须烧龙。烧龙，也称"化龙"，寓意送龙神回龙宫，也有固定的程式。烧龙前需由地师念歌诀：伏以日吉时良，今具水果、刀头（类肉）利席（钱币食物）、酒体，恭送龙神回宫。

舞火龙

斗地牯牛：这是毛南族祖先传承下来的传统文化，是祖先模仿水牛打斗、增强体质、自娱自乐的一种体育活动。不光少年"斗"，青壮年男子也"斗"。少年以此显示自己争强好胜、不断进取的性格，青年以此显示自己健壮的体魄，以赢得姑娘们的芳心。

斗地牯牛

人文史迹

门楼：长约10米，宽约3.6米，根据老人记忆的传统中的村寨门楼，在新建毛南族风情园时经过想象复原、加工改造建设而成，寨门原来具有防御、瞭望等功能，现在具有入口标志、美化等作用。

门楼

古树名木：交懂村寨内古树名木共有3株，主要有冬青树、毛栗树等树种。

古井：也叫洋井，在交懂上寨山脚有一个大水井，伴僙话叫"墨妹"，汉语

古井

称"洋井"，该井是卡蒲河的第二大水资源，下大雨山洪暴涨，该井的水不浑，且冬暖夏凉。现代地质部门称为"断层泉"。

河流：即交懂河，河道位于村落中部，常年流水不断，其上游为国家小"I"型水库卡蒲水库，库容391万立方米，经交懂组南接卡蒲河，为卡蒲河支流，河水清澈见底、常年不断，不时可见小鱼游弋其中，两岸风光秀美，景色宜人。

毛南族的婚礼、丧葬习俗也都是按照传统风俗来操办，颇具民族特色。毛南族婚姻礼俗繁琐、隆重，注重程序和礼数，要经过"说媒"、"办小酒"、"讨八字"、"送报书"、"妆郎"、"接老外婆"等环节，才能把媳妇娶回家。丧葬习俗作为毛南人生活中的一个重要部分，历来注重禁忌和仪式，整个过程包括装棺、开丧、安葬、守孝几个部分。村寨里老人去世后，要请村寨里德高望重的"塘漂"（即祭师）做法事为亡灵超度，"上刀山"、"打猴鼓舞"都是祭祀的环节内容。

保护价值

交懂组属传统村落，历史悠久、文化底蕴十分深厚，具有完整的村落形态、丰富的非物质文化遗产及历史环境要素，具有较高的历史文化价值。村落传统建筑是毛南族先民在征服与改造自然中智慧和血汗的结晶，具有较高的历史、科学、艺术价值。

于 鑫 潘远良 编

传统建筑群

黔南布依族苗族自治州三都水族自治县都江镇怎雷村

怎雷村全貌

怎雷村区位示意图

总体概况

怎雷村隶属三都水族自治县都江镇，地处黔南的都柳江与龙江上游分水岭的山脉中，由上、中、下及排场4个自然村寨组成，面积0.52平方公里。较为完整地保存了水族文化特征，至今仍保留和传承着水族图腾崇拜、宗教信仰、民族习俗、生活习惯和文化艺术。怎雷村2012年已被列入第一批中国传统村落名录。

村落特色

寨建于山坳缓坡地段，背负青山，前临深涧，层层梯田由山脚累级而上，气势恢宏。民居随着山势的起伏，巧妙地组成了一幅"入村不见山、进山不见寨"的村居图，形成了"天人合一"的优美、宜人、质朴的人居环境。整个村寨的总体布局巧妙，利用地形将每家每户与小路、粮仓相互连通。村寨依山就势坐落在半山腰，民居沿山体等高线布置，鳞次栉比，高低错落，疏密有致。寨前是层层叠叠的梯田，寨后是郁郁葱葱的山林，云雾环绕，形成了既丰富又有层次、有轮廓的整体风貌。寨内道路迂回曲折，房前屋后绿树环绕，一派生机盎然。

传统建筑

怎雷村现有民居建筑200余栋，其中，百年以上的民居有14栋，禾仓111栋，多为单体两层建筑，少者为三层。民居建筑依山而建，均不在一个平面上，形成立体的建筑空间。建筑主要有两种形式：一种是"干阑"建筑，穿斗与抬梁混合式歇山青瓦顶木构建筑。"干阑"建筑，上、下两层立柱互补连通，修建时，先建底层作为平台，即框架结构，再在上面建房；这种工艺与其他木结构建筑比较相对稳固。"干阑式"建筑，主要为穿斗式歇山青瓦顶木构建筑，也有穿斗抬梁混合式的。这类建筑，部分柱子上下相通。

怎雷村古建筑群，不论"干阑"建筑，还是"干阑式"建筑，通常面阔三间，进深两间，周围无栏杆及走廊，梢间置楼梯，整栋建筑只有一小窗及两道门对外。从使用功能看，明间为公共活动场所，是主人家接待客人、举行各种家庭活动的唯一地方。梢间为卧室，一般设三室四间卧室。底层设置有石碓间，杂物间及猪、牛圈等。楼梯设在房屋一侧，因地势而定左右，从底层上楼，开小门直进明间，楼梯上安置盖板，形成两道安全防护门，可防野兽及盗窃者的侵入。

干阑式民居1

干阑式民居2

怎雷村地形

民族文化

怎雷村建村已有300多年，历史久远，是一个民族文化原生态保留得十分完好的村寨。该村寨是水族聚居的典型村寨，是水族传统文化的集中代表。村寨建筑、环境、传统文化风貌、村民的生产生活习俗，具有传统文化的真实性、丰富性和完整性，传统文化特色十分突出，具有丰富多彩的非物质文化遗产和少数民族文物价值。怎雷村拥有深厚的水族族、苗族文化积淀，如水族端节、水书及习俗、水族跳斗解舞、水族跳铜鼓舞、水族马尾绣工艺、水族石崇拜、水族树崇拜、水族井崇拜、水族婚礼、水族丧葬、水族民歌、苗族芦笙舞、苗族古瓢舞、苗族刺绣工艺、苗族吃新节等，都是村民在长期的生活中留下的文化遗产。其中有水族端节、水书习俗、水族马尾绣、水族婚俗等传统习俗，不但典型，而且保存较好，蕴含着深厚的历史文化内涵。怎雷村水家人的梯田文化已成为一处旅游胜地，赏梯田、观风情的人络绎不绝。

水族与苗族之间不但团结和睦，唇齿相依，而且已经通婚联姻，生育的后代族别以父亲的民族为主，服饰以母亲的民族为主。岁时习俗主要有撒秧结束吃粽粑，秋收结束过"端节"。水语"借矣"、"借端"。全寨把秧种撒结束就吃粽粑。端节是以水历十二月至新年二月上旬（农历八至九月的亥日）过端。届时有敲铜鼓、跳铜鼓舞、芦笙斗牛舞祭祖等活动。怎雷村的水族舞蹈主要有铜鼓舞、斗牛舞、芦笙舞。铜鼓舞水语叫"丢压"，斗牛舞水语称"贵都刀"，芦笙舞水语是"啊应"，多在祭典节庆及丧葬时演出，均为男女集体群舞。

水族斗角舞

苗族盛装

人文史迹

"干阑式"民居：怎雷村现有民居建筑200余栋，其中，百年以上的民居有14栋，主要为干阑式建筑，为穿斗式歇山青瓦顶木构建筑，也有穿斗抬梁混合式的，最老建筑为清代年间建筑。

禾仓：禾仓（粮仓）对于当地人来说非常重要。在水族有着"不管有房、无房，都要先盖禾仓后修房"的传统，禾仓建造方式与住宅基本相同，怎雷村内禾仓共111栋。

水书：水族的文字，水族语言称其为"泐睢"，由水书先生代代相传，其形状类似甲骨文和金文，主要用来记载水族的天文、地理、宗教、民俗、伦理、哲学等文化信息，最新的考古研究表明，水族文字与河南偃师二里头遗址夏陶上的符号有相通之处，水书先生甚至可以大致解读其含义，这引起了考古学界的重视。进而提出了水族先民来自北方和夏陶符号是一种文字的可能性。

端节：端节是水族最盛大的传统节日，相当于汉族的春节。依据水族典籍水书、水历的规定，端节在水族历法年底、岁首的谷熟时节举行，以庆贺丰收、辞旧迎新，节期正对应农历的八月至十月。节日里的水族同胞载歌载舞，相聚狂欢。

古树名木：怎雷村寨内古树名木30余株，有柏树、枫树、风流草等。

祭祀古树

百年老建筑

水书

民国建筑

保护价值

怎雷村古建筑群是研究水族传统民居建筑的典型代表；

怎雷村古建筑是水族传统文化的重要见证者和载体；

怎雷村古建筑群是研究水族建筑文化的珍贵实物；

怎雷村古建筑群是研究南方少数民族建筑历史的重要实物；

怎雷村古建筑群是研究少数民族建筑科学的重要实物。

怎雷村古建筑群传承着水族传统文化，见证了水族传统文化的发展与兴衰，是研究水族传统文化的典型代表。怎雷古建筑群是水族建筑文化的典型代表，也是南方少数民族建筑文化的典型代表。怎雷古建筑群是研究少数民族，尤其是南方少数民族建筑史和中国建筑史的重要实物。怎雷古建筑群承载了水族悠久的历史、丰富的文化，具有较高的历史、科学、艺术研究价值，是研究民族建筑学的珍贵实物资料。

雷 瑜 编

怎雷村风貌

黔南布依族苗族自治州荔波县瑶山民族乡董蒙村

董蒙村全貌

董蒙村区位示意图

总体概况

董蒙村位于贵州省黔南州荔波县瑶山瑶族乡东南部，距乡人民政府约4.5公里，距荔波县县城32公里，平均海拔742.7～787.6米。全村总面积约24平方公里，是国家重点扶贫的"两山"贫困地区之一，主要以瑶族白布瑶聚居，全村约56户，247人。2012年被列入第一批中国传统村落名录。

董蒙村平面图

传统建筑

表演场：董蒙村以一个表演场为中心，两条传统轴线为延伸线分布开来，传统轴线盘山而上，连通着各家各户的交通节点。表演场为石板铺设，让整个村落更能体现出传统村落的气息，表演场与停车场相邻，使得村寨的公共空间更为宽敞。

村寨民居：大部分民居修建于1976年，到目前为止依然在不停地修复使用中，整个村落的传统建筑保存得很完好。

村寨民居以2～3层为主，底层用来圈养牲口，上层住人，上层主要由木板围护，底层部分由毛石砌筑围护，由室外台阶上二楼。底层内部分为很多区域，分别用来圈养各种家养动物，而上层分隔为一间间的卧室。木板围护的保温效果差，夏天不会闷热，冬天较为寒冷。由于窗户面积较小，室内面积大，采光不足，室内较为昏暗。火塘设在房屋中央，全家围火而坐，围火而食，围火而卧。

表演场1

表演场2

村落特色

董蒙村村落形成于民国时期，整体呈阶梯状分布，坐落于龙上坡半山腰，依山而建，环境优美，植被丰富，民风淳朴，传统民居建筑保存良好，传统建筑物集中连片，极具保护价值。四面环山，森林植被茂盛，祖辈们靠打猎为生，龙上坡山腰有一股泉水，人们称这口井为"龙井"。

董蒙村民居依山而建，民居较为紧凑，形成典型的自然村落形式。董蒙村是以瑶族原始干阑式的建筑风格为主体的传统村落，传统建筑独具特色，村落内设有瑶族图腾柱、打歌场、陀螺广场等。

传统民居

粮仓

圆仓

粮仓：粮仓是董蒙村典型传统建筑，主要为木瓦结构，采用50厘米×50厘米×30厘米的方形石块作为木柱的基础，木柱作为承重构件，木板作为围护构件，采用小青瓦来盖顶，运用木制雕刻来装饰粮仓造型。当地的粮仓底部架空，不修建固定楼梯上二楼，在底层与上层交接处，采用比木柱大很多的圆形模板或者光滑的椭圆柱衔接起来，可以有效地预防其他动物爬入粮仓。

圆仓：圆仓的建筑独特，为其他民族少见。粮仓呈圆柱形锥顶，盖以茅草，尖顶捆扎装饰成宝葫芦形，下是储粮的圆形仓库，四周用竹篾编成一个大的圆柱体。圆仓开有一小门。圆仓的底部用4根木柱等距支起，底部用木板镶拼严实。在圆仓底部木板与托起圆仓的木柱的交接地方，每柱各用一个外表十分光滑，高约35厘米、直径约30厘米的彩釉陶罐倒扣在柱顶部，有的用4块光滑、平薄、边长在2尺左右的四方石板代替，主要是用于防止狡猾的老鼠沿着木柱攀爬进圆仓。

民族文化

瑶族猴鼓舞：语称"玖格朗"，源于荔波县瑶山瑶族的先民从广西迁徙荔波经捞村时，途遇危难被一群山中神猴解危救难并一路保护的传说。后来，瑶民为纪念先祖的迁徙之苦和神猴护送之功，模仿着先祖跋山涉水的情景及神猴攀爬跳跃的神态起舞而形成的舞蹈。久而久之，这种祭祀先祖和纪念神猴的舞蹈演化为瑶族丧葬祭祀活动中的一个重要仪式。它是白裤瑶民族祭祀先祖的民间祭舞，仅流传于荔波县境内瑶山瑶族乡的白裤瑶地区。

猴鼓舞主要由单人舞、双人舞、群舞三个部分组成，分别为"开路、走路、送老人"之意。它以木鼓手敲击木鼓发出的鼓点为节奏，舞姿以扣胸屈膝蹲颤、实踏、来回跳动击鼓，伴以模仿猴子的各种姿态神情为特点；其动作有"三击鼓面"、"莲花"、"反背"、"穿脚"等，舞蹈动作柔中带刚、粗犷拙朴、轻重分明、节奏感强，跳跃姿态生动活泼别具韵味。全舞风格古朴粗犷、热烈激越，又不乏矫健敏捷跳舞跃奔狂的场面，充分体现瑶族人民奔放粗犷的原始民族性格。

传统纺线工艺：纺线是中国传统耕织社会的主要生产项目。纺线时先是将棉花拿到弹匠那里将棉花弹成蓬松如火腿肠粗细长短的棉条。棉条放在纺线人的左手方，纺车上有一根叫梃子的钢丝，一端是尖的，朝着纺线人，纺线人先将棉条一头一边往外拉，一边一个方向旋转（一般是反时针）搓，然后将头子缠绕在梃子上，顺钢丝直其尖，这样的准备工作完备后就开始纺线，左右手配合合理，右手摇车左手握棉条往外均匀地拉，节奏是短—短—长……周而复始。

陀螺大赛：瑶山白裤瑶人打陀螺，在排瑶的漫长历史长河中，是一种极为普及而又深受欢迎的传统娱乐项目，尤其是青少年。陀螺，一般选用一条硬杂木（生或干都行），用刀慢慢削成圆锥形状，砌断，即成。无论在排瑶宽广的晒谷场，或是在学校大大的操场，无论在自家的厅堂或在平坦的大街小巷，都可以看到一只只陀螺，在一条条皮鞭似的陀螺绳下，美丽地旋转着。

陀螺大赛

传统纺线工艺

瑶族猴鼓舞

瑶王宴

人文史迹

何同海董蒙村人士，生于1912年4月。瑶山乡兵队长杨干廷响应廖树培起事，联合从善乡土匪韦五，潘国良、潘恒武等经水庆、水尧进驻旧县。滇军住独山守备司令李嘉勋派营长姚占清率兵到荔波防堵，姚部战败，荔波团防局长何同海（董蒙人）得二区区长何俊峰（瑶山人）增援，再战于旧县。1942年7月，何同海退住水各，被其同党刺杀而死。

保护价值

董蒙村村落形成于民国时期，2008年被列入少数民族特色村寨示范点，2009年被授予贵州省民族文化保护村寨。2011年春节，时任国务院副总理的李克强来到董蒙瑶族村民家里慰问。

传统建筑如粮仓等，建筑独特，为其他民族少见。猴鼓舞至今仍保持着家庭口传心授的传承方式，具有独特的民族特色和远古的遗风。2008年国务院以荔波为传承地并命名的瑶族猴鼓舞为第二批国家级非物质文化遗产名录。

张成祥 杨 健 李函静 编

黔南布依族苗族自治州都匀经济开发区匀东镇王司社区新场村

新场村全貌

总体概况

新场村位于都匀市匀东镇王司社区东北部，地处都匀市、丹寨县、三都县交界，距都匀市仅有40公里，距镇政府驻地10公里，北邻厦蓉高速，距厦蓉高速公路清水江服务站仅有5公里，交通区位优势明显。全村村域面积2.1平方公里，共3238人。该村始建于元朝，是以苗族为主的风景秀丽的传统自然村落。2014年，新场村被列入第三批中国传统村落名录。

村落特色

村寨以山地地形为主，是由于家族祖先迁徙到此定居而形成，沿河依山而建。村寨中谷底有河流穿过，水质清冽，流入美丽的清水江。在清水江上新建的桃花水电站，形成都匀最大的人工潮——桃花水库。村内的道路正在进行硬化及修建新路。区域森林覆盖80%以上，资源丰富，植物茂盛，动物繁多，形成多层次的主体生态环境。新场村平均降水量1273毫米，平均气温18℃。属典型的中亚热带湿润季风性气候，夏长冬短，春秋分明，冬无严寒，夏无酷暑。从来没有发生过泥石流、山洪、地震等自然灾害。

传统建筑

吊脚楼一般依山而建，房屋多为木质结构。第一层多为禽畜厩和存放生产工具之用；第二层多为人居，正中一间设厅堂，堂屋内设有神龛祭奉祖先。二层正东方一柱和二柱之间空隙为走廊。第三层阁楼则用于堆放粮食、杂物等。房前屋后多栽果树、建谷仓、柴棚和粪棚。

新场村苗族干阑式吊脚楼是以适应人居为主，一般建在斜坡上，先进行平整土地，如土地不平整还必须加砌石块，也可用长木柱支撑。吊脚楼低的七八米，高者十三四米，占地十二三个平方米。屋顶除少数用杉木皮盖之外，大多盖青瓦，平顺严密，大方整齐。

干阑式吊脚楼一般以四排三间为一幢，有的除了正房外，还搭了一两个"偏厦"。每排木柱一般9根，即五柱四瓜。每幢木楼，一般分三层，上层储谷，中层住人，下层楼脚围栏成圈，作堆放杂物或关养牲畜。住人的一层，旁有木梯与楼上层和下层相接，该层设有走廊通道，约1米宽。堂屋是迎客间，两侧各间则隔为二三小间为卧室或厨房。房间宽敞明亮，门窗左右对称。有的苗家还在侧间设有火坑，冬天就在这烧火取暖。中堂前有大门，门是两扇，两边各有一窗。

目前干阑式吊脚楼在这区域里保存较好，最集中的大寨是格多寨和阳久寨，都是连片沿山势修建。

新场村区位示意图

新场村传统建筑

新场村建筑格局

黔南布依族苗族自治州

新场村民居结构

巷道

戴帽石

梯田

人文史迹

河流：格多寨背山面水，依山而建，寨脚有一条河水流过，下游就是美丽的清水江。地处罩子山下，寨脚有条小河经过，流入美丽的清水江。在清水江上新建的桃花水电站，形成都匀最大的人工湖——桃花水库。

罩子山：罩子山是新场村的后山，是都匀第二大山峰，山间行云流水，古树怪石奇特，山峰秀美。罩子山下还有"戴帽石"、"栏杆洞"，它的环境周围，台壁交错，浓黛深绿，巍峨高耸，如障如屏；雄险壮观，其间分布着形态各异的峰、峦、台、壁、瀑、潭、泉、洞、溪等景象，保持着大自然的原始形态，孕育着神秘的雄、奇、险、幽、格多苗寨，由于远离城区，大气、水环境质量良好，森林覆盖率73%，可谓山青、水秀、风光好。

保寨树：每个苗族村寨都有保寨树，新场村保寨树为枫香树，由于没有受到很好的保护，村内有一些上百年保寨树已死亡，现存一棵上百年的古树。

梯田：山地多为梯田，自然风光秀丽。

保护价值

新场村历史悠久、民风民情比较淳朴，村落内传统民居独具特色，具有独特的民族风情。传统的干阑式吊脚楼、独特的服饰、祭天神等活动是展现村寨居民居住和生活的物质载体；具有较大的民族文化价值。新场村是典型的苗族特色村寨，具有较强的代表性。

村内居住生态环境较好，美丽的清水江、桃花水库、风光瑰丽的罩子山，这些独特的山水资源和地理环境，是整个村寨内人文生态特征的凝聚。

陈清鋆 杨 斌 编

苗家婚礼

篝火晚会

民族文化

目前新场村传统风貌保持较好，是传统吊脚楼及民风民俗都保存完好的历史遗风。

苗族的服饰文化：盛大节气或接待外来客人时，妇女头饰一般挽髻于顶，别上银饰，被称为"穿在身上的史书"。每一种图案、每一件饰品，都是一个故事，那银角、银冠、银花、银片、银锁、银泡、银玲、银链，显现出一片"银海世界"；又如穿在身上绚丽多彩的绣花衣，其刺绣和美丽的图案都是历代苗族妇女的杰作。无图作业，信手飞针，巧妙地把生产、生活、图腾崇拜和历史的追忆集于一体的苗族刺绣，使苗族服饰成了一件可以炫耀的艺术品，被称为"无字史书"，显示了苗族妇女能歌善舞、能织善绣、心灵手巧、艺术精湛的文化内涵。

祭天神："祭天神"活动于2005年被列为贵州省第二批非物资遗产保护名录，其传统规范，过程神秘，是新场村苗族远古遗风，是用古代巫文化医治现代难以治愈的疑难杂病，是近代医学未解开的"巫文化"，是老人对小孩健康成长的期盼，新场村一直保存这一活动，祭师世代相传，只有每年的10～12月才能举行。

祭天

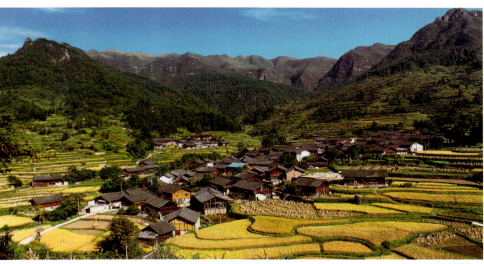
新场村全景

黔南布依族苗族自治州平塘县新塘乡新营村摆仗组

摆仗组一角

总体概况

新营村摆仗组位于贵州省黔南布依族苗族自治州平塘县大塘镇，该村距大塘镇镇政府所在地约14公里，与通州镇党振村相邻。新营村全村面积22平方公里，全村共2335人，其中摆仗组62户262人，全部为苗族集居。

该村为山地的喀斯特地貌，多为灌木丛林，生态良好，是一个文化较为落后、耕作方式比较传统的苗族聚居村落。2014年被列为第三批中国传统村落名录。

摆仗组生活场景

新营村摆仗组区位示意图

村落特色

新营村摆仗组位于大塘镇新塘集镇以南150米通摆公路旁，村庄依山而建，水泥硬化路蜿蜒而上，一幢幢的苗族民居错落有致，青瓦、橙墙、外楼梯、晒台、院落。全村居民都为苗族，凸显出浓郁的苗族民居特色。整个村落选址在山地的中、顶部，充分利用地形布局建筑，路网沿地形自由布局，村落四周生态保护较好，有村规民约，严禁砍伐村落边的一草一木，村庄内环境清幽、绿树成荫，植物以竹和天然林为主，是乡村休闲度假的理想去处。

摆仗组传统建筑1

摆仗组传统建筑2

传统建筑

苗族大多居住在高寒山区，山高坡陡，平整、开挖地基极不容易，加上天气阴雨多变，潮湿多雾，砖屋底层地气很重，不宜起居。因而，苗族历来依高坡而居，构筑一种通风性能好的干爽的木楼，叫"吊脚楼"。苗族的吊脚楼通常建造在斜坡上，分两层或三层。最上层很矮，只放粮食不住人。楼下堆放杂物或作牲口圈。两层者则不盖顶层。一般以竹编糊泥

摆仗组建筑格局

作墙，以草盖顶。现多以改为瓦顶。苗族传统木建筑住房，两层，顶部盖瓦，一楼门前有楼梯通达二楼，部分建筑有晒台。

摆仗苗族村落以吊脚楼为主，一般以三间四立帖或三间两偏厦为基础，一般分为三层，底层都用作家畜和家禽的栏圈，以及用来搁置农具杂物等东西。中层住人，正中间为堂屋，堂屋两侧的立帖要加柱，楼板加厚。

刺绣

公共空间

古树

传统器具

街道

民族文化

咕噜跳月：是平塘县新塘苗族的独特的活动之一，一般在农历正月、二月、六月、七月或十月农闲期举行。演奏的乐器有芦笙、铜鼓和皮鼓，跳丧月增加大号、小号和唢呐。作为娱乐活动的跳月多在月光下进行，祭祖的和丧期的跳月多在白天举行。跳月时男的头包蜡点头巾，身着青布长衫，腰束红线插条布条带，手拿鼓槌敲鼓或锣；女头插一双雉尾，身着新衣裙，背新背牌，足蹬有钉皮底布帮鞋，手拿长幅折叠白土布随着芦笙、鼓点的旋律翩翩起舞。吹芦笙的双手抱芦笙，伴随着鼓点有节奏地边吹奏边摆动芦笙边旋转，左右回环，旋转行进，整个场上充满欢乐气氛。

传统节庆1

传统节庆2

保护价值

摆仗组建筑依山而建，以枝繁叶茂的巨树为护寨树，建筑全部为木质吊脚楼结构，以小青瓦盖顶。村寨四周梯田层层、绿树环绕，与自然环境和谐共处。摆仗组苗寨有自己的村规民约，对于封山育林、防火防盗、村寨保护等，都有严格规定，苗族村民大都能自觉遵守。苗族群众在生活习俗与禁忌上有许多对村寨、护寨树、桥、祭祀场所等保护的内容，形成了苗族群众保护苗寨的意识和保护文化的传统，具有很好的保护苗寨的作用。加强对传统村落摆仗组的保护，加大苗族传统文化（咕噜跳月）传承和弘扬，扶持村民开发苗族刺绣、泡糟酒生产等特色旅游商品，将成为中国传统村落的名牌标杆，是建设社会主义新农村的亮丽名片，是传统村落构筑中国梦的导向。

陈清銎 杨 斌 编

人文史迹

刺绣：是苗族在长期的生产生活中传承下来的手工传统技艺，至今面临濒危状态。苗族刺绣围腰，以白色为底色，上面满绣有蝴蝶、蜈蚣龙，造型飞舞张扬。绣品以蜈蚣龙为主纹样，下面三层另有蝴蝶、小蜈蚣龙等，为苗族绣品的传统典型纹样。苗族刺绣具有传承历史文化的作用，主要表现在刺绣的图案上。几乎每一个刺绣图案纹样都有一个来历或传说，都深含民族的文化，都是民族情感的表达，是苗族历史与生活的展示。

新营村摆仗组全貌

遵义市
ZUN YI SHI

遵义市遵义县毛石镇毛石村

毛石村全貌

毛石村区位示意图

总体概况

毛石村位于遵义县西北部，距历史文化名城遵义市35公里，距县城南58公里，系毛石镇人民政府驻地。该村形成于清代，村域面积约31.84平方公里，常住人口约5100人，民族构成以汉族为主。

2012年，村落街区和毛主席塑像被同时列为县级文物保护单位并树立了保护标志。2014年，毛石村落入选第三批中国传统村落名录。毛石村落因地处川黔交通要冲而兴，是盐运文化的重要符号，其建筑风格是黔北民居建筑的活标本。

村落特色

村落地处河谷地带，位于凉茅山自南向北延伸山脉和望金山自动向西延伸山脉以及鹿囤山自东向西延伸山脉的交汇处，周边环境优美，毛石河绕北侧而过，东南部峰俊岩秀。有香炉岩、头盔岩、啄啄岩、房巾石、石锅等天然景观和小岩门寨、野猫岩寨等军事囤寨遗址，南部有双石墩、观音岩一线天、关口怪石群等天然景观和龙虎山寺庙遗址，西南部有老鹰岩、官印岩等象形石奇观，钟山系一形如卧狮山体，雄踞两头，北部大山顶与村落隔河相望，如今已先后建成5座单孔石孔桥，横跨毛石河两岸。整个村落与周边山、水、岩、石、林、田自然和谐，交相辉映。

传统建筑

村落建筑受环境影响，平面走势呈"U"字形，下排房多有吊脚楼。村落建筑为全木结构，青瓦木楼，建筑密集，屋脊相连，高低一致，建筑风格为干阑式。

民族文化

村落居民为汉族，多为明末清初江西移民和民国年间原籍四川人落户定居经商者，每年春节期间，举办玩龙灯，舞狮子灯、唱花灯等节庆活动。毛石村落的节庆活动地域文化特色鲜明，是极为宝贵的非物质文化遗产。

玩龙灯是正月初九日开灯，十四日谢灯。开灯后玩龙队走村串户玩龙，玩龙时间均为晚上，玩龙场地多为主家院坝。

舞狮子灯在村落中挨家逐户演出，

特色建筑

古街景观

古街街巷格

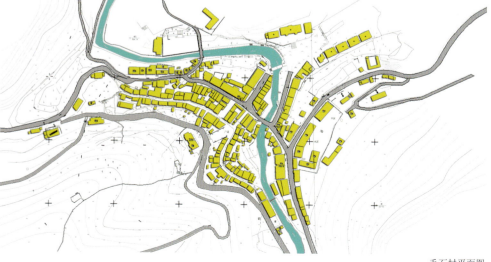
毛石村平面图

表演队先在主家堂屋"拜四方",然后开始表演。孙猴东蹿西跳;大头和尚头戴面具,摇头晃脑,狮子做摇头、擦腰、舔毛、翻滚等动作。

唱花灯也是挨家逐户进行,进主家门前要"对门吉子儿"、"说四季发财",让进后先是"砍五方"之词,然后开始"说唐二",再后是"逗幺妹",之后是唱花灯词,最后唱道别词后结束。

节日庆典 1

革命烈士纪念碑

古街巷

毛泽东主席塑像

节日庆典 2 / 毛石古镇进口

人文史迹

义民祠遗址:毛石遭桐梓人杨隆喜组织的黄号军的九路进攻,惨烈的战事致毛石乡民死难无数,史称"甲寅之乱"。1857年,在毛石村落中部修建了义民祠作祭祀死难乡民之所,义民祠坐南向北,由上下厅和两厢房组成四合院格局,上房四列,一楼一底,供死难受祭者牌位,下厅一楼一底,一楼为进门道,二楼为戏楼,义民祠建成后,晚清著名黔中思想家、经学家、文学家、教育家,毛石籍人萧光远撰写了《毛氏鼋义民祠记》记述了事件发生的经过。义民祠建筑恢宏,古色古香。民国时期被用作行政办公场所,"文化大革命"期间,上房被拆除。之后20多年间,义民祠原建筑被先后改建,至2009年,原建筑被全面拆除,其址今已建成石坝,原建筑中有两个石像造型柱础尚存。

毛石古街:毛石古街是明、清时期川黔古盐道上重要驿站,已有数百年修建历史的两排青瓦木楼,依山顺势而建,全长400余米,极具传统黔北民居风格的街房古色古香,迄今保存完好。

毛石水车:水车是我国唐代以来就被广泛使用的提水工具,至今在毛石镇一条长约4公里的河段上尚有大小水车300多架,被誉为"水车王国"。它不但发挥供水灌溉功能,极具农耕文化价值。

毛主席塑像:矗立于毛石古街南侧的毛主席塑像,建于1968年。整个建筑由两级基座和塑像组成,通高4.83米,塑像造型为毛主席接见红卫兵时形态,左臂佩"红卫兵"袖套,手背于后,右手作招手致意状,塑工精湛。

保护价值

毛石村落的节庆活动地域文化特色鲜明,是极为宝贵的非物质文化遗产。同时,毛石村落因地处川黔交通要冲而兴,是盐运文化的重要符号,其建筑风格是黔北民居建筑的活标本。村落中的义民祠遗址、红军宣传标语、毛主席塑像、革命烈士墓园是村落历史的印记和重要遗存。2012年,村落街区和毛主席塑像被同时列为县级文物保护单位并树立了保护标志。

陈清鋆 郭海娟 编

传统吊脚楼 1

传统吊脚楼 2

毛石水车

毛石村全景

遵义市湄潭县茅坪镇平顺坝

平顺坝全景图

平顺坝区位示意图

总体概况

平顺坝位于湄潭县茅坪镇，距湄潭县城47公里，距茅坪镇集镇约5公里，内有镇域道路通过并与泡不弯、新寨、地幺水等村相邻。村域面积4平方公里，共450人。全村以苗族为主，是湄潭古老的苗族村寨。是清代中后期形成的一个自然村落。平顺坝是省级历史文化名村，2013年，被列入第二批中国传统村落名录。

村落特色

地关村平顺坝位于大山半山腰，地势东高西低，东面背靠大山，西面面朝梯田，村寨布局依山就势，顺山势而行，村落被山体的垭口切断，分为两个东北、西南两个片区，其中东部片区海拔较高，村落内建筑依山而建，呈梯级向上，连片分布，没有寨墙，村落建筑与山坡融为一体，不可分割。

平顺坝村落地处地势较高、西北向山面上，这对于风能、光能、气流的利用相较于村落前方山谷深处狭窄、潮湿之地要优越得多。也更有利于生产生活。其中也蕴含了很多历史信息，清代是苗族历史上所遭遇的极其黑暗的时代。因此村寨的选址强调隐蔽性，强调利用大山逃生的便利性，强调凭险抵抗的自然优势。村落靠近溪流、内有水源、背有靠山、梯田环绕的选址格局显然在抗旱、防寒、利用雨水和土壤等方面，更具有主动适应环境的积极性和可行性。背靠群山，面朝深谷，其中村落、山体、梯田完美地结合在一起，使村落具有极为优越的自然环境。

传统建筑

平顺坝现存最早的传统建筑是清末时期修建，至今保存尚好，村内传统建筑43栋，占全村建筑72.4%。平顺坝内建筑全部为传统木质结构，建筑间距较大，传统建筑连片分布。主要传统建造工艺为穿斗式木质结构，小青瓦坡屋顶，建筑以四列三间、六列五间木瓦房为主，次间均有阳台。分为正屋、厢房和司檐：正屋一般为三或五间，中间一间为堂屋，堂屋大门后退形成"吞口"；在正屋两头前面并与正屋垂直的两间为厢房；正屋后面的为司檐（也称拖檐）。

民居内部一般为两层，一层的楼板（木地板）称为"地楼"，二层的楼板称为"天楼"，卧室及烤火房（会客间）设置在地楼，天楼正面与屋顶间不封闭，设置美人靠，形成阁楼。文化特色：在村落传统建筑集中连片区，大多数的民居为石阶檐，

平顺坝传统建筑

平顺坝院落空间

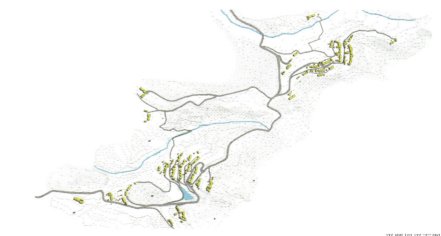

平顺坝平面图

房屋窗子有雕花，内容为花草动物。

平顺坝村寨建筑的最大特点是木头的精雕细刻，雕窗、美人靠、挂落、垂柱，每一件都工艺精美。屋角的部分采用反翘，故名"飞檐"。由于不同经济条件、不同地区和规模等差别，从而产生了不同平面与空间的布置形式，在因地制宜、适应不同的地形地势，合理使用材料和充分利用空间的基础上，能灵活地布置平面、空间和形态，表现出生机、丰富、活泼的民居面貌。

民族文化

婚俗：平顺坝村落是一个花苗聚居的地方，花苗人民在长期的生产和生活中创造了独有的花苗文化，其中的婚俗是花苗礼俗文化的集中表现。它的订婚、结婚过程，成为花苗礼俗文化之精髓。贵州省人民政府于2005年12月29日以"茅坪花苗婚俗"为名将其公布为首批省级非物质文化

传统民族服饰

人文史迹

古墓：在村落的东北方向，有1座古墓，现状保存较好，是清朝时留下来的古墓，墓碑雕刻细致。

古井：在河塘东面山上和山下各有1口古井，在村寨河塘东面的山脚1座古井，目前用来作为取水点，保存一般，周边环境杂乱，洞口与地面平齐，洞口周边还保留有局部破损的石板。

土地庙：在团山堡东面有1座占地面积较小的土地面，现状保存较差，如今只能看到几块木板。

炭窑：共两处，传统烧炭方式，河塘北面，道路旁边。

石阶梯：结构依然清楚，由石头堆砌而成，具有悠久的历史，经百年风雨，仍非常坚固。

古树：村内有两个100余年的丝栗子树。

古墓

古树

保护价值

平顺坝始于清中期，具有悠远的历史，绝大部分建筑仍保留极好的历史风貌，因此具有较高的历史价值。同时，平顺坝的建筑极具苗族特色，具有木结构建筑等极具当地特色的建（构）筑物元素，同时村落的建筑顺应地势而建，建筑根据地势层层升高，与群山融为一体，村落背靠大山、面朝山谷，景观良好，其独有的艺术特色，具有较高的艺术价值。平顺坝花苗文化是我国少数民族文化的重要组成部分之一，平顺坝是花苗的主要集中区，其婚俗文化、纺织及蜡染、苗歌、苗族服饰文化等特色民族文化，使平顺坝具有浓郁的苗族文化价值。

陈清鋆 周 海 易婷婷 编

迎亲婚俗

三月三节庆

精美绣品

遗产。至今仍以活态方式传承，与村落有着十分密切的关系。

踩山坪节：每年的三月三、六月六、九月九是花苗人民的踩山坪节，是一对对年青男女最激动人心的节日，他们穿着盛装，来到每年聚集的地方，跳起欢快的舞蹈，唱起心中的爱歌，向对方表达出自己心中的爱。

苗族服饰：平顺坝服饰特点主要体现在妇女穿着的上衣比其他苗族分支刺绣更多上。现在的花苗衣服（女装）上，四周有像山一样的三角形图案，这些山一样的图案暗喻大花苗族被迫迁徙居住在大山深谷，象征着大花苗族永远像山一样屹立不倒。

平顺坝入口

遵义市湄潭县西河乡石家寨

石家寨全貌

石家寨区位示意图

总体概况

石家寨位于贵州省遵义市湄潭县西河乡，距西河乡政府约8公里，距湄潭县城约60公里。

现石家寨村域面积2.3平方公里，村庄占地面积约120亩，拥有房屋建筑100余栋。户籍人口596人，常住人口420人，以汉族为主，村落形成于清代早期，由于清军入关，石氏先人为躲避战乱，由江西临江府大桥头油榨街，历史上经过多次的迁徙到达地名为"七窝三点水"的地方，即现在的石家寨。2013年被列入第二批中国传统村落名录。

村落特色

石家寨村落受中国传统的观念影响，选址于如封闭的枕山、环山、面屏的环境，大多"依山不居山、傍水不居岸"选址靠近河流、内有水源，背有靠山，前临"坝子"的位置，周边群山环抱，双石河穿过村落将村落一分为二，整体上形成"一河贯通、四山拱卫"的格局。

村落处于大山与河谷交汇的缓冲地带上，地势平缓、农田分布于河流两岸，村落主要集中于双石河西岸，村落与农田、树林错落相间，沿等高线的转折而变化，互为衬托，交相辉映，浑然一体，户户紧靠，呈现团状分布。

传统建筑

石家寨石氏先人在此处定居后，修建了具有黔北特色的建筑，民居都是一层"穿斗"木房。房子建造时，用3根至5根主柱穿成列，将三列或五列相对竖立。再以穿枋连架，每列之间称为间。当地建筑大多为四列三间或六列五间，面对房子正面，房子中间为堂屋，四列三间房屋堂屋两侧靠前一间为烤火房，靠后一间为卧室；六列五间房屋堂屋两侧靠前一间为烤火房，靠后两间为卧室。烤火房与堂屋间有门相连，方便祭祀。正房山墙两侧一般都设为附属用房，主要用作厨房、柴房及杂物间等，圈舍一般远离住房单独立于一侧。

家庭经济条件较好的六列五间房一般带有厢房，厢房的地基要比正房低，屋脊高度也低于正房，厢房地面到正房地面一般由一级或三级的奇数石阶相连，并在房屋围成的院落入口处设龙门。

现状村落内的主体建筑保留了4栋清代建筑、8栋民国建筑、79栋20世纪50~90年代建筑，其余为20世纪90年代后的建筑，但大部分建筑都是木结构的黔北民居。

石家寨田园风光

传统民居1

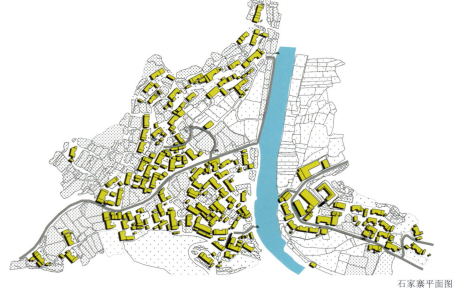
石家寨平面图

传统民居2

传统民居院门

民族文化

石家寨民族文化丰富，不仅有龙灯、花灯、车车灯、傩戏表演等非物质文化遗产，还有鞋垫刺绣、竹编等民间手工艺。

龙灯：龙灯既用竹、木、布、纸等扎制而成，形似龙故称"龙灯"，玩龙灯一般在正月初九日至十五之间的晚上，龙灯由龙头、龙身、龙皮组成，一般为7～15节不等，表演时，由一壮汉持彩球（俗称"宝"）戏龙作舞，时上时下，时左时右，相互穿插、翻滚，蔚然壮观。

傩戏：在堂屋中表演傩戏，因此湄潭傩戏又称"傩堂戏"。如今的湄潭傩戏除保留祭神驱鬼、祈福免灾的含义之外，还被纳入旅游娱乐活动。演出时演员们都会戴上造型各异的面具，主要分为正神、凶神、世俗人物三大类。演员们戴上面具，穿着色彩斑斓的服饰，伴着锣、鼓、钹等打击乐器的演奏，手舞足蹈，演绎傩戏。

湄潭婚嫁礼仪：湄潭民间婚事以茶为礼，一直沿袭至今。民间提亲或媒人撮合，或男家看上女家请媒人，需先由媒人带上礼品到女家试探，其礼品叫"问茶"，若女家同意可谈婚事，就由女方到男方家来了解情况，称为"看人"，"看人"后由媒人带上"放信茶"到女方家，询问是否可去"书纸"一事，若女方同意，就由媒人将男方家的布匹、衣服之类的东西带上到女方家，这叫"头道茶"（第一次茶），亦称《头书》。第二道茶所附的是《允书》，即男方非常愿意提此亲事。第三道茶所附的是《庚书》，写明男方的生辰八字，同时要求女方将生辰八字填上，这称为"讨庚"，一般情况下女方是不会马上填写生辰八字的，还需要提出若干条件，由此就有了后面的"催茶"。"催茶"的主要目的是请女方"发庚"，经数次"催茶"得到女方的生辰八字后，才商量选日子结婚一事。在结婚的当天也同样有《头书》、《报书》、《礼书》、《谢书》之类的礼仪。湄潭民间这样繁复的谈婚论嫁的礼仪过程，称为"三回九转"。

冲傩：冲傩主要分为平安傩、了愿傩、急救傩之属，被认为具有治病、驱邪、降福、免灾、衍生诸功能。平安傩是事主为祈保家人一生平安健康、诸事如愿而举行的冲傩活动。又有"过关傩"、"送小菩萨"、"寿傩"之分。过关傩、送小菩萨是为儿童驱除病灾举行的仪式，寿傩则是为70岁以上老人举办的冲傩庆寿仪式。

人文史迹

石家寨村寨人文史遗迹众多，内容丰富，是村落演变发展的历史脉络。主要包含建于清代及民国的古建筑、古井、古墓、石墙、石阶路、龙门、古树、双石桥、桥墩遗址、古水渠、平板桥、雕花窗、墙体彩绘、神龛、水车、解放军烈士墓等。

古井：寨内古井3处，均建于民国时代，现保存完好。古井周围路面由石板铺就而成，井水不深，至今仍为村民饮用水源。

古墓：寨内有古墓1处，建于清朝，做法精细，为祭祀多用，现碑墓保存较好，周围作物浓密。

龙灯

保护价值

石家寨选址依山傍水，建筑根据地势高低错落，与群山、河流、农田融为一体，景观良好，民居的雕花窗、堂屋及龙门彩绘、木雕等极具当地特色，加之石家寨保存完好的花灯、傩戏、婚嫁礼仪等民俗文化、农耕文化、地方传说及房屋彩绘工艺等无一不体现了浓郁的地方特色，具有较高保护和研究价值。

陈清銮 杜莉莉 编

古井

傩戏

清代古墓

村落一角

遵义市务川仡佬族苗族自治县大坪镇龙潭村

龙潭村全貌

龙潭村区位示意图

总体概况

务川仡佬族苗族自治县大坪镇龙潭村是一个仡佬族聚居的历史古寨，龙潭村三面环山，一面临潭，寨内石板铺路，石巷相连，幽深古朴，建筑奇特，景色迷人，充分体现了仡佬族的民族文化风貌。这里是"世界上最古老的仡佬古寨"，第五批中国历史文化名村，是贵州省唯一的仡佬族民族文化村。总人口4496人，龙潭村2012年已被列入第一批中国传统村落名录。

村落特色

龙潭村（火炭垭组）位于群山之中，拥有着背山面水之势，自然环境十分优美，具有得天独厚的自然环境优势。古寨的民居依山顺势、顺应地形、层层跌落、自然相连。古寨内小路以石板铺垫，连接每家每户。小路、建筑、垣墙相互连通，成网络状。民居以四合院落、三合院居多，由正房、厢房、过厅或者朝门组成。每个院落皆用石块干砌垣墙，墙上设有射击孔、瞭望孔，用于防盗和防御外来入侵者。古寨的自然与人文景观充分体现了独特的古老仡佬文化。龙潭村建寨已有700多年的历史，2006年贵州省人民政府公布为第四批省级文物保护单位。

传统建筑

龙潭村建寨于元末明初，距今已有700多年，全部为仡佬族。古寨建筑保存较为完好，村寨房屋建筑大多为木构建、木装修、建成年代在清咸同一民国年间。其寨三面环山，一面临水，集自然山水、田园风光于一体。寨内小路以石板铺垫，连接每家每户。小路、建筑、垣墙相互连通，成网络状。

龙潭仡佬族民居的主要特点，突出表现在建筑布局及石木装修上。整体布局，显得凌乱，彼此似无呼应，缺乏统一坐向，此乃地势使然。龙潭一带为喀斯特岩溶地貌，即当地人所谓的"岩旮旯"。在岩旮旯中建房，只能因地制宜，"见缝插针"，难以统一坐向。但就一家一户而言，还是比较规整的。一般都是一正两厢，中铺石院坝，外砌石垣墙，形成封闭式院落。

民居以四合院落、三合院居多，由正房、厢房、过厅或者朝门组成。主体建筑面阔三间、五间不等，门窗饰以龙、凤、麒麟、桃、石榴、花草、万字格等吉祥图案。正房大门外侧加建腰门，均为穿斗式小青瓦悬山顶结构。各单体建筑体量虽小，但其木雕、石雕却做工精细，构思精巧，刀法细腻，线条娴熟、明快、流畅。具有鲜明的地方特色和民族特色。许多人家建有朝门，大部分装有两道实木板门，外侧加建腰门。许多人家建有朝门，装有两道实木板门，外侧加建腰门。每个院落皆用石块干砌垣墙，墙上设有射击孔、瞭望孔，用于防盗和防御外来入侵者。

传统民居1

传统民居2

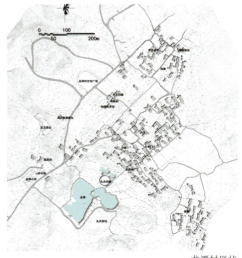
龙潭村现状

龙潭村风貌

民族文化

务川仡佬族苗族自治县大坪镇龙潭仡佬族文化村，是全国仡佬族文化保存较好的村寨，仡佬族占全村总人口的99%以上，为申姓仡佬族世居地。经专家考证，这里是"世界上最古老的仡佬古寨"，有悠久的历史和厚重的文化积淀。

龙潭村民族民间文化多姿多彩，主要有"神秘古朴、祈福纳祥"的傩戏、"黔北民间杂技奇葩"的高台舞狮、"古音流韵、演奏独特"的吹打、"抛出欢乐、迎接祝福"的打篾鸡蛋、"接风洗尘、四方团圆、八方醉酒"的三幺台饮食文化、"礼数周全、古规古距"的仡佬族婚嫁等。每年清明的"祭天朝祖"大典，是寨子里最隆重的日子。全国各地的仡佬族同胞都会齐聚这里，吹牛角、跳舞，以最虔诚的心灵向仡佬族的祖先敬献，以感恩上苍的恩赐，缅怀祖先的功绩。

宝王祭拜

祭天朝祖

高台舞狮

人文史迹

申有进院落：一正两厢，石砌院墙，形成封闭四合院。民国时期为龙潭村公所，院墙四角建瞭望孔、射击孔、掩体，坐东向西，有石院墙、朝门、天井、正房、两厢等组成。朝门开在院墙上，垂花门、穿斗式、悬山小青瓦。两扇对开，木板厚实，分别一个凿射击孔于其上。天井四角设钱形排水孔，中间修建水井一口。石院墙具有军事防御的显著特征。

申佑祠：祠堂建于明末，为当地申姓族人纪念申佑自建的家族祠堂，由一栋正房和两厢房组成。清乾隆年间重建，毁于1970年，2008年原址重建，是龙潭村申姓聚族议事的场所，具有宗族祠堂的典型建筑风格。

寨墙：多以片毛石垒砌，间或以方整石砌筑。有平砌、斜砌及随意垒砌等多种工艺。斜砌中，又有上下两层反向垒砌者，形成条"麦穗纹"，当地又称"鱼骨头"。寨墙作为当时村民防御与分割空间之用。

巷道：村内保留至今的古巷道，多为青石铺设，排水与人行道共用，宽约1米。

古井：明朝遗留水井，为自然地下水井，井水呈茶褐色，村寨故名茶地。

古树：村庄内保留许多古树群落，分布于村庄周边山头，树木保留状况良好，枝繁叶茂。

申佑祠

申小松院落

寨墙

保护价值

背山面水，自然环境优越。龙潭村（火炭垭组）位于群山之中，拥有着背山面水之势，自然环境十分优美，具有得天独厚的自然环境优势。

历史悠久，深厚的民族文化底蕴。龙潭村是第五批中国历史文化名村，是贵州省唯一的仡佬族民族文化村。建寨已有700多年的历史，2006年贵州省人民政府公布为第四批省级文物保护单位。

风貌完整，有独特的环境风貌。古寨的自然与人文景观充分体现了独特的古老仡佬文化。

雷瑜 编

龙潭村全景

遵义市湄潭县洗马镇石笋沟

石笋沟全貌

石笋沟区位示意图

总体概况

石笋沟位于湄潭县县城北郊，距湄潭县城26公里，距洗马镇政府约9公里，隶属于湄潭县洗马镇双合村，是清代初期移民迁居而形成的自然村落。全村村域面积15.3平方公里，共297人，以汉族为主。石笋沟因位于酷似竹笋的石笋峰下而得名，地处大山脚下，三面群山环绕，东部有团林河蜿蜒流过，村落与河流之间为百亩田园。2014年，石笋沟被列入第三批中国传统村落名录。

传统建筑

石笋沟内建筑以木质结构建筑为主。拥有传统建筑50余栋，传统建筑占村庄建筑总面积的80%。其中传统木结构建筑占五分之四，大部分保存相对较好，其余有不同程度的损坏和改变。

石笋沟中传统建筑的主要传统建造工艺为穿斗式木质结构，四面均用木板镶嵌而成，屋顶为小青瓦坡屋顶，正房一般为四列三间。石笋沟有两栋清代建筑，保存有部分雕花窗，堂屋大门和神龛上面墙壁彩绘装饰。

建筑细部

石笋峰下的村落

石笋沟传统建筑

石笋沟建筑院落

村落特色

石笋沟选址受中国传统观念的影响，选址于如封闭的枕山、环山、面屏的环境，大多"依山不居山、傍水不居岸"。选址靠近溪流，内有水源，背有靠山，前有向山，前临"坝子"的位置，周边群山环抱，整体上形成"一河贯通、四山拱卫"的格局。对外有一人行平桥和车行滚水坝相连，村落面朝的良田为河流冲积形成的山间坝地。

石笋沟历史最久的建筑建造于清朝初期，人们休养生息、勤劳耕作、安居乐业，村落由南向北发展，规模逐渐变大。

石笋沟清代建筑

石笋沟平面图

神龛

人文史迹

神龛：村落中南部有1座用于祭祀的神龛，修建于清朝，保存一般，至今还能够用于祭祀，雕刻精致，历史韵味浓厚。

古墓：村落内有两座古墓，位于村落西南部，修建于清朝，现状保存较好，墓碑一些文字清晰可见，反映村落历史。

土地庙：村落南部有1座清朝修建的土地庙。建筑保存较差，比较简陋，周边环境杂乱。

古树：村落内有1个百年古树，树木高大，挺拔，年代久远。

石砌墙：村落中北部清朝由石块堆砌而成，结构清楚，具有悠久的历史。

雕窗：清朝的历史建筑具有精美的雕窗，位于民居正房大门，一共四扇雕窗，做工精致美观，历史气韵浓厚。

古井：村内有1口清朝遗存下来的古井，周边环境杂乱，洞口与地面平齐，洞口周边还保留有局部破损的石板。

彩绘：清代建筑正房正门上方通常有彩绘，图案能模糊看清，具有历史气息。

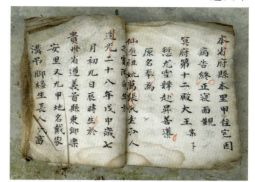
家谱

土地庙

保护价值

石笋沟形成于清代，年代久远，历史悠长，拥有深厚的文化底蕴。同时，汉族传统文化得以传承，如冲傩、龙灯、编草鞋等民族活动和传统手工艺依旧流传至今，是保存较完整的传统村落。村落坐落于石笋峰下，整个格局反映了中国传统观念，周边植被丰富，拥有古墓、神龛、土地庙等众多物质然资源及民族文化特色，具有较高的历史价值。

石笋沟村民仍沿袭着汉族传统冲傩、拜土地庙习俗，至今仍成为石笋沟人生活中十分重要的环节。同时，龙灯等有趣的民族民间活动，现仍活跃在石笋沟，彰显了石笋沟民族文化的生机和活力，具有较高的文化价值。

石笋沟具有代表性的选址、村落格局、建筑构造等技术对我们研究汉族传统村落的发展具有极高的科学价值。

陈清鋆 杨 斌 编

古墓

民族文化

冲傩：冲傩有平安傩、了愿傩、急救傩之属，被认为具有治病、驱邪、降福、免灾、衍生诸功能。平安傩是事主为祈保家人一生平安健康、诸事如愿而举行的冲傩活动。又有"过关傩"、"送小菩萨"、"寿傩"之分。过关傩、送小菩萨是为儿童驱除病灾举行的仪式，寿傩则是为70岁以上老人举办的冲傩庆寿仪式。

龙灯：龙灯既用竹、木、布、纸等扎制而成，形似龙故称"龙灯"，玩龙灯一般在正月初九日至十五之间的晚上，白天不玩灯。灯由龙头、龙身、龙皮组成，一般为7～15节不等，每节内设一灯，玩灯时，每节需一人执掌、内设灯的称"摆龙"，不设灯的称"布龙"。表演时，由一壮汉持彩球（俗称"宝"）戏龙作舞，时上时下，时左时右，相互穿插、翻滚，蔚然壮观。

手编草鞋：用稻草编织的鞋子。材料要稻草、草鞋梆子（编织草鞋的器具），稻草搓成长绳，将多余的稻草减掉，把绳子折成四段，将折好的绳子一头绑在自己的身上，另一头固定在草鞋梆子上，开始编织鞋底，用稻草在固定好的长绳子上面交织编织，在绳的两侧折出几个小小的耳朵，鞋底形状编织好后，搓一根细长绳将两边的耳朵串起来。草鞋质轻、透气，很受当地人喜爱。

手编草鞋

彩绘

石笋沟局部

遵义市遵义县枫香镇苟坝村

苟坝村一角

苟坝村区位示意图

总体概况

苟坝村位于遵义县枫香镇的东北边界上，距遵义县城35公里，距遵义市城区50公里。东邻鸭溪、乐山镇，南接泮水、马蹄镇，西至洪关苗族乡，北连平正乡。村域面积约16.7平方公里，常住人口约3100人，民族构成以汉族为主。2014年入选第三批中国传统村落名录。

苟坝村因苟坝会议而出名，现苟坝会议会址为省级文物保护单位，省级爱国主义教育基地。整个苟坝村的范围包括苟坝会议会址（新房子）、周恩来和朱德旧居（长五间）、红军医院（黑神庙）、苟坝抗捐委员会旧址、红军警戒岗哨以及花茂红军烈士墓等。

村落特色

苟坝村坐落于一葫芦形的谷地，坐北向南，依山而建，南向为丘陵地带。村落依山而建，周边均为田园；村内环境良好，有大量的经济林木杜仲。

村落三面环山，形如座椅，南北长约3公里，东西宽1公里，东有海拔1357米的石牛山，西有海拔1330米的崖头山和银屏山，北有海拔1425米的马鬃岭。一小溪穿过谷地，从村落的南端流出，汇成一道溪流自北向南流，称为白腊坎河，是传统意义上的水口。

苟坝村是典型的以农业经济为基础，以村落为中心的黔北村落。村落依山而建，周边均为田园；村内环境良好，有大量的经济林木杜仲。

传统建筑

苟坝村的建筑以黔北传统民居为主，多形成于明末清初，是典型的木质黔北民居，面积达27000平方米，新中国成立后建设的传统建筑面积达56700平方米。其中以苟坝会议旧址最具代表性，具有坡屋顶、小青瓦、穿木斗枋、雕花窗、转角楼、三合院等典型特征；另外还有数量较多的现代建筑，如黔北模式的新农村改造建筑以及其他形式的现代建筑。

传统木质结构民居

现代黔北传统文化村落

乡村旅游接待山庄

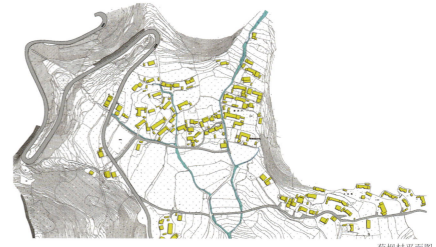
苟坝村平面图

民族文化

苟坝村有典型的黔北居民的生活文化特色，当地居民有独特的传统服饰文化特色，当地居民服饰穿着多为头上包白帕子，上身穿对襟汗套，下身穿宽裆直筒翻腰裤子，裹绑腿，穿草鞋。

饮食文化以大米苞谷为主食，兼食高粱、小米、巴山豆、荞面、红苕。有"包沙饭"、"两兼饭"、"熏腊肉"等特色食品。

当地居民还有充满地方特色的民歌文化，较为流行的有《报路歌》、《打闹歌》、《十二月茶歌》、《种烟歌》、《盘歌》等。

与大部分地区的汉族居民一样，当地居民的民俗节日有春节、元宵节、端午节、七月半、中秋节、重阳节、冬至节等。

陶瓷制造工艺

传统民居　　雕花窗

传统民居四合院

红军在苟坝的生产工具

人文史迹

苟坝会议会址：位于苟坝村四合组，背靠马鬃岭，前临田畴，为一组四合院的木结构传统瓦房。由朝门、下厅、正房组成，坐北向南，占地面积850平方米。"苟坝会议"就在新房子召开，毛泽东就居住在院子内。

红九军团指挥部旧址：位于枫香苟坝四合组，修建于20世纪20年代，坐北朝南，为四列三间传统木结构大瓦房，有堂屋，保留完好，是中国工农红军第九军团司令部办公指挥处。

周恩来、朱德旧居：位于苟坝村民组银坪山脚，距苟坝会议会址（新房子）南2000米，为一组小青瓦传统木构建筑，因其正房为六列五间大房，当地称长五间，为当地黄氏人家的私宅，由朝门、下厅、两厢、正房组成，坐南向北，占地面积300平方米。

保护价值

苟坝村基本保留了原有的村落格局，建筑风貌大部保持了黔北民居的特色，具有朴质价值的村落文化景观保持完整，加上省级文物保护单位的主体建筑保存完好，具有良好的完整性及真实性，很多为红军长征时期的遗存，具有极为丰富的文化内涵和极高的历史价值、社会价值。

陈清鋆　姚秀利　郭海娟　编

苟坝会议会址

白家踵碾米房

苟坝廉政教育基地

周恩来、朱德旧居

苟坝村全景

遵义市湄潭县西河镇官寨

官寨全貌　　　　　　　　　　　　　　　官寨区位示意图

总体概况

官寨村位于贵州省遵义市湄潭县西河镇，村域面积12平方公里，总人口约246人，该村以汉族为主，地处大山脚下，山间坝地旁，背靠大山，面向坝地。

该村寨起源于清朝初年，村落中的陈氏家族原籍黄州府湖广省麻城市孝感乡，于明朝洪武年间入四川重庆府巴县溉南溪，历7代搬迁至湄潭县城，后因陈氏先祖怕后代在县城里生活好逸恶劳、败坏家产，因而在清朝初年举家搬迁至官寨，繁衍至今，官寨得名于清康熙年间，据陈氏家谱中记载，维新第一房四世祖陈伶生九子，其中八人在外做官，因此得名官寨。2014年，入选第三批中国传统村落名录。

村落特色

官寨村落的选址巧妙，村落东、南面为"坝子"田园，北面为山脉，溪流从村落内部穿过，这种规划布局形成了"依山不居山、傍水不居岸"的格局，并遵循了"背山临水、前有照，后有靠"的理念，把房屋建在河流的东面，山坡的南面，使住宅可接纳更多的阳光，躲避凛冽的寒风，溪流在内部，便于引水灌溉庄稼。

传统建筑

村落有五分之三为木质结构建筑，其余为砖混结构。传统建筑集中连片分布，大部分保存较好，其余有不同程度的损坏和改变。主要传统建造工艺为穿斗式木质结构，小青瓦坡屋顶，正房一般为四列三间。有1栋清代建筑，保存有部分雕花窗和堂屋大门和神龛墙壁彩绘装饰。

传统民居建筑1

传统民居建筑2

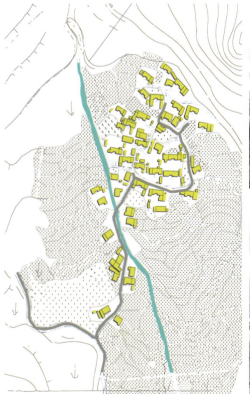
官寨平面图

传统民居建筑3

墙体装饰

民族文化

龙灯：龙灯即用竹、木、布、纸等扎制而成，形式龙故称"龙灯"，玩龙灯一般在正月初九日之十五之间的晚上，白天不玩灯。龙灯由龙头、龙身、龙皮组成，一般为7~15节不等，每节内设一灯，玩灯时，每节需一人执掌、内设灯的称"摆龙"，不设灯的称"布龙"。表演时，由一壮汉持彩球（俗称"宝"）戏龙作舞，时上时下，时左时右，相互穿插、翻滚，蔚然壮观。

车车灯：车车灯的表演的队伍比较庞大，一支车车灯几十人，玩灯都在白天举行，主要道具有轿子、船、蚌壳、花篮等，全都为竹、纸、布等扎制而成。玩灯时乘船、坐轿、舞蚌壳、挑花篮者皆为女性或男扮女性，轿夫等都为男性。艄公摇船在前面开路，轿子跟随其后，再后就是传说《水漫金山寺》中的法海和尚、白蛇、青蛇、蚌壳、鱼兵蟹将，相互穿插起舞，两边挑花篮者面向街心，前后顺街而舞。车车灯的锣鼓雄浑有力，节奏感极强。演唱形式灵活，一般有队伍前面"打钱杆"者一人领唱，众人相和，也可以由队伍以外的人领唱。

过关：过关属于冲傩的一种，而冲傩分为平安傩、了愿傩、急救傩之属，被认为具有治病、驱邪、降福、免灾、衍生诸功能。平安傩是事主为祈保家人一生平安健康、诸事如愿而举行的冲傩活动。又有"过关傩"、"送小菩萨"、"寿傩"之分。过关傩功用是驱除病灾，保佑儿童顺利成长，因其所施之对象是儿童，因此与成人仪式相别，又为"儿童仪式"。

人文史迹

官寨内现有寺庙遗址1处、古井1处、古墓3处、石桥1处，其他古树、神龛等人文史迹众多。除此之外，传统的耕作方式和竹编工艺在官寨得以完好的保存，是研究贵州地方人文发展的重要线索。

竹编工艺：竹编工艺是传统手工纺织之一。以斗笠为代表作，其中尤以棕丝斗笠最著名。棕丝斗笠只是用来遮阴之用，另一种是纸斗笠，做工比棕丝斗笠要粗糙一些，直径稍大一些，主要用于挡雨。还有一些竹子编的手工品，比如灰炉，冬天用来烧炭取暖；背篓，用来背取重物等。

传统的生产耕作方式：官寨的农业生产，建立在小家庭的基础之上，生产工具主要有：犁、耙、钉耙、耙、铁耙、踏犁（步犁）、笃撬、薅锄等。一般入冬之前挖泡冬田、翻稻茬田，让冰雪扎松土壤及杀死虫害。入冬之后抓紧用圈舍的牛粪积肥。快开春时，就准备修整水塘、水渠、水沟。在古代，山区梯田的开发，大多利用冬季农闲时节进行。

草鞋传承制作

古墓

古树

古井

石墙

保护价值

官寨村传承于清朝年间，民居建筑背靠大山面向坝地，依照"依山不居山、傍水不居岸"的格局，遵循"背山临水、前有照，后有靠"的理念而建成，其中保存着从明、清至今的多栋传统建筑。村落中至今保留着丰富的非物质文化遗产，以花灯傩戏最具有代表性，此外，村民所传承下来的传统习俗、耕作方式和手工工艺都极其具有研究和保护的价值。

砖窑

陈清鋆　姚秀利　杜莉莉　编

官寨田园风光

遵义市湄潭县抄乐乡群星村石家寨

石家寨一角

石家寨区位示意图

总体概况

石家寨位于湄潭县抄乐乡集镇西南部，隶属抄乐乡管辖，形成于晚清，整个村落依地形地势自然而建，有泥石公路通过村落。距县城约18公里，距抄乐乡集镇约1公里。明、清时期，随着军屯、民屯、商屯的不断涌入，外省大量移民迁徙贵州开垦土地。石氏家族于康熙年间从江西临江府十字街大桥头起籍至此定居，形成最初的村落。全村面积约15平方公里，常住人口108人，民族构成全部为汉族。2013年，入选第二批中国传统村落名录。

村落特色

石家寨选址依山傍水，地势西高东低，背靠白其山山脉，面朝抄乐河，农田分布于村落与河流之间，村落集中于地势较平缓的抄乐河西岸，村落与田土、树林错落相间，沿等高线的转折而变化，互为衬托，交相辉映，浑然一体，户户紧靠，呈现带状分布；整个村落形态较为集中，村落西靠群山，东临绿水，山、水、田、村落完美地结合在一起，使村落具有极为优越的自然环境。

村落东面为"坝子"田园，西面为白其山山脉余脉，抄乐河从村落东部穿过，距村落150米，这种规划布局形成了"依山不居山、傍水不居岸"的格局，并遵循了"背山面水、前有照，后有靠"的理念，把房屋建在河流的西面，山坡的东面，使住宅可接纳更多的阳光，躲避凛冽的寒风，抄乐河由北向南流过，距村落较远，能有效防御洪水的侵袭，便于引水灌溉庄稼。

传统建筑

石家寨石氏先人在此处定居后，修建了具有黔北特色的建筑，民居都是一层"穿斗"木房，房子建造时，用3根至5根主柱穿成列，将三列或五列相对竖立，再以穿枋连架，每列之间称为间。当地建筑大多为四列三间或六列五间，面对房子正面，房子中间为堂屋，四列三间房屋堂屋两侧靠前一间为烤火房，靠后一间为卧室；六列五间房屋堂屋两侧靠前一间为烤火房，靠后两间为卧室。烤火房与堂屋间有门相连，方便祭祀。正房山墙两侧一般都设为附属用房，主要用做厨房、柴房及杂物间等，圈舍一般远离住房单独立于一侧。

村落景观

传统民居1

石板路

石家寨平面图

民族文化

抄乐傩文化是贵州古农郎文化的一个重要组成部分。湄潭经过明代大规模的移民，外来人口大量迁入，土著的巫傩文化与荆楚文化、巴蜀文化互相融汇，演变成具有黔北特征的傩文化，2006年5月傩戏被列入第一批国家级非物质文化遗产名录加以保护。

傩戏是在民间祭祀仪式的基础上，吸取民间戏曲而发展形成的一种戏剧表现形式。中国的傩戏历史悠久，起源于原始社会图腾崇拜的傩祭，有祭神驱鬼之意。傩戏剧目繁多，题材大都取自神话传说、历史故事。如《钟馗斩鬼》、《桃源洞神》、《孟姜女》、《甘生赶考》等。因此许多专家学者认为傩戏蕴藏着丰富的文化基因，是一个历史、民俗、民间宗教和原始戏剧的综合体。

傩戏表演

雕花窗

古围墙

古井

石家大院龙门

传统民居2

传统民居3

人文史迹

村落的人文史迹要素主要包含建于清代的石家大院、神龛、对联、匾额、龙门、古水井、石阶、石板路、石门、石院墙、龙门遗址、大水缸、抄乐河以及梯田等。

石家大院神龛：顶端为扇面装饰，扇面中间是一组人物浮雕图案，左右各置一幅花鸟浮雕图案，神龛中部高1.3米，是石氏祖宗的灵牌设置处，有两只小巧玲珑的狮子在灵前守护。采用房屋建筑结构方式，左右各用三根圆木为主题支撑，中部配雕花和挂落，呈八字展开。左右两块扇面有阴刻字样，合并为"云蒸霞蔚"，神龛底部高1.68米，用雕花象腿作支撑。"八仙过海"、"李密侍祖"等6幅花草人物浮雕，镶嵌在神龛底部两侧。

石家大院龙门：大院入口处，龙门的雕花桃枋、吊柱、门簪、扣板均雕有两层镂空的莲花灯图案非常精致。

玉宝山佛塔：玉宝山始建于清嘉庆九年（1804年），扩建于清宣统二年（1910年），距今约有210年的历史，由于特殊历史时期的运动，原有的佛塔和佛殿毁于一旦，于2011年复建。

保护价值

石家寨始于清初，具有悠远的历史，绝大部分建筑仍保留极好的历史风貌，石家寨的民俗文化、建筑木雕工艺、农耕文化、地方传说及房屋彩绘工艺等具有浓郁的地方特色，具有较高的历史价值和文化价值。

石家寨选址依山傍水，抄乐河从村落东侧流过。建筑的顺应地势建设，与群山、河流、农田融为一体，景观良好，村落民居的匾额、堂屋神龛、楹联及龙门、木雕等也具有非常丰富的艺术特色，具有较高的艺术价值和科学价值。

石家寨是石氏家族繁衍生息不断壮大的地方，具有独特的地域性特征，是集居住生活、游览观赏、历史和文化传播等多种功能的统一体，故具有较高的社会和经济价值。

陈清鋆 郭海娟 编

石家寨全景

六盘水市
LIU PAN SHUI SHI

六盘水市盘县羊场布依族白族苗族乡大中村

大中村全貌

大中村区位示意图

总体概况

大中村是一个具有600多年历史的屯堡村寨，位于贵州省六盘水市盘县羊场布依族白族苗族乡，距离羊场乡乡政府6公里。始建于明朝洪武年间，这里的祖先是朱元璋时期"调北征南"军队的后裔，被称为"屯堡人"。村域面积为10.92平方公里，总人口约为3467人，90%的人口为邓、陈、黄、张四姓，以汉族为主。大中村于2014年被列入第三批中国传统村落名录。

村落特色

大中村处于典型的喀斯特地貌地区，地势险要，村寨位于由南北两侧高山围合中部开阔的河谷形盆地，东西两侧山体收拢对外保留狭窄的通道，西有出水洞，东有天然瀑布滴水岩，凸显了"一夫当关，万夫莫开"、"山关人丁水管财"的传统村寨布局理念。大中村的选址、布局以及建筑设计等方面都是基于贵州山地的地理环境，融合了"屯堡人"浓厚的"大明遗风"，并充分考虑了军事防御功能，从而形成的一个具有明代遗址活化石功能的屯堡村落。

传统建筑

大中村的传统建筑随南北两侧山体顺山势布局，位于沿河以南，建筑坐西南朝东北，建筑分布特别密集，多为青石板三合院、四合院民居，外墙多用石块堆砌，高大结实，寨门、碉楼等军事防御性质的建筑元素较普遍，单栋建筑可通过巷道联通，对外设有寨门可防御敌人来袭，其空间布局体现出一种对外封闭、对内串通、联合互助的防御性特色。

邓良先四合院：建于清朝年间，占地约470平方米，包括堂屋、左右厢房、堂屋对面的偏厦及1座碉楼。堂屋坐立于六级台阶之上，五开间穿斗式木结构，面宽约18米，进深约12米，悬山式坡屋顶，覆青瓦，正面北侧外墙为实质木板，木质窗棂，另外三面外墙均为石块堆砌围合，堂

石巷

营盘

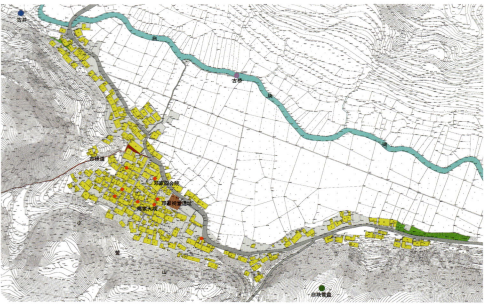
大中村平面图

陈家四合院厢房

邓家四合院

邓家祠堂龙门

划船

屋西侧建有1座十多米高的碉楼，外墙设有枪口，堂屋西南角设有一通道通向碉楼。堂屋靠碉楼一侧山墙外则刻有图腾，窗户呈漏斗形，外窄内阔，俗称"猫儿窗"。西厢房面宽约16米，进深约6米，东厢房面宽约10米，进深约7米，设有两层，一层为石质裙板和木质窗户结合的外墙结构，二层设有走廊，木质栏杆保存良好，西厢房西南处有一石拱门，为该四合院的主要入口。

陈氏四合院：始建于明朝末年，占地380平方米，包括堂屋和左右厢房。四合院南侧为明清时期相继修建的两组三开间堂屋，堂屋均位于五级台阶之上，穿斗式木结构，悬山式坡屋顶，覆青瓦，朝院落外墙为石质裙板（约1米高）和木质窗户结合的外墙结构，设有两层，每组堂屋一侧均建有1所厢房，厢房面宽约12米，进深约4米，部分设有两层，东侧厢房设有1座石拱门，西侧厢房西北角有1石洞，可与四合院北面的巷道相连，巷道较狭窄，不足1米宽，可通至其他民居后院。

民族文化

屯堡文化：大中村的祖先是明朝朱元璋时期"调北征南"平蛮大将军邓荣宗长子仲文公等人的后裔，这些移民在长期的历史过程中，固守着祖先遗留下来的汉族传统文化，形成了特有的屯堡文化，它印证了在特殊历史时期下不同文化在贵州山地特征的地理环境中融合、变迁的过程。

人文史迹

龙门：大屯范围内，共有龙门8座，均为石砌拱形，通常位于民居山墙一侧，与民居形成一体，上方设置有过街楼，为建筑的主要入口，有石质门槛，高约20厘米，厚约10厘米。

古井：位于大屯西北侧，井口直径约1米，原来为大屯的主要水源，20世纪80年代以后不再使用，现已废弃。

古桥：位于大屯对面的白块河上，始建年代不详，是1座石砌拱桥，现状保存情况较好。

古驿道：现存一段长约300米的古驿道，石块铺装，可通至盘县。

化船：大中村现存的传统地方习俗，又称"端公"。在正月间，会有一位名称"先生"的人背着一个形似船状的木构架到各家祈福并化缘。

陈家四合院后门巷道

邓家四合院内部构架

白块营盘：位于大屯东南角的山体上，相传原本营盘面积为1500平方米，现存两圈石砌围墙，平均高2.1米，厚1.5米。有一块基脚石，长3.5米，高0.9米，宽1.7米。围墙上设有枪口，营盘唯有两道门，东门与西门，据说历史上民族之间、地区之间如有残杀和掠夺的信息传来，方圆几个村落的人各自就把一切财物迁到营盘里。

木叶：羊场乡大中村又被称为"木叶之乡"，当地人可通过小小木叶吹奏出悠长、悦耳的曲调，闻名中外的木叶演奏家罗文军就出生于羊场。

保护价值

大中村村寨布局、古建筑群等历史遗存充分体现了屯堡文化的文化价值，屯堡文化是在特殊的历史背景下形成的一种特殊的文化现象，是明代军屯历史和古代江南文化在贵州山地环境下长期协调融合的历史遗存，是难得的历史实物标本，是展现各个时代发展轨迹的具有代表性的乡土景观。

吴茜婷 编

古驿道

滴水神瀑

碉楼

民居

六盘水市水城县花戛苗族布依族彝族乡天门村

天门村全貌

天门村区位示意图

总体概况

天门村位于水城县花戛乡南端,距离水城县45公里,距花戛乡8公里。天门村南有巍峨吴王山,北有北盘江,西有格所河。全村总面积13平方公里。共有6个村民小组,共有1356人。村落始建于明朝,是以布依族为主的少数民族村寨。2014年,天门村被列入第三批中国传统村落名录。

村落特色

天门村所处六盘水市是典型的山地喀斯特地形,境内岩溶地貌类型发育齐全。地势西北高,东南低。中部因北盘江切割,起伏剧烈。天门村范围内,最高海拔为吴王山1629米,海拔最低为北盘江771米,海拔高差达858米,地势险峻。

天门村范围内三面环山,一面开敞,依山傍水,水源充沛。开敞区域内地势较低,与周边山体海拔差300余米,面向天门作为一个天然大型坡地。三山及北盘江、格所河形成天然屏障,自然山水格局完整突出。

天门村建筑各自成片,内部建筑依山而建,使得街道走向曲折,形成与等高线平行或垂直的空间肌理。

天门坡地中现保存大面积梯田,形成绵延布局,错综复杂的山地梯田景观,极具历史人文价值和地域乡愁。天门村村落周边林地环绕,与自然融合,形成独具特色的生态屏障。

传统建筑

天门村保留布依族传统风貌建筑约100栋,多为明代修建的建筑,占全村建筑的60%。建筑以全木结构为主,三层的三榀二间或四榀三间加两间阁楼结构,小青瓦斜屋面特色的传统布依族吊脚楼。单户占地面积多在70~90平方米之间,共两层,底层用于存放生产工具、圈养家禽、储存肥料。第二层用作客厅、堂屋、卧室和厨房,堂屋和厨房外侧建有独特的"阁楼",主要用于晚辈卧房、刺绣和休息,是布依族吊脚楼建筑的一大特色。第三层主要用于存放谷物、饲料等生产、生活物资。每户还建有一小栋与主房分离、能防潮的小谷仓,一旦房屋失火,可以先保护和抢救粮食,充分体现了"民以食为天"思想。

天门村传统建筑

天门村村落景观

天门村建筑背立面

天门村平面图

民族文化

布依族文化内蕴深厚，民族风情古朴浓郁，布依族人民勤劳智慧，具有光荣的历史传统和灿烂的历史文化。花戛乡北盘江沿岸居住的多数是布依族峡谷有六盘水迄今为止保存得最好的布依村寨天门。布依族的生活如同他们的服饰，多姿多彩。

传统服饰：当地的妇女仍然完全保持着穿传统布依服饰的习俗。多喜欢穿蓝青色布衣。

传统节日：布依族每到农历腊月二十九就开始忙碌着操办包粽子、杀鸡宰鸭，准备过一年一度的小年；到来年的六月六，称为过大年，就显得更忙碌了，家家户户宰猪、包粽子，准备好丰富的佳肴；到六月初七，老人在家相互相邀饮酒，而年轻人则相邀到所谓的"六月坡"，男青年吹唢喇，女青年唱歌，互相寻找自己的意中人。

布依族手工艺1

布依族手工艺2

古树

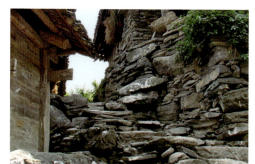
村落街巷

天门村台地

人文史迹

铜鼓：传说在秦朝时期，当地的布依族在办理丧事时，必须要用铜鼓、唢呐、木鼓一起奏乐，以表示对死者的悼念。现在村里依然保存着一个巨大的铜鼓。

对歌：村里每逢谁家婚嫁，男主人家都要组织歌郎与亲家邀请的歌郎相互对唱，以表示大家共度欢乐喜庆，联系加深感情。

河流：北盘江位于天门村北部，碧波荡漾，风景秀丽，环境优美。

台地与阶梯：天门村内大寨、小寨、新寨建筑组群依据地形布置，建筑底部以石块垒成一个个台地，用以隔绝湿气及动物昆虫。在立面上自上而下层层递进，形成台地式景观。由于地形落差，一级级的阶梯也成为居民日常生活中重要的保障。

古树与植被：天门村内16颗古榕树，也称菩萨树，桑科榕属，是水城县重点保护植物。

另外，村寨内外随处可见芭蕉与竹子、青冈树、枫叶林等典型植被，满足村民日常生产生活所需。

梯田

保护价值

天门村有着丰富而珍贵的物质与非物质文化遗产，村落有着独特的历史风貌、悠久的文化，较完整地保留了古朴的村落格局和优美的历史人文景观，这些历史环境要素和非物质遗产记录了村寨的历史发展演变及传统文化的传承，应对其进行保护。

此外，村内的农耕文化、建筑文化、布依族民俗文化、天门传说等能代表布依族独特的民俗文化；吊脚楼建筑、古树、农耕器具、布依族手工艺（蜡染、酿酒）、天门传说、天门梯田等极具特色，农民画、布依族舞蹈、乐器、地戏、花灯剧、歌会等有着较高的艺术表现力和感染力，是民族文化的重要载体。

陈清鋆 周 海 杨 斌 编

天门村全景

六盘水市盘县石桥镇妥乐村

妥乐村全貌

妥乐村区位示意图

总体概况

妥乐村是一个具有600年历史的屯堡村寨，位于贵州省六盘水市盘县石桥镇境内，该村距离盘县县城22公里，南接南冲村，东接鱼塘村和东冲村，西与鲁番接壤，北与西冲紧临。据记载村落随明朝朱元璋时期征南调北而迁至于此，距今约有600年历史。妥乐村村域面积约15平方公里，总人口约为4089人，以汉族为主。2000年，妥乐村被贵州省人民政府批准公布为省级风景名胜区；2012年，妥乐村又被评为"全国生态文化村"。2014年，妥乐村被列入第三批中国传统村落名录。

村落特色

妥乐村位于妥河西侧的山坡地段，左右两侧均为可供防卫的连绵高山，西为后岩山，东为对门山，两山之间的谷底中央有妥河缓缓流过，沿河两侧为田园耕地，通道南进北出。主要建筑群的布局与妥河保持一定距离，是典型的近水利而避水患的选址布局，妥乐村的传统格局以沿山坡等高线布局、地基层层升高的排屋建筑为中心特征。建筑群具有明显生长痕迹，从对门山看去，可以清晰看出建筑与地形等高线的呼应关系。排屋建筑的东侧设有院坝，院坝前后则分布较为密集的古银杏树，呈现排屋层叠、树伴人家的独特格局。由此所影响，村寨内部的山路也沿着等高线形成了"之"字路网系统。

传统建筑

妥乐村至今保留了大量的传统建筑，包括古寺庙和古民居，其中明、清时期建筑25幢。所有建筑的布局都能很好地处理与古银杏树的关系，由于古银杏树分布密集，妥乐村的民居建筑大多不设厢房，村寨在古银杏群的掩映下，若隐若现，实现了古树与村寨的完美结合。

西来寺：始建于1632年，与盘县水塘镇丹霞山护国寺并称古盘州两大名寺，位于村前妥河东岸山腰，坐东朝西，占地面积600多平方米，为一组四合院建筑，主体建筑为前后两幢面阔三开间穿斗式木结构的殿堂，屋顶为单檐歇山顶覆青瓦，正脊吻兽制作精美。殿前有一株千年古桂花树。

路氏长屋：位于村寨西南部的坡地，是妥乐村内最长的建筑，该建筑坐西朝东，共有九开间，陆续建于不同的年代，最早的祖屋历史可追溯到明代。建筑主体结构为穿斗式木结构，悬山坡屋顶，覆青瓦，正脊两侧鳌尖并中设腰花，建筑山墙和后墙的维护结构为夯土和竹篾。墙窗均为实质木板，无窗花。

树王

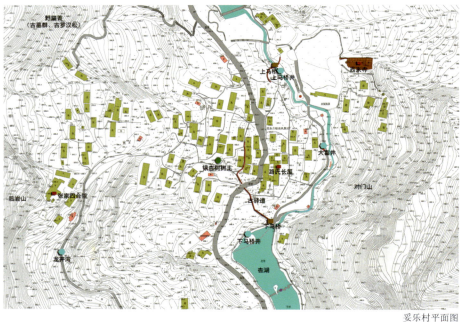
妥乐村平面图

路氏长屋

张家四合院

银杏树林

张家四合院：位于村后山坡较高位置，该处地势较为平坦，为两进院设置，穿斗木结构，该建筑初建于明代，坐落于四阶石板台阶之上，也是村内历史较为久远的民居建筑。建筑为悬山式坡屋顶，覆青瓦，主体建筑为三开间穿斗式木结构，明间略高于次间，正脊两侧鳌尖，厢房设有两层。房前屋后古银杏分布密集。

下马桥井

上马桥

民族文化

屯堡文化：妥乐村村落的选址和布局反映了典型的屯堡文化特征，屯堡村落讲究靠山不近山，临水不傍水，妥乐村民居建筑沿后岩山顺势布局，东望对门山，两山关拦，并与妥河保留了一定距离。此外，从地形上分析，妥乐村东西两侧被大山包围，南北向外均有较狭窄的通道，西面后岩山上保留有部分残余城墙，由此说明当时村寨的选址和布局考虑到了军事防御功能。

人文史迹

古桥：沿妥河由南向北分布有两座古石桥，分别为上、下马桥，已有几百年历史，是古代茶马古驿道的必经之处，相传当年乾隆微服私访时就在下马桥处下马步行至上马桥再骑行离开，所以称之为下马桥和上马桥。两座古桥现保存较好。

古驿道：妥乐村现有保存比较完好的古驿道约1公里，分为3段，保存状况略好的约300米，石块铺装，约2米宽，属于茶马古道的一部分，与古银杏树的根系盘根交错。

古银杏树群：妥乐村被称为"世界古银杏之乡"，村内古银杏树分布密集，其中具有千年历史的便有100多棵，树龄最大的树王有1500多年历史，位于村寨的中心位置。古银杏树群是千百年来积淀形成的，树根与村内建筑、道路早已连为一体，如此人树相依的树文化展现了当地村民与自然和谐相处的博大情怀，堪称"世界的活化石基地"。

古井：在妥乐村一共分布有4口龙潭（即古井），分别为大富井、上马桥井、下马桥井和龙井湾，山泉为妥乐村的主要水源，由后岩山山顶流下，经过龙井湾流向山下水井，泉水甘甜，至今仍流水不断。

张德宏墓群：妥乐村首富张德宏的墓地。该墓规模宏大，由一个主墓和两个小墓组成，原始格局清楚，墓碑保存完好。

古驿道　　张氏大墓

保护价值

妥乐村保存了贵州屯堡村落相对完整的、真实的历史遗存，见证了自明、清代以来该地区的生活方式和文化特色。妥乐村巧妙布局的村落建筑和古银杏树所构成的人树相依的生存环境，体现了典型的树文化特征。妥乐村的人树相依、屋树相伴的场景，多年来已经形成了艺术家创作基地氛围，得到了摄影家、画家和诗人的高度赞誉，具有很高的艺术价值。

余压芳　吴茜婷　编

西来寺

妥乐风光

六盘水市盘县保基苗族彝族乡陆家寨村

陆家寨全貌

陆家寨村区位示意图

总体概况

陆家寨村是一个具有600多年历史的布依族村寨，拥有国家级非物质文化遗产——"八音做唱"。村寨位于六盘水市盘县保基苗族彝族乡东部，与普安县龙吟镇隔河相望，南与罐子窑镇接壤，西北与本乡垤腊、雨那洼比邻，距乡政府驻地19公里。据记载，村民多于明洪武年间从江西迁至此定居，陆家寨村村域面积15.85平方公里，全村约450户，约1800人，以布依族为主。陆家寨村于2011年被盘县县政府评为"文学、艺术、美术、书画"创作基地；2014年被列入第三批中国传统村落名录。

村落特色

陆家寨处于典型的喀斯特地貌狭谷地带，村寨依山而建，位于格所河边上，由南向北逐渐升高，然高差不大，东隔格所河与龙云山相望，南与垤腊山相连，西倚雨那洼山作为屏障，北面开敞。村东和村北山丘梯田连为一体，南面则是通商要道，从陆家寨村的选址可看出以农为本，同时注重交通便利和商业发展。村寨内零星分布48棵古榕树，树茎根须发达，盘根错节，树上生树，颈上缠藤，有的榕树根系跨河生长成桥，与陆家寨村居民的生活息息相关。村寨内布依族民居顺山势布局，与自然地形和谐相处。村寨、古树、小溪、小桥连成一片，勾画出了马致远笔下"小桥流水人家"的诗韵雅景。

传统建筑

布依族人崇尚自然，建筑喜傍水而建，民居建筑沿山间河流随山势布局，布局较灵活，有的顺应地势采用吊脚楼形式，有的为建于平地石板之上的穿斗式建筑，木构建筑由于破损严重。

陆氏民居：位于大寨中部，建于20世纪80年代，是陆家寨村保存较完好的传统建筑。建筑保留了传统的木结构构造，堂屋两侧房间的外墙后期采用石砖围护。主体建筑设有两层，下层供人居住，上层堆放杂物。建筑坐西北朝东南，三开间穿斗式木结构，悬山式坡屋顶，覆青瓦，正脊

格所河

夫妻榕场地

粮仓

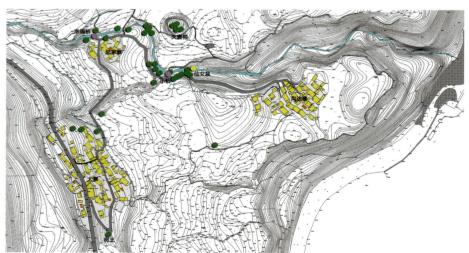
陆家寨平面图

八音坐唱

传情

树王

小溪沿岸

民居

两侧鳌尖并中设腰花。院落东、西层分别有1栋厢房和1座粮仓，厢房现用作饲养牲畜和堆放杂物，粮仓依然正常使用。

粮仓：陆家寨村现存保留下来11座粮仓，均紧邻民居一侧修建，四角柱子落地，底层架空，粮仓壁板穿过立柱两侧的板槽，横向插入，形成箱式的储藏空间。

民族文化

陆家寨村是以布依族为主的少数民族村寨，村寨内村民的服饰、传统民俗活动等都展现了布依族的传统文化特征。布依族崇拜、敬畏自然，以水文化、鸟文化和树文化为典型代表。

传统民族服饰：陆家寨村现在仍然保持有穿着传统服饰的着装习惯。男着衣衫、女穿衣裙，衣裙上均有挑衣、刺绣图等装饰，图案多为自然界的鸟、鱼、竹、花等的衍生图案，系绣花围兜，头裹家织格子布包帕；衣服颜色多以蓝、青、黑、白为主。

传统节日："三月三"和"六月六"。"三月三"这一天村民自发组织杀猪、弹奏"八音坐唱"等活动，以祭山神，祈来年丰收。"六月六"这天家家户户集中杀猪宰鸡、包粽籽、表演"八音坐唱"等活动，汇聚在夫妻榕坝场祭祖、拜神。成年男女会载歌载舞，表达内心的喜悦，青年男女会在这天吹木叶、赶表、抛绣球等，相互倾吐爱慕之情。

人文史迹

八音坐唱：是陆家寨村独有的世代相传的一种民间曲艺弹奏形式。因用二胡、月琴、笛子、木叶、勒尤、刺鼓、钗、锣8种乐器合奏而得名。其演奏形式由吹打渐次发展为以丝竹乐为主，主要的活动场所为夫妻榕坝场榕树群。2006年5月20日"八音坐唱"入选第一批国家级非物质文化遗产名录。

夫妻榕坝场：夫妻榕坝场是围绕夫妻榕由村民们修建的两个场地，一块场地是位于夫妻榕前方的圆形场地，另一块场地为位于一侧面积稍小的圆形场地。这是陆家寨村村民举行聚会的主要空间。

小溪：位于村寨中部，从悬崖半腰岩溶直泻而下，河流包围村寨，溪水清澈，上有小拱桥3座，沿溪有20余株形态各异的古榕树，风景秀美。

古桥：沿村寨小溪之上架有3座石砌小拱桥，拱桥与周边榕树相互融合，与周边的溪水、村寨共同构成了"小桥、流水、人家"的美丽画卷。

保护价值

陆家寨村秀美的自然风光是在特殊的喀斯特地貌环境中经过千百年孕育而成，应对这样不可再生的优美环境进行保护。此外，陆家寨村村民与当地自然环境和谐相处，悉心保护榕树，与榕树共同生长，将布依族文化与当地自然环境相结合，形成了具有布依族文化特色又具有代表性的乡土景观，是研究少数民族文化的鲜活实例。

余压芳 吴茜婷 编

小桥

梯田

黔西南布依族苗族自治州

QIAN XI NAN BU YI ZU MIAO ZU ZI ZHI ZHOU

黔西南布依族苗族自治州册亨县丫他镇板万村

板万村全貌

总体概况

板万村，俗称"卜湾"。板万村位于丫他镇政府东南部，距丫他镇政府所在地28公里，距册亨县城47公里，隶属册亨县丫他镇，是册亨县保存最为完好的布依族村寨。全村村域面积19.08平方公里。全村辖6个村民小组，共370户1548人，其中布依族占总人口的92%。2014年，板万村被列入第三批中国传统村落名录。

村落特色

村落坐落于"卜山公"（山名，布依语音译）前，面向"纳堂赛"坝子，构成了"四面环山，一坝相守"的自然环境格局。穿过坝子的河流从山下蜿蜒而过，整个村寨坐西朝东。这里，整个村落布依族民居掩映在古树丛中，与背景中的石灰岩地貌形成古朴、原生的风貌。

板万古寨位于相对较为平缓的山坡上，顺应地势保留着古老的干阑式建筑，平面布局以一条主要道路和多条支巷道展开，将各家各户连成片，形成片状的布局结构；在古寨入口中间有古戏台、古树群等开敞空间，成为居民主要的公共活动场所。

传统建筑

板万村现有布依族传统民居108栋，均为布依"吊脚楼"，保存较为完好的78栋，在全村建筑中约占71.65%。布依族吊脚楼是干阑式建筑的一种变体，所有房屋依山而建，结构独特、造型精巧，有浓郁民族特色的吊脚楼是册亨县布依族民居的建筑文化之一，它蕴藏着丰富的艺术内涵，其设计和工艺达到很高的水平。

吊脚楼。简单、粗放、实用的吊脚楼建筑，是布依工匠巧妙地利用斜坡依山而建，它采取撑低补高，以悬空的形式获取外部空间，柱与柱之间以榫头衔接，形成分下、中、上三层的吊脚楼。第一层隔开用于饲养牛、马和猪；第二层中间为堂屋，堂屋后面有一小间可作卧室或摆放杂物；左侧一分为二，靠山面为卧室，向外则是厨房；右边也有两间，一间作卧室，一间设大灶煮猪菜，放置农具、舂碓等；第三层由于较高和通风效果好，使储物不致霉变，用来放2～3个屯箩储藏稻谷、玉米，在房梁上挂钩吊种子、腊肉，有的人家还在楼上铺床休息，三楼靠楼梯架才能上下。

建筑一般有前后两扇门，由于建筑依山而建，房屋一般从后门进入，因此客人一般从神台侧面进入。前面的院子里一般有一个用木头或竹子搭建而成的"阳台"，供主人作晾晒谷物或乘凉、观景等，具有浓郁的民族特色。

板万村区位示意图

板万村传统建筑

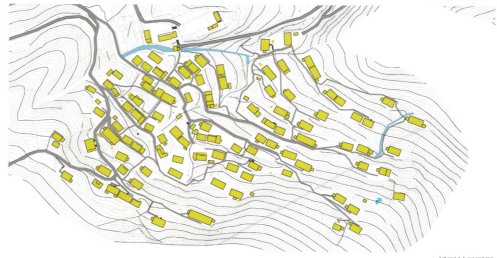

板万村平面图

民族文化

布依戏：布依戏是布依族人民在长期的生产生活中，吸收其他艺术形式创造的一个戏种，至今已有300年历史。册亨被称为"布依戏之乡"，板万布依戏队是册亨县保存最为完好的一支戏队，现有布依戏师5人，主要演员36人，主要演出剧目有《薛丁山下山救父》、《薛仁贵东征》等传统剧目与移植剧目。

哑面戏：是故事起源于该村背后山洞的、一种由演员用肢体语言表演、身着原始服饰、头戴面具的讲述故事，观众可即兴参与的一种原生态的、古老的戏剧形式。近年来远近闻名，被称为"东方情景剧"。

布依摩经：被称为布依族的"圣经"，是布依族摩师用来超度亡灵、消灾除病的经书，用布汉方块字记录，其包含的历史、哲学、文化、自然科学、道德礼仪等，内容十分丰富。该村现存摩经150余部，保存完好。

板万田园

古树

布依戏

节日庆典

八音坐唱：是为布依族最古老的音乐，被誉为"音乐的活化石"，板万自然村现有八音坐唱队伍1支，演员16人以上。

民风民俗：该村民族风情浓郁，有浪哨（谈情说爱）、婚庆、祭祀等。

人文史迹

板万田园：位于板万古寨山下，一片田园被崇山峻岭相围，春去秋来，农作物变幻着色彩与姿态；山腰是古寨层级展布，田中有布依人农作，路上行人往来，鸡鸣、羊叫，宁静、安逸，展现了板万村民恬静美好的劳作生活方式。

古巷道：板万村古寨内部巷道均采用当地石材，铺设形成了独具特色的古朴石板街巷，用于连接古寨内各建筑。

古井：板万村内有古井两口，用作村民日常供水，井水清澈甘甜，历史悠久，在村民的日常生活中占重要的地位，潺潺流水，源远流长。

古树：板万村古寨中有众多榉木、金丝楠和古榕树，大小不等，最大三人合抱，最小胸颈也在30公分。其中榉木被列为国家二级重点保护植物，禁止采伐，如此众多榉木聚集一地，十分少见。

同时，村内外随处可见芭蕉与竹子等植被，整个村落植被丰富，传统建筑掩映其中，满足村民日常生产生活所需。

古戏台：古戏台位于古寨西北侧原村委会旁，戏台历史悠久，经常用作板万村内各种祭祀、戏曲等表演活动场地，是布依民族活动展示舞台。

三月三祭祀

古巷道

保护价值

板万村的农耕文化、建筑文化、布依族民俗文化等能代表布依族独特的民俗文化。村落较完整地保留了古朴的村落格局、布依族吊脚楼和优美的历史人文景观，这些历史环境要素和非物质遗产是千百年来布依族独特的民俗文化、生产生活方式与周边环境共同作用的产物，是板万村布依族民族文化的典型代表，具有极高的历史文化价值和空间美学价值。

板万村独特的依山而建的建筑形式，以及建筑本身就地取材等都充分体现了因地制宜的思想。一些保留较好的建筑在门窗、悬梁以及室内家具都展现了当地人独特的凿刻和绘画技艺，在审美学、生活实用性等方面都具有科学艺术价值。

"布依族文化"是贵州省重要的文化资源之一，对社会文化和经济发展有积极的促进作用。科学保护板万村传统村落，对促进黔西南乃至贵州省特色文化旅游、促进地方经济发展具有重要意义。

陈清鋆 翟华鸣 易婷婷 编

板万村全貌

黔西南布依族苗族自治州兴义市巴结镇南龙村

南龙村鸟瞰

南龙村区位示意图

总体概况

南龙村布依族古寨位于巴结镇西南面,距巴结镇政府所在地23公里,距兴义市区42公里,全村面积约13.75平方公里,总人口约2300人左右,为传统布依族聚居村落,至今为止已有600余年居住历史,村落整体风貌完整,传统地域文化浓厚。南龙村布依族古寨包含南龙寨、鲁磉寨和盐井坡寨3个布依族自然村落。南龙村历史悠久,自然风光优美、民族风情浓郁,布依族传统村落充满了神秘的气息。2014年,南龙村传统村落被列为第三批中国传统村落名录。

村落特色

南龙布依古寨整体地形以深丘谷地为主,村寨多位于坡地之上,采光、通风效果较好。周边地形复杂,层峦叠嶂,具有独特的地域空间格局特征。

现状村落及周边环境保存较为完整,生态环境优越,植被茂盛。村落内部现保留古树300余棵,生长状况良好,具有极大的历史人文和生态价值。

村落周边保留大量梯田,纵横交错,是当地布依族居民历史和文明的载体。

村寨内现状街巷格局精致,建筑错落分布,自然而有序。街道空间功能保存完整,风貌协调统一,充分体现了地域建筑特色和风貌特征。南龙村布依族古寨内有几条保留较为完整的传统街巷,按九宫八卦形排列建筑,寨中巷道环环相扣,道道相通。街道形成至今有600余年历史,现保留160多栋布依干阑式吊脚楼,充分体现了布依族民族文化和风土人情。

古寨内主要公共活动空间为广场,石板铺装,分布有多棵古树,主要功能包括休闲娱乐、集会活动和商业购物等。

传统建筑

南龙布依古寨,是一个集优美自然风光、浓郁民族风情和神秘布依建筑于一体的古寨。布依族传统建筑为吊脚楼,以木结构为主,房屋布局多为两层或三层。底层多采用架空,主要功能为圈养家畜,堆放农具和生产生活资料等;二层为居住的主要空间,包括客厅、卧室、储藏室等功能空间。少数建筑有三层阁楼,多作为粮食、杂物储藏空间。寨中的吊脚楼坏了就拆,拆了又建,但始终保持着原有的建筑格调。村寨中,织布声不绝于耳,鸡犬之声相闻。一条终年不息的小河镶嵌于寨边,潺潺的流水似乎在向人们诉说那悠远而凄婉的往事。

吊脚楼:建于明代,吊脚楼一般分上下两层,上层通风、干燥、防潮作为居室;下层是猪牛栏圈或用来堆放杂物。

南龙村传统建筑1

南龙村传统建筑2

南龙村建筑群落

民族文化

村落内部现居住有大量布依族居民，保留了传统布依族民族生产生活习俗，民风淳朴，特色鲜明，价值突出。

这里是被誉为"东方民间出土的文物"、"民间艺术活化石"，是"南盘江畔的一朵艺术奇葩"之称的"八音座唱"的发源地，1984年被贵州省人民政府命名为"布依八音艺术之乡"。2003年西南三省笔会在此举行；2005年以南龙为代表的"布依八音座唱"又成功申报为国家非物质文化遗产保护；近年来，电影《朝霞》、《云下的日子》，纪录片《布依八音之谜》，电视剧《雄关漫道》、《绝地逢生》等慕名来此拍摄，征服了一批又一批的演员和观众。

布依族的民族节日有春节、二月二、三月三、四月八、端午节、六月六、中秋节等。春节是最为隆重的节日，要举行祭祖、走亲访友、对歌、演地戏、击铜鼓、

节日庆典

民族传统服饰

古榕树

公共空间

八音座唱

古井

荡秋千、踩高跷、唱花灯、打陀螺等活动。三月三是祭祀山神的节日；四月八又称"牛王节"、"开秧门"；六月六俗称"祭盘古"、"过小年"。

人文史迹

八音座唱：布依八音座唱乐器由二胡、月琴、牛骨胡、笛、箫、包包锣、小镲、鼓、木叶等乐器组成，并在发展中加入了唢呐、勒朗和勒优等乐器，乐队8至12人，演员从至少4人到36人，机动灵活，形式多样。布依八音演出时常以布依曲调、民间传说、汉语故事等为脚本，形成叙事性强、情节动人的民族曲艺。布依八音旋律流畅、优美悦耳，数百年来，深得布依族及当地群众所喜爱，如今一直活跃在民族节日、婚丧嫁娶、乔迁祝寿等场合，走进南龙布依古寨，听到八音奏响，男女老少皆能随乐踏歌起舞。

古树：苍天古榕树，种植于明代。榕树为桑科榕属乔木，原产于热带亚洲。榕树以树形奇特，枝叶繁茂，树冠巨大而著称。枝条上生长的气生根，向下伸入土壤形成新的树干，称之为"支柱根"，可向四面无限伸展。

古井：始于明代的寨内古井作为饮用水源，被当地人视为"圣水"。现古井已申请成为非物质文化遗产保存于古寨内。

保护价值

南龙村为典型的布依族传统村落，村落环境空间格局完整；传统建筑集中成片布置且保存完好；古树、梯田等历史环境要素具有鲜明的地域环境特征；布依族传统服饰、节庆活动和"八音座唱"等非物质文化要素体现了传统文化的精髓所在，极具保护和研究价值。

南龙村于2005年以"布依八音座唱"成功申报为国家非物质文化遗产保护，风景、气候迷人，民族文化浓厚，属于典型的布依族村寨，是兴义市的有名的"后花园"。

陈清鋆 翟华鸣 易婷婷 编

南龙村全景

贵阳市
GUI YANG SHI

贵阳市开阳县禾丰布依族苗族乡马头村

马头村全貌

马头村区位示意图

总体概况

开阳县禾丰布依族苗族乡马头村是贵州四大土司之一的宋氏土司官寨，位于开阳县城以南28公里，距贵阳市中心60公里，始建于宋末，元初至元二十年（1283年）置"底窝紫江等处总管府"于寨内，属顺元宣抚司（驻今贵阳）管辖，距今约有700年历史。村庄占地面积243亩，有居民约200户，约1100人，以布依族为主。2006年6月，被公布为第六批全国重点文物保护单位，2008年12月被列入第四批中国历史文化名村，2012年，马头村被列入第一批中国传统村落名录。

村落特色

马头寨是元代"底窝紫江等处总管府"驻地和元代最大规模抗元运动领袖宋隆济的故乡，又是明代"底窝马头"所在地。坐落于百花山脉的东部山腰，东、北环水，西、南靠山，由马头寨小溪分成南北两部分。古寨形如蝴蝶，面朝开阔田坝和环绕水流，具有"银水绕金盆"的布局特征。村落建筑布局顺应山势鳞次栉比，高低错落，一座座木构民居顺山就势建于山腰上纵横交错。三合院、四合院有规律地建在"人"字形的两条山脊梁上。

传统建筑

马头村是元代"底窝紫江等处总管府"驻地和元代最大规模抗元运动领袖宋隆济的故乡，又是明代"底窝马头"所在地。有底窝总管府遗址，宋隆济故居遗址，元明时期寨楼遗址及元、明、清古民居90余栋。除少部分为元代和民国建筑外，大多始建于明、清时期，历经数百年风风雨雨，又不时战火纷飞，马头村古建筑群能大多保存至今，实属罕见。

"底窝紫江等处总管府"，遗址：位于寨西后山腰台地上，占地约600平方米，坐北朝南，始建于元至正二十年（1283年）。现存明、清石墙20多米，并有变形"寿"字石雕图案，"长发万年"石刻，以及上马石、拴马石及石铺天井等。

宋荣宗宅：位于马头村中部，占地200多平方米，现存为清代建筑，坐北朝南，系正房两厢与照壁组成的三合院。悬山青瓦顶，穿斗抬梁式混合式木结构。正房面阔八间，能面阔19米，进深二间，通进深9米。雕花门窗，明间加建腰门。左厢前有穿斗抬梁式木质朝门。朝门两边饰精致石雕，朝门内墙壁上有红军标语："白军弟兄与红军联合起来一同打日本去"。两厢楼上走廊装饰万字格。正房前以巨石砌廊，条石表面雕精致条纹。

宋荣昌宅：位于马头村中部偏西北隅。坐西朝东，占地1900多平方米，现存明、清石砌照墙30多米，石天井3个。现存正房、两厢加照壁组成的3个三合院。宋耀玲宅，坐西朝东，清末建筑，占地250平方米。现存正房和右厢房，正房面阔五间，通面阔19米，通进深8米，穿斗抬梁混合式木结构悬山青瓦顶。

涂世奎宅：位于马头村北隅，占地800多平方米，坐北向南，现存一正两厢，穿斗抬梁混合式木结构悬山青瓦顶，为清代中晚期建筑。朝阳寺，位于马头村东南与坪寨交界处，建于清乾隆二年（1737年），现

民居1

马头村平面图

朝阳寺

总管府

宋荣宗宅正房

存大殿五间，通面阔25.3米，进深三间，通进深9.5米。天井、石廊及殿前三进石基址保存完整。寺内保存有水东宋氏宋万化等历代"神祖牌"3块。

朝阳寺：位于寨东南，建于清乾隆二年（1737年），现存大殿五间，进深三间。天井、石廊及殿前三进石基址保存完整。寺内保存有水东宋氏宋万化等历代"神祖牌"。

兴佛寺：位于马头寨北隅，始建于清雍正九年（1731年），毁于咸同战乱，光绪二年（1976年）重建。坐北朝南，穿斗抬梁混合式木结构。

民族文化

构水东土司文化：水东宋氏——贵州四大土司之一，统治鸭池河以东、贵阳周边广大地域600余年的历史。在贵州打下深深烙印，开创了贵州与中原交流的"丝绸之路"，对贵州政治、经济、文化产生了重大的影响。

布依族文化：马头村民以布依族为主，还有苗族和汉族等民族杂居在一起。在漫长的历史过程中，布依族文化和汉文化有机融合。其中包括布依族"六月六"歌节坐夜筵习俗和禾丰地戏。

禾丰地戏：近年来受到媒体和学者的广泛关注，并出版相应的研究文章和著作，同时还吸引大批的旅游者驻足观看。在2008年被贵州省文艺家协会授予"中国伦理傩研究基地"，充分地肯定了禾丰地戏的价值。

人文史迹

历史人物：宋隆济，元朝水东人，为雍真葛蛮土官，以"反派夫"为号，率愤怒的苗、布依、仡佬等各族人民于大德五年领导了元代西南地区最大的抗元运动，攻占了贵州中部、北部大部分地区；宋阿重，元朝水东人，顺元宣抚同知，元朝成宗大德二年灭宋隆济，折节后，为靖江路总管，佩三珠虎符，阶昭毅大将军，进云南平章政事，阶荣禄大夫，封顺元候，卒赠贵国公谥忠宣。

明、清地契：该村保存有明、清时代的地契，属可移动文物。

红军历史遗迹：寨内留有1935年4月红军一、三军团过底窝时留下的二十多道标语。

土司墓葬：村寨周边分布有宋阿重墓、宋万化墓、宋高增墓等古墓葬。

保护价值

作为明代水东十二马头遗迹之一，马头村是贵州现存历史最悠久、文化内涵最丰富、古民居保存最完整的水东宋氏土司文化遗迹，记录了宋氏对贵州水东地区长达千余年的统治，见证着贵州丰富的文化、政治、民族融合的历史记忆，是研究我国西南民族建筑的重要实物。

余压芳　杜　佳编

"三月三"歌会

"古树"

民居2

马头村鸟瞰图

贵阳市花溪区石板镇镇山村大寨

镇山村大寨全貌

镇山村大寨区位示意图

总体概况

镇山村大寨是一个拥有400多年历史的布依族村寨，是典型的屯堡文化与布依文化相融相生的传统聚落，现有村民约170户，约600人。村寨区位条件优越，距贵阳市中心仅21公里，沿水路还可达花溪水库和天河潭风景区。1993年，镇山村被贵州省人民政府批准为省级民族文化保护村，1995年被列为贵州省文物保护单位，1999年被列为首批贵州生态博物馆之一，2012年，镇山村被列入第一批中国传统村落名录。

村落特色

镇山村三面环水，一面环山，层层叠叠的石板房依山而建，以石为路、为巷，屯墙和寨门体现出村寨布局的军事防御功能。居民多班、李两姓，虽是异姓，但为同宗，是明朝屯军人与当地少数民族联姻发展的村寨典型。

传统建筑

镇山村以古屯墙为界，分为上寨和下寨。建筑就地取材，石板为墙、为顶，民居坚固而耐久；形成石板屋顶，石板墙体、石板铺地，现存传统民宅50余栋，以石木结构建筑为主，墙面多用石料砌筑，或木结构加石板镶嵌，民居屋顶多以石板代瓦。

武庙：该庙坐北朝南，占地600余平方米。现存正殿，面阔五间，通面阔20米，进深三间，通进深9米。抬梁穿斗混合结构歇山青瓦顶。

上寨典型民居：建筑多为三合院，分别建于明清时期，房屋一般采用穿斗式悬山顶一楼一底石木结构建筑，正房三开间

合院民居

石板屋顶

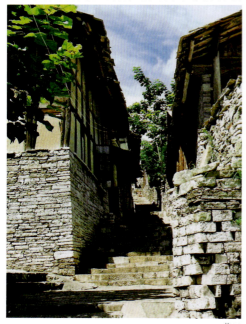
巷口

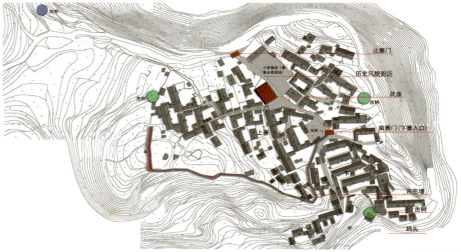
镇山村大寨平面图

武庙

民居院坝

民居隔扇门

银杏神树

或五开间，堂屋设有吞口，双扇对开式木质大门，屋顶为不规则合朋石板。

下寨典型民居：建筑多为长条排屋形式，始建于清代，后因花溪水库的建设搬迁至现有位置，穿斗木结构建筑，石板屋顶，4~6户联排，面阔约30米，排屋前通常设有通长院坝。

民族文化

屯堡文化：村内的武庙设置、建筑室内布局、村民服饰等均反映了丰富的屯堡文化。据族谱记载，李氏始祖仁宇原为江西吉安府卢陵县大鱼塘李家村人，明万历年间任职为官，因南方扰攘，奉命率数千军入黔，屯守于石板哨，"入赘班氏始祖太之门，不数年，生二子，以长房属李，次房属班"，今沿袭到第17代。

布依文化：镇山村保留了独特的布依族文化特色，别具一格的民居，传统诱人的布依歌、精美的蜡染、刺绣等民间工艺及正月跳场、"六月六"布依族歌会等构成镇山名村文化景观的要素。

人文史迹

古井：在村北进寨路上，沿着青石铺设的林间小路，可抵达至一口石材围合的古井。四周石板铺地，是村民传统的饮用水、洗衣、洗菜处。

古树：全村现存3棵古树，也是村民在特定时日开展传统祭祀活动的场所。

古屯墙：古屯墙由规整的石墩堆砌而成，始建于明万历年间。清代修葺，青石砌筑。虽大部分城墙已经倒塌，但整个城基全部保存。

寨门：村内设有南北两座寨门，均由巨型料石所建，北寨门是村落的主要入口，南寨门保存有部分原貌，是上寨和下寨的分界点。

上寨石巷：上寨石巷长约100米，沿石径两旁有序排布着石木构造的合院民居，明、清以来上寨村民由此出入。

古墓：坐落于与镇山村隔水相望的李村，是镇山村始祖李仁宇将军的墓葬，前立青石质墓碑，墓碑阴刻碑文"李仁宇将军墓"，另有一石碑碑文记载其入赘镇山的历史。

保护价值

镇山村历史悠久、文化底蕴深厚，空间格局基本完整，历史人文景观众多，区域自然景观丰富，是典型的传统布依文化与屯堡文化融合的历史见证，村寨建筑特色明显，建筑艺术精湛，具有极高的科学研究价值。

余压芳 吴茜婷 杜佳 编

屯堡地戏

上寨巷口

古墓

排屋民居

贵阳市花溪区高坡苗族乡批林村

批林村全景

批林村区位示意图

总体概况

批林村位于贵阳市花溪区高坡苗族乡西南部。距高坡乡政府10公里。村庄主导产业以传统农业种植为主,主要种植玉米、水稻、油菜、土豆。村落内全为苗族居住,其村寨的建筑布局保存较完整,拥有珍贵的苗族古老的竞技活动形式"射背牌",是一个不可多得的少数民族竞技宝库。民居以木瓦结构为主,至今仍保存完好,总户口245户,总人口1246人,批林村2012年已被列入第一批中国传统村落名录。

村落特色

批林村是一座具有地方风格的苗族山寨,现保存一部分具有民族风格的老民居房屋,保存较好。建筑都依山而建,随山地的高低而错落有致,视界开阔,房屋朝向统一,基本坐北朝南,延着山脚修建至山腰,村子大致呈不规则三角形,村前有一条小溪自北向南流,村落内的祭祀桩、古井、古树、石碑都见证着批林的历史。

批林村在选址上继承中国传统村落选址的延续,即背山面水、左右维护的格局。同时注重于自然景观以及景观视线的通透,达到"天人合一"的理想居住环境。

村落内部空间

传统建筑

批林村的民居建筑沿山间河流随山势布局,村落内建筑形式丰富,既有年代久远的木构民居,也有近几年修建的砖混结构建筑。木构民居布局较灵活,民居建筑依山而建,均不在一个平面上,形成立体的建筑空间。

有二层悬山顶木构建筑、干阑式意味的民居建筑,有木板装修的民居,也有竹骨泥墙装修的民居,多数面阔三间、进深两间,也有三栋、四栋连成排的,均为青瓦盖顶,从房屋外立面看为一层建筑,但内部通过坡屋顶空间利用,形成阁楼的二层空间。整栋房屋四面均用木板装修,在窗台以下有木制或石制两种形式的墙身,房屋木柱以5柱或7柱落脚,房顶为"人"字形。

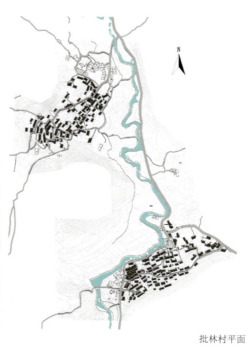
批林村平面

传统民居

民居内部

民族文化

高坡苗族乡民族风情浓厚,主要有高坡苗族"四月八"、苗族婚俗、射背牌、跳洞、斗牛、洞葬、悬棺、吃新节等民族风俗。其中最为隆重的是苗族"四月八",高坡苗族四月八由来已久,是传统的民族节日。

跳洞:是苗族最喜爱的民族活动,苗族人能歌善舞,尤其喜欢芦笙,在节日里,男子吹芦笙,女子欢快地跳舞。

传统图案:相传,苗族前人在战乱中,男人们四处去参加作战,人马分散很大,关键时刻,苗族统领者为了保护自己的"四方印章",同时也是为了在战乱平息后以及战后迁徙间便于联络,所以把"四方印章"印在妇女们背上,请妇女们尽快离开战乱,但是女人们始终不愿离开,一气之下,统领者采用无头箭射开男女告别的悲壮方式。从此,披戴着印牌图案的背牌,成为高坡苗族特殊的装戴。后来,妇女们用由各色蚕丝花线根据"四方印章"的图案在黑布上刺绣而成,这就是高坡苗族的服饰。

苗族射背牌:"射背牌"习俗是因青年男女对父母指定婚姻不满又不能反抗,同家庭达成的妥协产物,它成为执着爱情者的精神慰藉场。

苗族银饰制作工艺:苗族经典的银饰加工技术。整个银饰制作要通过熔银、焊接、塑模、压、刻等工艺。

苗族芦笙制作:高坡苗族乡于1993年曾被省文化厅命名为"苗族芦笙艺术之乡"。高坡芦笙制作工艺,已列为省级非物质文化遗产保护名录。

传统节日活动

优良,已使用70年以上,目前保留完好。

古树:村庄挂牌登记名树6棵,北部村落3棵,南部村落3棵,为5棵杞木、1棵梓木,古树长势良好,绿意盎然。

古井:批林村古井建于1935年,以高坡青石材、水泥浆砌成,目前保留完好,井水清澈,香甜可口,一年四季不干,供村落的人畜饮水。

批摆晓谕碑:2013年3月3日花溪区人民政府公布为"花溪区文物保护单位"。碑坐西朝东。碑青石质,方首,高1.14米,宽0.62米,厚0.15米。额题楷书阴刻"永定章呈"4字。碑文竖向楷书阴刻,凡11行,满行22字,共计200余字。记"批摆等处应纳余银事"进行规定并晓谕,要求"由各户交纳"。且"不得隐匿短缩",立于清光绪七年(1881年)。

批摆晓谕碑

古河道

保护价值

批林村是一个民族文化信息和文化空间都保存较完好的一个苗族村寨,其村寨的建筑布局保存较完整,拥有珍贵的民间古老的竞技活动形式,一个不可多得的少数民族竞技宝库。

批林村位于群山之中,拥有着背山面水之势,自然环境十分优美,具有得天独厚的自然环境优势。独特的风水格局显示着批林先辈们的智慧与才智,最佳的人居环境铸造的是批林人世世代代的健康,中国风水文化在这里得以体现和传承。

贵州省苗族分布较广,但高坡批林具有独特的高原苗族的特色,成为苗族文化重要的交流地。

批林村众多的历史环境要素,他们都能体现批林丰富灿烂的历史底蕴,从而在研究高坡苗族历史文化上起到关键的作用。

苗族射背牌

四方印章图案

杀牛祭祀桩

杨 洋 编

人文史迹

祭祀桩:牛桩分为水牯牛桩和黄牯牛桩。水牯牛桩用于杀水牯牛祭父之用,黄牯牛桩用于祭祖父之用。

苗族杀牛祭祖是有一定的年份限制的。如十二生肖中的狗、猪、鼠、龙这4年,苗族称之为"大年"、"吉祥年",也就是可用于"杀牛祭祖"年。其他生肖年则少用,甚至不可用,如"牛年"则不可用。

古河道:两个村落之间的河道历史久远,但水流充沛。河道两岸部分地方较好保存传统河道维护构筑物以及过河石墩。河道两侧的堤坝采用高坡青石,质量要求

批林村全景

索引

苗族

黔东南苗族侗族自治州剑河县革东镇八郎村	022-023
黔东南苗族侗族自治州台江县施洞镇八梗村	026-027
黔东南苗族侗族自治州剑河县太拥镇九连村	028-029
黔东南苗族侗族自治州台江县排羊乡九摆村	030-031
黔东南苗族侗族自治州剑河县久仰乡久吉村	032-033
黔东南苗族侗族自治州雷山县郎德镇上郎德村	038-039
黔东南苗族侗族自治州台江县施洞镇小河村	040-041
黔东南苗族侗族自治州雷山县达地水族乡马路苗寨	044-045
黔东南苗族侗族自治州雷山县郎德镇下郎德村	046-047
黔东南苗族侗族自治州雷山县郎德镇也利村	054-055
黔东南苗族侗族自治州雷山县达地水族乡也蒙苗寨	058-059
黔东南苗族侗族自治州雷山县郎德镇也改村	062-063
黔东南苗族侗族自治州锦屏县河口乡文斗村	066-067
黔东南苗族侗族自治州黎平县大稼乡邓蒙村	072-073
黔东南苗族侗族自治州台江县老屯乡长滩村	074-075
黔东南苗族侗族自治州丹寨县兴仁镇王家寨村	076-077
黔东南苗族侗族自治州台江县方召乡反排村	078-079
黔东南苗族侗族自治州雷山县丹江镇乌东村	082-083
黔东南苗族侗族自治州从江县宰便镇引东村	084-085
黔东南苗族侗族自治州剑河县太拥镇太坪村	086-087
黔东南苗族侗族自治州雷山县郎德镇乌瓦村	088-089
黔东南苗族侗族自治州从江县东朗乡孔明村	090-091
黔东南苗族侗族自治州剑河县南哨乡反召村	092-093
黔东南苗族侗族自治州雷山县郎德镇乌流村	094-095
黔东南苗族侗族自治州黎平县水口镇平善村	098-099
黔东南苗族侗族自治州施秉县双井镇龙塘村	100-101
黔东南苗族侗族自治州从江县加榜乡加车村	106-107
黔东南苗族侗族自治州雷山县方祥乡平祥村	114-115
黔东南苗族侗族自治州台江县施洞镇旧州村	116-117
黔东南苗族侗族自治州雷山县桃江乡龙河村	118-119
黔东南苗族侗族自治州从江县光辉乡加牙村	120-121
黔东南苗族侗族自治州台江县南宫乡交包村	124-125
黔东南苗族侗族自治州雷山县桃江乡乔王村	126-127
黔东南苗族侗族自治州台江县南宫乡交密村	130-131
黔东南苗族侗族自治州丹寨县长青乡扬颂村	134-135
黔东南苗族侗族自治州台江县革一乡西南村	144-145
黔东南苗族侗族自治州台江县方召乡交汪村	152-153
黔东南苗族侗族自治州黎平县平寨乡纪德村	154-155
黔东南苗族侗族自治州雷山县郎德镇杨柳村	160-161
黔东南苗族侗族自治州从江县丙妹镇岜沙村	164-165
黔东南苗族侗族自治州台江县方召乡巫梭村	168-169
黔东南苗族侗族自治州剑河县柳川镇巫泥村	172-173
黔东南苗族侗族自治州台江县方召乡巫脚交村	174-175
黔东南苗族侗族自治州黎平县地坪乡岑扣村	180-181
黔东南苗族侗族自治州剑河县南哨乡巫沙村	184-185
黔东南苗族侗族自治州剑河县观么乡巫包村	188-189
黔东南苗族侗族自治州雷山县郎德镇报德村	190-191
黔东南苗族侗族自治州台江县台拱镇板凳村	198-199
黔东南苗族侗族自治州雷山县桃江乡岩寨村	200-201
黔东南苗族侗族自治州凯里市三棵树镇乐平村季刀寨	208-209
黔东南苗族侗族自治州台江县台盘乡南尧村	212-213
黔东南苗族侗族自治州丹寨县雅灰乡送陇村	218-219
黔东南苗族侗族自治州雷山县郎德镇南猛村	220-221
黔东南苗族侗族自治州剑河县南寨乡柳富村	224-225
黔东南苗族侗族自治州从江县停洞镇架里村	226-227
黔东南苗族侗族自治州雷山县大塘乡独南村	228-229
黔东南苗族侗族自治州剑河县南哨乡翁座村	230-231
黔东南苗族侗族自治州雷山县大塘镇桥港村	232-233
黔东南苗族侗族自治州黎平县地坪乡高青村	238-239
黔东南苗族侗族自治州剑河县南寨乡展留村	252-253
黔东南苗族侗族自治州台江县南宫乡展忙村	256-257
黔东南苗族侗族自治州台江县台拱镇展下村	262-263
黔东南苗族侗族自治州从江县谷坪乡高吊村	270-271
黔东南苗族侗族自治州雷山县方祥乡格头村	272-273
黔东南苗族侗族自治州剑河县久仰乡基佑村	280-281
黔东南苗族侗族自治州丹寨县扬武乡排莫村	282-283
黔东南苗族侗族自治州榕江县三江乡脚车村苗寨	284-285
黔东南苗族侗族自治州雷山县西江镇控拜村	286-287
黔东南苗族侗族自治州丹寨县排调镇麻鸟村	288-289
黔东南苗族侗族自治州雷山县大塘乡掌坳村	302-303
黔东南苗族侗族自治州台江县台拱镇登鲁村	306-307
黔东南苗族侗族自治州雷山县桃江乡掌雷村	308-309
黔东南苗族侗族自治州榕江县兴华乡摆贝村	310-311
黔东南苗族侗族自治州黎平县地坪乡滚大村	312-313
黔东南苗族侗族自治州剑河县南加镇塘边村	314-315
黔东南苗族侗族自治州雷山县大塘乡新桥村	316-317
安顺市黄果树风景名胜区黄果树镇大三新村大洋溪组	382-383
安顺市镇宁布依族苗族自治县江龙镇竹王村（原猛正村）	400-401
安顺市西秀区新场布依族苗族乡花庆村石头组	404-405
安顺市黄果树风景名胜区黄果树镇募龙村	414-415
黔南布依族苗族自治州三都水族自治县都江镇怎雷村	434-435
黔南布依族苗族自治州都匀经济开发区匀东镇王司社区新场村	438-439
黔南布依族苗族自治州平塘县新塘乡新营村摆仗组	440-441
遵义市湄潭县茅坪镇平顺坝	446-447
贵阳市花溪区高坡苗族乡批林村	482-483

布依族

安顺市关岭布依族苗族自治县普利乡马马崖村下瓜组	378-379

安顺市黄果树风景名胜区黄果树镇大三新村大洋溪组	382-383
安顺市黄果树风景名胜区白水镇大坪地村滑石哨组	384-385
安顺市黄果树风景名胜区黄果树镇石头寨村偏坡组	390-391
安顺市黄果树风景名胜区黄果树镇石头寨村石头寨组	394-395
安顺市黄果树风景名胜区黄果树镇白水河村殷家庄组	396-397
安顺市西秀区新场布依族苗族乡花庆村石头组	404-405
安顺市镇宁布依族苗族自治县扁担山乡革老坟村	410-411
安顺市镇宁布依族苗族自治县城关镇高荡村	412-413
安顺市黄果树风景名胜区黄果树镇募龙村	414-415
黔南布依族苗族自治州荔波县方村乡丙花村者吕组	428-429
黔南布依族苗族自治州荔波县永康民族乡尧古村	430-431
六盘水市水城县花戛苗族布依族彝族乡天门村	464-465
六盘水市盘县保基苗族彝族乡陆家寨村	468-469
黔西南布依族苗族自治州册亨县丫他镇板万村	472-473
黔西南布依族苗族自治州兴义市巴结镇南龙村	474-475
贵阳市开阳县禾丰布依族苗族乡马头村	478-479
贵阳市花溪区石板镇镇山村大寨	480-481

侗族

黔东南苗族侗族自治州黎平县永从乡九龙村	024-025
黔东南苗族侗族自治州榕江县栽麻乡大利村	034-035
黔东南苗族侗族自治州黎平县尚重镇下洋村	036-037
黔东南苗族侗族自治州黎平县岩洞镇大寨村	048-049
黔东南苗族侗族自治州剑河县磻溪镇大广村	052-053
黔东南苗族侗族自治州黎平县龙额乡上地坪村	056-057
黔东南苗族侗族自治州黎平县尚重镇上洋村	060-061
黔东南苗族侗族自治州黎平县岩洞镇小寨村	064-065
黔东南苗族侗族自治州黎平县雷洞乡牙双村	068-069
黔东南苗族侗族自治州黎平县肇兴乡肇兴中寨村	070-071
黔东南苗族侗族自治州黎平县永从乡中罗村	080-081
黔东南苗族侗族自治州黎平县德顺乡平甫村	096-097
黔东南苗族侗族自治州从江县西山镇田底村	102-103
黔东南苗族侗族自治州黎平县水口镇东郎村	104-105
黔东南苗族侗族自治州黎平县尚重镇归德村	108-109
黔东南苗族侗族自治州黎平县双江乡四寨村	112-113
黔东南苗族侗族自治州黎平县茅贡乡冲寨	122-123
黔东南苗族侗族自治州黎平县茅贡乡地扪村	132-133
黔东南苗族侗族自治州黎平县孟彦镇芒岭村	136-137
黔东南苗族侗族自治州天柱县高酿镇地良村	138-139
黔东南苗族侗族自治州黎平县尚重镇纪登村	140-141
黔东南苗族侗族自治州黎平县尚重镇西迷村	142-143
黔东南苗族侗族自治州黎平县肇兴乡纪堂村	146-147
黔东南苗族侗族自治州从江县往洞乡则里村	148-149
黔东南苗族侗族自治州黎平县肇兴乡纪堂上寨村	150-151
黔东南苗族侗族自治州黎平县坝寨乡坝寨村	158-159
黔东南苗族侗族自治州黎平县水口镇花柳村	162-163
黔东南苗族侗族自治州黎平县九潮镇吝洞村	166-167
黔东南苗族侗族自治州黎平县孟彦镇岑湖村	170-171
黔东南苗族侗族自治州黎平县九潮镇贡寨村	176-177
黔东南苗族侗族自治州黎平县雷洞乡岑管村	178-179
黔东南苗族侗族自治州从江县高增乡芭扒村	182-183
黔东南苗族侗族自治州黎平县永从乡豆洞村	186-187
黔东南苗族侗族自治州剑河县敏洞乡沟洞村	192-193
黔东南苗族侗族自治州黎平县九潮镇定八村	194-195
黔东南苗族侗族自治州黎平县尚重镇绍洞村	196-197
黔东南苗族侗族自治州榕江县栽麻乡苗兰村侗寨	204-205
黔东南苗族侗族自治州黎平县坝寨乡青寨村	206-207
黔东南苗族侗族自治州黎平县水口镇南江村	210-211
黔东南苗族侗族自治州剑河县磻溪镇洞脚村	214-215
黔东南苗族侗族自治州黎平县尚重镇洋卫村	216-217
黔东南苗族侗族自治州黎平县坝寨乡高西村	236-237
黔东南苗族侗族自治州榕江县栽麻乡宰荡村	240-241
黔东南苗族侗族自治州黎平县九潮镇高寅村	242-243
黔东南苗族侗族自治州黎平县大稼乡高孖村	244-245
黔东南苗族侗族自治州黎平县茅贡乡蚕洞村	248-249
黔东南苗族侗族自治州黎平县水口镇宰洋村宰直寨	250-251
黔东南苗族侗族自治州黎平县茅贡乡高近村	254-255
黔东南苗族侗族自治州黎平县坝寨乡高场村	258-259
黔东南苗族侗族自治州黎平县茅贡乡流芳村	260-261
黔东南苗族侗族自治州黎平县坝寨乡高兴村	264-265
黔东南苗族侗族自治州黎平县尚重镇高冷村	268-269
黔东南苗族侗族自治州黎平县德化乡高洋村	274-275
黔东南苗族侗族自治州黎平县肇兴乡堂安村	276-277
黔东南苗族侗族自治州榕江县寨蒿镇票寨村侗寨	290-291
黔东南苗族侗族自治州黎平县口江乡银朝村	292-293
黔东南苗族侗族自治州从江县谷坪乡银潭村	294-295
黔东南苗族侗族自治州黎平县茅贡乡登岑村	296-297
黔东南苗族侗族自治州从江县往洞镇朝利村	298-299
黔东南苗族侗族自治州黎平县肇兴镇厦格上寨村	300-301
黔东南苗族侗族自治州黎平县肇兴镇厦格村	304-305
黔东南苗族侗族自治州剑河县南加镇塘边村	314-315
黔东南苗族侗族自治州黎平县茅贡乡寨头村	318-319
黔东南苗族侗族自治州黎平县茅贡乡寨南村	320-321
黔东南苗族侗族自治州黎平县坝寨乡蝉寨村	322-323
黔东南苗族侗族自治州黎平县双江乡寨高村	324-325
黔东南苗族侗族自治州黎平县肇兴乡肇兴村	326-327
黔东南苗族侗族自治州从江县往洞乡增冲村	328-329
黔东南苗族侗族自治州黎平县茅贡乡额洞村	330-331
黔东南苗族侗族自治州黎平县坝寨乡器寨村	332-333
铜仁市碧江区坝黄镇宋家坝村塘边古树园	352-353
铜仁市石阡县甘溪镇铺溪村	366-367

土家族

铜仁市沿河土家族自治县黑獭乡大溪村	338-339
铜仁市思南县兴隆乡天山村	340-341
铜仁市沿河县新景乡白果村	344-345
铜仁市思南县文家店镇龙山村	346-347
铜仁市松桃苗族自治县孟溪镇头京村	348-349
铜仁市思南县许家坝镇舟水村	350-351
铜仁市思南县板桥乡郝家湾古寨	356-357
铜仁市沿河土家族自治县板场乡洋溪村	358-359
铜仁市沿河县后坪乡茶园村	360-361
铜仁市沿河县思渠镇荷叶村	362-363
铜仁市印江土家族苗族自治县新寨乡黔溪村	372-373

仡佬族

铜仁市石阡县聚凤仡佬族侗族乡黄泥坳村	364-365
遵义市务川仡佬族苗族自治县大坪镇龙潭村	450-451

水族

黔东南苗族侗族自治州榕江县兴华乡八蒙村	020-021
黔东南苗族侗族自治州雷山县达地水族乡同鸟水寨	128-129
黔东南苗族侗族自治州从江县下江镇高良村	246-247
黔南布依族苗族自治州荔波县玉屏街道办事处水甫村	424-425
黔南布依族苗族自治州荔波县永康民族乡太吉村	426-427
黔南布依族苗族自治州三都水族自治县都江镇怎雷村	434-435

壮族

黔东南苗族侗族自治州从江县加榜乡下尧村	050-051
黔东南苗族侗族自治州从江县雍里乡归林村	110-111
黔东南苗族侗族自治州从江县刚边壮族乡刚边村	156-157
黔东南苗族侗族自治州从江县刚边壮族乡银平村	278-279

瑶族

黔东南苗族侗族自治州黎平县九潮镇大榕村新寨	042-043
黔东南苗族侗族自治州黎平县雷洞瑶族水族乡金城村	202-203
黔东南苗族侗族自治州榕江县塔石乡怎东村瑶寨	222-223
黔东南苗族侗族自治州从江县翠里瑶族壮族乡高华村	266-267
黔南布依族苗族自治州荔波县瑶山民族乡董蒙村	436-437

毛南族

黔南布依族苗族自治州平塘县卡蒲毛南族乡场河村交懂组	432-433

汉族

黔东南苗族侗族自治州雷山县桃江乡龙河村	118-119
黔东南苗族侗族自治州锦屏县隆里乡隆里所村	234-235
铜仁市松桃苗族自治县寨英镇大水村	336-337
铜仁市松桃苗族自治县寨英镇邓堡村	342-343
铜仁市松桃苗族自治县孟溪镇头京村	348-349
铜仁市碧江区瓦屋侗族乡克兰寨村	354-355
铜仁市石阡县国荣乡楼上村	368-369
铜仁市松桃苗族自治县寨英镇寨英村	370-371
安顺市平坝县天龙镇二官村	376-377
安顺市普定县马关镇下坝屯	380-381
安顺市西秀区七眼桥镇云山村	386-387
安顺市平坝县天龙镇打磨村虾儿井组	388-389
安顺市西秀区七眼桥镇本寨村	392-393
安顺市西秀区大西桥镇吉昌村	398-399
安顺市镇宁布依族苗族自治县江龙镇竹王村（原猛正村）	400-401
安顺市西秀区宁谷镇小呈堡村	402-403
安顺市西秀区新场布依族苗族乡花庆村石头组	404-405
安顺市平坝县白云镇肖家村	406-407
安顺市普定县城关镇陈旗堡村	408-409
安顺市西秀区大西桥镇鲍屯村	416-417
安顺市西秀区七眼桥镇猴场村	418-419
安顺市西秀区七眼桥镇雷屯村	420-421
遵义市遵义县毛石镇毛石村	444-445
遵义市湄潭县西河乡石家寨	448-449
遵义市湄潭县洗马镇石笋沟	452-453
遵义市遵义县枫香镇苟坝村	454-455
遵义市湄潭县西河镇官寨	456-457
遵义市湄潭县抄乐乡群星村石家寨	458-459
六盘水市盘县羊场布依族白族苗族乡大中村	462-463
六盘水市盘县石桥镇妥乐村	466-467

后记

本书在贵州省住建厅各业务部门的大力支持下，第一册终于编写完毕，算是走完编写工作的一半路程。本书第一册由于有5个参编单位，编写人员之多不言而喻。编写单位人员多最大的难度就是如何求得共识，只有先达到共识，才能使全书的文字、图稿、照片以及版面效果等编辑要求取得一致。编写过程中，我们多次开会、共同讨论、协商研究、解决了每个阶段提出的问题。可以这么说，第一册编写工作的过程，就是在不断解决问题的全过程。

第一册编写工作能得以完成，离不开领导的支持和鼓励，因此首先衷心感谢张鹏厅长及杨跃光副厅长，工作一开始就在他们的密切关注之下进行。张鹏厅长在百忙之中欣然为本书作序，充满真情实意，给人以很大启发。感谢编写过程中，宋丽丽、王春等领导的热诚关心和支持。感谢村镇处余咏梅、张乾飞两位处长及村镇处全体同志全过程的热心相助，为项目申报、资料补缺、渠道沟通、上下联系等付出的心劳和汗水。

深切感谢参与编写本书的贵州省建筑设计研究院、贵州省建筑科研设计院、贵州大学、贵州省城乡规划设计研究院、江苏省城乡规划研究院等5个单位的领导和同仁，因为他们的全力以赴，才有今天的成果。编辑后期，省规划院汤洛行协助做了大量协调工作，他对工作的热心和认真负责的态度，给我留下深刻的印象。还要特别提及的是编写工作前阶段由省建科院谭晓东院长、后阶段由省规划院单晓刚院长数次热情协助，对工作会议的精心安排十分感谢。

黎明教授、申敏研究员、覃东平研究员十分支持这项工作，在不同阶段提出过重要意见，给予了热情宝贵的指点，对理清编写思路很有启发。

中国建筑工业出版社李东禧、唐旭两位主任不辞辛劳，两次专程来贵阳研究本书出版事宜，对编写质量提高，奠定了坚实基础。要感谢出版社社长、总编和为本书辛勤工作的所有同仁，他们付出的劳动不会被忘记。

在本书即将出版之际，对本书工作给予过全力支持的各单位和朋友们一并表示诚挚的谢意，并共同分享愉悦。

罗德启

2015年11月15日